산스크리트 원전 완역

팔천송반야경

● 이 책은 한국연구재단의 지원으로 연구되었다.
(NRF-2012S1A5A2A01020541)

산스크리트 원전 완역

팔천송반야경

전순환 번역

불광출판사

머리말

언어학자로서 산스크리트를 전공한 본 역자는 지난 10년 전부터 한국연구재단의 지원으로 산스크리트 불전(佛典) 관련 프로젝트를 수행해 오고 있다. 불전의 범위는 반야부(般若部)에 속하는 범본 반야경들이며, 목적은 이 반야부경전들을 언어학 관점에서 '텍스트 및 어휘, 문법 정보를 구축'하는 데 있다. 그 구체적인 작업 단계는 다음과 같다.

① 고대 언어 가운데 가장 해석하기 어렵다는 산스크리트 텍스트를 보기 쉽게 편집하고 언어적 오류들을 수정 및 교정하는 것.
② 난해한 산디(sandhi, 발음규칙)가 적용된 문구인 상히타파다(Saṁhitapāda)와 산디가 해제된 문구인 파다파타(Padapāṭha)를 병기하여 사전이나 문법서 검색을 편리하게 하는 것.
③ 번역을 위해 해당 텍스트 단어들의 의미와 문법 정보가 담긴 어휘집을 만드는 것.

산스크리트 『팔천송반야경』의 우리말 번역 또한 이 세 단계의 작업을 거쳐 나온 성과이다.

사실 역자가 수행한 프로젝트의 목표는 위 세 가지 작업과 그에 따른 결과물들까지였다. 즉, 산스크리트에 관심을 둔 사람이라면 누구나 보기 쉽게 가공된 텍스트와 어휘집의 결과물들로 번역에 이를 수 있도록 도움을 주는 것이었다.

그런데 주변의 한 선생님이 "우리말 번역이 없으면 그것은 하다 만 것"이라고 한마디 해주셨다. 당시에는 그 선생님의 의견에 전적으로 동의하지는 않았지만, 고전 번역에 나름의 의미가 있음은 틀림없기에 시작해보기로 마음먹었다. 그런데 번역을 결심한 후 기존의 영어 번역과 일본어 번역을 비롯한 여타 번역본들을 살펴본 결과, 한국어 번역의 필요성을 더욱 강하게 느끼게 되었다.

왜냐하면, 서양에서 『팔천송반야경』을 최초로 번역한 불교학자 에드워드 콘즈(Edward Conze, 1978)의 영역본을 참고하면서 번역상의 오류를 많이 발견했고, 문장이 여러 번 반복된다는 이유로 상당한 양의 내용을 의도적으로 누락시켰기 때문이다.

선행 연구자의 결과물이 이러면 후학자들의 연구는 더 힘들어지기 마련이다. 그나마 일본 불교학자 가지야마 유이치(梶山雄一, 1974)의 『팔천송반야경』 번역이 나름 도움이 되었다. 실제로 콘즈의 번역 분량은 가지야마의 번역과 비교해 볼 때 그 절반 정도에 불과하다. 하지만 오랜 시간이 흐른 지금 가지야마의 번역에도 재검토가 필요한 부분이 적지 않다. 이러한 상황을 인지할 때, 산스크리트 『팔천송반야경』을 번역해서 이해한다는 것은 새로운 문헌 연구가 필수적으로 따라야 가능하다는 뜻이 된다. 따라서 기존 번역의 미비점을 보완하고, 그 결과로써 우리나라 최초의 한국어 『팔천송반야경』이 나온다면 매우 보람되고 가치 있는 일이라고 생각했다.

이를 위해 먼저 위 세 단계의 결과물을 바탕으로 『팔천송반야경』의

직역을 시도했고, 마지막으로 원래의 의미를 해치지 않는 선에서, 가독성에 문제가 되는 중복된 어휘나 문장 등의 요인들을 최소화하여 읽기 편하게 윤문하는 작업을 진행했다.

적지 않은 분량의 산스크리트 『팔천송반야경』을 1년여의 짧은 시간만에 끝낼 수 있었다. 이 일이 가능했던 이유는 앞서 말한 ①, ②, ③ 세 단계의 과정을 10여 년에 걸쳐 정리하고 연구한 덕분이었다. 정확히 언제가 될지는 모르겠지만, 번역에 가장 큰 도움을 준 이 연구 성과가 출간되어 공개된다면, 산스크리트 중급 정도의 실력을 지닌 사람이라도 이 자료집을 참고하여 스스로 『팔천송반야경』을 번역해낼 수 있으리라 생각한다. 이를 통해 산스크리트에 관심이 있거나, 현재 배우고 있는 후학들에게 조금이라도 도움이 되길 바랄 뿐이다. 이것이야말로 역자가 지금까지 수행해온 프로젝트의 진정한 목적이기도 하다.

산스크리트 『팔천송반야경』을 우리말로 옮기는 일을 진행하면서 끝없는 사막을 걷고 있거나, 미로에 빠져 헤매는 듯한 느낌을 받을 때가 한두 번이 아니었다. 결코 쉽지 않은 여정이었다. 전공이 언어학인지라 불교학을 제대로 파악하지 못하는 역자가 경전 번역을 한다는 것이 무모한 일은 아닐까 하는 생각도 들었다. 단순히 산스크리트라는 언어를 안다고 번역이 되는 것은 아니기 때문이었다. 하지만 다른 한편으로 이 경전이 담고 있는 심오한 의미를 번역하는 데 필요한 일차적 열쇠는 바로 산스크리트라는 언어를 운용시키는 문법 원리의 올바른 이해에 있다고 믿었다. 그러한 믿음에서 번역을 마칠 수 있지 않았나 생각해 본다. 단어나 문장들을 표현하는 산스크리트의 문법적 원리들은 전문가가 아닌 이상 제대로 파악하기가 어려울 만큼 매우 섬세하다. 원형에 가깝다고 알려진 오기하라(Wogihara,

1932-35)나 바이다(Vaidya, 1960)의 산스크리트 사본 『팔천송반야경』의 영어 번역과 일본어 번역에도 그러한 섬세함이 충분히 이해되지 않아 잘못된 번역으로 빠지는 경우가 적지 않게 눈에 띄었다.

여기에는 여러 가지 원인이 있겠지만, 역자 개인적인 소견으로는 『팔천송반야경』의 구성 자체가 매끄럽지 않은 점이 가장 큰 이유라고 본다. 분명 『팔천송반야경』이 담고 있는 내용은 매우 흥미롭고 매력적이다. 하지만 1장에서 32장까지의 내용 전개 방식은 그렇지 못하다. 그 이유는 반야부의 가장 핵심이 되는 반야바라밀다(Prajñāpāramitā)가 과연 무엇인지, 어떻게 해야 성취되는지, 이와 연관된 5온(五蘊), 공성(空性), 자성(自性) 등과 같은 중심 개념들이 특정의 장에서 상세하게 소개되는 것이 아니라, 『팔천송반야경』 전반에 걸쳐 이야기되고 있어 이해력과 집중도를 떨어뜨리기 때문이다.

붓다(Buddha)인 세존과 그의 제자들이 중심이 되어 세간의 모든 법(Dharma)에 관한 담론이 진행되는 가운데, 핵심 내용들이 파편처럼 여기저기 흩어져 있다 보니 집중하기 어려울 수밖에 없다. 이러한 부분 때문에 역자인 본인뿐만 아니라, 선행 연구자들도 번역에 어려움을 느꼈으리라고 추측해본다.

여기에 번역 과정의 어려움을 한 가지 더 언급하고 싶은 것이 있다. 역자는 처음 『팔천송반야경』의 범본을 접했을 때, 고도의 문법학적 요소를 지닌 산스크리트의 특성상 당연히 글의 어법이나 배열이 완벽에 가까울 것으로 생각했다. 그런데 번역 중반을 넘어서면서 실제로는 어법에 맞지 않는 어색한 표현들이 사용되거나 문맥에 상응하지 않는 문장들이 앞뒤로 배열되기도 한다는 것을 뒤늦게 알게 되었다. 그렇다고 이와 같이 어색한 표현이나 배열을 역자 임의적인 판단으로 바꿔놓을 수는 없기 때문에 최대한 그대로 내용을 옮기는 데 힘썼다.

이 밖에 장의 제목 설정이 적절하지 못한 경우들도 볼 수 있는데, 대표적으로 15장의 '천신'이 바로 그러하다. 목차에서 '천제석'이라는 제목이 각각 2장과 23장에, '마왕의 소행'은 11장과 21장 이렇게 멀리 떨어져져 있는 것을 볼 수 있다. 목차의 순서도 약간의 산만함이 느껴진다.

다소 매끄럽지 않은 구성으로 인해 범본 『팔천송반야경』을 읽을 때 잘 짜인 기승전결의 흐름을 기대해서는 안 된다. 이 경전은 내용에 집중해야 한다. 상당한 집중력이 필요하며 쉽지 않은 여정이 될 것이다.

이를 보완하기 위해 역자는 도중에 쉬어갈 수 있도록 각 장 사이사이에 쉼터를 마련해두었다. 영어 번역과 일본어 번역에서 볼 수 있는 것처럼 각 장에 주제가 달라질 때마다 독자들이 중간에 쉬어갈 수 있도록 소제목을 첨부했다.

이를 통해 조금이나마 내용에 집중하고 이해력을 높이는 데 도움이 되길 바란다. 다만 짧은 분량인 29장과 32장, 그리고 마치 한 편의 영화를 보는 듯한 30장과 31장은 예외로 두고 소제목을 달지 않았다.

『팔천송반야경』의 핵심적 개념과 용어, 그리고 전체적 내용을 가장 잘 보여주는 장은 1장 '모든 양상의 불지에 대한 수행'이다. 따라서 독자들에게 무엇보다도 1장을 제대로 숙지하여 다음 장으로 넘어가기를 권고한다. 만약 1장을 이해하기 어렵다면, 영화를 보는 느낌이 나는 30장 '상제 보살'과 31장 '법상 보살'을 먼저 읽어보고 다시 1장으로 돌아오는 것도 한 방법이라 생각한다.

대부분의 불교 경전이 그런 것처럼 『팔천송반야경』도 어휘와 문장이 빈번하게 반복되어 나타나는 경우가 많다. 이러한 반복성은 때로 독자들에게 인내심을 요구할 것이다. 하지만 이는 단순한 반복이 아니라 여러 번 되풀이하여 마음에 새기고 몸으로 체득하라는 뜻으로 생각해야 할 것이다.

『팔천송반야경』 번역을 시작한 후 역자는 많은 어려움에 봉착했다. 번역이라는 여정 속에서 힘에 겨워 주저앉고 싶을 때가 한두 번이 아니었다. 하지만 그 수많은 고비 때마다, 어떤 알 수 없는 힘이 역자를 종착지로 이끌었고, 마침내 본 번역서가 나오게 됐다. 어쩌면 이것이 불교에서 말하는 원력(願力)일지도 모르겠다.

용어의 통일성, 표현의 매끄러움, 오역을 최소화하기 위해 최선을 다했지만, 그럼에도 불구하고 번역에 있어 문제가 있다면, 그것은 전적으로 역자의 책임이라는 것을 밝히는 바이다.

마지막으로 범본 『팔천송반야경』의 한국 최초 우리말 번역이 출판되게끔 애써주신 불광출판사의 주성원 과장님과 류지호 대표님께 감사의 인사를 표하는 바이며, 곁에서 늘 등불이 되어주는 내 가족에게 이 자리를 빌려 사랑한다는 말을 전한다.

이 책이 마무리될 즈음 아버지가 돌아가셨다. 책의 완성을 보지 못하고 가신 아버지, 그리고 19년 전에 세상을 떠나신 어머니. 이제는 함께 계실 두 분께 이 책을 바친다.

2019년 8월

전순환

해제

『팔천송반야경(八千頌般若經)』은 기원 전후 태동하기 시작한 대승불교의 최초기 경전 중 하나이다. 산스크리트어로는 아스타-사하스리카-프라즈냐-파라미타-수트라(Aṣṭa-sāhasrikā-Prajñā-pāramitā-sūtra)라고 하며, '팔천 개의 게송으로 이루어진 반야경'이라는 뜻으로 해석할 수 있다. 초기 대승경전인 만큼 이 경전을 통해 반야(般若) 사상이 움트는 모습과 그 속에 잠재된 공(空) 사상을 엿볼 수 있다.

반야부경전(般若部經典) 연구의 권위자인 일본의 가지야마 유이치(梶山雄一, 1974, 349)와 영국의 불교학자 에드워드 콘즈(Edward Conze, 1978, 1-18)[01]는 반야경의 발전 단계를 4기로 구분한 후 『팔천송반야경』을 1기에 위치시켰고, 모든 반야부경전의 원형으로 보았다.

후대 학자들도 이러한 연구 성과를 받아들였고, 반야부경전을 연구하는 기본 문헌으로 『팔천송반야경』을 매우 중시하고 있다. 또한 불교 경전 중에서도 높은 위치를 점하고 있는데, 네팔에서는 『팔천송반야경』을 구법(九法, nava-dharma)[02]으로 불리는 대승불전 가운데 하나로 꼽고 있으

---

01 梶山雄一 1974 (訳) 八千頌般若経I. (大乗仏典2) 東京：中央公論社; Conze, Edward (1978) *The Prajnaparamita Literature*. Second Edition. Revised and Enlarged. Tokyo · The Reiyukai.

02 ① 『방광대장엄경(方廣大莊嚴經)』 ② 『월정삼매경(月灯三昧經)』 ③ 『입능가경(入楞伽

며, 인도는 물론 대승불교권에 포함된 한국, 중국, 일본, 티베트 등에서 존중되며 활발히 연구되고 있다.

서양에서는 독일 괴팅겐대학의 GRETIL(인도 산스크리트 전자텍스트),[03] 미국 웨스트대학의 DSBC(디지털 산스크리트 불전)[04] 등 여러 학술 단체들이 『팔천송반야경』을 연구하고 있다. 이 대학들은 세계 여러 곳에 산재해 있는 수많은 범본 불전들을 디지털화하여 인터넷을 통해 공개하고 있다. 그만큼 서양인들은 불교에 높은 관심을 보이고 있다. 특히, 오슬로대학의 TLB(전자불전)[05]는 『팔천송반야경』을 문장이나 문단별로 구획 지어 범본(1종)·티베트어역(1종)·간다리어역(2종)·한역(3종)·영역(1종)의 순서로 보여주고 있을 정도로 많은 연구를 진행하고 있다.

동서양을 막론하고 『팔천송반야경』에 대한 이러한 관심과 집중은 어디에서 오는 것일까? 그것은 아마도 대승경전들 가운데 가장 오래된 경전으로 알려져 있기 때문일 것이다. 그렇다면 과연 어느 정도로 오래된 것일까? 현존하는 산스크리트 사본들의 원형이 되는 것은 대체로 기원전 100년과 기원후 100년 사이에 성립된 것으로 보고 있다. 하지만 실제로 어떤 사본이 원형에 가깝고, 그 성립 시기가 정확히 언제인지 알 수 없는 상황에서 여러 의견이 분분한 상황이다.[06]

經)』 ④『팔천송반야경(八千頌般若經)』 ⑤『화엄경(華嚴經)』 ⑥『법화경(法華經)』 ⑦『십지경(十地經)』 ⑧『금광명경(金光明經)』 ⑨『여래비밀경(如來秘密經)』.

03 Göttingen Register of Electronic Texts in Indian Languages (http://www.sub.uni-goettingen.de/gret_utf.htm)

04 Digital Sanskrit Buddhist Canon (http://www.dsbcproject.org)

05 Thesaurus Literaturae Buddhicae (http://2.hf.uio.no/polyglotta)

06 범본 『팔천송반야경』을 비롯한 반야경의 개관에 대한 해설서는 Conze(1978) 참조. 또한 산재해있는 이와 관련 문헌들에 대해서는 Beautrix, Pierre (1971) *Bibliographie de la littérature prajñāpāramitā*. Série Bibliographies. Bruxelles, Institut belge des hautes

그런데 1999년 간다라(Gandhāra) 지역[07]의 옛 불교사원 터에서, 소실되거나 훼손된 부분들이 적지 않았지만, 자작나무 껍질(birch bark)에 카로스티(Kharoṣṭhī, B.C. 300~A.D. 400) 문자와 프라크리트의 한 방언인 간다리어(Gandhārī)로 쓰인 일련의 사본들이 발견되었다. 탄소량(C14)을 측정한 결과, 자작 껍질은 정확도 81.1%로 A.D. 47~147년까지 소급된다는 연구 결과가 나왔다.[08] 팔크&가라시마(Falk& Karashima, 2012)[09]는 이 사본들이 『팔천송반야경』 1장의 일부분이라 직감하고, 이와 비슷한 시기에 존재했고, 최초의 한역본으로 알려진 지루가참(支婁迦讖, Lokakṣema)의 『도행반야경(道行般若經)』(A.D. 179)과 비교한 결과를 발표했고, 뒤이어 팔크&가라시마(2013)[10]는 같은 장소에서 발견된 또 다른 사본들을 면밀히 검토한 결과, 그 내용이 바이다(1960)[11]의 범본 『팔천송반야경』 5장의 중반 이후에 상응한다는 결과를 내놓았다. 이 부분은 현재 로마문자로 변환되어 인터넷에 공개되어 있다.[12]

하지만 이미 소실되거나 아직 발견되지 않은 것이지, 분명 이러한 사

études bouddhiques.

07 현재 아프가니스탄 국경과 인접해 있는, 파키스탄 북서부에 위치한 바자우르(Bajaur) 지역이다.

08 Seishi Karashima (2013), "Was the Aṣṭasāhasrikā composed in Gāndhārī?" 創価大学国際仏教学高等研究所年報 16: 171 – 188.

09 Falk, Harry and Seishi Karashima (2012), "A First-Century Prajñāpāramitā Manuscript from Gandhāra - parivarta 1 (Texts from the Split Collection 1)." 創価大学国際仏教学高等研究所年報 15: 19 – 61.

10 Falk, Harry and Seishi Karashima (2013), "A First-Century Prajñāpāramitā Manuscript from Gandhāra - parivarta 5 (Texts from the Split Collection 2)." 創価大学国際仏教学高等研究所年報 16: 97 – 170.

11 Vaidya, P.L. (1960) *Aṣṭasāhasrikā Prajñāpāramitā*, Darbhanga (Buddhist Sanskrit Texts, 4).

12 http://gandhari.org/a_manuscript.php?catid=CKM0371

본들보다 더 이른, 분량으로나 내용으로나 현재 우리가 알고 있는 『팔천송반야경』의 모습에 가까운 사본들이 존재했을 것이다. 이 경전 3장부터 자주 등장하는 "… 반야바라밀다를 끝까지 기록하여(likhitvā) 책의 형태로 만든 뒤, 최우선으로 공양하기 위해 이 책을 안치할 불탑을 세워 … "라는 문구를 통해서도 원형에 가까운 사본의 존재 가능성을 충분히 생각해 볼 수 있다. 부처님의 생애(B.C. 563~483)를 고려하여 당시 이 사본에 쓰였을 문자와 언어를 이론적으로 가정해 본다면, 문자는 B.C. 500년 이전부터 쓰였다고 전해지는 브라흐미(Brāhmī)이고, 언어는 간다리어를 포함한 중세 인도어인 프라크리트의 여러 방언들 가운데 하나였을 것이다.

그렇다 하더라도 이 사본의 명칭, 즉 경의 이름은 처음부터 『팔천송반야경』이 아니었을 것이다. 간다리어로 된 자작껍질 사본들에도 "aṣṭasāhasrikā(팔천)"에 대응하는 단어는 나오지 않는다. 쇼펜(Schopen, 2000, 1-30)[13]에 따르면 이 8,000이라는 수사가 붙는 경전 이름의 비문(碑文)이나 사본들은 11~12세기경 팔라(Pāla) 왕조에 와서야 비로소 나타난다고 한다. 한역 자료들에서도 게송(偈頌)에 따른 구분은 당대(唐代)의 현장(玄奘) 이후인 7세기부터 나오고 있다. 따라서 정확히 언제부터 '8천'이라는 이름으로 붙여졌는지 알 수 없지만, 이는 비교적 후대에 와서 명기되었음이 틀림없다. 『승천왕반야경(勝天王般若經)』을 제외한 반야부의 모든 경전[14]이 시대에 따라 기록되고 모아지며 축적되면서, 특정한 기준에

---

13 Schopen, Gregory (2000) 大乘佛教興起時代 - インドの僧院生活. 春秋社. 東京, 日本.

14 『십만송반야경(十萬頌般若經)』(K 1(1), 제001권~제400권); 『이만오천송반야경(二萬五千頌般若經)』(K 1(2) 제401권~제478권); 『만팔천송반야경(萬八千頌般若經)』(K 1(3), 제479권~제537권); 『팔천송반야경(八千頌般若經)』(K 1(4-5), 제538권~제565권); 『승천왕반야경(勝天王般若經)』(K 1(6), 제566권~제573권); 『칠백송반야경(七百頌般若經)』(K 1(7), 제574권~제575권); 『오백송반야경(五百頌般若經)』(K 1(8), 제576

따른 구분이 필요했을 것이고, 누구의 발상이었는지는 모르지만, 그 기준은 특이하게도 각 경전의 분량에 따라 부여되는 수사였다.

이 분량의 단위는 산스크리트 경전 이름에 표기되어 있지는 않지만, 베다 문헌들의 운문형식인 아누스툽(Anuṣṭubh)에서 발전된 쉴로카(Śloka)이다. 1쉴로카는 기본적으로 2문(文, Pāda)의 길이이며, 32음절(音節)로 구성되는 4구(句)를 나타낸다. 한역 경전 이름에서 송(頌)으로 명기되는 이 단위에 따르면, 『팔천송반야경』은 총 32×8,000, 즉 256,000개의 음절로 되어있는 것이다. 단, 텍스트에서 모음과 관련된 외적 산디가 정확하게 적용되어 있는 한에서이다. 예를 들어, -i로 끝나는 단어에 a-로 시작하는 단어가 따를 경우, 산디가 적용되지 않는다면, 적용될 때의 '-ya-' 1음절이 아닌 '-i a-' 2음절로 계산되기 때문이다. 베다 문헌들의 운문 형식에 따른다면, 『팔천송반야경』을 비롯한 반야부 경전들은 원칙적으로 산디가 적용된 상태에서 쉴로카의 수가 측정되어야 한다.

하지만 미트라(Mitra, 1888, 183)[15]가 자신이 편집한 데바나가리 사본에서 세어본 쉴로카의 수를 8,190으로 말하고 있는 것처럼, '팔천'이라는 수사가 붙는 『팔천송반야경』의 사본들에는 실제로 오차가 존재한다. 원본에 가까운 저본(底本)으로 알려져 있는 오기하라(1932-35)[16]의 로마문자 변

권, 나가실리분(那伽室利分)); 『삼백송반야경(三百頌般若經)』 (K 1(9), 제577권, 『능단금강반야경(能斷金剛般若經)』); 『백오십송반야경(百五十頌般若經)』 (K 1(10), 제578권); 『천팔백송반야경(千八百頌般若經)』 (K 1(11-15), 제579권~592권); 『이천백송반야경(二千百頌般若經)』 (K 1(16), 제593권~제600권).

15 Mitra, R. (1888) *Aṣṭasāhasrikā Prajñāpāramitā*. A Collection of Discourse of the Metaphysics of the Mahāyāna School of the Buddhist of Calucutta: Bibliotheca Indica.

16 Wogihara, Unrai ed. (1932~1935) *Abhisamayalamkaraloka Prajnaparamita vyakhya*: The Work of Haribhadra together with the Text Commented on, Tokyo: The Tokyo Bunko.

환본과 바이댜(1960)의 데바나가리본 또한 미트라본(1888)과 같이 산디가 제대로 적용되어있지 않은 상태이며, 그 쉴로카의 수는 8천 개를 훨씬 넘는다. 본 번역을 위해 역자가 전자의 두 가지 본(本)을 토대로 편집한 텍스트 역시 8,400개에 달하는 쉴로카의 수를 보여준다. 이 숫자는 산디를 철저히 적용시켜 계산한 수치이다.

『팔천송반야경』으로 불리며 현존하는 범본들은 일본에 적지 않게 존재하지만,[17] 32장으로 구성되고 8천이 넘는 쉴로카에 부합하는 텍스트는 이전의 여러 사본들에 기초하여 교정 편집된 미트라본과 오기하라본, 그리고 바이댜본이 대표적이라고 말할 수 있다. 그러나 이 사본들에서는 앞서 언급한 산디 외에도 몇몇 문제점들이 눈에 들어오는데, 그 가운데 하나가 |와 ||와 같은 단다(Daṇḍa)의 위치와 관련된 것이다. 단다는 지금의 쉼표나 마침표의 기능을 한다. 구(句) 또는 문장이 어디에서 끊어지고 시작되는지를 알려주는 단다가 올바르게 위치해 있지 않으면, 텍스트의 내용을 제대로 파악하는 데 어려움이 생기기 마련이다. 예를 들어, 역자가 편집한 범본 『팔천송반야경』 1장에서 세존이 "yathā śāriputra na saṁvidyante | tathā saṁvidyante | <u>evam avidyamānāḥ tena ucyante avidyā iti</u> |[18] 사리자야, 법들은 존재하지 않는 것처럼, (그렇게) 존재하는

---

17 야자수 잎(Palm-Leaf)에 쓰인 이 산스크리트 사본들은 현재 도쿄대학 도서관에 소장되어 있으며, 자세한 목록은 Matsunami, S. (1965) *A Catalogue of the Sanskrit Manuscripts in the Tokyo University Library* (Tokyo: Suzuki Research Foundation)에서 확인할 수 있다. 또한 도쿄대학 도서관 〈남아시아 산스크리트어 사본 텍스트 데이터베이스〉(http://utlsktms.ioc.u-tokyo.ac.jp/list. php?mode=catalogueno&page=4)를 통해 웹-서비스(No.43~52)되고 있다. 이 밖에도 네팔계(係) 산스크리트 사본(영인판)인 Chandra, L. (1981) *Aṣṭasāhasrikā prajñāpāramitā: a Sanskrit manuscript from Nepal*. (Śatapiṭaka series, vol.265; New Delhi. Sharada Rani)가 존재한다.

18 이 문구는 역자가 편집한 교정본(미출간)에서 가져온 것이다. 이 교정본에는 위의 예문과 같이 산디가 해제되어 있는 파타파다(Pathapāda)와 산디가 적용되어 있는 상히타파다

것들이니라. 그렇기에 이와 같이 존재하지 않는 〔찾아지지 않는〕 법들은 무명(無明)이라 불리느니라”라는 문구가 있다. 하지만 미트라본(1888, 25)과 오기하라본(1932-35, 65)의 경우 첫 번째와 두 번째의 단다가 생략되어 있고, 바이댜본(1960, 8)에서는 두 번째 단다가 tena 앞에 놓여있는데, 이러한 점은 해석의 혼란을 야기하기에 충분하다. 가지야마(梶山, 1974, 24)[19]는 위의 문구를 “シャ-リプトラよ, 存在しないというかたちで存在し, 自体として存在していない (つまり知られない)。だから, (その真理を知らないことを) 無知(無明)というのである。”라고 번역하고 있는데, 문제는 첫 번째 마침표(단다)가 바이댜본에서와 같이 tena 앞이라는 것이다. 잘못됐다고 말할 수는 없지만, 단다의 위치로 인해 어느 정도 해석의 꼬임이 발생한 경우라고 말할 수 있다.

이 밖에도 철자 및 표지, 단어형성 등과 관련된 문법상의 오류들이 존재하는데, 이는 미트라본과 오기하라본의 경우 350여 개, 바이댜본의 경우 750여 개에 달한다. 사전이나 문법서에서의 올바른 검색을 위해 이러한 사항들의 교정은 반드시 필요하다. 불교혼성산스크리트(Buddhist Hybrid Sanskrit)라는 이유로 어느 정도의 철자 오류들이 허용될 수도 있겠지만, 이것들 역시 사전 검색에 알맞은 형태로 바꾸어 놓아야 한다는 것이 역자의 생각이다.

또한 미트라본(1888, 464), 오기하라본(1932-35, 874), 바이댜본(1960, 229)에서 “śrāvakayā … gatam”이 나타나고, 미트라를 제외한 편집자 자신들도 문맥상 들어맞지 않는다며 ‘…’ 부분을 “존재했겠지만, 지금은 빠

(Saṁhitapāda)가 구 문장 단락별로 병기되어 있다.

19 범례에서 Vaidya본을 기본으로 하되 Mitra본과 Wogihara본을 참조하여 번역했다고 밝히고 있다(ibid. 6, 서지 사항은 주 1 참조).

져있는 상태"라고만 언급하고 있다. 가라시마(2013, 190-191)[20]는 그렇게도 철두철미했던 미트라가 이 생략된 부분에 대해 한마디도 하지 않았던 것에 의아해하면서도, 해당 페이지의 마지막 단어인 śrāvakayā에 하이픈(-)이 붙어있다는 점을 주목했다. 그에 따르면, śrāvakayā-는 다음 페이지의 첫 단어 gatam이 아닌 분명 하이픈에 이어지는 단어 또는 문장, 단락들이 존재했을 것이고, 이것들은 출판 당시 누락되었을 가능성이 매우 높다고 한다. 미트라 본인이 누락되었다고는 생각조차 못 했기 때문에 언급하지 않았다는 것이 가라시마의 주장이다. 문제가 되는 하이픈은 미트라본을 상당 부분 그대로 따른 오기하라본에도 나타나는 한편, 바이디야본에는 빠져있다.

이러한 상황에서 가라시마(2013)는 누락된 그 부분을 찾으려 노력했고, 마침내 네팔 등지에서 수집하여 구축한 '남아시아 산스크리트 사본 데이터베이스'(No.47, 주 17참조)를 통해 재구성해내기에 이른다.[21] 그에 의해 복구된 이 부분은 현재 바이디야의 『팔천송반야경』에 삽입되어 GRETIL(주 3참조)을 통해 공개되어 있고, 본 번역(28장)에 그가 재구성한 부분을 반영했고, 그 위치는 일러두기에 표시해 두었다. 재구성된 텍스트는 전체 분량에서 볼 때 매우 적은 양이지만, 누락된 부분을 찾아 채워 넣었다는 점에서 그 의미는 크다고 말할 수 있다.

그렇다고 소실된 부분을 찾기 전까지 다른 학자들이 이 문제를 인지

---

20 Karashima, S. (2013) "On the "Missing" Portion in the Aṣṭasāhasrikā Prajñāpāramitā" 創価大学国際仏教学高等研究所年報 16: 189-192.

21 이러한 재구성은 Karashima 이전에 범본 『이만오천송반야경』(Pañcaviṁśatisāhasrikā Prajñāpāramitāsūtra)의 편집자인 Kimura, T(1985, 八千頌般若梵本の欠落. 大正大学綜合仏教研究所年報 7: 228-239)가 Pratācandra Ghoṣa(1902~)의 『십만송반야경』(Śatasāhasrikā Prajñāpāramitāsūtra) 등에 기초하여 시도했다.

하지 못했다고 볼 수는 없다. 그 이유는 미트라본과 바이다본의 『팔천송반야경』을 각각 완역한 콘즈(1958, 464a; 1975, 268-269)[22]와 가지야마 유이치·단지 데루요시(梶山雄一·丹治昭義, 1975, 292)[23]의 번역에서 이미 그 사라진 부분이 채워져 있기 때문이다. 가라시마(2013, 190)에 따르면 특히 일본의 역자들이 이 부분을 티베트어본[24]에 의지하여 번역했다고 말하지만, 영어 번역과 일본어 번역의 해당 번역들이, 복구된 부분에 대한 본 역자의 번역과 거의 일치하고 있다는 점은 산스크리트로는 아니더라도, 이미 그 누락된 부분이 공공연하게 널리 알려져 있었다는 것을 의미하기도 한다. 이 밖에도 미트라본(ibid. 63-64)과 오기하라본(ibid. 219-220)에 존재하는 한 페이지 분량의 텍스트가 바이다본에 누락되어 있는데, 일본어 번역에는 있지만 영어 번역에 빠져있는 이 부분은 본 역서 3장에 번역해 넣었으며, 그 위치는 일러두기에 표시해 두었다.

『팔천송반야경』 3종의 범본을 완역한 연구자는 현재까지 콘즈(1958, 1975)와 가지야마·단지(1974, 1975)뿐이다. 본 역자는 바이다본을 중심으로 하되 미트라본과 오기하라본을 참고하며 번역하면서, 산스크리트에서 번역된 단어·구절·문장·단락을 영어 번역과 일어 번역뿐만 아니라 구마라집과 현장의 한역들[25]과 비교해 보았고, 그 결과 일본어 번역을 제

---

22 Conze, E. (1958) *Aṣṭasāhasrikā prajñāpāramitā*: the perfection of wisdom in eight thousand slokas. Bibliotheca indica no. 284. Calcutta: The Asiatic Society; (1975) *The Perfection of Wisdom in Eight Thousand Linnes & its Verse Summary*. Four Seasons Foundation. Bolinas, California.

23 梶山雄一·丹治昭義 (1975) (共訳) 八千般若経II. (大乗仏典3) 東京: 中央公論社.

24 티베트어 역본들에 대해서는 庄司 史生 (2010) "東洋文庫所蔵·河口慧海将来チベット語訳 八千頌般若経" 東洋文庫書報 (42), 1-18. 東洋文庫.

25 지금까지 알려진 『팔천송반야경』의 한역본들로는 7종이 존재하는데, 이는 기원후 2세기에서 10세기 사이에 번역된 것들로 알려져 있다: ① 지루가참(支婁迦讖: Lokakṣema: 후

외한 나머지 번역본들이 공통적으로 반복 또는 중복이라는 이유로 많은 부분을 누락시켰다는 것을 알게 되었다. 예를 들어, '공양을 받을 만하고 올바르고 완전하게 깨달은 여래'란 뜻의 명사구(Noun Phrase)인 tathāgata arhat samyaksaṁbuddha가 전순환(출간 미정)의 『범본 팔천송반야경』 전반에 걸쳐 190여 회 나타나는데, 가지야마·단지(ibid.)는 이를 한결같이 '供養されるべき, 完全にさとった如来'라고 번역하는 반면, 콘즈(ibid.)는 수식어들을 생략한 'Tathagata'로 일관되게 표현하고 있다. 현장의 한역본에서는 "如來應正等覺"이 1,082회나 등장하며, 구마라집본의 경우 "如來應供正遍知"라는 번역으로 단 1회 나타난다. 가지야마(1974, 352)가 현존하는 범본의 형식이나 내용에서 일치한다고 하는 시호(施護)의 번역에서는 "如來應供正等正覺"이 103회 확인되고 있다.

또한 "보살마하살은 … 물질[色]에 머물지 않아야 할 것이고, 감각[受], 표상[想], 의욕[行], 사유[識]에 머물지 않아야 할 것입니다"라는 본 번역 1장의 문장처럼 5온, Rūpa Vedanā Saṁjñā Saṁskāra Vijñāna가 함께 열거되는 횟수가 범본에 120여 회 등장하는데, 일본어 번역에서는 단 한 번의 누락도 없이 번역되는 반면, 콘즈(ibid.)는 "…form, etc…"처럼 물

한(後漢): A.D. 179)의 『도행반야경(道行般若經)』(K5, T224), ② 지겸(支謙: 오(吳): A.D. 223-253)의 『대명도경(大明度經)』(K9, T225), ③ 담마비·축불념(竺仏念·曇摩蜱: Dharmarakṣa·Dharmaprīya: 진(秦): AD 382)의 『마하반야초경(摩訶般若抄經)』(K5, T226), ④ 구마라집(鳩摩羅什: Kumārajīva: 후진(後秦): AD 402-412)의 『마하반야바라밀(摩訶般若波羅蜜)』(K21, T227), ⑤ 현장(玄奘: 당(唐): A.D. 659-663)의 『대반야바라밀다경(大般若波羅蜜多經)』(K1(4-5), T220), ⑥ 법현(法賢: 송(宋): A.D. 991)의 『불모보덕장반야바라밀경(佛母寶德藏般若波羅蜜經)』(K1200, T229), ⑦ 시호(施護: Dānapāla: 송(宋): A.D. 1003-1004)의 『불모출생삼법장반야바라밀다경(佛母出生三法藏般若波羅蜜多經)』(K1423, T228). 서지 정보와 한역본들에 대해서는 각각 The Korean Buddhist Canon: A Descriptive Catalogue(http://www.acmuller.net)와 SAT 大正新修大藏經テキストデータベース(http://21dzk.l.u-tokyo.ac.jp/SAT) 참조.

질을 제외한 나머지를 "등등"으로 나타내고 있으며, 이 영어 번역에서 etc.는 무려 150여 회 이상 등장한다. 한역본들의 경우 色…受想行識으로 열거되는 횟수는 현장 1,718회에 달하며, 구마라집은 151회, 시호는 206회이다. 그렇다고 가지야마·단지의 일본어 번역에 범본의 모든 내용이 담겨 있는 것은 아니다. 위와 같은 예들에서처럼 반복되거나 중복되는 형식적인 표현들이 범본에 매우 자주 나타나기 때문에 일본어 번역 또한 그 부분들을 … A … 등으로 표기하고, A의 내용을 미주(尾註)에서 보여주고 있다.

본 역자 역시 되풀이되는 이와 같은 표현들을 어떻게 처리해야 할지 많은 고민을 했다. 고민 끝에 내린 결론은 되도록 삭제하지 않고 범본의 내용을 그대로 옮겨야 한다는 것이었다. 번역을 시작하고, 초반에 이러한 표현들에 적응하지 못했던 것이 사실이고, 영어 번역이나 일본어 번역처럼 어떤 방식이든 누락의 처리가 필요하다는 생각이 있었다. 그러나 번역이 중반을 넘어 종반에 접어들면서 생각이 달라졌다. 범본 『팔천송반야경』에는 '반야바라밀다(Prajñāpāramitā)'가 1,300여 회 언급되고 있다. 한두 번만 보아도 된다고 생각했던 것들이 열 번, 스무 번, 그 이상 반복되어 눈에 들어오게 되니 글로 표현하기는 어렵지만, 무엇인가 더 절실해지고 해당 개념이 더 분명해진다는 그런 느낌이 들었다. 독자들 역시 이 경전을 읽어나가는 동안 반복되는 수많은 단어 문구 단락들을 조우하더라도 역자와 같은 느낌이 들게 되길 바란다.

등장인물

이 경전에는 사람, 천신은 물론 마왕에 이르기까지 매우 많은 존재가 등장한다. 경전을 읽는 데 도움을 주기 위해 반야바라밀다에 관한 담론에 직접적으로 관여하는 중심인물들로 한정하여 간략하게 소개하기로 한다.

세존 석가모니 붓다를 일컫는 별칭들 가운데 하나로 '세상의 존귀한 분'을 의미한다.

수보리 『팔천송반야경』에서 가장 많이 언급되는 세존의 제자로서 사람들에게 잘 베풀고 교화하여, 도움을 받은 자들이 그에게 많이 공양했기에 공양제일(供養第一)로 불린다.

사리자 본 경전에서 수보리와 담론을 가장 많이 주고받는 세존의 제자로서 지혜제일(智慧第一)로 불린다.

아난다 반야바라밀다가 사라지지 않도록 세존으로부터 위탁받은 제자로서 세존의 설법과 가르침을 가장 많이 들었기에 다문제일(多聞第一)로 불린다.

부루나 뛰어난 능변으로 사람들을 교화했기에 설법제일(說法第一)의 제자로 불린다.

천제석 '신들의 제왕인 샤크라(śakra)'를 의미하는 천제석은 수미산의 도리(忉利) 33천계에 머물며 불법을 보호하고, 불법에 귀의하는 사람들을 보호한다.

사천왕	동방의 지국천왕(持國天王), 남방의 증장천왕(增長天王), 서방의 광목천왕(廣目天王), 북방의 다문천왕(多聞天王)을 가리키며 사방에서 세존의 법을 수호하는 신들이다.
대범천왕	사바세계(娑婆世界)의 주인으로서 색계(色界) 초선천(初禪天)의 제3천왕이다.
마왕 파순	보살마하살 등의 마음을 교란시키고 악과 불행으로 이끄는 마왕(魔王)이다.
미륵 보살마하살	8대 보살들 가운데 한 명으로 석가모니보다 일찍 입멸하여 도솔천에 올라가 천자(天子)들에게 설법하고 있다고 한다.
상제 보살마하살	반야바라밀다를 수호하는 보살로서 30장의 제목이기도 하다. 중생이 고통을 받는 것을 보고 연민하여 울었기에 상제(常啼)라는 이름이 붙여졌다고 하며, 본 경전에서는 반야바라밀다를 얻기 위해 법상 보살을 찾아 나선다.
법상 보살마하살	중향(衆香)이라는 성(城)에 머물며 그곳에 사는 유정들에게 법, 반야바라밀다를 가르치는 인물로 묘사되고 있다.
연등불 여래	미래에 불리게 될 석가모니의 별칭들, 즉 '올바르고 완전하게 깨달으면서 공양을 받을 만한 여래', '지(知)와 행(行)을 겸비한 선서(善逝)', '세상의 이치를 아는 사람', '사람들을 깨달음의 길로 이끄는 최고(最高)의 조련사', '신과 인간들의 교사(教師)', '불타', '세존'을 수기한 여래이다.

일러두기

- 한국어 번역을 위해 대상으로 삼은 범본 『팔천송반야경』은 바이댜(Vaidya, 1960)본을 기본으로 하되 미트라(Mitra, 1888)본과 오기하라(Wogihara, 1932-35)본을 참조하였다. 각각의 서지 정보는 해제의 각주 11, 15, 16에 밝혀 놓았다.
- 번역을 위해 역자가 참조한 여타 번역본들은 가지야마 유이치·단지 데류요시(梶山雄一·丹治昭義, 1974-75)의 일본어 번역본, 콘즈(Conze, 1978)의 영어 번역본, 구마라집과 현장의 한역본이다. 각각의 서지 정보는 해제의 각주 1, 23, 25번에 명기했다.
- 바이댜본에는 빠져있고 미트라본과 오기하라본에 나와 있는 텍스트는 p.108, 23줄 '교시가야, 칠보로…'부터 p.110, 13줄 '…되느니라.'까지이다.
- 3장에서 한 페이지 반 분량이 연속적으로 세 번 반복되기에 역자는 이 부분을 누락시켰다. 누락된 부분은 p.110, 17줄 '칠보로…'부터 p.112, 4줄 '…되느니라.'까지이고, 이 내용은 p.112의 5줄 '사대주, 소천, 이천중천' 각각의 다음에 이어지는 텍스트이다.
- 위의 세 가지 범본에 명백하게 빠져있는 부분을 재구성한 가라시마(Karashima, 2013, 각주 20 참조)의 텍스트는 28장 p.635, 11줄 '…성문승에…'부터 p.637, 8줄 '…아촉불 여래'까지이다.
- 범본에는 없지만 문맥상 필요하다고 자연스럽다고 판단되어 추가한 표현들은 〔 〕 또는 ( )에 기재했다.
- 29장에서 32장까지를 제외한 각 장에는 화두가 바뀔 때마다 소제목을 넣었는데, 역자가 필요하다는 판단하에 달아 놓은 것으로 범본에는 없다.
- 산스크리트에는 한국어에서와 같은 경어체가 뚜렷하게 존재하지 않지만, 세존이 누군가에게 말할 때는 낮춤말로, 말을 받을 때는 높임말로 표현하며, 세존 이외의 인물들 간의 대화는 경어체를 사용했다.
- 범본 『팔천송반야경』 전반에 걸쳐 '이하 동문(同文) 반복'이 두 번 등장하는데, 이 표현은 'evaṁ peyālena kartavyam'을 번역한 것이다.
- 불교 용어의 번역은 의역되거나 음역된 한역의 관용적 표현을 따랐고, 5온(五蘊)과 같이 한글(한자)의 순서로 병기해 두었다.

- 하지만 때로는 5온의 경우처럼 색(色)·수(受)·상(想)·행(行)·식(識)이 아니라 일본어 번역의 물질·감각·표상·의욕·사유를 따르기도 했다.

- 이와 같은 상당수의 핵심 불교 용어들은 색인에 따로 소개되어 있으며, 원어인 산스크리트 표현을 함께 적었다.

- Buddha는 보통 붓다로 번역되지만, 본 번역에서 불타로 표현하기로 한다. 붓다가 전적으로 석가모니 세존과 동일시되는 경우가 많은데, 실제로 이 경전에서는 삼세(三世)의 붓다들을 가리키는 경우가 거의 대부분이기 때문이다. 따라서 이를 차별화하기 위해 후자의 경우 역자는 붓다 대신 음역인 불타(佛陀)를 선택했다.

- '무-각지'나 '비-진여'처럼 부정의 무(無)나 비(非)로 시작되는 단어들은 혹시 모를 이해의 어려움을 피하기 위해 무에 하이픈(-)을 달았다.

- 각 장에 부여된 문단 번호는 바이댜본의 단다(‖)에 따라 나누었다.

- 『팔천송반야경』뿐만 아니라 반야부 전체 경전들에서 가장 핵심 용어이자 개념인 반야바라밀다는 일본어 번역이나 영어 번역에서와 같은 '지혜의 완성'이 아니라 한자 음역 표현을 그대로 썼다. 역자가 바라보는 이 용어의 의미는, 월간『불광』536호와 537호의 칼럼에도 밝힌 것처럼, '극도의 진여지(眞如智), 감히 오를 수 없는 경지에서 세간의 모든 법을 있는 그대로 앎'이다. 이 단어가 어떤 의미로 해석되든 독자들이 반야바라밀다의 뜻을 마음 깊이 새기며 본『팔천송반야경』을 읽기 바란다.

- 산스크리트 불교 용어나 그 밖의 일반 어휘들을 번역하기 위해 참조한 사전들은 오기하라 운라이(荻原雲来) 編 (1940-1943) 漢譯對照梵和大辭典; Digital Dictionary of Buddhism 〈Sanskrit Terms Index〉 (http://www.buddhism-dict.net/ddb/); Edgerton, Franklin (1953) *Buddhist Hybrid Sanskrit. Grammar and Dictionary. Vol. 2: Dictionary.* (New Haven: Yale University Press); Conze, Edward (1967) *Materials for Dictionary of the Prajnaparamita Literature.* (Suzuki Research Foundation); Monier-Williams, Monier. (1986) *A Sanskrit-English Dictionary.* (Meicho Fukyukai Co. Ltd. Tokyo); Mayrhofer, Manfred (1992-96) *Etymologisches Wörterbuch des Altindoarischen.* Band I &II (Heidelberg.Universitätsverlag.Winter) 등이다.

목차

제 1 장

모든 양상의 불지(佛智)에 대한 수행

◉

सर्वाकारज्ञताचर्या प्रथमः परिवर्तः

법회의 시작

⟬ 01 ⟭ 다음과 같이 나는 들었다. 한때 왕사성(王舍城) 취봉산(鷲峰山)에 머무신 세존께서 위대한 1,250여 명의 비구들과 함께 계셨는데, 그들 모두는 정욕(情欲)이 소멸되어 있고, 번뇌(煩惱)가 없으며, 스스로를 완벽하게 통제하고, 〔모든 속박으로부터〕 철저하게 해방된 마음과 지혜를 갖춘 아라한(阿羅漢)들로서 고귀한 혈통을 이어받았고, 〔마치〕 위대한 용들〔의 모습〕과 같으며, 〔주어진〕 의무와 책무를 다한 자들이고, 〔또한 마음의 무거운〕 짐을 내려놓으면서 각자의 목적을 달성한 자들이며, 〔더 나아가 세간에〕 존재하는 〔모든 것〕과의 결속을 완전하게 끊어냈고, 올바른 지식으로 철저하게 해방된 마음을 얻으면서 모든 생각을 통제하는 최상의 완전한 상태에 다다른 자들이었지만, 아난다 장로 한 사람만은 예외였다.

⟬ 02 ⟭ 세존께서 상좌(上座)인 수보리 장로에게 말씀하셨다.

"수보리야, 보살마하살들이 반야바라밀다를 향해 어떻게 나아가야 하는지 보살마하살들의 반야바라밀다에 관해 〔이야기할 때〕, 네게 번뜩이는 변재(辯才)의 능력이 발휘되어야 할 것이니라!"

⟬ 03 ⟭ 그러자 사리자 장로에게 〔문득〕 '상좌인 수보리 장로, 이분은 보살마하살의 반야바라밀다를 자신이 본래 갖고 있던 지혜와 변재의 능력을 발휘하여 설명할 것인가, 아니면 불타의 위신력(威神力)에 의지하여 보여줄 것인가?'라는 생각이 들었다.

법성(法性)

❰ **04** ❱ 그때 수보리 장로는 불타의 위신력으로 사리자 장로의 심경(心境)을 바로 알아차리고는 그에게 말했다.

"사리자 장로여, 세존의 제자들이 〔반야바라밀다에 관해〕 무엇이든 말하고, 가르치고, 보여주고, 이야기하고, 설명하며, 선언하는 그 모든 것은 여래(如來)의 위대한 공적으로 보아야 할 것입니다. 그 이유는 무엇일까요? 〔먼저〕 여래의 설법 하에 수련하는 제자들이 〔여래의〕 법성(法性)을 직시하고 마음에 새기기 때문이고, 그렇게 직시하고 마음에 새긴 후 그들이 행하는 모든 것이 〔여래의〕 법성과 양립되지 않기 때문입니다. 〔또한〕 여래가 가르친 설법에서 나오는 자연스러운 결과, 즉 〔진실로〕 보여주는 선남자(善男子)들이 〔여래가 가르친〕 법성을 〔실제적〕 법성과 양립시키지 않는다는 결과 때문입니다."

❰ **05** ❱ 그러고는 수보리 장로가 불타의 위신력에 힘입어 세존께 아뢰었다.

"세존께서는 방금 '수보리야, 보살마하살들이 어떻게 반야바라밀다로 나아가야 하는지 보살마하살들의 반야바라밀다에 관해 〔이야기할 때〕, 너에게는 번뜩이는 변재(辯才)의 능력이 발휘되어야 할 것이니라!'라고 말씀하셨습니다. 〔그런데〕 세존이시여, 당신의 말씀에서 보살이란 표현이 사용되고 있는데, 〔도대체〕 보살은 어떠한 법을 나타내는 〔데 쓰이는〕 명칭입니까? 저는 보살이라는 법을 바라보지 못하며, 반야바라밀다로 불리는 법 또한 바라보지 못합니다. 보살, 보살의 법, 반야바라밀다를 찾지도 인식하지도 바라보지도 못하는

〔저 자신은 도대체〕 어떤 보살을 어떠한 반야바라밀다로 교화(敎化)하고 교도(敎導)해야 합니까?

세존이시여, 하지만 지금도 여전히 〔보살도 반야바라밀다도 바라보지 못하는 상황일지라도, 제가 보살에게〕 반야바라밀다가 이러하다고 말하고 가르치며 보여줄 때, 만약 보살의 마음이 우울하지 않고 겁을 먹지 않으며 절망하지 않고 절망에 빠져들지 않는다면, 그의 정신이 우울하게 되지 않고 낙담하게 되지 않는다면, 〔겁을 먹어〕 놀라지도 않고 〔두려움에〕 떨지도 않으며 〔공포의〕 떨림에도 빠져들지 않는다면, 바로 이와 같은 보살마하살이 마땅히 반야바라밀다로 교도(敎導)되어야 할 자〔라고 저는 알고 있습니다〕. 반야바라밀다는 바로 그러한 보살마하살을 위한 것으로 알려져야 할 것이며, 이를 위한 가르침은 바로 반야바라밀다에 존재한다고 말할 수 있습니다. 세존이시여, 만약 〔보살도 반야바라밀다도 바라보지 못하는 상황임에도〕 보살이 〔마음의 흔들림 없이 굳건히〕 서 있다면, 반야바라밀다는 바로 그를 위한 교화(敎化)인 동시에 교도가 될 것입니다.

❪ 06 ❫ 또한 보살마하살은, 반야바라밀다에 들어가 전념할 때, 자신이 깨달음을 향한 마음, 즉 보리심(菩提心)을 갖고 있다고 인식하지 않도록 수련해야 할 것입니다. 그 이유는 무엇일까요? 마음이란 〔본래〕 마음을 갖고 있지 않은 것이며, 마음의 본성(本性)은 〔비어있는〕 순수〔함의 상태〕이기 때문입니다.”

무심성(無心性)

❪ **07** ❫ 그때 사리자 장로가 수보리 장로에게 물었다.

"수보리 장로여, 마음을 갖고 있지 않은 마음, 그런 마음이 존재하는지요?"

수보리 장로가 되물었다.

"사리자 장로여, 그러면 마음을 갖고 있지 않은 상태, 즉 무심성에서 존재함의 유무(有無)가 보이거나 인식되는지요?"

사리자 장로가 대답했다.

"수보리 장로여, 절대 그렇지 않습니다."

그때 수보리 장로가 물었다.

"사리자 장로여, 무심성에서 존재함의 유무가 보이지 않거나 인식되지 않는다면, 만약 그렇다면 '마음을 갖고 있지 않은 그런 마음이 존재합니까?'라는 당신의 질문이 적절하다고 생각합니까?"

이와 같이 묻자, 사리자 장로가 재차 되물었다.

"수보리 장로여, 마음을 갖고 있지 않은 상태란 〔과연〕 무엇입니까?"

수보리 장로가 대답했다.

"사리자 장로여, 무심성이란 형태의 변화도 없고, 분별도 존재하지 않는 그러한 상태를 말합니다."

❪ **08** ❫ 그러자 사리자 장로가 수보리 장로에게 존경의 표시를 보냈다.

"대단하십니다. 대단하십니다. 수보리 장로여, 감히 말하건대, 세존께서 〔당신을 번뇌가 없는〕 평화로움[無爭境地]에 안주하는 자들 가운데 가장 앞선 자로 지목한 것처럼, 당신은 〔가르침을 진실로〕 알리고 있습니다. 그렇듯 진실로 알리고 있는 까닭에 보살마하살은 무상(無上)의 올바르고 완전한 깨달음에서 퇴전(退轉)되지 않는 자로서 고려되고, 반야바라밀다를 결여하지 않은 자라고 〔널리〕 알려져야 합니다.

바로 이러한 반야바라밀다는 성문(聲聞)이나 독각(獨覺)의 경지에서 수련하기 바라는 사람들에 의해 경청되고 습득되며, 마음에 새겨지고 낭송되며 통달되고 세간에 널리 퍼트려야 할 것이며, 그들은 바로 여기 반야바라밀다에서 수련하고 〔부단한〕 노력을 해야 할 것입니다. 보살(菩薩)의 경지 또는 무상(無上)의 올바르고 완전한 깨달음〔의 경지〕에서 수련하기 바라는 보살마하살들도 반야바라밀다를 경청하고, 습득하며, 마음에 새기고, 낭송하며, 통달하고, 세간에 널리 퍼트려야 할 것이며, 방편선교(方便善巧)를 갖춘 이들은 보살 또는 불타의 모든 법에 도달하기 위해 반드시 반야바라밀다에서 〔부단히〕 노력해야 할 것입니다. 그 이유는 무엇일까요? 보살과 불타의 모든 법이 바로 여기 반야바라밀다에서 상세하게 보여지기 때문입니다. 〔그렇기에〕 보살마하살은 마땅히 반야바라밀다에서 〔부단한〕 수련과 노력을 해야 할 것입니다."

명칭(名稱)

《 09 》 이 말을 듣자 수보리 장로가 세존께 아뢰었다.

"세존이시여, 저 자신은 실로 보살의 명칭이나 반야바라밀다를 알지도 인식하지도 바라보지도 못합니다. 〔이렇듯〕 보살의 명칭이나 반야바라밀다를 찾지도 인식하지도 바라보지도 못하는 제가 〔도대체〕 어떤 보살을 어떠한 반야바라밀다로 교화(教化)하고 교도(教導)해야 할까요? 실로 걱정〔되는 상황〕은 보살의 실체를 알지도 인식하지도 바라보지도 못하는 제가 보살이라는 명칭에만 기대어 〔긍정이나 부정 등의〕 생멸(生滅)을 초래할지도 모른다는 것입니다.

하지만 세존이시여, 보살이란 명칭은 〔대상에〕 고정되어 있는 것도 고정되어 있지 않은 것도 아니며, 〔대상에서〕 분리되어 있는 것도 분리되어 있지 않은 것도 아닙니다. 그 이유는 무엇일까요? 보살이란 명칭이 〔본래〕 실재하지 않기 〔때문〕입니다. 실재하지 않기에 보살이란 명칭은 〔대상에〕 고정되어 있는 것도, 고정되어 있지 않은 것도 아니며, 〔대상에서〕 분리되어 있는 것, 분리되어 있지 않은 것도 아닙니다.

세존이시여, 반야바라밀다가 이러〔저러〕하다고 말하고, 가르치며, 보여줄 때에도, 만약 보살마하살의 마음이 우울하지 않고 겁을 먹지 않으며 절망하지 않는다면, 절망에 빠져들지 않는다면, 그의 정신이 우울하게 되지 않는다면, 낙담하게 되지 않는다면, 〔겁을 먹어〕 놀라지도 않고 〔두려움에〕 떨지도 않으며 〔공포의〕 떨림에도 빠져들지 않는다면, 강한 신념으로 진정으로 헌신한다면, 보살마하살은 반야바라밀다를 결여하지 않은 자로서, 〔또한 무상(無上)의 올바르고 완전한 깨달음에서〕 불퇴전하는 보살의 경지에 머무는 자로서, 〔즉〕 무-정류(停留)의 방식으로 굳건히 정류하는 자로서 알려져야 합니다."

제법무수(諸法無受)

“세존이시여, 더 나아가 보살마하살은 반야바라밀다에 들어가 전념할 때, 물질[色]에 머물지 않아야 할 것이고, 감각[受], 표상[想], 의욕[行], 사유[識]에 머물지 않아야 할 것입니다. 그 이유는 무엇일까요? 만약 물질에 머무른다면, 보살은 물질의 영향을 받아 반야바라밀다에 이르지 못하기 때문입니다. 감각·표상·의욕에 머물러도 이와 같을 것입니다. 사유에 머무른다면, 보살은 사유의 영향을 받아 반야바라밀다에 이르지 못할 것입니다. 그 이유는 무엇일까요? 5온(五蘊)의 영향을 받는 보살은 반야바라밀다를 파악하지 못하고, 〔그렇기에〕 반야바라밀다에서 〔그 어떤〕 노력도 하지 못하며, 반야바라밀다를 성취하지도 못하기 때문입니다.

반야바라밀다를 성취하지 못하는 자는 〔5온과 같은〕 잡히지 않는 것들을 잡으려는 자이기에, 전지자성(全知者性)으로 나아가지 못할 것입니다. 그 이유는 무엇일까요? 물질·감각·표상·의욕·사유는 반야바라밀다에서 얻어지지 않는 것들이기 때문입니다. 반야바라밀다에서 물질을 얻지 못한다는 것은 〔얻고자 하는〕 그것이 물질이 아니라는 것을 〔의미합니다.〕 감각·표상·의욕을 얻지 못한다는 것도 이와 같은 의미에서이며, 사유를 얻지 못한다는 것 또한 그것이 사유가 아니라는 것을 〔의미합니다〕.

세존이시여, 반야바라밀다도 얻어지지 않습니다. 보살마하살은 바로 〔얻어지지 않는다는 무득(無得)의〕 방식으로 반야바라밀다에 이르러야 할 것입니다. 이 〔방식〕은 제법무수(諸法無受)로 불리는 보살마하살의 삼매(三昧)이며, 광대하면서도 고귀하며 무한정이면서도 확고한 이 삼매는 성문(聲聞)이나 독각(獨覺), 그 어떤 것과도 공통점을 갖고 있지 않은 것입니다.

전지자성 또한 얻어지지 않습니다. 왜냐하면 전지자성은 유상(有相)으로 파악되는 것이 아니기 때문입니다. 만약 전지자성이 유상을 통해 파악되었다면, 선니범지(先尼梵志)는 이 세간에서 〔진정한〕 신념을 얻지 못했을 것입니다. 분명 선니범지는 신념을 따르는 자로서 전지자(全知者)의 불지(佛智, 一切智智)에 진정으로 헌신한 후 비록 그가 가진 지식에는 한계가 있었지만, 〔깨달음의 경지에〕 들었고, 〔그 경지에〕 들어간 뒤, 물질·감각·표상·의욕·사유를 구하지 않았으며, 기쁨과 즐거움〔의 감정〕으로 전지자의 불지(佛智)를 바라보지 않았습니다. 물질·감각·표상·의욕·사유의 내부·외부·내외부에서도, 물질·감각·표상·의욕·사유에서 벗어난 다른 곳에서도 불지(佛智)를 찾지 않았습니다. 신념을 따르는 선니범지는 항상 이와 같은 표현 방식들에 진정으로 전념했고, 〔여래의〕 법성(法性)을 척도로 삼은 뒤, 전지자(全知者)의 불지에 진정으로 헌신한 자입니다. 그렇기에 〔그에게는〕 파악되고 인식되는 그 어떤 법도, 취하거나 버려야 할 그 어떤 법도 존재하지 않았던 것입니다. 또한 그는 열반(涅槃)조차 생각하지 않았습니다.

세존이시여, 반야바라밀다는 보살마하살의 것이라고 알려져야 합니다. 왜냐하면 보살은 물질·감각·표상·의욕·사유를 구하지 않기 때문입니다. 또한 보살은 여래(如來)의 10력(十力)과 4무소외(四無所畏), 불타(佛陀)의 18불공법(十八不共法)이 완수되기 전까지 완전한 열반에 들지도 않습니다. 세존이시여, 이러한 이유에서 반야바라밀다는 보살마하살의 것이라고 알려져야 하는 것입니다.

《 **10** 》 세존이시여, 반야바라밀다에 들어가 전념할 때, 보살마하살은 '반야바라밀다는 어떤 것일까? 반야바라밀다는 누구를 위한 것일까? 반야바라밀다는 존재하지도, 인식되지도 않는 법인 것일까?'라는 〔문제들을〕 고려하고 인지해야 합니다. 만약 이렇게 고려하고 인식하는 보살이 우울하지 않고 겁을 먹지 않으며, 절망하지 않고 절망에 빠져들지 않는다면, 그의 정신이 우울하게 되지 않고 낙담하게 되지 않는다면, 〔겁을 먹어〕 놀라지도 않고 〔두려움에〕 떨지도 않으며, 〔공포의〕 떨림에도 빠져들지 않는다면, 〔실로〕 보살마하살은 반야바라밀다를 결여하지 않은 자로 알려져야 합니다."

자성(自性)

《 **11** 》 그러자 사리자 장로가 수보리 장로에게 물었다.

"수보리 장로여, 어떤 경우에 보살마하살이 반야바라밀다를 결여하고 있지 않은 자로 알려져야 하는 것입니까? 물질·감각·표상·의욕·사유에 각각의 자성(自性)이 결여되어 있을 때, 반야바라밀다와 전지자성(全知者性)에 각각의 자성이 결여되어 있을 때입니까?"

《 **12** 》 수보리 장로가 대답했다.

"그러합니다. 사리자 장로여, 〔그러할 때〕 그렇다는 것입니다. 실로 물질·감각·표상·의욕·사유에는 각각의 자성이 결여되어 있습니다. 반야바라밀다와 전지자성에도 각각의 자성이 결여되어 있습니다. 반야바라밀다에도 반야바라밀다의 특성이 결여되어 있으며, 특성에도 특성의 자성이 결여되어 있고, 특성이 부여된 것에도 그 자성이 결여되어 있으며, 자성에도 자성의 특성이 결여되어 있습니다."

유상(有相, nimitta)

《 13 》 사리자 장로가 재차 물었다.

"그런데 수보리 장로여, 반야바라밀다에서 수련하는 보살마하살은 전지자성으로 나아갈 수 있습니까?"

수보리 장로가 대답했다.

"그러합니다. 사리자 장로여, 그러합니다. 반야바라밀다에서 수련하는 보살마하살은 전지자성으로 나아갈 것입니다. 그 이유는 무엇일까요? 모든 법은 생겨나지도 만들어지지도 않은 것들이기 때문입니다. 이와 같은 〔제법불생(諸法不生)의〕 방식으로 〔반야바라밀다에서〕 수행한다면, 전지자성은 보살마하살에게 가까이 다가올 것입니다. 전지자성이 더 가까이 올수록, 유정(有情)을 성숙시키기 위한 심신(心身)의 정화(淨化), 〔자태 등 외적인〕 특징의 정화, 불타계(佛陀界)의 정화가 〔더 가까이 다가오며,〕 불타들과의 만남이 이루어지게 될 것입니다. 반야바라밀다에서 이와 같은 〔제법불생의 방식으로〕 수행하는 보살마하살은 전지자성에 가까이 가게 될 것입니다."

《 14 》 이에 덧붙여 수보리 장로는 보살마하살에 관해 다음과 같이 말했다.

"사리자 장로여, 만약 보살마하살이 물질이나 물질의 유상(有相)에 든다면, 보살은 유상에 드는 것입니다. '물질은 유상이다'라는 〔생각에〕 든다면, 유상에 드는 것입니다. 물질의 생기(生起)·소멸(消滅)·파괴(破壞)에 든다면, 유상에 드는 것입니다. '물질은 공(空)하다' '나는 수행하고 있다'는 〔생각에〕 든다면, 유상에 드는 것입니다. '내가 보살이다'라는 〔생각에〕 든다면, 이 또한 유상에 들게 되는 것입니다. 왜냐하면 바로 '내가 보살이다'라는 인식에 들기 때문입니다. 감각·표상·의욕에 대해서도 이와 같습니다.

보살마하살이 사유나 사유의 유상에 든다면, 보살은 유상에 드는 것입니다. '사유는 유상이다'라는 〔생각에〕 든다면, 유상에 드는 것입니다. 사유의 생기, 소멸, 파괴에 든다면, 유상에 드는 것입니다. '사유는 공하다' '나는 수행하고 있다'는 〔생각에〕 든다면, 유상에 드는 것입니다. '내가 보살이다'라는 〔생각에〕 든다면, 이 역시 유상에 드는 것입니다. 왜냐하면 바로 '내가 보살이다'라는 인식에 들기 때문입니다. 만약 '이와 같이 수행하는 자가 반야바라밀다에 들어가 전념한다'는 〔생각〕에 든다면, 보살마하살은 여전히 유상에 들게 되는 것입니다. 이와 같은 〔유상에 드는 방식으로 수행하는〕 보살은 방편선교를 갖추고 있지 않은 자로 알려져야 합니다."

《 15 》 그러자 사리자 장로가 수보리 장로에게 물었다.

"수보리 장로여, 그렇다면 보살마하살은 어떻게 수행하면 반야바라밀다에 이르는 것입니까?"

수보리 장로가 대답했다.

"사리자 장로여, 물질이나 물질의 유상에 들지 않으면, '물질은 유상이다'라는 생각에 들지 않으면, 물질의 생기, 소멸, 파괴에 들지 않으면, '물질은 공하다' '나는 수행하고 있다'라는 생각에 들지 않으면, '내가 보살이다'라는 생각에 들지 않으면, 감각·표상·의욕에〔도 이와 같이 들지 않으면,〕 사유나 사유의 유상에 들지 않으면, '사유가 유상이다'라는 생각에 들지 않으면, 사유의 생기, 소멸, 파괴에 들지 않으면, '사유는 공하다' '나는 수행하고 있다' '내가 보살이다'라는 생각에 들지 않으면, '이와 같이 수행하는 자가 반야바라밀다에 들어가 전념한다'는 생각에 들지 않으면, 〔즉 유상에 들지 않는〕 방식으로 수행하면, 보살마하살은 반야바라밀다에 이르게 되는 것입니다."

무 - 집착(無執着)

"무릇 보살마하살은 수행할 때 '나는 수행하고 있다' '나는 수행하고 있지 않다' '나는 수행하고 있다, 나는 수행하고 있지 않다' '나는 결코 수행하지 않는다, 나는 수행하지 않는 것이 아니다' '나는 수행할 것이다' '나는 수행하지 않을 것이다' '나는 수행할 것이다, 수행하지 않을 것이다' '나는 결코 수행하지 않을 것이다, 나는 수행하지 않을 것이 아니다'라는 생각에 들지 않습니다. 이와 같이 보살마하살이 유상에 들지 않는 이유는 어째서일까요? 모든 법은 달성되지도 취해지지도 않기 때문입니다. 유상에 들지 않는 방식은 그 어떤 법에도 집착하지 않는 상태, 즉 제법무착(製法無着)으로 불리는 보살마하살의 삼매(三昧)로 지칭되며, 광대하면서도 고귀하며 무한정이면서도 확고한 이 삼매는 성문(聲聞)

과 독각(獨覺) 그 어떤 것과도 공통점을 갖고 있지 않습니다. 바로 이와 같은 삼매에 머물 때, 보살마하살은 신속하게 무상(無上)의 올바르고 완전한 깨달음을 철저히 터득하게 되는 것입니다."

❰ **16** ❱ 불타의 위신력(威神力)으로 상좌(上座)인 수보리 장로가 세존께 다음과 같이 아뢰었다.

"세존이시여, 올바르고 완전하게 깨달은, 공양을 받을 만한, 과거의 여래들이 무상의 올바르고 완전한 깨달음에 〔들 것이라고〕 예언한 바로 이러한 보살마하살은 삼매에 머물면서도 삼매를 고려조차 하지 않습니다. 〔또한〕 삼매에 들어서도 '나는 삼매〔의 상태〕에 있다, 나는 삼매에 들 것이다, 나는 삼매에 든다, 나는 삼매에 들었다'라는 생각조차 하지 않습니다. 보살마하살에게 삼매란 결코 존재하지 않는 그런 것입니다."

인식(認識)

❰ **17** ❱ 이와 같이 아뢰자, 사리자 장로가 수보리 장로에게 물었다.

"수보리 장로여, 올바르고 완전하게 깨달은, 공양을 받을 만한 여래들은 어떤 삼매를 갖고 머무르는 보살마하살을 무상의 올바르고 완전한 깨달음에 〔들 자라고〕 예언하는 것입니까? 삼매는 〔눈으로〕 확인할 수 있는 것입니까?"

수보리 장로가 대답했다.

"절대 그렇지 않습니다. 사리자 장로여. 그 이유는 무엇일까요? 이는 선남자(善男子)조차 삼매를 알지도 인식하지도 못하기 때문입니다."

사리자 장로가 물었다.

"수보리 장로여, 당신은 보살마하살이 삼매를 알지도 인식하지도 못한다고 말씀하시는 것입니까?"

수보리 장로가 대답했다.

"사리자 장로여, 나는 보살마하살이 삼매를 알지도 인식하지도 못한다고 말하는 것입니다. 알지도 인식하지도 못한다는 것은 어떤 이유에서일까요? 삼매가 존재하지 않기에 알지도 인식하지도 못한다고 말하는 것입니다."

그러자 세존께서 수보리 장로를 칭찬하셨다.

"대단하다. 대단하다. 수보리야, 그러하다. 수보리야, 그러하다. 여래의 위신력에 힘입어 발휘되는 변재(辯才)의 능력으로 너는 여래의 가피 하에 〔법성을 제대로〕 이야기하고 있는 것이니라. 네가 말한 방식으로 보살마하살은 수련해야 할 것이니라. 그 이유는 무엇일까? 너의 방식으로 수련하는 보살마하살이 반야바라밀다에서〔도 그와 같이〕 수련하기 때문이니라."

《 18 》 그때 사리자 장로가 세존께 여쭈었다.

"세존이시여, 제가 이야기한 방식으로 수련하는 보살마하살이 반야바라밀다에서〔도 그렇게〕 수련하는 것입니까?"

세존께서 대답하셨다.

"사리자야, 네가 말한 방식으로 수련하는 보살마하살이 반야바라밀다에서〔도 그와 같이〕 수련하는 것이니라."

《 19 》 사리자 장로가 세존께 〔재차〕 여쭈었다.

"세존이시여, 제가 이야기한 방식으로 수련하는 보살마하살은

〔도대체〕 어떠한 법에서 수련하는 것입니까?”

세존께서 대답하셨다.

“사리자야, 〔어떤 법을 가리키며〕 수련하는 보살마하살은 그 어떤 법에서도 수련하지 못하느니라. 그 이유는 무엇일까? 법들은 배우지 못한 범부(凡夫)와 일반 중생이 집착해 온 방식으로 존재하지 않기 때문이니라.”

사리자 장로가 여쭈었다.

“세존이시여, 그렇다면 법들은 어떻게 존재합니까?”

세존께서 대답하셨다.

“사리자야, 법들은 존재하지 않는 것처럼 〔그렇게〕 존재하는 것들이니라. 그렇기에 이와 같이 존재하지 않는 〔찾아지지 않는〕 법들은 무명(無明)이라 불리느니라. 배우지 못한 범부(凡夫)와 일반 중생이 법들에 집착하여, 존재하지도 않는 모든 법을 세우고, 세운 후에는 두 개의 극단(極端)에 사로잡혀, 그 법들을 알지도 보지도 못하느니라. 그렇기에 그들은 존재하지도 않는 모든 법을 세우고, 세운 뒤에는 두 개의 극단에 스스로를 집착시키고, 집착시킨 후 이러한 〔행동의〕 원인인 인식에 의존하여 과거의 법들을 만들고, 미래의 법들을 만들며, 현재의 법들을 만드는데 이러한 법들을 세운 후 그들은 이름[名]과 물질[色]에 집착하게 되느니라. 존재하지 않는 모든 법이 그들에 의해 세워지게 되는 것이니라. 존재하지도 않는 모든 법을 만들어내는 그들은 진여(眞如)의 도(道)를 알지도 보지도 못하며, 진여의 도를 알지도 보지도 못하는 그들은 삼계(三界)에서 나가지 못하고, 진실한 궁극의 실재를 깨닫지 못하느니라. 이러한 이유로 그들은 범부라는 이름을 얻게 되고, 진실한 법을 믿지 않게 되느니라. 사리자야, 하지만 보살마하살들은 그 어떤 법에도 결코 집착하지 않느니라."

◖ **20** ◗ 사리자 장로가 세존께 여쭈었다.

"세존이시여, 〔세존께서 말씀하신 무-집착의〕 방식으로 수련하는 보살마하살은 전지자성(全知者性)에서〔도 그렇게〕 수련하게 되는 것입니까?"

세존께서 대답하셨다.

"사리자야, 〔너처럼 어떤 법을 가리키며〕 수련하는 보살마하살은 전지자성에 〔들어도〕 수련조차 하지 못하느니라. 사리자야, 〔무-집착의〕 방식으로 수련하는 보살마하살은 모든 법에서 그러한 식으로 수련하게 되는 것이니라. 사리자야, 〔무-집착의 방식으로 모든 법에서〕 수련하는 보살마하살은 전지자성에서도 〔자연스럽게〕 그와 같이 수련하게 되는 것이며, 〔결국〕 전지자성에 가까이 다가가 전지자성으로 나아갈 것이니라."

환영(幻影)

◖ **21** ◗ 그러자 수보리 장로가 세존께 여쭈었다.

"세존이시여, 누군가 다음과 같이 물을 것입니다. '환영(幻影)과 같은 사람도 전지자성에서 수련하게 될〔 수 있을〕까요? 전지자성에 가까이 갈〔 수 있을〕까요? 전지자성으로 나아갈〔 수 있을〕까요?'라고 〔말입니다.〕 세존이시여, 누군가 이렇게 묻는다면, 그에게 어떻게 설명해야 합니까?"

세존께서 대답하셨다.

"수보리야, 그렇다면, 내가 네게 되묻고자 한다. 네가 최상이라고 생각하는 대로 〔내게 상세히〕 설명해 보도록 하여라."

"세존이시여, 〔과연〕 훌륭하십니다!"라고 〔아뢰며〕, 수보리 장로는 세존께 귀를 기울였다.

세존께서 물으셨다.

"〔너는〕 어떻게 생각하느냐, 이것은 환영이고 저것은 물질이더냐? 이것은 환영이고 저것은 감각이더냐?, 이것은 환영이고 저것은 표상이더냐?, 이것은 환영이고 저것은 의욕이더냐?, 이것은 환영이고 저것은 사유이더냐?"

수보리 장로가 대답했다.

"세존이시여, 〔절대〕 그렇지 않습니다. 왜냐하면 '이것은 환영이고 저것은 물질이다'가 아니기 때문입니다. 세존이시여, 물질은 바로 환영이고, 환영은 바로 물질입니다. 세존이시여, '이것은 환영이며 저것은 감각이고, 〔이것은 환영이며〕 저것은 표상이고, 〔이것은 환영이며〕 저것은 의욕이다'가 아니기 때문입니다. 세존이시여, 감각·표상·의욕은 바로 환영이고, 환영은 바로 감각·표상·의욕입니다. 세존이시여, '이것은 환영이고 저것은 사유이다'가 아니기 때문입니다. 세존이시여, 사유는 바로 환영이고, 환영은 바로 사유입니다."

《 22 》 세존께서 물으셨다.

"수보리야, 〔너는〕 어떻게 생각하느냐, 보살이란 이름 또한 바로 〔존재에 대한〕 집착의 〔토대, 즉〕 5온(五蘊)에서 〔상용되는〕 명칭, 표현, 용어가 아니더냐?”

수보리 장로가 세존께 대답했다.

“세존이시여, 그러합니다. 선서(善逝)이시여, 그러합니다. 세존이시여, 그렇기에 반야바라밀다에서 수련하는 보살마하살도 무상(無上)의 올바르고 완전한 깨달음에 들기 위해서는 환영과 같은 사람처럼 수련해야 할 것입니다. 그 이유는 무엇일까요? 〔존재물에 대한〕 집착의 〔토대가 되는〕 5온이 바로 환영과 같은 사람〔과 다르지 않은 것〕이라고 〔사람들의 마음에〕 새겨져야 할 것이기 때문입니다. 〔또 다른〕 이유는 무엇일까요? 물질은 환영과 같다고 세존께서 말씀하셨기 때문입니다. 물질이 그와 같은 것처럼, 여섯 개의 감각기관과 〔물질이 포함되어 있는〕 5온 또한 그러합니다. 세존이시여, 감각·표상·의욕이 환영과 같다고, 〔더 나아가〕 사유는 환영과 같다고 세존께서 말씀하셨기 때문입니다. 사유가 그와 같은 것처럼, 여섯 개의 감각기관과 〔사유가 포함되어 있는〕 5온 또한 그러합니다. 세존이시여, 처음으로 대승(大乘)에 오른 보살마하살들이 이와 같은 교설(教說)을 듣고, 〔겁에 질려〕 놀라지 않도록, 〔두려움에〕 떨지 않도록, 〔공포의〕 떨림에 빠지지 않도록 해주소서.”

세존께서 말씀하셨다.

“수보리야, 만약 처음으로 대승에 나아간 보살마하살들이 악한 벗[惡友]들의 손에 이끌린다면, 그들은 〔겁에 질려〕 놀랄 것이고, 〔두려움에〕 떨 것이며, 〔공포의〕 떨림에 빠질 것이니라. 수보리야, 하지만 만약 처음으로 대승에 나아간 보살마하살들이 좋은 벗[善友]들의 손에 이끌린다면, 그들은 〔겁에 질려〕 놀라지 않을 것이고, 〔두려움에〕 떨지 않을 것이며, 〔공포의〕 떨림에도 빠지지 않을 것이니라.”

좋은 벗[善友]

《 23 》 수보리 장로가 세존께 여쭈었다.

"세존이시여, 그러면 어떤 자들이 보살마하살의 좋은 벗들이라고 알려져야 합니까?"

세존께서 말씀하셨다.

"〔좋은 벗들이란〕 보살마하살을 〔여섯 개의〕 바라밀다로 교화(教化)하고 교도(教導)하는 자들이며, 그에게 마왕(魔王)의 소행들을 〔다음과 같이〕 교설하는 자들이니라. '마왕의 악의(惡意)와 소행들은 이와 같다고 깨달아져야 할 것이다. 이러한 것들이 마왕의 악의이고, 소행들이다. 〔이렇게〕 깨달은 후에는, 당신네 보살마하살들은 〔마왕의〕 그러한 것들을 물리쳐야 할 것이다'라고 〔말이다.〕 수보리야, 이러한 자들이 위대한 공력(功力)을 갖춘, 대승(大乘)으로 나아간, 대승에 오른 보살마하살의 좋은 벗들이라고 알려져야 할 것이니라."

수보리 장로가 세존께 여쭈었다.

"다름 아닌 바로 세존께서는 '수보리야, 이러한 자들이 위대한 공력을 갖춘, 대승으로 나아간, 대승에 오른 보살마하살의 좋은 벗들이라고 알려져야 할 것이니라'라고 말씀하셨습니다. 그런데 세존이시여, '보살마하살'이라고 말씀하시는데, 여기에서 보살이란 단어의 의미는 무엇입니까?"

보살마하살의 의미

세존께서 대답하셨다.

"수보리야, 보살이란 단어는 어의(語義)를 갖고 있지 않느니라. 그 이유는 무엇일까? 수보리야, 보살마하살은 모든 법에 집착하지 않는〔다는 제법무착의〕 상태에서 수련하기 때문이니라. 〔또한〕 보살마하살은 모든 법을 이해하기 위해 무-집착(無執着)의 상태에서 무상의 올바르고 완전한 깨달음을 철저하게 터득하기 때문이니라. 깨달음을 목적으로 하기 때문에 〔깨달음의 존재, 즉〕 보살〔마하살〕이라 불리고 있는 것이니라."

수보리가 여쭈었다.

"다름 아닌 바로 세존께서 재차 다음과 같이 말씀하셨습니다. '보살은 마하살이다'라고 〔말입니다.〕 세존이시여, 어떤 이유로 보살은 마하살이라고 불리는 것입니까?"

세존께서 대답하셨다.

"보살은 수많은 유정(有情)들의 집단이 최고의 수행을 하게끔 이끌 것인데, 그러한 의미에서 보살은 마하살이라고 불리는 것이니라."

《 24 》 그러자 사리자 장로가 세존께 아뢰었다.

"세존이시여, 어떤 의미에서 보살이 마하살이라고 불리는지 저 또한 분명하게 알겠습니다."

세존께서 말씀하셨다.

"사리자야, 네가 현 시간 지금 생각하고 있는 바를 〔이야기할 때〕, 네 변재(辯才)의 능력을 발휘토록 하여라!"

사리자 장로가 아뢰었다.

“〔사람들은〕 자아(自我)·〔의식하는〕 유정·생명·영혼·지속함·사멸(死滅)·단멸(斷滅)·영원성(永遠性)·육신(肉身) 등이 존재한다는 많은 〔잘못된 견해들을 갖고 있습니다〕. 따라서 보살은 이러한 원초적인 〔잘못된〕 견해들을 버리도록 법을 가르칠 것이라고 〔저는 생각하며, 바로〕 그러한 의미에서 보살은 마하살이라고 불리는 것입니다.”

그때 수보리 장로가 세존께 아뢰었다.

“세존이시여, 어떤 의미에서 보살이 마하살이라고 불리는지 저 역시도 분명하게 알겠습니다.”

세존께서 말씀하셨다.

“수보리야, 네가 지금 현 시간 생각하고 있는 바를 〔이야기할 때〕, 네 변재의 능력을 발휘토록 하여라!”

수보리가 아뢰었다.

“세존이시여, 보살은 〔다음과 같은 의미에서〕 마하살이라 불리는 것입니다. 세존이시여, 비록 깨달음을 향한 마음[菩提心], 전지자성(全知者性)을 향한 마음, 더럽혀지지 않은 마음이 존재하더라도, 〔다른 것과〕 같지 않은 마음이나 그 어떤 것과도 전혀 같지 않은 마음이 존재하더라도, 성문(聲聞)이나 독각(獨覺) 그 어떤 것과도 공통점을 갖고 있지 않은 〔마음〕이 존재하더라도, 보살은 그러한 마음들에 집착하지 않으며, 얽매이지도 않습니다. 그 이유는 무엇일까요? 전지자성을 향한 마음은 더럽혀지지도 얽매여지지도 않기 때문입니다. 비록 전지자성을 향한 마음이 더럽혀지지 않고 얽매여지지 않더라도, 보살은 그러한 마음에 집착하지도 얽매이지도 않습니다. 〔바로〕 이러한 의미에서 보살은 마하살이라는 이름으로 불리고 있는 것입니다."

❰ 25 ❱ 그러자 사리자 장로가 수보리 장로에게 물었다.

"수보리 장로여, 어떤 이유에서 보살이 마음에 집착하지도 구애되지도 않는다는 것입니까?"

수보리 장로가 대답했다.

"사리자 장로여, 보살은 무심성(無心性)을 갖고 있기에 마음에 집착하지도 구애되지도 않는다〔고 말하〕는 것입니다."

❰ 26 ❱ 사리자가 물었다.

"그러면 수보리 장로여, 마음을 갖고 있지 않은 마음, 그러한 마음이 존재하는지요?"

수보리가 되물었다.

"그런데 사리자 장로여, 마음을 갖고 있지 않은 상태, 즉 무심성에서 존재함의 유무가 보이거나 인식되는지요?"

사리자 장로가 대답했다.

"절대 그렇지 않습니다. 수보리 장로여."

수보리 장로가 물었다.

"사리자 장로여, 무심성에서 존재함의 유무가 보이지 않거나 인식되지 않는다면, 그렇다면 사리자 장로 〔당신은〕 어떻게 '마음이 없는 마음, 그런 마음이 존재합니까?'라고 물은 것입니까?"

사리자 장로가 말했다.

"대단하십니다. 대단하십니다. 수보리 장로여, 감히 말하건대, 세존께서 당신을 〔번뇌가 없는〕 평화로움[無爭境地]에 안주하는 자들 가운데 가장 앞선 자로 지목한 것처럼, 당신은 〔가르침을 진실로〕 알리고 있습니다.”

❰ **27** ❱ 그때 부루나(富樓那) 장로가 세존께 아뢰었다.

“세존이시여, 세존께서는 ‘마하살, 마하살’이라고 말씀하고 계시는데, 마하살은 위대한 공력(功力)을 갖춘 유정(有情)이며, 대승(大乘)으로 나아간, 대승에 오른 유정입니다. 그렇기 때문에 보살은 마하살, 마하살이라는 이름으로 불리고 있는 것입니다.”

보살의 공력(功力)

❰ **28** ❱ 그러자 수보리 장로가 세존께 여쭈었다.

“세존이시여, 〔부루나의 말에서〕 ‘보살마하살은 위대한 공력과 대승을 갖춘’이라고 표현되고 있는데, 세존이시여, 보살마하살은 어느 정도의 위대한 공력을 갖추고 있어야 합니까?”

세존께서 대답하셨다.

“수보리야, 이 세간에서 다음과 같은 생각이 보살마하살에게는 들 것이니라. ‘무량무수(無量無數)의 유정들이 열반(涅槃)에 들도록 내가 이끌어야 할 것이지만, 〔정작〕 열반에 들도록 이끌어야 할, 이끌어져야 할 유정들은 존재하지 않는다’라고 〔말이다.〕 보살마하살은 〔무량무수의〕 많은 유정들이 열반에 들도록 이끌 것이니라. 하지만 〔정작〕 열반에 들도록 이끌어진, 이끌 그 어떤 유정도 존재하지 않느니라.

그 이유는 무엇일까? 수보리야, 환영(幻影)의 법성(法性)을 고려해 본다면, 법들의 법성 〔또한〕 이와 다를 것이 없기 때문이니라. 수보리야, 마치 숙련된 마술사나 그의 제자가 마술로 큰 사거리의 건널목에 대군중(大群衆)을 만들고, 〔그렇게〕 만들고 난 뒤 바로 그 대군중을 사라지게 만드는 것처럼 〔말이다.〕 너는 어떻게 생각하느냐, 수보리야, 대군중 가운데 누군가에 의해 〔또는〕 누군가가 해를 입거나 죽임을 당하거나 소멸되거나 사라진 그런 자가 있더냐?"

수보리 장로가 대답했다.

"세존이시여, 〔그런 자는〕 전혀 없습니다."

세존께서 말씀하셨다.

"수보리야, 이러한 방식으로 보살마하살은 무량무수의 유정들이 열반에 들도록 이끄느니라. 하지만 〔정작〕 열반에 들도록 이끌어진, 이끌 그 어떤 유정도 존재하지 않느니라. 만약 보살마하살이 이와 같은 교설(教說)을 들은 뒤에도 〔겁을 먹어〕 놀라지도 않고, 〔두려움에〕 떨지도 않으며, 〔공포의〕 떨림에 빠져들지 않는다면, 수보리야, 이 보살마하살은 그러한 정도의 위대한 공력을 갖추고 있다고 알려져야 할 것이니라."

29 그러자 수보리 장로가 세존께 다음과 같이 아뢰었다.

"세존이시여, 제가 세존께서 말씀하신 바의 의미를 〔제대로〕 이해했다면, 아! 세존이시여, 보살마하살은 실로 공력을 갖추고 있지 않은 자라고 알려져야 합니다."

세존께서 말씀하셨다.

"수보리야, 그러하다. 그러하다. 아! 보살마하살은 공력을 갖추고 있지 않은 자라고 알려져야 할 것이니라. 그 이유는 무엇일까? 수보리야, 전지자성(全知者性)은 만들어지지도 않고, 변화되지도 않으며,

형성되지도 않기 때문이다. 또한, 보살마하살이 공력을 갖추고 있게끔 그 이유를 제공하는 유정들 역시 만들어지지도 않으며, 변화되지도 않고, 형성되지도 않기 때문이다."

❰ **30** ❱ 이와 같이 말씀하시자, 수보리 장로가 세존께 다음과 같이 아뢰었다.

"세존이시여, 그러합니다. 선서(善逝)이시여, 그러합니다. 세존이시여, 그 이유는 무엇일까요? 이는 물질·감각·표상·의욕·사유가 속박되어 있지도 해방되어 있지도 않기 때문입니다. 물질의 진여(眞如), 감각의 진여, 표상의 진여, 의욕의 진여, 사유의 진여 또한 속박되어 있지도 해방되어 있지도 않기 때문입니다."

❰ **31** ❱ 그때 부루나 장로가 수보리 장로에게 물었다.

"수보리 장로여, 당신은 '물질·감각·표상·의욕·사유가 속박되어 있지도 해방되어 있지도 않다'라고 말씀하십니다. 수보리 장로여, 당신은 '물질의 진여, 감각의 진여, 표상의 진여, 의욕의 진여, 사유의 진여 역시 속박되어 있지도 해방되어 있지도 않다'라고 말씀하십니다. 물질이 속박되어 있지도 해방되어 있지도 않다고 당신은 말씀하시는데, 〔그렇다면 여기에서 표현되는〕 물질은 어떤 것입니까? 이와 같은 맥락에서 감각·표상·의욕은 〔도대체〕 어떤 것들입니까? 수보리 장로여, 사유가 속박되어 있지도 해방되어 있지도 않다고 당신은 말씀하시는데, 〔그렇다면〕 사유는 〔도대체〕 어떤 것입니까? 수보리 장로여, 물질의 진여 역시 속박되어 있지도 해방되어 있지도 않다고 말씀하시는데, 〔그렇다면〕 물질의 진여는 어떤 것입니까? 이와 같은 맥락에서, 감각의 진여, 표상의 진여, 의욕의 진여는 〔도대체〕 어떤 것입니까? 수보리 장로여, 사유의 진여 역시 속박되어 있지도 해방되어 있지도 않다고 말씀하시는데, 〔그렇다면〕 사유의 진여는 〔도대체〕 어떤 것입니까?"

이와 같이 묻자, 수보리 장로가 부루나 장로에게 대답했다.

"부루나 장로여, 환영과 같은 사람의 물질·감각·표상·의욕·사유 〔각각〕은 속박되어 있지도 해방되어 있지도 않습니다. 부루나 장로여, 환영과 같은 사람의 물질·감각·표상·의욕·사유의 진여들 〔역시〕 속박되어 있지도 해방되어 있지도 않습니다. 그 이유는 무엇일까요? 진여란 실재하지 않는 것이며, 〔이 세간에서〕 이탈(離脫)되어 있는 것이고, 〔생겨나지도 않는〕 불생(不生)이기 때문입니다. 〔이러한 의미에서〕 대승(大乘)으로 나아간, 대승에 오른 보살마하살이 위대한 공력(功力)을 갖춘 자라고 말하지만, 그의 공력 또한 〔사실〕 존재하지 않는 것입니다."

이와 같이 대답하자, 부루나 장로는 침묵했다.

대승(大乘)

《 32 》 그러자 수보리 장로가 세존께 여쭈었다.

"세존이시여, 위대한 공력을 갖춘 보살마하살은 대승으로 나아간, 대승에 오른 유정(有情)이 될 터인데, 그런데 〔여기에서 말하는〕 대승이란 어떤 것입니까? 보살은 과연 어떻게 대승으로 〔나아갔다고〕 알려져야 합니까? 도대체 대승은 어디에서 〔출발하여〕 나아가는 것입니까? 대승은 과연 어느 곳을 경유하여 나아간 것입니까? 도대체 대승은 어디에 머무는 것입니까? 과연 누가 이 대승을 타고 나아가는 것입니까?"

그러자 세존께서 대답하셨다.

"수보리야, 대승이란 무량성(無量性)의 이명(異名)이며, 무량성이란 무궁함과 같은 의미를 갖느니라. 수보리야, 하지만 너는 이와 같이 말하고 있느니라. '대승으로 나아간 보살은 과연 어떻게 알려져야 합니까? 도대체 대승은 어디에서 출발하는 것입니까? 대승은 어느 곳을 경유하여 나아간 것입니까? 대승은 어디에 머무는 것입니까? 과연 누가 이 대승을 타고 나아가는 것입니까?'라고 〔말이다.〕 보살마하살은 〔여섯 개의〕 바라밀다를 갖고 나아갔으며, 대승은 삼계(三界)에서 출발해 나아갔고, 대승은 〔수행의〕 대상이 존재하는 곳으로 나아갔으며, 대승은 전지자성에 머물 것이니라. 보살마하살은 〔대승을 타고〕 나아갈 것이지만, 분명 그 어디에서도 출발하지 않을 것이며, 그 어느 곳도 경유하지 않을 것이고, 그 어떤 장소에도 머물지 않을 것이니라. 하지만 그는 무-정류(停留)의 방식으로 전지자성에 굳건히 정류할 것이니라. 그 누구도 대승을 타고 나아가지 않았고, 나아가지 않을 것이며, 나아가지 않느니라. 그 이유는 무엇일까? 나아가야 하는 사람과 나아갈 때 타는 것, 이 두 개의 법이 존재하지도 인식되지도 않기 때문이니라. 이와 같이 모든 법이 존재하지 않는 〔상황에서〕 어떤 법이 〔나아갈 것이며,〕 어떤 법을 타고 나아갈 것이더냐? 수보리야, 보살마하살은 분명 이러한 방식으로 대승으로 무장하고, 대승에 나아가며, 대승에 오르게 될 것이니라."

❰ 33 ❱ 이와 같이 말씀하시자, 수보리 장로가 세존께 다음과 같이

아뢰었다.

“세존이시여, 〔세존께서는〕 ‘대승, 대승’이라고 말씀하고 계십니다. 지극히 광대한 허공을 갖춘 대승은 천신·인간·아수라들의 세간(世間)을 뛰어넘어 나아갈 것입니다. 세존이시여, 허공에 무량무수(無量無數)의 유정(有情)들을 위한 공간이 존재하는 것처럼, 이 대승에도 무량무수의 유정들을 위한 공간이 존재합니다. 세존이시여, 이러한 방식으로 대승은 보살마하살들을 위한 대승이 되는 것입니다. 대승이 오는 것도, 가는 것도, 머무는 것도 존재하지 않습니다. 세존이시여, 이렇듯 대승의 처음도, 끝도, 중간도 인식되지 않습니다. 세존이시여, 이 승(乘)은 〔과거·미래·현재의 삼세(三世)에서 항상〕 동일한 모습입니다. 그러한 이유로 ‘대승, 대승’이라 불리는 것입니다.”

그러자 세존께서 수보리 장로를 칭찬하셨다.

“대단하다. 대단하다. 수보리야, 그러하다. 수보리야, 그러하다. 대승은 보살마하살들을 위한 대승이니라. 여기에서 수련한 보살마하살들이 전지자성을 달성했고, 달성할 것이며, 달성하느니라.”

❪ 34 ❫ 그때 부루나 장로가 세존께 다음과 같이 아뢰었다.

“세존이시여, 반야바라밀다를 〔설명하기 위해〕 선택된 이 수보리 상좌는 대승이 보여야 한다고 생각하는 것 같습니다.”

이 말을 듣고, 수보리 장로가 세존께 아뢰었다.

“세존이시여, 저는 반야바라밀다〔의 경계〕를 넘어 대승을 이야기하지 않았습니다.”

세존께서 말씀하셨다.

“수보리야, 〔너는〕 절대 그러하지 않았느니라. 수보리야, 너는 반야바라밀다에서 자연스럽게 나오는 대승을 보여주고 있느니라."

불생불멸(不生不滅)

이와 같이 말씀하시자, 수보리 장로가 세존께 아뢰었다.

"세존이시여, [이 모든 것은] 불타의 위신력(威神力) 덕분입니다. 세존이시여, 분명 보살은 처음 끝 중간 그 어떤 것에서부터도 [5온과 같은 대상들에] 접근하지 않습니다. [그렇게] 접근하지 않는다는 것은 어떤 이유에서일까요? 물질·감각·표상·의욕·사유에 [처음 끝 중간의] 경계가 존재하지 않는 것처럼, 보살에게도 그런 경계가 실재하지 않기 때문입니다. 보살은 '보살이 물질이다'라는 생각에 들지 않습니다. [사실 '보살이 물질이다'라는] 것 [자체]도 존재하지도 인식되지도 않습니다. 감각·표상·의욕도 이와 같으며, 보살은 '보살이 사유이다'라는 생각에 들지 않습니다. [사실 '보살이 사유이다'라는] 것 [자체]도 존재하지도 인식되지도 않습니다. 세존이시여, 이렇듯 보살의 법을 전혀 인식하지도 못하는 저는, 보살이란 명칭의 법 또한 바라보지 못합니다. 반야바라밀다와 전지자성을 바라보지도 인식하지도 못합니다. 세존이시여, 법을 전혀 인식하지도 바라보지도 못하는 저 자신은 [도대체] 어떤 법을, 어떤 법을 통해, 어떤 법으로 교화하고 교도(教導)해야 할까요? 세존이시여, 불타라[고 불리]는 것, 보살이라[고 불리]는 것, 반야바라밀다라[고 불리]는 것은 [단순히] 명칭에 불과한 것들입니다. 심지어 명칭조차 [생겨]나지 않는[, 즉 존재하지 않는〕 것입니다. 세존이시여, 예를 들어 '자아(自我), 자아'라고 〔사람들은〕 말합니다만, 자아는 결코 〔생겨〕나는〔, 즉 존재하는〕 것이 아닙니다.이와 같이 모든 법에 자성(自性)이 존재하지 않는다면, 파악되지도 않고 〔생겨〕나지도 않는 물질·감각·표상·의욕·사유는 〔도대체〕 어떤 것들입니까? 모든 법이 자성을 갖고 있지 않은 상태라는 것은 〔생겨〕나지 않음, 즉 불생(不生)입니다. 그리고 모든 법의 불생이란 법들이 존재하지 않는다는 것을 의미합니다. 그렇다면, 어떻게 저는 불생의 법을 〔생겨〕나지도 않는〔, 즉 불생의〕 반야바라밀다로 교화하고 교도해야 할까요?세존이시여, 불생으로 인해 불타와 보살의 모든 법, 그리고 깨달음을 향해 나아갈 자들이 그 어디에서도 인식되지 않습니다. 세존이시여, 반야바라밀다가 이러하다고 말하고 가르치며 보여줄 때, 만약 보살마하살의 마음이 우울하지 않고 겁을 먹지 않으며 절망하지 않고 절망에 빠져들지 않는다면, 그의 정신이 우울하게 되지 않고 낙담하게 되지 않는다면, 〔겁을 먹어〕 놀라지도 않고 〔두려움에〕 떨지도 않으며 〔공포의〕 떨림에도 빠져들지 않는다면, 이 보살마하살은 반야바라밀다에 들어간다고, 전념한다고, 반야바라밀다를 숙고하며 인지한다고 알려져야 합니다. 그 이유는 무엇일까요? 세존이시여, 보살마하살이 반야바라밀다에서 〔일련의〕 법들을 철저하게 성찰할 때, 그는 물질에 접근하지 않으며, 물질에 다다르지 않고, 물질의 생기(生起)와 소멸을 고려하지 않기 때문입니다. 감각·표상·의욕에 대해서도 이와 같이 대하기 때문이고, 사유에 접근하지 않으며, 사유에 다다르지 않고, 사유의 생기와 소멸을 고려하지 않기 때문입니다. 〔보살마하살이〕 그렇게 생각하지 않는 이유는 어째서일까요? 물질이 불생인 것은 물질이 존재하지 않기 때문이며, 물질이 불멸인 것 또한 물질이 존재하지 않기 때문입니다. 따라서 불생과 물질은 두 개의 것이 아니며, 두 개로 나누어지지도 않습니다. 불멸과 물질 또한 두 개의 것이 아니며, 두 개로 나누어지지도 않습니다. '이것은 물질이다'라고 말할 때, [이것과 물질은] 두 개의 것이 아니라는 결과가 나옵니다. 감각·표상·의욕에 대해서도 이와 같습니다. 사유가 불생인 것은 사유가 존재하지 않기 때문이며, 사유가 불멸인 것 또한 사유가 존재하지 않기 때문입니다. 따라서 불생과 사유는 두 개의 것이 아니며, 두 개로 나누어지지도 않습니다. 불멸과 사유 또한 두 개의 것이 아니며, 두 개로 나누어지지도 않습니다. '이것은 사유이다'라고 말할 때, [이것과 사유는] 두 개의 것이 아니라는 결과가 나옵니다.

세존이시여, 이와 같이 반야바라밀다에서 모든 법을 모든 양상에서 철저하게 성찰할 때, 보살마하살은 물질에 접근하지 않으며, 물질에 다다르지 않고, 물질의 생기(生起)와 소멸을 고려하지 않습니다. 감각·표상·의욕에 대해서도 이[와 같이 대하]고, 사유에 접근하지 않으며, 사유에 다다르지 않고, 사유의 생기와 소멸을 고려하지 않습니다. 그 이유는 무엇일까요? 물질이 불생인 것은 물질이 존재하지 않기 때문이며, 물질이 불멸인 것은 물질이 존재하지 않기 때문입니다. 따라서 불생과 물질은 두 개의 것이 아니며, 두 개로 나누어지지도 않습니다. 불멸과 물질 또한 두 개의 것이 아니며, 두 개로 나누어지지도 않습니다. '이것은 물질이다'라고 말할 때, [이것과 물질은] 두 개의 것이 아니라는 결과가 나옵니다. 감각·표상·의욕에 대해서도 이와 같습니다. 사유가 불생인 것은 사유가 존재하지 않기 때문이며, 사유가 불멸인 것은 사유가 존재하지 않기 때문입니다. 따라서 불생과 사유는 두 개의 것이 아니며, 두 개로 나누어지지도 않습니다. 불멸과 사유 또한 두 개의 것이 아니며, 두 개로 나누어지지도 않습니다. '이것은 사유이다'라고 말할 때, 〔이것과 사유는〕 두 개의 것이 아니라는 결과가 나옵니다."

35 그러자 사리자 장로가 수보리 장로에게 물었다.

"제가 수보리 장로께서 말씀하신 것의 의미를 이해한 바에 따르면, 보살 또한 불생입니다. 그런데 수보리 장로여, 보살 역시 불생이라면, 어떻게 보살은 행하기 힘든 일들을 수행하는 것입니까? 혹 그는 유정(有情)들을 위해〔서라면〕 그 어떤 고통도 감내할 수 있다는 것입니까?"

수보리 장로가 대답했다.

"사리자 장로여, 저는 행하기 어려운 일들을 수행하는 그런 보살마하살을 기대하지 않습니다. 행하기 어려운 일이라고 생각하며 수행하는 자는 보살마하살이 아닙니다. 그 이유는 무엇일까요? 사리자 장로여, 행하기 어려운 일이라는 생각을 하게 된다면, 그는 무량무수(無量無數)에 달하는 유정들의 목표를 성취할 수 없기 때문입니다. 하지만 오히려 행복이라는 생각을 하게 된다면, 모든 유정을 대면할 때, 어머니라는 생각, 아버지라는 생각, 아들이라는 생각, 딸이라는 생각을 하게 된다면, 남녀〔의 모든 유정 앞〕에서 이러한 생각들을 하게 된다면, 그 보살마하살은 보살 〔본연의〕 수행을 다 하고 있는 것입니다.

그렇기에 보살마하살은 모든 유정 앞에서 어머니라는 생각, 아버지라는 생각, 아들이라는 생각, 딸이라는 생각을 해야 할 것이며, 심지어 자기 자신이라는 생각을 만들어 내야 할 것입니다. '나 자신이 모든 고통으로부터 완전하게 해방되어져야 할 것처럼, 모든 유정이 모든 고통으로부터 완전하게 해방되어져야 할 것이다'라고 〔생각하며 말입니다.〕

그리고 모든 유정 앞에서 다음과 같은 마음이 만들어져야 할 것입니다. '나는 이 모든 유정을 버려서는 안 될 것이며, 측정할 수 없을 정도로 〔많은〕 고통의 더미 속에 있는 이 모든 유정을 내가 완전하게 해방시켜야 할 것이고, 〔내 몸이〕 백 조각으로 잘린다 하더라도 나는 이 유정들에 대한 증오심을 만들어서는 안 될 것이다'라고 〔말입니다.〕

보살마하살은 실로 이와 같은 마음을 만들어야 할 것입니다. 만약 보살이 이러한 마음을 갖는 자로서 머문다면, 그는 행하기 어려운 일이라 생각하는 자로서 수행하지도 머물지도 않을 것입니다. 사리자 장로여, 게다가 보살마하살은 '자아(自我)가 그 어떤 방식으로든 존재하지도 인식되지도 않는 것처럼, 모든 법 또한 결코 존재하지도 인식되지도 않는다'는 마음을 만들어내야 할 것입니다. 이러한 마음은 〔자신의〕 내외(內外)에 존재하는 모든 법 〔앞〕에서 만들어져야 할 것입니다. 만약 보살이 이러한 마음을 갖는 자로서 머문다면, 그는 행하기 어려운 일이라 생각하는 자로서 수행하지도 머물지도 않을 것입니다. 사리자 장로 〔당신〕이 '보살은 불생(不生)이다'라고 하셨는데, 그러합니다. 사리자 장로여, 그러합니다. 보살은 불생입니다."

불생(不生)

❪ **36** ❫ 사리자 장로가 물었다.

"수보리 장로여, 그러면 보살만이 불생입니까? 아니면 보살의 법들도 불생입니까?"

수보리 장로가 대답했다.

"사리자 장로여, 보살의 법들 또한 불생입니다."

사리자 장로가 물었다.

"수보리 장로여, 그러면 보살의 법들만이 불생입니까? 아니면 전지자성(全知者性)도 불생입니까?"

수보리 장로가 대답했다.

"사리자 장로여, 전지자성 또한 불생입니다."

사리자 장로가 물었다.

"수보리 장로여, 그러면 전지자성만이 불생입니까? 아니면 전지자성의 법들도 불생입니까?"

수보리 장로가 대답했다.

"사리자 장로여, 전지자성의 법들 또한 불생입니다."

사리자 장로가 물었다.

"수보리 장로여, 그러면 전지자성의 법들만이 불생입니까? 아니면 일반 중생도 불생입니까?"

수보리 장로가 대답했다.

"사리자 장로여, 일반 중생 또한 불생입니다."

사리자 장로가 물었다.

"수보리 장로여, 그러면 일반 중생만이 불생입니까? 아니면 일반 중생의 법들 역시 불생입니까?"

수보리 장로가 대답했다.

"사리자 장로여, 일반 중생의 법들 역시 불생입니다."

사리자 장로가 물었다.

"수보리 장로여, 만약 보살도 보살의 법들도 불생이라면, 전지자성도 전지자성의 법들도 불생이라면, 일반 중생도 일반 중생의 법도 불생이라면, 수보리 장로여, 분명 보살마하살은 아무런 노력 없이 전지자성을 얻게 되는 것입니다."

그러자 수보리 장로가 말했다.

"사리자 장로여, 나는 불생(不生)의 법을 얻는 것도 〔명확하게〕 이해하는 것도 구하지 않습니다. 불생의 법을 통해 불생의 깨달음[證悟]은 결코 얻어지지 않습니다."

〔사리자 장로가〕 물었다.

"그러면 수보리 장로여, 불생의 깨달음은 불생의 법을 통해 얻어지는 것입니까? 아니면, 생기(生起)의 법을 통해 얻어지는 것입니까?"

〔수보리 장로가〕 되물었다.

"그러면 사리자 장로여, 불생의 법은 〔생겨〕나는 것입니까? 아니면, 〔생겨〕나지 않는 것입니까?"

〔사리자 장로가 다시〕 물었다.

"그렇다면, 수보리 장로여, 생기의 법이 불생인 것입니까? 아니면, 불생의 법이 생기인 것입니까?"

〔수보리 장로가〕 말했다.

"사리자 장로여, 생기의 법이니 불생의 법이니라는 말은 적절하지 않습니다."

〔사리자 장로가〕 물었다.

"수보리 장로여, '불생이다'라고 말하는 것 또한 적절하지 않다고 생각하시는 것입니까?"

〔수보리 장로가〕 대답했다.

"사리자 장로여, 불생〔이라는 표현〕은 단지 말에 지나지 않습니다. 불생〔이라는 표현〕은 그저 가시적으로 드러나는 것입니다. 불생〔이라는 표현〕은 단순히 가시적인 드러남에 불과합니다. 사리자 장로여, 불생〔이라는 표현〕은 항상 이와 같이 〔가시적으로〕 드러날 뿐입니다."

정신집중

《 37 》 이와 같이 대답하자, 사리자 장로가 말했다.

"설법자(說法者)들 가운데 가장 앞선 자리에 앉아야 할 자는 수보리 장로, 〔바로 당신〕입니다. 그 이유는 무엇일까요? 상좌(上座)인 수보리 장로, 당신은 그 어떤 방향에서든 질문을 받더라도 〔올바른 답변으로〕 그 모든 방향에서 〔빠져〕 나오고, 〔여래의〕 법성(法性)에서 벗어나지 않으며, 그 법성을 〔실제적 법성과〕 양립시키지 않기 때문입니다."

수보리 장로가 사리자 장로에게 말했다.

"사리자 장로여, 이는 〔그 어떤〕 법에도 집착하지 않는 세존의 제자들이 갖는 법성입니다. 〔제자〕들은 그 어떤 방향에서든 질문을 받더라도, 〔올바른 답변으로〕 그 모든 방향에서 〔빠져〕 나오며, 법성을 〔실제적 법성과〕 양립시키지 않으며, 법성에서 벗어나지 않습니다. 그 이유는 무엇일까요? 감히 말하건대, 모든 법에 대한 무-집착〔, 즉 제법무착〕 때문입니다."

이와 같이 말하자, 사리자 장로가 물었다.

"대단하십니다. 대단하십니다. 수보리 장로여, 그런데 보살마하살들이 갖는 '모든 법에 대한 무-집착〔, 즉 제법무착〕의 바라밀다'란 〔도대체〕 어떠한 것입니까?"

수보리 장로가 대답했다.

"사리자 장로여, 모든 승(乘)에 관여하며 모든 법에 집착하지 않는 상태를 보여주는 반야바라밀다가 바로 제법무착의 바라밀다입니다. 〔그렇기에 깊고〕 깊은 반야바라밀다가 이러하다고 말하고, 가르치고, 보여줄 때에도 〔제법무착을 갖춘〕 보살마하살에게는 실로 마음의 우울함이 없으며, 의심〔의 여지〕도 없고, 이해의 더딤이 없으며, 마음의 괴로움이 없는 것입니다. 〔따라서〕 이러한 보살마하살은 반야바라밀다〔의 상태〕에 머물러 있으며, 〔그렇기에 제법무착이라는 정신〕집중을 결여하지 않은 자라고 알려져야 합니다."

(38) 그러자 사리자 장로가 물었다.

"수보리 장로여, 반야바라밀다〔의 상태〕에 머물러 있는 보살마하살이 〔제법무착이라는 정신〕집중을 결여하지 않은 자〔라고 말씀하시는데, 그는〕 어떻게 하여 결여하지 않은 것입니까? 〔어떤〕 보살마하살은, 〔제법무착이라는 정신〕집중을 결여하지 않더라도, 반야바라밀다(의 상태)를 결여할 〔수 있을〕 것입니다. 설령 〔어떤〕 보살마하살이 반야바라밀다〔의 상태〕를 결여하지 않더라도, 그는 〔제법무착이라는 정신〕집중을 결여할 〔수 있을〕 것입니다. 수보리 장로여, 하지만 만약 〔제법무착이라는 정신〕집중을 결여하지 않는 보살마하살이 반야바라밀다〔의 상태〕도 결여하지 않는 자라면, 모든 유정(有情) 또한 반야바라밀다〔의 상태〕를 결여하지 않을 것입니다. 그 이유는 무엇일까요? 모든 유정 또한 〔제법무착이라는 정신〕집중을 결여하지 않은 채 머물러 있기 때문입니다."

39 이 말을 듣고 수보리 장로가 사리자 장로에게 말했다.

"대단하십니다. 대단하십니다. 사리자 장로여, 하지만 나는 당신을 책망하려 합니다. 〔내가 의도한〕 의미를 사리자 장로〔, 당신은〕 정말이지 글자 그대로 파악하고 있습니다. 〔제가 이렇게 말하는〕 이유는 무엇일까요? 사리자 장로여, 유정이 자성을 갖고 있지 않은 방식으로 〔정신〕집중의 무-자성이 알려져야 할 것이기 때문입니다. 유정이 실재하지 않는 방식으로 〔정신〕집중의 무-실재가 알려져야 할 것이기 때문입니다. 유정이 이탈되어 있다는 방식으로 〔정신〕집중의 이탈이 알려져야 할 것이기 때문입니다. 유정이 불가사성(不可思性)이라는 방식으로 〔정신〕집중의 불가사성이 알려져야 할 것이기 때문입니다. 유정이 각지(覺知)되지 않는다는 방식으로 〔정신〕집중의 무-각지가 알려져야 할 것이기 때문입니다. 유정이 진여에 따라 각지되지 않는다는 방식으로 〔정신〕집중의 진여에 따른 무-각지가 알려져야 할 것이기 때문입니다. 사리자 장로여, 나는 보살마하살이 〔제법무착이라는〕 이와 같은 〔정신〕집중을 하고 〔반야바라밀다의〕 상태에 머무르기를 바라고 있는 것입니다."

성스러운 팔천송반야경에서 '모든 양상의 불지(佛智)에 대한 수행'으로 불리는 첫 번째 장

제 2 장

천제석(天帝釋) I

◉

शक्रपरिवर्तो द्वितीयः

천신들의 강림

❪ 01 ❫ 그때 천제석이 33개의 천계(天界)에 속하는 4만여 명의 천자(天子)들과 함께 내려와 이 법회에 동석(同席)했다. 그리고 세간을 수호하는 사천왕(四天王)과 2만여 명에 달하는 사대왕중천(四大王衆天)의 천자들, 사바세계(娑婆世界)의 주인인 대범천왕(大梵天王)과 범종천(梵種天)에 속한 1만여 명의 천자들, 5천여 명에 달하는 정거천(淨居天)의 천자들이 이 법회에 자리를 함께하였다. 그들에게는 분명 〔과거의 선한〕 업보(業報)를 통해 만들어진 신광(神光)이 보였지만, 그 모든 〔빛〕은 바로 불타의 위신력과 광채, 그리고 불타의 가피에 〔완전하게〕 압도되었다.

발심(發心)

❪ 02 ❫ 그러자 천제석이 상좌인 수보리 장로에게 말했다.

"성스러운 수보리 장로여, 이 법회에 〔참여하기 위해〕 내려와 동석한, 수만에 달하는 매우 많은 이 천자들은 당신 가까이에서 반야바라밀다〔에 대한 교설〕을 듣고 싶어 하는 자들이고, 보살마하살을 〔어떻게〕 보여주며, 교화하고 교도하는지〔에 관한 설법을 듣기 원하는 자들〕입니다. 그러하니 〔대답해 주십시오.〕 보살마하살은 반야바라밀다에서 어떻게 머물러야 하는지, 보살마하살은 어떻게 수련되어야 하는지, 어떻게 노력해야 하는지 말입니다"

상좌인 수보리 장로가 말했다.

"교시가(憍尸迦)여, 불타의 위신력(威神力)과 광채, 그리고 불타의 가피로 내가 당신의 질문에 대답할 것입니다. 〔하지만 만약〕 무상(無上)의 올바르고 완전한 깨달음을 향한 마음을 〔아직〕 만들어내지 못한 천자들이 있다면, 그들은 〔먼저〕 그러한 마음을 만들어내야 할 것입니다. 그리고 만약 그들이 〔이미 성문(聲聞)이나 독각(獨覺)과 같은〕 경지에 완전하게 들어간 천자들이라면, 그런 자들은 무상의 올바르고 완전한 깨달음을 향한 마음을 만들어내기에 적합하지 않습니다. 그 이유는 무엇일까요? 〔그러한 경지에 들어가〕 경계〔선〕을 그어버린 천자들은 윤회(輪回)의 흐름에서 헤어나지 못하기 때문입니다. 반복적으로 〔계속〕 그 흐름에서 헤어나지 못하기에 그들은 무상의 올바르고 완전한 깨달음을 향한 마음을 만들어내기에 결코 맞지 않는 자들인 것입니다. 그렇지만 천자들 가운데에서도 〔혹 그와 같은 발심(發心)〕이 생겨난다면, 저 〔역시〕 즐거워할 것입니다. 또한 만일 천자들이 무상의 올바르고 완전한 깨달음을 향한 마음을 만들어 낸다면, 저는 〔그들의〕 선근(善根)을 막는 일은 하지 않을 것입니다. 왜냐하면 특별한 법들 가운데에서도 가장 특별한 것들은 마땅히 지지를 받아야 하기 때문입니다."

03 그러자 세존께서 수보리 장로에게 말씀하셨다.

"대단하다. 대단하다. 수보리야. 〔내가〕 다시 〔말하지만〕, 수보리야, 너는 분명 대단하다. 너와 같은 이가 보살마하살들에게 〔큰〕 힘을 실어주고 있느니라."

이와 같이 말씀하시자, 수보리 장로가 세존께 다음과 같이 아뢰었다.

"세존이시여, 우리는 세존께서 〔과거에〕 베푸신 은혜를 알고 있고, 이를 알지 못하면 안 될 것입니다. 그 이유는 무엇일까요? 세존이시여, 이는 공양을 받을 만한, 올바르고 완전하게 깨달은, 과거의 여래들 앞에서 깨달음을 위해 범행(梵行)을 수행하신 세존께서 먼저 〔몸소〕 바로 보살이 되시고, 〔당신께서는〕 제자들에 의해 〔여섯 개의〕 바라밀다로 교화 교도되셨으며, 그곳에 드신 후 무상의 불지(佛智)를 얻으셨기 때문입니다. 세존이시여, 우리 또한 이와 같은 방식으로 보살마하살들을 포용하고 주목해야 할 것입니다. 〔그것도〕 철저하게 말입니다. 그 이유는 무엇일까요? 세존이시여, 철저하게 포용되고 주목되는 보살마하살들이 조속히 무상(無上)의 올바르고 완전한 깨달음을 터득하기 때문입니다."

무 – 정류(停留)의 공력

❰ 04 ❱ 그렇게 아뢴 뒤, 수보리 장로가 천제석에게 말했다.

"그렇기에, 교시가여, 들으십시오! 제대로 마음에 잘 새기십시오! 제가 당신께 보살마하살이 반야바라밀다에 어떻게 머물러 있어야 할지에 관해 이야기할 것입니다. 교시가여, 공성(空性)에 머무는 보살마하살이 반야바라밀다에 머물러야 할 것입니다. 그러기 위해서 보살마하살은 반드시 위대한 공력(功力)을 갖춘 상태에 있어야 할 것입니다.

보살마하살은 물질·감각·표상·의욕·사유에 머무르지 않아야 할 것입니다. 시각에, 〔색깔을 갖는〕 물질에 머무르지 않아야 할 것입니다. 시각을 통한 분별에, 시각적인 접촉에, 시각적인 접촉으로 느껴지는 감각에 머무르지 않아야 할 것입니다. 이와 같이 청각·후각·미각·촉각·상각(想覺)에도 머무르지 않아야 할 것입니다. 소리·냄새·맛·촉감·〔상각의 대상인 모든〕 법에, 청각에서 상각에 이르기까지 〔5각을 통한〕 분별들에 머무르지 않아야 할 것입니다. 상각을 통한 접촉에, 상각을 통한 접촉에서 느껴지는 감각에 머무르지 않아야 할 것입니다. 땅·물·불·바람·허공·인식이라는 요소들에 머무르지 않아야 할 것입니다. 회상(回想)을 통한 관법(觀法, 念處)에 머무르지 않아야 할 것입니다. 〔나쁜 것들을〕 버리려는 노력[正勤], 신변(神變)의 발[神足], 〔정신적으로 뛰어난〕 능력[根], 〔물리적인〕 힘[力], 깨달음의 요소[覺支], 도(道)의 요소[道支]에 머무르지 않아야 할 것입니다. 예류과(預流果), 일래과(一来果), 불환과(不還果), 아라한과(阿羅漢果)에 머무르지 않아야 할 것입니다. 독각성(獨覺性), 불성(佛性)에 머무르지 않아야 할 것입니다.

보살마하살은 실로 물질·감각·표상·의욕·사유가 존재한다는 〔생각에〕 머무르지 않아야 할 것입니다. 실로 시각에서 상각(想覺)에 이르기까지 〔6각을 통해〕 느껴지는 감각들이 존재한다는 〔생각에〕 머무르지 않아야 할 것입니다. 땅에서 분별에 이르기까지 〔이러한〕 요소들이 존재한다는 〔생각에〕 머무르지 않아야 할 것입니다. 실로 회상을 통한 관법[念處]이 존재한다는 〔생각에〕 머무르지 않아야 할 것입니다. 〔나쁜 것들을〕 버리려는 노력[正勤], 신변(神變)의 발[神足], 〔정신적으로 뛰어난〕 능력[根], 〔물리적인〕 힘[力], 깨달음의 요소[覺支], 도(道)의 요소[道支]가 존재한다는 〔생각에〕 머무르지 않아야 할 것입니다. 실로 예류과, 일래과, 불환과, 아라한과가 존재한다는 〔생각에〕 머무르지 않아야 할 것입니다. 독각성, 불성이 존재한다는 〔생각에〕 머무르지 않아야 할 것입니다.

보살마하살은 물질·감각·표상·의욕·사유가 항상(恒常)적이거나 항상적이지 않다는 〔생각에〕, 행복하다거나 고통스럽다는 〔생각에〕, 공(空)하다거나 공하지 않다는 〔생각에〕, 〔자기〕 자신이거나 〔자기〕 자신이 아니라는 〔생각에〕, 좋다거나 좋지 않다는 〔생각에〕, 공한 것으로 인식된다는 〔생각에〕 머무르지 않아야 할 것입니다. 예류과(預流果)·일래과(一来果)·불환과(不還果)·아라한과(阿羅漢果), 그리고 독각성(獨覺性)이 아무런 〔인과 관계 등의〕 제약 없이〔, 즉 무위(無爲)로서〕 나타나게 된 것이라는 〔생각에〕 머무르지 않아야 할 것입니다.

보살마하살은 예류과를 얻은 사람이 공경할 만하다는 〔생각에〕, 일곱 번 다시 태어날 운명이라는 〔생각에〕 머무르지 않아야 할 것입니다. 일래과를 얻은 사람이 공경할 만하다는 〔생각에〕, 〔아직〕 완수하지 못한 상태에 있기에 다시 태어난 후 고통을 끝낼 것이라는 〔생각에〕 머무르지 않아야 할 것입니다. 불환과를 얻은 사람이 공경할 만하다는 〔생각에〕, 이 세간에 다시 태어나지 않기에 바로 이 세간에서 열반(涅槃)에 들 것이라는 〔생각에〕 머무르지 않아야 할 것입니다. 아라한과를 얻은 사람이 공경할 만하다는 〔생각에〕, 바로 이 세간에서 〔5온이나 번뇌 같은〕 것들을 남겨두지 않는 열반의 층위에 들 것이라는 〔생각에〕 머무르지 않아야 할 것입니다. 독각성을 얻은 자가 공경할 만하다는 〔생각에〕, 성문(聲聞)의 경지를 넘어섰지만 〔아직〕 불타의 경지에 이르지 못한 상황에서 열반에 들 것이라는 〔생각에〕

머무르지 않아야 할 것입니다. 불성을 얻은 자가 공경할 만하다는 〔생각에〕 머무르지 않아야 할 것입니다.

보살마하살은 불성을 얻은 자가 일반 중생의 경지, 성문의 경지, 독각의 경지를 넘어, 무량무수(無數無量)의 유정(有情)들이 〔염원하는〕 목표를 성취한다는, 수십만 나유타(那由陀)에 달하는 무량무수의 유정들이 열반에 들게끔 이끈다는, 무량무수의 유정들을 성문성, 독각성, 완전한 깨달음의 상태인 불성에 머물게 한다는, 불타의 경지에 〔굳건히〕 머문다는, 〔주어진〕 불타의 책무를 다한 후 불타의 완전한 열반을 통해 〔5온이나 번뇌와 같은〕 것들을 남겨두지 않는 열반의 경지에 들 것이라는 〔그런 생각들〕에조차 머무르지 않아야 할 것입니다."

무 - 집착의 마음

05 이 말을 듣고는 사리자 장로에게 다음과 같은 〔생각〕이 들었다.

'만일 불성을 얻은 자가 일반 중생의 경지, 성문의 경지, 독각의 경지를 넘어, 무량무수(無數無量)의 유정(有情)들이 〔염원하는〕 목표를 성취한다는, 수십만 나유타(那由陀)에 달하는 무량무수의 유정들이 열반에 들게끔 이끈다는, 무량무수의 유정들을 성문성, 독각성, 완전한 깨달음의 상태인 불성에 머물게 한다는, 불타의 경지에 〔굳건히〕 머문다는, 〔주어진〕 불타의 책무를 다한 후 불타의 완전한 열반을 통해 〔5온이나 번뇌와 같은〕 것들을 남겨두지 않는 열반의 경지에 들 것이라는 〔그런 생각들〕에조차 머무르지 않아야 한다면, 〔보살마하

살)은 〔도대체〕 어떻게 머무르고, 어떻게 수련해야 하는 것일까?'

수보리 장로가 불타(佛陀)의 위신력에 힘입어 사리자 장로의 생각을 바로 알아차리고는 그에게 물었다.

"사리자 장로여, 당신은 어떻게 생각하는지요? 올바르고 완전하게 깨달은, 공양을 받을 만한 여래는 어디에 머물렀을까요?"

사리자 장로가 대답했다.

"수보리 장로여, 올바르고 완전하게 깨달은, 공양을 받을 만한 여래는 그 어디에도 머물지 않았습니다. 그 이유는 무엇일까요? 여래는 〔그 어디에도〕 집착하는 마음을 갖고 있지 않았기 때문입니다. 여래는 〔인과 관계 등의〕 제약이 존재하는 곳[有爲界]이나 존재하지 않는 곳[無爲界], 그 어디에도 머무르지 않았고, 심지어 그러한 곳에서 나오지도 않았기 때문입니다."

06 그러자 수보리 장로가 사리자 장로에게 말했다.

"사리자 장로여, 보살마하살은 정확히 다음과 같이 머무르고, 수련해야 할 것입니다. 〔즉,〕 '올바르고 완전하게 깨달은, 공양을 받을 만한 여래가 그 어디에도 머무르지도 머무르지 않지도 않은 것처럼, 〔그 어디로부터도〕 벗어나지도 벗어나 있지 않지도 않은 것처럼, 그렇게 나는 머물 것이며, 그렇게 〔나 스스로를〕 수련시킬 것이고, 그와 같은 무-정류(停留)의 방식으로 정류할 것이다'라고 말입니다. 여기 〔반야바라밀다〕에서도 보살마하살은 그러한 방식으로 머무르고 수련해야 할 것입니다. 실로 그렇게 수련하는 보살마하살이 반야바라밀다〔의 상태〕에 머물며, 〔제법무착이라는 정신〕집중을 결여하지 않게 되는 것입니다."

07 이 말을 듣자 법회에 참석한 천자(天子)들 가운데 어떤 이들이

다음과 같은 생각을 했다.

'야차(夜叉)들의 이야기, 소리, 말, 중얼거림, 표현 등 〔그들이 내는〕 그 어떤 것도 이해가 되지만, 수보리 장로가 말하고, 표현하고, 가르치고, 보여주는 것은 여전히 이해되지 않는다.'

08 수보리 장로가 불타의 위신력(威神力)에 힘입어 천자들의 생각을 바로 알아차리고는 그들에게 말했다.

"이해되지 않는 것입니다. 천자들이여, 〔내가 이야기한〕 것들은 이해되지 않는 것입니다. 왜냐하면 여기 〔반야바라밀다〕에서는 가리켜지거나 들리는 그 어떤 것도 존재하지 않기 때문입니다."

09 그러자 천자들에게 재차 다음과 같은 생각이 들었다.

'아! 성스러운 수보리 장로가 자세하게 말해 주시길, 아! 성스러운 수보리 장로가 상세하게 설명해 주시길. 〔하지만〕 성스러운 수보리 장로는 멀리 더 멀리 가시는구나. 성스러운 수보리 장로는 미묘하게 더 미묘하게, 깊게 더 깊게 들어가시며, 교설(敎說)하시는구나.'

수보리 장로는 불타의 위신력에 힘입어 천자들의 생각을 바로 알아차리고는 그들에게 말했다.

"천자들이여, 예류과(預流果)·일래과(一來果)·불환과(不還果)·아라한과(阿羅漢果)·독각성(獨覺性)을 얻기 바라고 그 각각에 머무르기 바라는 자는, 〔반야바라밀다의 미묘함과 심오함을〕 수용[忍]하지 않는다면, 〔이해할 수 없는 것입니다〕. 무상(無上)의 올바르고 완전한 깨달음을 얻기 바라고 이 깨달음에 머무르기 바라는 자는, 〔반야바라밀다의 미묘함과 심오함을〕 수용[忍]하지 않는다면, 〔이해할 수 없는 것입니다〕."

환영과 같은 수행자

《 **10** 》 이 말을 듣고는 다시금 천자(天子)들에게 다음과 같은 생각이 들었다.

'성스러운 수보리 장로의 법을 듣는 자들은 어떤 〔종류의〕 수행자들일까?'

수보리 장로는 재차 불타(佛陀)의 위신력(威神力)에 힘입어 천자들의 생각을 바로 알아차리고는 그들에게 말했다.

"천자들이여, 실로 나의 법을 듣는 자들은 환술(幻術)로 만들어진 것과 같은 수행자들입니다. 그 이유는 무엇일까요? 그러한 자들만이 듣지도 보지도 못할 것이기 때문입니다."

《 **11** 》 그러자 천자들이 수보리 장로에게 물었다.

"성스러운 수보리 장로여, 그런데 유정들은 환영(幻影)과 같은 자들이지, 그들이 〔곧〕 환영은 아니지 않습니까?"

이렇게 묻자, 수보리 장로가 천자들에게 대답했다.

"천자들이여, 유정들은 환영과 같은 자들입니다. 천자들이여, 유정들은 꿈과 같은 자들입니다. 환영과 유정은 두 개의 것이 아니며, 두 개로 나누어지지도 않습니다. 꿈과 유정은 두 개의 것이 아니며, 두 개로 나누어지지도 않습니다. 천자들이여, 모든 법 또한 환영과 같고 꿈과 같은 것입니다. 예류과(預流果)를 얻은 사람도 예류과도 환영과 같고 꿈과 같은 것입니다. 일래과(一来果)를 얻은 사람도 일래과도, 불환과(不還果)를 얻은 사람도 불환과도, 아라한(阿羅漢)도 아라한과도 환영과 같고 꿈과 같은 것입니다. 독각(獨覺)도 독각성(獨覺性)도 환영과 같고 꿈과 같은 것입니다. 올바르고 완전하게 깨달은 자도 올바르고 완전하게 깨달은 자의 상태〔, 즉 불성〕도 환영과 같고 꿈과 같은 것입니다."

❰ **12** ❱ 천자들이 수보리 장로에게 물었다.

"성스러운 수보리 장로여, 당신은 올바르고 완전하게 깨달은 자도 환영과 같고, 꿈과 같은 것이라고 말하는 것입니까? 당신은 올바르고 완전하게 깨달은 자의 상태〔, 즉 불성〕도 환영과 같고 꿈과 같은 것이라고 말하는 것입니까?"

수보리 장로가 대답했다.

"천자들이여, 나는 열반(涅槃)까지도 환영과 같고 꿈과 같은 것이라고 말하는데, 하물며 〔그 어떤〕 다른 법을 〔언급할 필요가 있겠습니까?〕"

천자들이 물었다.

"성스러운 수보리 장로여, 당신은 열반까지도 환영과 같고, 꿈과 같은 것이라고 말하는 것입니까?"

수보리 장로가 대답했다.

"천자들이여, 만일 열반보다 더 탁월한 그 어떤 다른 법이 존재한다면, 나는 그 법 또한 환영과 같고, 꿈과 같은 것이라고 말할 것입니다. 천자들이여, 환영과 열반은 두 개의 것이 아니며, 두 개로 나누어지지도 않습니다. 꿈과 열반은 두 개의 것이 아니며, 두 개로 나누어지지도 않습니다."

❰ **13** ❱ 그러자 사리자 장로와 부루나 장로, 마하사체라(摩訶榭絺羅) 장로, 마하가전연(摩訶迦旃延) 장로, 마하가섭(摩訶迦葉) 장로, 그리고 다른

위대한 제자들이 수천의 많은 보살들과 함께한 가운데 상좌인 수보리 장로에게 물었다.

"수보리 장로여, 반야바라밀다가 그와 같이 설명될 때, 이를 믿고 따르는 자들은 어떤 수행자들일까요?"

아난다 장로가 장로들에게 대답했다.

"장로들이여, 반야바라밀다가 설명될 때, 이를 믿고 따르는 자들은 바로 〔무상(無上)의 올바르고 완전한 깨달음에서〕 퇴전(退轉)되지 않는 보살마하살들일 것이고, 〔올바른〕 견해를 갖춘 중생이거나 정욕(情欲)이 소멸된 아라한(阿羅漢)들일 것입니다."

《 14 》 상좌인 수보리 장로도 장로들에게 말했다.

"장로들이여, 하지만 반야바라밀다가 설명될 때, 이를 믿고 따르는 자는 〔그 어디에도〕 존재하지 않을 것입니다. 그 이유는 무엇일까요? 여기 〔반야바라밀다〕에서는 그 어떤 법도 가리켜지지도 명시되지도 알려져 있지도 않기 때문입니다. 실로 여기 〔반야바라밀다〕에서는 그 어떤 법도 가리켜지지도 명시되지도 분별되지도 않기에 반야바라밀다가 설명될 때, 이를 믿고 따르는 그 어떤 자도 존재하지 않는 것입니다."

산화(散花)

《 15 》 그때 천제석에게 다음과 같은 생각이 들었다.

'성스러운 수보리 장로가 법문(法門)을 설하실 때, 〔이를〕 숭배하

기 위해 나는 신통력으로 〔많은〕 꽃들을 만들어 성스러운 수보리 장로〔의 머리 위〕에 흩뿌리리라.'

그리고 바로 천제석은 신통력으로 〔많은〕 꽃들을 만들어 수보리 장로〔의 머리 위〕에 흩뿌렸다.

수보리 장로는 천제석에게 화답하기 전에 다음과 같은 생각을 했다.

'나는 이 꽃들이 〔천제석이 사는〕 33천계에서 자라나는 것을 한 번도 본 적이 없다. 천제석이 흩뿌린 이 꽃들은 신통력으로 만들어진 것들이다. 천제석이 흩뿌린 이 꽃들은 나무, 관목, 덩굴에서 자라는 것들이 아니라, 마음으로 창조해내는 그런 것들이다.'

천제석은 수보리 장로의 생각을 바로 알아차리고 그에게 말했다.

"성스러운 수보리 장로여, 이 꽃들은 〔생겨〕나는 것이 아닙니다. 그 이유는 무엇일까요? 마음으로 만들어지는 그 어떤 꽃이나, 나무, 관목, 덩굴에서 자라는 그 어떤 꽃도 존재하지 않기 때문입니다."

그러자 수보리 장로가 천제석에게 말했다.

"교시가여, 당신은 이 꽃들이 〔생겨〕나는 것들이 아니라고, 마음으로 만들어지는 것들이 아니라고, 나무, 관목, 덩굴에서 〔자라〕 생겨나는 것들이 아니라고 말합니다만, 교시가여, 〔그렇듯 생겨나지〕 않는〔, 즉 불생인〕 꽃은 〔사실〕 존재하는 것이 아닙니다."

보살의 수련

16 이 말을 듣고는 천제석에게 다음과 같은 생각이 들었다.

'아! 성스러운 수보리 장로는 〔정말이지〕 깊은 학식을 갖고 계신 분이구나. 단어의 표현을 〔있는 그대로〕 알리고 있음에도 불구하고, 이 표현을 〔실제의 법성과〕 양립시키지 않으며, 자세히 설명하고, 〔진실로〕 보여주고 계시니 말이다.'

그러고는 천제석이 수보리 장로에게 말했다.

"그러합니다. 성스러운 수보리여, 그러합니다. 성스러운 수보리 장로 당신이 〔진실로〕 보여주는 것처럼 그렇게 보살마하살은 수련해야 할 것입니다."

수보리 장로가 천제석에게 말했다.

"그러합니다. 교시가여, 그러합니다. 여기 〔반야바라밀다〕에서 보살마하살은 내가 말한 방식으로 수련해야 할 것입니다. 교시가여, 그와 같이 수련하는 보살은 예류과(預流果)·일래과(一來果)·불환과(不還果)·아라한과(阿羅漢果)에서 수련하지 않습니다. 독각성(獨覺性)과 불성(佛性)에서도 수련하지 않습니다. 이러한 경지들에서 수련하지 않는 보살은 불성이나 전지자성에서 수련합니다. 불성 또는 전지자성에서 수련하는 보살은 무량무수(無量無數)에 달하는 불타의 법들에서 수련합니다. 무량무수에 달하는 불타의 법들에서 수련하는 보살은 물질·감각·표상·의욕·사유의 증대나 감소를 위해 수련하지 않습니다. 물질·감각·표상·의욕·사유의 증대나 감소를 위해 수련하지 않는 보살은 물질·감각·표상·의욕·사유를 얻거나 버리기 위해 수련하지 않습니다. 보살은 결코 법을 얻거나 만들어 내거나 사라지게 하기 위해 수련하지 않습니다. 또한 그 어떤 법도 얻거나 만들어 내거나 사라지게 하기 위해 수련하지 않는 보살은 전지자성(全知者

性)을 얻거나 만들어 내거나 사라지게 하기 위해 수련하지 않습니다. 이와 같이 수련하는 보살마하살은 전지자성에서 수련하며, 전지자성으로 나아갈 것입니다."

❰ **17** ❱ 그러자 사리자 장로가 수보리 장로에게 말했다.

"수보리 장로여, 그 어떤 법도 얻거나 만들어 내거나 사라지게 하기 위해 수련하지 않는 보살마하살은 전지자성을 얻거나 만들어 내거나 사라지게 하기 위해 수련하지 않습니다. 수보리 장로여, 이와 같이 수련하는 보살마하살은 전지자성에서 수련하며, 전지자성으로 나아갈 것입니다."

❰ **18** ❱ 수보리 장로가 말했다.

"그러합니다. 사리자 장로여, 그러합니다. 사리자 장로여, 그 어떤 법도 얻거나 만들어 내거나 사라지게 하기 위해 수련하지 않는 보살마하살은 전지자성을 얻거나 만들어 내거나 사라지게 하기 위해 수련하지 않습니다. 보살은 불타의 모든 법을 얻거나 만들어 내거나 사라지게 하기 위해 수련하지 않습니다. 사리자 장로여, 그리고 이와 같이 수련하는 보살마하살은 전지자성에서 수련하며, 전지자성으로 나아갈 것입니다."

보살과 반야바라밀다

❰ **19** ❱ 천제석이 사리자 장로에게 물었다.

"성스러운 사리자 장로여, 보살마하살은 반야바라밀다를 어디에서 구해야만 할까요?"

사리자 장로가 대답했다.

"교시가여, 보살마하살은 반야바라밀다를 수보리 장로의 교설에서 구해야 할 것입니다."

천제석이 사리자 장로에게 물었다.

"성스러운 수보리 장로가 교설할 때 〔풍기는〕 위신력(威神力)과 가피는 〔도대체〕 누구의 것으로 알려져야 할까요?"

사리자 장로가 대답했다.

"교시가여, 그 위신력은 여래의 것으로 알려져야 합니다. 성스러운 수보리 장로가 교설할 때 〔풍기는〕 가피 또한 여래의 것으로 알려져야 합니다."

수보리 장로도 천제석에게 말했다.

"교시가여, 당신은 '성스러운 수보리 장로가 교설할 때 〔풍기는〕 위신력과 가피가 〔도대체〕 누구의 것으로 알려져야 할까요?'라고 묻고 있는데, 교시가여, 그 위신력은 여래의 것으로 알려져야 합니다. 내가 말할 때 〔풍기는〕 가피 또한 여래의 것으로 알려져야 합니다. 또한 당신은 '보살마하살은 반야바라밀다를 어디에서 구해야만 할까요?'라고 묻고 있는데, 교시가여, 보살마하살은 반야바라밀다를 물질·감각·표상·의욕·사유에서 구하지 않아야 하며, 물질·감각·표상·의욕·사유에서 벗어난 그 어떤 곳에서도 구하지 않아야 합니다. 그 이유는 무엇일까요? 반야바라밀다는 물질·감각·표상·의욕·사유가 아니기 때문이며, 또한 물질·감각·표상·의욕·사유에서 벗어난 그 어떤 곳에서도 존재하지 않기 때문입니다."

반야바라밀다와 무-집착

❰ **20** ❱ 천제석이 수보리 장로에게 말했다.

"성스러운 수보리 장로여, 반야바라밀다는 위대한 바라밀다, 측정되지 않는 바라밀다, 측정할 수 없는 바라밀다, 한계가 없는 바라밀다입니다."

상좌인 수보리 장로가 말했다.

"그러합니다. 교시가여, 그러합니다. 반야바라밀다는 위대한 바라밀다, 측정되지 않는 바라밀다, 측정할 수 없는 바라밀다, 한계가 없는 바라밀다입니다. 그 이유는 무엇일까요? 교시가여, 이는 물질·감각·표상·의욕·사유가 위대한 것들인 만큼 반야바라밀다도 위대한 바라밀다이기 때문입니다. 교시가여, 물질·감각·표상·의욕·사유가 측정되지 않는 것들인 만큼 반야바라밀다도 측정되지 않는 바라밀다이기 때문입니다. 교시가여, 물질·감각·표상·의욕·사유가 측정할 수 없는 것들인 만큼 반야바라밀다도 측정할 수 없는 바라밀다이기 때문입니다. 교시가여, 물질·감각·표상·의욕·사유가 무한한 것들인 만큼 반야바라밀다도 한계가 없는 바라밀다이기 때문입니다. 〔하지만 보살마하살은 반야바라밀다가〕 위대한 바라밀다라는 〔생각에〕, 측정되지도 측정할 수도 없는 바라밀다라는 〔생각에〕, 한계가 없는 바라밀다라는 〔생각에〕 집착하지 않습니다. 교시가여, 이러한 이유에서 반야바라밀다가 위대한 바라밀다, 측정되지 않는 바라밀다, 측정할 수 없는 바라밀다, 한계가 없는 바라밀다라는 것입니다.

❰ **21** ❱ 교시가여, 〔인식〕대상들이 무한한 만큼 반야바라밀다도 한계

가 없는 바라밀다입니다. 교시가여, 유정(有情)들이 무한한 만큼 반야바라밀다도 한계가 없는 바라밀다입니다. 교시가여, 하지만 어떤 이유로 〔인식〕대상들이 무한한 만큼 반야바라밀다도 한계가 없는 바라밀다라는 것일까요? 교시가여, 어떤 방향에서든 모든 법의 처음도 중간도 끝도 인식되지 않기 때문에 반야바라밀다도 한계가 없는 바라밀다라는 것입니다. 교시가여, 이러한 방식으로 〔인식〕대상들이 무한한 만큼 반야바라밀다도 한계가 없는 바라밀다라는 것입니다. 교시가여, 게다가 모든 법이 무한하고 끝이 없는 까닭에 모든 법의 처음도 중간도 끝도 인식되지 않는 것입니다. 교시가여, 그렇기에 반야바라밀다도 한계가 없는 바라밀다라는 것입니다. 그 이유는 무엇일까요? 교시가여, 물질·감각·표상·의욕·사유의 처음도 중간도 끝도 인식되지 않기 때문입니다. 교시가여, 이러한 방식으로 〔인식〕대상들이 무한한 만큼 반야바라밀다도 한계가 없는 바라밀다라는 것입니다.

22 교시가여, 더욱이 유정은 무한하며 끝이 없습니다. 그 이유는 무엇일까요? 유정의 처음도 중간도 끝도 인식되지 않기 때문입니다. 교시가여, 그런 이유에서 유정(有情)들이 무한한 만큼 반야바라밀다도 한계가 없는 바라밀다라는 것입니다."

그러자 천제석이 수보리 장로에게 물었다.

"수보리 장로여, 어떤 이유로 유정들이 무한한 만큼 반야바라밀다도 한계가 없는 바라밀다라는 것입니까?"

상좌인 수보리 장로가 대답했다.

"교시가여, 헤아리기 불가능한 만큼, 그 수가 〔셀 수 없을 정도로〕 매우 높은 만큼, 유정(有情)들이 무한한 만큼, 반야바라밀다도 한계가 없는 바라밀다이기 때문입니다."

유정(有情)의 명칭

❰ **23** ❱ 천제석이 〔재차〕 물었다.

"성스러운 수보리 장로여, 그렇다면 어떻게 하여 유정들이 무한한 만큼, 반야바라밀다도 한계가 없는 바라밀다라는 것입니까?"

상좌인 수보리 장로가 되물었다.

"교시가여, 어떻게 생각하십니까? 유정, 유정이라는 것이 어떤 법의 명칭이〔라고 생각하십니까〕?"

천제석이 대답했다.

"성스러운 수보리여, 유정, 유정이라는 것은 법[존재함]의 명칭도 무법(無法, 존재하지 않음)의 명칭도 아닙니다. 〔유정이라는〕 이름은 우연하게 부여된 것입니다. 〔유정이라는〕 이름은 실체 없이, 자아(自我)〔의 속성〕 없이 부여된 것입니다. 〔유정이라는〕 이름은 〔인식〕대상이 없는 상황에서 부여된 것입니다."

상좌인 수보리 장로가 물었다.

"당신은 어떻게 생각하십니까? 교시가여, 〔당신이 말한 것으로〕 유정이 명확하게 설명되었다〔고 생각하십니까〕?"

천제석이 대답했다.

"절대 그렇지 않습니다. 성스러운 수보리 장로여."

수보리 장로가 물었다.

"교시가여, 유정이 명확하게 설명되지 않았다면, 유정들의 무한함은 어떻습니까? 교시가여, 만약 올바르고 완전하게 깨달은, 공양을 받을 만한 여래가, 항하(恒河)의 모래알들처럼 셀 수 없는 겁(劫)의 시간 동안 살면서, 무한하게 뻗어 나가는 자신의 깊은 목소리로 '유정, 유정'이라는 말을 했다면, 그렇다면, 거기에 어떤 유정이 생겨났고, 생겨날 것이며, 생겨나고 있는 걸까요? 아니면 소멸되었고, 소멸될 것이며, 소멸되고 있는 걸까요?"

천제석이 대답했다.

"절대 그렇지 않습니다. 성스러운 수보리 장로여. 그 이유는 무엇일까요? 유정은 처음부터 청정했기에, 〔그것도〕 더할 나위 없이 청정했기 때문입니다."

수보리 장로가 말했다.

"교시가여, 바로 이러한 방식으로 유정들이 무한한 만큼, 반야바라밀다도 한계가 없는 바라밀다라는 것입니다. 교시가여, 그리고 다시 〔말하지만〕, 유정들이 무한한 만큼, 반야바라밀다도 한계가 없는 바라밀다로 알려져야 합니다."

❪ 24 ❫ 그러자 천제석과 그의 천자들, 대범천왕(大梵天王)과 그의 천자들, 대세주(大世主)와 그의 천자들, 선인(仙人)을 포함한 남녀의 무리가 세 번의 감탄에 찬 목소리를 냈다.

"아! 법이여! 아! 법이여, 아! 법의 법성이여! 상좌인 성스러운 수보리 장로의 탁월한 화술로 여래의 출현이 이 세간에 알려지고, 가르쳐지며, 드러내어지고, 널리 퍼지고 있습니다. 세존이시여, 앞으로 우리는 여래를 반야바라밀다를 결여하지 않을 보살마하살로, 또한 반야바라밀다〔의 상태〕에 머무를 보살마하살로 〔마음에〕 새길 것입니다."

연등불(燃燈佛) 여래

⟬ 25 ⟭ 세존께서 천제석과 그의 천자들, 대범천왕(大梵天王)과 그의 천자들, 대세주(大世主)와 그의 천자들, 선인(仙人)을 포함한 남녀의 무리에게 말씀하셨다.

"그러하다. 천자들이여, 그러하다. 천자들이여, 올바르고 완전하게 깨달은, 공양을 받을 만한 연등불(練燈佛) 여래〔가 보는〕 앞에서 내가 반야바라밀다를 결여하지 않은 채 광시(光嬲)로 불리는 왕성(王城)의 시장 거리 한복판에 갔을 때, 연등불 여래는 내가 무상의 완전한 깨달음에 들 것이라고 예언했느니라. '젊은이여, 당신은 무수(無數)한 겁이 지난 미래에 석가모니(釋迦牟尼)로 불리며, 올바르고 완전하게 깨달으면서 공양을 받을 만한 여래, 지(知)와 행(行)을 겸비한 선서(善逝), 세간〔의 이치〕를 아는 사람, 사람들을 〔깨달음의 길로〕 이끄는 최고의 조련사, 신과 인간들의 교사(教師), 불타(佛陀), 세존(世尊)이 될 것이다'라고 말이다."

그러자 천자들이 세존께 아뢰었다.

"반야바라밀다가 전지자성〔의 달성〕을 야기하고 고취시키는 데 보살마하살에게 얼마나 대단한 것인지, 세존이시여, 경이롭습니다. 선서이시여, 매우 경이롭습니다."

성스러운 팔천송반야경에서 '천제석(天帝釋)'으로 불리는 두 번째 장

제 3 장

무량의 공덕이 깃든 바라밀다와 불탑의 공양

अप्रमेयगुणधारणपारमितास्तूपसत्कारपरिवर्तस्तृतीयः

선남자와 선여인

❰ **01** ❱ 세존께서는 천자들과 사부대중(四部大衆)인 비구(比丘)·비구니(比丘尼)·우바새(優婆塞)·우바이(優婆夷)들이 법회에 와 있음을 알아차리시고, 욕계(欲界)와 색계(色界)의 신들, 그리고 범종천(梵種天)·광음천(光音天)·소정천(小淨天)·색구경천(色究竟天)의 천자들을 증인들로 세우시더니, 천제석을 비롯한 욕계의 천자들, 대범천왕을 비롯한 범종천(梵種天)의 천자들과 광음천의 천자들에게 〔다음과 같이〕 말씀하셨다.

"천자들이여, 선남자나 선여인이 진실로 반야바라밀다를 습득하고, 마음에 새기며, 낭송하고, 통달하며, 널리 퍼트린다면, 그 누구든 〔약점을〕 공략할 〔방법〕을 찾거나 구하는 마왕이나 마왕계의 마신(魔神)들일지라도, 인간이나 귀신들일지라도, 선남자나 선여인의 약점을 공략할 수 없을 것이니라. 게다가 선남자나 선여인은 〔그 어떤〕 나쁜 기운에 둘러싸이지 않기에 〔자신의〕 수명(壽命)을 다하지 못하는 일은 없을 것이니라.

❰ **02** ❱ 천자들이여, 더욱이 무상의 올바르고 완전한 깨달음을 향해 나아갔지만 반야바라밀다를 습득하지도, 마음에 새기지도, 낭송하지도, 통달하지도, 널리 퍼트리지도 않은 그런 천자들은 선남자나 선여인에게 〔가까이〕 다가가야 한다고 생각할 것이니라. 반야바라밀다를 습득하고, 마음에 새기며, 낭송하고, 통달하며, 널리 퍼트리는 선남자나 선여인에게 가까이 다가가야 〔반야바라밀다에 관한 이야기를〕 들을 것이고, 들은 후에는 그들 또한 반야바라밀다를 습득하고, 마음에 새기며, 낭송하고, 통달하며, 널리 퍼트릴 것이니라.

천자들이여, 그리고 다시 〔말하지만〕, 분명 반야바라밀다를 습득하고, 마음에 새기며, 낭송하고, 통달하며, 널리 퍼트리는 선남자나 선여인에게는 숲에 갔든, 나무 밑[樹根]에 앉았든, 빈집에 들어갔든, 탁 트인 넓은 공간을 보았든, 〔큰〕 길을 걸었든, 악도(惡道)에 들었든, 산책로를 거닐든, 대해(大海)를 보러 갔든, 여기저기 〔그 어디에 다가〕 가든, 〔거리를〕 한 바퀴를 돌든, 서든, 앉든, 길을 잘못 들었든〔, 무엇을 하던〕 간에 두려움이 생겨나지 않을 것이니라. 두려움에 털이 곤두서는 일은 일어나지도 생겨나지도 않을 것이니라."

03 사천왕(四天王)이 세존께 다음과 같이 아뢰었다.

"세존이시여, 경이롭습니다. 반야바라밀다를 습득하고, 마음에 새기며, 낭송하고, 통달하며, 널리 퍼트리는 선남자나 선여인이 〔성문승·독각승·보살승의〕 삼승(三乘)에서 유정들을 수련시키지만, 그들을 수련시킨다는 생각을 갖지 않는 것이 〔참으로 경이롭습니다〕. 세존이시여, 저희는 반야바라밀다를 습득하고, 마음에 새기며, 낭송하고, 통달하며, 널리 퍼트릴 선남자나 선여인을 지키고, 막아주며, 보호하는 일을 철저히 수행할 것입니다."

04 천제석도 세존께 아뢰었다.

"세존이시여, 저 역시 반야바라밀다를 습득하고, 마음에 새기며, 낭송하고, 통달하며, 널리 퍼트릴 선남자나 선여인을 지키고, 막아주며, 보호하는 일을 철저히 수행할 것입니다."

05 사바세계(娑婆世界)의 주인인 대범천왕 역시 범종천의 천자들과 더불어 세존께 아뢰었다.

"세존이시여, 저 역시 반야바라밀다를 습득하고, 마음에 새기며,

낭송하고, 통달하며, 널리 퍼트릴 선남자나 선여인을 지키고, 막아주며, 보호하는 일을 철저히 수행할 것입니다."

현세의 공덕 (1)

06 그러자 천제석이 세존께 아뢰었다.

"세존이시여, 경이롭습니다. 반야바라밀다를 습득하고, 마음에 새기며, 낭송하고, 통달하며, 널리 퍼트리는 선남자나 선여인이 이 정도에 달하는 현세(現世)의 공덕을 받고 얻는다는 것은 〔정말이지 경이로운 일입니다.〕 세존이시여, 그런데 반야바라밀다가 습득되면, 6바라밀다 모두가 습득되는 것입니까?"

이와 같이 여쭙자, 세존께서 천제석에게 다음과 같이 대답하셨다.

"그러하다. 교시가야, 그러하다. 교시가야, 반야바라밀다가 습득되면, 6바라밀다 모두가 습득될 것이니라. 교시가야, 그리고 반야바라밀다를 습득하고, 마음에 새기며, 낭송하고, 통달하며, 널리 퍼트린 선남자나 선여인은 〔마땅히〕 현세의 공덕을 얻느니라. 교시가야, 내가 말할 모든 것에 귀를 기울이고 듣거라! 제대로 마음에 잘 새기도록 하여라!"

천제석은 "세존이시여, 훌륭하십니다!"라고 〔아뢰며〕, 세존께 귀를 기울였다. 세존께서 다음과 같이 말씀하셨다.

"교시가야, 내〔가 말하는〕 법에 논쟁, 논박, 반박의 여지가 있다고 생각하는 자들이 〔이 세간에〕 존재하지만, 논쟁이나 논박, 반박하기를 좋아하는 자들의 논쟁, 논박, 반박들은 곧 사라질 것이고, 머물지 못할 것이니라. 논쟁이나 논박, 반박하기를 좋아하는 자들의 목적은 관철(貫徹)되지 않을 것이니라. 그 이유는 무엇일까? 교시가야, 그것은 반야바라밀다를 습득하고, 마음에 새기며, 낭송하고, 통달하며, 널리 퍼트리고, 가르치며, 보여주고, 선언하고, 되새길 선남자나 선여인에게는 계속해서 생겨난 그와 같은 논쟁〔거리〕들이 곧 사라질 것이며, 머물지 못할 것이기 때문이니라. 〔또한〕 논쟁이나 논박, 반박하기를 좋아하는 자들의 목적이 관철되지 않을 것이기 때문이니라. 교시가야, 반야바라밀다를 습득하고, 마음에 새기며, 낭송하고, 통달하며, 널리 퍼트리고, 가르치며, 보여주고, 선언하고, 되새기는 선남자나 선여인은 바로 이와 같은 현세의 공덕을 얻느니라.

교시가야, 이는 마치 막기(莫耆)라고 불리는 약초가 〔온갖 종류의〕 모든 독(毒)을 진정시키는 것과 같으니라. 독사와 같은 어떤 배고픈 생명체가 먹이를 찾고 구하러 다니는 도중에, 숨 쉬는 어떤 동물이 바로 〔눈앞에〕 보일 것이니라. 독사는 냄새로 동물〔의 흔적〕을 따라 쫓을 것이며, 먹이라는 이유로 〔잡아〕먹기를 바랄 것이니라. 하지만 그 동물은 막기라는 약초가 있는 쪽으로 갈 것이고, 거기에 가서는 〔미동도 없이〕 머물러 있을 것이니라. 〔그러면〕 분명 독사는 약초의 냄새를 맡고 바로 되돌아갈 것이니라. 그 이유는 무엇일까? 약초의 해독성이 독사가 가진 독을 능가하기 때문이니라. 막기라는 약초는 실로 강력한 것이니라.

교시가야, 바로 이와 같이 반야바라밀다를 습득하고, 마음에 새기며, 낭송하고, 통달하며, 널리 퍼트리고, 가르치며, 보여주고, 선언하고, 되새길 선남자나 선여인에게도 끊임없이 논쟁이나 논박, 반박들이 생겨날 것이니라. 〔하지만〕 이것들은 광채(光彩), 외력(外力)과 내력(內力) 등 반야바라밀다의 강력한 기운들이 퍼짐으로써 바로 그 자리에서 동작을 멈추며, 소멸하고 사라져 〔다시는〕 생겨나지 않을 것이니라. 그 어떤 방향에서 생겨나도 소멸되고 사라져 〔다시는〕 생겨나지 않을 것이고 머물지 못할 것이니라. 그 이유는 무엇일까? 반야바라밀다는 탐욕에서 시작하여 열반에 대한 집착에 이를 때까지 〔발생하는 모든 번뇌를〕 소멸시키는 것이지 생겨나게 만드는 것이 아니기 때문이니라. 사천왕과 천제석, 사바세계(娑婆世界)의 주인인 대범천왕, 모든 불타세존들, 보살들은 반야바라밀다를 습득하고, 마음에 새기며, 낭송하고, 통달하며, 널리 퍼트리고, 가르치며, 보여주고, 선언하고, 되새길 선남자나 선여인을 지키고, 막아주고, 보호하는 일을 철저하게 수행할 것이니라. 선남자나 선여인은 바로 이러한 현세(現世)의 공덕도 얻게 되느니라.

현세의 공덕 (2)

07 교시가야, 더욱이 반야바라밀다를 습득하고, 마음에 새기며, 낭송하고, 통달하며, 널리 퍼트리고, 가르치며, 보여주고, 선언하고, 되새길 선남자나 선여인은 쾌활하고 온화한 말을 하는 자들이 될 것이며, 적절한 말을 하는 자, 부조리한 말을 하지 않는 자가 될 것이니라. 또한 분노와 오만에 압도당한 자가 되지 않을 것이니라. 그 이유는 무엇일

까? 반야바라밀다가 그들을 조련시키기 때문이니라. 반야바라밀다가 〔그들을〕 성숙시키며, 분노와 오만을 증가시키지 않기 때문이니라. 〔그렇기에〕 그들은 증오, 악의, 나쁜 성향을 얻지 않게 되는 것이니라. 이렇게 행동할 때 선남자나 선여인에게는 정념(正念)과 자비(慈悲)의 마음이 만들어지느니라.

선남자나 선여인에게는 다음과 같은 생각이 들게 되느니라. '만약 내가 악의를 만들어내고, 이것 때문에 내 도덕적 판단력이 〔흐려지거나〕 사라지게 된다면, 나의 안색은 〔활활 타올라〕 빨갛게 될 것이다. 그리고 무상의 올바르고 완전한 깨달음을 향해 나아간 내가, 이 깨달음을 수련하기 바라는 내가, 분노에 빠져있다는 것은 〔어쩐지〕 내게 어울리지 않는다'〔라고 말이다〕. 그래서 그들은 조속히 정념을 받게 되는 것이니라. 교시가야, 반야바라밀다를 습득하고, 마음에 새기며, 낭송하고, 통달하며, 널리 퍼트리고, 가르치며, 보여주고, 선언하고, 되새길 선남자나 선여인은 이와 같은 현세(現世)의 공덕도 얻게 되느니라."

이와 같이 말씀하시자 천제석이 세존께 아뢰었다.

"세존이시여, 반야바라밀다가 보살마하살들의 조련과 수련을 위해 존재한다는 것이 〔참으로〕 경이롭습니다."

현세의 공덕 (3)

08 세존께서 말씀하셨다.

"교시가야, 선남자나 선여인은 반야바라밀다를 습득하고, 마음에 새기며, 낭송하고, 통달하며, 널리 퍼트리고, 가르치며, 보여주고, 선언하고, 되새길 것이니라. 만약 이와 같이 수행하는 선남자나 선여인이 전쟁이 한창〔진행 중〕일 때 최전선(最前線)에 놓여 있게 되었다면, 〔그래서〕 전장(戰場)에 근접한 쪽으로 내려가거나 내려갔거나, 전선(戰線)을 넘어가거나, 전장의 한복판에 갔거나 서 있거나 앉았거나 〔하더라도〕, 교시가야, 반야바라밀다를 정신적으로 집중하며, 습득하고, 마음에 새기며, 낭송하고, 통달하며, 널리 퍼트리고, 가르치며, 보여주고, 선언하고, 되새기는 선남자나 선여인에게 생명을 위태롭게 하는 상황이 발생한다는 것은 의심의 여지 없이 불가능한 일이니라. 적의 공격으로 생명의 위협을 받게 될 가능성은 〔전혀〕 존재하지 않느니라.

교시가야, 누군가가 전장에서 칼이든 봉(棒)이든 돌덩이든 다른 그 어떤 것을 던져도 선남자나 선여인의 몸에는 맞지 않을 것이니라. 그 이유는 무엇일까? 교시가야, 반야바라밀다는 위대한 주술(呪術)이기 때문이니라. 교시가야, 반야바라밀다는 무량무수(無量無數)의 주술이기 때문이니라. 교시가야, 반야바라밀다는 무상(無上)의 주술이기 때문이니라. 교시가야, 반야바라밀다는 〔그 어떤 것과도〕 같지 않은 특별한 주술이기 때문이니라. 교시가야, 반야바라밀다는 유일무이한 주술이기 때문이니라. 〔또한〕 교시가야, 이 주술에서 수련하는 선남자나 선여인은 자신에 대한 위해(危害)도, 적에 대한 위해도, 쌍방에 대한 위해도 바라지 않기 때문이니라.

교시가야, 실로 이 주술에서 수련하는 보살마하살은 무상의 올바르고 완전한 깨달음을 터득하고, 전지자(全知者)의 불지(佛智)를 얻을 것이니라. 깨달음을 터득한 뒤 보살마하살은 모든 유정의 마음들을 꿰뚫어볼 것이니라. 그 이유는 무엇일까? 실로 이 주술에서 수련하는 보살마하살에게는 얻어지지 않을, 알려지지 않을, 인식되지 않을 그 어떤 것도 존재하지 않기 때문이니라. 그렇기에 전지자(全知者)의 불지(佛智)라고 불리는 것이니라. 교시가야, 반야바라밀다를 습득하고, 마음에 새기며, 낭송하고, 통달하며, 널리 퍼트리고, 가르치며, 보여주고, 선언하고, 되새길 선남자나 선여인은 이와 같은 현세(現世)의 공덕 또한 얻게 될 것이니라.

현세의 공덕 (4)

❰ 09 ❱ 교시가야, 게다가 유정들이 반야바라밀다를 끝까지 기록하여 책의 형태로 만든 뒤 최우선으로 공양하기 위해 〔이 책을 안치할 불탑〕을 세운 경우, 〔반야바라밀다를〕 공양하며, 습득하고, 마음에 새기며, 낭송하고, 통달하며, 널리 퍼트리고, 가르치며, 보여주고, 선언하고, 되새기지 않더라도, 〔약점을〕 공략할 〔방법〕을 찾거나 구하려는 인간이나 귀신은 그들의 약점을 얻지 못할 것이니라. 단, 전생에 악업을 지은 자들은 제외하고 말이다. 교시가야, 〔이렇듯〕 선남자나 선여인은 이와 같은 현세의 공덕도 얻게 되느니라.

❰ 10 ❱ 교시가야, 이는 마치 인간이나 귀신들, 축생(畜生)들이 보리수[깨달음]의 꼭대기에 올랐거나, 꼭대기 근처〔까지〕 갔거나, 중간 〔정도〕에 이르렀거나, 〔이제 막〕 초입에 들었을 때, 이들은 〔더 이상 그렇게 하지 못한 다른〕 인간이나 귀신들이 해를 입힐 수 있는, 악의를 보게 할

수 있는, 〔정신적으로 악한 기운에〕 잠식되게 만들 수 있는 그런 자들이 아닌 것과 같으니라. 단, 전생에 악업을 지은 자들은 제외하고 말이다. 그 이유는 무엇일까? 보리수 〔바로〕 그곳에서 공양을 받을 만하며 올바르고 완전하게 깨달은 과거·미래·현재의 여래들이 깨달음을 터득했고, 터득할 것이며, 터득하고 있기 때문이니라. 〔또한〕 이 여래들은 모든 유정을 위해 두려움이 없는 상태, 적대감이 없는 상태, 공포가 없는 상태를 널리 퍼트리며, 〔명확하게〕 설명하고 있기 때문이니라.

교시가야, 선남자나 선여인이 〔보리수와 같은〕 곳에서 반야바라밀다를 습득하고, 마음에 새기며, 낭송하고, 통달하며, 널리 퍼트리고, 가르치며, 보여주고, 선언하고, 되새길 것인데, 바로 그 장소에 있는 유정들은 〔더 이상 그렇지 못한 다른〕 인간이나 귀신들이 해를 입힐 수 있는, 악의를 보게 할 수 있는, 〔정신적으로 악한 기운이〕 잠식되게 만들 수 있는 자들이 아니니라. 단, 전생에 악업을 지은 자들은 제외하고 말이다. 그 이유는 무엇일까? 교시가야, 반야바라밀다가 그런 장소를 유정들의 공양소(供養所)로 만들었기 때문이니라. 〔따라서 공양소와 같은 이곳은〕 찬양되고, 경의가 표해지며, 숭배되고, 찬송되며, 존중되고, 공양 되며, 공경되어져야 할 것이며. 가까이 다가간 유정들에게 〔이와 같은 장소는〕 보호소이자 대피소, 안식처이자 최종 목적지가 될 것이니라. 교시가야, 〔이렇듯〕 그 선남자나 선여인은 이와 같은 현세의 공덕도 얻〔게 되〕는 것이니라."

복덕의 양 (1)

《 11 》 이와 같이 말씀하시자 천제석이 세존께 아뢰었다.

"세존이시여, 반야바라밀다를 끝까지 기록하여 책의 형태로 만든 뒤 최우선으로 공양하기 위해 〔이 책을 안치할 불탑〕을 세워 놓은 선남자나 선여인은 반야바라밀다를 천상(天上)의 꽃·훈향(薰香)·향료·화환·도향(塗香)·향분(香粉)·승복(僧服)·산개(傘蓋)·당(幢)·방울[鈴]·깃발[旗]로, 또한 등명(燈明)과 화환을 사방에 〔놓는 방식으로〕, 더 나아가 〔그 밖의〕 여러 다양한 방법들로 공양하고 공경하며, 경의를 표하고 숭배하며, 찬송하고 존중할 것입니다. 그리고 공양을 받을 만하며 올바르고 완전하게 깨달은 여래가 열반에 든 후에는 〔그의〕 사리(舍利)를 불탑에 안치하고 자신의 것으로 삼으며 〔오랫동안〕 보존할 것입니다. 이 불탑 또한 천상의 꽃·훈향·향료·화환·도향·향분·승복·산개·당·방울·깃발로, 등명(燈明)과 화환을 사방에 〔놓는 방식으로, 그 밖의〕 여러 다양한 방법들로 공양하고 공경하며, 경의를 표하고 숭배하며, 찬송하고 존중할 것입니다. 〔그렇다면, 세존이시여,〕 선남자나 선여인, 둘 가운데 누가 더 많은 복덕(福德)을 얻겠습니까?"

전지자성(全知者性)과 사리(舍利)

이와 같이 여쭙자 세존께서 천제석에게 다음과 같이 되물으셨다.

"교시가야, 〔그렇게 질문한다면〕 내가 네게 되묻고자 한다. 네가 최상이라고 생각하는 대로, 그렇게 〔내게 자세하게〕 설명해 보도록 하여라. 너는 어떻게 생각하느냐? 교시가야, 공양을 받을 만하며 올바르고 완전하게 깨달은 여래에게는 전지자성〔이라는 구체적인 존재물인〕 사리가 형성되어 있는데, 여래는 어떠한 도(道)에서 수련하였기에 무상의 올바른 완전한 깨달음, 즉 전지자성을 얻었다고 터득했다〔고 생각하느냐〕?"

천제석이 세존께 대답했다.

"세존이시여, 복(福)을 지니고, 공양을 받을 만하며 올바르고 완전하게 깨달은 여래는 바로 여기 반야바라밀다에서 수련하였기에 무상의 올바른 완전한 깨달음, 즉 전지자성을 얻었고 터득했다〔고 생각합니다〕."

세존께서 말씀하셨다.

"교시가야, 여래는 사리와 같은 〔구체적인〕 존재물을 획득함으로써 여래라는 이름을 얻는 것이 아니라, 전지자성을 얻었기에 여래라는 이름을 갖게 된 것이니라. 교시가야, 공양을 받을 만하며 올바르고 완전하게 깨달은 여래의 전지자성이라는 것은 〔바로〕 반야바라밀다에서 나온 것이고, 여래가 〔구체적인〕 존재물로서 획득한 사리는 반야바라밀다의 방편선교에서 나온 것이며, 이 사리는 전지자의 불지(佛智)를 담는 그릇[容器]이 될 것이니라. 이러한 그릇으로 인해 실로 전지자의 불지가 〔명확하게〕 드러나며, 불타의 사리, 법의 사리, 승가(僧伽)의 사리가 〔명확하게〕 드러나는 것이니라.

여래가 〔구체적인〕 존재물로서 획득한 사리는 전지자의 불지로 인해 얻어지는 것이며, 전지자의 불지가 담겨진 〔사리와 같은〕 그릇이 존재하기에, 〔이제 사리가 안치된〕 불탑들은 유정들의 공양소(供

養所)가 되어, 찬양되고 공양 되며, 공경되고 경의가 표해지며, 숭배되고 찬송되며, 존중되고 가까이 다가가야 할 것이니라. 내가 열반(涅槃)에 든 후에는 내 사리 또한 공양 되어야 할 것이니라. 교시가야, 그렇기에 반야바라밀다를 끝까지 기록하여 책의 형태로 만든 뒤 최우선으로 공양하기 위해 〔이 책을 안치할 불탑〕을 세워 놓은 선남자나 선여인은 반야바라밀다를 천상(天上)의 꽃·훈향·향료·화환·도향·향분·승복·산개·당·방울·깃발로 공양하고 공경하며, 경의를 표하고 숭배하며, 찬송하고 존중할 것이니라.

〔그러면〕 선남자나 선여인, 둘 가운데 누군가는 더 많은 복덕을 얻을 것이니라. 그 이유는 무엇일까? 교시가야, 선남자나 선여인, 그 누구든 전지자의 불지를 공양할 것이기 때문이니라. 선남자나 선여인, 그 누구든 이 세간에서 반야바라밀다를 끝까지 기록하거나 책의 형태로 만든 뒤, 〔이를〕 공양하고 공경하며, 경의를 표하고 숭배하며, 찬양하고 존중하거나 〔그 밖의〕 여러 방식으로 공양한다면, 이들 가운데 누가 되었든 더 많은 복덕을 얻을 것이니라. 그 이유는 무엇일까? 교시가야, 반야바라밀다를 공양할 선남자나 선여인은 전지자의 불지 또한 공양할 것이기 때문이니라."

염부제(閻浮提)의 유정

12 천제석이 세존께 아뢰었다.

"세존이시여, 염부제 사람들은 반야바라밀다를 기록하지도, 습득하지도, 마음에 새기지도, 낭송하지도, 통달하지도, 널리 퍼트리지도, 가르치지도, 보여주지도, 선언하지도, 되새기지도 않을 것입니다. 그리고 반야바라밀다를 천상의 꽃·훈향·향료·화환·도향·향분·승복·산개·당·방울·깃발로, 등명과 화환을 사방에 〔놓는 방식으로, 그 밖의〕 여러 다양한 방법들로 공양하지도, 공경하지도, 경의를 표하지도, 숭배하지도, 찬송하지도, 존중하지도 않을 것입니다. 세존이시여, 반야바라밀다는 공양 될 것이라고 세존께서 말씀하신 그 공양이 많은 〔현세의〕 이로움을 가져오는 공양이라는 것을 염부제의 사람들은 진정 모르는 것일까요? 세존이시여, 반야바라밀다는 공양 될 것이라고 세존께서 말씀하신 그 공양이 많은 은혜와 〔좋은〕 결과들, 그리고 많은 보상을 가져오는 공양이라는 것을 그들은 진정 모르는 것일까요? 알지 못하는 것일까요? 아니면 알거나 인식하지만, 신뢰하지 않는 것일까요?"

이와 같이 여쭙자 세존께서 천제석에게 다음과 같이 되물으셨다.

"너는 어떻게 생각하느냐? 교시가야, 얼마나 많은 염부제의 사람들이 불타에 기초한 증정(證淨)을, 법(法)에 기초한 증정을, 승가(僧伽)에 기초한 증정을 갖추고 있다고 생각하느냐?"

이렇게 물으시자 천제석이 세존께 대답했다.

"세존이시여, 불타·법·승가에 기초한 증정을 갖추고 있는 염부제의 사람들은 〔매우〕 적습니다."

이와 같이 대답하자, 세존께서 천제석에게 다음과 같이 말씀하셨다.

"그러하다. 교시가야, 그러하다. 불타·법·승가에 기초한 증정을 갖추고 있는 염부제의 사람들은 〔매우〕 적으니라. 교시가야, 그 적은 사람들 가운데 예류과(預流果)를 얻고, 뒤이어 일래과(一来果)와 불환과(不還果)를 얻는 자들은 더 적으니라. 그 적은 사람들 가운데에서도 아라한과(阿羅漢果)를 얻는 자들은 더 적으니라. 그 적은 사람들 가운데에서도 독각(獨覺)을 직시하는 자들은 더 적으니라. 그 적은 사람들 가운데에서도 무상(無上)의 올바르고 완전한 깨달음을 향한 마음을 만들어내는 자들은 더 적으니라. 그 적은 사람들 가운데에서도 무상의 올바르고 완전한 깨달음을 향한 마음을 만들고, 그 발심(發心)을 증폭시키는 자들은 더 적으니라. 그 적은 사람들 가운데에서도 무상의 올바르고 완전한 깨달음을 향한 마음을 만들고, 그 발심을 증폭시켜 진정한 노력을 행하는 자들은 더 적으니라. 그 적은 사람들 가운데에서도 반야바라밀다에 들기 위해 노력하는 자들은 더 적으니라. 그 적은 사람들 가운데에서도 반야바라밀다에 드는 자들은 더 적으니라. 그 적은 사람들 가운데에서도 반야바라밀다에 들어 분투하며 퇴전(退轉)되지 않는 보살의 경지에 머무는 자들은 더 적으니라. 그 적은 사람들 가운데에서도 반야바라밀다에 들고 분투하며 무상의 올바르고 완전한 깨달음을 터득할 자들은 더 적으니라. 그 적은 사람들 가운데에서도 반야바라밀다에 들고 분투하며 무상의 올바르고 완전한 깨달음을 터득하는 자들은 더 적으니라.

보살의 경지

교시가야, 불퇴전의 보살 경지에 머무는 여러 보살마하살들은 무상의 올바르고 완전한 깨달음을 터득한 뒤 반야바라밀다에 들기 위해 수련하고 분투하며, 강한 의지로 무장한 선남자와 선여인들에게 반야바라밀다를 보여주고 선언하고 있느니라. 또한 그들은 〔반야바라밀다를〕 습득하고 마음에 새기며, 낭송하고 통달하며, 널리 퍼트리고, 보여주고 가르치며, 선언하고 되새기며, 반야바라밀다를 천상(天上)의 꽃·훈향(薰香)·향료·화환·도향(塗香)·향분(香粉)·승복(僧服)·산개(傘蓋)·당(幢)·방울[鈴]·깃발[旗]로, 또한 등명과 화환을 사방에 〔놓는 방식으로〕, 더 나아가 〔그 밖의〕 여러 다양한 방법들로 공양하고 공경하며, 경의를 표하고 숭배하며, 찬송하고 존중하고 있느니라.

교시가야, 깨달음을 향한 마음[菩提心]을 만들어내고, 깨달음을 향한 마음을 증폭시키며, 깨달음을 향해 나아가는 무량무수(無量無數)의 유정들이 분명 존재하느니라. 무량무수의 유정들이 깨달음을 향해 나아간다 할지라도, 분명 그 가운데 한두 명만이 불퇴전의 보살 경지에 머무를 것이니라. 그 이유는 무엇일까? 교시가야, 무상의 올바르고 완전한 깨달음은 노력이 부족하고 나태한 유정들, 자존감과 이해력이 부족한 유정들, 신해(信解)와 신심(信心)이 부족한 유정들, 그리고 지혜가 부족한 유정들에게는 얻기가 어려운 것이기 때문이니라.

교시가야, 그렇기에 선남자나 선여인이 조속히 무상의 올바르고 완전한 깨달음을 터득하기 바란다면, 반야바라밀다가 즐겁게 반복적으로 경청되고 습득되며, 마음에 새겨지고, 낭송되며 학습되고, 널리 펴져야 할 것이며, 가르쳐지고 보여지며, 선언되고 되새겨져야 할 것이니라. 그 이유는 무엇일까? 선남자나 선여인은 다음과 같이 알고 있을 것이기 때문이니라. 예전에 공양을 받을 만한 올바르고 완전하게 깨달은 여래도 보살의 도(道)를 수행하셨을 때, 반야바라밀다에 들기 위해 '우리도 이곳에 들기 위해 수련해야 할 것이다. 반야바라밀다는 우리의 스승이다'라고 생각하며 수련하셨다고 말이다.

교시가야, 공양을 받을 만한 올바르고 완전하게 깨달은 여래가 현존하든 열반(涅槃)에 들었던 보살마하살은 〔항상〕 반야바라밀다에 주의를 기울여야 할 것이니라. 교시가야, 그렇기에 공양을 받을 만한 올바르고 완전하게 깨달은 여래가 열반에 들었을 때, 선남자나 선여인, 그 누구든 공양을 위해 칠보(七寶)로 장식된, 여래의 사리(舍利)를 〔안치할〕 장소인 불탑을 셀 수 없을 정도로 많이 세울 것이니라. 세운 뒤에는 생이 다하는 날까지 불탑과 반야바라밀다를 천상(天上)의 꽃·훈향·향료·화환·도향·향분·승복·산개·당·방울·깃발로, 또한 등명과 화환을 사방에 〔놓는 방식으로〕, 더 나아가 〔그 밖의〕 여러 다양한 방법들로 공양하고 공경하며, 경의를 표하고 숭배하며, 찬송하고 존중할 것이니라. 너는 어떻게 생각하느냐? 교시가야, 이와 같이 행하는 선남자나 선여인이 복덕을 많이 얻겠느냐?"

천제석이 대답했다.

"세존이시여, 그와 같이 행하는 선남자나 선여인은 복덕을 많이 얻을 것입니다. 선서이시여, 많이 얻을 것입니다."

복덕의 양 (2)

세존께서 말씀하셨다.

"교시가야, 〔다음과 같이 행하는〕 선남자나 선여인이 그보다 더 많은 복덕을 얻느니라. 반야바라밀다를 믿고, 신뢰하며, 진정으로 전념하면서 정심(淨心)을 갖춘 선남자나 선여인. 깨달음을 향한 마음을 일으키고, 강한 의지로 경청하고 습득하며, 마음에 새기고 낭송하며, 통달하고 널리 퍼트리며, 가르치고 보여주며, 선언하고 되새길 선남자나 선여인. 그리고 다른 유정들을 위해 〔반야바라밀다를〕 널리 선언하고, 그 의미를 드러내어 마음으로 바라볼 〔선남자나 선여인〕. 또한 탁월한 지혜로 〔반야바라밀다를〕 철저하게 살펴볼 〔선남자나 선여인〕. 〔반야바라밀다를〕 끝까지 기록하여 책의 형태로 만든 뒤 〔이를〕 마음에 새기며 정법(正法)이 오랫동안 보존되도록 안치해 둘 〔선남자나 선여인〕. 불타의 안내인인 반야바라밀다가 〔지속되지 못하고〕 끊겨 사라지는 일이 발생하지 않도록 반야바라밀다를 지속시켜 보살마하살들이 수행을 이어나갈 수 있게 해 줄 〔선남자나 선여인〕. 그리고 반야바라밀다를 공양하고 공경하며, 경의를 표하고 숭배하며, 찬송하고 존중하고, 천상의 꽃·훈향·향료·화환·도향·향분·승복·산개·당·방울·깃발로, 또한 등명과 화환을 사방에 〔놓는 방식으로〕, 더 나아가 〔그 밖의〕 여러 다양한 방법들로 공양할 〔선남자나 선여인〕.

교시가야, 바로 이렇게 행하는 선남자나 선여인이 〔앞서 언급한 자들보다〕 더 많은 복덕을 얻게 되느니라.

교시가야, 칠보로 장식된, 여래의 사리들이 안치될 불탑들은 셀 수 없을 정도로 많이 세워져야 하느니라. 〔그렇기에〕 교시가야, 선남자나 선여인, 그 누구든 염부제(閻浮提)의 온 사방을 칠보로 장식된 여래의 사리들을 안치할 불탑들로 가득하게 만들 것이니라. 세운 뒤에는 생이 다하는 날까지 그 불탑들을 천상의 꽃·훈향·향료·화환·도향·향분·승복·산개·당·방울·깃발로, 등명과 화환을 사방에 〔놓는 방식으로, 그 밖의〕 여러 다양한 방법들로 공양하고 공경하며, 경의를 표하고 숭배하며, 찬송하고 존중할 것이니라. 너는 어떻게 생각하느냐? 교시가야, 이와 같이 행하는 선남자나 선여인이 복덕을 많이 얻겠느냐?"

천제석이 대답했다.

"세존이시여, 그와 같이 행하는 선남자나 선여인은 복덕을 많이 얻을 것입니다. 선서이시여, 많이 얻을 것입니다."

복덕의 양 (3)

세존께서 말씀하셨다.

"교시가야, 〔다음과 같이 행하는〕 선남자나 선여인이 그보다 더 많은 복덕을 얻느니라. 반야바라밀다를 믿고, 신뢰하며, 진정으로 전념하면서 정심(淨心)을 갖춘 선남자나 선여인. 깨달음을 향한 마음을 일으키고, 강한 의지로 경청하고 습득하며, 마음에 새기고 낭송하며, 통달하고 널리 퍼트리며, 가르치고 보여주며, 선언하고 되새길 선남자나 선여인. 그리고 다른 유정들을 위해 〔반야바라밀다를〕 널리 선언하며, 그 의미를 드러내어 마음으로 바라볼 선남자나 선여인. 또한 탁월한 지혜로 〔반야바라밀다를〕 철저하게 살펴볼 선남자나 선여인. 게다가 〔반야바라밀다를〕 끝까지 기록하여 책의 형태로 만든 뒤 〔이를〕 마음에 새기며 정법(正法)이 오랫동안 보존되도록 안치해 둘 선남자나 선여인. 불타의 안내인인 반야바라밀다가 〔지속되지 못하고〕 끊겨 사라지는 일이 발생하지 않도록 반야바라밀다를 지속시켜 보살마하살들이 수행을 이어나갈 수 있게 해 줄 선남자나 선여인. 그리고 반야바라밀다를 공양하고 공경하며, 경의를 표하고 숭배하며, 찬송하고 존중하고, 천상의 꽃·훈향·향료·화환·도향·향분·승복·산개·당·방울·깃발로, 또한 등명과 화환을 사방에 〔놓는 방식으로〕, 더 나아가 〔그 밖의〕 여러 다양한 방법들로 공양할 선남자나 선여인.

교시가야, 바로 이렇게 행하는 선남자나 선여인이 〔앞서 언급한 자들보다〕 더 많은 복덕을 얻게 되느니라. 교시가야, 염부제(閻浮提)가 칠보(七寶)로 장식된 여래의 사리(舍利)들을 안치할 불탑들로 가득함은 말할 것도 없느니라.

교시가야, 사대주(四大洲)·소천(小千)·이천중천(二千中千)·삼천대천(三千大千)의 모든 유정 각자가 칠보(七寶)로 장식된 여래의 사리(舍利)를 안치할 불탑을 한 개씩만 만들어도, 그들은 생이 다하는 날까지 불탑을 천상(天上)의 꽃·훈향·향료·화환·도향·향분·승복·산개·당·방울·깃발로, 또한 등명과 화환을 사방에 〔놓는 방식으로〕, 더 나아가 〔그 밖의〕 여러 다양한 방법들로 공양하고 공경하며, 경의를 표하고 숭배하며, 찬송하고 존중할 수 있을 것이니라. 너는 어떻게 생각하느냐? 교시가야, 이와 같이 행하는 모든 유정이 복덕을 많이 얻겠느냐?”

천제석이 대답했다.

"세존이시여, 그 유정들은 복덕을 많이 얻을 것입니다. 선서이시여, 많이 얻을 것입니다"

복덕의 양 (4)

세존께서 말씀하셨다.

"교시가야, (다음과 같이 행하는) 선남자나 선여인이 그보다 더 많은 복덕을 얻느니라. 반야바라밀다를 믿고, 신뢰하며, 진정으로 전념하면서 정심(淨心)을 갖춘 선남자나 선여인. 깨달음을 향한 마음을 일으키고, 강한 의지로 경청하고 습득하며, 마음에 새기고 낭송하며, 통달하고 널리 퍼트리며, 가르치고 보여주며, 선언하고 되새길 선남자나 선여인. 그리고 다른 유정들을 위해 (반야바라밀다를) 널리 선언하고, 그 의미를 드러내어 마음으로 바라볼 선남자나 선여인. 또한 탁월한 지혜로 (반야바라밀다를) 철저하게 살펴볼 선남자나 선여인. (반야바라밀다를) 끝까지 기록하여 책의 형태로 만든 뒤 (이를) 마음에 새기며 정법(正法)이 오랫동안 보존되도록 안치해 둘 선남자나 선여인. 불타의 안내인인 반야바라밀다가 (지속되지 못하고) 끊겨 사라지는 일이 발생하지 않도록 반야바라밀다를 지속시켜 보살마하살들이 수행을 이어나갈 수 있게 해 줄 선남자나 선여인. 그리고 반야바라밀다를 공양하고 공경하며, 경의를 표하고 숭배하며, 찬송하고 존중하고, 천상의 꽃·훈향·향료·화환·도향·향분·승복·산개·당·방울·깃발로, 또한 등명과 화환을 사방에 〔놓는 방식으로〕, 더 나아가 〔그 밖의〕 여러 다양한 방법들로 공양할 선남자나 선여인.

교시가야, 바로 이렇게 행하는 선남자나 선여인이 〔앞서 언급한 자들보다〕 더 많은 복덕을 얻게 되느니라. 교시가야, 다시 〔말하지만〕, 사대주(四大洲)·소천(小千)·이천중천(二千中千)·삼천대천(三千大千)의 세간에 존재하는 모든 유정은 말할 것도 없느니라!

교시가야, 삼천대천(三千大千)에 존재하는 유정들 모두가 동시에 인간의 몸을 얻는다고 가정을 해보자. 그로 인해 유정들 각자가 칠보(七寶)로 장식된 여래의 사리(舍利)를 안치할 불탑을 한 개씩 만든다면, 〔셀 수 없을 만큼 많은〕 그 모든 불탑을 만들어내는 것이 되느니라. 이렇게 만들어진 불탑들을 안치하고, 한 겁(劫)이나 한 겁을 뛰어넘는 매우 오랜 시간 동안 온갖 종류의 화술(話術)·가무(歌舞)·악기들로, 천상에 존재하는 온갖 종류의 꽃·훈향·향료·화환·도향·향분·승복·산개·당·방울·깃발로, 등명과 화환을 사방에 〔놓는 방식으로〕, 천상계와 인간계에 어울리는 〔그 밖의〕 여러 다양한 방법들로 공양하고 공경하며, 경의를 표하고 숭배하며, 찬송하고 존중할 것이니라. 이와 같은 덕행(德行)으로 삼천대천(三千大千)의 모든 유정은 무량무수의 불탑들을 안치시키고 공양할 것이니라. 너는 어떻게 생각하느냐? 교시가야, 이와 같이 행하는 유정들은 복덕을 많이 얻겠느냐?"

천제석이 대답했다.

"세존이시여, 그와 같이 행하는 유정들은 복덕을 많이 얻을 것입니다. 선서이시여, 많이 얻을 것입니다"

복덕의 양 (5)

세존께서 말씀하셨다.

"교시가야, 다음과 같이 행하는 선남자나 선여인이 더 많은 복덕을 얻느니라. 반야바라밀다를 믿고, 신뢰하며, 진정으로 전념하면서 정심(淨心)을 갖춘 선남자나 선여인, 깨달음을 향한 마음을 일으키고, 강한 의지로 경청하고 습득하며, 마음에 새기고 낭송하며, 통달하고 널리 퍼트리며, 가르치고 보여주며, 선언하고 되새길 선남자나 선여인. 그리고 다른 유정들을 위해 〔반야바라밀다를〕 널리 선언하고, 그 의미를 드러내어 마음으로 바라볼 선남자나 선여인. 또한 탁월한 지혜로 〔반야바라밀다를〕 철저하게 살펴볼 선남자나 선여인. 게다가 〔반야바라밀다를〕 끝까지 기록하여 책의 형태로 만든 뒤 〔이를〕 마음에 새기며 정법(正法)이 오랫동안 보존되도록 안치해 둘 선남자나 선여인. 불타의 안내인인 반야바라밀다가 〔지속되지 못하고〕 끊겨 사라지는 일이 발생하지 않도록 반야바라밀다를 지속시켜 보살마하살들이 수행을 이어나갈 수 있게 해 줄 선남자나 선여인. 반야바라밀다를 공양하고 공경하며, 경의를 표하고 숭배하며, 찬송하고 존중하고, 천상의 꽃·훈향·향료·화환·도향·향분·승복·산개·당·방울·깃발로, 등명과 화환을 사방에 〔놓는 방식으로, 그 밖의〕 여러 다양한 방법들로 공양할 것이니라. 교시가야, 이와 같이 행하는 선남자나 선여인이 더 많은 복덕을 얻게 되느니라."

복덕의 양(6)

⦅ 13 ⦆ 이와 같이 말씀하시자 천제석이 세존께 아뢰었다.

"세존이시여, 그러합니다. 선서이시여, 그러합니다. 세존이시여, 선남자나 선여인이 반야바라밀다를 공양하고 공경하며 경의를 표하고 숭배하며 찬송하고 존중할 때, 과거·미래·현재의 불타세존들은 불타의 모든 불지(佛智)로 인해 철저하게 알려진 모든 세간에서 공양되고 공경되며, 경의가 표해지고 숭배되며, 찬송되고 존중될 것입니다. 세존이시여, 삼천대천에 존재하는 모든 유정은 바로 이러한 방식으로 머물러야 할 것입니다! 삼천대천에 항하의 모래알들처럼 셀 수 없을 정도로 많은 유정들 각자가 칠보로 장식된 여래의 사리들을 안치할 불탑을 한 개씩 만든다면, 〔셀 수 없을 정도로 많은〕 그 모든 불탑을 만들어내게 되는 것입니다. 이렇게 만든 불탑들을 안치하고, 한 겁(劫)이나 한 겁을 뛰어넘는 매우 오랜 시간 동안 온갖 종류의 화술(話術)·가무(歌舞)·악기들로, 천상에 존재하는 온갖 종류의 꽃·훈향·향료·화환·도향·향분·승복·산개·당·방울·깃발로, 등명과 화환을 사방에 〔놓는 방식으로〕, 천상계와 인간계에 어울리는 〔그 밖의〕 여러 다양한 방법들로 공양하고 공경하며, 경의를 표하고 숭배하며, 찬송하고 존중할 것입니다.

〔하지만〕 반야바라밀다를 믿고, 신뢰하며, 진정으로 전념하면서 정심(淨心)을 갖추고, 깨달음을 향한 마음을 일으키고, 강한 의지로 경청하고 습득하며, 마음에 새기고 낭송하며, 통달하고 널리 퍼트리며, 가르치고 보여주며, 선언하고 되새길 선남자나 선여인. 다른 유정

들을 위해 〔반야바라밀다를〕 널리 선언하며, 그 의미를 드러내어 마음으로 바라볼 선남자나 선여인. 탁월한 지혜로 〔반야바라밀다를〕 철저하게 살펴볼 선남자나 선여인. 〔반야바라밀다를〕 끝까지 기록하여 책의 형태로 만든 뒤 〔이를〕 마음에 새기며 정법(正法)이 오랫동안 보존되도록 안치해 둘 선남자나 선여인. 불타의 안내인인 반야바라밀다가 〔지속되지 못하고〕 끊겨 사라지는 일이 발생하지 않도록 반야바라밀다를 지속시켜 보살마하살들이 수행을 이어나갈 수 있게 해 줄 선남자나 선여인. 반야바라밀다를 공양하고 공경하며, 경의를 표하고 숭배하며, 찬송하고 존중하고, 천상(天上)의 꽃 · 훈향 · 향료 · 화환 · 도향 · 향분 · 승복 · 산개 · 당 · 방울 · 깃발로, 등명과 화환을 사방에 〔놓는 방식으로, 그 밖의〕 여러 다양한 방법들로 공양할 선남자나 선여인. 바로 이와 같이 행하는 선남자나 선여인이 앞서 언급한 자들보다 더 많은 복덕을 얻습니다."

《 14 》 그러자 세존께서 천제석에게 다음과 같이 말씀하셨다.

"그러하다. 교시가야, 그러하다. 교시가야, 그와 같이 행하는 선남자나 선여인이 더 많은 복덕을 얻게 되느니라. 무량무수의 더 많은 복덕을 얻게 되느니라. 상상할 수 없을 만큼 더 많은 복덕을 얻게 되느니라. 〔그 누구와〕 비교할 수 없을 만큼 더 많은 복덕을 얻게 되느니라. 셀 수 없을 만큼 더 많은 복덕을 얻게 되느니라. 그 이유는 무엇일까? 교시가야, 공양을 받을 만하며 올바르고 완전하게 깨달은 여래들의 전지자성이라는 것은 〔바로〕 반야바라밀다에서 나온 것이기 때문이니라. 그리고 여래의 사리들에 대한 공양은 전지자성에서 비롯된 것이기 때문이니라. 교시가야, 그렇기에 선남자나 선여인, 그 누구든 반야바라밀다를 믿고, 신뢰하며, 진정으로 전념하면서 정심(淨心)을 갖춘 자는 깨달음을 향한 마음을 일으키고, 강한 의지로 경청하고 습득하며, 마음에 새기고 낭송하며, 통달하고 널리 퍼트리며, 가르치고 보여주며, 선언하고 되새길 것이니라. 그리고 다른 유정들을 위해 〔반야바라밀다를〕 널리 선언하며, 그 의미를 드러내어 마음으로 바라볼 것이니라. 또한 탁월한 지혜로 〔반야바라밀다를〕 철저하게 살펴볼 것이니라. 게다가 〔반야바라밀다를〕 끝까지 기록하여 책의 형태로 만든 뒤 〔이를〕 마음에 새기며 정법(正法)이 오랫동안 보존되도록 안치해 둘 것이니라. 불타의 안내인인 반야바라밀다가 〔지속되지 못하고〕 끊겨 사라지는 일이 발생하지 않도록 반야바라밀다를 지속시켜 보살마하살들이 수행을 이어나갈 수 있게 해 줄 것이니라. 반야바라밀다를 공양하고 공경하며, 경의를 표하고 숭배하며, 찬송하고 존중하고, 천상(天上)의 꽃·훈향·향료·화환·도향·향분·승복·산개·당·방울·깃발로, 등명과 화환을 사방에 〔놓는 방식으로, 그 밖의〕 여러 다양한 방법들로 공양할 것이니라.

교시가야, 이러한 〔행동의〕 방식으로 축적되는 복덕의 양과 비교하여 칠보(七寶)로 장식된, 여래의 사리(舍利)들을 안치할 불탑을 만들어 축적되는 복덕의 양은 그에 백 분의 일, 천 분의 일, 십만 분의 일, 천만 분의 일, 십억 분의 일, 백억 분의 일, 십조 분의 일, 그 이상의 셀 수 없는 수의 일에도 미치지 못하니라. 〔그 어떤〕 산출이나 분할도, 셈이나 비교도, 유추도, 대응이나 대조도 가능하지 않느니라."

천제석과 반야바라밀다

15 그때 천제석과 함께 법회에 내려온 4만여 명의 천자들이 천제석에게 말했다.

"주군(主君)이시여, 반야바라밀다를 습득하소서! 주군이시여, 반야바라밀다는 반드시 습득하고 마음에 새기며, 낭송하고 학습하며, 널리 퍼트려야 할 것입니다. 주군이시여, 반야바라밀다는 가르쳐지고, 보여지고, 선언되고, 되새겨져야 할 것입니다."

그러자 세존께서 천제석에게 말씀하셨다.

"교시가야, 반야바라밀다를 습득하고, 마음에 새기며, 낭송하고, 학습하며, 널리 퍼트리도록 하여라! 〔또한〕 반야바라밀다를 가르치고, 보여주며, 선언하고, 되새기도록 하여라! 그 이유는 무엇일까? 교시가야, 아수라들에게 '우리는 33천계의 신들과 싸울 것이고, 전장(戰場)에서 33천계의 신들과 조우할 것이다'라는 의도가 생겨날 〔바로〕 그때, 교시가야, 너는 이 반야바라밀다에 주의를 기울이고, 이를 되새겨야 할 것이기 때문이니라. 그렇게 하면 〔싸우려 드는〕 아수라들의 의도는 곧 사라질 것이니라."

16 이와 같이 말씀하시자 천제석이 세존께 아뢰었다.

"세존이시여, 반야바라밀다라는 것은 실로 위대한 주술(呪術)입니다. 무량무수(無量無數)의 주술입니다. 최상(最上) 무상(無上)의 주술입니다. 무동(無同) 유일무이(唯一無二)의 주술입니다."

그러자 세존께서 천제석에게 다음과 같이 말씀하셨다.

"〔진정〕 그러하다. 교시가야, 반야바라밀다라는 것은 위대한 주술이니라. 무량무수(無量無數)의 주술이니라. 최상(最上)이며 위없는 주술이니라. 무동(無同)이며 유일무이(唯一無二)인 주술이니라. 그 이유는 무엇일까? 교시가야, 공양을 받을 만하며 올바르고 완전하게 깨달은 이전의 여래들이 반야바라밀다라는 주술을 얻은 뒤, 무상의 올바르고 완전한 깨달음을 터득했기 때문이니라. 교시가야, 미래에 무상의 올바르고 완전한 깨달음을 터득할, 공양을 받을 만하며 올바르고 완전하게 깨달은 여래들이 될 자들도 반야바라밀다라는 주술을 얻은 후 무상의 올바르고 완전한 깨달음을 터득할 것이기 때문이니라. 교시가야, 현재 무량무수의 삼천대천(三千大千)의 세간에서 무상의 올바르고 완전한 깨달음을 터득한 모든 불타세존들 또한 반야바라밀다라는 주술을 얻고 나서, 무상의 올바르고 완전한 깨달음을 터득하고 있기 때문이니라. 교시가야, 나 역시 반야바라밀다라는 주술을 얻은 후 무상의 올바르고 완전한 깨달음을 터득한 것이기 때문이니라.

반야바라밀다와 세간

교시가야, 반야바라밀다라는 주술을 얻은 후에는 10선업도(十善業道)가 세간에 퍼지니라. 각지(覺支)와 연결된 4선(四禪)이 세간에 퍼지니라. 각지와 연결된 4무량심(四無量心)이 세간에 퍼지니라. 각지에 지배된 4무색정(四無色定)이 세간에 퍼지니라. 각지와 연결된 6신통(六神通)이 세간에 퍼지니라. 37보리분법(三十七菩提分法)이 세간에 퍼지니라. 〔요약하면,〕 8만4천 개의 법온(法蘊)들이 세간에 퍼지니라. 불타의 불지가, 저절로 생겨나는 불지〔, 즉 자연기지(自然起智)〕가, 불가사의한 불지(佛智)가 세간에 퍼지니라.

교시가야, 반야바라밀다라는 주술을 얻은 후 비록 공양을 받을 만하며 올바르고 완전하게 깨달은 여래들이 세간에 나타나지 않을 때라도, 보살마하살들은 이전에 들은 반야바라밀다로 인해 자연적으로 방편선교(方便善巧)을 갖추게 되느니라. 유정들에 대해 연민을 느끼는 보살마하살들 또한 이 세간에 와서 10선업도를 세간에 널리 퍼지게 하느니라. 각지(覺支)와 연결되지 않은 4선(四禪)·4무량심(四無量心)·4무색정(四無色定)·5신통(五神通)을 세간에 널리 퍼지게 하느니라. 교시가야, 이는 마치 모든 약초와 별들, 그리고 성수(星宿)가 월륜(月輪)에 다가간 후 그 〔빛의〕 외력(外力)과 내력(內力)에 따라 〔세간을〕 밝혀주는 것과 같으니라.

바로 이와 같이 공양을 받을 만하며 올바르고 완전하게 깨달은 여래가 〔열반에 든 후〕 사라지고 정법(正法)이 소멸될 때〔에는〕 공양을 받을 만하며 올바르고 완전하게 깨달은 여래들이 태어나지 않기 때문에, 어떤 행위이든 세간에 알려지고 널리 퍼지는 법행(法行), 평등한 행위, 비길 데 없는 행위, 선행(善行) 등 그 모든 것은 보살에서 나온 것이며, 보살에 의해 널리 전파된 것이고, 보살의 방편선교(方便善巧)에서 비롯된 것이니라. 그리고 보살의 방편선교는 반야바라밀다에서 나온 것으로 알려져야 할 것이니라.

현세의 공덕 (5)

17 교시가야, 더욱이 반야바라밀다를 습득하며 마음에 새기고, 낭송하며 통달하고, 널리 퍼트리며 가르치고, 보여주며 선언하고, 되새기며 기록하고, 정신적으로 집중하며 준비하는 선남자나 선여인은 그로 인해 많은 현세의 공덕들을 〔마땅히〕 기대할 수 있느니라."

이와 같이 말씀하시자 천제석이 세존께 여쭈었다.

"세존이시여, 그렇다면 선남자와 선여인들이 얻는 현세의 공덕들은 어떤 것들입니까?"

세존께서 대답하셨다.

"선남자나 선여인들은 〔그 어떤〕 나쁜 기운에 둘러싸이지 않기에 〔자신의〕 수명을 다하지 못하는 일은 없을 것이니라. 독이나 칼, 불이나 물, 봉(棒)이나 적의 공격 때문에 수명을 다하지 못하는 일은 없을 것이니라. 선남자나 선여인이 반야바라밀다를 갖추거나 되새길 때, 왕이나 왕자, 대신(大臣)이나 재상(宰相)〔의 악행〕으로 인해 반복적으로 일어나는 재앙들은 이내 사라질 것이니라. 선남자나 선여인이 반야바라밀다를 갖추거나 되새길 때, 〔약점을〕 공략〔할 방도〕를 찾고 구하려 접근하는 왕 또는 왕자, 대신이나 재상은 〔결국 얻고자 하는〕 약점을 찾지도 구하지도 못할 것이니라. 이는 반야바라밀다가 지켜주기 때문이니라. 혹여 왕이나 왕자, 대신이나 재상이 다가올지라도, 〔그들 사이에는〕 대화의 분위기가, 말을 건네는 분위기가, 친근하게 인사를 주고받아야 할 분위기가 만들어질 것이니라. 그 이유는 무엇일까? 교시가야, 반야바라밀다는 모든 유정 앞에서 자애(慈愛)와 자비(慈悲)를 만들어 내고, 이를 자애심(自愛心)과 자비심(慈悲心)으로 이어지게 만들기 때문이니라. 그렇기에 선남자나 선여인 가운데 그 누구든 맹수와 사갈(蛇蝎)로 가득 찬 숲 한복판에 갔더라도, 〔약점을〕 공략〔할 방도〕를 찾고 구하려는 인간이나 귀신들 또한 선남자나 선여인의 약점을 찾지도 구하지도 못할 것이니라. 단, 전생에 악업을 지은 자들은 제외하고 말이다."

외도(外道)의 방랑객

《 18 》 그때 논란의 의도를 갖는 백여 명의 외도(外道) 방랑객들이 세존께 가까이 다가갔다. 그러자 천제석이 실로 멀리서 온 방랑객들을 주시하며 그들의 마음을 꿰뚫어 보고는 다음과 같은 생각을 했다.

'논란의 의도를 갖는 방랑객들이 세존께 가까이 다가갔구나. 만약 내가 세존의 면전에서 〔부족하지만〕 반야바라밀다의 가르침을 기억하여, 주의를 기울이며 되새기고, 널리 퍼트려서, 이 방랑객들을 세존께 다가가지 못하도록 한다면, 세존께서 반야바라밀다를 교설(教說)하실 때 〔그 어떤〕 방해도 없지 않을까?'

그러고는 세존의 면전에서 반야바라밀다의 가르침을 기억하여, 주의를 기울이고 되새기며 널리 퍼트렸다. 그러자 외도의 방랑객들은 세존의 오른쪽을 멀리 도는 우요(右繞)의 경의를 표한 후 바로 문으로 향하더니 온 길로 되돌아갔다. 그러자 사리자 장로에게 이러한 생각이 들었다.

'도대체 어떤 이유로 외도의 방랑객들은 세존의 오른쪽을 멀리 도는 우요(右繞)의 경의를 표한 후 바로 문으로 향하더니 온 길로 되돌아간 것일까?'

세존께서는 마음으로 사리자 장로의 생각을 알아차리고는 다음과 같이 말씀하셨다.

"사리자야, 천제석은 논란의 의도를 갖는 방랑객들의 의도를 꿰뚫어 보고, 〔반야바라밀다의 가르침을〕 기억하여, 주의를 기울이며 되새기고, 널리 퍼트린 것이니라. 이는 논쟁이나 논박, 반박하기를 좋아하는 외도의 방랑객들을 물러나게 할 목적이 있었느니라. 〔내가〕 반야바라밀다를 설할 때, 이 방랑객들이 〔내게〕 가까이 다가오지 못하도록, 〔그 어떤〕 방해도 하지 못하도록 말이다. 그리고 나는 천제석의 〔그러한 의도를〕 허락한 것이니라. 그 이유는 무엇일까? 사리자야, 나는 외도의 방랑객들 가운데 그 누구에게서도 선한 법을 보지 못했기 때문이니라. 방랑객들 모두는 논란의 의도를 갖는, 저해된 마음을 갖고 있는, 〔방해하기 위해〕 가까이 다가가기를 좋아하는 자들이었느니라."

마왕 파순과 반야바라밀다

《 19 》 그때 마왕 파순(波旬)은 다음과 같은 생각을 했다.

'〔이 법회에는〕 공양을 받을 만하며 올바르고 완전하게 깨달은 여래가 사부대중과 마주 보며 있고, 〔여래의〕 면전에 욕계(欲界)와 색계(色界)의 천자들도 동석(同席)해 있으며, 무상의 올바르고 완전한 깨달음에 든다고 예언되는 보살마하살들 또한 참석해 있다. 혼란〔한 상황〕이 발생하도록 내가 가까이 다가가 방해를 한다면 어떨까?' 그러고는 마왕 파순은 마법으로 만든 4종의 강력한 군대를 이끌고 세존께 다가갔다.

그러자 천제석에게 다음과 같은 생각이 들었다.

'아! 마왕 파순이 마법으로 만든 4종의 강력한 군대를 이끌고 세존께 다가갔구나. 그런데 이 군대의 배열을 보니, 빈바사라(頻婆娑羅)왕이나 바사닉(波斯匿)왕이 보유한 군대의 배열이 아니다. 석가족들이나 여차(黎車)족들이 보유한 군대의 배열도 아니다. 이것은 마왕 파순이 〔직접〕 마법으로 만든 배열이다. 오랫동안 쫓아다닌 마왕 파순은 세존의 약점 공략의 방도를 찾거나 구하고 있으며, 유정들을 해치려는 의도가 있다. 하지만 내가 〔어느 정도 습득한〕 반야바라밀다를 기억하여, 주의를 기울이고 되새기며, 널리 퍼트린다면 어떨까?'

천제석은 반야바라밀다를 기억하여, 주의를 기울이고 되새기며, 널리 퍼트렸다. 그러자 마왕 파순은 온 길로 바로 되돌아갔다.

《 20 》 그때 33천계(天界)의 천자(天子)들이 천상의 만다라화(曼陀羅花)들을 신통력으로 만들었고, 허공(虛空)을 통해 공중으로 날아간 천자들은 〔이 꽃들을〕 세존이 계신 쪽으로 흩뿌렸다. 그리고 다음과 같이 감탄에 찬 목소리를 냈다.

"아! 반야바라밀다가 오랫동안 염부제(閻浮提)의 사람들의 곁에 있기를!" 그러고는 천상의 만다라화들을 다시 세존이 계신 쪽으로 흩뿌렸다. 흩뿌리고는 〔세존께〕 아뢰었다.

"세존이시여, 반야바라밀다를 말하고, 여기에 전념하며 들어갈 유정들 〔가운데〕 그 누구에게서도 마왕 파순이나 마왕계의 신들은 약점을 취하지 못할 것입니다. 세존이시여, 반야바라밀다를 듣고, 들은 후 습득하고 마음에 새기며, 낭송하고 통달하며, 널리 퍼트리고, 가르치며 보여주고, 선언하며 되새길 유정들은 〔결코〕 열등한 선근(善根)을 갖추〔고 있〕지 않을 것입니다. 세존이시여, 반야바라밀다〔의 소리〕가 청각의 범위에 들어올 그 유정들은 이전의 불타를 공양한 주체들일 것입니다. 반야바라밀다를 듣고, 들은 후 습득하고 마음에 새기며, 낭송하고 통달하며, 널리 퍼트리고, 가르치며 보여주고, 선언하며 되새길 유정들이 진여(眞如)를 위해 수련하고 수행하며 노력하리라는 것은 말할 필요도 없습니다. 세존이시여, 이러한 유정들은 여래를 공양한 자들일 것입니다. 그 이유는 무엇일까요? 전지자성은 바로 여기, 반야바라밀다에서 구해져야 할 것이기 때문입니다. 세존이시여, 이는 마치 크고 작은 온갖 종류의 모든 보석이 대해(大海)에서 나온 것들이기에 대해에서 구해야 하는 것과 같습니다. 세존이시여, 바로 이와 같이, 전지자성과 같은 큰 보석은 대해, 즉 공양을 받을 만하며 올바르고 완전하게 깨달은 여래의 반야바라밀다에서 구해져야 할 것입니다."

세존께서 천제석에게 다음과 같이 말씀하셨다.

"그러하다. 교시가야, 그러하다. 전지자성과 같은 큰 보석은 대해, 즉 공양을 받을 만하며 올바르고 완전하게 깨달은 여래의 반야바라밀다에서 나온 것이니라."

바라밀다의 유래

21 그러자 아난다 장로가 세존께 아뢰었다.

"세존이시여, 세존께서는 보시(布施)바라밀다에 대해 한마디도 하지 않고 있으며, 그 이름도 언급하지 않고 계십니다. 지계(持戒)·인욕(忍辱)·정진(精進)바라밀다에 대해서도 그렇습니다. 세존이시여, 세존께서는 반야바라밀다만 언급하시고, 그 이름만을 부르고 계십니다."

세존께서 말씀하셨다.

"그러하다. 아난다야, 그러하다. 아난다야, 나는 반야바라밀다만을 언급하고, 그 이름만을 부를 뿐, 나머지 바라밀다들에 대해서는 그렇게 하지 않고 있느니라. 그 이유는 무엇일까? 아난다야, 반야바라밀다가 나머지 다섯 개의 바라밀다들보다 앞서 있기 때문이니라. 너는 어떻게 생각하느냐, 아난다야, 전지자성으로 회향(廻向)되지 않은 보시(布施)가 보시바라밀다라는 이름을 얻겠느냐?"

아난다 장로가 대답했다.

"세존이시여, 절대 그렇지 않습니다."

세존께서 물으셨다.

"너는 어떻게 생각하느냐, 아난다야, 〔전지자성으로〕 회향되지 않은 지계(持戒)·인욕(忍辱)·정진(精進)·선정(禪定)에 대해서 말이다. 너는 어떻게 생각하느냐, 아난다야, 전지자성으로 회향되지 않은 반야가 반야바라밀다라는 이름을 얻겠느냐?"

아난다 장로가 대답했다.

"세존이시여, 절대 그렇지 않습니다."

세존께서 물으셨다.

"너는 어떻게 생각하느냐, 아난다야, 전지자성으로 회향하여 선근(善根)들을 성숙시키는 반야가 상상이 되지 않느냐?"

아난다 장로가 대답했다.

"세존이시여, 그러합니다. 선서이시여, 그러합니다. 세존이시여, 전지자성으로 회향하여 선근들을 성숙시키는 그러한 반야는 상상이 되지 않습니다. 세존이시여 극도(極度)로 상상이 되지 않습니다."

세존께서 말씀하셨다.

"아난다야, 네가 말한 극도로 인해 반야가 〔극도, 즉〕 바라밀다라는 이름을 얻는 것이니라. 반야로 인해 전지자성으로 회향된 선근들이 바라밀다라는 이름을 얻는 것이니라. 아난다야, 전지자성으로 회향된 선근들로 인해 반야바라밀다는 나머지 다섯 개의 바라밀다들보다 앞서며, 이들을 안내하고 이끄는 것이니라. 이러한 방식으로 다섯 개의 바라밀다는 반야바라밀다에 포함되며, 반야바라밀다라는 것은 6바라밀다 모두를 포함한 명칭이니라. 아난다야, 그렇기에 반야바라밀다를 부르는 것은 여섯 개의 모든 바라밀다를 부르는 것이 되느니라. 아난다야, 이는 마치 대지(大地)에 뿌려진 씨앗들이 〔환경적으로〕 최상의 조건을 얻을 때 성장하는 것과 같으니라. 대지는 종자(種子)들의 토대가 되며, 대지에 토대를 두는 종자들은 성장하느니라. 아난다야, 바로 이와 같이 반야바라밀다에 포함된 다섯 개의 바라밀다는 전지자성에 토대를 두며, 반야바라밀다에 토대를 둔 다섯 개의 바라밀다는 성장하고, 반야바라밀다의 보호를 받기에 바라밀다라는 이름을 얻는 것이니라. 아난다야, 그렇기에 바로 반야바라밀다는 나머지 다섯 개의 바라밀다들보다 앞서며, 〔이것들을〕 안내하고 이끄는 것이니라."

현세의 공덕 (6)

《 22 》 그러자 천제석이 세존께 아뢰었다.

"세존이시여, 반야바라밀다를 습득하고 마음에 새기며, 낭송하고 통달하며, 널리 퍼트리고 가르치며, 보여주고 선언하고, 되새겨서 선남자나 선여인이 얻는 반야바라밀다의 모든 공덕을 지금까지 공양받을 만하며 올바르고 완전하게 깨달은 여래가 언급하지 않았습니다. 그 이유는 분명 제가 세존의 면전에서 반야바라밀다의 가르침을 습득한 정도, 그 정도만이 널리 퍼져나갔기 때문입니다."

세존께서 말씀하셨다.

"대단하다, 교시가야. 대단하다, 교시가야. 반야바라밀다를 습득하고 마음에 새기며, 낭송하고 통달하며, 널리 퍼트리고 가르치며, 보여주고 선언하고, 되새기는 자에게만 그러한 공덕들이 생기는 것은 아니니라. 교시가야, 불타의 안내인인 반야바라밀다가 〔지속되지 못하고〕 끊겨 사라지는 일이 발생하지 않도록, 반야바라밀다를 지속시켜 보살마하살들이 수행을 이어나갈 수 있게 해 주는 선남자나 선여인도, 〔반야바라밀다를〕 끝까지 기록하여 책의 형태로 만든 뒤 〔이를〕 마음에 새기며 정법(正法)이 오랫동안 보존되도록 안치해 둘 선남자나 선여인도, 반야바라밀다를 공양하고 공경하며, 경의를 표하고 숭배하며, 찬송하고 존중하고, 천상의 꽃·훈향(薰香)·향료·화환·도향(塗香)·향분(香粉)·승복(僧服)·산개(傘蓋)·당(幢)·방울[鈴]·깃발[旗]로, 등명과 화환을 사방에 〔놓는 방식으로, 그 밖의〕 여러 다양한 방법들로 공양할 선남자나 선여인도 현세의 공덕을 얻는다고 나는 말하는 것이니라."

❰ **23** ❱ 이와 같이 말씀하시자 천제석이 세존께 아뢰었다.

"세존이시여, 저 역시 불타의 안내인인 반야바라밀다가 〔지속되지 못하고〕 끊겨 사라지는 일이 발생하지 않도록 반야바라밀다를 지속시켜 보살마하살들이 수행을 이어나갈 수 있게 해 줄 선남자나 선여인, 〔반야바라밀다를〕 끝까지 기록하여 책의 형태로 만든 뒤 〔이를〕 마음에 새기며 정법(正法)이 오랫동안 보존되도록 안치해 둘 선남자나 선여인, 반야바라밀다를 공양하고 공경하며, 경의를 표하고 숭배하며, 찬송하고 존중하고, 천상의 꽃·훈향·향료·화환·도향·향분·승복·산개·당·방울·깃발로, 등명과 화환을 사방에 〔놓는 방식으로, 그 밖의〕 여러 다양한 방법들로 공양할 선남자나 선여인을 지키고 막아주며 보호하는 일을 철저하게 수행할 것입니다. 반야바라밀다를 기록하고, 습득하고, 마음에 새기며, 낭송하고, 통달하며, 널리 퍼트리고, 가르치며, 보여주고, 선언하고, 되새기며, 공양하고 공경하며, 경의를 표하고 숭배하며, 찬송하고 존중하고, 천상의 꽃·훈향·향료·화환·도향·향분·승복·산개·당·방울·깃발로, 등명과 화환을 사방에 〔놓는 방식으로, 그 밖의〕 여러 다양한 방법들로 공양할 선남자나 선여인은 말할 것도 없습니다."

❰ **24** ❱ 세존께서 말씀하셨다.

"대단하다, 교시가야. 대단하다, 교시가야. 다시 〔말하지만〕, 선남자나 선여인이 반야바라밀다를 되새긴다면, 수백의 많은 천자들이 다가올 것이니라. 수천의, 수십만의 많은 천자들이 법을 경청하기 위해 다가올 것이니라. 그리고 법을 경청하는 천자들은 설법자(說法者)가 변재의 능력을 부여받아야 한다고 생각할 것이니라. 〔혹여〕 설법자가 말하고 싶지 않을 때도, 천자들은 그가 법의 중(重)함으로 인해 변재의 능력을 부여받아야 한다고 생각할 것이니라. 실로 〔이와 같이〕 선남자나 선여인에게 생겨날 설법의 의욕〔, 즉 변재의 능력〕처럼, 교시가야, 반야바라밀다를 습득하고 마음에 새기며, 낭송하고 통달하며, 널리 퍼트리고 가르치며, 보여주고 선언하고, 되새길 선남자나 선여인은 그러한 현세(現世)의 공덕도 얻게 되느니라.

현세의 공덕 (7)

《 25 》 교시가야, 더욱이 선남자나 선여인은 사부대중 앞에서 반야바라밀다를 말할 때, '논란의 의도를 갖는 그 누구도 내게 질문을 던져서는 안 된다'는 불안한 마음이 생기지 않을 것이니라. 그 이유는 무엇일까? 반야바라밀다가 그들을 지키고 막아주며 보호하기 때문이니라. 반야바라밀다에 머무는 자는 논란들도, 논란의 여지를 만들어내는 사람들도 보지 않느니라. 또한 논란을 만들어 낼 자도 보지 않으며, 반야바라밀다도 보지 않느니라. 이와 같이 반야바라밀다의 보호를 받는 선남자나 선여인에게는 〔논란의 의도를 갖는〕 그 어떤 질문도 생겨나지 않을 것이니라. 그들은 〔겁을 먹어〕 놀라지도, 〔두려움에〕 떨지도, 〔공포의〕 떨림에 빠져들지도 않을 것이니라. 반야바라밀다를 습득하고 마음에 새기며, 낭송하고 통달하며, 널리 퍼트리고 가르치며, 보여주고 선언하고, 되새길 선남자나 선여인은 이와 같은 현세(現世)의 공덕도 얻게 되느니라.

◖ 26 ◗ 교시가야, 게다가 선남자나 선여인은 부모뿐만 아니라 호의적인 마음을 보여주는 친구, 가족, 친족, 혈족, 출가자, 바라문들에게 경애를 받을 것이니라. 그리고 계속해서 생겨나는 반론자들을 법으로 물리칠 수 있는 힘과 능력을 갖게 될 것이니라. 또한 다른 이들이 반문(反問)을 제기할 때, 그 반문을 끊어낼 수 있을 것이니라. 반야바라밀다를 습득하고 마음에 새기며, 낭송하고 통달하며, 널리 퍼트리고 가르치며, 보여주고 선언하고, 되새길 선남자나 선여인은 이와 같은 현세(現世)의 공덕도 얻게 되느니라.

천자와 불탑

◖ 27 ◗ 교시가야, 다시 〔말하지만〕, 선남자나 선여인이 반야바라밀다를 끝까지 기록하여 책의 형태로 만든 뒤 최우선으로 공양하기 위해 〔이 책을 안치할 불탑〕을 세우고 공양할 때, 무상의 올바르고 완전한 깨달음을 향해 나아간 위대한 사대왕중천(四大王衆天)의 천자들, 33천계의 천자들, 야마천(夜摩天)의 천자들, 도솔천(兜率天)의 천자들, 화락천(化樂天)의 천자들, 타화자재천(他化自在天)의 천자들, 색계(色界)의 천

자들에서 범천(梵天)에 속하는 범종천(梵種天)의 천자들에 이르기까지 그 〔모든〕 천자들도 반야바라밀다가 기록되어 안치된 곳에 다가가야 한다고 생각할 것이니라. 또한 〔불탑〕에 다가간 천자들은 책으로 된 반야바라밀다를 보며 찬양하고, 경배하며 습득하고, 마음에 새기며 낭송하고, 통달하며 널리 퍼트리고, 가르치며 보여주고, 선언하며 되새길 것이며, 그렇게 행한 후 바로 다시 〔깨달음을 향해〕 앞으로 나아가야 한다고 생각할 것이니라.

교시가야, 너는 범종천의 〔천자들〕만이 그러하다는 생각을 해서는 안 되느니라. 범종천의 〔천자들〕처럼 무상의 올바르고 완전한 깨달음을 향해 나아간 범보천(梵輔天)의 천자들, 대범천(大梵天)·소광천(少光天)·무량광천(無量光天)·광음천(光音天)의 〔천자들〕, 소정천(少淨天)·무량정천(無量淨天)·편정천(徧浄天)·무운천(無雲天)·복생천(福生天)의 〔천자들〕, 광과천(廣果天)·무상유정천(無想有情天)·불광천(不廣天)·무열천(無熱天)·선현천(善現天)·선견천(善見天)의 〔천자들〕, 색구경천(色究竟天)의 천자들 또한 반야바라밀다가 기록되어 안치된 곳에 다가가야 한다고 생각할 것이니라. 또한 〔불탑〕에 다가간 천자들은 책으로 된 반야바라밀다를 바라보며 찬양하고, 경배하며 습득하고, 마음에 새기며 낭송하고, 통달하며 널리 퍼트리고, 가르치며 보여주고, 선언하며 되새길 것이며, 그렇게 행한 후 바로 다시 〔깨달음을 향해〕 앞으로 나아가야 한다고 생각할 것이니라.

팔부중(八部衆)과 불탑

교시가야, 그리고 선남자나 선여인은 다음과 같은 마음을 만들어내야 할 것이니라. '시방(十方)의 무량무수의 세계에 존재하는 신·용·야차(夜叉)·건달바(乾闥婆)·아수라(阿修羅)·가루라(迦樓羅)·긴나라(緊那羅)·마후라가(摩睺羅伽)·인간·귀신들은 〔기록되어 안치된〕 이 책을 통해 반야바라밀다를 바라보며 찬양하고, 경배하며 습득하고, 마음에 새기며 낭송하고, 통달하며 널리 퍼트리고, 가르치며 보여주고, 선언하며 되새길 것이며, 그렇게 행한 후 〔각자〕 자신이 속한 세계로 돌아가야 한다! 그들에게는 바로 이러한 법시(法施)가 주어져야 한다!'라고 말이다.

교시가야, 여기에서 너는 올바르고 완전한 깨달음을 터득한 사대주(四大洲)의 색계와 욕계의 천자들이 자신들만이 불탑에 다가가야 한다는 생각을 할 것이라고 여겨서도 보아서도 안 될 것이니라. 하지만 교시가야, 삼천대천(三千大千)의 세간에 이르기까지 올바르고 완전한 깨달음을 터득한 색계와 욕계의 천자들은 지금도 여전히 불탑에 다가가야 한다고 생각할 것이니라. 그곳에 다가간 천자들은 책으로 된 반야바라밀다를 바라보며 찬양하고, 경배하며 습득하고, 마음에 새기며 낭송하고, 통달하며 널리 퍼트리고, 가르치며 보여주고, 선언하며 되새길 것이며, 그렇게 행한 후 바로 다시 〔깨달음을 향해〕 앞으로 나아가야 한다고 생각할 것이니라.

교시가야, 선남자나 선여인의 집, 안식처, 불사(佛舍)는 잘 보호될 것이니라. 그리고 그 누구도 선남자나 선여인에게 해를 입히지 못할 것이다. 단, 전생에 악업을 지은 자들은 제외하고 말이다.

큰 힘을 지닌 신·용·야차·건달바·아수라·가루라·긴나라·마후라가·인간·귀신들이 다가가야 한다고 생각하는 바로 그곳〔, 불탑〕에서 선남자나 선여인은 이와 같은 현세(現世)의 공덕도 얻게 될 것이니라."

28 천제석이 세존께 다음과 같이 여쭈었다.

"세존이시여, 그런데 선남자나 선여인은 어떻게 감지하는 것일까요? 신·용·야차·건달바·아수라·가루라·긴나라·마후라가(摩睺羅伽)·인간·귀신들이 반야바라밀다를 바라보고, 찬양하고 경배하며, 습득하고 마음에 새기며, 낭송하고 통달하며, 널리 퍼트리며, 가르치고 보여주고, 선언하고 되새기기 위해 불탑에 온다는 것을 말입니다."

세존께서 천제석에게 다음과 같이 대답하셨다.

"교시가야, 거기에서 〔어떤〕 광대한 빛을 인지한다면, 전에 맡아보지 못한 인간의 것이 아닌 냄새를 맡는다면, 선남자나 선여인은 그들이 가까이 다가왔다는 것을 확실히 알 것이니라.

29 교시가야, 게다가 선남자나 선여인이 순수하고 청정한 의도를 갖고 있다면, 그러한 순수하고 청정한 의도 때문에 신·용·야차·건달바·아수라·가루라·긴나라·마후라가·인간·귀신들도 불탑에 가까이 다가가야 한다고 생각할 것이고, 즐겁고 기쁘며 환희와 유쾌함에 빠져 있게 될 것이니라. 불탑 주변에 머물지만 힘이 매우 부족한 신(神)들은 물러나야 한다고 생각할 것이니라. 그 이유가 무엇일까? 그것들은 매우 강력한 힘을 지닌 신·용·야차·건달바·아수라·가루라·긴나라·마후라가·인간·귀신들의 빛과 광채, 위엄을 물리치지 못하기 때문이니라. 그래서 힘이 매우 부족한 신들은 물러나야 한다고 생각할 것이니라.

교시가야, 매우 강력한 힘을 지니는 신·용·야차·건달바·아수라·가루라·긴나라·마후라가·인간·귀신들이 〔불탑에〕 다가가야 한다고 생각하면 생각할수록, 선남자나 선여인은 더욱더 풍부한 청정한 믿음[淨信]을 갖게 될 것이니라. 교시가야, 선남자나 선여인은 이와 같은 현세(現世)의 공덕도 얻게 될 것이니라. 교시가야, 선남자나 선여인은, 법의 안내자〔인 반야바라밀다의〕 안치소〔, 즉 불탑〕 주변에서 공경과 존경을 표할 때, 순수하지도 청정하지도 않은 의도를 일으켜서는 안 될 것이니라.

현세의 공덕 (8)

❰ 30 ❱ 교시가야, 게다가 선남자나 선여인이 순수하고 청정한 의도를 갖고 있다면, 그러한 순수하고 청정한 의도 때문에 신·용·야차·건달바·아수라·가루라·긴나라·마후라가·인간·귀신들도 불탑에 가까이 다가가야 한다고 생각할 것이고, 즐겁고 기쁘며 환희와 유쾌함에 빠져 있게 될 것이니라. 불탑 주변에 머물지만 힘이 매우 부족한 신(神)들은 물러나야 한다고 생각할 것이니라. 그 이유가 무엇일까? 그것들은 매우 강력한 힘을 지닌 신·용·야차·건달바·아수라·가루라·긴나라·마후라가·인간·귀신들의 빛과 광채, 위엄을 물리치지 못하기 때문이니라. 그래서 신들은 물러나야 한다고 생각할 것이니라.

교시가야, 매우 강력한 힘을 지니는 신·용·야차·건달바·아수라·가루라·긴나라·마후라가·인간·귀신들이 〔불탑에〕 다가가야 한다고 생각하면 생각할수록, 선남자나 선여인은 더욱더 풍부한 청정한 믿음[淨信]을 갖게 될 것이니라. 교시가야, 선남자나 선여인은 이와 같은 현세(現世)의 공덕도 얻게 될 것이니라. 교시가야, 선남자나 선여인은, 법의 안내자〔인 반야바라밀다의〕 안치소〔, 즉 불탑〕 주변에서 공경과 존경을 표할 때, 순수하지도 청정하지도 않은 의도를 일으켜서는 안 될 것이니라.

《 31 》 교시가야, 더욱이 선남자나 선여인에게는 몸과 마음의 피로가 생겨나지 않을 것이니라. 실로 편안하게 잠자리를 준비할 것이며, 편안하게 수면을 취할 것이니라. 잠이 들어 꿈을 꾸더라도 나쁜 것들을 보지 않을 것이니라. 〔꿈속에서 무엇인가를〕 본다면 그것은 바로 공양을 받을 만하며 올바르고 완전하게 깨달은 여래들, 〔사리〕불탑, 보살들, 여래의 제자들일 것이니라. 어떤 소리를 듣는다면, 그것은 바라밀다의 소리일 것이니라. 보리분법과 보리수를 볼 것이니라. 또한 보리수 아래서 완벽하게 터득하는, 공양을 받을 만하며 올바르고 완전하게 깨달은 여래들을 볼 것이니라. 그리고 〔깨달음을〕 완전하게 터득한 여래들의 전법륜(轉法輪)과 반야바라밀다를 함께 찬송하고 이에 즐거워하는 많은 보살들을 볼 것이니라. '전지자성은 이렇게 획득되어져야 할 것이다. 불타계(佛陀界)는 이와 같이 정화되어져야 할 것이다'라고 말하며 방편선교를 보여주는 보살들도 볼 것이니라. 불타세존들이 내는 위대한 깨달음의 소리, 즉 '이 방향, 이 방위, 이 세간에서 이런저런 이름을 갖는, 공양을 받을 만하며 올바르고 완전하게 깨달은 여래가, 수백 수천 수십만 수천만 수십억 수백억 수십조, 더 이상 셀 수 없는 무수(無數)의 많은 보살과 성문들에 의해 둘러싸인 고귀한 여래가 법을 가르친다'라는 소리를 들을 것이니라.

교시가야, 이와 같은 꿈들을 꿀 선남자나 선여인은 지금도 여전히 편안하게 자고 편안하게 일어날 것이니라. 정력(精力)에 지배된 몸을 편안하게 느끼고, 매우 가볍다고 느낄 것이니라. 또한 과도한 식탐의 마음이 생겨나지 않을 것이며, 음식에 대해 소극적인 생각만이 들게 되느니라. 이는 마치 명상을 수행하는 비구(比丘)가 삼매에서 나온 후에는, 그 마음이 〔무-집착의〕 정신집중으로 가득하기 때문에, 〔그에게는 더 이상〕 과도한 식탐의 마음이 존재하지 않고, 음식에 대해 소극적인 생각만이 들게 되는 것과 같으니라. 교시가야, 바로 이와 같이 선남자나 선여인에게도 과도한 식탐의 마음이 존재하지 않고, 음식에 대해 소극적인 생각만이 존재하게 될 것이니라. 그 이유는 무엇일까? 그것은 아마도 선남자나 선여인이 반야바라밀다의 성취를 위한 노력〔, 즉 명상〕에 전념하기에 귀신들은 선남자나 선여인의 몸에 〔무-집착과 같은〕 힘이 부여되어 있을 것이라고 생각할 것이기 때문이니라. 선남자나 선여인은 이와 같은 현세(現世)의 공덕도 얻게 될 것이니라.

32 교시가야, 다시 〔말하지만〕, 반야바라밀다를 끝까지 기록하여 책의 형태로 만든 뒤 최우선으로 공양하기 위해 〔불탑〕을 세워 〔이 책을〕 안치하고 공양하는, 하지만 반야바라밀다를 습득하지 않는, 마음에 새기거나 낭송하지 않는, 통달하거나 널리 퍼트리지 않는, 가르치거나 보여주지 않는, 선언하거나 되새기지 않는 선남자나 선여인도 많은 복덕을 얻겠지만, 이보다 더 많은 복덕을 얻는 자들은 반야바라밀다를 믿고 신뢰하며, 진정으로 전념하면서 정심(淨心)을 갖춘 선남자나 선여인, 깨달음을 향한 마음을 일으키며, 반야바라밀다를 강한 의지로 경청

하고 습득하며, 마음에 새기고 낭송하며, 통달하고 널리 퍼트리며, 가르치고 보여주며, 선언하고 되새기는 선남자나 선여인, 다른 유정들을 위해 〔반야바라밀다를〕 널리 선언하고, 그 의미를 드러내어 마음으로 바라볼 선남자나 선여인, 탁월한 지혜로 〔반야바라밀다를〕 철저하게 살펴볼 선남자나 선여인, 〔반야바라밀다를〕 끝까지 기록하여 책의 형태로 만든 뒤 〔이를〕 마음에 새기며 정법(正法)이 오랫동안 보존되도록 안치해 둘 선남자나 선여인, 불타의 안내인인 반야바라밀다가 〔지속되지 못하고〕 끊겨 사라지는 일이 발생하지 않도록 반야바라밀다를 지속시켜 보살마하살들이 수행을 이어나갈 수 있게 해 줄 선남자나 선여인, 반야바라밀다를 공양하고 공경하며, 경의를 표하고 숭배하며, 찬송하고 존중하고, 천상의 꽃·훈향(薰香)·향료·화환·도향(塗香)·향분(香粉)·승복(僧服)·산개(傘蓋)·당(幢)·방울[鈴]·깃발[旗]로, 등명과 화환을 사방에 〔놓는 방식으로, 그 밖의〕 여러 다양한 방법들로 공양할 선남자나 선여인일 것이니라.

교시가야, 그렇기에 현세의 이와 같은 특별한 공덕들을 얻기 바라는 선남자나 선여인은 바로 반야바라밀다를 믿고 신뢰하며, 즐겨야 할 것이니라. 정심(正心)으로 깨달음을 향한 마음을 일으키고 공양한 후 반야바라밀다를 경청하고 습득하며, 마음에 새기고 낭송하며, 학습하고 널리 퍼트리며, 가르치고 보여주며, 선언하고 되새겨야 할 것이니라. 그리고 다른 유정들을 위해 〔반야바라밀다를〕 널리 선언하며, 그 의미를 드러내어 마음으로 바라보아야 할 것이니라. 또한 탁월한 지혜로 〔반야바라밀다를〕 철저하게 살펴보아야 할 것이니라. 게다가 〔반야바라밀다를〕 끝까지 기록하여 책의 형태로 만든 뒤, 정법(正法)이 오랫동안 보존되도록 〔이를 불탑에〕 안치하고 공양해야 할 것이니라. 불타의 안내인인 반야바라밀다가 〔지속되지 못하고〕 끊겨 사라지는 일이 발생하지 않도록 반야바라밀다를 지속시켜 보살마하살들이 수행을 이어나갈 수 있게 말이다. 반야바라밀다를 얻기 원하는 선남자와 선여인들과 공유함으로써 자신이나 다른 선한 유정들에게 불타의 안내인이자 위대한 눈인 〔반야바라밀다가〕 결여되는 일이 없도록 말이다. 그리하여 〔반야바라밀다가〕 늘 공양 되고 공경되며, 경의가 표해지고 공양 되며, 찬송되고 존중되어지도록, 꽃·훈향·향료·화환·도향·향분·승복·산개·당·방울·깃발로, 또한 사방에 등명과 화환을 사방에 〔놓는 방식으로, 그 밖의〕 여러 다양한 방법들로 공양 되어지도록 말이다."

성스러운 팔천송반야경에서 '무량의 공덕이 깃든 바라밀다와 불탑의 공양'으로 불리는 세 번째 장

제 4 장

반야바라밀다의 공덕을 고함

◉

गुणपरिकीर्तनपरिवर्तश्चतुर्थः

사리와 반야바라밀다

01 세존께서 천제석에게 물으셨다.

"교시가야, 만약 정상까지 여래의 사리들로 가득 찬 이 염부제가 네게 주어진다면, 그리고 〔책의 형태로〕 기록된 반야바라밀다가 네게 제시된다면, 그 두 가지 가운데. 한쪽만을 선택한다면, 교시가야, 너는 어느 쪽을 취하겠느냐?"

천제석이 대답했다.

"세존이시여, 정상까지 여래의 사리들로 가득 찬 이 염부제가 제게 주어진다면, 그리고 〔책의 형태로〕 기록된 반야바라밀다가 제게 제시된다면, 그 두 가지 가운데 한쪽만을 선택해야 한다면, 세존이시여, 저는 바로 반야바라밀다를 취할 것입니다. 그 이유는 이렇습니다. 감히 말씀드리건대, 〔제가〕 여래의 안내인〔인 반야바라밀다〕를 숭경(崇敬)하기 때문입니다.

〔반야바라밀다는〕 실로 여래들의 진정한 사리입니다. 왜냐하면 세존께서 다음과 같이 말씀하셨기 때문입니다. '불타세존들은 법신(法身)들이다. 하지만 비구들이여, 너희들은 결코 〔눈에 보이는〕 육신을 진신(眞身)으로 생각하지 말아야 할 것이니라! 비구들이여, 너희들은 나를 법신의 완성〔체〕로 볼 것이다'라고 말입니다. 그래서 여래의 몸은 반야바라밀다라는 진실한 궁극〔의 실재〕에서 나온 것으로 보아져야 할 것입니다.

세존이시여, 〔그렇다고〕 제가 그러한 여래의 사리들을 공경하지 않는다는 것은 결코 아닙니다. 세존이시여, 저 〔또한〕 여래의 사리들을 공경합니다. 세존이시여, 하지만, 여래의 사리들이 숭배를 받는 것은 그것들이 〔바로 여기〕 반야바라밀다에서 나온 것들이기 때문입니다. 세존이시여, 반야바라밀다가 공경받고 있기에 여래의 사리들 또한 절대적인 공경을 받는 것입니다. 그 이유는 이렇습니다. 여래의 사리들은 반야바라밀다에서 나온 것들이기 때문입니다.

세존이시여, 이는 마치 제가 선법당(善法堂)인 신전(神殿)에 있는 제 천좌(天座)에 앉아 있을 때, 저의 천자들이 〔제게〕 공경을 〔표하기〕 위해 다가오지만, 제가 자리에 앉아 있지 않을 때는 제 자리에 와서 제게 공경을 〔표하는〕 것을 대신해 그 자리에 경배하고, 오른쪽으로 멀리 도는 우요(右繞)를 행한 뒤 돌아가는 것과 같습니다. 그 이유는 이렇습니다. '천제석은 이 자리에 앉아 있을 때 33천계의 천자들에게 법을 설한다'고 〔천자들은 생각하기 때문입니다.〕

세존이시여, 바로 이와 같이, 반야바라밀다 또한 대단한 위력을 지닌 인연(因緣)이 되고, 공양을 받을 만한 올바르고 완전하게 깨달은 여래의 전지자성을 이루게 하는 것입니다. 그리고 여래의 사리들은 전지자성의 그릇이 되는 것이지, 〔전지자의〕 불지(佛知)를 일으키는 데 조건이 되거나 원인이 되지 않습니다. 세존이시여, 바로 이와 같이 여래의 사리들에 담긴, 전지자의 불지〔를 일으키는 데〕 원인이 되는 반야바라밀다가 공양되는 것입니다.

세존이시여, 따라서 그 두 가지 〔가운데 한쪽을 선택해야 할 상황에〕 놓인다면, 세존이시여, 저는 바로 이 반야바라밀다를 선택할 것입니다. 세존이시여, 〔그렇다고〕 제가 그러한 여래의 사리들을 공경하지 않는다는 것은 결코 아닙니다. 세존이시여, 저 〔또한〕 여래의 사리들을 공경합니다. 하지만, 세존이시여, 그 여래의 사리들이 공경을 받는 것은 그것들이 〔바로〕 반야바라밀다에서 나온 것들이기 때문입니다.

세존이시여, 여래의 사리들로 그 정상까지 가득 찬 염부제를 포함한 사대주(四大洲)의 세계, 소천세계, 이천중천세계는 말할 것도 없습니다. 세존이시여, 정상까지 여래의 사리들로 가득 찬 삼천대천세계가 한편의 〔선택〕으로 주어져 있다면, 그리고 〔책의 형태로〕 기록된 반야바라밀다가 다른 한편의 〔선택〕으로 주어져 있다면, '이 두 가지의 선택이 놓여 있고, 그 가운데 어느 한쪽을 선택해야 한다면, 그 두 가지 선택이 놓여 있고, 너의 뜻에 들어맞는 쪽, 그 한쪽을 취하라!' 라고 하신다면, 저는 바로 반야바라밀다를 선택할 것입니다.

세존이시여, 〔그렇다고〕 제가 그러한 여래의 사리들을 공경하지 않는다는 것은 결코 아닙니다. 세존이시여, 저 〔또한〕 여래의 사리들을 공경합니다. 세존이시여, 하지만 분명 여래의 사리들이 공경을 받는 것은 그것들이 반야바라밀다에서 나온 것들이기 때문입니다. 여래의 사리들은 실로 전지자의 불지를 담는 그릇[容器]인 것입니다. 전지자의 불지 또한 반야바라밀다에서 나온 것입니다. 그렇기에 세존이시여, 제가 그 두 가지 선택에 놓인다면, 저는 바로 반야바라밀다를 취할 것입니다.

세존이시여, 〔그렇다고〕 제가 그러한 여래의 사리들을 공경하지 않는다는 것은 결코 아닙니다. 세존이시여, 저 〔또한〕 여래의 사리들을 공경합니다. 하지만, 세존이시여, 분명 그 여래의 사리들이 공경을 받는 것은 반야바라밀다에서 나온 것이기 때문에, 즉 반야바라밀다로 편만(遍滿)되어 있기 때문입니다.

옥석(玉石)의 공덕

세존이시여, 이는 마치 값을 매길 수 없을 정도의 옥석이 다음과 같은 공덕들을 갖추고 있는 것과 같을 것입니다. 예를 들어, 옥석이 놓여있는 바로 그 장소에서는 인간이나 귀신들이 〔다른 이들의〕 약점을 얻지 못할 것입니다. 혹은 어떤 남자나 여자가 귀신에 잡혀있을 때, 〔잡혀있는〕 그 장소에 가서 귀신에게 옥석을 보여주는 것만으로도 그 귀신은 〔겁을 먹어〕 도망갈 것입니다. 통풍(痛風)으로 고통받는 자의 병든 몸에 옥석이 놓이면, 〔옥석은〕 그의 몸에 든 통풍을 물리치고, 〔그 병을〕 키우지 않고 가라앉힐 것입니다. 또한 담즙병을 앓고 있는 〔사람의〕 몸에 옥석이 놓이면, 〔옥석은〕 그의 몸에 든 담즙병을 물리치고, 〔그 병을〕 키우지 않고 가라앉힐 것입니다. 또한 점액이 온몸에 퍼져 고통을 받는 〔자의〕 몸에 옥석이 놓이면, 〔옥석은〕 그의 몸에 든 점액〔병〕도 물리치고, 〔그 병을〕 키우지 않고 가라앉힐 것입니다. 〔두 가지 이상〕 중복된 병으로 고통받고 있는 자의 몸에 옥석이 놓이면, 〔옥석은〕 그의 몸에 든 합병증도 물리치고, 〔그 병을〕 키우지 않고 가라앉힐 것입니다.

또한 앞이 보이지 않을 정도로 칠흑과 같이 어두운 밤에 옥석이 놓이면 주위가 밝아질 것입니다. 더위가 한창일 때 지면에 옥석이 놓이면 그 지면은 시원하게 될 것입니다. 추위가 한창일 때 지면에 옥석이 놓이면 그 지면은 따뜻하게 될 것입니다. 지면에는 독사나 작은 생명체들이 지나다니는데, 그 지면을 다닐 때 옥석을 〔몸에 지니거나〕, 지면에 놓아두면, 그 독사나 작은 생명체들은 그 자리를 떠나 도망갈 것입니다. 세존이시여, 만약 어떤 여자나 남자가 독사에 물릴 때 물린

자가 옥석을 물면, 무는 동시에 뱀의 독은 제거되고 〔몸에서〕 사라질 것입니다.

세존이시여, 옥석은 다음과 같은 공덕들도 갖추고 있을 것입니다. 세존이시여, 어떤 이들의 눈에는 종기나 침침함, 눈병이나 백내장이 생기는데, 그들의 눈에 옥석이 놓이면, 놓이자마자 바로 그 눈병들은 제거되고 가라앉을 것입니다.

옥석은 다음과 같은, 또 다른 공덕들도 갖추고 있을 것입니다. 물에 옥석을 넣으면, 그 물 또한 옥석이 지닌 색깔로 변할 것입니다. 옥석을 백색 천으로 싼 후 물에 던지면, 그 물은 하얗게 변할 것입니다. 이와 같이 청색, 황색, 적색, 홍색 등 다양한 색깔의 옷들 가운데 하나로 옥석을 싸거나 묶은 후 물에 던지면, 옥석은 그 물을 각각의 옷이 지닌 고유의 색깔로 만들 것입니다. 또한 물이 오염되어 있다면, 옥석은 그 오염 또한 정화시킬 것입니다. 세존이시여, 옥석은 위와 같은 공덕들을 갖추고 있을 것입니다."

옥석의 존재와 성질

❪ 02 ❫ 그러자 아난다 장로가 천제석에게 물었다.

"교시가여, 그러한 옥석들은 천계에만 존재합니까? 아니면 염부제의 사람들에게도 존재합니까?"

천제석이 대답했다.

"성스러운 아난다여, 그와 같은 옥석들은 신들에게 존재하는 것들입니다. 염부제의 사람들에게도 옥석들은 있지만, 그것들은 무겁고 작으며, 〔효능이〕 제한되어 있고 공덕이 결여되어 있으며, 앞서 말한 공덕들을 갖추고 있지 않습니다. 천상의 옥석들에 비해 백 분의 일, 천 분의 일, 십만 분의 일, 천만 분의 일, 십억 분의 일, 백억 분의 일, 십조 분의 일, 그 이상의 셀 수 없는 수의 일에도 미치지 못합니다. 〔그 어떤〕 산출도, 분할도, 셈도, 비교도, 유추도, 대응도, 대조도 가능하지 않습니다.

천신들에게 있는 옥석들은 가벼우면서도 온갖 종류의 공덕들로 가득 차 있습니다. 옥석이 바구니 안에 던져지거나 그 위에 두어져도, 바구니에서 옥석이 꺼내졌을 때라도 이 바구니는 여전히 갈망의 대상이 될 것입니다. 옥석의 공덕들로 인해 바구니 그 안에서는 커다란 갈망이 생겨납니다.

세존이시여, 반야바라밀다와 전지자의 불지에도 그러한 공덕들이 존재합니다. 공양을 받을 만한 올바르고 완전하게 깨달은 여래가 열반에 들었을 때에도 여래의 사리들은 공경을 받습니다. 이러한 여래의 사리들이 전지자의 불지의 그릇이었다는 이유로 말입니다. 세존이시여, 모든 세상에서 불타세존들의 설법이 반야바라밀다에서 나온 것이기 때문에 공경되는 것처럼, 이와 같이 설법자의 설법도 반야바라밀다에서 나온 것이라는 이유로 공경을 받는 것입니다. 세존이시여, 왕의 위력으로 인해 대군중을 무서워하지 않는 왕족의 사람이 공양 되는 것처럼, 법신의 위력으로 인해 대군중을 무서워하지 않는 설법자도 공양 되는 것입니다. 설법과 설법자들 모두 공경을 받는 것처럼, 여래의 사리들도 공양을 받는 것입니다.

세존이시여, 그렇기에 〔공양에 관한 한〕 여래의 사리들로 그 정상까지 가득 찬 삼천대천의 세계는 말할 것도 없습니다. 세존이시여, 또한 항하의 모래들처럼 셀 수 없을 정도로 많은 세계들, 그 정상까지 여래의 사리들로 가득 차 있는 그 모든 세계가 한편의 〔선택〕으로 주어져 있다면, 그리고 〔책의 형태로〕 기록된 반야바라밀다가 다른 한 편의 〔선택〕으로 주어져 있다면, 세존이시여, 제게 이 두 가지 선택이 놓여 있고, 그 가운데 어느 한쪽을 선택해야 하는 이러한 상황에서, 누군가 '너의 뜻에 들어맞는 쪽, 그 한쪽을 취하라!'라고 한다면, 두 가지 가운데 한쪽을 선택해야 하는 상황이라면, 저는 바로 이 반야바라밀다를 취할 것입니다.

세존이시여, 〔그렇다고〕 제가 그러한 여래의 사리들을 공경하지 않는다는 것은 결코 아닙니다. 세존이시여, 저 〔또한〕 여래의 사리들을 공경합니다. 세존이시여, 그렇지만, 전지자성은 반야바라밀다에서 나온 것입니다. 여래의 사리들에 대한 공경은 전지자성에서 나온 것입니다. 세존이시여, 따라서 반야바라밀다가 공경될 때에는 과거·미래·현재의 불타세존들에 대한 공경이 행해지는 것입니다.

반야바라밀다와 전지자성

〔 03 〕 게다가, 세존이시여, 무량무수의 세계에 현재 머물고 〔사람들의 마음에〕 새겨지며 〔보살마하살들을〕 앞으로 나아가게 하는 불타세존들, 그들을 법성으로서 보고 싶어 하는 선남자나 선여인은 반드시 반

야바라밀다에 들어야 할 것입니다. 반야바라밀다에서 반드시 노력해야 할 것입니다. 반야바라밀다에 전념해야 할 것입니다."

04 세존께서 천제석에게 다음과 같이 말씀하셨다.

"그러하다, 교시가야. 그러하다, 교시가야. 과거에 무상의 올바르고 완전한 깨달음을 얻은 여래들, 공양을 받을 만하며 올바르고 완전하게 깨달은 여래들, 그들 또한 바로 이 반야바라밀다를 얻은 후에 무상의 올바르고 완전한 깨달음을 터득한 것이니라. 교시가야, 미래에 무상의 올바르고 완전한 깨달음을 얻을, 공양을 받을 만하며 올바르고 완전하게 깨달은 여래들 또한 바로 이 반야바라밀다를 얻은 후에 무상의 올바르고 완전한 깨달음을 터득할 것이니라. 교시가야, 무량무수의 세계에 현재 머물고 〔사람들의 마음에〕 새겨지며 〔보살마하살들을〕 앞으로 나아가게 하는 불타세존들, 그들 또한 바로 이 반야바라밀다를 얻은 후에 무상의 올바르고 완전한 깨달음을 터득하느니라. 공양을 받을 만하며 올바르고 완전하게 깨달은 여래인 나 또한 현세에서 바로 이 반야바라밀다를 얻은 후에 무상의 올바르고 완전한 깨달음을 터득한 것이니라."

05 천제석이 세존께 아뢰었다.

"세존이시여, 바라밀다는 위대한 바라밀다입니다. 세존이시여, 공양을 받을 만하며 올바르고 완전하게 깨달은 여래는 모든 유정에게서 일어나는 마음의 움직임들을 올바르게 알고 꿰뚫어 봅니다."

세존께서 말씀하셨다.

"그러하다, 교시가야. 그러하다, 교시가야. 실로 보살마하살은 오랫동안 〔수행하여〕 반야바라밀다에 들어야 하느니라. 그리하여 반야바라밀다에서 모든 중생의 마음에 일어나는 움직임들을 올바르게 알고 꿰뚫어 보아야 하느니라."

반야바라밀다의 우위성

(06) 그러자 천제석이 세존께 여쭈었다.

"세존이시여, (그런데) 보살마하살은 반야바라밀다에만 드는 것입니까? (나머지) 다른 바라밀다들에는 들지 않는 것입니까?"

세존께서 대답하셨다.

"교시가야, 보살마하살은 여섯 개의 모든 바라밀다에 드느니라. 교시가야, 하지만 바로 이 반야바라밀다가 가장 앞서 있는 것이니라. 보살마하살이 보시를 행할 때도, 지계를 지킬 때도, 인욕을 일으킬 때도, 정진을 시작할 때도, 선정에 들어갈 때도 말이다. 혹은 법들을 분별할 때도 보살마하살에게는 반야바라밀다가 최우선이니라.

교시가야, 그러나 방편선교를 갖추며 반야바라밀다와 전지자성으로 회향시키는 그 여섯 개의 (모든) 바라밀다 사이에는 (그 어떤) 구분도 차이도 인식되지 않느니라. 교시가야, 이는 마치 염부제에 여러 색깔을 지닌, 다양한 형상과 잎들을 갖는, 다채로운 꽃과 열매들을 피고 맺는, 높이와 너비가 제각기 다른 온갖 종류의 나무들이 존재하지만, 그 나무들의 그림자에서는 (정작 그 어떤) 구분도 차이도 인지되지 않는 것처럼 말이다. 그래서 (우리가 보는) 그림자가 그림자라는 이름을 얻은 것이니라. 교시가야, 바로 이와 같이 방편선교를 갖추며 반야바라밀다와 전지자성으로 회향시켜지는 그 여섯 개의 〔모든〕 바라밀다 사이에는 〔그 어떤〕 구분도 차이도 인식되지 않느니라."

천제석이 세존께 아뢰었다.

"세존이시여, 반야바라밀다에는 많은 공덕들이 깃들여 있습니다. 세존이시여, 반야바라밀다에는 무량의 공덕들이 깃들여 있습니다. 세존이시여, 반야바라밀다에는 무한한 공덕들이 깃들여 있습니다."

성스러운 팔천송반야경에서 '반야바라밀다의 공덕을 고함'으로 불리는 네 번째 장

제 5 장

복덕을 얻는 방법

◉

पुण्यपर्यायपरिवर्तः पञ्चमः

반야바라밀다의 공덕

01 그러고는 천제석이 세존께 아뢰었다.

"세존이시여, 선남자나 선여인은 반야바라밀다를 믿고, 신뢰하며, 진정으로 전념하면서 정심(淨心)을 갖추며, 깨달음을 향한 마음을 일으키고, 강한 의지로 경청하고 습득하며, 마음에 새기고 낭송하며, 통달하고 널리 퍼트리며, 가르치고 보여주며, 알려주며, 되새길 것입니다. 그리고 다른 유정들을 위해 〔반야바라밀다를〕 널리 공표할 것이며, 그 의미를 드러내어 이제 마음으로 바라볼 것입니다. 게다가 〔반야바라밀다를〕 끝까지 기록하고 책의 형태로 만든 뒤, 〔이를〕 마음에 새기며 정법(正法)이 오랫동안 보존되도록 안치해 둘 것입니다. 불타의 안내인〔인 반야바라밀다〕가 〔지속되지 못하고〕 끊겨 사라지는 일이 발생하지 않도록, 안내인〔인 반야바라밀다〕를 지속시켜 보살마하살들이 수행을 이어나갈 수 있게 해 줄 것입니다.

지금까지 〔세존께서 말씀하신〕 교설(教說)을 듣고, 선남자나 선여인은 '아! 반야바라밀다는 이와 같이 많은 이로움을 가져오는구나! 아! 반야바라밀다는 이와 같이 많은 은혜와 〔좋은〕 결과들, 그리고 많은 보상들을 가져오는구나! 반야바라밀다는 이와 같이 많은 공덕(功德)들을 갖추고 있기에, 절대 버려서는 안 되는 것이구나! 이 반야바라밀다는 내가 지키고 보호해야 한다. 왜냐하면 이 반야바라밀다는 극도로 얻기 힘든 것이기 때문이다'라고 〔생각하며 반야바라밀다에〕 전념할 것입니다. 그리고 바로 스스로 반야바라밀다를 공양하고 공경하며, 경의를 표하고 숭배하며, 찬송하고 존중하고, 천상(天上)의 꽃 · 훈향(薰香) · 향료 · 화환 · 도향(塗香) · 향분(香粉) · 승복(僧服) · 산개(傘蓋) · 당(幢) · 방울[鈴] · 깃발[旗]로, 또한 등명(燈明)과 화환을 사방에 놓는 방식으로, 〔그 밖의〕 여러 다양한 방법들로 〔공양할 것입니다.〕 혹은 다른 어떤 이는 〔그렇게〕 함께 공양한 후에도 〔반야바라밀다를〕 끝까지 기록하여 책의 형태로 만들어 놓고는, 이것을 원하는, 바라는, 청하는 다른 선남자나 선여인에게 주거나 넘겨주거나 선물로 주거나 〔그들을 위해〕 희사(喜捨)할 것입니다. 〔그렇다면〕 희사의 의도를 갖고 있는 선남자나 선여인, 희사의 의도를 갖고 있지 않은 선남자나 선여인, 이 두 부류 가운데 어느 쪽이 더 많은 복덕을 얻겠습니까?"

복덕 (1)

02 세존께서 천제석에게 다음과 같이 대답하셨다.

"교시가야, 그렇다면 내가 바로 여기에서 네게 되묻고자 한다. 네가 최상이라고 생각하는 것을, 〔내게 자세하게〕 설명해 보도록 하여라. 너는 어떻게 생각하느냐? 교시가야, 여래가 열반에 든 후 선남자나 선여인이 자기만을 위해 〔여래의〕 사리에 공경을 표한 뒤 〔잘〕 모시고 보존하며, 공양하고 공경하며, 경의를 표하고 숭배하며, 찬송하고 존중한다면, 또 다른 선남자나 선여인이 자기를 위해 여래의 사리를 공양하고 공경하며, 경의를 표하고 숭배하며, 찬송하고 존중하며, 〔더 나아가〕 유정들에 대해 느끼는 연민을 고려하여 다른 이들을 위해 널리 공표하고, 〔그들에게 사리를〕 주거나 〔그들과 사리를〕 공유하는 등 폭넓게 공경을 한다면, 어떤 부류의 선남자나 선여인이 더 많은 복덕을 얻겠느냐? 자기를 위해 〔사리를〕 공경하면서도 다른 이들을 위해 널리 〔사리를〕 공표하고 〔그들에게 사리를〕 주거나 〔그들과 사리를〕 공유하는 선남자나 선여인이더냐, 아니면 자기만을 위해 공경하는 선남자나 선여인이더냐?"

천제석이 대답했다.

"세존이시여, 자기를 위해 여래의 사리를 공양하고 공경하며, 경의를 표하고 숭배하며, 찬송하고 존중하며, 〔더 나아가〕 유정들에게 느끼는 연민을 고려하여 다른 이들을 위해 널리 공표하고, 〔그들에게 사리를〕 주거나 〔그들과 사리를〕 공유하는 등 폭넓게 공경할 선남자나 선여인, 이 두 부류 가운데 후자의 선남자나 선여인이 더 많은 복덕을 얻습니다."

세존께서 말씀하셨다.

"그러하다, 교시가야. 그러하다, 교시가야. 〔반야바라밀다를〕 끝까지 기록하여 책의 형태로 만들어 놓고, 〔이를〕 습득하며 마음에 새기고 낭송하며 통달하고, 널리 퍼트리며 가르치고, 보여주며 알려주고, 되새기며, 이것을 원하는, 바라는, 청하는 다른 선남자나 선여인에게 〔끝까지 기록되어〕 책의 형태로 만들어진 〔반야바라밀다를〕 주거나 넘겨주거나 선물로 주거나 〔그들을 위해〕 희사(喜捨)할 선남자나 선여인, 교시가야, 그 두 부류 가운데 바로 이와 같이 다른 이들에게 도움을 주는, 희사의 의도를 지닌 선남자나 선여인이 그러한 〔행동의〕 이유로 더 많은 복덕을 얻을 것이니라.

복덕 (2)

⦅ **03** ⦆ 더욱이, 교시가야, 반야바라밀다의 그릇이 되는 선남자나 선여인이 존재하는 곳, 그곳으로 달려가 이 반야바라밀다를 그들에게 주거나 〔그들과〕 공유할 선남자나 선여인, 바로 이러한 선남자나 선여인이 〔앞서 언급한〕 선남자나 선여인보다 더 많은 복덕을 얻느니라.

⦅ **04** ⦆ 교시가야, 게다가 선남자나 선여인은 염부제에 존재하는 유정들 모두가 10선도(十善道)를 수용하게 만들고 거기에 정착시킬 것이다. 너는 어떻게 생각하느냐? 교시가야, 그렇다면 이러한 선남자나 선여인은 그러한 〔행동의〕 이유로 많은 복덕을 얻겠느냐?"

천제석이 대답했다.

"세존이시여, 많이 얻을 것입니다. 선서이시여, 많이 얻을 것입니다."

복덕 (3)

세존께서 말씀하셨다.

"교시가야, 다음과 같은 선남자나 선여인이 그보다 더 많은 복덕을 얻을 것이니라. 반야바라밀다를 끝까지 〔기록하여〕 책의 형태로도 만든 뒤, 믿음에 믿음을 더하고, 신뢰에 신뢰를 더하고, 전념에 전념을 더하는 〔그러한 선남자나 선여인〕, 정심을 가졌어도 정심을 향한 마음을, 강한 의지로 무장했어도 강한 의지로 무장하기를 향한 마음을, 깨달음을 향한 마음을 만들어낸 후 깨달음을 향한 마음을 만들

어낸 다른 보살에게 〔강한〕 신념을 갖고 〔반야바라밀다를〕 선사할 선남자나 선여인. 〔반야바라밀다를 끝까지〕 기록하고 낭송하기 위해 나태하지 않게 수행하고, 준비된 자로서 〔다른 보살에게 반야바라밀다를 가르쳐〕 이해하게 만들고, 보여주며, 수용하게 만들고, 〔그리하여 그 보살을〕 들뜨게 하며 즐겁게 만들 선남자나 선여인, 〔보살을〕 말로 이끌고 훈련시키며, 〔반야바라밀다〕의 의미를 〔보살〕에게 공표하고, 이와 같이〔하여〕 그 보살의 마음을 정화시키며, 〔보살이〕 의혹〔의 상태〕에 들어가지 않도록 할 선남자나 선여인, 그리고 그 〔보살에게〕 '선남자여, 여기에 오라! 바로 여기 보살의 도(道)에서 수련하라! 여기에서 수련하고 수행하며 분투하는 그대는 조속히 무상의 올바르고 완전한 깨달음을 터득할 것이다. 그리고 터득한 뒤에는 무한한 유정의 세계를 진실한 궁극을 창조해내는 상태, 〔즉 상층부가 없는〕 무상의 물질 소멸로 이끌 것이다'라고 말할 〔선남자나 선여인〕, 교시가야, 이러한 희사의 의도를 갖는 선남자나 선여인이 앞서 언급한 선남자나 선여인보다 더 많은 복덕을 얻을 것이니라.

교시가야, 염부제의 모든 유정은 말할 것도 없느니라! 교시가야, 이러한 방식으로 사대주(四大洲)에 존재하는 유정들, 그 모두를 선남자나 선여인이 10선도를 수용하게 만들고, 거기에 정착시킬 것이니라. 교시가야, 사대주의 모든 유정은 말할 것도 없느니라! 교시가야, 이러한 방식으로 소천세계에 존재하는 유정들, 그 모두를 선남자나 선여인이 10선도를 수용하게 만들고, 거기에 정착시킬 것이니라. 교시가야, 소천세계의 모든 유정은 말할 것도 없느니라! 교시가야, 이러한 방식으로 이천중천세계에 존재하는 유정들, 그 모두를 선남자나 선여인이 10선도를 수용하게 만들고, 거기에 정착시킬 것이니라. 교시가야, 이천중천세계의 모든 유정은 말할 것도 없느니라! 교시가야, 이러한 방식으로 삼천대천세계에 존재하는 유정들, 그 모두를 선남자나 선여인이 10선도를 수용하게 만들고, 거기에 정착시킬 것이니라. 교시가야, 삼천대천세계의 모든 유정은 말할 것도 없느니라! 교시가야, 이러한 방식으로 항하의 모래알만큼이나 셀 수 없을 정도로 많은 삼천대천세계에 존재하는 유정들, 그 모두를 선남자나 선여인이 10선도를 수용하게 만들고, 거기에 정착시킬 것이니라. 너는 어떻게 생각하느냐? 교시가야, 그렇다면 이러한 선남자나 선여인은 그러한 〔행동의〕 이유로 많은 복덕을 얻겠느냐?"

천제석이 대답했다.

"세존이시여, 많이 얻을 것입니다. 선서이시여, 많이 얻을 것입니다."

복덕 (4)

《 05 》 세존께서 말씀하셨다.

"교시가야, 다음과 같은 선남자나 선여인이 그보다 더 많은 복덕을 얻을 것이니라. 반야바라밀다를 끝까지 〔기록하여〕 책의 형태로도 만든 뒤, 믿음에 믿음을 더하고, 신뢰에 신뢰를 더하고, 전념에 전념을 더하는 〔그러한 선남자나 선여인〕, 정심을 가졌어도 정심을 향한 마음을, 강한 의지로 무장했어도 강한 의지로 무장하기를 향한 마음을, 깨달음을 향한 마음을 만들어낸 후 깨달음을 향한 마음을 만들

어낸 다른 보살에게 〔강한〕 신념을 갖고 〔반야바라밀다를〕 선사할 선남자나 선여인, 〔반야바라밀다를 끝까지〕 기록하고 낭송하기 위해 나태하지 않게 수행하고, 준비된 자로서 〔다른 보살에게 반야바라밀다를 가르쳐〕 이해하게 만들고, 보여주며, 수용하게 만들고, 〔그리하여 그 보살을〕 들뜨게 하며 즐겁게 만들 선남자나 선여인, 〔보살을〕 말로 이끌고 훈련시키며, 〔반야바라밀다〕의 의미를 〔보살〕에게 공표하고, 이와 같이〔하여〕 그 보살의 마음을 정화시키며, 〔보살이〕 의혹〔의 상태〕에 들어가지 않도록 할 선남자나 선여인, 그리고 그 〔보살에게〕 '선남자여, 여기에 오라! 바로 여기 보살의 도(道)에서 수련하라! 여기에서 수련하고 수행하며 분투하는 너는 조속히 무상의 올바르고 완전한 깨달음을 터득할 것이다. 그리고 터득한 뒤에는 무한한 유정의 세계를 '진실한 궁극을 창조해내는 상태', 〔즉 상층부가 없는〕 무상(無上)의 물질 소멸로 이끌 것이다'라고 말할 〔선남자나 선여인〕, 교시가야, 이러한 희사의 의도를 갖는 선남자나 선여인이 앞서 언급한 선남자나 선여인보다 더 많은 복덕을 얻을 것이니라.

06 교시가야, 게다가 선남자나 선여인은, 염부제에 유정들이 존재하는 한, 그 모두를 4선(四禪)에 정착시킬 것이다. 너는 어떻게 생각하느냐? 교시가야, 그렇다면 이러한 선남자나 선여인은 그러한 〔행동의〕 이유로 많은 복덕을 얻겠느냐?"

천제석이 대답했다.

"세존이시여, 많이 얻을 것입니다. 선서이시여, 많이 얻을 것입니다."

복덕 (5)

07 세존께서 말씀하셨다.

"교시가야, 다음과 같은 선남자나 선여인이 그보다 더 많은 복덕을 얻을 것이니라. 반야바라밀다를 끝까지 〔기록하여〕 책의 형태로도 만든 뒤, 믿음에 믿음을 더하고, 신뢰에 신뢰를 더하고, 전념에 전념을 더하는 〔그러한 선남자나 선여인〕, 정심을 가졌어도 정심을 향한 마음을, 강한 의지로 무장했어도 강한 의지로 무장하기를 향한 마음을, 깨달음을 향한 마음을 만들어낸 후 깨달음을 향한 마음을 만들어낸 다른 보살에게 〔강한〕 신념을 갖고 〔반야바라밀다를〕 선사할 선남자나 선여인, 〔반야바라밀다를 끝까지〕 기록하고 낭송하기 위해 나태하지 않게 수행하고, 준비된 자로서 〔다른 보살에게 반야바라밀다를 가르쳐〕 이해하게 만들고, 보여주며, 수용하게 만들고, 〔그리하여 그 보살을〕 들뜨게 하며 즐겁게 만들 선남자나 선여인, 〔보살을〕 말로 이끌고 훈련시키며, 〔반야바라밀다〕의 의미를 〔보살〕에게 공표하고, 이와 같이〔하여〕 그 보살의 마음을 정화시키며, 〔보살이〕 의혹〔의 상태〕에 들어가지 않도록 할 선남자나 선여인, 그리고 그 〔보살에게〕 '선남자여, 여기에 오라! 바로 여기 보살의 도(道)에서 수련하라! 여기에서 수련하고 수행하며 분투하는 너는 조속히 무상의 올바르고 완전한 깨달음을 터득할 것이다. 그리고 터득한 뒤에는 무한한 유정의 세계를 '진실한 궁극을 창조해내는 상태', 〔즉 상충부가 없는〕 무상의 물질 소멸로 이끌 것이다'라고 말할 〔선남자나 선여인이 말이다〕.

교시가야, 염부제의 모든 유정은 말할 것도 없느니라! 교시가야,

이러한 방식으로 사대주(四大洲)에 존재하는 유정들, 그 모두를 선남자나 선여인이 4선에 정착시킬 것이니라. 교시가야, 사대주의 모든 유정은 말할 것도 없느니라! 교시가야, 이러한 방식으로 소천세계에 존재하는 유정들, 그 모두를 선남자나 선여인이 4선에 정착시킬 것이니라. 교시가야, 소천세계의 모든 유정은 말할 것도 없느니라! 교시가야, 이러한 방식으로 이천중천세계에 존재하는 유정들, 그 모두를 선남자나 선여인이 4선에 정착시킬 것이니라. 교시가야, 이천중천세계의 모든 유정은 말할 것도 없느니라! 교시가야, 이러한 방식으로 삼천대천세계에 존재하는 유정들, 그 모두를 선남자나 선여인이 사선에 정착시킬 것이니라. 교시가야, 삼천대천세계의 모든 유정은 말할 것도 없느니라! 교시가야, 이러한 방식으로 항하의 모래알만큼이나 셀 수 없을 정도로 많은 삼천대천세계에 존재하는 유정들, 그 모두를 선남자나 선여인이 4선에 정착시킬 것이니라. 너는 어떻게 생각하느냐? 교시가야, 그렇다면 이러한 선남자나 선여인은 그러한 〔행동의〕 이유로 많은 복덕을 얻겠느냐?”

천제석이 대답했다.

“세존이시여, 많이 얻을 것입니다. 선서이시여, 많이 얻을 것입니다.”

복덕 (6)

08 세존께서 말씀하셨다.

“교시가야, 다음과 같은 선남자나 선여인이 그보다 더 많은 복덕을 얻을 것이니라. 반야바라밀다를 끝까지 〔기록하여〕 책의 형태로도 만든 뒤, 믿음에 믿음을 더하고, 신뢰에 신뢰를 더하고, 전념에 전념을 더하는 〔그러한 선남자나 선여인〕, 정심을 가졌어도 정심을 향한 마음을, 강한 의지로 무장했어도 강한 의지로 무장하기를 향한 마음을, 깨달음을 향한 마음을 만들어낸 후 깨달음을 향한 마음을 만들어낸 다른 보살에게 〔강한〕 신념을 갖고 〔반야바라밀다를〕 선사할 선남자나 선여인, 〔반야바라밀다를 끝까지〕 기록하고 낭송하기 위해 나태하지 않게 수행하고, 준비된 자로서 〔다른 보살에게 반야바라밀다를〕 이해하게 만들고, 보여주며, 수용하게 만들고, 〔그리하여 그 보살을〕 들뜨게 하며 즐겁게 만들 선남자나 선여인, 〔보살을〕 말로 이끌고 훈련시키며, 〔반야바라밀다〕의 의미를 〔보살〕에게 공표하고, 이와 같이〔하여〕 그 보살의 마음을 정화시키며, 〔보살이〕 의혹〔의 상태〕에 들어가지 않도록 할 선남자나 선여인, 그리고 그 〔보살에게〕 '선남자여, 여기에 오라! 바로 여기 보살의 도(道)에서 수련하라! 여기에서 수련하고 수행하며 분투하는 너는 조속히 무상의 올바르고 완전한 깨달음을 터득할 것이다. 그리고 터득한 뒤에는 무한한 유정의 세계를 '진실한 궁극을 창조해내는 상태', 〔즉 상층부가 없는〕 무상의 물질 소멸로 이끌 것이다'라고 말할 〔선남자나 선여인이 더 많은 복덕을 얻을 것이니라〕.

교시가야, 게다가 선남자나 선여인은, 염부제·사대주·소천·이천중천·삼천대천의 세계에 유정들이 존재하는 한, 그 모두를 4무량심(四無量心)에 정착시킬 것이다. (이하 동문(同文) 반복)[01] 4무량심에서처

01 이 말은 범본에 있는 표현으로 'evaṁ peyālena kartavyam'을 번역한 것이다.

럼 4무색정(四無色定), 5신통(五神通), 〔하나로〕 연결된 선(禪) · 무량심(無量心) · 무색정(無色定) · 신통(神通)에 정착시킬 것이니라. 너는 어떻게 생각하느냐? 교시가야, 그렇다면 이러한 선남자나 선여인은 그러한 〔행동의〕 이유로 많은 복덕을 얻겠느냐?"

천제석이 대답했다.

"세존이시여, 많이 얻을 것입니다. 선서이시여, 많이 얻을 것입니다."

복덕 (7)

❪ **09** ❫ 세존께서 말씀하셨다.

"교시가야, 다음과 같은 선남자나 선여인이 그보다 더 많은 복덕을 얻을 것이니라. 반야바라밀다를 끝까지 〔기록하여〕 책의 형태로도 만든 뒤, 믿음에 믿음을 더하고, 신뢰에 신뢰를 더하고, 전념에 전념을 더하는 〔그러한 선남자나 선여인〕, 정심을 가졌어도 정심을 향한 마음을, 강한 의지로 무장했어도 강한 의지로 무장하기를 향한 마음을, 깨달음을 향한 마음을 만들어낸 후 깨달음을 향한 마음을 만들어낸 다른 보살에게 〔강한〕 신념을 갖고 〔반야바라밀다를〕 선사할 선남자나 선여인, 〔반야바라밀다를 끝까지〕 기록하고 낭송하기 위해 나태하지 않게 수행하고, 준비된 자로서 〔다른 보살에게 반야바라밀다를 가르쳐〕 이해하게 만들고, 보여주며, 수용하게 만들고, 〔그리하여 그 보살을〕 들뜨게 하며 즐겁게 만들 선남자나 선여인, 〔보살을〕 말로 이끌고 훈련시키며, 〔반야바라밀다〕의 의미를 〔보살〕에게 공표하고, 이와 같이〔하여〕 그 보살의 마음을 정화시키며, 〔보살이〕 의혹〔의 상태〕에 들어가지 않도록 할 선남자나 선여인, 그리고 그 〔보살에게〕 '선남자여, 여기에 오라! 바로 여기 보살의 도(道)에서 수련하라! 여기에서 수련하고 수행하며 분투하는 너는 조속히 무상의 올바르고 완전한 깨달음을 터득할 것이다. 그리고 터득한 뒤에는 무한한 유정의 세계를 '진실한 궁극을 창조해내는 상태', 〔즉 상충부가 없는〕 무상의 물질 소멸로 이끌 것이다'라고 말할 〔선남자나 선여인이 말이다〕.

교시가야, 염부제의 모든 유정을 선(禪)·무량심(無量心)·무색정(無色定)·신통(神通)에 정착시킨 후〔에는〕 복덕이 형성될 것이니라.

교시가야, 이러한 방식으로 또한 사대주에 존재하는 유정들, 그 모두를 선남자나 선여인이 선·무량심·무색정·신통에 정착시킬 것이니라.

교시가야, 사대주의 모든 유정을 선·무량심·무색정·신통에 정착시킨 후〔에는〕 복덕이 형성될 것이니라. 교시가야, 이러한 방식으로 또한 소천세계에 존재하는 유정들, 그 모두를 선남자나 선여인이 선·무량심·무색정·신통에 정착시킬 것이니라.

교시가야, 소천세계의 모든 유정을 선·무량심·무색정·신통에 정착시킨 후〔에는〕 복덕이 형성될 것이니라. 교시가야, 이러한 방식으로 또한 이천중천세계에 존재하는 유정들, 그 모두를 선남자나 선여인이 선·무량심·무색정·신통에 정착시킬 것이니라.

교시가야, 이천중천세계의 모든 유정을 선·무량심·무색정·신통에 정착시킨 후〔에는〕 복덕이 형성될 것이니라. 교시가야, 이러한 방식으로 또한 삼천대천세계에 존재하는 유정들, 그 모두를 선남자나 선여인이 선·무량심·무색정·신통에 정착시킬 것이니라.

교시가야, 삼천대천세계의 모든 유정을 선·무량심·무색정·신통에 정착시킨 후〔에는〕 복덕이 형성될 것이니라. 교시가야, 이러한 방식으로 또한 항하의 모래알만큼이나 셀 수 없을 정도로 많은 삼천대천세계에 존재하는 그 어떤 유정들, 그 모두를 선남자나 선여인이 선·무량심·무색정·신통에 정착시킬 것이니라. 너는 어떻게 생각하느냐? 교시가야, 그렇다면 이러한 선남자나 선여인은 그러한 〔행동의〕 이유로 많은 복덕을 얻겠느냐?"

천제석이 대답했다.

"세존이시여, 많이 얻을 것입니다. 선서이시여, 많이 얻을 것입니다."

복덕 (8)

⦅ 10 ⦆ 세존께서 말씀하셨다.

"교시가야, 다음과 같은 선남자나 선여인이 그보다 더 많은 복덕을 얻을 것이니라. 반야바라밀다를 끝까지 〔기록하여〕 책의 형태로도 만든 뒤, 믿음에 믿음을 더하고, 신뢰에 신뢰를 더하고, 전념에 전념을 더하는 〔그러한 선남자나 선여인〕, 정심을 가졌어도 정심을 향한 마음을, 강한 의지로 무장했어도 강한 의지로 무장하기를 향한 마음을, 깨달음을 향한 마음을 만들어낸 후 깨달음을 향한 마음을 만들어낸 다른 보살에게 〔강한〕 신념을 갖고 〔반야바라밀다를〕 선사할 선남자나 선여인, 〔반야바라밀다를 끝까지〕 기록하고 낭송하기 위해 나태하지 않게 수행하고, 준비된 자로서 〔다른 보살에게 반야바라밀다를 가르쳐〕 이해하게 만들고, 보여주며, 수용하게 만들고, 〔그리하여 그 보살을〕 들뜨게 하며 즐겁게 만들 선남자나 선여인, 〔보살을〕 말로 이끌고 훈련시키며, 〔반야바라밀다〕의 의미를 〔보살〕에게 공표하고, 이와 같이〔하여〕 그 보살의 마음을 정화시키며, 〔보살이〕 의혹〔의 상태〕에 들어가지 않도록 할 선남자나 선여인, 그리고 그 〔보살에게〕 '선남자여, 여기에 오라! 바로 여기 보살의 도(道)에서 수련하라! 여기에서 수련하고 수행하며 분투하는 너는 조속히 무상의 올바르고 완전한 깨달음을 터득할 것이다. 그리고 터득한 뒤에는 무한한 유정의 세계를 '진실한 궁극을 창조해내는 상태', 〔즉 상층부가 없는〕 무상의 물질 소멸로 이끌 것이다'라고 말할 〔선남자나 선여인 말이다.〕

《 11 》 교시가야, 게다가 반야바라밀다를 기록한 후 자기를 위해 낭송하고, 이전처럼 다른 이들을 위해 기록한 후 그들에게 선사할 선남자나 선여인은 앞서 언급한 선남자나 선여인보다 더 많은 복덕을 얻을 것이니라. 교시가야, 더욱이 의미를 잘 파악하는 선남자나 선여인이 반야바라밀다를 낭송하고, 이전처럼 다른 이들을 위해 기록한 후 그들에게 주고, 의미를 지니고 문자로 기록된 〔반야바라밀다〕를 보여주고 명시할 때, 힘들이지 않고 더 많은 복덕을 얻을 것이니라."

반야바라밀다의 모조(模造)

《 12 》 그러자 천제석이 세존께 여쭈었다.

"세존이시여, 이 반야바라밀다 또한 〔사람들에게〕 보여져야 할 것입니까?"

이와 같이 여쭙자, 세존께서 천제석에게 다음과 같이 대답하셨다.

"교시가야, 이 반야바라밀다도 〔이를〕 알지 못하는 선남자나 선여인에게 보여져야 할 것이니라. 그 이유는 무엇일까? 교시가야, 〔장차〕 미래에 반야바라밀다와 유사한 모조품이 만들어질 것이기 때문이니라. 무상의 올바르고 완전한 깨달음을 터득하기 바라는 무지의 선남자나 선여인은 그 모조품을 들어도 절대 따라서는 안 되느니라."

《 13 》 그러자 천제석이 세존께 여쭈었다.

"세존이시여, '이것은 〔바로〕 모조품이 보여지는 것이다'라고 미래에 〔존재할〕 반야바라밀다의 모조품은 어떻게 알 수 있는 것일까요?"

세존께서 천제석에게 다음과 같이 대답하셨다.

"교시가야, 미래에는 몸, 본성, 마음, 지혜 등이 〔제대로〕 수련되지 않은 어리석고 지혜가 결여된 비구들이 존재할 터이고, 이들은 '우리가 너에게 반야바라밀다를 보여줄 것이다'라며 그 모조품을 보여줄 것이니라. 교시가야, 그들은 반야바라밀다의 모조품을 어떻게 보여줄까? 그들은 '물질의 무상성(無常性)은 물질의 소멸이며, 감각·표상·의욕도 이와 같으며, 사유의 무상성 또한 사유의 소멸이다'라고 보여줄 것이니라. '이와 같이 추구하는 자가 반야바라밀다에 들 것이다'라고 보여줄 것이니라. 교시가야, 이러한 것이 바로 반야바라밀다의 모조품이라고 알려야 할 것이니라. 교시가야, 물질의 무상성은 물질의 소멸이라고 보아서는 안 되느니라. 감각·표상·의욕도 이와 같으며, 사유의 무상성 또한 사유의 소멸이라고 보아서는 안 되느니라.

이와 같이 보는 자는 반야바라밀다의 모조품에 들게 되는 것이니라. 교시가야, 그렇기에 선남자나 선여인은 〔진정한〕 반야바라밀다의 의미를 보여주어야 할 것이니라. 그러한 의미를 보여주는 선남자나 선여인은 더 많은 복덕을 얻을 것이니라.

복덕 (9)

❰ **14** ❱ 교시가야, 더욱이 선남자나 선여인은, 염부제에 유정들이 존재하는 한, 그 모두를 예류과에 정착시킬 것이다. 너는 어떻게 생각하느냐? 교시가야, 그렇다면 이러한 선남자나 선여인은 그러한 〔행동의〕 이유로 많은 복덕을 얻겠느냐?"

천제석이 대답했다.

"세존이시여, 많이 얻을 것입니다. 선서이시여, 많이 얻을 것입니다."

세존께서 말씀하셨다.

"교시가야, 다음과 같은 선남자나 선여인이 그보다 더 많은 복덕을 얻을 것이니라. 반야바라밀다를 끝까지 〔기록하여〕 책의 형태로도 만든 뒤, 믿음에 믿음을 더하고, 신뢰에 신뢰를 더하고, 전념에 전념을 더하는 〔그러한 선남자나 선여인〕, 정심을 가졌어도 정심을 향한 마음을, 강한 의지로 무장했어도 강한 의지로 무장하기를 향한 마음을, 깨달음을 향한 마음을 만들어낸 후 깨달음을 향한 마음을 만들어낸 다른 보살에게 〔강한〕 신념을 갖고 〔반야바라밀다를〕 선사할 선남자나 선여인, 〔반야바라밀다를 끝까지〕 기록하고 낭송하기 위해 나태하지 않게 수행하고, 준비된 자로서 〔다른 보살에게 반야바라밀다를 가르쳐〕 이해하게 만들고, 보여주며, 수용하게 만들고, 〔그리하여 그 보살을〕 들뜨게 하며 즐겁게 만들 선남자나 선여인, 〔보살을〕 말로 이끌고 훈련시키며, 〔반야바라밀다〕의 의미를 〔보살〕에게 공표하고, 이와 같이〔하여〕 그 보살의 마음을 정화시키며, 〔보살이〕 의혹〔의 상태〕에 들어가지 않도록 할 선남자나 선여인, 그리고 그 〔보살에게〕 '선남자여, 여기에 오라! 바로 여기 보살의 도(道)에서 수련하라! 여기에서 수련하고 수행하며 분투하는 너는 조속히 무상의 올바르고 완전한 깨달음을 터득할 것이다. 그리고 터득한 뒤에는 무한한 유정의 세계를 '진실한 궁극을 창조해내는 상태', 〔즉 상층부가 없는〕 무상의 물질 소멸로 이끌 것이다'라고 말할 〔선남자나 선여인〕, 그리고 '선남자여 너는 반야바라밀다와 연관된 이러한 법들의 획득자가 되거라!'라고 말할 〔선남자나 선여인〕, 교시가야, 바로 이러한 선남자나 선여인이 앞서 언급한 선남자나 선여인보다 더 많은 복덕을 얻을 것이니라. 그 이유는 무엇일까? 교시가야, 거기 〔반야바라밀다〕에서 예류과가 나오기 때문이니라.

《 15 》 교시가야, 염부제의 모든 유정을 예류과에 정착시킨 후〔에는〕 복덕이 형성될 것이니라. 교시가야, 사대주에 유정들이 존재하는 한, 또한 그 모두를 선남자나 선여인이 예류과에 정착시킬 것이니라.

《 16 》 교시가야, 사대주의 모든 유정을 예류과에 정착시킨 후〔에는〕 복덕이 형성될 것이니라. 교시가야, 소천세계에 유정들이 존재하는 한, 또한 그 모두를 선남자나 선여인이 예류과에 정착시킬 것이니라.

《 17 》 교시가야, 소천세계의 모든 유정을 예류과에 정착시킨 후〔에는〕

복덕이 형성될 것이니라. 교시가야, 이천중천세계에 유정들이 존재하는 한, 또한 그 모두를 선남자나 선여인이 예류과에 정착시킬 것이니라.

❪ 18 ❫ 교시가야, 이천중천세계의 모든 유정을 예류과에 정착시킨 후 〔에는〕 복덕이 형성될 것이니라. 교시가야, 삼천대천세계에 유정들이 존재하는 한, 또한 그 모두를 선남자나 선여인이 예류과에 정착시킬 것이니라.

❪ 19 ❫ 교시가야, 삼천대천세계의 모든 유정을 예류과에 정착시킨 후 〔에는〕 복덕이 형성될 것이니라. 교시가야, 항하의 모래알처럼 셀 수 없을 정도로 많은 삼천대천세계에 유정들이 존재하는 한, 또한 그 모두를 선남자나 선여인이 예류과에 정착시킬 것이니라. 너는 어떻게 생각하느냐? 교시가야, 그렇다면 이러한 선남자나 선여인은 그러한 〔행동의〕 이유로 많은 복덕을 얻겠느냐?"

천제석이 대답했다.

"세존이시여, 많이 얻을 것입니다. 선서이시여, 많이 얻을 것입니다."

복덕 (10)

❪ 20 ❫ 세존께서 말씀하셨다.

"교시가야, 다음과 같은 선남자나 선여인이 그보다 더 많은 복덕을 얻을 것이니라. 반야바라밀다를 끝까지 〔기록하여〕 책의 형태로도 만든 뒤, 믿음에 믿음을 더하고, 신뢰에 신뢰를 더하고, 전념에 전념을 더하는 〔그러한 선남자나 선여인〕, 정심을 가졌어도 정심을 향한 마음을, 강한 의지로 무장했어도 강한 의지로 무장하기를 향한 마음을, 깨달음을 향한 마음을 만들어낸 후 깨달음을 향한 마음을 만들어낸 다른 보살에게 〔강한〕 신념을 갖고 〔반야바라밀다를〕 선사할 선남자나 선여인, 〔반야바라밀다를 끝까지〕 기록하고 낭송하기 위해 나태하지 않게 수행하고, 준비된 자로서 〔다른 보살에게 반야바라밀다를 가르쳐〕 이해하게 만들고, 보여주며, 수용하게 만들고, 〔그리하여 그 보살을〕 들뜨게 하며 즐겁게 만들 선남자나 선여인, 〔보살을〕 말로 이끌고 훈련시키며, 〔반야바라밀다〕의 의미를 〔보살〕에게 공표하고, 이와 같이〔하여〕 그 보살의 마음을 정화시키며, 〔보살이〕 의혹〔의 상태〕에 들어가지 않도록 할 선남자나 선여인, 그리고 그 〔보살에게〕 '선남자여, 여기에 오라! 바로 여기 보살의 도(道)에서 수련하라! 여기에서 수련하고 수행하며 분투하는 너는 조속히 무상의 올바르고 완전한 깨달음을 터득할 것이다. 그리고 터득한 뒤에는 무한한 유정의 세계를 '진실한 궁극을 창조해내는 상태', 〔즉 상층부가 없는〕 무상의 물질 소멸로 이끌 것이다'라고 말할 〔선남자나 선여인〕, 그리고 '선남자여 너는 반야바라밀다와 연관된 이러한 법들의 획득자가 되거라!'라고 말할 선남자나 선여인, 교시가야, 바로 이러한 선남자나 선여인이 앞서 언급한 선남자나 선여인보다 더 많은 복덕을 얻을 것이니라. 그 이유는 무엇일까? 교시가야, 거기 〔반야바라밀다〕에서 예류과가 나오기 때문이니라.

❨ 21 ❩ 교시가야, 더욱이 선남자나 선여인은, 염부제에 유정들이 존재하는 한, 그 모두를 일래과에 정착시킬 것이다. 너는 어떻게 생각하느냐? 교시가야, 그렇다면 이러한 선남자나 선여인은 그러한 〔행동

의) 이유로 많은 복덕을 얻겠느냐?"

천제석이 대답했다.

"세존이시여, 많이 얻을 것입니다. 선서이시여, 많이 얻을 것입니다."

복덕 (11)

세존께서 말씀하셨다.

"교시가야, 다음과 같은 선남자나 선여인이 그보다 더 많은 복덕을 얻을 것이니라. 반야바라밀다를 끝까지 〔기록하여〕 책의 형태로도 만든 뒤, 믿음에 믿음을 더하고, 신뢰에 신뢰를 더하고, 전념에 전념을 더하는 〔그러한 선남자나 선여인〕, 정심을 가졌어도 정심을 향한 마음을, 강한 의지로 무장했어도 강한 의지로 무장하기를 향한 마음을, 깨달음을 향한 마음을 만들어낸 후 깨달음을 향한 마음을 만들어낸 다른 보살에게 〔강한〕 신념을 갖고 〔반야바라밀다를〕 선사할 선남자나 선여인, 〔반야바라밀다를 끝까지〕 기록하고 낭송하기 위해 나태하지 않게 수행하고, 준비된 자로서 〔다른 보살에게 반야바라밀다를 가르쳐〕 이해하게 만들고, 보여주며, 수용하게 만들고, 〔그리하여 그 보살을〕 들뜨게 하며 즐겁게 만들 선남자나 선여인, 〔보살을〕 말로 이끌고 훈련시키며, 〔반야바라밀다〕의 의미를 〔보살〕에게 공표하고, 이와 같이〔하여〕 그 보살의 마음을 정화시키며, 〔보살이〕 의혹〔의 상태〕에 들어가지 않도록 할 선남자나 선여인, 그리고 그 〔보살에게〕 '선남자여, 여기에 오라! 바로 여기 보살의 도(道)에서 수련하라!

여기에서 수련하고 수행하며 분투하는 너는 조속히 무상의 올바르고 완전한 깨달음을 터득할 것이다. 그리고 터득한 뒤에는 무한한 유정의 세계를 '진실한 궁극을 창조해내는 상태', 〔즉 상층부가 없는〕 무상의 물질 소멸로 이끌 것이다'라고 말할 〔선남자나 선여인〕, 그리고 '선남자여 너는 반야바라밀다와 연관된 이러한 법들의 획득자가 되거라!'라고 말할 〔선남자나 선여인〕, 교시가야, 바로 이러한 선남자나 선여인이 앞서 언급한 선남자나 선여인보다 더 많은 복덕을 얻을 것이니라. 그 이유는 무엇일까? 교시가야, 거기 〔반야바라밀다〕에서 일래과가 나오기 때문이니라. 교시가야, 염부제의 모든 유정을 일래과에 정착시킨 후〔에는〕 복덕이 형성될 것이니라. 교시가야, 사대주에 유정들이 존재하는 한, 또한 그 모두를 선남자나 선여인이 일래과에 정착시킬 것이니라. 교시가야, 사대주의 모든 유정을 일래과에 정착시킨 후〔에는〕 복덕이 형성될 것이니라. 교시가야, 소천세계에 유정들이 존재하는 한, 또한 그 모두를 선남자나 선여인이 일래과에 정착시킬 것이니라. 교시가야, 소천세계의 모든 유정을 일래과에 정착시킨 후〔에는〕 복덕이 형성될 것이니라. 교시가야, 이천중천세계에 유정들이 존재하는 한, 또한 그 모두를 선남자나 선여인이 일래과에 정착시킬 것이니라. 교시가야, 이천중천세계의 모든 유정을 일래과에 정착시킨 후〔에는〕 복덕이 형성될 것이니라. 교시가야, 삼천대천세계에 유정들이 존재하는 한, 또한 그 모두를 선남자나 선여인이 일래과에 정착시킬 것이니라. 교시가야, 삼천대천세계의 모든 유정을 일래과에 정착시킨 후에는 복덕이 형성될 것이니라. 교시가야, 항하의 모래알처럼 셀 수 없을 정도로 많은 삼천대천세계에 유정들이 존재하는 한, 또한 그 모두를 선남자나 선여인이 일래과에 정착시킬 것이니라. 너는 어떻게 생각하느냐? 교시가야, 그렇다면 이러한 선남자나 선여인은 그러한 〔행동의〕 이유로 많은 복덕을 얻겠느냐?"

천제석이 대답했다.

"세존이시여, 많이 얻을 것입니다. 선서이시여, 많이 얻을 것입니다."

복덕 (12)

《 22 》 세존께서 말씀하셨다.

"교시가야, 다음과 같은 선남자나 선여인이 그보다 더 많은 복덕을 얻을 것이니라. 반야바라밀다를 끝까지 〔기록하여〕 책의 형태로도 만든 뒤, 믿음에 믿음을 더하고, 신뢰에 신뢰를 더하고, 전념에 전념을 더하는 〔그러한 선남자나 선여인〕, 정심을 가졌어도 정심을 향한 마음을, 강한 의지로 무장했어도 강한 의지로 무장하기를 향한 마음을, 깨달음을 향한 마음을 만들어낸 후 깨달음을 향한 마음을 만들어낸 다른 보살에게 〔강한〕 신념을 갖고 〔반야바라밀다를〕 선사할 선남자나 선여인, 〔반야바라밀다를 끝까지〕 기록하고 낭송하기 위해 나태하지 않게 수행하고, 준비된 자로서 〔다른 보살에게 반야바라밀다를 가르쳐〕 이해하게 만들고, 보여주며, 수용하게 만들고, 〔그리하여 그 보살을〕 들뜨게 하며 즐겁게 만들 선남자나 선여인, 〔보살을〕 말로 이끌고 훈련시키며, 〔반야바라밀다〕의 의미를 〔보살〕에게 공표하고, 이와 같이〔하여〕 보살의 마음을 정화시키며, 〔보살이〕 의혹〔의 상태〕에 들어가지 않도록 할 선남자나 선여인, 그리고 〔보살에게〕 '선남자여, 여기에 오라! 바로 여기 보살의 도(道)에서 수련하라! 여기에서 수련하고 수행하며 분투하는 너는 조속히 무상의 올바르고 완전한 깨달음을 터득할 것이다. 그리고 터득한 뒤에는 무한한 유정의 세계를 '진실한 궁극을 창조해내는 상태', 〔즉 상층부가 없는〕 무상의 물질 소멸로 이끌 것이다'라고 말할 〔선남자나 선여인〕, 그리고 '선남자여, 그대는 반야바라밀다와 연관된 이러한 법들의 획득자가 되거라!' 라고 말할 선남자나 선여인, 교시가야, 바로 이러한 선남자나 선여인이 앞서 언급한 선남자나 선여인보다 더 많은 복덕을 얻을 것이니라. 그 이유는 무엇일까? 교시가야, 거기 〔반야바라밀다〕에서 일래과가 나오기 때문이니라.

23 교시가야, 더욱이 선남자나 선여인은, 염부제에 유정들이 존재하는 한, 그 모두를 불환과에 정착시킬 것이다. 너는 어떻게 생각하느냐? 교시가야, 그렇다면 이러한 선남자나 선여인은 그러한 〔행동의〕 이유로 많은 복덕을 얻겠느냐?"

천제석이 대답했다.

"세존이시여, 많이 얻을 것입니다. 선서이시여, 많이 얻을 것입니다."

복덕 (13)

24 세존께서 말씀하셨다.

"교시가야, 다음과 같은 선남자나 선여인이 그보다 더 많은 복덕을 얻을 것이니라. 반야바라밀다를 끝까지 〔기록하여〕 책의 형태로도 만든 뒤, 믿음에 믿음을 더하고, 신뢰에 신뢰를 더하고, 전념에 전념을 더하는 〔그러한 선남자나 선여인〕, 정심을 가졌어도 정심을 향한 마음을, 강한 의지로 무장했어도 강한 의지로 무장하기를 향한 마음을, 깨달음을 향한 마음을 만들어낸 후 깨달음을 향한 마음을 만들어낸 다른 보살에게 〔강한〕 신념을 갖고 〔반야바라밀다를〕 선사할 선남자나 선여인, 〔반야바라밀다를 끝까지〕 기록하고 낭송하기 위해 나태하지 않게 수행하고, 준비된 자로서 〔다른 보살에게 반야바라밀다를 가르쳐〕 이해하게 만들고, 보여주며, 수용하게 만들고, 〔그리하여 그 보살을〕 들뜨게 하며 즐겁게 만들 선남자나 선여인, 〔보살을〕 말로 이끌고 훈련시키며, 〔반야바라밀다〕의 의미를 〔보살〕에게 공표하고, 이와 같이〔하여〕 그 보살의 마음을 정화시키며, 〔보살이〕 의혹〔의 상태〕에 들어가지 않도록 할 선남자나 선여인, 그리고 그 〔보살에게〕 '선남자여, 여기에 오라! 바로 여기 보살의 도(道)에서 수련하라! 여기에서 수련하고 수행하며 분투하는 너는 조속히 무상의 올바르고 완전한 깨달음을 터득할 것이다. 그리고 터득한 뒤에는 무한한 유정의 세계를 '진실한 궁극을 창조해내는 상태', 〔즉 상층부가 없는〕 무상의 물질 소멸로 이끌 것이다'라고 말할 〔선남자나 선여인〕, 그리고 '선남자여 너는 반야바라밀다와 연관된 이러한 법들의 획득자가 되거라!'라고 말할 선남자나 선여인, 바로 이러한 선남자나 선여인이 그보다 더 많은 복덕을 얻을 것이니라. 그 이유는 무엇일까? 교시가야, 거기 〔반야바라밀다〕에서 불환과가 나오기 때문이니라. 교시가야, 염부제의 모든 유정을 불환과에 정착시킨 후〔에는〕 복덕이 형성될 것이니라. 교시가야, 사대주에 유정들이 존재하는 한, 또한 그 모두를 선남자나 선여인이 불환과에 정착시킬 것이니라. 교시가야, 사대주의 모든 유정을 불환과에 정착시킨 후〔에는〕 복덕이 형성될 것이니라. 교시가야, 소천세계에 유정들이 존재하는 한, 또한 그 모두를 선남자나 선여인이 불환과에 정착시킬 것이니라. 교시가야, 소천세계의 모든 유정을 불환과에 정착시킨 후〔에는〕 복덕이 형성될 것이니라. 교시가야, 이천중천세계에 유정들이 존재하는 한, 또한 그 모두를 선남자나 선여인이 불환과에 정착시킬 것이니라. 교시가야, 이천중천세계세계의 모든 유정을 불환과에 정착시킨 후〔에는〕 복덕이 형성될 것이니라. 교시가야, 삼천대천세계에 유정들이 존재하는 한, 또한 그 모두를 선남자나 선여인이 불환과에 정착시킬 것이니라. 교시가야, 삼천대천세계의 모든 유정을 불환과에 정착시킨 후〔에는〕 복덕이 형성될 것이니라. 교시가야, 항하의 모래알처럼 셀 수 없을 정도로 많은 삼천대천세계에 유정들이 존재하는 한, 또한 그 모두를 선남자나 선여인이 불환과에 정착시킬 것이니라. 너는 어떻게 생각하느냐? 교시가야, 그렇다면 이러한 선남자나 선여인은 그러한 〔행동의〕 이유로 많은 복덕을 얻겠느냐?"

천제석이 대답했다.

"세존이시여, 많이 얻을 것입니다. 선서이시여, 많이 얻을 것입니다."

복덕 (14)

《 25 》 세존께서 말씀하셨다.

"교시가야, 다음과 같은 선남자나 선여인이 그보다 더 많은 복덕을 얻을 것이니라. 반야바라밀다를 끝까지 〔기록하여〕 책의 형태로도 만든 뒤, 믿음에 믿음을 더하고, 신뢰에 신뢰를 더하고, 전념에 전념을 더하는 〔그러한 선남자나 선여인〕, 정심을 가졌어도 정심을 향한 마음을, 강한 의지로 무장했어도 강한 의지로 무장하기를 향한 마음을, 깨달음을 향한 마음을 만들어낸 후 깨달음을 향한 마음을 만들어낸 다른 보살에게 〔강한〕 신념을 갖고 〔반야바라밀다를〕 선사할 선남자나 선여인, 〔반야바라밀다를 끝까지〕 기록하고 낭송하기 위해 나태하지 않게 수행하고, 준비된 자로서 〔다른 보살에게 반야바라밀다를 가르쳐〕 이해하게 만들고, 보여주며, 수용하게 만들고, 〔그리하여 그 보살을〕 들뜨게 하며 즐겁게 만들 선남자나 선여인, 〔보살을〕 말로 이끌고 훈련시키며, 〔반야바라밀다〕의 의미를 〔보살〕에게 공표하고, 이와 같이〔하여〕 그 보살의 마음을 정화시키며, 〔보살이〕 의혹〔의 상태〕에 들어가지 않도록 할 선남자나 선여인, 그리고 그 〔보살에게〕 '선남자여, 여기에 오라! 바로 여기 보살의 도(道)에서 수련하라! 여기에서 수련하고 수행하며 분투하는 너는 조속히 무상의 올바르고 완전한 깨달음을 터득할 것이다. 그리고 터득한 뒤에는 무한한 유정의 세계를 '진실한 궁극을 창조해내는 상태', 〔즉 상층부가 없는〕 무상의 물질 소멸로 이끌 것이다'라고 말할 〔선남자나 선여인〕, 그리고 '선남자여 너는 반야바라밀다와 연관된 이러한 법들의 획득자가 되거라!'라고 말할 〔선남자나 선여인〕, 바로 이러한 선남자나 선여인이 그보다 더 많은 복덕을 얻을 것이니라. 그 이유는 무엇일까? 교시가야, 거기 〔반야바라밀다〕에서 불환과가 나오기 때문이니라.교시가야, 더욱이 선남자나 선여인은, 염부제에 유정들이 존재하는 한, 그 모두를 아라한과에 정착시킬 것이다. 너는 어떻게 생각하느냐? 교시가야, 그렇다면 이러한 선남자나 선여인은 그러한 〔행동의〕 이유로 많은 복덕을 얻겠느냐?"

천제석이 대답했다.

"세존이시여, 많이 얻을 것입니다. 선서이시여, 많이 얻을 것입니다."

복덕 (15)

〔 26 〕 세존께서 말씀하셨다.

"교시가야, 다음과 같은 선남자나 선여인이 그보다 더 많은 복덕을 얻을 것이니라. 반야바라밀다를 끝까지 〔기록하여〕 책의 형태로도 만든 뒤, 믿음에 믿음을 더하고, 신뢰에 신뢰를 더하고, 전념에 전념을 더하는 〔그러한 선남자나 선여인〕, 정심을 가졌어도 정심을 향한 마음을, 강한 의지로 무장했어도 강한 의지로 무장하기를 향한 마음을, 깨달음을 향한 마음을 만들어낸 후 깨달음을 향한 마음을 만들어낸 다른 보살에게 〔강한〕 신념을 갖고 〔반야바라밀다를〕 선사할 선남자나 선여인, 〔반야바라밀다를 끝까지〕 기록하고 낭송하기 위해 나태하지 않게 수행하고, 준비된 자로서 〔다른 보살에게 반야바라밀다를 가르쳐) 이해하게 만들고, 보여주며, 수용하게 만들고, (그리하여 그 보살을) 들뜨게 하며 즐겁게 만들 선남자나 선여인, (보살을) 말로 이끌고 훈련시키며, (반야바라밀다)의 의미를 (보살)에게 공표하고, 이와 같이(하여) 그 보살의 마음을 정화시키며, (보살이) 의혹(의 상태)에 들어가지 않도록 할 선남자나 선여인, 그리고 그 (보살에게) '선남자여, 여기에 오라! 바로 여기 보살의 도(道)에서 수련하라! 여기에서 수련하고 수행하며 분투하는 너는 조속히 무상의 올바르고 완전한 깨달음을 터득할 것이다. 그리고 터득한 뒤에는 무한한 유정의 세계를 '진실한 궁극을 창조해내는 상태', (즉 상층부가 없는) 무상의 물질 소멸로 이끌 것이다'라고 말할 (선남자나 선여인), 그리고 '선남자여, 너는 반야바라밀다와 연관된 이러한 법들의 획득자가 되거라!'라고 말할 (선남자나 선여인), 바로 이러한 선남자나 선여인이 그보다 더 많은 복덕을 얻을 것이니라. 그 이유는 무엇일까? 교시가야, 거기 (반야바라밀다)에서 아라한과가 나오기 때문이니라. 그리고 (선남자에게) 다음과 같이 (말하며) 그의 힘을 증대시킬 것이니라. '선남자여, 실로 반야바라밀다에서 수련하면 할수록 너는 점차 불법들을 획득하는 자가 될 것이고, 무상의 올바르고 완전한 깨달음에 가까이 있게 될 것이다. 거기 보살의 도(道)에서 수련하고 수행하며 분투하는 너는 예류과, 일래과, 불환과, 아라한과, 독각성, 올바르고 완전한 깨달음을 얻을 것이다'라고 말이다. 교시가야, 염부제의 모든 유정을 아라한과에 정착시킨 후(에는) 복덕이 형성될 것이니라. 교시가야, 사대주에 유정들이 존재하는 한 그 모두를 선남자나 선여인이 아라한과에 정착시킬 것이니라. 교시가야, 사대주의 모든 유정을 아라한과에 정착시킨 후〔에는〕 복덕이 형성될 것이니라. 교시가야, 소천세계에 유정들이 존재하는 한 그 모두를 선남자나 선여인이 아라한과에 정착시킬 것이니라. 교시가야, 소천세계의 모든 유정을 아라한과에 정착시킨 후〔에는〕 복덕이 형성될 것이니라. 교시가야, 이천중천세계에 유정들이 존재하는 한 그 모두를 선남자나 선여인이 아라한과에 정착시킬 것이니라. 교시가야, 이천중천세계의 모든 유정을 아라한과에 정착시킨 후〔에는〕 복덕이 형성될 것이니라. 교시가야, 삼천대천세계에 유정들이 존재하는 한, 또한 그 모두를 선남자나 선여인이 아라한과에 정착시킬 것이니라. 교시가야, 삼천대천세계의 모든 유정을 아라한과에 정착시킨 후〔에는〕 복덕이 형성될 것이니라. 교시가야, 항하의 모래알처럼 셀 수 없을 정도로 많은 삼천대천세계에 유정들이 존재하는 한, 또한 그 모두를 선남자나 선여인이 아라한과에 정착시킬 것이니라. 너는 어떻게 생각하느냐? 교시가야, 그렇다면 이러한 선남자나 선여인은 그러한 〔행동의〕 이유로 많은 복덕을 얻겠느냐?"

천제석이 대답했다.

"세존이시여, 많이 얻을 것입니다. 선서이시여, 많이 얻을 것입니다. 세존이시여, 그러한 복덕의 양은 산출도 쉽게 되지 않습니다. 세존이시여, 셈도, 비교도, 유추도, 대응도, 대조도 쉽게 되지 않습니다."

복덕 (16)

《 27 》 세존께서 말씀하셨다.

"교시가야, 다음과 같은 선남자나 선여인이 그보다 더 많은 복덕을 얻을 것이니라. 반야바라밀다를 끝까지 〔기록하여〕 책의 형태로도 만든 뒤, 믿음에 믿음을 더하고, 신뢰에 신뢰를 더하고, 전념에 전념을 더하는 〔그러한 선남자나 선여인〕, 정심을 가졌어도 정심을 향한 마음을, 강한 의지로 무장했어도 강한 의지로 무장하기를 향한 마음을, 깨달음을 향한 마음을 만들어낸 후 깨달음을 향한 마음을 만들어낸 다른 보살에게 〔강한〕 신념을 갖고 〔반야바라밀다를〕 선사할 선남자나 선여인, 〔반야바라밀다를 끝까지〕 기록하고 낭송하기 위해 나태하지 않게 수행하고, 준비된 자로서 〔다른 보살에게 반야바라밀다를 가르쳐〕 이해하게 만들고, 보여주며, 수용하게 만들고, 〔그리하여 그 보살을〕 들뜨게 하며 즐겁게 만들 선남자나 선여인, 〔보살을〕 말로 이끌고 훈련시키며, 〔반야바라밀다〕의 의미를 〔보살〕에게 공표하고, 이와 같이〔하여〕 그 보살의 마음을 정화시키며, 〔보살이〕 의혹〔의 상태〕에 들어가지 않도록 할 선남자나 선여인, 그리고 그 〔보살에게〕 '선남자여, 여기에 오라! 바로 여기 보살의 도(道)에서 수련하라! 여기에서 수련하고 수행하며 분투하는 너는 조속히 무상의 올바르고 완전한 깨달음을 터득할 것이다. 그리고 터득한 뒤에는 무한한 유정의 세계를 '진실한 궁극을 창조해내는 상태', 〔즉 상층부가 없는〕 무상의 물질 소멸로 이끌 것이다'라고 말할 〔선남자나 선여인〕, 그리고 '선남자여 너는 반야바라밀다와 연관된 이러한 법들의 획득자가 되거라!'라고 말할 〔선남자나 선여인〕, 바로 이러한 선남자나 선여인이 그보다 더 많은 복덕을 얻을 것이니라. 그 이유는 무엇일까? 교시가야, 거기 〔반야바라밀다〕에서 아라한과가 나오기 때문이니라. 그리고

〔선남자에게〕 다음과 같이 〔말하며〕 그의 힘을 증대시킬 것이니라. '선남자여, 실로 반야바라밀다에서 수련하면 할수록, 너는 점차 불법(佛法)들을 획득하는 자가 될 것이고, 무상의 올바르고 완전한 깨달음에 가까이 있게 될 것이다. 거기 보살의 도(道)에서 수련하고 수행하며 분투하는 너는 예류과, 일래과, 불환과, 아라한과, 독각성, 올바르고 완전한 깨달음을 얻을 것이다'라고 말이다.

《 28 》 교시가야, 더욱이 선남자나 선여인은, 염부제에 유정들이 존재하는 한, 그 모두를 독각성에 정착시킬 것이다. 너는 어떻게 생각하느냐? 교시가야, 그렇다면 이러한 선남자나 선여인은 그러한 〔행동의〕 이유로 많은 복덕을 얻겠느냐?"

천제석이 대답했다.

"세존이시여, 많이 얻을 것입니다. 선서이시여, 많이 얻을 것입니다."

복덕 (17)

세존께서 말씀하셨다.

"교시가야, 다음과 같은 선남자나 선여인이 그보다 더 많은 복덕을 얻을 것이니라. 반야바라밀다를 끝까지 〔기록하여〕 책의 형태로도 만든 뒤, 믿음에 믿음을 더하고, 신뢰에 신뢰를 더하고, 전념에 전념을 더하는 〔그러한 선남자나 선여인〕, 정심을 가졌어도 정심을 향한 마음을, 강한 의지로 무장했어도 강한 의지로 무장하기를 향한 마음을, 깨달음을 향한 마음을 만들어낸 후 깨달음을 향한 마음을 만들

어낸 다른 보살에게 〔강한〕 신념을 갖고 〔반야바라밀다를〕 선사할 선남자나 선여인, 〔반야바라밀다를 끝까지〕 기록하고 낭송하기 위해 나태하지 않게 수행하고, 준비된 자로서 〔다른 보살에게 반야바라밀다를 가르쳐〕 이해하게 만들고, 보여주며, 수용하게 만들고, 〔그리하여 그 보살을〕 들뜨게 하며 즐겁게 만들 선남자나 선여인, 〔보살을〕 말로 이끌고 훈련시키며, 〔반야바라밀다〕의 의미를 〔보살〕에게 공표하고, 이와 같이〔하여〕 그 보살의 마음을 정화시키며, 〔보살이〕 의혹〔의 상태〕에 들어가지 않도록 할 선남자나 선여인, 그리고 그 〔보살에게〕 '선남자여, 여기에 오라! 바로 여기 보살의 도(道)에서 수련하라! 여기에서 수련하고 수행하며 분투하는 너는 조속히 무상의 올바르고 완전한 깨달음을 터득할 것이다. 그리고 터득한 뒤에는 무한한 유정의 세계를 '진실한 궁극을 창조해내는 상태', 〔즉 상층부가 없는〕 무상의 물질 소멸로 이끌 것이다'라고 말할 〔선남자나 선여인〕, 더 나아가 '선남자여 너는 반야바라밀다와 연관된 이러한 법들의 획득자가 되거라!'라고 말할 〔선남자나 선여인〕, 바로 이러한 선남자나 선여인이 그보다 더 많은 복덕을 얻을 것이니라. 그 이유는 무엇일까? 교시가야, 거기 〔반야바라밀다〕에서 독각성이 나오기 때문이니라. 그리고 〔선남자에게〕 다음과 같이 〔말하며〕 그의 힘을 증대시킬 것이니라. '선남자여, 실로 반야바라밀다에서 수련하면 할수록, 너는 점차 불법들을 획득하는 자가 될 것이고, 무상의 올바르고 완전한 깨달음에 가까이 있게 될 것이다. 거기 보살의 도(道)에서 수련하고 수행하며 분투하는 너는 예류과, 일래과, 불환과, 아라한과, 독각성, 올바르고 완전한 깨달음을 얻을 것이다'라고 말이다.

교시가야, 염부제의 모든 유정을 독각성에 정착시킨 후〔에는〕 복덕이 형성될 것이니라. 교시가야, 사대주에 유정들이 존재하는 한, 또한 그 모두를 선남자나 선여인이 독각성에 정착시킬 것이니라. 교시가야, 사대주의 모든 유정을 독각성에 정착시킨 후〔에는〕 복덕이 형성될 것이니라. 교시가야, 소천세계에 유정들이 존재하는 한, 또한 그 모두를 선남자나 선여인이 독각성에 정착시킬 것이니라. 교시가야, 소천세계의 모든 유정을 독각성에 정착시킨 후〔에는〕 복덕이 형성될 것이니라. 교시가야, 이천중천세계에 유정들이 존재하는 한, 또한 그 모두를 선남자나 선여인이 독각성에 정착시킬 것이니라. 교시가야, 이천중천세계의 모든 유정을 독각성에 정착시킨 후〔에는〕 복덕이 형성될 것이니라. 교시가야, 삼천대천세계에 유정들이 존재하는 한, 또한 그 모두를 선남자나 선여인이 독각성에 정착시킬 것이니라. 교시가야, 삼천대천세계의 모든 유정을 독각성에 정착시킨 후〔에는〕 복덕이 형성될 것이니라. 교시가야, 항하의 모래알처럼 셀 수 없을 정도로 많은 삼천대천세계에 유정들이 존재하는 한, 또한 그 모두를 선남자나 선여인이 독각성에 정착시킬 것이니라. 너는 어떻게 생각하느냐? 교시가야, 그렇다면 이러한 선남자나 선여인은 그러한 〔행동의〕 이유로 많은 복덕을 얻겠느냐?"

천제석이 대답했다.

"세존이시여, 많이 얻을 것입니다. 선서이시여, 많이 얻을 것입니다."

복덕 (18)

《 29 》 세존께서 말씀하셨다.

"교시가야, 다음과 같은 선남자나 선여인이 그보다 더 많은 복덕을 얻을 것이니라. 반야바라밀다를 끝까지 〔기록하여〕 책의 형태로도 만든 뒤, 믿음에 믿음을 더하고, 신뢰에 신뢰를 더하고, 전념에 전념을 더하는 〔그러한 선남자나 선여인〕, 정심을 가졌어도 정심을 향한 마음을, 강한 의지로 무장했어도 강한 의지로 무장하기를 향한 마음을, 깨달음을 향한 마음을 만들어낸 후 깨달음을 향한 마음을 만들어낸 다른 보살에게 〔강한〕 신념을 갖고 〔반야바라밀다를〕 선사할 선남자나 선여인, 〔반야바라밀다를〕 끝까지 기록하고 낭송하기 위해 나태하지 않게 수행하고, 준비된 자로서 〔다른 보살에게 반야바라밀다를 가르쳐〕 이해하게 만들고, 보여주며, 수용하게 만들고, 〔그리하여 보살을〕 들뜨게 하며 즐겁게 만들 선남자나 선여인, 〔보살을〕 말로 이끌고 훈련시키며, 〔반야바라밀다〕의 의미를 〔보살〕에게 공표하고, 이와 같이〔하여〕 보살의 마음을 정화시키며, 〔보살이〕 의혹〔의 상태〕에 들어가지 않도록 할 선남자나 선여인, 그리고 〔보살에게〕 '선남자여, 여기에 오라! 바로 여기 보살의 도(道)에서 수련하라! 여기에서 수련하고 수행하며 분투하는 너는 조속히 무상의 올바르고 완전한 깨달음을 터득할 것이다. 그리고 터득한 뒤에는 무한한 유정의 세계를 '진실한 궁극을 창조해내는 상태', 〔즉 상층부가 없는〕 무상의 물질 소멸로 이끌 것이다'라고 말할 〔선남자나 선여인〕, 그리고 '선남자여 너는 반야바라밀다와 연관된 이러한 법들의 획득자가 되거라!'라고 말할 〔선남자나 선여인〕, 바로 이러한 선남자나 선여인이 그보다 더 많은 복덕을 얻을 것이니라. 그 이유는 무엇일까? 교시가야, 거기 〔반야바라밀다〕에서 독각성이 나오기 때문이니라. 그리고 〔선남자에게〕 다음과 같이 〔말하며〕 그의 힘을 증대시킬 것이니라. '선남자여, 실로 반야바라밀다에서 수련하면 할수록, 너는 점차 불법들을 획득하는 자가 될 것이고, 무상의 올바르고 완전한 깨달음에 가까이 있게 될 것이다. 거기 보살의 도(道)에서 수련하고 수행하며 분투하는 너는 예류과, 일래과, 불환과, 아라한과, 독각성, 올바르고 완전한 깨달음을 얻을 것이다'라고 말이다.

《 30 》 교시가야, 더욱이 선남자나 선여인은, 염부제에 유정들이 존재하는 한, 실로 그 모두가 무상의 올바른 깨달음을 향한 마음을 만들어내게 할 것이다. 교시가야, 또 어떤 선남자나 선여인은 그 모두의 마음이 무상의 올바른 깨달음을 향하게 만든 후 다른 이들에게 반야바라밀다를 기록하여 줄 것이니라. 교시가야, 혹은 그 선남자나 선여인은 불퇴전의 보살마하살이 바로 거기 반야바라밀다에서 수련하고 노력하며, 바로 거기 반야바라밀다에 전념하면서 〔지혜의〕 증대, 성장, 광대함을 향해 나아가 불법들을 획득할 것이라고 생각하며 그 보살에게 반야바라밀다를 기록하여 넘겨줄 것이니라. 그렇기에 앞서 언급한 선남자나 선여인보다 더 많은 복덕을 얻을 것이니라. 그 이유는 무엇일까? 이러한 보살마하살은 무상의 올바르고 완전한 깨달음을 터득한 뒤 유정들의 고통을 끝나게 할 것이기 때문이니라.

교시가야, 염부제의 모든 유정이 무상의 올바르고 완전한 깨달음을 만들어내게 한 뒤에는 복덕이 형성될 것이니라. 사대주에 유정들이 존재하는 한, 그 모두의 마음을 선남자나 선여인은 무상의 올바르고 완전한 깨달음에 향하게 만들어 낼 것이니라. 교시가야, 사대주의 모든 유정이 무상의 올바르고 완전한 깨달음을 만들어내게 한 뒤에는 복덕이 형성될 것이니라. 소천세계에 유정들이 존재하는 한, 그 모두의 마음을 선남자나 선여인은 무상의 올바르고 완전한 깨달음에 향하게 만들어 낼 것이니라. 교시가야, 소천세계의 모든 유정이 무상의 올바르고 완전한 깨달음을 만들어내게 한 뒤에는 복덕이 형성될 것이니라. 이천중천세계에 유정들이 존재하는 한, 그 모두의 마음을 선남자나 선여인은 무상의 올바르고 완전한 깨달음에 향하게 만들어 낼 것이니라. 교시가야, 이천중천세계의 모든 유정이 무상의 올바르고 완전한 깨달음을 만들어내게 한 뒤에는 복덕이 형성될 것이니라. 삼천대천세계에 유정들이 존재하는 한, 그 모두의 마음을 선남자나 선여인은 무상의 올바르고 완전한 깨달음에 향하게 만들어 낼 것이니라. 교시가야, 삼천대천세계의 모든 유정이 무상의 올바르고 완전한 깨달음을 만들어내게 한 뒤에는 복덕이 형성될 것이니라. 항하의 모래알처럼 셀 수 없을 정도로 많은 삼천대천세계에 유정들이 존재하는 한, 그 모두의 마음을 선남자나 선여인은 무상의 올바르고 완전한 깨달음에 향하게 만들어 낼 것이니라.

교시가야, 또 어떤 선남자나 선여인은 그 모든 유정의 마음을 무상의 올바른 깨달음을 향하게 만든 후 다른 이들에게 반야바라밀다를 기록하여 선사할 것이니라. 교시가야, 혹은 그 선남자나 선여인은 불퇴전의 보살마하살이 바로 거기 반야바라밀다에서 수련하고 노력하며, 이와 같이〔하여〕 더할 나위 없이 반야바라밀다의 증대, 성장, 광대함,

완수를 향해 나아갈 것이라고 생각하며 그 보살에게 반야바라밀다를 기록하여 선사할 것이고 넘겨줄 것이니라. 이 선남자나 선여인은 앞서 언급한 그 선남자나 선여인보다 더 많은 복덕을 얻을 것이니라. 그 이유는 무엇일까? 이러한 보살마하살은 무상의 올바르고 완전한 깨달음을 터득한 뒤 유정들의 고통이 사라지게 할 것이기 때문이니라.

《 31 》 교시가야, 게다가 염부제에 유정들이 존재하는 한, 그 모두는 무상의 올바르고 완전한 깨달음으로부터 퇴전되지 않을 자들일 것이며, 어떤 선남자나 선여인은 무상의 올바르고 완전한 깨달음을 향해 나아간 그들에게 반야바라밀다를 기록하여 책의 형태로 만들어 줄 것이고, 넘겨줄 것이니라. 그리고 어떤 선남자나 선여인은 그들에게 반야바라밀다를 기록하여 책의 형태로 만들어 줄 것이고, 넘겨줄 것이며, 의미를 지니고 문자로 기록된 〔반야바라밀다〕를 보여 줄 것이니라. 너는 어떻게 생각하느냐? 교시가야, 그렇다면 이러한 선남자나 선여인은 그러한 〔행동의〕 이유로 많은 복덕을 얻겠느냐?"

천제석이 대답했다.

"세존이시여, 많이 얻을 것입니다. 선서이시여, 많이 얻을 것입니다. 세존이시여, 그러한 복덕의 양은 산출도 쉽게 되지 않습니다. 세존이시여, 셈도, 비교도, 유추도, 대응도, 대조도 쉽게 되지 않습니다."

복덕 (19)

《 32 》 세존께서 말씀하셨다.

"교시가야, 다음과 같은 선남자나 선여인이 그보다 더 많은 복덕을 얻을 것이니라. 불퇴전의 보살마하살들 가운데 무상의 올바르고 완전한 깨달음을 조속히 터득하기 바라는 자들에게 반야바라밀다를 기록하여 책의 형태로 만들어 줄 것이고, 넘겨줄 것이며, 의미를 지니고 문자로 기록된 〔반야바라밀다〕를 보여주고, 이 세간에서 그들을 반야바라밀다로 교화하고 교도할 선남자나 선여인이 〔더 많은 복덕을 얻을 것이니라.〕 교시가야, 〔무상의 올바르고 완전한 깨달음에서〕 퇴전되지 않을 염부제의 모든 유정에게 반야바라밀다를 넘겨준 후〔에는〕 복덕이 형성될 것이니라. 사대주에 유정들이 존재하는 한, 또한 그 모두는 무상의 올바르고 완전한 깨달음으로부터 퇴전되지 않을 자들일 것이며, 어떤 선남자나 선여인은 무상의 올바르고 완전한 깨달음을 향해 나아간 그들에게 반야바라밀다를 기록하여 책의 형태로 만들어 줄 것이고, 넘겨줄 것이며, 의미를 지니고 문자로 기록된 〔반야바라밀다〕를 보여 줄 것이니라. 교시가야, 〔무상의 올바르고 완전한 깨달음에서〕 퇴전되지 않을 사대주의 모든 유정에게 반야바라밀다를 넘겨준 후〔에는〕 복덕이 형성될 것이니라. 소천세계에 유정들이 존재하는 한, 또한 그 모두는 무상의 올바르고 완전한 깨달음으로부터 퇴전되지 않을 자들일 것이며, 어떤 선남자나 선여인은 무상의 올바르고 완전한 깨달음을 향해 나아간 그들에게 반야바라밀다를 기록하여 책의 형태로 만들어 줄 것이고, 넘겨줄 것이며, 의미를 지니고 문자로 기록된 〔반야바라밀다〕를 보여 줄 것이니라. 교시가야, 〔무상의 올바르고 완전한 깨달음에서〕 퇴전되지 않을 소천세계의 모든 유정에게 반야바라밀다를 넘겨준 후〔에는〕 복덕이 형성될 것이니라.

이천중천세계에 유정들이 존재하는 한, 또한 그 모두는 무상의 올바르고 완전한 깨달음으로부터 퇴전되지 않을 자들일 것이며, 어떤 선남자나 선여인은 무상의 올바르고 완전한 깨달음을 향해 나아간 그들에게 반야바라밀다를 기록하여 책의 형태로 만들어 줄 것이고, 넘겨줄 것이며, 의미를 지니고 문자로 기록된 〔반야바라밀다〕를 보여 줄 것이니라. 교시가야, 〔무상의 올바르고 완전한 깨달음에서〕 퇴전되지 않을 이천중천세계의 모든 유정에게 반야바라밀다를 넘겨준 후〔에는〕 복덕이 형성될 것이니라. 삼천대천세계에 유정들이 존재하는 한, 또한 그 모두는 무상의 올바르고 완전한 깨달음으로부터 퇴전되지 않을 자들일 것이며, 어떤 선남자나 선여인은 무상의 올바르고 완전한 깨달음을 향해 나아간 그들에게 반야바라밀다를 기록하여 책의 형태로 만들어 줄 것이고, 넘겨줄 것이며, 의미를 지니고 문자로 기록된 〔반야바라밀다〕를 보여 줄 것이니라. 교시가야, 〔무상의 올바르고 완전한 깨달음에서〕 퇴전되지 않을 삼천대천세계의 모든 유정에게 반야바라밀다를 넘겨준 후〔에는〕 복덕이 형성될 것이니라. 항하의 모래알처럼 셀 수 없을 정도로 많은 삼천대천세계에 유정들이 존재하는 한, 또한 그 모두는 무상의 올바르고 완전한 깨달음으로부터 퇴전되지 않을 자들일 것이며, 어떤 선남자나 선여인은 무상의 올바르고 완전한 깨달음을 향해 나아간 그들에게 반야바라밀다를 기록하여 책의 형태로 만들어 줄 것이고, 넘겨줄 것이며, 의미를 지니고 문자로 기록된 〔반야바라밀다〕를 보여 줄 것이니라. 너는 어떻게 생각하느냐? 교시가야, 그렇다면 이러한 선남자나 선여인은 그러한 〔행동의〕 이유로 많은 복덕을 얻겠느냐?"

천제석이 대답했다.

"세존이시여, 많이 얻을 것입니다. 선서이시여, 많이 얻을 것입니다. 세존이시여, 그러한 복덕의 양은 산출도 쉽게 되지 않습니다. 세존이시여, 셈도, 비교도, 유추도, 대응도, 대조도 쉽게 되지 않습니다."

복덕 (20)

《 33 》 세존께서 말씀하셨다.

"교시가야, 다음과 같은 선남자나 선여인이 그보다 더 많은 복덕을 얻을 것이니라. 퇴전되지 않을 보살마하살들 가운데 무상의 올바르고 완전한 깨달음을 조속히 터득하기 바라는 자들에게 반야바라밀다를 기록하여 책의 형태로 만들어 줄 것이고, 넘겨줄 것이며, 의미를 지니고 문자로 기록된 〔반야바라밀다〕를 보여주고, 이 세간에서 그들을 반야바라밀다로 교화하고 교도할 선남자나 선여인이 〔더 많은 복덕을 얻을 것이니라.〕 교시가야, 분명 '나는 그러한 보살들보다 더 조속히 무상의 올바른 깨달음을 터득할 것이다'라고 말할 또 다른 보살마하살이 등장하게 될 것이니라. 교시가야, 선남자나 선여인은 더 빠른 이해력을 지닌 그러한 보살마하살을 반야바라밀다로 교화하고 교도할 것이니라. 이러한 선남자나 선여인은 앞서 언급한 선남자나 선여인보다 더 많은 복덕을 얻을 것이니라."

복덕 (21)

❰ **34** ❱ 그러자 천제석이 세존께 아뢰었다.

"세존이시여, 보살마하살이 무상의 올바르고 완전한 깨달음에 가까이 있게 되면, 그는 반야바라밀다에 교화 교도되어져야 할 것이며, 반야바라밀다에 교화되고 교도되는 그는 여래에 가까이 있게 됩니다. 여래에 가까이 있는 그 보살마하살은 어떤 사람들에게서 〔받은〕 승의(僧衣), 탁발을 위한 그릇, 침소(寢所), 좌소(座所), 의약품 등과 같은 용구들을 사용하고, 〔그렇게 보시〕한 사람들의 행위를 위대한 결과와 이익들로 화답합니다. 그로 인해 더 많은 복덕을 얻습니다. 그 이유는 무엇일까요? 세존이시여, 보살마하살이 무상의 올바르고 완전한 깨달음에 가까이 있음을 가능하게 한 〔반야바라밀다〕 때문입니다."

❰ **35** ❱ 그때 수보리 장로가 천제석에게 말했다.

"교시가여, 대단합니다. 대단합니다. 당신은 보살승의 사람들에게 큰 힘을 주고, 그들을 지지하며, 지켜주고 있습니다. 교시가여, 그리고 당신은 다음과 같이 행해야 할 것입니다. 〔즉,〕 모든 유정에게 도움을 주고 싶어 하는 성스러운 〔불타〕의 제자〔라는 자〕가 무상의 올바르고 완전한 깨달음에 〔이를 수 있게〕 보살마하살들의 힘을 증폭시키고, 그들을 지지하고 지켜줄 수 있게 〔옆에서 돕는 역할을 수〕행해야 할 것입니다. 그 이유는 무엇일까요? 보살마하살들의 무상의 올바르고 완전한 깨달음은 〔바로〕 그러한 〔행위〕에서 얻어지기 때문입니다. 만약 보살마하살들이 실로 깨달음을 향한 마음을 일으키지 못한다면, 이 보살마하살들은 무상의 올바르고 완전한 깨달음에서도, 6

바라밀다에서도 수련하지 못할 것이며 〔그렇게〕 수련하지 못하는 자들은 무상의 완전한 깨달음을 터득하지 못할 것입니다. 보살의 도(道)에 있는 보살마하살들은 실로 6바라밀다에서 수련하기 때문에 그로 인해 깨달음을 향한 마음을 일으키고, 무상의 올바르고 완전한 깨달음을 얻는 것입니다."

성스러운 팔천송반야경에서 '복덕을 얻는 방법'으로 불리는 다섯 번째 장

제 6 장

수희(隨喜)와 회향(廻向)

◉

अनुमोदनापरिणामनापरिवर्तः षष्ठः

보살의 복덕항목

⦅ 01 ⦆ 그때 미륵 보살마하살이 상좌인 수보리 장로에게 말했다.

"성스러운 수보리여, 보살마하살에게 〔타인의 선행에 대한〕 수희와 〔선행으로 얻은 복덕을 깨달음에 돌리는〕 회향이 따르는 복덕의 항목이 있다면, 모든 유정에게는 보시·지계·명상에 기반을 두는 복덕의 항목이 존재합니다. 이러한 〔두 부류의 항목〕 가운데 바로 수희(隨喜)와 회향(廻向)이 따르는 보살마하살의 복덕항목이 최고라고 말합니다. 가장 아름답다고 말합니다. 가장 탁월하다고 말합니다. 고귀하다고 말합니다. 핵심이라고 말합니다. 〔그 무엇보다〕 앞서 있다고 말합니다. 최상이라고 말합니다. 무상(無上)이라고 말합니다. 타의 추종을 불허하는 것이라고 말합니다. 특별하다고 말합니다. 유일무이한 것이라고 말합니다."

보살의 품(品)

⦅ 02 ⦆ 이렇게 말하자, 상좌인 수보리 장로가 미륵 보살마하살에게 말했다.

"미륵이여, 〔수희와 회향이 따르는 복덕항목을 갖춘〕 보살마하살은 시방(十方)〔의 세계〕 한 방위에서 그 어떤 방위에 이르더라도 무량무수이며, 무한하고 상상이 전혀 되지 않으며, 한계도 경계도 없는 삼천대천세계에 〔존재합니다〕. 과거의 시기에 각각의 방위, 각각의 삼천대천세계에서 절대무량, 절대무수이며, 절대무한하고, 상상이 전혀 되지 않으며, 한계도 경계도 없는, 〔5온이나 번뇌 같은〕 것들을 남겨두지 않은 열반의 세계에 든, 공양을 받을 만하며 올바르고 완전하게 깨달은 여래들은 〔삶과 연관된〕 모든 길을 끊어낸, 희론(戱論)과 삶의 안내자〔인 애욕(愛慾)〕을 끊어낸, 눈물이 마른, 〔온갖〕 장애를 제거한, 〔무거운〕 짐을 잘 내려놓은, 자신들의 목적을 달성한, 존재〔하는 것들과의〕 결속을 완전하게 끊어낸, 올바른 지식으로 완전하게 해방된 마음을 갖은, 모든 생각을 통제하는 최상의 완전한 상태에 다다른 분들이었습니다.

선근과 수희(隨喜)

〔그들 모두가〕 처음〔으로 깨달음을 향한〕 마음을 일으킨 후 무상의 올바르고 완전한 깨달음을 터득하고, 〔5온이나 번뇌 같은〕 것들을 남겨두지 않은 열반의 세계에 들기 전까지〔, 즉 여래의〕 정법(正法)이 사라지기 전까지의 〔기간〕 동안에 〔형성된〕 불타세존들의 지계군·삼매군·지혜군·해탈군·해탈지관군[明知觀群], 6바라밀다와 연관된 선근들, 불타 공덕의 성취와 연관된 선근들, 10력과 4무소외의 완성과 연관된 선근들, 6신통의 완성과 연관된, 반야바라밀다와 연관된, 서원(誓願)의 완성과 연관된, 전지자(全知者)가 갖는 불지의 성취와 연관된 선근들, 〔타인의〕 안녕을 바라는 마음, 대자애, 대자비, 무량무수에 달하는 불타의 공덕들, 무상의 올바르고 완전한 깨달음, 〔그에 따른〕 무상의 행복, 모

든 법에 대한 자재력(自在力)의 완성, 무한하며 〔그 어떤 것에도〕 압도되지 않으면서 모든 것을 압도한 최고 신력(神力)〔의 형성〕, 가림이 없으며 집착함이 없고 가로막는 것이 없으며 특별하고 유일무이하며 〔그 어떤 것과도〕 비교할 수 없고 무한적인 여래의 진실에 따른 지력, 힘들 가운데에서도 〔특히〕 불타의 지력(知力), 불타의 지견(知見), 10력(十力)의 완성, 4무소외라는 최고의 행복으로 가득 찬 깨달음[證悟], 제법(諸法)이 갖는 최상의 의미를 얻음으로〔써 생겨나는〕 법의 깨달음[證悟], 전법륜(轉法輪), 법등(法燈)을 들〔고 가〕는 행위, 법고(法鼓)를 두드리는 행위, 법라(法螺)를 불기 위해 숨을 들이쉬는 행위, 〔숨을 내뱉어〕 법라(法螺)를 〔불어〕 소리를 내는 행위, 법검(法劍)을 던지는 행위, 법우(法雨)를 내리게 하는 행위, 법의 제사(祭祀)를 지내는 행위, 법시(法施)로 모든 유정의 원기를 북돋는 행위, 법시(法施)로 〔유정들을〕 즐겁게 해주는 행위, 설법들〔, 즉〕 불타의 법들에서 독각의 법들이나 성문의 법들에서 훈련되고 수련된, 진정으로 〔법들에〕 전념하고 통제된, 깨달음을 향해 있는 사람들과 그들의 선근들, 무상의 올바르고 완전한 깨달음에 들 것이라고 불타세존들에 의해 예언된 보살마하살들, 그 모든 보살의 6바라밀다와 연관된 선근들, 독각에 들 것이라고 예언된 독각승에 오른 사람들과 그들의 선근들, 보시에 기반을 두며 성문승에 오른 사람들의 복덕항목, 지계에 기반을 두는 복덕항목, 명상에 기반을 두는 복덕의 항목, 그리고 유학(有學)의 경지에 있으면서 〔번뇌 등으로〕 불순해지지 않는 선근들, 유학의 경지에 있지 않지만 〔번뇌 등으로〕 불순해지지 않는 선근들, 일반 중생에 의해 심어진 법의 선근들, 불타세존들의 사부대중〔, 즉〕 비구들과 비구니들, 그리고 우바새(優婆塞)들과 우바이(優婆夷)들의 〔선근들〕, 보시에 기반을 두는 복덕의 항목, 지계에 기반을 두는 복덕의 항목, 명상에 기반을 두는 복덕의 항목, 불타세존들이 법을 설할 때 신·용·야차(夜叉)·건달바(乾闥婆)·아수라(阿修羅)·가루라(迦樓羅)·긴나라(緊那羅)·마후라가(摩睺羅伽)·인간·귀신들, 그리고 축생(畜生)과 유정들에 의해 심어진 선근들, 불타세존들이 열반에 들 때 심어지는 선근들, 또한 불타세존들이 열반에 들 때 심어지는 선근들, 불타의 덕택으로 법의 덕택으로 승가의 덕택으로 함양된 마음을 갖고 있는 사람들의 덕택으로 심어지는 그 모든 이의 선근들, 이 모든 선근을 남김없이 모조리 하나로 쌓아 한 덩어리로 만들고 무게를 잰 후 〔보살마하살은〕 최고의 수희심(隨喜心)으로, 가장 아름답고 탁월하며 고귀하고 핵심이 되며 〔그 무엇보다〕 앞서 있고 최상이며 무상(無上)이고 타의 추종을 불허하며 특별하고 유일무이한 수희심으로 수희할 것입니다.

복덕 항목의 인식과 존재성

이와 같이 수희한 뒤 〔보살마하살은〕 수희가 따르는 복덕의 항목을 무상의 올바르고 완전한 깨달음에 회향시키고, 거기에 가까이 가져간다고 말할 것입니다. 거기〔에서〕 보살승에 오른 사람은 그러한 〔복덕의〕 항목들에 따라 수희할 것이고, 〔어떤〕 대상들이나 형상들에 따라 그〔러한 수희의〕 마음을 일으킬 것입니다. 하지만 〔그에게는〕 이러한 항목들이나 대상들, 형상들이 특징으로 파악되는 것처럼 인식될 것입니다."

미륵 보살마하살이 상좌인 수보리 장로에게 말했다.

"존경하는 수보리여, 그러한 항목들이나 대상들, 형상들은 특징으로 파악되는 것처럼 〔그렇게〕 인식되지 않습니다."

상좌인 수보리 장로가 미륵 보살마하살에게 말했다.

"만약 〔보살승에 오른〕 그 사람이 〔실제로〕 존재하지 않는 항목이나 대상을 외형이나 특징으로 파악한다면, 어떻게 그에게는 인식의 전도, 마음의 전도, 견해의 전도가 생겨나지 않을까요? 그 이유는 무엇일까요? 〔실제로〕 존재하지 않는 〔복덕의〕 항목을 그렇듯 〔외형이나 특징으로〕 파악한다면, 〔그에게는〕 무상〔성〕에 항상〔성〕이 존재한다고, 고통에 행복이 존재한다고, 무아(無我)에 자아(自我)가 존재한다고 생각하고 상상하는 〔등의〕 애착〔, 즉〕 인식의 전도, 마음의 전도, 견해의 전도(顚倒)가 생겨나기 때문입니다. 분명하게 항목, 대상, 형상〔이 존재하지 않는 것〕처럼, 깨달음도 마음도 〔존재하지 않으며〕, 제법과 모든 요소 또한 이와 같습니다. 만약 항목, 대상, 형상〔이 존재하지 않는 것〕처럼, 깨달음도 마음도 〔존재하지 않는다〕면, 〔도대체〕 보살은 어떤 〔복덕의〕 항목들로, 어떤 대상들로, 어떤 형상들로, 어떤 마음을 무상의 올바르고 완전한 깨달음으로 회향시킬까요? 혹은 〔도대체〕 그는 수희가 따르는 어떤 〔복덕의〕 항목을 어떤 무상의 올바르고 완전한 깨달음으로 회향시킬까요?"

그러자 미륵 보살마하살이 상좌인 수보리 장로에게 말했다.

"성스러운 수보리여, 〔당신이 방금 말한〕 것은 이제 막 대승으로 나아간 초심의 보살마하살 앞에서 말하지도 보여주지도 말아야 할 것입니다. 그 이유는 무엇일까요? 그에게 〔그나마 존재하던〕 어느 정도의 성신(誠信), 어느 정도의 애정, 어느 정도의 청정한 믿음[淨信], 어느 정도의 공경심, 그의 모든 것이 사라질 것이기 때문입니다. 성스러운 수보리 장로여, 〔당신이 말한〕 것은 불퇴전의 보살마하살의 앞에서 말하지도 보여주지도 말아야 할 것입니다. 혹은 좋은 벗들의 손아귀에 이끌릴 보살마하살〔도 당신의 말을 듣고〕 우울하지도 겁을 먹지 않을 것이며, 절망하지도 절망에 빠져들지도 않을 것이고, 우울해지지도 낙담하게 되지도 않을 것이며, 〔겁을 먹어〕 놀라지도 〔두려움에〕 떨지도 〔공포의〕 떨림에 빠져들지도 않을 것입니다. 이와 같이 보살마하살은 수희가 따르는 복덕의 항목을 전지자성에 회향시켜야 할 것입니다."

수희의 마음과 회향

❰ **03** ❱ 그때 상좌인 수보리 장로가 미륵 보살마하살에게 말했다.

"미륵이여, 〔보살이〕 어떤 〔수희〕심으로 수희한 후 그 〔수희〕심을 회향시킬 때, 그 〔수희〕심은 〔회향시킬 때 이미〕 소진되고 소멸된 사라지고 변화된 것입니다. 〔보살이〕 무상의 올바르고 완전한 깨달음으로 〔복덕의 항목을〕 회향시킬 때 〔갖는〕 그 〔수희〕심은 어떤 것일까요? 혹은 보살이 무상의 올바르고 완전한 깨달음으로 회향시키는, 수희가 따르는 복덕의 항목과 같은 그 〔수희〕심은 어떤 것일까요? 이 두 개의 마음이 〔동시에〕 공존하지 않는다면, 〔수희한〕 마음으로 〔수희시킬〕 마음을 수희시키는 것이 어떻게 가능할까요? 하물며 그러한 마음〔들〕의 자성성(自性性)은 〔외형이나 특징을 갖지 않기에〕 회향시킬 수 있는 〔그런〕 것이 아닙니다."

그러자 천제석이 상좌인 수보리 장로에게 말했다.

"성스러운 수보리여, 이제 막 대승으로 나아간 초심의 보살마하살들이 이러한 교설을 듣고 〔겁을 먹어〕 놀라지 않도록 하소서! 〔두려움에〕 떨지 않도록 하소서! 〔공포의〕 떨림에 빠져들지 않도록 하소서! 성스러운 수보리여, 〔그렇다면〕 보살마하살은 어떻게 수희가 따르는 복덕의 항목을 무상의 올바르고 완전한 깨달음으로 회향시켜야〔만〕 할까요? 또한 수희가 따르는 복덕의 항목을 얻는 자는, 수희가 따르는 마음을 회향시키는 자는 어떻게 〔해야〕 수희가 따르는 마음을 잘 얻고 잘 회향시킬까요?"

과거의 불타세존들

이와 같이 묻자, 상좌인 수보리 장로가 미륵 보살마하살〔이 있는〕 자리를 향하더니 그에게 말했다.

"미륵이여, 이 세간에서 보살마하살은 〔수희와 회향이 따르는 복덕항목을 지니고 있습니다.〕 과거의 불타세존들 〔그들 모두는 삶과 연관된〕 모든 길을 끊어낸, 희론(戱論)과 삶의 안내자〔인 애욕〕을 끊어낸, 눈물이 마른, 〔온갖〕 장애〔물〕을 제거한, 〔무거운〕 짐을 잘 내려놓은, 자신들의 목적을 달성한, 존재〔하는 것들과의〕 결속을 완전하게 끊어낸, 올바른 지식으로 완전하게 해방된 마음을 갖은, 모든 생각을 통제하는 최상의 완전한 상태에 다다른 분들이었습니다. 시방〔세계]에서, 무량무수에 달하는 삼천대천의 세계 각각의 방위에서, 각각의 삼천대천세계에서 존재한 무량무수의 불타세존들은 열반에 드셨습니다. [그들 모두가] 처음[으로 깨달음을 향한] 마음을 일으킨 후 무상의 올바르고 완전한 깨달음을 터득하고, [5온이나 번뇌 같은] 것들을 남겨두지 않은 열반의 세계에 들기 전까지[, 즉 여래의] 정법(正法)이 사라지기 전까지의 기간에 심어진 [여섯 개의] 바라밀다와 연관된 불타세존들의 선근들, 불타세존들의 복덕과 선근의 형성, 불타세존들의 지계군·삼매군·지혜군·해탈군·해탈지관군[明知觀群], [타인의] 안녕을 바라는 마음, 대자애, 대자비, 무량무수에 달하는 불타의 공덕들, 불타세존들에 의해 가르쳐진 법, 그 법에 전념하고 통제된 [사람들]과 그들의 선근들, 무상의 올바르고 완전한 깨달음에 들 것이라고 불타세존들에 의해 예언된 보살마하살들, 그 보살들의 6바라밀다와 연관된 선근들, 독각에 들 것이라고 예언된 독각승에 오른 사람들과 그들의 선근들, 보시 지계 [명상(冥想)을 통한] 성취에 기반을 두는 성문승에 오른 사람들의 선근들, 그리고 유학(有學)의 경지에 있으면서 [번뇌 등으로] 불순해지지 않는 선근들, 유학의 경지에 있지 않지만 [번뇌 등으로] 불순해지지 않는 선근들, 그 법에 심어진 일반 중생의 선근들, 신·용·야차·건달바·아수라·가루라·긴나라·마후라가·인간·귀신들이 들은 법, 들은 뒤에 심어진 [그들의] 선근들, 축생(畜生)과 유정들이 들은 법, 들은 뒤에 심어진 [그들의] 선근들, 불타세존들이 열반에 들 때 들었을 때 심어진 선근들, 이 모든 이의 선근들, 이 모든 선근을 완전히 남기지 않고 하나로 쌓아 한 덩어리로 만들고 무게를 잰 후 [보살마하살은] 수희할 것이고, 수희한 뒤에는 수희가 따르는 복덕의 항목을 무상의 올바른 깨달음으로 회향시킵니다. 회향시키는 보살마하살에게는 어떻게 인식의 전도, 마음의 전도, 견해의 전도가 생겨나지 않을까요?"

소진과 소멸의 법성

미륵 보살마하살이 상좌인 수보리 장로에게 대답했다.

"성스러운 수보리여, 만약 〔보살이〕 어떤 〔수희〕심으로 〔수희한 후〕 그 〔수희〕심을 회향시키고, 그 〔수희〕심을 마음으로 의식하는 자가 되지 않는다면, 〔그〕 보살마하살은 수희가 따르는 복덕의 항목을 무상의 올바르고 완전한 깨달음으로 회향시킬 것입니다. '그것이 마음이다'라고 그 마음을 의식하지 않는다면, 보살마하살에게는 인식의 전도, 마음의 전도, 견해의 전도도 생겨나지 않습니다. 그러나 어떤 〔수희〕심으로 〔수희한 후〕 그 〔수희〕심을 회향시키고, '그것이 마음이다'라고 그 마음을 의식하는 보살마하살에게는 인식의 전도, 마음의 전도, 견해의 전도가 생겨납니다. 하지만 보살마하살은, 마음을 회향시킬 때, 마음에 대해 다음과 같이 의식하고 주의를 기울입니다. '주의가 기울여지는 그 마음은 곧 소진 또 소진된다고, 소멸되고 사라지며 변해버린다'라고 말입니다. 또한 '소멸되는 그 마음은 회향시킬 수 없다. 어떤 마음으로 〔복덕항목이〕 회향시켜질 때의 그런 마음에도 바로 〔곧 소진된다는〕 그러한 법성이 작용한다. 어떤 법들에 의해 〔복덕항목이〕 회향시켜질 때의 그런 법들에도 바로 〔곧 소진된다는〕

그러한 법성이 작용하고, 어떤 법들로 〔복덕항목이〕 회향시켜질 때의 그런 법들에도 바로 〔곧 소진된다는〕 그러한 법성이 작용한다'라고 말입니다. 만약 보살마하살이 이러한 방식으로 회향시킨다면 그는 올바르게 회향시키는 것입니다. 잘못되게 회향시키는 것이 아닙니다. 보살마하살은 이와 같이 회향시켜야〔만〕 할 것입니다.

미래의 불타세존들

❰ 04 ❱ 성스러운 수보리여, 더욱이 보살마하살은 과거〔의 불타세존들의 경우에서〕처럼 미래의 불타세존들〔의 경우〕에서도 〔수희와 회향이 따르는 복덕항목을 지니고 있습니다. 삶과 연관된〕 모든 길을 끊어낸, 희론과 삶의 안내자〔인 애욕〕을 끊어낸, 무량무수에 달하는 미래의 불타세존들이 처음〔으로 깨달음을 향해〕 마음을 일으킨 후 무상의 올바르고 완전한 깨달음을 터득하고, 〔5온이나 번뇌와 같은〕 것들을 남겨두지 않은 열반의 세계에 들기 전까지〔, 즉 여래의〕 정법(正法)이 사라지기 전까지의 기간에 심어질 〔여섯 개의〕 바라밀다와 연관된 불타세존들의 선근들, 불타세존들의 지계군·삼매군·지혜군·해탈군·해탈지관군[明知觀群], 〔타인의〕 안녕을 바라는 마음, 대자애, 대자비, 무량무수에 달하는 불타의 공덕들, 불타세존들에 의해 가르쳐질 법, 그 법에서 수련하고 〔그 법에〕 전념하고 토대를 둘 〔사람들〕과 그들의 선근들, 무상의 올바르고 완전한 깨달음에 들 것이라고 불타세존들이 예언할 보살마하살들과 6바라밀다와 연관된 그들의 선근들, 독각에 들 것

이라고 불타세존들이 예언할 독각승에 오른 사람들과 그들의 선근들, 보시 지계 〔명상을 통한〕 성취에 기반을 두는 성문승에 오른 사람들의 선근들, 그리고 유학(有學)의 경지에 있으면서 〔번뇌 등으로〕 불순해지지 않는 선근들, 유학의 경지에 있지 않지만 〔번뇌 등으로〕 불순해지지 않는 선근들, 그 법에 일반 중생이 심을 선근들, 신·용·야차·건달바·아수라·가루라·긴나라·마후라가·인간·귀신들이 심을 법, 축생(畜生)들과 유정들이 들을 법, 들은 뒤에 심을 〔그들의〕 선근들, 불타세존들이 열반에 들거나 들었을 때 유정들이 심을 선근들, 이 모든 이의 선근, 이 모든 선근은 〔보살마하살에 의해〕 완전히 남기지 않고 하나로 쌓아 한 덩어리로 만들고 무게를 잰 후 수희되어야 할 것입니다. 〔그런데 그렇게〕 수희한 뒤 수희가 따르는 복덕의 항목을 무상의 올바른 깨달음으로 회향시키는 보살마하살에게는 어떻게 인식의 전도, 마음의 전도, 견해의 전도도 생겨나지 않는 것일까요? 만약 보살마하살이 어떤 〔수희〕심으로 〔수희한 후〕 그 〔수희〕심을 회향시키고, 그 〔수희〕심을 마음으로 의식하는 자가 되지 않는다면, 이와 같이 〔한다면〕 그 보살마하살은 수희가 따르는 복덕의 항목을 〔올바르게〕 회향시키는 것입니다. 이것이 마음이라고 의식하지 않는 보살마하살에게는 인식의 전도, 마음의 전도, 견해의 전도도 생겨나지 않습니다. 그러나 어떤 〔수희〕심으로 〔수희한 후〕 그 〔수희〕심을 회향시키고, '그것이 마음이다'라고 그 마음을 의식하는 보살마하살에게는 인식의 전도, 마음의 전도, 견해의 전도가 생겨납니다. 하지만 보살마하살은, 마음을 회향시킬 때, 마음에 대해 다음과 같이 의식하고 주의를 기울입니다. '주의가 기울여지는 그 마음은 곧 소진 또 소진된다고, 소멸되고 사라지며 변해버린다'라고 말입니다. 또한 '소멸되는 그 마음은 회향시킬 수 없다. 어떤 마음으로 〔복덕항목이〕 회향시켜질 때의 그런 마음에도 바로 〔곧 소진된다는〕 그러한 법성이 작용한다. 어떤 법들에 의해 〔복덕항목이〕 회향시켜질 때의 그러한 법들에도 바로 〔곧 소진된다는〕 그러한 법성이 작용하고, 어떤 법들로 〔복덕항목이〕 회향시켜질 때의 그런 법들에도 바로 〔곧 소진된다는〕 그러한 법성이 작용한다'라고 말입니다. 만약 보살마하살이 이러한 방식으로 회향시킨다면 그는 올바르게 회향시키는 것입니다. 잘못되게 회향시키는 것이 아닙니다. 보살마하살은 이와 같이 회향시켜야〔만〕 할 것입니다.

현재의 불타세존들

〈 05 〉 성스러운 수보리여, 더욱이 보살마하살은 〔현재의 불타세존의 경우에서도 수희와 회향이 따르는 복덕항목을 지니고 있습니다.〕 현재의 불타세존들은 〔삶과 연관된〕 모든 길을 끊어낸, 희론과 삶의 안내자〔인 애욕〕을 끊어낸, 무량의 무수의 무량무수에 달하는 삼천대천의 세계들에 현재 머물고 〔사람들의 마음에〕 새겨지며 〔보살마하살들을 깨달음을 향해〕 나아가게 합니다. 처음〔으로 깨달음을 향한〕 마음을 일으킨 후 무상의 올바르고 완전한 깨달음을 터득하고, 〔5온이나 번뇌 같은〕 것들을 남겨두지 않은 열반의 세계에 들기 전까지〔, 즉 여래의〕 정법(正法)이 사라지기 전까지의 기간에 〔심어지는 여섯 개의〕 바라밀다와 연관된 불타세존들의 선근들, 불타세존들의 지계군·삼매군·지혜군·해탈군·해탈지관군[明知觀群], 〔타인의〕 안녕을 바라는 마음, 대자애, 대자비, 무량무수에 달하는 불타의 공덕들, 불타세존들에 의해 가르쳐지는 법, 그 법에서 수련하고 〔그 법에〕 전념하고 토대를 두는 〔사람들〕과 그들의 선근들, 무상의 올바르고 완전한 깨달음에 든다고 불타세존들이 예언할 보살마하살, 그들의 6바라밀다와 연관된 선근들, 독각에 든다고 불타세존들이 예언하는 독각승에 오른 사람들과 그들의 선근들, 보시 지계 〔명상을 통한〕 성취에 기반을 두는 성문승에 오른 사람들의 선근들, 그리고 유학(有學)의 경지에 있으면서 〔번뇌 등으로〕 불순해지지 않는 선근들, 유학의 경지에 있지 않지만 〔번뇌 등으로〕 불순해지지 않는 선근들, 그 법에 일반 중생이 심는 선근들, 신·용·야차·건달바·아수라·가루라·긴나라·마후라가·인간·귀신들이 심을 법, 축생들과 유정들이 듣는 법, 들은 뒤에 심는 〔그들의〕 선근들, 축생(畜生)들과 유정들이 듣는 법, 들은 뒤에 심는 〔그들의〕 선근들, 불타세존들이 열반에 들거나 들었을 때 〔유정들이〕 심는 선근들, 그 모든 이의 선근, 이 모든 선근은 〔보살마하살에 의해〕 완전히 남기지 않고 하나로 쌓아 한 덩어리로 만들고 무게를 잰 후 수희되어야 할 것입니다. 〔그런데 그렇게〕 수희한 뒤 수희가 따르는 복덕의 항목을 무상의 올바른 깨달음으로 회향시키는 보살마하살에게는 어떻게 인식의 전도, 마음의 전도, 견해의 전도도 생겨나지 않는 것일까요? 만약 보살마하살이 어떤 〔수희〕심으로 〔수희한 후〕 그 〔수희〕심을 회향시키고, 그 〔수희〕심을 마음으로 의식하는 자가 되지 않는다면, 이와 같이 〔한다면〕 그 보살마하살은 수희가 따르는 복덕의 항목을 〔올바르게〕 회향시키는 것입니다. 이것이 마음이라고 의식하지 않는 보살마하살에게는 인식의 전도, 마음의 전도, 견해의 전도도 생겨나지 않습니다. 그러나 어떤 〔수희〕심으로 〔수희한 후〕 그 〔수희〕심을 회향시키고, '그것이 마음이다'라고 그 마음을 의식하는 보살마하살에게는 인식의 전도, 마음의 전도, 견해의 전도가 생겨납니다. 하지만 보살마하살은, 마음을 회향시킬 때, 마음에 대해 다음과 같이 의식하고 주의를 기울입니다. '주의가 기울여지는 그 마음은 곧 소진 또 소진된다고, 소멸되고 사라지며 변해버린다'라고 말입니다. 또한 '소멸되는 그 마음은 회향시킬 수 없다. 어떤 마음으로 〔복덕항목이〕 회향시켜질 때의 그런 마음에도 바로 〔곧 소진된다는〕 그러한 법성이 작용한다. 어떤 법들에 의해 〔복덕항목이〕 회향시켜질 때의 그런 법들에도 바로 〔곧 소진된다는〕 그러한 법성이 작용하고, 어떤 법들로 〔복덕항목이〕 회향시켜질 때의 그런 법들에도 바로 〔곧 소진된다는〕 그러한 법성이 작용한다'라고 말입니다. 만약 보살마하살이 이러한 방식으로 회향시킨다면 그는 올바르게 회향시키는 것입니다. 잘못되게 회향시키는 것이 아닙니다. 보살마하살은 이와 같이 회향시켜야〔만〕 할 것입니다.

삼세(三世)의 불타세존들

06 성스러운 수보리여, 더욱이 보살마하살은 〔과거 미래 현재의 불타세존들의 경우에서도 수희와 회향이 따르는 복덕항목을 지니고 있습니다. 삶과 연관된〕 모든 길을 끊어낸, 희론과 삶의 안내자〔인 애욕〕을 끊어낸, 무량무수에 달하는 과거 미래 현재의 불타세존들이 처

음〔으로 깨달음을 향한〕 마음을 일으킨 후 무상의 올바르고 완전한 깨달음을 터득한, 터득할, 터득하고, 〔5온이나 번뇌 같은〕 것들을 남겨두지 않은 열반의 세계에 들었고, 들을, 들기 전까지〔, 즉 여래의〕 정법(正法)이 이미 사라진, 앞으로 사라질, 그리고 현재 사라지는 기간 전까지〔심어지는〕 6바라밀다와 연관된 불타세존들의 선근들, 불타세존들의 지계군·삼매군·지혜군·해탈군·해탈지관군[明知觀群], 〔타인의〕 안녕을 바라는 마음, 대자애, 대자비, 무량무수에 달하는 불타의 공덕들, 불타세존들에 의해 가르쳐진, 가르쳐질, 가르쳐지는 법, 그 법에서 수련한, 수련할, 수련하고 〔그 법에〕 전념한, 전념할, 전념하고, 거기에 토대를 둔, 토대를 둘, 토대를 두는 〔사람들〕과 그 모든 이의 선근들, 무상의 올바르고 완전한 깨달음에 들 것이라고 불타세존들에 의해 예언된, 예언될, 예언되는 보살마하살들, 그 모든 이의 선근들, 독각에 들 것이라고 예언된, 예언될, 예언되는 독각승에 오른 사람들과 그들의 선근들, 보시 지계 〔명상을 통한〕 성취에 기반을 두는 성문승에 오른 사람들의 선근들, 그리고 유학(有學)의 경지에 있으면서 〔번뇌 등으로〕 불순해지지 않는 선근들, 유학의 경지에 있지 않지만 〔번뇌 등으로〕 불순해지지 않는 선근들, 그 법에 일반 중생이 심는, 심을, 심는 선근들, 신·용·야차·건달바·아수라·가루라·긴나라·마후라가·인간·귀신들이 들은, 들을, 듣는 법, 들은 뒤에 심는, 심을, 심는 〔그들의〕 선근들, 축생(畜生)들과 유정들이 들은, 들을, 듣는 법, 들은 뒤에 심는, 심을, 심는 〔그들의〕 선근들, 불타세존들이 열반에 들었을 때 들을 때 드는 때 유정들이 심은 심을 심는 선근들, 그 모든 이의 선근, 이 모든 선근은 〔보살마하살에 의해〕 완전히 남기지 않고 하나로 쌓아 한 덩어리로 만들고 무게를 잰 후 수희되어야 할 것입니다. 〔보살마하살은〕 가장 아름답고 탁월하며 고귀하고 핵심이 되며 〔그 무엇보다〕 앞서 있고 최상이며 무상(無上)이고 타의 추종을 불허하며 특별하고 유일무이한 수희심으로 수희할 것입니다. 이와 같이 수희한 뒤 〔보살마하살은〕 수희가 따르는 복덕의 항목을 무상의 올바르고 완전한 깨달음에 회향시킨다고, 거기에 가까이 가져간다고 말할 것입니다. 〔그런데〕 그 보살마하살에게는 어떻게 인식의 전도, 마음의 전도, 견해의 전도도 생겨나지 않는 것일까요? 만약 회향시키는 〔보살이〕 '법들은 소진되고 소멸되며 사라지고 변화되는 것들이다. 회향시켜지는 소멸되지 않는 법이 존재한다'라고 주의를 기울인다면, 그 법은 무상의 올바르고 완전한 깨달음으로 회향시켜집니다. 또한 '법이 법을 회향시키지 않는다'라고 〔보살이〕 성찰한다면, 〔이러한 법〕 또한 무상의 올바르고 완전한 깨달음으로 회향시켜집니다. 존경하는 수보리여, 이와 같이 회향시키는 보살마하살에게는 인식의 전도, 마음의 전도, 견해의 전도가 생겨나지 않습니다. 그 이유는 무엇일까요? 보살은 회향에 집착하지 않기 때문입니다. 또한 '마음은 마음을 알지 못하며, 법은 법을 알지 못한다'라고 보살이 의식한다면, 〔이러한 법〕 또한 무상의 올바르고 완전한 깨달음으로 회향시켜집니다. 〔바로〕 이것이 보살마하살이 행하는 무상의 회향입니다.

인식과 유상(有相)을 통한 회향

하지만 보살이 복덕이라는 제약을 받는 유위(有爲)를 의식한다면, 그는

〔이를〕 무상의 올바르고 완전한 깨달음으로 회향시키지 못합니다. 그 이유는 무엇일까요? 그는 회향에 집착하기 때문입니다. 그럼에도 그에게 복덕이라는 제약을 받는 유위가 〔실세계에서〕 이탈된 고요한 것이라는, 수희가 따르는 복덕의 항목 또한 〔실세계에서〕 이탈된 고요한 것이라는 생각이 든다면, 그는 〔이를〕 무상의 올바르고 완전한 깨달음으로 회향시킵니다. 만약 '모든 유위는 고요하고 〔실세계에서〕 이탈된 것들이다'라는 것조차 그가 의식하지 않는다면, 〔바로〕 이것은 보살마하살의 반야바라밀다〔가 되는 것〕입니다. 열반에 든 불타세존들의 선근도, 바로 회향과 같은 바로 그 선근〔도〕, 〔누구에 의해 어떤 것에 의해〕 회향시켜지는 것 〔모두〕 또한 같은 종류에 같은 특성에 같은 부류에 같은 자성에 속하는 것입니다. 〔하지만〕 그와 같이 의식한다면, 보살은 무상의 올바르고 완전한 깨달음으로 회향시키지 못합니다. 그 이유는 무엇일까요? 불타세존들은 유상과 연관시켜 〔행해지는〕 회향을 용인하지 않기 때문입니다. 과거의 것은 소진되었고 소멸되었으며 사라지고 변해버렸으며, 미래의 것도 아직 이르지 못했고, 현재의 것은 인식되지 않습니다. 그리고 인식되지 않는 그것〔에〕는 결코 유상도 〔머물〕 공간도 존재하지 않습니다. 만약 보살이 그와 같이 유상으로 파악한다면, 〔진실한 깨달음의 마음에〕 주의를 기울이지도 무상의 올바르고 완전한 깨달음에 회향시키지도 못합니다. 분명 정념(正念)의 결여로 인해 유상으로 파악하지도 주의를 기울이지도 집중하지도 못하는 경우에도 정념의 결여 때문에 이해〔력〕의 부재 때문에 무상의 올바르고 완전한 깨달음에 회향시키지도 못합니다. 분명, 유상에 주의를 기울이지만 유상으로 파악하지 않는 경우, 선근은 보살마하살에 의해 무상의 올바

르고 완전한 깨달음으로 회향시켜집니다. 〔회향과 관련되는 법에서〕 보살마하살은 〔바로〕 이러한 방식으로 수련되어져야 할 것입니다. 이것은 〔소위〕 보살마하살의 방편선교로 알려져야 합니다. 그러한 방편선교로 선근을 회향시키는 자는 전지자성에 가까이 다가가 있는 것입니다. 방편선교를 배우고 싶은 보살마하살은 이 반야바라밀다를 반복적으로 경청하고, 습득하며, 마음에 새기고, 낭송하며, 학습하고, 〔사람들 사이에서〕 활력적이게 퍼트려야 할 것이며, 가르치고, 보여주며, 알려주며, 되새기고, 물어야 할 것입니다. 그 이유는 무엇일까요? 반야바라밀다에 들지 못한다면, 〔가까이 가지 못한〕 무학자(無學者)는 반야바라밀다로의 회향 행위에 들어갈 수 없기 때문입니다. 〔아마도〕 '반야바라밀다에 들지 않아도 복덕의 항목을 무상의 올바르고 완전한 깨달음에 회향시킬 수 있다'고 말하는 자가 있을 것인데, 그에게는 '그와 같이 말해서는 안 된다'고 말해져야 할 것입니다. 그 이유는 무엇일까요? 육신들은 소멸되기 때문이고, 〔인연의〕 제약을 받는 유위들은 소멸되기 때문이며, 〔그 모두가〕 고요하고 〔실세계에서〕 이탈된, 인식을 결여한 것들이기 때문입니다. 하지만 분명 그 사람은 유상으로 파악하고 〔잘못된〕 생각을 한 후 진여를 비-진여에 회향시킬 것이고, 진여를 의식하는 그 사람은 인식을 비-인식에 회향시킬 것입니다. 불타세존들은 이러한 방식으로 무상의 올바르고 완전한 깨달음에 회향된 그의 선근을 용인하지 않습니다. 그 이유는 무엇일까요? 불타세존들의 열반조차도 유상으로 파악하고 〔잘못〕 생각할 정도로 그에게는 〔매우〕 커다란 〔집착의〕 인식이 존재하기 때문입니다. 그리고 그는 형상에 근거하여 열반을 인식합니다.

인식의 독성(毒性)

하지만 공양을 받을 만하며 올바르고 완전하게 깨달은 여래들은 인식에 집착하는 그런 자의 회향이 큰 의미가 있다고 말하지 않습니다. 그 이유는 무엇일까요? 이러한 회향은 독(毒)과 가시를 갖고 있기 때문입니다. 이는 마치 〔앞에〕 내놓아진 음식에 독이 들어 있는 것과 같습니다. 더욱이 색깔에서 보이는, 향에서 맡아지는, 맛으로 감미되는, 감촉으로 느껴지는 그것은 〔매우 먹고〕 싶어지는 것입니다. 하지만 독을 가지고 있기에 현자들은 그 음식을 취하는 쪽이 아닌 버려야 할 것이라고 〔생각합니다〕. 그러나 범부와 같은 어리석은 사람은 그 음식이 취해져야 한다고 생각할 것입니다. 색깔에서 보이는, 향에서 맡아지는, 맛으로 감미되는, 감촉으로 느껴지는 그 음식은 먹고 있는 그 사람에게 먹는 동안 행복감을 만들어 주지만, 소화되는 동안에는 그에게 〔극심한〕 고통을 느끼게 합니다. 그러한 〔행동의〕 이유로 그 사람은 죽음에 이를 것이고, 죽을 정도로 〔극심한〕 고통을 〔느낄 것입니다〕. 성스러운 수보리여, 바로 이와 같이 이 세간에서 잘못 파악하고 잘못 구분하며 잘못 되새기는 행위로 인해 참된 가르침의 의미를 알지 못하는 자들과 진여(眞如)의 의미를 이해하지 못하는 자들은 〔사람들을〕 다음과 같이 교화하고 교도할 것입니다. '선남자여, 〔여기로〕 오라! 과거·미래·현재의 불타세존들의 지계군·삼매군·지혜군·해탈군·해탈지관군[明知觀群]을, 과거·미래·현재의 불타세존들에 심어진 심어질 심어지는 〔불〕제자들의 선근들을, 〔여래의〕 정법(正法)이 이미 사라진, 앞으로 사라질, 그리고 현재 사라지는 기간 전까지 불타세존들이 처음〔으로 깨달음을 향한] 마음을 일으킨 후 무상의 올바르고 완전한 깨달음을 터득하고 [5온이나 번뇌 같은] 것들을 남겨두지 않은 열반의 세계에 들기 전까지의 기간에 무상의 올바르고 완전한 깨달음에 들 것이라고 불타세존들에 의해 예언된, 예언될, 예언되는 보살마하살들, 그 모든 이가 심은 심을 심는 선근들을, 독각에 들 것이라고 예언된, 예언될, 예언되는 독각승에 오른 사람들, 그들이 심은 심을 심는 선근들을, 성문에 들 것이라고 예언된, 예언될, 예언되는 독각승에 오른 사람들, 그들이 심은 심을 심는 선근들을, 무량무수의 세계들에 과거·미래·현재의 불타세존들의 모든 세계에 [심어진 심어질 심어지는] 일반 중생의 [선근들을], 이 모든 선근을 [너희 선남자가] 하나도 남기지 않고 하나로 쌓아 한 덩어리로 만들고 무게를 재어 수희한 후 수희가 따르는 복덕의 항목을 무상의 올바르고 완전한 깨달음에 회향시켜라!'[라고 말입니다]. 이와 같이 유상을 취하는 방식으로 회향시키는 그러한 회향이라는 것은 독이 됩니다. 이는 마치 독이 든 음식과 같습니다. 인식에 집착하는 자에게는 회향이 존재하지 않습니다. 그 이유는 무엇일까요? 인식에는 독성이 [퍼져]있기 때문입니다. 그렇기에 보살승에 오른 사람은 이러한 방식으로 수련해서는 안 됩니다.

올바른 회향

[그렇다면 보살승에 오른] 그자는 어떻게 수련되어져야 할까요? 과거·미래·현재의 불타세존들의 선근은 어떻게 획득되어져야 할까요?

어떻게 〔해야〕 파악되고, 〔어떻게 해야〕 올바르게 파악되어질까요? 어떻게 회향되어져야 할까요? 어떻게 〔해야〕 무상의 올바르고 완전한 깨달음에 회향되고, 〔어떻게 해야〕 올바르게 회향되어질까요? 이 세간에서 보살승에 오른, 여래를 비방하지 않기를 바라는 선남자나 선여인은 그 모든 선근을 다음과 같이 수희하고 회향시켜야 할 것입니다. '공양을 받을 만하며 올바르고 완전하게 깨달은 여래들이 불지(佛智)와 불안(佛眼)으로 어떤 종류의, 어떤 부류의, 어떤 모양의, 어떤 자성의, 어떤 특성의, 어떤 법성을 지니는 선근인지를 알고 바라보는 방식으로 그렇게 나는 선근에 수희한다. 공양을 받을 만하며 올바르고 완전하게 깨달은 여래들이 무상의 올바르고 완전한 깨달음에 회향시켜지는 선근을 용인하는 방식으로 그렇게 나는 회향시킨다'라고 말입니다. 이러한 방식으로 수희하고 회향시키는 보살마하살이 죄가 없는 자가 되는 것입니다. 〔이렇게 해야〕 불타세존들의 선근이 무상의 올바르고 완전한 깨달음을 향해 올바르게 수희되고 회향시켜지게 되는 것이고, 〔보살은〕 공양을 받을 만하며 올바르고 완전하게 깨달은 여래들을 비방하지 않게 되는 것입니다. 이와 같이 강한 신념과 헌신으로 회향시키는 그 보살마하살의 회향은 독이 없는 회향, 위대한 회향, 법계(法界)의 회향이 되는 것이며, 완전에 완전을 더한 회향이 되는 것입니다.

07 더욱이 보살승에 오른 선남자나 선여인은 다음과 같이 회향시켜야 할 것입니다. '지계 · 삼매 · 지혜 · 해탈 · 해탈관군 · 명지관군 · 해탈지견군은 욕계 · 색계 · 무색계에 속하는 것들이 아니며, 과거 · 미래 · 현재에도 속하는 것들이 아니다. 그 이유는 무엇일까? 〔그러한 것들은 자성이 없는 것들이기에〕 삼세와 삼계에 속하지 않기 때문이다. 그와 마

찬가지로 〔삼세와 삼계에〕 회향 또한 속하지 않으며, 회향이 행해지는 〔방향인〕 법 또한 거기에 속하지 않는다. 이와 같이 진정으로 헌신한다면, 회향시키는 그 보살마하살의 〔회향〕은 사라지지 않는 회향되는 것이고, 〔삼세와 삼계에〕 속하지 않는 독이 없는 회향, 위대한 회향, 법계(法界)의 회향이 되는 것이며, 완전에 완전을 더한 회향이 되는 것이다. 〔선근을〕 회향시킬 때, 〔그것에〕 집착하고 〔그것을〕 유상으로 파악하는 자는 그릇되게 회향시키는 것이다. 〔그리고〕 다음과 같은 보살마하살의 회향〔의 방식〕이 존재한다. '법계의 회향에 따라 선근이 무상의 올바르고 완전한 깨달음으로 회향된다고 올바르게 회향된다고 불타세존들이 알고 있고 용인하는 방식에 따라 나는 회향시킬 것이다"라는 올바른 회향 말이다. 이러한 방식으로 〔해야〕 무상의 올바른 깨달음으로 회향되며, 올바르게 회향되는 것이다'라고 말입니다."

법계의 회향

08 그러자 세존께서 수보리 장로에게 존경을 표하였다.

"대단하다. 대단하다. 수보리야. 너는 설법가의 의무를 〔다〕하고 있느니라. 너는 〔지금〕 보살마하살들에게 법을 가르치고 있느니라. 그 이유는 무엇일까? 수보리야, 보살마하살의 회향이라는 것은 법계의 회향이기 때문이니라. '불타세존들이 어떤 종류로, 어떤 부류로, 어떤 모양으로, 어떤 자성으로, 어떤 특성으로, 어떤 법성을 지니며 존재하는 선근인지를 알고 바라보는 방식으로 그렇게 나는 수희한다. 불타세존들이 용인하는 방식으로 그렇게 나는 회향시킨다'라는 바로 그 법성에는 〔한편으로〕 복덕이 있고, 〔다른 한편으로〕 항하의 모래알처럼 셀 수 없을 정도로 많은 삼천대천세계의 유정들이 존재하느니라. 어떤 선남자나 선여인은 그 모든 유정이 10선도를 수용하게 만들고, 거기에 정착시킬 것이니라. 〔그렇게 하면 선남자나 선여인에게〕 복덕이 형성되느니라. 그렇기에 〔앞서 언급한〕 법계의 회향에서 얻어지는 보살마하살의 복덕이 최고라고, 가장 아름답다고, 가장 탁월하다고, 고귀하다고, 핵심이라고, 〔그 무엇보다〕 앞서 있다고, 최상이라고, 무상(無上)이라고, 타의 추종을 불허하는 것이라고, 특별하다고, 유일무이한 것이라고 말해지는 것이니라. 수보리야, 분명 항하의 모래알처럼 셀 수 없을 정도로 많은 삼천대천세계에 존재하는 모든 유정을 10선도에 정착시킨 후〔에는〕 복덕이 형성될 것이니라. 수보리야, 항하의 모래알처럼 셀 수 없을 정도로 많은 삼천대천세계에 모든 유정이 존재하는 한, 그들 모두는 4선을 얻는 자들이 될 것이고, 그들에게는 복덕이 형성되느니라. 그렇기에 회향이 따르는 보살마하살의 복덕양이 최고라고 가장 아름답다고, 가장 탁월하다고, 고귀하다고, 핵심이라고, 〔그 무엇보다〕 앞서 있다고, 최상이라고, 무상(無上)이라고, 타의 추종을 불허하는 것이라고, 특별하다고, 유일무이한 것이라고 말해지는 것이니라.

수보리야, 분명 항하의 모래알처럼 셀 수 없을 정도로 많은 삼천대천세계에 존재하는 모든 유정에게는 4선(四禪)에 따라 생겨나고 모아진 복덕이 형성될 것이니라.

수보리야, 항하의 모래알처럼 셀 수 없을 정도로 많은 삼천대천세계에 존재하는 모든 유정, 그들 모두는 4무량심(四無量心)을 얻는 자들이 될 것이니라.

수보리야, 분명 항하의 모래알처럼 셀 수 없을 정도로 많은 삼천대천세계에서 4무량심을 획득한 모든 유정에게는 복덕이 형성될 것이니라.

수보리야, 항하의 모래알처럼 셀 수 없을 정도로 많은 삼천대천세계에 존재하는 모든 유정, 그들 모두는 4무색정을 얻는 자들이 될 것이니라.

수보리야, 분명 항하의 모래알처럼 셀 수 없을 정도로 많은 삼천대천세계에서 4무색정을 획득한 모든 유정에게는 복덕이 형성될 것이니라.

수보리야, 항하의 모래알처럼 셀 수 없을 정도로 많은 삼천대천세계에 존재하는 모든 유정, 그들 모두는 5신통을 얻는 자들이 될 것이니라.

수보리야, 분명 항하의 모래알처럼 셀 수 없을 정도로 많은 삼천대천세계에서 5신통을 획득한 모든 유정에게는 복덕이 형성될 것이니라.

수보리야, 항하의 모래알처럼 셀 수 없을 정도로 많은 삼천대천세계에 존재하는 모든 유정, 그들 모두는 예류과를 얻는 자들이 될 것이니라.

수보리야, 분명 항하의 모래알처럼 셀 수 없을 정도로 많은 삼천대천세계에서 예류과를 획득한 모든 유정에게는 복덕이 형성될 것이니라.

수보리야, 항하의 모래알처럼 셀 수 없을 정도로 많은 삼천대천 세계에 존재하는 모든 유정, 그들 모두는 일래과를 얻는 자들이 될 것이니라.

수보리야, 분명 항하의 모래알처럼 셀 수 없을 정도로 많은 삼천대천세계에서 일래과를 획득한 모든 유정에게는 복덕이 형성될 것이니라.

수보리야, 항하의 모래알처럼 셀 수 없을 정도로 많은 삼천대천 세계에 존재하는 모든 유정, 그들 모두는 불환과를 얻는 자들이 될 것이니라.

수보리야, 분명 항하의 모래알처럼 셀 수 없을 정도로 많은 삼천대천세계에서 불환과를 획득한 모든 유정에게는 복덕이 형성될 것이니라.

수보리야, 항하의 모래알처럼 셀 수 없을 정도로 많은 삼천대천 세계에 모든 유정이 존재하는 한, 그들 모두는 아라한과를 얻는 자들이 될 것이니라.

수보리야, 분명 항하의 모래알처럼 셀 수 없을 정도로 많은 삼천대천세계에서 아라한과를 획득한 모든 유정에게는 복덕이 형성될 것이니라.

수보리야, 항하의 모래알처럼 셀 수 없을 정도로 많은 삼천대천 세계에 존재하는 모든 유정, 그들 모두는 독각을 얻는 자들이 될 것이니라.

수보리야, 분명 항하의 모래알처럼 셀 수 없을 정도로 많은 삼천대천세계에서 독각을 획득한 모든 유정에게는 복덕이 형성될 것이니라.

수보리야, 항하의 모래알처럼 셀 수 없을 정도로 많은 삼천대천세계에 존재하는 모든 유정, 그들 모두는 무상의 올바르고 완전한 깨달음에 나아간 자들이 될 것이니라.

보시(布施)에 따른 복덕 (1)

항하의 모래알처럼 셀 수 없을 정도로 여기저기의 수많은 삼천대천세계에 존재하는 모든 유정, 그 모두에게 각각의 보살은 승의(僧衣), 탁발을 위한 그릇, 침소(寢所), 좌소(座所), 의약품 등과 같은 용구들을, 행복에 필요한 모든 것을 주고, 행복에 필요한 기분 좋은 조건들을 〔제공하며, 그들을 위해〕 항하의 모래알처럼 셀 수 없는 오랜 시간 동안 봉사할 것이니라. 하지만 그러한 보시를 행할 자들은 인식에 집착하는 자들이니라. 이러한 방식으로 그 모든 중생 각각에 대해 〔행한 보시와 봉사를〕 생각하며 〔그렇게 행한〕 그 모든 보살에게 〔다른〕 각각의 보살이 승의, 탁발을 위한 그릇, 침소, 좌소, 의약품과 같은 용구 등 행복에 필요한 모든 것을 주고, 행복에 필요한 기분 좋은 조건들을 〔제공할 것이니라. 또한 그들을 위해〕 항하의 모래알처럼 셀 수 없는 오랜 시간 동안 봉사할 것이며, 공양하고 공경하며, 경의를 표하고 숭배하며, 찬송하고 존중할 것이니라. 이와 같이 그 모든 보살 각각이 그러한 방식으로 보시를 행할 것이고, 그렇게 그들 모두가 보시를 행할 것이니라. 너는 어떻게 생각하느냐? 수보리야, 그러한 〔행동의〕 이유로 그 보살들이 복덕을 많이 얻겠느냐?"

수보리 장로가 대답했다.

"세존이시여, 많이 얻을 것입니다. 선서이시여, 많이 얻을 것입니다. 세존이시여, 선서이시여. 무량의 〔복덕을〕 얻을 것입니다. 세존이시여, 그러한 복덕의 양은 산출도 쉽게 되지 않습니다. 세존이시여 그 복덕의 양은 셈도, 비교도, 유추도, 대응도, 대조도 쉽게 되지 않습니다. 세존이시여, 만약 복덕의 양이 외형을 갖고 있는 것이라면, 그것은 항하의 모래알처럼 셀 수 없을 정도로 많은 삼천대천세계에 존재하지조차 못할 것입니다."

법계로의 회향에 따른 복덕

(09) 이와 같이 대답하자, 세존께서 상좌인 수보리 장로에게 다음과 같이 말씀하셨다.

"수보리야, 그러하다. 그러하느니라. 수보리야, 보살승에 오른, 반야바라밀다와 방편선교로 보호받는 사람은 법계의 회향으로 선근을 회향시킬 때 복덕을 얻느니라. 수보리야, 인식에 집착하는, 보시에 기반을 두는 보살들의 복덕 형성은 법계의 회향에서 얻어지는 복덕의 양에 백 분의 일, 천 분의 일, 십만 분의 일, 천만 분의 일, 십억 분의 일, 백억 분의 일, 십조 분의 일, 그 이상 셀 수 없는 수의 일에도 미치지 못하느니라. 〔그 어떤〕 산출도, 분할도, 셈도, 비교도, 유추도, 대응도, 대조도 가능하지 않은 것이니라. 그 이유는 무엇일까? 앞서 〔언급한〕 인식에 집착하는 보살마하살들이 매우 많은 보시를 행했어도, 〔그들은〕 '매우 많다'라며 〔보시의 수를〕 세고 있기 때문이니라."

【 10 】 2만여 명에 달하는 사대왕중천(四大王衆天)의 천자들이 세존께 합장하고 경배한 후 다음과 같이 아뢰었다.

"세존이시여, 반야바라밀다와 방편선교의 보호를 받는 보살마하살들이 선근을 전지자성에 회향시키는 이러한 〔회향〕은 위대한 회향입니다. 실로 〔이러한 회향에 따라 얻어지는 복덕의 양은〕 인식에 집착하는 보살마하살들이 보시에 기반을 두어 얻는 그 정도의 복덕의 양을 능가합니다."

그러자 10만여 명에 달하는 33천계의 천자들이 천상의 꽃·훈향(薰香)·향료·화환·도향(塗香)·향분(香粉)의 비를, 천상의 옥석 비를, 천상의 의복 비를 세존〔이 계신 곳〕을 향해 아래쪽과 앞쪽으로 흩뿌렸다. 천상의 산개(傘蓋)·당(幢)·방울[鈴]·깃발[旗]로, 또한 천상의 등명(燈明)과 화환을 사방에 〔놓는 방식으로, 그 밖의〕 여러 다양한 방법들로 세존을 공양하고 공경했으며, 경의를 표하고 숭배했고, 찬송하고 존중했다. 그리고 천상의 가락을 연주했다. 그러고는 다음과 같이 말을 했다.

"아! 세존이시여, 법계의 회향인 보살마하살의 회향은 위대한 회향입니다. 실로 이 위대한 회향이 반야바라밀다와 방편선교의 보호를 받기에 이 회향은 인식에 집착하는, 보시에 기반들을 두는 보살마하살들의 복덕의 양을 능가합니다."

이와 마찬가지로 다른 신계(神界) 출신의 천자들도 와서 세존께 최상의 공양과 공경으로, 최상의 경의와 숭배로, 최상의 찬송과 존중으로 공양하고 공경하며 경의를 표하고 숭배하며 찬송하고 존중한 후 다음과 같은 소리와 목소리를 내며 고했다. (이하 동문(同文) 반복)[02] 야마천(夜摩天)·도솔천(兜率天)·화락천(化樂天)·타화자재천(他化自在天)·범종천(梵種天)·범보천(梵輔天)·범중천(梵衆天)·대범천(大梵天)·소광천(少光天)·무량광천(無量光天)·광음천(光音天) 소정천(小淨天)·무량정천(無量淨天)·편정천(徧浄天)·무운천(無雲天)·복생천(福生天)·광과천(廣果天)·무상유정천(無想有情天)·불광천(不廣天)·무열천(無熱天)·선현천(善現天)·선견천(善見天)·색구경천(色究竟天)의 천자들 또한 바로 그와 같이 합장을 하고 세존께 경배하며 다음과 같이 말했다.

"세존이시여, 경이롭습니다. 반야바라밀다와 방편선교의 보호를 받는 보살마하살들의 선근 회향이 장야(長夜)에 걸쳐 축적되고 매우 광범위하게 모아진, 인식에 집착하는 보살마하살들의 복덕의 양을 능가한다는 것이 말입니다."

보시(布施)에 따른 복덕 (2)

❰ 11 ❱ 그러자 세존께서 정거천(淨居天)의 천자들을 비롯한 그 모든 천자에게 말씀하셨다.

"천자들이야, 항하의 모래알처럼 셀 수 없을 정도로 많은 삼천대천세계에는 무상의 올바르고 완전한 깨달음을 향해 나아간 모든 유정이 존재하느니라. 그들 모두는 그 깨달음을 얻기 위해 보시를 행할

---

02 이 말은 범본에 있는 표현으로 'evaṁ peyālena kartavyam'을 번역한 것이다.

때, 〔그들에게〕 복덕이 형성되느니라. 이러한 방식으로 천자들이야, 또한 여기저기 항하의 모래알처럼 셀 수 없을 정도로 많은 삼천대천세계에 존재하는 모든 유정, 그들 모두는 무상의 올바르고 완전한 깨달음에 〔이를 것이라는〕 서원(誓願)을 하고, 깨달음을 향한 마음을 일으킨 후〔에는〕, 여기저기 항하의 모래알처럼 셀 수 없을 정도로 많은 삼천대천세계에 존재하는 그 모든 유정에게 각각의 보살마하살은 승의, 탁발을 위한 그릇, 침소, 좌소, 의약품 등과 같은 용구들을, 행복에 필요한 모든 것을, 행복에 필요한 기분 좋은 조건들을, 항하의 모래알처럼 셀 수 없을 정도로 많은 시간을 머무는 한 보시할 것이니라. 하지만 이와 같이 보시를 행할 그 모두 또한 인식에 집착하는 자들이니라. 이러한 방식으로 〔다른〕 각각의 보살은 그 모든 중생 각각에 대해 〔행한 보시와 봉사를〕 상상하며, 항하의 모래알처럼 셀 수 없을 정도로 많은 시간을 머무는 한, 〔그렇게 보시하고〕 봉사한 그 모든 보살에게, 그리고 그 모든 유정에게 승의, 탁발을 위한 그릇, 침소, 좌소, 의약품 등과 같은 용구들을, 행복에 필요한 모든 것을 주고, 행복에 필요한 기분 좋은 조건들을 〔제공하며, 그들을 위해〕 봉사한다고 〔생각할 것〕이니라. 다만 그러한 보시를 행할 자들은 인식에 집착하는 자들이니라. 그리고 〔다른 한편으로〕 반야바라밀다와 방편선교의 보호를 받는 보살마하살은 과거·미래·현재의 불타세존들과 보살승 독각승 성문승에 오른 자들〔에 의해 형성된〕 지계군·삼매군·지혜군·해탈군·해탈지관군[明知觀群], 그리고 어떤 다른 유정들에 의해 심어진 심어질 심어지는 선근들, 그 모든 선근을 남기지 않고 모조리 하나로 쌓아 한 덩어리로 만들고 무게를 잰 뒤 〔이에〕 최고의 수희심으로 수희하느니라. 가장 아름답고 가장 탁월하며, 고귀하고 핵심이며, 〔그 무엇보다〕 앞서 있고 최상이며, 무상(無上)이고 타의 추종을 불허하며, 특별하고 유일무이한 수희심으로 수희하느니라. 〔이와 같이〕 수희한 뒤 〔보살마하살은〕 수희가 따르는 복덕의 항목을 무상의 올바르고 완전한 깨달음에 회향시키고 거기에 가까이 가져가느니라. 인식에 집착하는, 보시에 기반을 두는 보살들의 복덕 형성의 양은 수희와 회향이 따르는 복덕의 항목에 백 분의 일, 천 분의 일, 십만 분의 일, 천만 분의 일, 십억 분의 일, 백억 분의 일, 십조 분의 일, 그 이상의 셀 수 없는 수의 일에도 미치지 못하느니라. 〔그 어떤〕 산출도, 분할도, 셈도, 비교도, 유추도, 대응도, 대조도 가능하지 않은 것이니라. 그 이유는 무엇일까? 그 보살마하살들 모두 또한 인식에 집착하는 자들로서 보시를 행하기 때문이니라."

최고의 수희심

❰ 12 ❱ 그때 수보리 장로가 세존께 아뢰었다.

"세존께서는 다음과 같이 말씀하셨습니다. '과거 · 미래 · 현재의 모든 불타세존들과 보살, 독각, 성문, 승가, 그리고 모든 유정의 삼세 〔에 걸쳐 심어진 심어질 심어지는〕 소위 〔말하는〕 선근, 그 모두를 남기지 않고 모조리 하나로 쌓아 한 덩어리로 만들고 무게를 잰 뒤 〔이에〕 최고의 수희심으로 수희하느니라. 가장 아름답고 가장 탁월하며, 고귀하고 핵심이며, 〔그 무엇보다〕 앞서 있고 최상이며, 무상(無上)이고 타의 추종을 불허하며, 특별하고 유일무이한 수희심으로 수희하느니라'라고 말입니다. 〔그런데〕 세존이시여, 〔세존께서 말씀하시는〕 최고의 수희심은 어느 정도인 것입니까?"

이와 같이 여쭙자, 세존께서 다음과 같이 대답하셨다.

"수보리야, 만약 보살승에 오른 자가 과거·미래·현재의 법들을 파악도, 생각도, 인식도, 고려도, 상상도 하지 않고, 또한 보지도, 바라보지도 않는다면, 그리고 이 법들을 다음과 같이 성찰한다면, 〔즉〕 '모든 법은 사유로 만들어진 것들로서 생겨나지도, 생겨나지 않지도 않는 것이며, 가는 것도, 오는 것도 아니다. 생겨난, 생겨날, 생기는 그 어떤 법도 존재하지 않으며, 소멸된, 소멸될, 소멸되는 그 어떤 법도 존재하지 않는다'라고 〔성찰한다면〕 이와 같이 법들을 성찰한 후 법들의 법성이 존재하는 대로 그렇게 수희한다면, 수희한 뒤 바로 그러한 식으로 무상의 올바르고 완전한 깨달음에 〔법들을〕 회향시킨다면, 수보리야, 그러한 정도로 보살마하살에게 최고의 수희심이 있게 되는 것이니라. 수보리야, 인식에 집착하고 인식을 〔잘못〕 믿는, 보시에 기반을 두는 보살들의 복덕 형성의 양은 선근의 회향에 백 분의 일, 천 분의 일, 십만 분의 일, 천만 분의 일, 십억 분의 일, 백억 분의 일, 십조 분의 일, 그 이상의 셀 수 없는 수의 일에도 미치지 못하느니라. 〔그 어떤〕 산출도, 분할도, 셈도, 비교도, 유추도, 대응도, 대조도 가능하지 않은 것이니라.

보살승에서의 수희

《 13 》 수보리야, 더욱이 과거·미래·현재의 모든 불타세존들의 보시·지계·인욕·정진·선정·반야에 수희하기 바라는 보살승에 오른 자는 다음과 같이 수희해야 할 것이니라. '〔번뇌가 없고 불생인〕 해탈〔의 본성〕처럼 보시·지계·인욕·정진·선정·반야〔의 본성〕도 그러하며, 해탈〔의 본성〕처럼 해탈관(解脫觀)·명지관(明知觀)·해탈지견(解脫智見)·수희〔의 본성〕도 그러하고, 해탈〔의 본성〕처럼 수희가 따르는 복덕의 항목과 반야바라밀다〔의 본성〕도 그러하며, 해탈〔의 본성〕처럼 불타세존과 독각〔의 본성〕도 그러하고, 해탈〔의 본성〕처럼 열반에 든 불타세존들과 제자들〔의 본성〕도 그러하며, 해탈〔의 본성〕처럼 소멸된 과거의 법들〔의 본성〕도, 〔아직〕 생겨나지 않은 미래의 법들〔의 본성〕도, 〔지금〕 생겨나고 있는 현재의 법들〔의 본성〕도 그러하고, 해탈〔의 본성〕처럼 과거의 불타세존들과 제자들〔의 본성〕도 미래의 불타세존들과 제자들〔의 본성〕도 그러하며, 해탈〔의 본성〕처럼 무량무수의 세계들에서 머물고 〔사람들의 마음에〕 새겨지며 〔보살마하살들을〕 앞으로 나아가게 하는 현재의 불타세존들과 제자들〔의 본성〕도 그러하고, 해탈〔의 본성〕처럼 과거·미래·현재의 불타세존들〔의 본성〕 또한 그러하다. 이와 같이 속박(束縛)되지도, 해방되지도, 집착되어 있지도 않은 그러한 법들의 법성, 그것을 무상의 수희심으로 나는 수희한다. 수희한 후 나는 수희가 따르는 복덕의 항목을 무상의 올바르고 완전한 깨달음으로 불변과 불멸〔인 법의 본성〕에 따라 무-회향의 방식으로 회향시킨다'라고 말이다. 수보리야, 이러한 만큼 보살마하살에게는 최고의 수희심이 생기게 되는 것이니라. 여기저기 항하의 모래알처럼 셀 수 없을 정도로 많은 삼천대천세계에는 무상의 올바르고 완전한 깨달음을 향해 나아간 모든 유정, 그들 또한 존재하느니라. 그 모든 유정은 무상의 올바르고 완전한 깨달음을 향해 나아간 후 여기저기 항하의 모래알처럼 셀 수 없을 정도로 많은 삼천대천세계에서 깨달음을 향한 마음을 일으킨 후 〔보살들이 되었고, 그 모든 유정〕 각각의 보살은 인식에 집착하는 자로서 〔다른〕 각각의 보살에게, 항하의 모래알처럼 셀 수 없을 정도로 많은 시간을 머무는 한, 봉사할 것이며, 승의, 탁발을 위한 그릇, 침소, 좌소, 의약품 등과 같은 용구들을, 행복에 필요한 모든 것을, 행복에 필요한 기분 좋은 조건들을 보시할 것이니라. 이러한 방식으로 〔다른〕 모든 이에게 봉사하는 그들 모두는 인식에 집착하는 자들로서 보시를 행할 것이니라.

지계(持戒)에 따른 복덕

수보리야, 항하의 모래알처럼 셀 수 없을 정도로 많은 삼천대천세계에 존재하는 유정들, 그 모두는 무상의 올바르고 완전한 깨달음을 향해 나아갈 것이니라. 무상의 올바르고 완전한 깨달음을 향해 나아간 후 항하의 모래알처럼 셀 수 없을 정도로 많은 시간 동안, 인식에 집착하는 자들로서 지계를 수용한 후 신체〔에 의한〕 선행, 말〔에 의한〕 선행, 마음〔에 의한〕 선행을 위해 나아갈 것이니라. 이러한 방식으로 항하의 모래알처럼 셀 수 없을 정도로 많은 시간 동안 머무는 그 모든 보살, 각각은 항하의 모래알처럼 셀 수 없을 정도로 많은 시간 동안, 인식에 집착하는 자들로서 지계를 수용한 후 신체〔에 의한〕 선행, 말〔에 의한〕 선행, 마음〔에 의한〕 선행을 위해 나아갈 것이니라. 이러한 방식으로 그 모든 보살은 인식에 집착하는 자들로서 지계를 수용한 후 〔신체에 의한 선행, 말에 의한 선행, 마음에 의한 선행을 위해〕 나아갈 것이니라. 그리고 〔다른 한편으로〕 반야바라밀다와 방편선교의 보호를 받는 보살마하살은 과거·미래·현재〔의〕 불타세존들의, 독각을 얻은 자들의, 성문을 얻은 자들의 지계군·삼매군·지혜군·해탈군·해탈지관군[明知觀群]을, 그리고 모든 유정의 과거·미래·현재의 선근, 그 모두를 남기지 않고 모조리 하나로 쌓아 한 덩어리로 만들고 무게를 잰 뒤, 〔이에〕 최고의 수희심으로 수희하느니라. 가장 아름답고 가장 탁월하며, 고귀하고 핵심이며, 〔그 무엇보다〕 앞서 있고 최상이며, 무상(無上)이고 타의 추종을 불허하며, 특별하고 유일무이하며, 〔그 어떤 것과〕 같지 않고 상상을 뛰어넘는 수희심으로 수희하느니라. 수희한 후 〔보살마하살은〕 수희가 따르는 복덕의 항목을 무상의 올바르고 완전한 깨달음에 회향시키느니라.

수보리야, 이전에 〔언급한〕 인식에 집착하는, 지계에 기반을 두는 보살들의 복덕 형성의 양은 수희가 따르는 복덕 형성의 양에 백 분의 일, 천 분의 일, 십만 분의 일, 천만 분의 일, 십억 분의 일, 백억 분의 일, 십조 분의 일, 그 이상의 셀 수 없는 수의 일에도 미치지 못하느니라. 〔그 어떤〕 산출도, 분할도, 셈도, 비교도, 유추도, 대응도, 대조도 가능하지 않은 것이니라. 그 이유는 무엇일까? 보살마하살들은 인식에 집착하는 자들로서 지계를 수용한 후 〔신체에 의한 선행, 말에 의한 선행, 마음에 의한 선행을 위해〕 나아갈 것이기 때문이니라. 수보리야, 항하의 모래알처럼 셀 수 없을 정도로 많은 삼천대천세계에는 무상의 올바르고 완전한 깨달음을 향해 나아갔고, 무상의 올바르고 완전한 깨달음을 향해 나아간 후 항하의 모래알처럼 셀 수 없을 정도로 많은 시간 동안 인식에 집착하는 자들로서 지계를 수용한 후 신체〔에 의한〕 선행, 말〔에 의한〕 선행, 마음〔에 의한〕 선행을 위해 나아가는 모든 유정이 존재할 것이니라.

인욕(忍辱)에 따른 복덕

수보리야, 항하의 모래알처럼 셀 수 없을 정도로 많은 삼천대천세계에 존재하는 유정들 그 모두는 무상의 올바르고 완전한 깨달음을 향해 나아갈 것이니라. 올바르고 완전한 깨달음을 향해 나아간 후 항하의 모래알처럼 셀 수 없을 정도로 많은 시간을 머무는 한, 〔그 모든 유정〕 각각의 보살은 모래알처럼 셀 수 없을 정도로 많은 삼천대천세계에서 〔다른〕 모든 〔보살들에 의해〕 비방되고 〔마음의〕 상처를 받으며 꾸지람을 듣는 바로 그런 자가 되느니라. 그들 모두는 인식에 집착하는 자들로서 인욕을 수용한 후 〔신체에 의한 선행, 말에 의한 선행, 마음에 의한 선행을 위해〕 나아갈 것이니라. 인욕을 수용한 후 〔그러한 선행들을 위해〕 나아가는 그 모든 보살마하살이 존재하는 한, 이러한 방식으로 항하의 모래알처럼 셀 수 없을 정도로 많은 시간 동안 머무는 그 모든 보살 각각은, 항하의 모래알처럼 셀 수 없을 정도로 많은 시간 동안 머물면서, 여기저기의 항하의 모래알처럼 셀 수 없을 정도로 많은 삼천대천 세계에서 〔다른〕 모든 〔보살들에 의해〕 비방되고 〔마음의〕 상처를 받으며 꾸지람을 듣는 바로 그런 자이며, 인식에 집착하는 자로서 인욕을 수용한 후 〔그러한 선행들을 위해〕 나아갈 것이니라. 이와 같이 그러한 보살들 또한 〔다른〕 모든 〔보살들에 의해〕 비방되고 〔마음의〕 상처를 받으며 꾸지람을 듣는 바로 그런 자이며, 인식에 집착하는 자들로서 인욕을 수용한 후 〔그러한 선행들을 위해〕 나아갈 것이니라. 그리고 〔다른 한편으로〕 반야바라밀다와 방편선교의 보호를 받는 보살마하살은 과거·미래·현재의 불타세존들의 독각을 얻은 자들의 성문을 얻은 자들의 지계군·삼매군·지혜군·해탈군·해탈지관군[明知觀群]을, 그리고 모든 유정의 과거·미래·현재의 선근 그 모두를 남기지 않고 모조리 하나로 쌓아 한 덩어리로 만들고 무게를 잰 뒤 〔이에〕 최고의 수희심으로 수희하느니라. 가장 아름답고 가장 탁월하며, 고귀하고 핵심이며, 〔그 무엇보다〕 앞서 있고 최상이며, 무상(無上)이고 타의 추종을 불허하며, 특별하고 유일무이하며, 〔그 어떤 것과〕 같지 않고 상상을 뛰어넘는 수희심으로 수희하느니라. 수희한 후 〔보살마하살은〕 수희가 따르는 복덕의 항목을 무상의 올바르고 완전한 깨달음에 회향시키느니라.

수보리야, 이전에 〔언급한〕 인식에 집착하는, 인욕이 따르는 보살들의 복덕 형성의 양은 수희가 따르는 복덕 형성의 양에 백 분의 일, 천 분의 일, 십만 분의 일, 천만 분의 일, 십억 분의 일, 백억 분의 일, 십조 분의 일, 그 이상의 셀 수 없는 수의 일에도 미치지 못하느니라. 〔그 어떤〕 산출도, 분할도, 셈도, 비교도, 유추도, 대응도, 대조도 가능하지 않은 것이니라. 그 이유는 무엇일까? 그 보살마하살들은 인식에 집착하는 자들로서 인욕을 수용한 후 〔신체에 의한 선행, 말에 의한 선행, 마음에 의한 선행을 위해〕 나아갈 것이기 때문이니라. 수보리야, 항하의 모래알처럼 셀 수 없을 정도로 많은 삼천대천세계에는 무상의 올바르고 완전한 깨달음을 향해 나아갔고, 무상의 올바르고 완전한 깨달음을 향해 나아간 뒤, 여기저기의 항하의 모래알처럼 셀 수 없을 정도로 많은 삼천대천세계에서 〔다른〕 모든 〔보살들에 의해〕 비방되고 〔마음의〕 상처를 받으며 꾸지람을 듣는 바로 그런 자로서, 인식에 집착하는 자로서 인욕을 수용한 후 〔신체에 의한 선행, 말에 의한 선행, 마음에 의한 선행을 위해〕 나아가는 모든 유정이 존재하느니라.

정진(精進)에 따른 복덕

수보리야, 항하의 모래알처럼 셀 수 없을 정도로 많은 삼천대천세계에 존재하는 유정들, 그 모두는 무상의 올바르고 완전한 깨달음을 향해 나아갈 것이니라. 올바르고 완전한 깨달음을 향해 나아간 후 항하의 모래알처럼 셀 수 없을 정도로 많은 시간 동안 머물며 유행(遊行)한, 항하의 모래알처럼 셀 수 없을 정도로 많은 시간 동안 낙담하지 않고 나태함과 수면에 압도되지 않은 그들은 인식에 집착하는 자들로서 정진을 수용한 후 〔신체에 의한 선행, 말에 의한 선행, 마음에 의한 선행을 위해〕 나아갈 것이니라. 〔또 다른 한편으로〕 반야바라밀다와 방편선교의 보호를 받는 보살마하살은 과거·미래·현재의 불타세존들의 독각을 얻은 자들의 성문을 얻은 자들의 지계군·삼매군·지혜군·해탈군·해탈지관군[明知觀群]을, 그리고 모든 유정의 과거·미래·현재의 선근 형성〔들〕을, 그 모두를 남기지 않고 모조리 하나로 쌓아 한 덩어리로 만들고 무게를 잰 뒤, 〔이에〕 최고의 수희심으로 수희하느니라. 가장 아름답고 가장 탁월하며 고귀하고 핵심이며 〔그 무엇보다〕 앞서 있고 최상이며 무상(無上)이고 타의 추종을 불허하며 특별하고 유일무이하며 〔그 어떤 것과〕 같지 않고 상상을 뛰어넘는 수희심으로 수희하느니라. 수희한 후 〔보살마하살은〕 수희가 따르는 복덕의 항목을 무상의 올바르고 완전한 깨달음에 회향시키느니라.

수보리야, 이전에 〔언급한〕 인식에 집착하는, 정진이 따르는 보살들의 복덕 형성의 양은 수희가 따르는 복덕 형성의 양에 백 분의 일, 천 분의 일, 십만 분의 일, 천만 분의 일, 십억 분의 일, 백억 분의 일, 십조 분의 일, 그 이상의 셀 수 없는 수의 일에도 미치지 못하느니라. 〔그 어떤〕 산출도, 분할도, 셈도, 비교도, 유추도, 대응도, 대조도 가능하지 않은 것이니라. 그 이유는 무엇일까? 그 보살마하살들은 인식에 집착하는 자들로서 정진을 수용한 후 〔신체에 의한 선행, 말에 의한 선행, 마음에 의한 선행을 위해〕 나아갈 것이기 때문이니라.' 수보리야, 항하의 모래알처럼 셀 수 없을 정도로 많은 삼천대천세계에는 무상의 올바르고 완전한 깨달음을 향해 나아갔고, 무상의 올바르고 완전한 깨달음을 향해 나아간 뒤, 항하의 모래알처럼 셀 수 없을 정도로 많은 시간 동안 머물며 유행(遊行)한, 항하의 모래알처럼 셀 수 없을 정도로 많은 시간 동안 낙담하지 않고 나태함과 수면에 압도되지 않은 그들은 인식에 집착하는 자들로서 정진을 수용한 후 〔신체에 의한 선행, 말에 의한 선행, 마음에 의한 선행을 위해〕 나아가는 모든 유정이 존재하느니라.

선정(禪定)에 따른 복덕

수보리야, 항하의 모래알처럼 셀 수 없을 정도로 많은 삼천대천세계에 존재하는 유정들, 그 모두는 무상의 올바르고 완전한 깨달음을 향해 나아갈 것이니라. 무상의 올바르고 완전한 깨달음을 향해 나아간 뒤, 항하의 모래알처럼 셀 수 없을 정도로 많은 시간 동안 인식에 집착하는 자들로서 4선정(四禪定)에 들 것이니라. 〔더 나아가〕 반야바라밀다와 방편선교의 보호를 받는 보살마하살은 과거·미래·현재의 불타세존들의 독각을 얻은 자들의 성문을 얻은 자들의 지계군·삼매군·지혜군·해탈군·해탈지관군[明知觀群]을, 그리고 모든 유정의 과거·미래·현재의 선근 형성〔들〕을, 그 모두를 남기지 않고 모조리 하나로 쌓아 한 덩어리로 만들고 무게를 잰 뒤 〔이에〕 최고의 수희심으로 수희하느니라. 가장 아름답고 가장 탁월하며, 고귀하고 핵심이며, 〔그 무엇보다〕 앞서 있고 최상이며, 무상(無上)이고 타의 추종을 불허하며, 특별하고 유일무이하며, 〔그 어떤 것과〕 같지 않고 상상을 뛰어넘는 수희심으로 수희하느니라. 수희한 후 〔보살마하살은〕 수희가 따르는 복덕의 항목을 무상의 올바르고 완전한 깨달음에 회향시키느니라.

수보리야, 이전에 〔언급한〕 인식에 집착하는, 4선정이 따르는 보살들의 복덕 형성의 양은 수희가 따르는 복덕 형성의 양에 백 분의 일, 천 분의 일, 십만 분의 일, 천만 분의 일, 십억 분의 일, 백억 분의 일, 십조 분의 일, 그 이상의 셀 수 없는 수의 일에도 미치지 못하느니라. 〔그 어떤〕 산출도, 분할도, 셈도, 비교도, 유추도, 대응도, 대조도 가능하지 않은 것이니라. 그 이유는 무엇일까? 그 보살마하살들은 인식에 집착하며 4선정에 들기 때문이니라."

성스러운 팔천송반야경에서 '수희(隨喜)와 회향(廻向)'으로 불리는 여섯 번째 장

제 7 장

지옥(地獄)

◉

निरयपरिवर्तः सप्तमः

반야바라밀다의 품(品)

01 그러자 사리자 장로가 세존께 다음과 같이 아뢰었다.

"세존이시여, 반야바라밀다는 〔곧〕 전지자의 불지의 성취〔를 의미하며〕, 반야바라밀다는 〔곧〕 전지자의 본성입니다."

세존께서 말씀하셨다.

"사리자야, 그러하다. 네가 말하는 대로 그러하느니라."

사리자가 아뢰었다.

"세존이시여, 반야바라밀다는 광명(光明)을 만들어내는 것입니다. 세존이시여, 저는 반야바라밀다를 경배합니다. 세존이시여, 반야바라밀다는 마땅히 경배해야 합니다. 세존이시여, 반야바라밀다는 오염되지 않은 것입니다. 세존이시여, 반야바라밀다는 모든 세계의 〔그 어떤 것으로도〕 더럽혀지지 않는 것입니다. 세존이시여, 반야바라밀다는 정관(正觀)을 만들어내는 것입니다. 세존이시여, 반야바라밀다는 삼계(三界) 모두에 드리워진 어둠을 걷어내는 것입니다. 세존이시여, 반야바라밀다는 모든 번뇌와 〔잘못된〕 견해란 어둠을 몰아내는 것입니다. 세존이시여, 반야바라밀다는 의지되어져야 할 것입니다. 세존이시여, 반야바라밀다는 최고의 것을 만들어내는 것입니다. 세존이시여, 반야바라밀다는 보리분법(菩提分法)들의 평온함을 만들어내는 것입니다. 세존이시여, 반야바라밀다는 맹목(盲目)의 유정들이 올바르게 바라볼 수 있게 해주는 것입니다. 세존이시여, 반야바라밀다는 모든 두려움과 불행을 버리게 할 정관(正觀)을 만들어내는 것입니다. 세존이시여, 반야바라밀다는 오안(五眼)을 획득한 후 모든 유정을 정도(正道)로 이끄는 것입니다. 세존이시여, 반야바라밀다는 눈[眼]입니다. 세존이시여, 반야바라밀다는 미혹[어리석음]의 어두움과 맹목을 제거하는 것입니다. 세존이시여, 반야바라밀다는 제법(諸法)에 대해 그 어떤 행위도 하지 않는 것입니다. 세존이시여, 반야바라밀다는 잘못된 길로 올라간 유정들을 〔올바른〕 길로 내려가게 하는 것입니다. 세존이시여, 반야바라밀다는 전지자성입니다. 세존이시여, 반야바라밀다는 남아있는 모든 번뇌(煩惱)와 지적 장애〔의 흔적〕과의 결속을 제거함으로써 그 어떤 법도 만들어내지 않는 것입니다. 세존이시여, 반야바라밀다는 그 어떤 법도 소멸시키지 않는 것입니다. 세존이시여, 반야바라밀다는 〔생겨〕나지 않는 것입니다. 세존이시여, 반야바라밀다는 공성(空性)을 자기의 특성으로 함으로써 보살마하살들의 어머니인 것입니다. 세존이시여, 반야바라밀다는 불법(佛法)이란 모든 보물을 주기에 〔불타의〕 10력을 만들어내는 것입니다. 세존이시여, 반야바라밀다는 분쇄(粉碎)되지 않는 것입니다. 세존이시여, 반야바라밀다는 보호받지 못하는 유정들을 보호해주는 것입니다. 세존이시여, 반야바라밀다는 생사(生死)에 반(反)하는 것입니다. 세존이시여, 반야바라밀다는 정상에 머물지 않음으로써 자성(自性)에 대해 〔분명한〕 직관을 갖고 있는 것입니다. 세존이시여, 반야바라밀다는 세 가지의 단계와 열두 개의 형상으로 완벽하게 〔갖춰진〕 불타세존들의 법륜(法輪), 〔즉 3전12행상법륜(三傳十二行相法輪)〕을 돌게 하는 것입니다. 세존이시여, 보살마하살은 반야바라밀다에 어떻게 머물러야 할까요? 세존이시여, 반야바라밀다는 어떻게 주의가 기울여져야 할까요? 세존이시여, 반야바라밀다는 어떻게 경배되어야 할까요?"

세존께서 사리자 장로에게 다음과 같이 대답하셨다.

"사리자야, 불타에 머무는 것처럼 그렇게 반야바라밀다에서 머물러야 할 것이니라. 불타에게 하는 것처럼 그렇게 반야바라밀다도 주의가 기울여지고 경배되어야 할 것이니라."

02 그러자 천제석에게 다음과 같은 생각이 들었다.

'아! 도대체 성스러운 사리자의 이러한 질문은 어떻게 나오게 된 것일까? 아! 도대체 성스러운 사리자의 이러한 질문은 어떤 근거에서 나오게 된 것일까?'

그러고는 천제석이 사리자 장로에게 물었다.

"성스러운 사리자의 이러한 질문은 어떻게 나오게 된 것입니까? 성스러운 사리자의 이러한 질문은 어떤 근거에서 나오게 된 것입니까?"

안내자인 반야바라밀다

사리자 장로가 천제석에게 대답했다.

"교시가여, 반야바라밀다와 방편선교의 보호를 받는 보살마하살이 수희가 따르는 복덕의 항목을 전지자성에 회향시킬 때 〔얻는 복덕의 양이〕 보시·지계·인욕·정진·선정에 기반을 두며 인식에 집착하는 앞서 〔언급한〕 보살들이 얻는 복덕의 양 그 모두를 능가한다는 이러한 이유에서 저의 질문이 나온 것입니다. 교시가여, 〔그렇다고 한다면〕 분명 전지자성의 도(道)에 강림하는 데 있어 바로 반야바라밀다가 〔나머지〕 다섯 개의 바라밀다에 앞서 있는 것입니다. 교시가여, 이는 마치 태어날 때부터 앞을 보지 못하는 사람들 백 명이든 천 명이든 십만 명이든 그들 모두는 안내자 없이 길을 걸어갈 수가 없습니다. 마을이든 시내든 시장이든 갈 수 없는 것과 같습니다. 교시가여, 바로 이와 같이 보시·지계·인욕·정진·선정은 반야와 같은 바라밀다의 이름을 얻는 것입니다. 반야바라밀다가 없기에, 안내자가 없기에 태어날 때부터 앞을 보지 못하는 존재가 되는 것입니다. 전지자성의 길로 들어설 수도 없습니다. 〔그럼에도〕 어떻게 해야 전지자성을 달성할까요? 교시가여, 보시·지계·인욕·정진·선정이 반야바라밀다의 보호를 받을 때, 〔그때서야 비로소〕 바라밀다란 이름을 얻고 바라밀다란 소리를 들으며, 이 다섯 개의 바라밀다는 전지자성에 들어서기 위해 전지자성을 얻기 위해 〔필요한〕 눈을 얻게 되는 것입니다."

반야바라밀다의 성취 방식

03 그러자 사리자 장로가 세존께 아뢰었다.

"세존이시여, 보살마하살은 반야바라밀다를 어떻게 성취해야 할까요?"

이와 같이 여쭙자, 세존께서 사리자 장로에게 다음과 같이 대답하셨다.

"사리자야, 물질은 성취되지 않는다고 바라보아야 할 것이니라. 감각·표상·의욕에 대해서도 그러해야 하느니라. 사리자야, 사유도 성취되지 않는다고 바라보아야 할 것이니라. 사리자야, 5온을 성취하지 않는 것, 사리자야, 바로 이것이 반야바라밀다를 성취하는 것이라고 말해지는 것이니라. 무작위(無作爲)〔라는 방식〕으로 5온을 성취하지 않는 것이 반야바라밀다를 성취하는 것이라고 말해지는 것이니라."

〔 04 〕 사리자 장로가 세존께 여쭈었다.

"세존이시여, 이와 같은 성취〔의 방식〕으로 성취된 반야바라밀다는 어떠한 법을 제공하는 것입니까?"

세존께서 대답하셨다.

"사리자야, 이와 같이 성취된 반야바라밀다는 그 어떤 법도 제공하지 않느니라. 사리자야, 반야바라밀다가 그 어떤 법도 제공하지 않을 때, 반야바라밀다라는 이름이 얻어지게 되는 것이니라."

〔 05 〕 그때 천제석이 세존께 여쭈었다.

"세존이시여, 반야바라밀다는 전지자성 또한 제공하지 않는 것입니까?"

세존께서 대답하셨다.

"교시가야, '반야바라밀다는 전지자성 또한 제공하지 않는 것입니까?'라고 네가 묻고 있지만 반야바라밀다는 인식〔의 방식〕대로, 명칭〔의 방식〕대로, 작위(作爲)〔의 방식〕대로 〔전지자성을〕 제공하지 않느니라."

천제석이 되물었다.

"세존이시여, 그렇다면 어떻게 제공하는 것입니까?"

세존께서 대답하셨다.

"교시가야, 제공하지 않는 방식으로 제공하는 것이니라."

천제석이 아뢰었다.

"세존이시여, 이 반야바라밀다가 그 어떤 법도 생겨나게 하지도 소멸시키지도 않는다는 것은 참으로 경이롭습니다. 제법이 불생불멸이기 때문에 반야바라밀다 〔또한〕 존재하면서도 존재하지 않는 것입니다."

❰ **06** ❱ 그러자 수보리 장로가 세존께 아뢰었다.

"세존이시여, 만약 보살마하살이 〔천제석이 말한〕 방식으로만 의식한다면, 그는 반야바라밀다를 멀리 둘 것입니다. 반야바라밀다가 비워져 있게 만들 것입니다. 반야바라밀다를 가볍게 만들 것입니다. 반야바라밀다를 성취하지 못할 것입니다."

세존께서 수보리 장로에게 다음과 같이 말씀하셨다.

"그러하다, 수보리야. 그러하느니라. 수보리야, 〔보살마하살은〕 반야바라밀다를 멀리 둘 것이니라. 반야바라밀다가 비워져 있게 만들 것이니라. 반야바라밀다를 가볍게 만들 것이다. 반야바라밀다를 성취하지 못할 이유, 그러한 이유도 존재하느니라. 〔그렇다면〕 그 이유는 무엇일까? 교시가야, 〔밝게〕 드러난 반야바라밀다에서 물질은 〔밝게〕 드러나지 않기 때문이니라. 감각·표상·의욕도 이와 같으며, 사유 또한 〔밝게〕 드러나지 않기 때문이니라. 예류과, 일래과, 불환과, 아라한과, 독각성, 불성 또한 〔밝게〕 드러나지 않기 때문이니라."

반야바라밀다의 존재 방식

❰ **07** ❱ 상좌인 수보리가 아뢰었다.

"세존이시여, 반야바라밀다라는 이것은 위대한 바라밀다입니다."

세존께서 물으셨다.

"너는 어떻게 생각하느냐? 수보리야, 반야바라밀다라는 것이 어떠한 〔존재〕방식〔을 가졌기에〕 위대한 바라밀다이더냐?"

상좌인 수보리 장로가 대답했다.

"세존이시여, 반야바라밀다는 물질을 크게도 작게도 만들지 않으며, 모아두지도 분산시키지도 않습니다. 감각·표상·의욕에 대해서도 이와 같습니다. 세존이시여, 사유를 크게도 작게도 만들지 않으며, 모아두지도 분산시키지도 않습니다. 〔반야바라밀다는〕 여래의 〔10력〕을 강하게도 약하게도 만들지 않으며, 모아두지도 분산시키지도 않습니다. 전지자성을 크게도 작게도 만들지 않으며, 모아두지도 분산시키지도 않습니다. 그 이유는 무엇일까요? 전지자성은 모아두어지지도 분산시켜지지도 않는 것이기 때문입니다. 세존이시여, 만약 보살마하살이 그러한 식으로만 의식한다면, 그는 반야바라밀다에 들지 못합니다. 하물며 '전지자성을 갖추게 될 때 나는 유정들에게 이와 같이 법을 설할 것이다. 유정들을 이와 같이 열반에 들게 할 것이다'라고 인식하는 보살마하살 또한 〔반야바라밀다에 들지 못합니다.〕 그 이유는 무엇일까요? '나는 이러한 유정들을 이와 같이 열반에 들게 할 것이다'라는 유정에 대한 집착은 반야바라밀다에서 나오는 〔자연스러운〕 결과가 아니기 때문입니다. 바로 이것은 〔보살마하살의 그릇된〕 큰 집착일 것입니다. 〔또 다른〕 그 이유는 무엇일까요? 반야바라밀다는 유정의 무-자성에서 나온 것〔이라 알려져야 할 것〕이기 때문입니다. 유정이 자성을 갖지 않는 방식으로 반야바라밀다도 자성을 갖지 않는다고 〔알려져야 할 것〕이기 때문입니다. 유정이 〔실세계에서〕 벗어나 있는 방식으로 반야바라밀다 또한 〔실세계에서〕 벗어나 있다고 〔알려져야 할 것〕이기 때문입니다. 유정(有情)이 불가사성(不可思性)인 방식으로 반야바라밀다도 불가사성이라고 〔알려져야 할 것〕이기 때문입니다. 유정이 소멸되지 않는 법성을 갖고 있는 방식으로 반야바라밀다 또한 소멸되지 않는 법성을 갖고 있는다고 〔알려져야 할 것〕이기 때문입니다. 유정이 각지(覺知)되지 않는 방식으로 반야바라밀다도 각지되지 않〔는 것으로 알려져야 하〕기 때문입니다. 진실한 의미에 따라 유정(有情)이 각지되지 않는 방식으로 반야바라밀다 또한 진실한 의미에 따라 각지되지 않는다고 〔알려져야 하〕기 때문입니다. 유정이 힘을 얻는 방식으로 여래 또한 지력(知力)을 얻는다고 〔알려져야 하〕기 때문입니다. 이러한 〔존재〕방식으로 반야바라밀다는 위대한 바라밀다인 것입니다."

보살의 수련 정도(1)

08 그러자 사리자 장로가 세존께 아뢰었다.

"세존이시여, 보살마하살은 여기 반야바라밀다에 진정으로 전념할 것입니다. 그는 걱정하지도 의심하지도 우둔하지도 않을 것입니다. 〔그렇다면,〕 세존이시여, 보살마하살은 어떤 세간에서 죽어 이 세간에 태어난다고 알려져야 할까요? 세존이시여, 이 반야바라밀다를 의미와 법의 측면에서 의미상과 법상의 원칙에 토대하여 추종하고 깨달으며, 〔유정들을〕 깨달음으로 이끌 이러한 보살마하살은 어느 정도로 오랫동안 수련한 자라고 알려져야 할까요?"

이와 같이 여쭙자, 세존께서 사리자 장로에게 다음과 같이 대답하셨다.

"사리자야, 그러한 보살마하살은 다른 세간들에서 죽고, 불타세존들을 숭배하고 〔의문들을〕 물은 뒤, 이 세간에 태어났다고 알려져야 할 것이니라. 그 이유는 무엇일까? 사리자야, 다른 세간들에서 죽고, 불타세존들을 숭배하고 〔의문들을〕 물은 뒤, 이 세간에 태어나는 그 어떤 보살마하살도 반야바라밀다가 말해지고 가르쳐지며 보여지고 알려질 때, 이를 들을 것이고, 들은 뒤에는, 거기 반야바라밀다에서 불타의 상(想)을 일으킬 것이기 때문이니라. '나는 불타와 서로 마주 보고 있다. 나는 불타를 보고 있다'라는 마음을 만들어 내느니라. 반야바라밀다가 말해지고 가르쳐지며 보여지고 알려질 때, 이에 귀를 기울이고, 공양한 후 들으며, 이야기되는 것을 끊지 않느니라. 사리자야, 그와 같은 보살마하살은 오랜 시간 동안 수련한 자라고 알려져야 할 것이니라. 사리자야, 그러한 보살마하살은 수많은 불타들을 숭배한 자라고 알려져야 할 것이니라."

형상·표시·특징

〔 09 〕 그때 수보리 장로가 세존께 여쭈었다.

"세존이시여, 반야바라밀다는 듣거나 보거나 주의를 기울이거나 접근하거나 마음에 새길 수 있는 것입니까? 이것이 그 반야바라밀다라고, 여기에 있는 것이 그 반야바라밀다라고, 거기에 있는 것이 그 반야바라밀다라고, 형상·표시·특징을 갖고 있다고 설명하거나 들을 수 있는 것입니까?"

세존께서 대답하셨다.

"수보리야, 절대 그렇지 않느니라. 수보리야, 이 반야바라밀다는 군(群, 5온), 종(種, 18계), 영역[12처]〔의 측면〕에서 설명하거나 듣거나 보거나 주의를 기울이거나 접근하거나 마음에 새길 수 있는 것이 아니니라. 그 이유는 무엇일까? 수보리야, 모든 법이 〔실세계에서〕 이탈되어 있기 때문이니라. 수보리야, 모든 법은 〔실세계에서〕 완전히 이탈되어 있기에 반야바라밀다는 설명하거나 듣거나 보거나 주의를 기울이거나 접근하거나 마음에 새길 수 있는 것이 아니니라. 반야바라밀다는 군(群, 5온) 종(種, 18계) 영역[12처] 밖 그 어떤 곳에서도 이해되어져야 할 것이 아니니라. 그 이유는 무엇일까? 수보리야, 군(群, 5온) 종(種, 18계) 영역[12처]은 공하고, 〔실세계에서〕 이탈되어 있으며, 고요하기 때문이니라. 그리하여 반야바라밀다와 군(群, 5온) 종(種, 18계) 영역[12처]은 그러한 공성과 이탈〔의 본성〕으로 인해 두 개의 것이 아니며, 두 개로 나누어지지도 않기 때문이니라. 이와 같은 고요함으로 인해 군(群, 5온) 종(種, 18계) 영역[12처]은 인식되지 않는 것이니라. 모든 법을 인식하지 않는 것, 그것이 반야바라밀다라고 말해지며, 〔5온에서 사용되는〕 명칭 표현 용어가 존재하지 않을 때, 반야바라밀다가 존재한다고 말해지는 것이니라."

보살의 수련 정도 (2)

《 10 》 상좌인 수보리 장로가 여쭈었다.

"세존이시여, 〔깊고〕 깊은 반야바라밀다에서 노력〔을 다〕할 보살마하살은 어느 정도로 오랫동안 수련한 자라고 알려져야 할까요?"

세존께서 말씀하셨다.

"수보리야, 〔네가 질문한〕 것은 보살마하살의 〔다섯 가지〕 도덕적 판단력의 갖춤 정도에 따라 구분되어 답해져야 할 것이니라. 수보리야, 수백 수천 수십만의 불타들을 보고 그들의 면전에서 범행(梵行)을 이루고도 반야바라밀다를 믿지도 전념하지도 않는 어떤 보살마하살들이 존재할 경우가 분명 있을 것이니라. 그 이유는 무엇일까? 그들은 전생에서도 그러한 불타세존들의 면전에서 〔깊고〕 깊은 반야바라밀다가 말해지고 가르쳐지며 보여질 때 이를 공경하지 않았기 때문이니라. 공경하지 않았기에 듣고 싶은 바람이 없는 상태이고, 듣고 싶은 바람이 없는 상태이기에 숭배의 마음을 갖고 있지 않은 상태이며, 숭배의 마음을 갖고 있지 않은 상태이기에 질문할 마음을 갖고 있지 않은 상태이고, 질문할 마음을 갖고 있지 않은 상태이기에 믿음의 마음을 갖고 있지 않은 상태이며, 믿음의 마음을 갖고 있지 않은 상태이기에 그 〔보살마하살〕들은 법회에서 〔도망〕가버린 것이니라. 이러한 〔행동으로〕 인해 그들은 〔정〕법(法)을 내던지는 행위를 범하고, 그 업(業)이 모아져서 축적되고, 축적됨으로 그 양이 증가하여 이 세간에서도 〔깊고〕 깊은 반야바라밀다가 말해지고 가르쳐지며 보여질 때 도망가 버리는 것이니라. 〔반야바라밀다를〕 공경하지 않기에 믿음의 마음을 갖지 않는, 진정으로 전념하지 않는 그 보살마하살들은 몸으로도 마음으로도 조화를 이루지 못하느니라. 조화를 이루지 못하는 그들은 반야바라밀다를 알지도 보지도 깨닫지도 이해하지도 못하느니라. 이와 같이 그들은 반야바라밀다를 믿지 않으며, 믿지 않는 그들은 〔이를〕 듣지 않으며, 듣지 않는 그들은 보지 않으며, 보지 않는 그들은 깨닫지 못하며, 깨닫지 못하는 그들은 〔정〕법을 행위를 범하고, 이를 모으며 축적하고 축적함으로 그 양을 증가시키느니라. 그들은 〔정〕법을 내던지는 그러한 행위를 범하고, 그 업이 모아져서 축적되고, 축적됨으로 그 양이 증가하여 잘못된 이해로 이끌어지는 업을 형성하느니라. 그 〔보살마하살〕들은 잘못된 이해로 이끌어지는 업이 형성되고 모아져서 축적되고, 축적됨으로 그 양이 증가하여 반야바라밀다가 말해지고 가르쳐지며 보여질 때, 〔이를〕 거절하고 반대하며 저주할 것이고, 반대한 후 〔도망〕가버리느니라. 수보리야, 반야바라밀다가 거절되고 반대되며 저주 됨으로써 분명 과거·미래·현재의 불타세존들의 전지자성도 거절되고 반대되며 저주 될 것이니라. 자신들의 정신〔력〕에 해를 입힌 후 〔고통의 불에〕 탄 〔보살마하살〕들은 또한 낮은 이해〔력〕과 적은 양의 복덕, 그리고 짧은 선근(善根)을 갖는 사람들, 어느 정도의 믿음, 애정, 청정한 믿음[淨信], 의욕을 갖춘 사람들, 초심자들, 무능한 성질을 갖고 있는 〔사람들〕, 이들이 갖는 어느 정도의 성신(誠信), 애정, 정신(淨信), 믿음마저 만류시키고 버리게 하며 물리치게 할 것이니라. '여기 〔반야바라밀다〕에서 수련되지 않아야 할 것이다. 이것은 불타의 말이 아니다'라는 이야기를 할 것이니라. 이와 같이 자신들의 정신〔력〕에 해를 입히고 버린 후 그들은 다른 이들의 정신〔력〕에도 해를 입히고 이를 버리게 한 후 반야바라밀다를 비방할 것이니라. 반야바라밀다가 비방될 때 전지자성이 비방되고, 전지자성이 비방될 때 과거·미래·현재의 불타세존들이 비방될 것이니라. 그 보살마하살들은 불타세존들의 면전에서 도망가버릴 것이고, 법에서 방출될 것이며, 승가에서 제외될 것이니라.

대지옥(大地獄)

이와 같이 그 보살마하살들은 완전하게 철저하게 삼보(三寶)에서 제외되는 존재가 될 것이니라. 그들은 유정들의 이익과 행복을 끊어내는 행위로 대지옥이라는 결과로 이끌어지는 업(業)을 쌓게 될 것이니라. 그들은 이와 같은 업의 형성으로 당겨 일으켜진, 〔정〕법을 내던져야 하고 잘못된 이해로 이끌어진 업으로 인해 수백 년 〔동안〕 수천 년 〔동안〕 수십만 년 〔동안〕 수십억 년 〔동안〕 수백억 년 〔동안〕 수십조 년 〔동안 그 이상의〕 셀 수 없을 정도로 많은 시간 〔동안〕 대지옥에서 〔계속〕 태어날 것이니라. 그들은 이 대지옥에서 저 대지옥으로 옮겨 다닐 것이니라. 매우 오랜 시간 동안 대지옥에서 대지옥으로 옮겨 다닌 그들에게는 겁화(劫火)에 의한 〔세상의〕 파괴가 일어날 것이니라. 겁화에 의한 〔세상의〕 파괴가 일어난 후 그들은 다른 세계들에 존재하는 대지옥들에 내던져지고, 그곳에서 〔반복해서〕 태어날 것이니라. 〔다른 세계들에〕 내던지고 그 지옥들에 태어난 자들은 그곳에서도 이 대지옥에서 저 대지옥으로 옮겨 다닐 것이니라. 거기에서도 이 대지옥에서 저 대지옥으로 옮겨 다닌 그들에게는 또다시 겁화에 의한 〔세상의〕 파괴가 일어날 것이니라. 겁화에 의한 〔세상의〕 파괴가 일어난 후 그로 인해 죽은 자들은 재차 대지옥들이 존재하는 또 다른 세계들로 내던져질 것이고, 그곳에서 태어날 것이니라. 거기에서도 그들은 이 대지옥에서 저 대지옥으로 옮겨 다닐 것이니라. 그곳에서도 매우 오랜 시간 동안 이 대지옥에서 저 대지옥으로 옮겨 다닌 그들에게는 그렇듯 거기에서도 겁화에 의한 〔세상의〕 파괴가 일어날 것이니라. 겁화에 의한 〔세상의〕 파괴가 일어난 후 그로 인해 다시 죽은 자들은 바로 소진되지도 끝나지도 않는 업으로 인해 바로 이 세계에 다시 내던져질 것이고, 내던져진 그들은 대지옥들에 태어날 것이니라. 그들은 또다시 그 대지옥들에서 극심한 고통들을 겪을 것이니라. 겁화에 의한 〔세상의〕 파괴가 도래할 그 순간까지 〔그러한 고통들을〕 겪을 것이니라. 이와 같이 수많은 고통의 업을 겪을 것이니라. 그 이유는 무엇일까? 악한 말을 했기 때문이니라."

심적 악행과 언어적 악행

❰ 11 ❱ 그러자 사리자 장로가 세존께 여쭈었다.

"세존이시여, 〔나쁜 행위가〕 범해져 축적된 다섯 가지 연속적인 업[五大罪]은 심적 악행과 언어적 악행에 유사하지도 대응하지도 들어맞지도 않는 것입니까?"

세존께서 대답하셨다.

"그러하느니라, 사리자야. 그러하느니라. 사리자야, 〔나쁜 행위가〕 범해져 축적된 다섯 가지 연속적인 업[五大罪]은 심적 악행과 언어적 악행, 〔즉 나쁜 행위가〕 범해지고 모아져서 축적되고, 축적됨으로 양이 증가한 그 업에 유사하지도 대응하지도 들어맞지도 않느니라. 어떤 자들은 반야바라밀다가 말해지고 가르쳐지며 보여질 때 이를 물리쳐야 한다고 생각할 것이고, 이를 반대하고 저주할 것이며, '여기에서 수련하지 않아야 할 것이다'라고 말할 것이고, '이것은 여래가 설한 것이 아니다'라고 이야기할 것이니라. 그런 뒤 그들은 다른 유정들 또한 반야바라밀다를 버리게 만들 것이니라. 그들은 자신들의 정신〔력〕에 해를 입힌 후 다른 이들의 정신〔력〕에 해를 입힐 것이니라. 자신들의 정신〔력〕에 독이 들게 만든 후 다른 이들의 정신〔력〕에도 독이 들게 만들 것이다. 자발적으로 〔자신들에게〕 해를 입힌 자들은 다른 사람들에게도 해를 입힐 것이니라. 자발적으로 〔깊고〕 깊은 반야바라밀다를 알지도 이해하지 못하는 자들은 다른 사람들을 교사하여, '여기에서 수련하지 않아야 할 것이다'라고 말할 것이니라.사리자야, 나는 이와 같은 자들의 관(觀)도 용인하지 않느니라. 어떻게 〔내가〕 그들과의 〔친밀한〕 관계를, 〔그들의〕 이익과 존경을, 그들과의 공존을 〔용인하겠느냐〕. 그 이유는 무엇일까? 사리자야, 그와 같은 사람들은 법을 변질시키는 자들로 알려져야 할 것이기 때문이니라. 사리자야, 그와 같은 사람들은 부패한 자들로 알려져야 할 것이기 때문이니라. 사리자야, 그와 같은 사람들은 어둠에서 태어난 자들, 흑사(黑蛇)에서 태어난 자들로 알려져야 할 것이기 때문이니라. 사리자야, 그와 같은 사람들〔의 말에〕 귀를 기울여야 한다고 생각할 그 모든 이는 악행으로 인해 불운에 빠질 것이니라. 사리자야, 반야바라밀다를 변질시키는 그런 자들은 법을 변질시키는 자들로 알려져야 할 것이니라."

육신의 형량

사리자가 아뢰었다.

"세존께서는 〔심적 언어적 악행을 범한〕 그자가 거기 〔대지옥〕에서 태어나 〔다른〕 대지옥으로 옮겨 갈 때〔까지〕 육신이 받는 〔형〕량에 대해 말씀해주시지 않으셨습니다."

세존께서 말씀하셨다.

"사리자야, 악행을 범한 자가 〔대지옥〕에서 태어나 〔다른〕 대지옥으로 옮겨 갈 때〔까지〕 육신이 받는 〔형〕량에 대한 〔이야기는〕 남겨두도록 하자구나! 그 이유는 〔악행을 범한〕 자가 육신의 〔형〕량을 듣는다면, 그의 얼굴에서 온기 〔가득한〕 피가 흘러나올 것이며, 죽음에 이를 것이고, 죽을 정도의 고통이나 가혹한 번뇌를 느끼고 그것에 타들어 갈 것이기 때문이니라. 〔또한〕 그는 비탄의 화살에 맞을 것이며, 높은 언덕에서 날아 〔떨어질〕 것이고, 〔육신이〕 마르게 되거나 수척해질 것이기 때문이니라. 이러한 정도의 엄청난 손상들이 존재하는 만큼, 그는 실로 상당한 공포를 갖〔게 하〕는 육신의 형량을 듣지 말아야 할 것이니라."

❪ 12 ❫ 세존께서는 "육신이 받는 그 〔형〕량이 그 정도일 것이다"라고 하시며, 사리자 장로에게 〔이에 대해 더 이상 말할〕 여지를 주지 않으

셨다. 두 번 세 번 사리자 장로는 세존께 다음과 같이 아뢰었다.

"세존께서 〔악행을 범한〕 자가 받는 육신의 그 형량에 대해서 말씀해주시길! 〔악한〕 말과 마음의 업이 행해지고 모아져서 축적되고, 축적됨으로 그 양이 증가하여 대지옥에서 받게 되는 육신의 형량은 이 정도라고 〔말씀해 주신다면,〕 다음〔에 오는〕 중생에게는 〔한 가닥의〕 빛이 만들어질 것입니다."

세존께서 말씀하셨다.

"사리자야, 말과 마음의 악행, 〔즉〕 악한 업〔의 형성〕이 행해지고, 모아져서 축적되고, 축적됨으로 그 양이 증가하여 이 정도 긴 시간 동안의 고통의 겪을 것이라는 바로 이러한 〔말〕로도 다음〔에 오는〕 중생에게 〔경각심을 일으킬 한 가닥의〕 빛이 만들어질 것이니라. 사리자야, 〔앞서 자세하게〕 설명된 고통의 무량성과 수많은 고통들〔을 갖고 있는 상태〕, 이것만으로도 선한 쪽에 속하는 선남자나 선여인에게 〔경각심을 일으킬〕 작은 변화가 생길 것이니라. 그로 인해 선남자나 선여인은 〔정〕법을 내던져야 하는 그러한 업들을 물리친 후 바로 복덕의 형성을 이룰 것이니라. 또한 '우리에게는 결코 그러한 고통들과의 만남이 일어나서는 안 된다'라는 삶의 이유로도 선남자나 선여인은 정법을 반대하지 않을 것이니라."

악업(惡業)의 형성

❰ **13** ❱ 그러자 수보리 장로가 세존께 여쭈었다.

"세존이시여, 선남자나 선여인은 잘 규제된 육신〔의 업〕·말〔의 업〕·마음의 업을 갖고 있어야 할 것입니다. 그 이유는 무엇일까요? 세존이시여, 이와 같은 언어적 악행으로 이 정도 큰 죄의 더미가 얻어지기 때문입니다. 세존이시여, 어떠한 행위로 이 정도 커다란 죄의 더미가 얻어지는 것일까요?"

세존께서 대답하셨다.

"수보리야, 이와 같은 언어적 악행으로 이 정도 큰 죄의 더미가 얻어지는 것이니라. 수보리야, 바로 이 세간에서는 〔깊고〕 깊은 반야바라밀다가 변질되고 반대되며 물리쳐져야 할 것이라 생각하는 그런 미혹[어리석음]에 빠진 사람들이 잘 설명된 법과 계율을 위해 출가할 것이니라. 그리고 반야바라밀다가 물리쳐질 때 불타세존들이 얻은 불타의 깨달음도 물리쳐지느니라. 불타의 깨달음도 물리쳐질 때, 과거·미래·현재의 불타세존들의 전지자성도 물리쳐지느니라. 전지자성도 물리쳐질 때, 정법(正法)도 물리쳐지느니라. 정법이 물리쳐질 때, 여래의 성문(聲聞)과 승단(僧團)도 물리쳐지느니라. 여래의 성문과 승단까지도 물리쳐질 때, 〔미혹(어리석음)에 빠진 사람〕은 완전하게 철저하게 삼보에서 제외된 자가 되느니라. 그리고 무량무수에 달하는 커다란 악업의 형성이 얻어지는 것이니라."

악업 형성의 원인과 조건

《 14 》 수보리 장로가 세존께 여쭈었다.

"세존이시여, 반야바라밀다가 물리쳐져야 할 것이라고 선남자나 선여인이 생각하는 데에는 어떤 원인과 어떤 조건[인연]이 존재하는 것입니까?"

세존께서 대답하셨다.

"그〔렇게 생각하는〕 선남자나 선여인은 마왕에 지배되어 있을 것이니라. 잘못된 이해로 이끌어지는 행위로 인해 그에게는 〔깊고〕 깊은 가르침에 대한 믿음도 청정한 믿음[淨信]도 존재하지 않느니라. 수보리야, 그러한 두 가지 악법(惡法)을 갖춘 선남자나 선여인은 반야바라밀다를 물리칠 것이니라. 수보리야, 게다가 그 선남자나 선여인은 나쁜 벗[惡友]의 손에 이끌려 있거나 〔무엇인가에〕 전념해 있지도 않을 것이다. ① 5온에 집착해 있거나 ② 스스로를 높이고 ③ 다른 이들을 비방하며 ④ 〔그들의〕 결점과 약점을 바라보는 자일 것이니라. 수보리야, 이 반야바라밀다가 말해지고 가르쳐지며 보여질 때, 이것이 물리쳐져야 할 것이라고 생각하는 선남자나 선여인은 그러한 4종의 〔악한〕 양상을 갖추고 있을 것이니라."

성스러운 팔천송반야경에서 '지옥(地獄)'으로 불리는 일곱 번째 장

제 8 장

반야바라밀다의 청정성(淸淨性)

◉

विशुद्धिपरिवर्तोऽष्टमः

깊음의 정도

❰ 01 ❱ 그때 수보리 장로가 세존께 아뢰었다.

"세존이시여, 열중하지 않으며 선근이 결여되어 있고 나쁜 벗[惡友]들의 손에 이끌리는 자에게는 반야바라밀다는 진정으로 전념하기 어려운 것입니다." 세존께서 말씀하셨다.

"그러하다. 수보리야, 그러하다. 수보리야, 열중하지 않으며 짧은 선근(善根)들을 갖고 있는, 이해가 떨어지며 바람이 없는, 배움의 양이 적으며 지혜가 부족한, 나쁜 벗들에 의해 옹호되며 들으려고도 물으려고도 하지 않는, 선법(善法)에 열중하지도 않는 그런 자에게는 반야바라밀다는 진정으로 전념하기 어려운 것이니라."

❰ 02 ❱ 수보리가 여쭈었다.

"세존이시여, 아! 진정으로 전념하기 어렵다는 이 반야바라밀다는 어느 정도로 〔깊고〕 깊은 것입니까?"

세존께서 대답하셨다.

"수보리야, 물질은 속박되어 있지도 해방되어 있지도 않은 것이니라. 그 이유는 무엇일까? 수보리야, 물질에 자성(自性)이 존재하지 않기에 물질은 속박되어 있지도 해방되어 있지도 않은 것이니라. 감각·표상·의욕도 이와 같다. 수보리야, 사유는 속박되어 있지도 해방되어 있지도 않은 것이니라. 그 이유는 무엇일까? 수보리야, 사유에 자성이 존재하지 않기에 물질은 속박되어 있지도 해방되어 있지도 않은 것이니라. 수보리야, 물질의 과거는 속박되어 있지도 해방되어 있지은 않은 것이니라. 그 이유는 무엇일까? 수보리야, 물질은 과거라는 자성을 갖고 있지 않기 때문이니라. 수보리야, 물질의 미래는 속박되어 있지도 해방되어 있지도 않은 것이니라. 그 이유는 무엇일까? 수보리야, 물질은 미래라는 자성을 갖고 있지 않기 때문이니라. 수보리야, 현재의 물질은 속박되어 있지도 해방되어 있지도 않은 것이니라. 그 이유는 무엇일까? 수보리야, 물질은 현재라는 자성을 갖고 있지 않기 때문이니라. 감각·표상·의욕도 이와 같으니라. 수보리야, 사유의 과거는 속박되어 있지도 해방되어 있지도 않은 것이니라. 그 이유는 무엇일까? 수보리야, 사유는 과거라는 자성을 갖고 있지 않기 때문이니라. 수보리야, 사유의 미래는 속박되어 있지도 해방되어 있지도 않는 것이니라. 그 이유는 무엇일까? 수보리야, 사유는 미래라는 자성을 갖고 있지 않기 때문이니라. 수보리야, 현재의 사유는 속박되어 있지도 해방되어 있지도 않은 것이니라. 그 이유는 무엇일까? 수보리야, 현재의 사유는 현재라는 자성을 갖고 있지 않기 때문이니라."

법의 청정성

03 수보리가 아뢰었다.

"세존이시여, 열중하지 않으며 선근(善根)을 심지 않은, 나쁜 벗들에 의해 이끌리며 마왕의 통제 하에 들어간, 나태하며 노력이 부족한, 정념(正念)을 도둑맞으며 어리석은 그런 자에게는 반야바라밀다는 진정으로 전념하기 어려운, 진정으로 전념하기 가장 어려운 것입니다."

세존께서 말씀하셨다.

"그러하다. 수보리야, 그러하다. 수보리야, 열중하지 않으며 선근을 심지 않은 나쁜 벗들에 의해 이끌리며 마왕의 통제 하에 들어간, 나태하며 노력이 부족한, 정념을 도둑맞으며 어리석은 그런 자에게는 반야바라밀다는 진정으로 전념하기 어려운, 진정으로 전념하기 가장 어려운 것이니라. 그 이유는 무엇일까? 수보리야, 물질의 청정성 그것이 〔수행에서 나오는〕 결과의 청정성이며, 결과의 청정성 그것이 물질의 청정성이니라. 왜냐하면, 수보리야, 물질의 청정성과 결과의 청정성은 두 개의 것이 아니며, 두 개로 나누어지지도 않고, 〔둘로〕 쪼개지거나 잘리지도 않기 때문이니라. 수보리야, 물질의 청정성은 결과의 청정성에서 나오며, 결과의 청정성은 물질의 청정성에서 나오느니라. 감각·표상·의욕도 이와 같으니라. 수보리야, 사유의 청정성과 결과의 청정성은 두 개의 것이 아니며, 두 개로 나누어지지도 않고, 〔둘로〕 쪼개지지도 잘리지도 않기 때문이니라. 수보리야, 사유의 청정성은 결과의 청정성에서 나오며, 결과의 청정성은 사유의 청정성에서 나오느니라. 수보리야, 더욱이 물질의 청정성 그것은 전지자성의 청정성이며, 전지자성의 청정성 그것은 물질의 청정성이니라. 수보리야, 물질의 청정성과 전지자성의 청정성은 두 개의 것이 아니며, 두 개로 나누어지지도 않고, 〔둘로〕 쪼개지지도 잘리지도 않기 때문이니라. 수보리야, 물질의 청정성은 전지자성의 청정성에서 나오며, 전지자성의 청정성은 물질의 청정성에서 나오느니라. 수보리야, 더욱이 사유의 청정성 그것은 전지자성의 청정성이며, 전지자성의 청정성 그것은 사유의 청정성이니라. 수보리야, 사유의 청정성과 전지자성의 청정성은 두 개의 것이 아니며, 두 개로 나누어지지도 않고, 〔둘로〕 쪼개지지도 잘리지도 않기 때문이니라. 수보리야, 사유의 청정성은 전지자성의 청정성에서 나오며, 전지자성의 청정성은 사유의 청정성에서 나오느니라."

04 그러자 사리자 장로가 세존께 아뢰었다.

"세존이시여, 반야바라밀다는 〔깊고〕 깊은 것입니다."

세존께서 말씀하셨다.

"사리자야, 청정성으로 인해 그러한 것이니라."

사리자가 아뢰었다.

"세존이시여, 반야바라밀다는 광명(光明)을 만들어내는 것입니다."

세존께서 말씀하셨다.

"사리자야, 청정성으로 그러한 것이니라."

사리자가 아뢰었다.

"세존이시여, 반야바라밀다는 〔등〕불입니다."

세존께서 말씀하셨다.

"사리자야, 청정성으로 그러한 것이니라."

사리자가 아뢰었다.

"세존이시여, 반야바라밀다는 다시 태어나지 않는 것입니다."

세존께서 말씀하셨다.

"사리자야, 청정성으로 그러한 것이니라."

사리자가 아뢰었다.

"세존이시여, 반야바라밀다는 오염되지 않은 것입니다."

세존께서 말씀하셨다.

"사리자야, 청정성으로 그러한 것이니라."

사리자가 아뢰었다.

"세존이시여, 반야바라밀다는 얻지 못하는 것입니다."

세존께서 말씀하셨다.

"사리자야, 청정성으로 그러한 것이니라."

사리자가 아뢰었다.

"세존이시여, 반야바라밀다는 〔생겨〕나지 않는, 즉 불생(不生)의 것입니다."

세존께서 말씀하셨다.

"사리자야, 청정성으로 그러한 것이니라."

사리자가 아뢰었다.

"세존이시여, 반야바라밀다는 욕계(欲界)·색계(色界)·무색계(無色界)에서 불생(不生)인 것입니다."

세존께서 말씀하셨다.

"사리자야, 청정성으로 그러한 것이니라."

사리자가 아뢰었다.

"세존이시여, 반야바라밀다는 알지도 인식하지도 못하는 것입니다."

세존께서 말씀하셨다.

"사리자야, 청정성으로 그러한 것이니라."

사리자가 여쭈었다.

"세존이시여, 반야바라밀다는 그 무엇도 알지도 인식하지도 않는 것입니까?"

세존께서 말씀하셨다.

"사리자야, 반야바라밀다는 물질을 알지도 인식하지도 않느니라.

그 이유는 무엇일까? 사리자야, 청정함으로 인해 그러한 것이니라. 감각·표상·의욕도 이와 같으니라. 사리자야, 반야바라밀다는 사유를 알지도 인식하지도 않느니라. 그 이유는 무엇일까? 사리자야, 청정함으로 인해 그러한 것이니라."

사리자가 아뢰었다.

"세존이시여, 반야바라밀다는 전지자성에 해를 입히지도 이득을 주지도 않습니다."

세존께서 말씀하셨다.

"사리자야, 청정성으로 그러한 것이니라."

사리자가 아뢰었다.

"세존이시여, 반야바라밀다는 법을 취하지도 버리지도 않습니다."

세존께서 말씀하셨다.

"사리자야, 청정성으로 그러한 것이니라."

그때 수보리 장로가 세존께 아뢰었다.

"자아가 청정하기에 물질이 청정한 것입니다."

세존께서 말씀하셨다.

"수보리야, 극도의 청정성으로 그러한 것이니라."

수보리 장로가 아뢰었다.

"세존이시여, 자아가 청정하기에 감각·표상·의욕이 청정한 것이며, 세존이시여, 자아가 청정하기에 사유가 청정한 것입니다."

세존께서 말씀하셨다.

"수보리야, 극도의 청정성으로 그러한 것이니라."

수보리 장로가 아뢰었다.

"세존이시여, 자아가 청정하기에 결과가 청정한 것입니다."

세존께서 말씀하셨다.

"수보리야, 극도의 청정성으로 그러한 것이니라."

수보리 장로가 아뢰었다.

"세존이시여, 자아가 청정하기에 전지자성이 청정한 것입니다."

세존께서 말씀하셨다.

"수보리야, 극도의 청정성으로 그러한 것이니라."

수보리 장로가 아뢰었다.

"세존이시여, 자아가 청정하기에 얻는 것도 직증(直證)하는 것도 없습니다."

세존께서 말씀하셨다.

"수보리야, 극도의 청정성으로 그러한 것이니라."

수보리 장로가 아뢰었다.

"세존이시여, 자아가 청정하기에 물질이 무한한 것입니다."

세존께서 말씀하셨다.

"사리자야, 극도의 청정성으로 그러한 것이니라."

수보리 장로가 아뢰었다.

"세존이시여, 자아가 청정하기에 감각·표상·의욕·사유가 무한한 것입니다."

세존께서 말씀하셨다.

"수보리야, 극도의 청정성으로 그러한 것이니라."

수보리 장로가 아뢰었다.

"세존이시여, 어떤 보살마하살에게 〔생겨나는〕 이와 같은 이해,

그것은 그에게 반야바라밀다인 것입니다."

세존께서 말씀하셨다.

"수보리야, 극도의 청정성으로 그러한 것이니라."

수보리 장로가 아뢰었다.

"세존이시여, 반야바라밀다라는 것은 이편에도 저편에도, 또한 그 양편에도 〔양편〕 사이에도 존재하지 않는 것입니다."

세존께서 말씀하셨다.

"수보리야, 극도의 청정성으로 그러한 것이니라."

법에 대한 집착

05 수보리 장로가 아뢰었다.

"세존이시여, 보살마하살은 이러한 방식으로도 〔법을〕 의식할 것입니다. 〔그리하여〕 반야바라밀다를 버릴 것입니다. 반야바라밀다를 멀리 둘 것입니다.

세존께서 말씀하셨다.

"대단하다. 수보리야, 대단하다. 그러하다. 수보리야, 그러하느니라. 그 이유는 무엇일까? 수보리야, 집착은 명칭에서도 나오고, 집착은 유상에서도 나오기 때문이니라."

수보리 장로가 세존께 여쭈었다.

"세존이시여, 반야바라밀다가 그 정도로 잘 말해지고 자세하게 설명되어 잘 마무리된다는 것, 〔그리고〕 세존께서 집착들에 대해서도 말씀해주셨다는 것은 참으로 경이롭습니다."

사리자 장로가 수보리 장로에게 물었다.

"수보리 장로여, 그 집착들은 어떠한 것들입니까?"

수보리 장로가 대답했다.

"사리자 장로여, 물질이 공하다고 〔의식하는〕 것은 집착입니다. 감각·표상·의욕도 이와 같으며, 사유가 공하다고 〔의식하는〕 것 또한 집착입니다. 과거〔의 법들〕에 〔과거의〕 법들이 존재한다고 의식하는 것은 집착입니다. 미래〔의 법들〕에 〔미래의〕 법들이 존재한다고 의식하는 것은 집착입니다. 현재〔의 법들〕에 〔현재의〕 법들이 존재한다고 의식하는 것은 집착입니다. 보살승에 오른 자가 최초의 〔깨달음을 향한〕 발심으로 이 정도 복덕의 양을 얻는다고 인식하는 것은 집착입니다."

《 06 》 그때 천제석이 수보리 장로에게 물었다.

"집착은 어떠한 방식으로 존재하는 것입니까?"

수보리가 대답했다.

"교시가여, '이것이 최초의 보리심이다'라고 이 보리심을 의식한다면, '나는 이 최초의 보리심을 무상의 올바르고 완전한 깨달음에 회향시킨다'라고 〔의식하며〕 회향시킨다면, 대승에 오른 선남자나 선여인은 그 최초 발심의 본성을 회향시킬 수 없습니다. 교시가여, 그렇기에 무상의 올바르고 완전한 깨달음을 향해 〔나아가는〕 다른 보살에게 〔반야바라밀다를〕 보여주며 수용하게 만들고 그를 들뜨게 하며 즐겁게 만들려면, 이를 진실로 따르며 그에게 보여주며 수용하게 만들고 들뜨게 하며 즐겁게 만들어야 할 것입니다. 이러한 방식으로 자신에게 해를 입히지 않고, 불타가 가르쳐주신 수용의 방식으로 다른 보살이 〔반야바라밀다를〕 수용하게 만드는 선남자나 선여인은 그와 같은 모든 집착의 끝을 버릴 수 있게 되는 것입니다."

유상과 집착

07 그러자 세존께서 수보리 장로에게 존경을 표하였다.

"대단하다. 대단하다. 수보리야, 네가 보살마하살들이 집착의 끝을 깨닫게 만들고 있느니라. 수보리야, 내가 더 미묘한 다른 집착들〔에 대해서도〕 이야기할 것이니, 내가 말할 그 모든 것에 귀 기울여 들을 거라! 제대로 마음에 잘 새기도록 하여라!"

"세존이시여, 훌륭하십니다!"라고 〔아뢰며〕, 수보리 장로는 세존께 귀를 기울였다.

08 세존께서 다음과 같이 말씀하셨다.

"수보리야, 이 세간에서 믿음을 갖는 선남자나 선여인은 유상의 측면에서 공양을 받을 만하며 올바르고 완전하게 깨달은 여래에 주의를 기울이고 있느니라. 수보리야, 유상들이 존재하는 한 집착들도 존재하는 것이니라. 그 이유는 무엇일까? 수보리야, 집착은 유상에서 나오기 때문이니라. 그리하여 선남자나 선여인은 '나는 과거·미래·현재의 불타세존들이 갖는 무루(無漏)의 법들, 그것들에 수희하고 있다.' 수희한 후 '나는 수희가 따르는 선근을 무상의 올바르고 완전한 깨달음에 회향시키고 있다'며 회향시키느니라. 수보리야, 그런데 법들의 법성은 과거의 법성도 미래의 법성도 현재의 법성도 아니니라. 과거·미래·현재의 법성이 아니라는 것은 삼세에서 해방된 법성〔을 의미하는 것〕이니라. 삼세에서 해방된 법성은 회향시킬 수도 유상으로 파악하거나 인식으로 파악할 수도 없는 것이니라. 그러한 법성은 볼 수도 들을 수도 생각할 수도 분별할 수도 없는 것이니라."

법의 본성

❪ 09 ❫ 수보리가 아뢰었다.

"세존이시여, 법들의 본성은 〔깊고〕 깊은 것입니다."

세존께서 말씀하셨다.

"수보리야, 법들의 본성이 〔실세계에서〕 이탈되어 있기 때문에 그러한 것이니라."

수보리가 아뢰었다.

"세존이시여, 반야바라밀다는 본성이 〔깊고〕 깊은 것입니다."

세존께서 말씀하셨다.

"수보리야, 본성의 청정성 때문에 그러하느니라. 반야바라밀다는 본성의 청정성 때문에 본성이 〔깊고〕 깊은 것이니라."

수보리가 아뢰었다.

"세존이시여, 반야바라밀다는 그 본성이 〔실세계에서〕 이탈되어 있는 것입니다. 세존이시여, 〔그렇기에〕 저는 반야바라밀다를 경배합니다."

⦅ 10 ⦆ 세존께서 말씀하셨다.

"수보리야, 모든 법 또한 그 본성이 〔실세계에서〕 이탈되어 있는 것이니라. 수보리야, 제법의 그와 같은 본성의 이탈은 바로 반야바라밀다이니라. 그 이유는 무엇일까? 수보리야, 공양을 받을 만하며 올바르고 완전하게 깨달은 여래가 모든 법은 만들어지지 않는 것이라고 깨달았기 때문이니라."

수보리가 아뢰었다.

"세존이시여, 그러한 이유로 공양을 받을 만하며 올바르고 완전하게 깨달은 여래가 모든 법을 깨닫지 못한 것입니다."

세존께서 말씀하셨다.

"수보리야, 실로 법들은 본성상 그 어떤 것도 아니니라. 본성이라는 것은 무-본성이며, 무-본성이라는 것이 본성이니라. 모든 법은 무상(無相)이라는 하나의 특성을 갖고 있기 때문이니라. 수보리야, 그렇기에 공양을 받을 만하며 올바르고 완전하게 깨달은 여래가 제법을 깨닫지 못한 것이니라. 그 이유는 무엇일까? 수보리야, 법에는 두 개의 본성이 존재하지 않기 때문이니라. 수보리야, 모든 법에는 오직 하나의 본성만이 존재하기 때문이니라. 수보리야, 모든 법의 본성〔이라는 것〕은 무-본성이며, 무-본성〔이라는 것〕이 본성이니라. 수보리야, 이러한 방식으로 그 모든 집착의 끝이 버려지게 되는 것이니라."

⦅ 11 ⦆ 수보리가 아뢰었다.

"세존이시여, 반야바라밀다는 〔깊고〕 깊은 것입니다."

세존께서 말씀하셨다.

"수보리야, 허공(虛空)이 〔깊고〕 깊은 방식으로 반야바라밀다가

〔깊고〕 깊은 것이니라."

수보리가 아뢰었다.

"세존이시여, 반야바라밀다는 이해하기 어려운 것입니다."

세존께서 말씀하셨다.

"수보리야, 그 어떤 자도 깨닫지 못하기 때문이니라."

수보리가 아뢰었다.

"세존이시여, 생각할 수 없는 불가사의(不可思議)인 것입니다."

세존께서 말씀하셨다.

"수보리야, 반야바라밀다는 마음으로 알아지는 것도 마음으로 접근되어지는 것도 아니니라."

수보리가 아뢰었다.

"세존이시여, 반야바라밀다는 만들어지는 것이 아닙니다."

세존께서 말씀하셨다.

"수보리야, 반야바라밀다는 만든 이가 인식되지 않기에 만들어지는 것이 아니니라."

법에의 접근 방식

《 12 》 수보리가 아뢰었다.

"세존이시여, 그렇다면 보살마하살은 반야바라밀다에 어떻게 들어가야 하는 것일까요?"

세존께서 말씀하셨다.

"수보리야, 반야바라밀다에 들 때 물질에 들지 않는다면 보살마하살은 반야바라밀다에 드는 것이니라. 이와 같이 감각·표상·의욕·사유에 들지 않는다면 반야바라밀다에 드는 것이니라. 물질이 무상이라는 〔생각에〕 들지 않는다면 반야바라밀다에 드는 것이니라. 이와 같이 감각·표상·의욕·사유가 무상이라는 〔생각에〕 들지 않는다면 반야바라밀다에 드는 것이니라. 물질이 공하다는 〔생각에〕 들지 않는다면 반야바라밀다에 드는 것이니라. 이와 같이 감각·표상·의욕·사유가 공하다는 〔생각에〕 들지 않는다면 반야바라밀다에 드는 것이니라. 물질이 불완전하다거나 완전하다는 〔생각에〕 들지 않는다면 반야바라밀다에 드는 것이니라. 물질의 불완전성 혹은 완전성〔이라는〕 것은 물질이 아니니라. 감각·표상·의욕도 이와 같으니라. 사유가 불완전하다거나 완전하다는 〔생각에〕 들지 않는다면 반야바라밀다에 드는 것이니라. 물질의 불완전성 혹은 완전성〔이라는〕 것은 사유가 아니니라. 이러한 방식들로 들지 않는다면 보살마하살은 반야바라밀다에 드는 것이니라."

⦗ 13 ⦘ 수보리 장로가 세존께 아뢰었다.

"세존이시여, 이 정도로까지 보살마하살들의 집착과 무-집착이 설명된다는 것은 〔참으로〕 경이롭습니다."

세존께서 말씀하셨다.

"물질이 집착된다거나 집착되지 않는다는 〔생각에〕 들지 않는다면 반야바라밀다에 드는 것이니라. 눈[眼]이 집착된다거나 집착되지 않는다는 〔생각에〕 들지 않는다면 반야바라밀다에 드는 것이니라. 이와 같이 〔귀, 코, 혀, 몸,〕 생각의 〔기관들〕을 통한 접촉에서 생겨나는 감수(感受)에 이르기까지 그 〔모두가〕 집착된다거나 집착되지 않는다는 〔생각에〕 들지 않는다면 반야바라밀다에 드는 것이니라. 땅의 요소가 집착된다거나 집착되지 않는다는 〔생각에〕 들지 않는다면 반야바라밀다에 드는 것이니라. 〔물, 불, 바람, 하늘,〕 인식의 요소에 이르기까지 그 〔모두가〕 집착된다거나 집착되지 않는다는 〔생각에〕 들지 않는다면 반야바라밀다에 드는 것이니라. 보시바라밀다가 집착된다거나 집착되지 않는다는 〔생각에〕 들지 않는다면 반야바라밀다에 드는 것이니라. 이와 같이 지계·인욕·정진·선정·반야〔의 6〕바라밀다가 집착된다거나 집착되지 않는다는 〔생각에〕 들지 않는다면 반야바라밀다에 드는 것이니라. 이와 같이 37개의 보리분법(菩提分法), 〔여래의 10〕력, 〔여래의 4〕무소외(四無所畏), 무애변(無礙辯), 18종의 불법들이 집착된다거나 집착되지 않는다는 〔생각에〕 들지 않는다면, 반야바라밀다에 드는 것이니라. 예류과가 집착된다거나 집착되지 않는다는 〔생각에〕 들지 않는다면 반야바라밀다에 드는 것이니라. 이와 같이 일래과 불환과 아라한과가 집착된다거나 집착되지 않는다는 〔생각에〕 들지 않는다면 반야바라밀다에 드는 것이니라. 독각성, 불성, 전지자성이 집착된다거나 집착되지 않는다는 〔생각에〕 들지 않는다면 반야바라밀다에 드는 것이니라.

수보리야, 이러한 방식으로 수행하는 보살마하살은 물질에서 집착을 만들어내지 않느니라. 감각·표상·의욕·사유에서도 집착을 만들어내지 않느니라. 눈[眼]에서 집착을 만들어내지 않느니라. 〔귀, 코, 혀, 몸,〕 생각〔기관〕을 통한 접촉에서 생겨나는 감수(感受)에 이르기까지 그 〔모두에서〕 집착을 만들어내지 않느니라. 땅의 요소에서 집착을 만들어내지 않느니라. 〔물, 불, 바람, 하늘,〕 인식의 요소에 이르기까지 그 〔모두에서〕 집착을 만들어내지 않느니라. 보시바라밀다에서 집착을 만들어내지 않느니라. 지계·인욕·정진·선정·반야〔의 6〕 바라밀다에서 집착을 만들어내지 않느니라. 보리분법(菩提分法), 〔여래의 10〕력, 〔여래의 4〕무소외(四無所畏), 무애변(無礙辯), 18종의 불법들에서 집착을 만들어내지 않느니라. 예류과에서 집착을 만들어내지 않느니라. 일래과, 불환과, 아라한과에서 집착을 만들어내지 않느니라. 독각성에서 집착을 만들어내지 않느니라. 불성에서 집착을 만들어내지 않느니라. 전지자성에서도 집착을 만들어내지 않느니라. 그 이유는 무엇일까? 수보리야, 전지자성은 집착되지도 속박되지도 해방되지도 않기 때문이니라. 수보리야, 보살마하살은 이와 같이 모든 집착을 넘어서는 방향으로 반야바라밀다에 들어야 할 것이니라."

법의 증감(增減)

《 14 》 수보리가 아뢰었다.

"세존이시여, 반야바라밀다라는 법이 이 정도로까지 깊다는 것은 〔참으로〕 경이롭습니다. 가르쳐지는 반야바라밀다는 감소하지 않습니다. 가르쳐지지 않는 반야바라밀다도 감소하지 않습니다. 가르쳐지는 반야바라밀다는 증대하지 않습니다. 가르쳐지지 않는 반야바라밀다도 증대하지 않습니다."

세존께서 수보리 장로에게 다음과 같이 말씀하셨다.

"대단하다. 수보리야, 대단하다. 그러하다. 그러하느니라. 수보리야, 이는 마치 공양을 받을 만하며 올바르고 완전하게 깨달은 여래가 살아생전에 허공의 미(美)를 칭송할 때에도 허공이 증대하지 않으며, 그 아름다움이 칭송되지 않을 때에도 허공이 감소되지 않는 것과 같으니라. 수보리야, 그것은 마치 환인(幻人)이 그 미가 칭송될 때에도 〔미혹에〕 이끌리지도 고통스러워하지도 않으며, 그 아름다움이 칭송되지 않을 때에도 저해(沮害)되지도 고통스러워하지도 않는 것과 같으니라. 수보리야, 바로 이와 같이 법들의 법성〔이라는 것〕은 가르쳐질 때에도 그 정도이며, 가르쳐지지 않을 때에도 그 정도이니라."

어려운 일의 수행자

❰ **15** ❱ 상좌인 수보리 장로가 아뢰었다.

"세존이시여, 〔깊고〕 깊은 반야바라밀다에 들고 전념할 때 낙담하지 않고 〔흥분하여〕 날뛰지 않으며, 그곳에서 노력하는 불퇴전의 보살마하살은 어려운 일을 수행하는 자입니다. 세존이시여, 반야바라밀다에 대한 전념〔이라는 것〕은 허공에 대한 전념인 것입니다. 세존이시여, 공력(功力)을 장착한 그러한 보살마하살은 마땅히 경배되어야 할 것입니다. 그 이유는 무엇일까요? 세존이시여, 유정들을 위해 공력을 장착하는 자는 허공으로도 장착하기 바라는 자이기 때문입니다. 세존이시여, 보살마하살은 위대한 공력을 장착한 자입니다. 세존이시여, 허공과 같은 유정들, 법계(法界)의 유정들을 위해 공력을 장착하기 바라며, 무상의 올바르고 완전한 깨달음을 터득하기 바라는 보살마하살은 영웅입니다. 세존이시여, 그는 허공을 해방시키기 바라는 자입니다. 세존이시여, 그는 허공을 들어 올리기 바라는 자입니다. 세존이시여, 허공과 같은 법계의 유정들을 위해 공력을 장착하는 보살마하살은 위대한 정진바라밀다를 공력을 장착한 자입니다."

《 16 》 그때 어떤 비구가 세존께 다가가 합장으로 예를 올린 뒤 세존께 다음과 같이 아뢰었다.

"세존이시여, 저는 반야바라밀다를 경배합니다. 그렇듯 반야바라밀다는 그 어떤 법도 만들어내지 않으며, 그 어떤 법도 소멸시키지 않습니다."

《 17 》 그러자 천제석이 수보리 장로에게 다음과 같이 물었다.

"성스러운 수보리여, 바로 여기 반야바라밀다에서 노력을 하려는 자는 도대체 어디에서 노력을 〔해야〕 할까요?"

수보리 장로가 대답했다.

"교시가여, 허공에서 수련할 것입니다. 반야바라밀다에서 노력을 하려는 자는, 반야바라밀다에서 수련과 노력해야 한다고 생각할 자는 〔탁 트인〕 공간에서 노력해야 할 것입니다."

《 18 》 천제석이 세존께 아뢰었다.

"세존께서 명을내려주십시오! 저는 반야바라밀다를 마음에 새기는 선남자나 선여인을 지키고 막아주며 보호하는 일을 수행할 것입니다."

그때 수보리 장로가 천제석에게 물었다.

"교시가여, 당신은 당신이 지키려는 그 법을 볼 수 있습니까?"

천제석이 대답했다.

"성스러운 수보리여, 그렇지 않습니다."

수보리 장로가 말했다.

"교시가여, 이와 같이 만약 보살마하살이 알려진 대로의 반야바라밀다에 머문다면, 바로 반야바라밀다가 그를 지키고 막아주며 보호해 줄 것입니다. 하지만 반야바라밀다를 결여한 자라면, 약점 공략을 찾거나 구하고 있는 인간이나 귀신들이 그의 〔약점〕 공략〔법〕을 얻게 될 것입니다. 교시가여, 반야바라밀다를 수행하는 보살마하살을 지키고 막아주며 보호하는 일이 철저하게 수행되어져야 할 것이라 생각하는 자는 허공 또한 지키고 막아주며 보호하는 일이 철저하게 수행되어져야 할 것이라 생각할 것입니다. 당신은 어떻게 생각하십니까? 교시가여, 당신은 메아리를 지키고 막아주며 보호하는 일을 수행할 만한 힘을 갖고 있습니까?"

천제석이 대답했다.

"성스러운 수보리여, 그렇지 않습니다."

수보리 장로가 말했다.

"교시가여, 바로 이와 같이 반야바라밀다에 들어가 머무는 보살마하살은 모든 법이 메아리와 같은 것이라고 이해하며, 제법을 생각하지도 〔바라〕보지도 알지도 의식하지도 않습니다. 그 모든 법은 찾아지지도 보이지도 존재하지도 인식되지도 않는 것들이라 〔이해하며, 보살마하살은〕 머물고 있는 것입니다. 이와 같은 방식으로 보살마하살이 머문다면, 그는 반야바라밀다에 드는 것입니다."

불타의 위신력

❰ **19** ❱ 그러자 불타의 위신력으로 〔만들어져 나온〕 삼천대천세계의 사천왕들, 모든 천제석, 대범천(大梵天)의 모든 천신, 사바세계(娑婆世界)의 주인인 대범천왕, 그 모두가 세존께 가까이 다가갔다. 다가간 후 세존의 양발에 머리를 조아린 뒤, 세존의 오른쪽으로 세 번 돌고는 한쪽에 섰다. 한쪽에 선 사천왕들과 그 모든 천제석, 대범천의 모든 천신, 사바세계의 주인인 대범천왕이 불타의 위신력과 불타의 가피로 수천의 불타들에게 주의를 기울였다. 수보리라는 이름이 주어진 비구들은 바로 그러한 이름과 단어, 문자들을 통해 바로 이 반야바라밀다를 보여주었고, 이는 바로 반야바라밀다의 〔청정에 관한〕 장이었다.

그곳 〔천계〕에서도 천제석들이 물었고, 질문했으며, 바로 여기 지상에서도 반야바라밀다가 보여졌다. 미륵 보살마하살 또한 무상의 올바르고 완전한 깨달음을 깨달은 뒤 바로 이 지상에서 바로 이 반야바라밀다를 설할 것이다.

성스러운 팔천송반야경에서 '반야바라밀다의 청정성(清淨性)'으로 불리는 여덟 번째 장

제 9 장

반야바라밀다에 대한 찬탄(讚嘆)

◉

स्तुतिपरिवर्तो नवमः

법의 명칭

(01) 그때 수보리 장로가 세존께 아뢰었다.

"세존이시여, 반야바라밀다라고 〔말해지는〕 이것은 이름에 불과한 것입니다. 또한 그 이름〔에 해당하는 것〕이 이것이라고 인식되지〔도〕 않습니다. 이름은 단어에 지나지 않는다고 말합니다. 그 반야바라밀다 또한 존재하지도 인식되지도 않습니다. 실로 이름처럼 반야바라밀다도 실로 그러합니다. 반야바라밀다처럼 이름도 그러합니다. 이 두 개의 법은 존재하지도 인식되지도 않습니다. 세존이시여, 〔그렇다면〕 미륵 보살마하살은 어떤 근거에서 무상의 올바르고 완전한 깨달음을 깨달은 뒤 바로 이러한 이름들로, 바로 이러한 단어들로, 바로 이러한 문자들로 바로 여기 지상에서 반야바라밀다를 설한다는 것일까요?"

이와 같이 여쭙자 세존께서 수보리 장로에게 다음과 같이 대답하셨다.

"수보리야, 미륵 보살마하살은 물질이 항상적이지도 무상적이지도 않다고, 물질이 속박되어 있지도 해방되어 있지도 않다고, 극도로 청정한 것이라고 깨달을 것이니라. 감각·표상·의욕도 이와 같다고 깨달을 것이며, 사유 또한 항상적이지도 무상적이지도 않다고, 속박되어 있지도 해방되어 있지도 않다고, 극도로 청정한 것이라고 깨달을 것이니라. 수보리야, 이러한 근거에서 미륵 보살마하살은 무상의 올바르고 완전한 깨달음을 깨달은 뒤 바로 그러한 단어와 문장들, 그리고 〔명료한〕 발음으로 바로 여기 지상에서 반야바라밀다를 설할 것이니라."

법의 청정성

02 수보리 장로가 세존께 아뢰었다.

"아! 세존이시여, 반야바라밀다는 청정한 것입니다."

세존께서 말씀하셨다.

"수보리야, 물질이 청정하기에 반야바라밀다가 청정한 것이니라. 감각·표상·의욕도 이와 같으며, 사유가 청정하기에 반야바라밀다가 청정한 것이니라. 수보리야, 물질이 불생(不生), 불멸(不滅), 불오(不汚), 부정(不淨)이란 방식으로 청정〔성〕을 갖기에 반야바라밀다가 청정한 것이니라. 감각·표상·의욕도 이와 같으며, 수보리야, 사유가 불생, 불멸, 불오, 부정이란 방식으로 청정〔성〕을 갖기에 반야바라밀다가 청정한 것이니라. 수보리야, 허공이 청정하기에 반야바라밀다가 청정한 것이니라. 수보리야, 물질이 오염되지도 얻어지지도 않는 것이기에 반야바라밀다가 청정한 것이니라. 감각·표상·의욕도 이와 같으며, 수보리야, 사유가 오염되지도 얻어지지도 않는 것이기에 반야바라밀다가 청정한 것이니라. 수보리야, 허공과 메아리가 말해지지도 언급되지도 흠을 갖고 있지도 않은 것이기에 반야바라밀다가 청정한 것이니라. 모든 것이 흠을 갖거나 흠을 갖지 않는 법들에 오염되지 않은 것들이기에 반야바라밀다가 청정한 것이니라."

반야바라밀다의 복덕

《 **03** 》 그러자 수보리 장로가 세존께 아뢰었다.

"세존이시여, 아! 이 반야바라밀다〔의 소리〕가 청각의 범위에 미칠 선남자나 선여인에게는 여러 이득을 얻는 데 어려움이 없을 것입니다. 무엇보다도 〔반야바라밀다를〕 습득하고 마음에 새기며, 낭송하고 통달하며, 〔사람들 사이에〕 퍼트리며, 가르치고 보여주고, 알려주며, 되새길 선남자나 선여인, 그들에게는 눈병이 생기지 않을 것입니다. 귀 코 혀 몸에 병이 생기지 않을 것입니다. 우둔함이 생기지 않을 것입니다. 나쁜 어떤 것들에 둘러싸여 있지 않은 상태이기에 횡사하는 일도 없을 것입니다. 수천의 많은 신들이 그들의 뒤를 바로 따를 것입니다. 그리고 〔삼재일(三齋日)인〕 8일, 14일, 15일에 설법자인 선남자나 선여인은 반야바라밀다를 설할 것이고, 〔그리하여〕 더 많은 복덕을 얻게 될 것입니다."

세존께서 수보리에게 다음과 같이 말씀하셨다.

"그러하다, 수보리야. 그러하다, 수보리야. 수천의 많은 신들이 선남자나 선여인의 뒤를 바로 따를 것이니라. 그리고 법을 듣기 바라는 수천에 달하는 많은 신들 모두가 그 〔설법〕 장소에 올 것이니라. 또한 그들은, 반야바라밀다를 말하는 선남자나 선여인을 지키고 막아주며 보호하는 일을 철저하게 수행할 것이니라. 그 이유는 무엇일까? 반야바라밀다는 신·인간·아수라들을 포함하는 세간에서 최고의 보배이기 때문이니라. 수보리야, 그러한 〔행동의〕 이유로도 선남자나 선여인은 더 많은 복덕을 얻게 될 것이니라. 수보리야, 하지만 〔깊고〕 깊은 반야바라밀다가 〔책의 형식으로〕 기록되며, 습득되고 마음에 새겨지며, 낭송되고 통달되며, 널리 퍼트려지며, 가르쳐지고 보여지고, 되새겨질 때 많은 방해들도 분명 있을 것이니라.

그 이유는 무엇일까? 수보리야, 많은 적대감을 불러일으키는 위대한 보배들이 존재하기 때문이니라. 〔그 보배가 갖는〕 힘이 세다면, 더 강한 적대감을 불러일으킬 것이니라. 수보리야, 반야바라밀다라는 것은 세간에서 최고의 위대한 보배이니라. 이것은 세간의 안녕과 행복을 위해 등장한 것이니라. 제법이 불생, 불멸, 불오이기에 〔반야바라밀다는〕 불괴(不壞)의 방식으로 〔세간에〕 이득을 주는 것이니라. 수보리야, 반야바라밀다라는 그 어떤 법에도 집착하지 않느니라. 그 어떤 법도 더럽히지 않느니라. 그 어떤 법도 취하지 않느니라. 그 이유는 무엇일까? 수보리야, 모든 법은 존재하지도 인식되지도 않기 때문이니라. 수보리야, 〔제법이〕 인식되지 않기에 반야바라밀다라는 더럽혀지지 않는 것이니라. 수보리야, 더럽혀지지 않는다고 하는 것이 〔바로〕 이 반야바라밀다이니라. 수보리야, 물질이 오염되어 있지 않기에 이 반야바라밀다가 오염되어있지 않은 것이니라. 감각·표상·의욕도 이와 같으며, 수보리야, 사유가 오염되어 있지 않기에 반야바라밀다가 오염되어있지 않은 것이니라. 수보리야, 만약 보살마하살도 이와 같은 방식으로 의식하지만 않는다면, 반야바라밀다에 드는 것이니라. 수보리야, 다시 〔말하지만〕 반야바라밀다는 그 어떤 법도 취하지도 거기에 머물지도 그것을 보여주지도 반입하지도 반출하지도 않는 것이니라."

전법륜(轉法輪)

❪ **04** ❫ 그때 수천의 많은 천자들이 공중에서 기쁨의 탄성을 질렀고, 옷을 벗어 흔드는 행위들을 보이고는, "아! 우리가 염부제에서 두 번째로 전법륜을 본다"라고 외쳤다.

그러자 세존께서 상좌인 수보리 장로에게 말씀하셨다.

"수보리야, 이 두 번째의 전법륜은 결코 그 어떤 법의 나아감이나 물러남이 아니니라. 수보리야, 반야바라밀다는 〔바로〕 보살마하살을 위한 것이니라."

❪ **05** ❫ 수보리 장로가 세존께 아뢰었다.

"세존이시여, 이 〔반야바라밀다는〕 모든 법에 집착하지 않으며 무상의 올바르고 완전한 깨달음을 터득하기 바라지만 그 어떤 법도 터득하지 않으며 법륜(法輪)을 널리 퍼트릴, 그 어떤 법도 보여주지 않을 보살마하살에게는 위대한 바라밀다입니다. 그 이유는 무엇일까요? 인식되거나 가리켜지는 그 어떤 법도 존재하지 않기 때문이며, 그렇기에 그 누구도 법을 널리 퍼트리지 못하기 때문입니다. 세존이시여, 제법은 절대적인 불생이기 때문입니다. 누구도 그 어떤 법도 돌아가게 만들지 못하기 때문입니다. 세존이시여, 제법은 본성상 〔실세계에서〕 해방되어 있기에 처음부터 생겨나지 않는 것들이기 때문입니다."

공성(空性)·무상(無相)·무원(無願)

❰ **06** ❱ 세존께서 수보리 장로에게 다음과 같이 말씀하셨다.

"그러하다. 수보리야, 그러하느니라. 수보리야, 공성은 실로 생기지도 사라지지도 않는 것이니라. 수보리야, 특징이 없는 무상 또한 생기지도 사라지지도 않는 것이니라. 소원이 없는 무원 역시 생기지도 사라지지도 않는 것이니라. 수보리야, 이와 같이 설법은 제법에 대한 교설이니라. 〔설법은〕 그 누구에 의해서도 가르쳐지지도 들려지지도 수용되지도 않는 것이니라. 〔또한〕 그 누구에 의해 깨달아진 것도, 깨달아지는 것도, 깨달아질 것도 아니니라. 설법으로 인해 열반에 든 자도, 열반에 들 자도, 열반에 드는 자도 존재하지 않느니라. 설법으로 인해 공경을 받는 자도 존재하지 않느니라."

❰ **07** ❱ 수보리 장로가 아뢰었다.

"세존이시여, 허공의 존재성을 고려한다면, 이 〔반야바라밀다라는 것〕은 무-존재의 바라밀다입니다. 세존이시여, 제법(諸法)의 무-인식 상태를 고려한다면, 이것은 〔그 어떤 것과도 전혀 같지 않은 상태인〕 유일무이의 바라밀다입니다. 세존이시여, 절대적인 공성을 고려한다면, 〔반야바라밀다〕는 〔실세계에서〕 이탈되어 있는 바라밀다입니다. 제법의 무-인식 상태를 고려한다면, 이것은 〔다른 이에 의해〕 분쇄(粉碎)되지 않는 바라밀다입니다. 세존이시여, 무명(無名)과 무체(無體)의 상태를 고려한다면, 이것은 궤적이 없는 바라밀다입니다. 세존이시여, 무래(無來)와 무거(無去)를 고려한다면, 이것은 무체의 바라밀다입니다. 세존이시여, 제법의 무-구별 상태를 고려한다면,

이것은 무언(無言)의 바라밀다입니다. 세존이시여, 〔5〕온이 인식되지 않는〔다는〕 상태를 고려한다면, 이것은 무명(無名)의 바라밀다입니다. 세존이시여, 제법의 무거성(無去性)을 고려한다면, 이것은 무거의 바라밀다입니다.

세존이시여, 제법이 〔그 누구에 의해서도〕 취해지지 않는다는 사실을 고려한다면, 이 〔반야바라밀다〕는 〔그 누구도〕 가져갈 수 없는 바라밀다입니다. 세존이시여, 소멸되지 않는 법과의 연관성을 고려한다면, 이것은 무진(無盡)의 바라밀다입니다. 세존이시여, 제법의 불생을 고려한다면, 이것은 불생의 바라밀다입니다. 세존이시여, 만든 이가 인식되지 않음을 고려한다면, 이것은 만든 이가 없는 바라밀다입니다. 세존이시여, 제법의 무아성(無我性)을 고려한다면, 이것은 무지자(無知者)의 바라밀다입니다. 세존이시여, 사생(死生)이 일어나지 않음을 고려한다면, 이것은 무변(無變)의 바라밀다입니다. 세존이시여, 과거·미래·현재와 같은 대상들의 무-인식을 고려한다면, 이것은 〔번뇌 등을〕 초월한 바라밀다입니다. 세존이시여, 불생에 대해 알게 해준다는 사실을 고려한다면, 이것은 꿈, 메아리, 환상, 신기루, 환영의 바라밀다입니다. 세존이시여, 탐욕·증오·망상의 무-자성을 고려한다면, 이것은 〔번뇌로〕 오염되지 않는 바라밀다입니다.

세존이시여, 〔오염된, 그래서 정화되어야 할 유정과 같은〕 대상의 무-인식을 고려한다면, 이 〔반야바라밀다〕는 무-정화(淨化)의 바라밀다입니다. 세존이시여, 오염이 없는 허공의 상태를 고려한다면, 이것은 오염을 갖지 않는 바라밀다입니다. 세존이시여, 사고〔의 경계〕를 완전하게 넘어서는 제법의 상태를 고려한다면, 이것은 허언(虛言)

을 보여주지 않는 바라밀다입니다. 세존이시여, 부동성(浮動性)을 고려한다면, 이것은 사고를 갖지 않는 바라밀다입니다. 세존이시여, 법계(法界)의 안정성을 고려한다면, 이것은 흔들림이 없는 바라밀다입니다. 세존이시여, 제법의 비-허위성을 고려한다면, 이것은 애착을 갖지 않는 바라밀다입니다. 세존이시여, 제법의 무-분별(分別)을 고려한다면, 이것은 불생의 바라밀다입니다. 세존이시여, 제법의 유상성(有相性)이 인식되지 않음을 고려한다면, 이것은 정숙(靜肅)한 바라밀다입니다. 세존이시여, 공덕이 깃든 바라밀다를 고려한다면, 이것은 과실이 없는 바라밀다입니다.

세존이시여, 망상의 부재(不在)를 고려한다면, 이 〔반야바라밀다〕는 번뇌를 갖지 않는 바라밀다입니다. 세존이시여, 진실한 궁극〔의 상태〕를 고려한다면, 이것은 유정(有情)을 갖지 않는 바라밀다입니다. 세존이시여, 제법(諸法)의 생기(生起)가 생기가 아니라는 것을 고려한다면, 이것은 무량의 바라밀다입니다. 세존이시여, 제법에 집착하지 않음을 고려한다면, 이것은 두 개의 극단(極端)을 따르지 않는 바라밀다입니다. 세존이시여, 제법의 무-차별을 고려한다면, 이것은 무-차별의 바라밀다입니다. 세존이시여, 성문과 독각의 모든 경지를 추구하지 않음을 고려한다면, 이것은 집착하지 않는 바라밀다입니다.

세존이시여, 분별의 비-편향성을 고려한다면, 이 〔반야바라밀다〕는 분별을 갖지 않는 바라밀다입니다. 세존이시여, 무량의 법성(法性)을 고려한다면, 이것은 무량의 바라밀다입니다. 세존이시여, 제법의 비-집착을 고려한다면, 이것은 집착을 갖지 않는 바라밀다입니다. 세존이시여, 제법의 무위성(無爲性)을 고려한다면, 이것은 무상(無常)

의 바라밀다입니다. 세존이시여, 허공〔의 보편성〕에 상응하는 법성(法性)을 고려한다면, 이것은 〔제법에 보편적인〕 고통의 바라밀다입니다. 세존이시여, 제법의 무-인식을 고려한다면, 이것은 공(空)한 바라밀다입니다. 세존이시여, 제법의 무-집착을 고려한다면, 이것은 무아(無我)의 바라밀다입니다. 세존이시여, 제법의 불생을 고려한다면, 이것은 특징을 갖지 않는 무상(無相)의 바라밀다입니다. 세존이시여, 한계도 경계도 없는 상태를 고려한다면, 이것은 모든 공성(空性)의 바라밀다입니다. 세존이시여, 그 〔37개의 보리분법(菩提分法)〕들의 무-인식을 고려한다면, 이것은 〔4〕염처(四念處)로 시작하는 보리분법의 바라밀다입니다.

세존이시여, 3해탈문(三解脫門)의 무-인식을 고려한다면, 이 〔반야바라밀다〕는 공성(空性)·무상(無相)·무원(無願)의 바라밀다입니다. 세존이시여, 〔8해탈〕의 무-인식을 고려한다면, 이것은 8해탈의 바라밀다입니다. 세존이시여, 초선(初禪) 등의 무-인식을 고려한다면, 이것은 구양입구경선(九樣入究竟禪)의 바라밀다입니다. 세존이시여, 고통 등의 무-인식을 고려한다면, 이것은 4제(四諦)의 바라밀다입니다. 세존이시여, 보시 등의 무-인식을 고려한다면, 이것은 10〔종의〕 바라밀다입니다. 세존이시여, 〔다른 이에 의해〕 분쇄되지 않음을 고려한다면, 이것은 〔여래가 갖는 10종의 지〕력의 바라밀다입니다. 세존이시여, 절대적인 비-외축(畏縮)을 고려한다면, 이것은 〔여래가 갖는〕 신념들인 4무소외(四無所畏)의 바라밀다입니다. 세존이시여, 전지자성에 대한 무-집착과 무-악의를 고려한다면, 이것은 무애변(無礙辯)의 바라밀다입니다. 세존이시여, 셈을 초월하는 상태를 고려한다면,

이것은 모든 불타가 갖는 〔18〕불공법의 바라밀다입니다. 세존이시여, 제법의 비-허위성을 고려한다면, 이것은 여래가 갖는 진여의 바라밀다입니다. 세존이시여, 제법의 비-자성을 고려한다면, 이것은 저절로 생겨나는 바라밀다입니다. 세존이시여, 제법의 자성과 모든 양상에 대한 완전한 지식을 고려한다면, 반야바라밀다라는 것은 전지자의 바라밀다입니다."

성스러운 팔천송반야경에서 '반야바라밀다에 대한 찬탄(讚嘆)'으로 불리는 아홉 번째 장

제 10 장

반야바라밀다의 유지에 따른 공덕

धारणगुणपरिकीर्तनपरिवर्तो दशमः

전생의 업

❨ 01 ❩ 그때 천제석에게 생각이 들었다.

'이 반야바라밀다〔의 소리〕가 청각의 범위에 미치는 선남자와 선여인들은 이전의 승자 〔불타〕를 공양한 주체들일 것이며, 수많은 불타들에 선근들을 심은 자들일 것이고, 좋은 벗들에게 보호받는 자들일 것이다. 바로 이러한 반야바라밀다를 습득하고 마음에 새기며 낭송하고 통달하며 널리 퍼트리고 가르치며 보여주고 알리며 되새기고, 마음에 새기며 낭송하고 통달하며 널리 퍼트리고 가르치며 보여주고 알리며 되새긴 후 진여를 위해 수련하고, 진여를 위해 수행하며, 진여를 위해 노력을 할 그러한 선남자와 선여인들 〔또한〕, 말할 것도 없이, 그들은 열등한 선근들을 갖춘 자들이 아닐 것이며, 수많은 불타들을 숭배한 자들일 것이다.

〔이〕 선남자와 선여인들은 공양을 받을 만하며 올바르고 완전하게 깨달은 과거의 여래들 앞에서도 들었던 바로 이 반야바라다밀다에 관해 세존 불타들에게 묻고 질문한 자들일 것이다. 이 세간에서도 이 반야바라밀다를 듣고, 들은 뒤에는 습득하고 마음에 새기며 낭송하고 통달하며 널리 퍼트리고 가르치며 보여주고 알리며 되새기고, 진여를 위해 수련하고, 진여를 위해 수행하며, 진여를 위해 노력을 할 〔선남자와 선여인〕들, 〔그리고〕 이 반야바라밀다가 말해지고 가르쳐지며 보여지고 알려지며 되새겨질 때, 우울하지도 겁을 먹지도 절망하지도 절망에 빠져들지도 우울해지지도 낙담하게 되지도 〔겁을 먹어〕 놀라지도 〔두려움에〕 떨지도 〔공포의〕 떨림에 빠져들지도 않을 그런 선남

자와 선여인들도 수많은 불타들에 선근들을 심은 자들일 것이다.'

짧은 선근(善根)

❰ 02 ❱ 사리자 장로가 천제석의 그와 같은 마음속의 심경을 마음으로 바로 알아차리고는 세존께 아뢰었다.

"세존이시여, 바로 이 반야바라밀다가 말해지고 가르쳐지며 보여질 때 〔이를〕 믿고 신뢰하며, 〔여기에 진정으로〕 전념한 후 정심(淨心)을 갖게 되고, 깨달음을 향한 마음을 일으킨 〔뒤의〕 선남자나 선여인은 반야바라밀다를 습득하고 마음에 새기며 낭송하고 통달하며 널리 퍼트리고 가르치며 보여주고 알리며 되새기고, 진여를 위해 수련하고, 진여를 위해 수행하며, 진여를 위해 노력을 할 것입니다. 〔그렇기에〕 이들은 불퇴전의 보살마하살처럼 〔마음에〕 새겨져야 할 것입니다. 그 이유는 무엇일까요? 세존이시여, 이 반야바라밀다는 〔깊고〕 깊은 것이기 때문입니다.

세존이시여, 짧은 선근들을 갖고 있는 자, 불타세존들과 서로 마주 보고 있는 상태임에도 〔그 어떤 것도〕 듣지도 물음의 의욕도 갖지 못하는 자, 과거에 〔반야바라밀다를 향해〕 수행하지 않은 자들은 이와 같은 식으로 바로 이 세간에서 이 〔깊고〕 깊은 반야바라밀다에 전념할 수 없습니다. 세존이시여, 전념하지 못해 〔이를〕 이해하지 못하고, 반야바라밀다가 거부되어야 한다고 생각할, 그러한 선남자와 선여인들은 과거에서도 〔지금〕 말해지고 있는 이 〔깊고〕 깊은 반야바라밀다를 거부한 자들〔일 것〕입니다. 그 이유는 무엇일까요? 〔그들이 갖고 있는〕 선근들이 짧기 때문입니다.

세존이시여, 실로 과거에서〔부터〕 수행해 오지 않은 자들은 이 〔깊고〕 깊은 반야바라밀다에 전념할 수 없습니다. 〔지금〕 말해지고 있는 이러한 〔깊고〕 깊은 반야바라밀다를 거부할 그러한 자들은 다음과 같이 알려져야 합니다. '그들은 과거에서도 〔지금〕 말해지고 있는 이 〔깊고〕 깊은 반야바라밀다를 거부했다'〔라고 말입니다〕. 이 〔깊고〕 깊은 반야바라밀다가 말해지 때, 그들에게는 믿음도 인욕(忍辱)도 즐거움도 열정도 정진(精進)도 조심성도 전념도 존재하지 않는 것입니다. 이러한 자들은 과거에 불타세존들에게 묻거나 질문을 해본 적도 없는 자들인 것입니다."

반야바라밀다로의 귀의

《 03 》 그러자 천제석이 사리자 장로에게 말했다.

"성스러운 사리자여, 반야바라밀다는 〔깊고〕 깊은 것입니다. 이 〔깊고〕 깊은 반야바라밀다가 말해질 때, 과거에〔서부터〕 수행해 오지 않은 보살마하살이 여기에 전념하지 못할 것이라는 〔당신의 말은〕 참으로 경이로울 따름입니다."

그러고는 천제석이 세존께 아뢰었다.

"세존이시여, 저는 반야바라밀다에 귀의합니다. 세존이시여, 반야바라밀다에 귀의하는 자는 〔바로〕 전지자의 불지에 귀의하는 것입니다."

세존께서 말씀하셨다.

"교시가야, 그러하다. 그러하느니라. 교시가야, 반야바라밀다에 귀의하는 자는 〔바로〕 전지자의 불지에 귀의하는 것이 되느니라. 그 이유는 무엇일까? 교시가야, 불타세존들의 전지자성은 〔바로〕 이 〔반야바라밀다〕에서 나오며, 역으로 반야바라밀다는 전지자성에서 비롯되는 것이기 때문이니라. 이러한 방식으로 반야바라밀다에 들어야 할 것이니라. 이와 같이 반야바라밀다에 머물러야 할 것이니라. 이처럼 반야바라밀다에서 수행해야 할 것이니라. 이러한 식으로 반야바라밀다에서 노력해야 할 것이니라."

수행 방식

〈 04 〉 천제석이 세존께 여쭈었다.

"세존이시여, 반야바라밀다에서 수행하는 보살마하살은 반야바라밀다에서 어떻게 머물러 있어야 할까요? 반야바라밀다에서 수행하는 〔그는〕 반야바라밀다에서 어떻게 노력해야 할까요?"

세존께서 천제석에게 다음과 같이 대답하셨다.

"교시가야, 대단하다. 교시가야, 대단하다. 교시가야, 공양을 받을 만한 올바르고 완전하게 깨달은 여래에게 〔어떻게 머물고 노력해야 하는지에 대한〕 의미를 물어야 한다고 질의해야 한다고 생각하는 네가 〔참으로〕 대단하구나. 교시가야, 너의 이러한 능력 또한 불타의 위신력을 통해 나온 것이니라. 교시가야, 여기 반야바라밀다에서 수행하는 보살마하살은 물질에 머물지 않느니라. '이것이 물질이다'라는 〔생각에〕 머물지 않느니라. 교시가야, 그래서 보살마하살은 물질에 머물지 않는 것이니라. '이것이 물질이다'라는 〔생각에〕 머물지 않는 것이니라. 감각·표상·의욕에 대해서도 이와 같으니라. 〔반야바라밀다에서 수행하는 보살마하살은〕 사유에 머물지 않느니라. '이것이 사유이다'라는 〔생각에〕 머물지 않느니라. 교시가야, 그래서 보살마하살은 사유에 머물지 않는 것이니라. '이것이 사유이다'라는 〔생각에〕 머물지 않는 것이니라. 교시가야, 〔반야바라밀다에서 수행하는 보살마하살은〕 '이것이 물질이다'고 〔생각하며〕 노력하지 않느니라. 그래서 교시가야 〔보살마하살〕은 '이것이 물질이다'고 〔생각하며〕 노력하지 않으며, '물질은 이와 같다'고 〔생각하며〕 머물지 않는 것이니라. 감각·표상·의욕에 대해서도 이와 같으니라. 〔반야바라밀다에서 수행하는 보살마하살은〕 '이것이 사유이다'고 〔생각하며〕 노력하지 않느니라. 그래서 교시가야 〔보살마하살〕은 '이것이 사유이다'고 〔생각하며〕 노력하지 않으며, '사유는 이와 같다'고 〔생각하며〕 머물지 않는 것이니라. 이러한 식으로 반야바라밀다에 머물러 있는 것이며, 이러한 방식으로 반야바라밀다에서 노력하고 있는 것이니라."

❨ 05 ❩ 그때 사리자 장로가 세존께 아뢰었다.

"세존이시여, 반야바라밀다는 〔깊고〕 깊은 것입니다. 세존이시여, 반야바라밀다는 다가가기 어려운 것입니다. 세존이시여, 반야바라밀다는 파악하기 어려운 것입니다. 세존이시여, 반야바라밀다는 무량한 것입니다."

세존께서 말씀하셨다.

"그러하다. 사리자야, 그러하느니라. 사리자야, 〔반야바라밀다에서 수행하는 보살마하살은〕 '물질은 깊은것이다'라고 〔생각하며〕 머물지 않느니라. 사리자야, 그래서 〔보살마하살〕은 '물질은 깊은 것이다'라고 〔생각하며〕 머물지 않는 것이니라. 이러한 방식으로 물질에서 노력을 하는 것이니라. 감각·표상·의욕에 대해서도 이와 같으니라. 사리자야, 〔반야바라밀다에서 수행하는 보살마하살은〕 '사유는 깊은 것이다'라고 〔생각하며〕 머물지 않느니라. 사리자야, 그래서 〔보살마하살〕은 '사유는 깊은 것이다'라고 〔생각하며〕 머물지 않는 것이니라. 이러한 방식으로 사유에서 노력을 하는 것이니라. 사리자야, 〔반야바라밀다에서 수행하는 보살마하살은〕 '물질은 깊은 것이다'라고 〔생각하며〕 노력하지 않느니라. 사리자야, 그래서 〔보살마하살〕은 '물질은 깊은 것이다'라고 〔생각하며〕 노력하지 않는 것이니라. '물질은 이와 같이 깊다'라고 〔생각하며〕 머물지 않는 것이니라. 감각·표상·의욕에 대해서도 이와 같으니라. 사리자야, 〔반야바라밀다에서 수행하는 보살마하살은〕 '사유는 깊은 것이다'라고 〔생각하며〕 노력하지 않느니라. 사리자야, 그래서 〔보살마하살〕은 '사유는 깊은 것이다'라고 〔생각하며〕 노력하지 않는 것이니라. '사유는 이와 같이 깊다'라고 〔생각하며〕 머물지 않는 것이니라."

06 사리자 장로가 세존께 아뢰었다.

"세존이시여, 〔깊고〕 깊은 반야바라밀다는 불퇴전의 보살마하살 앞에서 말해져야 할 것입니다. 그 이유는 무엇일까요? 세존이시여, 그는 〔이 말을 들어도〕 걱정하지도 의심하지도 〔이해하지 못할 만큼〕 우둔하지도 논박하지도 않을 것이기 때문입니다."

성숙된 선근(善根)

〈 07 〉 그러자 천제석이 사리자 장로에게 물었다.

"성스러운 사리자여, 〔무상의 올바르고 완전한 깨달음에 들 것이라〕 예언되지 못한 보살마하살 앞에서 이 반야바라밀다가 말해진다면, 이는 어떤 악의가 되는 것입니까?"

사리자 장로가 천제석에게 대답했다.

"교시가여, 예언을 받지 못했더라도 보기 위해 찬양하기 위해 숭배하기 위해 듣기 위해 이 반야바라밀다를 취하고, 들은 뒤〔에도 겁을 먹어〕 놀라거나 〔두려움에〕 떨거나 〔공포의〕 떨림에 빠져들지도 않는 그러한 보살마하살은 멀리에서 온 자라고, 교시가여, 그와 같은 보살마하살은 오랫동안 〔대〕승에 나아가 충분히 성숙된 선근(善根)을 갖고 있는 자라고 알려져야 합니다. 그는 앞으로 오래지 않아 무상의 올바르고 완전한 깨달음에 들 것이라는 예언을 받을 것입니다. 그러한 예언이 그〔의 주변〕에 가까이 있다고 알려져야 합니다. 이 보살마하살은 한 명이 아닌 두세 명 〔그 이상의〕 공양을 받을 만하며 무상의 올바르고 완전하게 깨달은 여래들과 〔함께〕 시간을 보낼 것이고, 그로 인해 무상의 올바르고 완전한 깨달음에 든다는 예언을 받을 것입니다. 또한 그는 〔여래〕들을 기쁘하게 만들 것입니다. 기쁘하게 만든 뒤, 무상의 올바르고 완전하게 깨달은 여래들을 불쾌하게 만들지 않을 것입니다. 그리고 여래를 본 것으로 〔깨달음에 들 것이라는〕 예언의 열매가 맺어질 것입니다. 여래를 보는 것으로 인해 그는 무상의 올바르고 완전한 깨달음에 든다는 예언을 받을 것입니다. 무상의 올바르고 완전한 깨달음을 터득하지 못했더라도, 그러한 깨달음으로 향할 것이라는 예언을 받는 한, 여래를 보고 찬양하며 숭배하고 봉사하는 것으로 그에게는 〔예언의〕 열매가 맺어질 것입니다."

❰ 08 ❱ 그러고는 사리자 장로가 세존께 아뢰었다.

"세존이시여, 반야바라밀다를 보기 위해 찬양하기 위해 숭배하기 위해 듣기 위해 취하고, 들은 뒤 이를 습득하고 마음에 새기며 낭송하고 통달하며 널리 퍼트리고 가르치며 보여주고 알리며 되새길 그러한 보살마하살은 멀리에서 온 자라고, 세존이시여, 그와 같은 보살마하살은 오랫동안 〔대〕승에 나아가 충분히 성숙된 선근을 갖고 있는 자라고 알려져야 합니다."

❰ 09 ❱ 세존께서 사리자 장로에게 말씀하셨다.

"그러하다. 사리자야, 그러하느니라. 교시가야, 반야바라밀다를 보기 위해 찬양하기 위해 숭배하기 위해 듣기 위해 취하고, 들은 뒤 이를 습득하고 마음에 새기며 낭송하고 통달하며 널리 퍼트리고 가르치며 보여주고 알리며 되새길 그러한 보살마하살은 멀리에서 온 자라고, 사리자야, 그와 같은 보살마하살은 실로 오랫동안 〔대〕승에 나아가 충분히 성숙된 선근을 갖고 있는 자라고 알려져야 할 것이니라."

깨달음의 예언

❰ 10 ❱ 사리자 장로가 세존께 아뢰었다.

"세존이시여, 선서이시여, 〔그에〕 합당한 비유가 제게 분명하게 떠오릅니다. 세존이시여, 이는 마치 보살승에 오른 이 선남자나 선여인이 꿈속에 들어가서도 깨달음의 정점인 불좌(佛座)에 앉아있는 것과 같습니다. 세존이시여, '이러한 보살마하살은 무상의 올바르고 완전한 깨달음의 터득함에 〔가까이〕 있다"라고 알려져야 합니다. 세존이시여, 반야바라밀다를 보기 위해 찬양하기 위해 숭배하기 위해 듣기 위해 취하고, 들은 뒤 이를 습득하고 마음에 새기며 낭송하고 통달하며 널리 퍼트리고 가르치며 보여주고 알리며 되새기는 선남자나 선여인〔의 경우〕도 바로 이와 같습니다. 세존이시여, '보살승에 오른 이 사람은 멀리에서 왔고, 오랫동안 〔대〕승에 나아간 자이며, 보살승에 오른 이 사람은 〔깨달음에 든다는〕 예언에 가까이 있고, 불타세존들은 이 보살마하살이 무상의 올바르고 완전한 깨달음을 터득한다는 예언을 할 것이다'라고 알려져야 합니다. 세존이시여, 〔깊고〕 깊은 반야바라밀다를 끝까지 들을 보살마하살과 이 반야바라밀다를 습득하고 마음에 새기며, 낭송하고 통달하며, 널리 퍼트리고 가르치며, 보여주고 알리며, 되새길 선남자나 선여인은 오랫동안 〔대〕승에 나아가 충분히 성숙된 선근을 갖고 있는 자라고 알려져야 합니다. 그 이유는 무엇일까요? 세존이시여, 유정들 대부분이 〔정〕법을 내던져야 할 〔정도로〕 쌓인 업에서 벗어나 있지 못하기 때문이며, 그들 대부분에게 반야바라밀다에 반(反)하는 마음이 생겨날 것이기 때문이고, 마음이 동요되기 때문이며, 선근을 쌓지 못한 유정들은 대부분 진실한 궁극〔의 실재〕에 접근하지도 안주하지도 못하기 때문입니다.

비유 (1)

세존이시여, 진실한 궁극〔의 실재〕에 접근하고 안주할 마음을 갖고 있는 선남자와 선여인들은 선근들을 쌓아온, 〔그것도〕 충분히 쌓아온 자들이라 알려져야 합니다. 세존이시여, 이는 마치 〔어떤〕 사람이 〔거리가〕 백 유순(由旬) 정도인 삼림(森林)에서, 혹은 이백 유순 혹은 삼백 유순 혹은 사백 유순 혹은 오백 유순 혹은 천 유순 정도로 〔광대한〕 삼림에서 나오는 것과 같습니다. 〔거기에서〕 나온 후 그는 마을이나 시내 또는 시장〔이 있는 곳〕을 가리키는 예전〔에 경험한〕 표식(標識)들, 〔예를 들어〕 소 치는 사람들이나 가축 치는 사람들, 〔지역 간의〕 경계나 유원(遊園)으로 풍부한 장소들, 수림(樹林)으로 풍부한 장소들이나 그 밖의 다른 표식들을 볼 것입니다. 이러한 표식들을 본 뒤, 그에게는 다음과 같은 생각이 들 것입니다. '이러한 표식들이 눈에 들어오니, 마을이나 시내, 시장이 내게서 멀지 않은 곳에 있구나' 라고 말입니다. 〔이제〕 그는 〔안도의〕 숨을 쉬고, 그에게는 더 이상 도적에 신경을 쓰는 마음이 존재하지 않게 되는 것입니다. 세존이시여, 바로 이와 같이 〔깊고〕 깊은 반야바라밀다가 접근하는 보살마하살은 '나는 무상의 올바르고 완전한 깨달음에 〔매우〕 가까이에 있다. 오래지 않아 무상의 올바르고 완전한 깨달음〔에 든다는〕 예언을 받는다' 라고 알려져야 합니다. 그로 인해 그는 결코 성문의 경지나 독각의 경지에 〔겁을 먹어〕 놀라지도 〔두려움에〕 떨지도 〔공포로 인해〕 두려워하지도 않을 것입니다. 그 이유는 무엇일까요? 보기 위해 찬양하기 위해 숭배하기 위해 듣기 위해 이 반야바라밀다를 취한다는 예전〔에 경험한〕 그와 같은 표식들이 그의 눈에 들어오기 때문입니다."

이와 같이 아뢰자, 세존께서 사리자 장로에게 다음과 같이 말씀하셨다.

"그러하다. 사리자야, 그러하느니라. 사리자야, 네가 〔지금까지〕 불타의 위신력으로 말하고 있고, 〔앞으로도 그러한 식으로〕 말할 것처럼, 이 화두에 대해서도 재차 네게 변재의 능력이 발휘되어야 할 것이니라!"

비유 (2)

《 11 》 사리자 장로가 세존께 아뢰었다.

"세존이시여, 이는 마치 이 세간에 대해를 보고 싶어 하는 어떤 사람이 대해를 보기 위해 〔길을〕 나서는 것과 같습니다. 대해를 보기 위해 가도 가도 만약 나무나 나무의 표식, 산이나 산의 표식만을 본다면, '대해가 〔아직도〕 여기에서 멀리 있구나'라고 알아야 할 것입니다. 〔하지만〕 더 이상 나무나 나무의 표식, 산이나 산의 표식이 눈에 들어오지 않는다면 그는 '대해가 여기에서 가까이 있구나'라고 알아야 할 것입니다. 그 이유는 무엇일까요? 대해는 점차 깊어지는 것이기 때문입니다. 대해의 내부에서는 그 어떤 나무나 나무의 표식, 산이나 산의 표식이 존재하지 않기 때문입니다. 그가 대해를 눈으로 직접 보지 못하더라도 '나는 대해에 가까이 있다. 대해는 더 이상 여기에서 멀리 있지 않다'라는 확고한 생각이 분명 그에게 들 것입니다. 바로 이러한 방식으로 보살마하살은 반야바라밀다를 들을 때 다음과 같이 알아야 할 것입니다. '〔비록〕 공양을 받을 만한 올바르고 완전하게 깨달은 여래가 면전에서 나를 예언하지 않았더라도, 무상의 올바르고 완전한 깨달음〔에 든다는〕 예언이 〔내게〕 가까이 있다'라고 말입니다. 그 이유는 무엇일까요? 그 〔보살마하살〕은 듣기 위해 찬양하기 위해 숭배하기 위해 반야바라밀다를 취하는 것이기 때문입니다.

비유 (3)

이는 마치 〔겨울이 지나〕 봄이 왔을 때, 나뭇잎과 꽃잎이 떨어진 다양한 〔종의〕 나무들에서 다양한 싹들이 트는 것과 같습니다. 싹들이 나올 때 염부제의 사람들은 예전〔에 경험한〕 표식들〔인 그 싹들〕을 보고 '오래지 않아 야생화들이 피고, 열매들이 맺어질 것이다'〔라고 생각하며〕 즐거워할 것입니다. 그 이유는 무엇일까요? 예전〔에 경험한〕 표식들이 그 나무들에서 보여지기 때문입니다. 세존이시여, 바로 이와 같은 식으로 보살마하살이 듣기 위해 찬양하기 위해 숭배하기 위해 반야바라밀다를 취하고, 그에게 이 반야바라밀다가 접근할 때, 이 보살마하살은 충분히 성숙된 선근을 갖고 있는 자라고 알려져야 할 것이며, 바로 이러한 과거의 선근을 갖기에 〔깊고〕 깊은 반야바라밀다가 그에게 가까이 다가가는 것입니다. 과거의 불타들을 본 신들은 '과거의 보살마하살들에게도 무상의 올바르고 완전한 깨달음〔에 든다고〕 예언하는 바로 이러한 과거의 표식들이 존재했고, 아! 이 보살마하살들은 오래지 않아 무상의 올바르고 완전한 깨달음〔에 든다는〕 예언을 받을 것이다'라고 〔생각하며〕 즐거워하고, 환희와 유쾌함을 느낄 것입니다.

비유 (4)

세존이시여, 이는 마치 임신한 여성이 〔복중에〕 무거운 태아를 갖고 있는 것과 같습니다. 그녀의 몸이 〔둥근 모양의 배로 인해〕 휘고, 그녀에게 육신의 피로가 과도하게 찾아오며, 〔이로 인해 그녀는〕 나다니는 〔행위를〕 하지 못하고, 적은 양의 음식, 적은 양의 휴식과 수면을 취하며, 말수가 적어지며, 기력이 떨어지고, 큰 고통을 느끼며, 자주 소리치고, 〔부부〕생활을 하지 못하며, '나는 현명하지 못하게 주의를 기울이며 숭배하고 전념하며 되풀이 행한 과거의 〔잘못된〕 생각 때문에 몸으로 이와 같은 고통을 겪는구나'라고 〔그녀가 생각하는〕 그때, 세존이시여, 이는 '그녀〔의 눈〕에 예전〔에 경험한〕 표식들이 들어오는바, 아! 오래지 않아 이 여성은 아이를 낳을 것이다'라고 알려져야 합니다. 세존이시여, 바로 이와 같은 식으로 보고 들으며 찬양하고 숭배하려는 보살마하살에게 반야바라밀다가 접근하고, 이를 듣는 그의 마음이 〔접근하는〕 반야바라밀다에 즐거워하며, 〔이에 대한〕 바람의 마음이 생겨날 〔바로〕 그때, 세존이시여, 이는 '아! 오래지 않아 이 보살마하살은 무상의 올바르고 완전한 깨달음〔에 든다는〕 예언을 받을 것이다'라고 알려져야 합니다."

(12) 이와 같이 아뢰자. 세존께서 사리자 장로에게 다음과 같이 말

씀하셨다.

"대단하다. 사리자야, 대단하다. 사리자야, 이〔러한 변재의 능력〕 또한 불타의 위신력을 통해 네게 발휘되는 것이니라."

❰ 13 ❱ 그러자 수보리 장로가 세존께 아뢰었다.

"세존이시여, 보살마하살들이 공양을 받을 만하고 올바르고 완전하게 깨달은 여래들에 의해 이토록 잘 섭취되고 잘 보호되며 〔좋은 벗들에게〕 잘 위탁되고 있다는 것은 〔참으로〕 경이롭습니다."

세존께서 말씀하셨다.

"수보리야, 보살마하살들은 많은 중생의 안녕을 위해 많은 중생의 행복을 위해 세간에 느끼는 연민을 위해, 대군중(大群衆)인 신과 인간들의 이익을 위해 안녕을 위해 행복을 위해 수행한 자들이니라. 연민을 취하고 〔그들에 대해〕 연민을 느끼는 〔보살마하살들〕은 무상의 올바르고 완전한 깨달음을 터득하기 바라는 자들이며, 무상의 올바르고 완전한 깨달음을 터득한 후 무상의 법을 가르치고 싶어 하는 자들이니라."

반야바라밀다에 대한 전념과 완수

❰ 14 ❱ 수보리가 여쭈었다.

"세존이시여, 보살마하살이 반야바라밀다에 들 때, 그는 반야바라밀다에 대한 전념을 어떻게 완수하는 것입니까?"

세존께서 대답하셨다.

"수보리야, 보살마하살은 반야바라밀다에 들 때, 물질의 증대를 〔바라〕보지 않는다면, 그는 반야바라밀다에 이르게 되는 것이니라. 감각·표상·의욕에 대해서도 이와 같으니라. 사유의 증대 또한 〔바라〕보지 않는다면, 그는 반야바라밀다에 이르게 되는 것이니라. 물질의 감소를 〔바라〕보지 않는다면, 그는 반야바라밀다에 이르게 되는 것이니라. 감각·표상·의욕에 대해서도 이와 같으니라. 사유의 감소 또한 〔바라〕보지 않는다면, 그는 반야바라밀다에 이르게 되는 것이니라. 법을 〔바라〕보지 않는다면, 그는 반야바라밀다에 이르게 되는 것이니라. 비법(非法) 또한 〔바라〕보지 않는다면, 그는 반야바라밀다에 이르게 되는 것이니라. 이러한 방식으로 그는 반야바라밀다에 대한 전념을 완수하는 것이니라."

《 15 》 수보리 장로가 아뢰었다.

"세존이시여, 〔세존께서는 참으로〕 불가사의한 것을 가르치고 계십니다."

세존께서 말씀하셨다.

"수보리야, 물질은 실로 불가사의한 것이니라. 감각·표상·의욕도 이와 같으니라. 수보리야, 사유 또한 실로 불가사의한 것이니라. 수보리야, '물질은 불가사의하다'라고도 의식하지 않는다면 반야바라밀다에 이르게 되는 것이니라. 감각·표상·의욕도 이와 같으니라. 수보리야, '사유는 불가사의하다'라고도 의식하지 않는다면 반야바라밀다에 이르게 되는 것이니라."

《 16 》 그때 사리자 장로가 세존께 여쭈었다.

"세존이시여, 어떤 자가 바로 이 반야바라밀다에 진정으로 전념하는 것일까요?"

세존께서 대답하셨다.

"사리자야, 반야바라밀다에서 〔오랫동안〕 수행해 왔을 보살마하살, 그가 반야바라밀다에 진정으로 전념할 것이니라."

사리자 장로가 여쭈었다.

"세존이시여, 그 보살마하살은 어떠한 방식으로 〔반야바라밀다에서 오랫동안〕 수행해 왔던 것일까요? '〔오랫동안〕 수행해 온 자'라는 이름은 어떻게 얻어지는 것입니까?"

세존께서 말씀하셨다.

"사리자야, 이 세간에서 보살마하살은 10〔력〕을 세우지 않느니라. 〔4〕무소외를 세우지 않느니라. 불타의 법들[18불공법]을 세우지 않느니라. 전지자성 또한 세우지 않느니라. 그 이유는 무엇일까? 사리자야, 10력은 불가사의한 것이기 때문이니라. 〔4〕무소외도 불가사의한 것이기 때문이니라. 불타의 법들[18불공법]도 전지자성도 불가사의한 것이기 때문이니라. 모든 법 또한 불가사의한 것이기 때문이니라. 사리자야, 이러한 방식으로 수행해 온 보살마하살이 그 어떤 곳에도 들지 않는다면, 그는 반야바라밀다에 이르게 되는 것이니라. 이와 같이 그는 '〔오랫동안〕 수행해 온 자'라고 불리고, '〔오랫동안〕 수행해 온 자'라는 이름을 얻게 되는 것이니라."

마왕 파순의 방해

⦗ 17 ⦘ 그러자 수보리 장로가 세존께 아뢰었다.

"세존이시여, 반야바라밀다는 〔깊고〕 깊은 것입니다. 세존이시여, 반야바라밀다는 보물덩어리입니다. 세존이시여, 허공의 청정성을 고려한다면, 반야바라밀다는 청정의 집합체인 것입니다. 세존이시여, 반야바라밀다를 습득하고 마음에 새기며 낭송하고 통달하며 널리 퍼트리고 가르치며 보여주고 알리며 되새기고 기록하는 선남자와 선여인들에게 수많은 방해들이 일어난다는 것은 참으로 경이롭습니다."

세존께서 수보리 장로에게 다음과 같이 말씀하셨다.

"그러하다. 수보리야, 그러하느니라. 반야바라밀다를 습득하고 마음에 새기며 낭송하고 통달하며 널리 퍼트리고 가르치며 보여주고 알리며 되새기고 기록하는 선남자와 선여인들에게 수많은 방해들이 생겨날 것이니라. 그 이유는 무엇일까? 수보리야, 반야바라밀다를 습득하고 마음에 새기며 낭송하고 통달하며 널리 퍼트리고 가르치며 보여주고 알리며 되새기고 기록하는 선남자와 선여인들을 방해해야 한다는 마왕 파순의 갈망 때문이니라. 속기사(速記士)도 쓰는 데 한 달이나 두 달, 혹은 석 달까지 걸리겠지만, 〔반야바라밀다는〕 반드시 기록되어야 할 것이니라. 수보리야, 기록하는 데 일 년 혹은 그 이상이 걸린다 하더라도, 선남자나 선여인은 반야바라밀다를 기록해야 할 것이니라. 그 이유는 무엇일까? 수보리야, 대보(大寶)들에게는 바로 이상과 같이 수많은 방해〔의 행위〕들이 생겨날 것이기 때문이니라."

⦗ 18 ⦘ 수보리 장로가 세존께 아뢰었다.

"세존이시여, 반야바라밀다가 습득되고 마음에 새겨지며 낭송되고 통달되며 널리 퍼트려지고 가르쳐지며 보여지고 알려지며 되새겨지고 기록될 때, 마왕 파순은 수많은 방식〔으로 방해할〕 갈망에 빠질 것입니다. 그리고 곧 방해의 행위에 착수할 것입니다."

세존께서 말씀하셨다.

"수보리야, 분명 마왕 파순은 반야바라밀다가 습득되고 마음에 새겨지며 낭송되고 통달되며 널리 퍼트려지고 가르쳐지며 보여지고 알려지며 되새겨지고 기록될 때, 방해의 행위를 착수할 것이니라. 하지만 〔마왕 파순〕은 굳은 맹세를 한 보살마하살을 방해할 수 없을 것이니라."

19 그때 사리자 장로가 세존께 여쭈었다.

"세존이시여, 반야바라밀다를 습득하고 마음에 새기며 낭송하고 통달하며 널리 퍼트리고 가르치며 보여주고 알리며 되새기고 기록하는 선남자와 선여인들을 방해해야 한다고 갈망할 〔바로〕 그때, 세존이시여, 선남자와 선여인들은 반야바라밀다를 어떻게 습득하고 마음에 새기며 낭송하고 통달하며 널리 퍼트리고 가르치며 보여주고 알리며 되새기고 기록〔해야〕 할까요? 세존이시여, 이 선남자와 선여인들은 누구의 위신력에 기대어 반야바라밀다를 습득하고 마음에 새기며 낭송하고 통달하며 널리 퍼트리고 가르치며 보여주고 알리며 되새기고 기록해야 할까요?"

세존께서 사리자 장로에게 다음과 같이 대답하셨다.

"사리자야, 선남자와 선여인들은 불타세존들과 공양을 받을 만하고 올바르고 완전하게 깨달은 여래들의 위신력에 기대어 반야바라밀다를 습득하고 마음에 새기며 낭송하고 통달하며 널리 퍼트리고 가르치며 보여주고 알리며 되새기고 기록해야 할 것이고, 진여를 위해 수련하고, 진여를 위해 수행하며, 진여를 위해 노력해야 할 것이니라. 그 이유는 무엇일까? 사리자야, 다음과 같은 법들의 법성 때문이니라. 〔즉,〕 무량무수의 세계들에서 머물고 〔사람들의 마음에〕 새겨지며 〔보살마하살들을〕 앞으로 나아가게 하는 불타세존들, 그들은 습득되고 마음에 새겨지며 낭송되고 통달되며 널리 퍼트려지고 가르쳐지며 보여지고 알려지며 되새겨지고 기록되는 반야바라밀다에 주의를 기울이고 이를 섭취할 것이라는, 그리고 반야바라밀다를 습득하고 마음에 새기며 낭송하고 통달하며 널리 퍼트리고 가르치며 보여주고 알려주며 되새기고 기록하며, 진여를 위해 수련하고, 진여를 위해 수행하며, 진여를 위해 노력할 선남자와 선여인들, 그들 〔모두〕에 불타세존들이 주의를 기울이고 〔그들을〕 섭취할 것이라는 〔법들의 법성 때문이니라.〕 사리자야, 불타들이 주의를 기울이고 섭취하는 선남자와 선여인들은 〔그 누구도〕 방해할 수 없느니라."

진여(眞如)의 수행

20 사리자 장로가 세존께 아뢰었다.

"세존이시여, 반야바라밀다를 들으며 습득하고 마음에 새기며 낭송하고 통달하며 널리 퍼트리고 가르치며 보여주고 알려주며 되새기고 기록하며, 진여를 위해 수련하고, 진여를 위해 수행하며, 진여를 위해 노력할 보살마하살들 그 모두 또한, 세존이시여, 불타의 위신력과 가피, 불타의 섭취에 기대어 반야바라밀다를 들으며, 습득하고 마음에 새기며 낭송하고 통달하며 널리 퍼트리고 가르치며 보여주고 알려주며 되새기고 기록하며, 진여를 위해 수련하고, 진여를 위해 수행하며, 진여를 위해 노력할 것이고, 이러한 방식으로 수행할 것입니다."

❰ 21 ❱ 세존께서 사리자 장로에게 다음과 같이 말씀하셨다.

"사리자야, 그러하다. 사리자야, 그러하느니라. 그 모든 보살마하살은 불타의 위신력과 가피, 불타의 섭취에 기대어 반야바라밀다를 들으며, 습득하고 마음에 새기며 낭송하고 통달하며 널리 퍼트리고 가르치며 보여주고 알려주며 되새기고 기록하며, 진여를 위해 수련하고, 진여를 위해 수행하며, 진여를 위해 노력할 것이니라. 사리자야, 반야바라밀다를 들으며 습득하고 마음에 새기며 낭송하고 통달하며 널리 퍼트리고 가르치며 보여주고 알려주며 되새기고 기록하며, 진여를 위해 수련하고, 진여를 위해 수행하며, 진여를 위해 노력하고, 들으며 습득하고 마음에 새기며 낭송하고 통달하며 널리 퍼트리고 가르치며 보여주고 알려주며 되새기고 기록한 후에도 진여를 위해 수련하고, 진여를 위해 수행하며, 진여를 위해 노력하고, 무상의 올바르고 완전한 깨달음에 가까이 다가가며, 진여를 향해 무상의 올바르고 완전한 깨달음을 향해 〔굳건하게〕 머무를 그 〔보살마하살〕들은, 사리자야, 여래에게 알려져 있는 자들이며, 사리자야, 그들은 여래에 의해 가피된 자들이고, 사리자야, 그들은 불타의 눈으로 여래에 의해 철저하게 살펴진 자들〔일 것〕이니라. 사리자야, 반야바라밀다를 들으며 습득하고 마음에 새기며 낭송하고 통달하며 널리 퍼트리고 가르치며 보여주고 알려주며 되새기고 기록할 것이어도, 진여를 위해 수련하지 않고, 진여를 위해 수행하지 않으며, 진여를 위해 노력하지 않을 〔보살마하살들〕, 진여를 위해 수련하지 않고, 진여를 위해 수행하지 않으며, 진여를 위해 노력하지 않을 〔보살마하살들〕은 진여를 향해 무상의 올바르고 완전한 깨달음을 향해 〔굳건하게〕 머무르지 못할 것이니라. 사리자야, 그들도 여래에게 알려져 있는 자들이며, 그들 또한 여래에 의해 가피된 자들이고, 사리자야, 그들 역시 불타의 눈으로 여래에 의해 철저하게 살펴진 자들〔일 것〕이니라.

반야바라밀다의 기록과 복덕

사리자야, 그들에게도 〔반야바라밀다를 기록하는〕 노력과 〔이러한 기록의〕 유지는 수많은 이익과 은혜, 그리고 수많은 〔좋은〕 결과와 보상들을 가져다줄 것이니라. 그 이유는 무엇일까? 최상의 의미가 수반되어 있는 반야바라밀다는 모든 법과 모든 유정을 진여에 따라 통효(通曉)하기 위해 존재하는 것이기 때문이니라. 사리자야, 6바라밀다의 교의(敎義)가 담겨진 이 기록물들은 여래의 열반으로 인해 남쪽 방향으로 유포될 것이니라. 남쪽 방향에서 다시 동쪽으로 〔퍼져〕 나아갈 것이니라. 동쪽에서 다시 북쪽 방향으로 〔퍼져〕 나아갈 것이니라. 사리자야, 신선한 제호(醍醐)처럼 법과 계율이 얻어지고, 〔여래가 열반에 들어〕 정법이 소멸할 때, 여래가 선남자와 선여인들에게 주의를 기울이게 되는 것이니라. 〔정법이〕 소멸할 때, 반야바라밀다를 습득하고 마음에 새기며 낭송하고 통달하며 널리 퍼트리고 가르치며 보여주고 알려주며 되새기고, 끝까지 기록하여 책의 형태로도 만든 뒤 마음에 새길 그 〔선남자와 선여인〕들은, 사리자야, 여래에게 알려져 있는 자들이며, 그들은 여래에 의해 가피된 자들이고, 불타의 눈(佛眼)으로 여래에 의해 철저하게 살펴진 자들〔일 것〕이니라."

❪ 22 ❫ 사리자 장로가 여쭈었다.

"세존이시여, 이 〔깊고〕 깊은 반야바라밀다는 최후의 순간 최후의 시점에 북쪽 방향에서도 북쪽 지역에서도 널리 〔퍼지게〕 될까요?"

세존께서 대답하셨다.

"사리자야, 북쪽 방향에서 북쪽 지역에서 〔깊고〕 깊은 반야바라밀다를 들은 후 거기 반야바라밀다에서 노력하는 자들이 이를 널리 퍼트릴 것이니라. 사리자야, 반야바라밀다를 듣고 기록하며 습득하고 마음에 새기며 낭송하고 통달하며 널리 퍼트리고 가르치며 보여주고 알려주며 되새기고, 진여를 위해 수련하고, 진여를 위해 수행하며, 진여를 위해 노력하는 그러한 보살마하살은 오랫동안 〔대〕승에 나아간 자들이라고 알려져야 할 것이니라."

❪ 23 ❫ 사리자 장로가 여쭈었다.

"세존이시여, 북쪽 방향에서 북쪽 지역에서 반야바라밀다를 듣고 기록하며 습득하고 마음에 새기며 낭송하고 통달하며 널리 퍼트리고 가르치며 보여주고 알려주며 되새기고, 진여를 위해 수련하고, 진여를 위해 수행하며, 진여를 위해 노력하는 보살마하살들은 어느 정도일까요? 〔그 수가〕 많을까요? 아니면 적을까요?"

세존께서 대답하셨다.

"사리자야, 그러한 보살마하살들은 북쪽 지역에 많이, 매우 많이 존재할 것이니라. 사리자야, 많이 존재하더라도 그 많은 자들 가운데 반야바라밀다를 듣고 기록하며 습득하고 마음에 새기며 낭송하고 통달하며 널리 퍼트리고 가르치며 보여주고 알려주며 되새기고, 진여를 위해 수련하고, 진여를 위해 수행하며, 진여를 위해 노력하고, 반야바라밀다가 말해질 때, 우울하지도 겁을 먹지도 절망하지도 절망에 빠져들지도 우울해지지도 낙담하게 되지도 〔겁을 먹어〕 놀라지도 〔두려움에〕 떨지도 〔공포의〕 떨림에 빠져들지도 않는, 오랫동안 〔대〕승에 나아간 자들이라고 알려져야 할 그러한 보살마하살들은 적을 것이니라. 하지만 바로 이러한 보살마하살들이 공양을 받을 만하며 올바르고 완전하게 깨달은 과거의 여래들을 추종하며, 〔여래들에게〕 묻고 문의하며 질문한 자들이니라. 그리고 보살승에 오른 선남자와 선여인들로서 공양을 받을 만하며 올바르고 완전하게 깨달은 과거의 여래들을 숭배한 자들이니라. 그들은 지계군(持戒群)에서 철저하게 수행하는 자들일 것이니라. 그들은 많은 중생에게 이익, 즉 무상의 올바르고 완전한 깨달음과 연관된 이익을 가져다줄 것이니라. 그 이유는 무엇일까? 바로 내가 전지자성과 연관된, 그 선남자와 선여인들에 대해 이야기했기 때문이니라. 환생한 그들에게도 바로 전지자성과 연관된, 반야바라밀다와 연관된 〔올바른 여러〕 처신들이 뒤따를 것이니라. 그들은, 무상의 올바르고 완전한 깨달음과 연관되는, 바로 이와 같은 이야기를 할 것이고, 바로 이와 같은 이야기에 기뻐할 것이니라. 〔올바른 여러〕 처신들에 굳건하게 머물러 있는 그들은 반야바라밀다에 〔마음을〕 집중시킬 것이니라. 마왕도 그들을 꺾을 수 없을 것이니라. 열정이나 주문(呪文), 그 어떤 것으로도 다른 유정들 또한 〔그들을 꺾을 수 없을 것이니라.〕 그 이유는 무엇일까? 무상의 올바르고 완전한 깨달음을 향한 그들의 견고한 힘 때문에 그러하느니라.

서원(誓願)

그리고 선남자와 선여인들은 반야바라밀다를 듣고는 광대한 기쁨·환희·청정함을 얻을 것이니라. 그들은 수많은 중생의 선근들을 바로 이 무상의 올바르고 완전한 깨달음에 심을 것이니라. 그 이유는 무엇일까? 그 선남자와 선여인들이 내 면전에서 서로 마주 보며 다음과 같이 서원했기 때문이니라. '보살의 도(道)를 행하는 우리는 수백의 많은 피조물들을, 수천의 많은 피조물들을, 수십만의 많은 피조물들을, 수억의 많은 피조물들을, 수십억의 피조물들을, 수십조의 피조물들을, 그 이상 셀 수 없는 무수의 많은 피조물들을 무상의 올바르고 완전한 깨달음으로 나아가게 할 것이고, 이를 〔그들에게〕 보여줄 것이며, 이에 흥분하게 만들 것이고, 이에 기뻐하게 만들 것이며, 〔그들을〕 함께 나아가게 만들 것이고, 〔완전한〕 깨달음을 향해 굳건하게 서 있게 만들 것이다'라고, '이들을 퇴전되지 않는 자들로 만들 것이다'라고 말이다. 그 이유는 무엇일까? 사리자야, '깨달음을 위해 수행하는 우리는 수백의 많은 피조물들을, 수천의 많은 피조물들을, 수십만의 많은 피조물들을, 수억의 많은 피조물들을, 수십억의 피조물들을, 수십조의 피조물들을, 그 이상 셀 수 없는 무수의 많은 피조물들을 무상의 올바르고 완전한 깨달음으로 나아가게 할 것이고, 이를 보여줄 것이며, 이에 흥분하게 만들 것이고, 이에 기뻐하게 만들 것이며, 〔그들을〕 함께 나아가게 만들 것이고, 〔완전한〕 깨달음을 향해 굳건하게 서 있게 만들 것이다'라고, '이들을 퇴전되지 않는 자들로 만들 것이다'라고 서원하는, 보살승에 오른 선남자와 선여인들의 마음을 나는 마음으로 꿰뚫어 본 후 수희했기 때문이니라.

불토(佛土)

선남자와 선여인들은 다른 불토들도 취해져야 한다고 생각할 정도로 광대한 신심(信心)을 갖게 될 것이니라. 공양을 받을 만하고 올바르고 완전하게 깨달은 여래들이 서로 마주 보며 법을 가르칠 불토, 그곳에서 그들은 공양을 받을 만하고 올바르고 완전하게 깨달은 여래들의 면전에서 서로 마주 보며 재차 바로 이 〔깊고〕 깊은 반야바라밀다를 상세하게 들을 것이니라. 그러한 불토들에서도 그들은 수백의 많은 피조물들을, 수천의 많은 피조물들을, 수십만의 많은 피조물들을, 수억의 많은 피조물들을, 수십억의 피조물들을, 수십조의 피조물들을, 그 이상 셀 수 없는 무수의 많은 피조물들을 무상의 올바르고 완전한 깨달음으로 나아가게 할 것이고, 이를 보여줄 것이며, 이에 흥분하게 만들 것이고, 이에 기뻐하게 만들 것이며, 〔그들을〕 함께 나아가게 만들 것이고, 〔완전한〕 깨달음을 향해 굳건하게 서 있게 만들 것이며, 이들을 퇴전되지 않는 자들로 만들 것이니라."

선근에 대한 열망

《 24 》 이와 같이 말씀하시자, 사리자 장로가 세존께 아뢰었다.

"과거·미래·현재의 법들에서 공양을 받을 만하고 올바르고 완전하게 깨달은 여래가 보지 못하거나 듣지 못하거나 알지 못하거나 분별하지 못하는 그 어떤 것도 존재하지 않는다는 것이 참으로 경이로울 따름입니다. 깨달음에 대한 열망을 갖고 있으며 강한 의지로 무장하고 강력한 노력을 시작한 과거의 보살마하살들의 수행 또한 〔여래가〕 분별한다면, 알지 못하는 그 어떤 법도 분별하지 못하는 그 어떤 유정들의 수행도 존재하지 않는 것입니다. 〔정법이〕 소멸할 때 〔깊고〕 깊은 반야바라밀다를 습득하고 마음에 새기며 낭송하고 통달하며 널리 퍼트리고 가르치며 보여주고 알려주며 되새기고 기록할 자들, 그리고 〔정법이〕 소멸할 때 여섯 개의 바라밀다를 위해 모든 유정의 이익을 위해 꾀한 후 〔이를〕 구하고 찾으며 탐구할 자들, 그렇게 꾀하고 구하는 선남자와 선여인들 가운데 탐구하는 어떤 보살들은 반야바라밀다를 얻거나 얻지 못할 것이며, 탐구하지 않는 어떤 〔보살들〕도 〔이를〕 얻을 것인데, 세존이시여, 어떤 이유에서 그러한 것일까요?"

이렇게 여쭙자, 세존께서 사리자 장로에게 다음과 같이 말씀하셨다.

"그러하다. 사리자야, 그러하느니라. 과거·미래·현재의 법들에서 여래가 보지 못하거나 듣지 못하거나 알지 못하거나 분별하지 못하는 그 어떤 것도 존재하지 않느니라. 사리자야, 〔정법이 소멸할〕 그 순간에 〔정법이 소멸할〕 그 시점에 찾아 나서고 구하며 탐구하는 어떤 보살들은 반야바라밀다를 얻기도 할 것이며, 찾아 나서지도 구하지도 탐구하지도 않는 어떤 보살들도 〔이를〕 얻을 것이니라. 그 이유는 무엇일까? 보살마하살들은 과거에서부터 반야바라밀다에 〔주어진 책무를〕 소홀히 하지 않았고, 이를 찾아 나섰으며 끝없이 추구해 왔기 때문이니라. 바로 이러한 선근에 대한 열망을 갖고 있기에 찾아 나서지도 구하지도 탐구하지도 않는 〔보살〕들 또한 반야바라밀다를 얻을 것이니라. 그 이유는 무엇일까? 〔기록된 반야바라밀다경〕과 다르지만 바로 이 반야바라밀다를 경배하는 경전들 또한 저절로 그 〔보살〕들에게 가까이 다가가고 이를 것이며, 접근할 것이기 때문이니라.

반야바라밀다와 연관된 다른 경전들

〔또 다른〕 이유는 무엇일까? 사리자야, 다음과 같은 〔사실〕 때문이니라. 〔즉,〕 반야바라밀다에 〔주어진 책무를〕 소홀히 하지 않고 이를 찾아 나서며 구할 보살마하살, 그는 환생하고 환생한 후 또다시 태어나더라도 반야바라밀다를 얻을 것이고, 〔기록된 반야바라밀다경〕과 다르지만 반야바라밀다와 연관된 다른 경전들이 자연스럽게 그에게 가까이 다가가고 이를 것이며, 접근할 것이라는 〔사실 때문이니라〕."

《 25 》 사리자 장로가 세존께 여쭈었다.

"세존이시여, 6바라밀다와 연관된 바로 이러한 경전들만이 선남자와 선여인들에게 이르고 접근하고, 〔그 밖의〕 다른 경전들은 그러하지 못할 것이라는 말씀이십니까?"

세존께서 대답하셨다.

"사리자야, 〔깊고〕 깊은 다른 경전들 또한 존재할 것이며, 그것들 또한 선남자와 선여인들에게 저절로 이르고 저절로 접근할 것이니라. 그 이유는 무엇일까? 사리자야, 다음과 같은 〔사실〕 때문이니라. 그들은 〔수많은 피조물들을〕 무상의 올바르고 완전한 깨달음으로 나아가게 할 것이고, 이를 〔그들에게〕 보여줄 것이며, 이에 흥분하게 만들 것이고, 이에 기뻐하게 만들 것이며, 〔그들을〕 함께 나아가게 만들 것이고, 〔완전한〕 깨달음을 향해 굳건하게 서 있게 만들 것이며, 이들을 퇴전되지 않는 자들로 만들 것이기 때문이니라. 사리자야, 또한 거기 〔무상의 올바르고 완전한 깨달음〕에서 수련할 보살마하살들에게, 〔그들이 다시〕 환생한다 하더라도, 무인식 공성 6바라밀다와 연관된 그 깊고 깊은 〔다른〕 경전들이 저절로 가까이 다가가고 이를 것이며, 접근할 것이라는 〔사실 때문이니라〕."

성스러운 팔천송반야경에서 '반야바라밀다의 유지에 따른 공덕'으로 불리는 열 번째 장

제 11 장

마왕의 소행 I

◉

मारकर्मपरिवर्त एकादशः

마왕의 방해

❨ 01 ❩ 그러자 수보리 장로가 세존께 아뢰었다.

"세존이시여, 세존께서는 〔기록을 통해 얻어지는〕 선남자와 선여인들의 공덕들에 관해 언급하셨습니다. 세존이시여, 그런데 이들에게 어떤 방해들이 생겨날까요?"

이와 같이 여쭙자, 세존께서 수보리 장로에게 다음과 같이 대답하셨다.

"수보리야, 선남자와 선여인들을 방해〔하고자 의도〕하는 마왕의 많은 소행들이 생겨날 것이니라."

수보리 장로가 여쭈었다.

"세존이시여, 그들을 방해할 마왕의 그 많은 소행들은 〔구체적으로〕 어떠한 것들입니까?"

마왕의 소행 (1)

세존께서 대답하셨다.

"수보리야, 보살마하살들이 반야바라밀다를 설할 때 〔요구되는〕 변재의 능력이 생기는 데 오래 걸릴 것이니라. 수보리야, 이것이 마왕의 최초 소행으로 알려져야 할 것이니라. 생겨나는 그 변재의 능력도 바로 내던져질 것이니라. 수보리야, 이것 또한 마왕의 소행으로 알려져야 할 것이니라. 〔보살마하살〕들은 하품하고 실소(失笑)하고 비웃으며 〔반야바라밀다를〕 기록할 것이니라. 수보리야, 이것 또한 마왕의 소행으로 알려져야 할 것이니라. 그들은 산만한 마음으로 〔반야바라밀다를〕 통달할 것이니라. 수보리야, 이것 또한 마왕의 소행으로 알려져야 할 것이니라. 그들은 이런저런 생각들을 하며 〔반야바라밀다를〕 기록할 것이니라. 수보리야, 이것 또한 마왕의 소행으로 알려져야 할 것이니라. 정념(正念)을 갖지 못할 것이니라. 수보리야, 이것 또한 마왕의 소행으로 알려져야 할 것이니라. 서로에게 실소하며 〔반야바라밀다를〕 기록할 것이니라. 수보리야, 이것 또한 마왕의 소행으로 알려져야 할 것이니라. 그들은 서로를 비웃으며 〔반야바라밀다를〕 기록할 것이니라. 수보리야, 이것 또한 마왕의 소행으로 알려져야 할 것이니라. 그들은 〔여기저기를 바라보는〕 산만한 눈으로 〔반야바라밀다를〕 기록할 것이니라. 수보리야, 이것 또한 마왕의 소행으로 알려져야 할 것이니라. 〔반야바라밀다를〕 기록하는 그들에게는 상호간의 불화가 생길 것이니라. 수보리야, 이것 또한 마왕의 소행으로 알려져야 할 것이니라. 그들은 '〔반야바라밀다에서〕 우리는 의지할 만한 것도 즐거움도 얻지 못한다'라며, 자리에서 일어나 가버릴 것이니라. 수보리야, 이것 또한 마왕의 소행으로 알려져야 할 것이니라. '우리는 거기 〔반야바라밀다〕에 〔든다는〕 예언을 받지 못했다'라며 정심(淨心)을 갖지 않는 그들은 자리에서 일어나 가버릴 것이니라. 수보리야, 이것 또한 마왕의 소행으로 알려져야 할 것이니라. '거기 〔반야바라밀다〕에는 우리의 출생지인 마을이나 시내 혹은 시장의 이름도 기록되어 있지 않다. 우리의 이름이나 성씨, 부모의 이름이나 성씨조차 기록되어 있지 않다. 심지어 우리의 출생 〔원류〕인 가문의 이름도 기록되어 있지 않다'라며 그들은 반야바라밀다가 들려지지 않아야 한다고 생각할 것이고, 〔그리하여〕 거기에서 물러나야 한다고 생각할 것이니라. 〔그렇게〕 떠나가면 떠나갈수록, 그러한 〔잘못된〕 발심(發心)들로 인해, 그들은 그〔에 대응하는〕 정도의 시간 동안 생사〔의 수레인 윤회(輪廻)〕를 반복적으로 얻게 될 것이고, 〔그 오랜 시간 동안〕 거기에서 그들은 노력을 해야 할 것이니라. 그것은 어떤 이유에서일까? 수보리야, 반야바라밀다를 듣지 않는 보살마하살은 이 세간과 저 세간의 법들에서 태어나지 않기 때문이니라.

02 수보리야, 이 또한 그들에 대한 마왕의 소행이라고 알려져야 할 것이니라. 수보리야, 더욱이 보살승에 오른 자들은, 전지자성을 초래하는 반야바라밀다를 버리고 〔떠나〕가게 한 후 결단코 전지자성을 초래하지 않는 경전들, 그러한 것들이 구해져야 한다고 생각할 것이니라.

마왕의 소행 (2)

수보리야, 이것 또한 그들에 대한 마왕의 소행으로 알려져야 할 것이니라. 수보리야, 이 세간과 저 세간에서 수련하기 바라지 않는, 이 세간과 저 세간의 법들에서 태어나기 바라지 않는 그들은 반야바라밀다에서 수련하지 않느니라. 반야바라밀다에서 수련하지 않는 그들은 그에 따라 이 세간과 저 세간의 법들에서 태어나지 않는 것이니라. 이와 같이 어리석은 그들은 이 세간과 저 세간에 속하는 〔법들〕과 진여에 따른 편지(遍知)의 뿌리인 반야바라밀다를 버리고 〔떠나〕가게 한 후 〔성문 등과 같은) 가지가 취해져야 한다고 생각할 것이니라. 수보리야, 이는 마치 개가 주인 앞에서 음식물들을 버리고, 하인 앞에서 한입 (정도 양의) 음식을 찾아야 한다고 생각하는 것과 같으니라. 수보리야, 바로 이와 같은 식으로 미래(의 도)에서도 보살승에 오른 그와 같은 자들이 존재할 것이니라. 그들은 전지자성의 뿌리인 반야바라밀다를 버리고, 가지, 잎, 줄기와 같은 성문승(聲聞乘)과 독각승(獨覺乘)에서 힘과 불성(佛性)이 찾아져야 한다고 생각할 것이니라. 수보리야, 이것 또한 그들에 대한 마왕의 소행으로 알려져야 할 것이니라. 그 이유는 무엇일까? 낮은 이해(력)을 갖고 있는 그들은 반야바라밀다가 전지자성을 초래한다는 것을 알지 못하기 때문이니라. (그리하여) 그들은 반야바라밀다를 물리치고 (떠나)가게 하며 버린 후 그와는 다르면서 성문의 경지와 독각의 경지를 경배하는 경전들이 우선적으로 통달되어져야 한다고 생각할 것이니라. 이러한 보살마하살들은 가지, 잎, 줄기와 유사한 (성문 등을) 꾀한 자들이라고 알려져야 할 것이니라. 그 이유는 무엇일까? 수보리야, 보살마하살은 성문승이나 독각승에 오른 자들이 수련하는 방식에 따라 수련하지 않아야 할 것이기 때문이니라. 수보리야, 그러면 성문승이나 독각승에 오른 자들은 어떻게 수련하는 것일까? 수보리야, 그들에게는 다음과 같은 생각이 들 것이니라. '우리는 (각자) 자신 하나만을 통제하게 만들 것이다. 자신 하나만을 고요하게 만들 것이다. 자신 하나만을 열반(涅槃)에 들도록 이끌 것이다'라고 말이다. 그들은 (각자) 자신의 통제, 평온, 열반만을 위해 모든 선근의 형성을 위한 노력들을 시작하고 있는 것이니라. 수보리야, 보살마하살은 결코 이러한 방식으로 수행하지 않아야 할 것이니라. 수보리야, 보살마하살은 다음과 같이 수련해야 할 것이니라. '나는 모든 세간을 돕기 위해 나 자신을 진여에 세워 놓을 것이다. 모든 유정 또한 진여에 세워 놓을 것이다. 무량의 유정계를 열반에 들도록 이끌 것이다'라고 말이다. 보살마하살은 이러한 방식으로 모든 선근의 형성을 위한 노력을 시작해야 할 것이니라. 하지만 그러한 〔노력들〕을 갖고 있다고 생각하지 않아야 할 것이니라. 수보리야, 이는 마치 코끼리를 보지 못한 자가 〔오로지〕 색깔과 형태만으로 코끼리를 찾는 것과 같으니라. 그는 어둠에서 코끼리를 만진 후 빛이 있는 쪽을 인지할 것이니라. 그렇게 인지한 그는 코끼리의 발이 찾아져야 한다고 생각할 것이니라. 그러고는 코끼리의 발로 코끼리가 갖는 색깔과 형태가 파악되어져야 한다고 생각할 것이니라. 너는 어떻게 생각하느냐? 수보리야, 그렇다면 그는 현자(賢者)에 속하는 자일까?"

수보리 장로가 대답했다.

"세존이시여, 절대 그렇지 않습니다."

마왕의 소행 (3)

세존께서 말씀하셨다.

"수보리야, 반야바라밀다를 알지도 〔이에 대해〕 묻지도 않으면서 반야바라밀다를 버리고, 무상의 올바르고 완전한 깨달음을 터득하기 바라며, 성문과 독각의 경지를 경배하는 경전들, 그것들이 찾아져야 한다고 생각하는 보살승에 오른 그 사람들은 바로 〔코끼리를 찾는〕 그러한 자들과 같다고 알려져야 할 것이니라. 수보리야, 이것 또한 그들에 대한 마왕의 소행으로 알려져야 할 것이니라. 수보리야, 이는 마치 옥석을 찾는 사람이 대해를 보고〔도〕 뛰어들지 않고, 〔뛰어들지 않으니〕 옥석을 관찰하지도 취하지도 못하는 것과 같으니라. 그는 옥석을 이유로 소의 발이 찾아져야 한다고 생각할 것이니라. 그는 소의 발〔로 만들어진〕 물웅덩이와 대해가 같다고 생각할 것이니라. 너는 어떻게 생각하느냐? 수보리야, 그렇다면 그는 현자(賢者)에 속하는 자로 알려져야 할까?"

수보리 장로가 대답했다.

"세존이시여, 절대 그렇지 않습니다."

마왕의 소행 (4)

세존께서 말씀하셨다.

"수보리야, 반야바라밀다를 잡고도 〔여기에〕 뛰어들지도 〔이를〕 분별하지도 못하여 〔도끼 등으로〕 내려치며, 근심이 없는 상태에서 〔태연하게〕 머물기 위해 성문과 독각의 경지를 경배하는 경전들, 그것들이 찾아져야 한다고 생각하는 보살승에 오른 그 사람들은 바로 〔옥석을 찾는〕 그러한 자들과 같다고 알려져야 할 것이니라. 그 〔경전들〕에는 '보살승은 인정되지 않는다. 오로지 〔자기〕 자신의 통제, 평온, 열반만이 존재한다'라고, 또한 '운둔〔명상만〕이 존재한다'라고, '나는 예류과를 얻을 것이다'라고, '나는 일래과를 얻을 것이다'라고, '나는 불환과를 얻을 것이다'라고, '나는 아라한과를 얻을 것이다'라고, '나는 독각을 얻을 것이다'라고, '나는 보이는 법에 절대로 집착하지 않고, 더러움에서 마음을 해방시켜 열반에 들 것이다'라고, '이것은 성문이나 독각의 경지들과 연관된 것이라 불린다'라고 〔나와〕 있느니라. 〔하지만〕 보살마하살은 그와 같은 마음을 일으키지 않아야 할 것이니라. 그 이유는 무엇일까? 수보리야, 대승에 오른 보살마하살들은 위대한 공력을 갖춘 자들이기 때문이니라. 이들은 결코 걱정이 없는 상태를 향한 마음을 일으키지 않아야 할 것이니라. 그 이유는 무엇일까? 진실한 사람들이란 세간을 이끄는 자들이며, 세간의 번영을 꾀하는 자들이기 때문이니라. 그렇기에 그들은 부단히 반복적으로 6바라밀다에서 수련해야 할 것이니라. 수보리야, 하지만 충분히 성숙된 선근(善根)을 갖고 있지 않은, 낮고 좋지 않은 이해〔력〕을 갖고 있는, 약한 의지〔력〕을 보여주는 그러한 사람들은 6바라밀다와 연관된 경전들을 모르거나 이해하지 못하는 자들로서 반야바라밀다를 버리고, 성문과 독각의 경지를 경배하는 경전들이 찾아져야 한다고 생각할 것이니라. 수보리야, 이것 또한 그들에 대한 마왕의 소행으로 알려져야 할 것이니라. 수보리야, 보살승에 오른 이와 같은 사람들의 경우는 마치 석공(石工)이나 그의 제자가 궁전을 수승전(殊勝殿)에 있는 궁전의 크기로 세우기 바라는, 〔마술로〕 만들어내기 바라는 것과 같으니라. 그는 해와 달의 지름과 둘레를 구할 것이니라. 〔그 치수를〕 구하는 그는 해와 달의 지름을 볼 것이니라. 그것으로 그는 치수가 파악되어야 한다고 생각할 것이니라. 너는 어떻게 생각하느냐? 수보리야, 수승전(殊勝殿)에 있는 궁전의 크기로 궁전을 세우기 바라는, 〔마술로〕 만들어내기 바라는 그자에게 해와 달의 지름으로 그 치수가 파악되어질까?"

수보리 장로가 대답했다.

"세존이시여, 절대 그렇지 않습니다."

마왕의 소행 (5)

세존께서 말씀하셨다.

"수보리야, 바로 이와 같은 식으로 미래〔의 도〕에서도 보살승에 오른 그와 같은 자들이 존재할 것이니라. 그들은 반야바라밀다를 듣고 이를 잡은 뒤〔에도〕 반야바라밀다를 포기하고 〔떠나〕가게 한 후 성문의 경지나 독각의 경지와 연관된 경전들로 전지자성이 찾아져야 한다고 생각할 것이니라. 그 경전들은 '우리는 〔각자〕 자신 하나만을 통제하게 만들 것이다. 자신 하나만을 고요하게 만들 것이다. 자신 하나만을 열반(涅槃)에 들도록 이끌 것이다'라는 식으로 〔성문이나 독각의 경지를〕 경배하고 있으며, 〔각자〕 자신의 통제, 평온, 열반만을 이끌고 있느니라. 그들은 이와 같은 경전들을 찾을 것이고, 그러한 방식으로 수련해야 한다고 생각할 것이니라. 너는 어떻게 생각하느냐? 수보리야, 그렇다면 그는 현자(賢者)에 속하는 자로 알려져야 할까?"

수보리 장로가 대답했다.

"세존이시여, 절대 그렇지 않습니다."

세존께서 말씀하셨다.

"수보리야, 이것 또한 그들에 대한 마왕의 소행으로 알려져야 할 것이니라. 수보리야, 이는 마치 어떤 이가 전륜성왕(転輪聖王)을 보기 바라는 것과 같으니라. 그는 전륜성왕을 볼 것이다. 본 후에는, '전륜성왕〔이라 함〕은 〔이러한〕 색깔, 형상, 광채, 마력을 지니고 있다'며 특징을 파악하고는 성채(城砦)의 왕을 〔바라〕볼 것이니라. 그는 성채(城砦)의 왕이 갖는 색깔, 형상, 광채, 마력의 특징을 파악하고는 〔그 두 왕의〕 차이를 파악할 수 없다며 다음과 같이 말할 것이다. '그 어떤 전륜성왕(転輪聖王)도 바로 〔이러한〕 색깔, 형상, 광채, 마력의 특징을 지니고 있다'라고 말이다. 너는 어떻게 생각하느냐? 수보리야, 전륜성왕(転輪聖王)이 성채(城砦)의 왕과 동일시되어져 한다고 생각하는 그는 현자에 속하는 자로 알려져야 할까?"

수보리 장로가 대답했다.

"세존이시여, 절대 그렇지 않습니다."

세존께서 말씀하셨다.

"수보리야, 바로 이와 같은 식으로 미래〔의 도〕에서도 보살승에 오른 그와 같은 자들이 존재할 것이니라. 그들은 반야바라밀다를 듣고 이를 잡은 뒤〔에도〕 반야바라밀다를 포기하고 〔떠나〕가게 한 후 성문의 경지나 독각의 경지와 연관된 경전들로 전지자성이 찾아져야 한다고 생각할 것이니라. 수보리야, 이것 또한 그들에 대한 마왕의 소행으로 알려져야 할 것이니라. 수보리야, 나는 결코 성문의 경지나 독각의 경지와 연관된 경전들로 보살마하살의 전지자성이 찾아져야 한다고 말하고 있는 것이 아니니라. 수보리야, 여래에 의해 보살마하살들의 방편선교가 말해지는 반야바라밀다〔경전〕, 거기에서 수련하지 않고서는 보살마하살은 무상의 올바른 깨달음으로 나아가지 못할 것이라고 말하는 것이니라. 그 이유는 무엇일까? 보살이 〔그 외의〕 다른 경전들에 접근하는 것은 어리석은 일이기 때문이니라. 수보리야, 그렇기에 여래는 반야바라밀다에서 '이와 같이〔수행하는〕 보살마하살들은 무상의 올바르고 완전한 깨달음에서 퇴전되지 않는 자들이 될 것이다'라는 이점을 보고, 여러 가지 방식들로 보살마하살들이 반야바라밀다를 보고 받아들이게끔, 〔그것에〕 흥분하고 기뻐하게끔, 〔거기에〕 정착하고 굳건히 서 있게끔 하는 것이니라. 너는 어떻게 생각하느냐? 수보리야, 불퇴전의 승, 〔즉〕 대승을 얻고 여기에 오른 후 바로 다시 이를 거부하고 물리치고는 소승이 찾아져야 한다고 생각하는 그러한 보살마하살들은 네게 현자에 속하는 자들로 보이느냐?"

수보리 장로가 대답했다.

"세존이시여, 절대 그렇지 않습니다."

세존께서 말씀하셨다.

"수보리야, 이는 마치 배고픈 사람이 백 가지의 맛을 갖는, 소화(消化)하기 편안하고 쉬운, 생이 다하는 날까지 굶주림과 갈증을 가라앉히는 음식을 잡고도 이를 내던지고, 60일 동안 살 수 있〔게 해주〕는 음식이 찾아져야 한다고 생각하는 것과 같으니라. 그자는 60일 동안의 음식을 잡고 백 가지의 맛을 갖는 음식을 〔떠나〕가게 하여 버린 뒤, 그 60일 동안의 음식이 취해져야 한다고 생각할 것이니라. 너는 어떻게 생각하느냐? 수보리야, 그는 현자에 속하는 자일까?"

수보리 장로가 대답했다.

"세존이시여, 절대 그렇지 않습니다."

세존께서 말씀하셨다.

"수보리야, 바로 이와 같은 식으로 미래〔의 도〕에서도 보살승에 오른 그와 같은 자들이 존재할 것이니라. 그들은 반야바라밀다를 듣고 이를 잡은 뒤〔에도〕 반야바라밀다를 포기할 것이고, 〔떠나〕가게 할 것이며, 버릴 것이고, 멀리할 것이니라. 반야바라밀다를 포기하고 〔떠나〕가게 하며 버리고 멀리 둔 후 그와는 〔다른〕 성문승이나 독각승과 연관된 경전들이 찾아져야 한다고 생각할 것이니라. 성문의 경지나 독각의 경지를 경배하는 경전들, 그것들로 전지자성이 찾아져야 한다고 생각할 것이니라. 너는 어떻게 생각하느냐? 수보리야, 그는 현자에 속하는 자로 알려져야 할까?"

수보리 장로가 대답했다.

"세존이시여, 절대 그렇지 않습니다."

세존께서 말씀하셨다.

"수보리야, 이것 또한 그들에 대한 마왕의 소행으로 알려져야 할 것이니라. 수보리야, 이는 마치 어떤 사람이 값을 매길 수 없을 정도로 희귀한 옥석과 같은 보물을 낮은 가치와 적은 힘을 지니는 보물과 같다고 생각하는 것과 같으니라. 너는 어떻게 생각하느냐? 수보리야, 그는 현자에 속하는 자로 알려져야 할까?"

수보리 장로가 대답했다.

"세존이시여, 절대 그렇지 않습니다."

마왕의 소행 (6)

세존께서 말씀하셨다.

"수보리야, 바로 이와 같은 식으로 미래〔의 도〕에서도 보살승에 오른 그와 같은 자들이 존재할 것이니라. 그들은 깊고 깨끗한 반야바라밀다를 잡고 들은 뒤〔에도〕 이것이 성문승이나 독각승과 동일시되어져야 한다고 생각할 것이니라. 그들은 성문의 경지나 독각의 경지에서 전지자성과 방편선교가 찾아져야 한다고 생각할 것이니라. 너는 어떻게 생각하느냐? 수보리야, 그는 현자에 속하는 자로 알려져야 할까?"

수보리 장로가 대답했다.

"세존이시여, 절대 그렇지 않습니다."

세존께서 말씀하셨다.

"수보리야, 이것 또한 그 보살마하살들에 대한 마왕의 소행으로 알려져야 할 것이니라. 수보리야, 게다가 그 반야바라밀다가 말해지고 가르쳐지며 보여지고 습득되며 낭송되고 되새겨지며 〔끝까지〕 기록될 때, 마음의 산란함을 조장하는 〔사악한〕 빛들도 만들어질 것이니라. 수보리야, 이것 또한 그들에 대한 마왕의 소행으로 알려져야 할 것이니라."

마왕의 소행 (7)

❪ **03** ❫ 수보리 장로가 세존께 여쭈었다.

"세존이시여, 반야바라밀다는 기록될 수 있는 것입니까?"

세존께서 말씀하셨다.

"수보리야, 절대 그렇지 않느니라. 어떤 자들은 반야바라밀다를 문자로 기록하고는 '〔이것이〕 기록된 반야바라밀다이다'라고 생각할 것이다. 혹은 '기록된 반야바라밀다는 존재하지 않는다'거나 '기록된 반야바라밀다는 문자를 떠나 있는 것이다'라며 문자들로 기록된 반야바라밀다에 집착할 것이니라. 이것 또한 그들에 대한 마왕의 소행으로 알려져야 할 것이니라. 수보리야, 더욱이 반야바라밀다가 기록될 때, 장소들에 집중하는 마음〔들〕이 생겨날 것이니라. 마을, 시내, 도시, 군(郡), 나라, 왕성(王城)에 집중하는 마음〔들〕이 생겨날 것이니라. 〔정원이나 공원 등에서 거닐 수 있는〕 숲에 집중하는 마음〔들〕이 생겨날 것이니라. 선생에 집중하는 마음〔들〕이 생겨날 것이니라. 이야기에 집중하는 마음〔들〕이 생겨날 것이니라. 도적에 집중하는 마음〔들〕이 생겨날 것이니라. 초목장(草木場)에 집중하는 마음〔들〕이 생겨날 것이니라. 〔삽이나 괭이 같은〕 기구(器具)들에 집중하는 마음〔들〕이 생겨날 것이니라. 〔어깨에 거는〕 가마에 집중하는 마음〔들〕이 생겨날 것이니라. 행복에 집중하는 마음〔들〕이 생겨날 것이니라. 고통에 집중하는 마음〔들〕이 생겨날 것이니라. 공포에 집중하는 마음〔들〕이 생겨날 것이니라. 여성적인 것에 집중하는 마음〔들〕이 생겨날 것이니라. 남성적인 것에 집중하는 마음〔들〕이 생겨날 것이니라. 중성적인 것들에 집중하는 마음〔들〕이 생겨날 것이니라. 이별했지만 사랑하거나 사랑하지 않은 자들에 집중하는 마음〔들〕이 생겨날 것이니라. 부모와 연관된 〔정신〕집중들이 생겨날 것이니라. 형제자매와 연관된 〔정신〕집중들이 생겨날 것이니라. 친구, 친족, 권속(眷屬), 집에 속해있는 하인들과 연관된 〔정신〕집중들이 생겨날 것이니라. 아내, 아들, 딸들과 연관된 〔정신〕집중들이 생겨날 것이니라. 집, 음식, 마실 것들과 연관된 〔정신〕집중들이 생겨날 것이니라. 의복에 집중하는 마음〔들〕이 생겨날 것이니라. 침구와 좌석에 집중하는 마음〔들〕, 생계에 집중하는 마음〔들〕, 〔해야만 할〕 책무들에 집중하는 마음〔들〕, 탐욕들에 집중하는 마음〔들〕, 증오에 집중하는 마음〔들〕, 미혹[어리석음]에 집중하는 마음〔들〕, 계절에 집중하는 마음〔들〕, 호기(好期)에 집중하는 마음〔들〕, 불호기(不好期)에 집중하는 마음〔들〕, 노래에 집중하는 마음〔들〕, 가락에 집중하는 마음〔들〕, 무용(舞踊)에 집중하는 마음〔들〕, 시 연극 전설에 집중하는 마음〔들〕, 계율(戒律)에 집중하는 마음〔들〕, 〔세간의〕 언설(言說)에 집중하는 마음〔들〕, 용담(冗談)에 집중하는 마음〔들〕, 가무극(歌舞劇)에 집중하는 마음〔들〕, 비애(悲哀)에 집중하는 마음〔들〕, 노고(勞苦)에 집중하는 마음〔들〕, 자아(自我)에 집중하는 마음〔들이 생겨날 것이니라.〕 수보리야, 마왕 파순은 이러한 집중의 마음들과 〔그 외〕 다른 집중의 마음들을 초래할 것이고, 반야바라밀다가 말해지고 가르쳐지며 보여지고 습득되며 낭송되고 되새겨지며 〔끝까지〕 기록될 때, 이를 방해할 것이니라. 보살마하살들의 마음을 산란하게 만들 것이니라. 보살마하살은 이러한 마왕의 소행들을 깨달아야 할 것이니라. 깨달은 후 이를 물리쳐야 할 것이니라. 수보리야, 게다가 왕에 집중하는 마음〔들〕, 왕자에 집중하는 마음〔들〕, 코끼리에 집중하는 마음〔들〕, 말에 집중하는 마음〔들〕, 전차(戰車)들에 집중하는 마음〔들〕, 군대 구경에 집중하는 마음〔들〕이 생겨날 것이니라. 수보리야, 이것 또한 그들에 대한 마왕의 소행으로 알려져야 할 것이니라. 수보리야, 더욱이 화(火)에 집중하는 마음〔들〕, 열망에 집중하는 마음〔들〕, 재화(財貨)와 곡물에 집중하는 마음〔들〕이 생겨날 것이니라.

마왕의 소행 (8)

(04) 수보리야, 이것 또한 보살마하살들에 대한 마왕의 소행으로 알려져야 할 것이니라. 수보리야, 게다가 반야바라밀다를 말하고 가르치며 보여주고 알리며 되새기고 끝까지 기록할 때, 보살마하살에게는 이득, 영예, 승의(僧衣), 탁발을 위한 그릇, 침소(寢所), 좌소(座所), 의약품 등과 같은 용구들〔에 집중하는 마음들〕의 방해들 혹은 이득, 영예, 명예를 즐기려는 마음의 열망들이 생겨날 것이니라. 수보리야, 이것 또한 보살마하살들에 대한 마왕의 소행으로 알려져야 할 것이니라. 그들은 이 모든 마왕의 소행을 깨달아야 할 것이니라. 깨달은 후 물리쳐야 할 것이니라.

(05) 수보리야, 더욱이 반야바라밀다를 말하고 가르치며 보여주고 알리며 되새기고 끝까지 기록할 때, 보살마하살들에게 성문의 경지나 독각의 경지와 연관된 깊고 깊은 경전들이 나타날 것이니라. 마왕은 비구의 모습으로 〔변장하고〕 그 경전들에 접근한 후 〔방해할〕 채비를 할 것이니라. '너는 이 〔경전들〕에서 수련하라! 이것을 기록하라! 이것을 알려라! 이것을 되새겨라!'라고 말이다. 수보리야, 방편선교를 갖춘 보살마하살에게는 결코 그 〔경전들〕에 대한 갈망이 생겨나지 않을 것이

니라. 그 이유는 무엇일까? 수보리야, 그 경전들에서 공성(空性)·무상(無相)·무원(無願)이 말해지더라도 보살마하살들의 방편선교는 거기에서 결코 이야기되고 있지 않기 때문이니라. [반야바라밀다]에서 방편선교(方便善巧)를 알지도 구별하지도 못하는 보살들, 그들은 반야바라밀다가 포기되어져야 한다고 생각할 것이니라. 반야바라밀다를 포기한 후 성문의 경지나 독각의 경지와 연관된 경전들에서 방편선교가 찾아져야 한다고 생각할 것이니라.

마왕의 소행 (9)

(06) 수보리야, 이것 또한 보살마하살은 마왕의 소행으로 알아야 할 것이니라. 수보리야, 게다가 열정적인 문법자(聞法者)는 반야바라밀다를 습득하기 바랄 것이니라. 하지만 나태한 설법자는 법을 가르치고 싶지 않을 것이니라. 이것 또한 보살마하살은 불화를 조장하는 마왕의 소행으로 알아야 할 것이니라. 수보리야, 더욱이 나태하지 않은 설법자는 반야바라밀다를 선사하기 바랄 것이니라. 하지만 문법자는 나태하거나 할 일이 많아 너무 바쁘게 될 것이니라. 수보리야, 이것 또한 보살마하살은 불화를 조장하는 마왕의 소행으로 알아야 할 것이니라. 수보리야, 게다가 열정적인 문법자는 [반야바라밀다를] 습득하고 마음에 새기며, 낭송하고 통달하며, [사람들 사이에] 퍼트리며, 끝까지 기록하기까지도 바랄 것이며, [바른] 길을 알고 있는, 영리하며 좋은 기억력을 유지하는 자가 될 것이니라. 하지만 설법자는 다른 지역으로 나가 있어

〔교의의〕 개요를 파악하지 못하거나 세부적인 사항들을 알지 못하거나 이해하지 못하게 될 것이니라. 수보리야, 이러한 불화는 역시나, 반야바라밀다가 말해지고 가르쳐지며 보여지고 알려지며 되새겨지고 〔여기에서〕 수련되며 〔끝까지〕 기록될 때, 나타날 것이니라. 수보리야, 이것 또한 보살마하살은 불화를 조장하는 마왕의 소행으로 알아야 할 것이니라. 수보리야, 더욱이 나태하지 않은 설법자는 반야바라밀다를 선사하고 낭송하게 만들기 바랄 것이니라. 하지만 문법자는 다른 지역으로 나가 있어 〔교의의〕 개요를 파악하지 못하거나 세부적인 사항들을 알지 못하거나 이해하지 못하게 될 것이니라. 수보리야, 이것 또한 보살마하살은 불화를 조장하는 마왕의 소행으로 알아야 할 것이니라. 수보리야, 게다가 설법자는 재물에 무게를 두는, 이득 영예 의복을 중시하는 자일 것이니라. 하지만 문법자는 욕망이 적고 쉽게 만족하며, 〔재물들에〕 초연하고 〔물건 같은 것들을〕 주기 바라지 않는 자일 것이니라. 수보리야, 이것 또한, 반야바라밀다에서 수련하고 이를 기록할 때 일어나는 불화이니라. 수보리야, 이것 또한 보살마하살은 마왕의 소행으로 알아야 할 것이니라. 수보리야, 더욱이 성신(誠信)을 지닌 문법자는 반야바라밀다를 들으며 그 의미를 깨닫기 바라는, 보시하면서도 재화를 버리고 싶을 것이니라. 하지만 믿음이 없는 설법자는 욕망이 적거나 교설하기 바라지 않을 것이니라. 수보리야, 이로부터도 〔보살마하살은 이러한 상황을〕 불화를 조장하는 마왕의 소행으로 알아야 할 것이니라. 수보리야, 더욱이 성신을 지닌 문법자는 반야바라밀다를 들으며 그 의미를 깨닫기 바랄 것이니라. 하지만 법을 이해하지 못하는 설법자에게 이 경전들은 존재하지도 알맞지도 않을 것이니라. 수보리야, 여기에서도

설법자(說法者)를 얻지 못한 문법자에게는 반감이 생기게 될 것이니라. 이 또한, 반야바라밀다를 습득하고 마음에 새기며, 낭송하고 통달하며, 〔사람들 사이에〕 퍼트리며, 끝까지 기록할 때 일어날 불화이니라.

마왕의 소행 (10)

〔 07 〕 수보리야, 이것 또한 보살마하살은 마왕의 소행으로 알아야 할 것이니라. 수보리야, 게다가 설법자는 교설하기 바랄 것이니라. 하지만 문법자는 교설을 듣는 데 열성적이지 않을 것이니라. 이 또한, 반야바라밀다를 습득하고 마음에 새기며, 낭송하고 통달하며, 〔사람들 사이에〕 퍼트리며, 끝까지 기록할 때 일어날 불화이니라. 수보리야, 이것 또한 보살마하살은 마왕의 소행으로 알아야 할 것이니라. 수보리야, 더욱이 문법자는 타면(惰眠)을 중요시하고, 육신이 무거워질 것이니라. 타면을 중요시하고 육신의 피로를 느끼는 그는 〔교설을〕 듣고 싶지 않을 것이니라. 하지만 설법자는 교설하기 바랄 것이니라. 수보리야, 이것 또한 보살마하살은 〔이를〕 불화를 조장하는 마왕의 소행으로 알아야 할 것이니라. 수보리야, 게다가 설법자는 타면(惰眠)을 중요시하고, 육신이 무거워질 것이니라. 타면을 중요시하고 육신의 피로를 느끼는 그는 교설하고 싶지 않을 것이니라. 하지만 문법자는 〔교설을〕 듣기 바랄 것이니라. 이것 또한 〔반야바라밀다를〕 기록하거나 낭송하거나 통달할 때 일어날 불화이니라. 수보리야, 이 또한 보살마하살은 마왕의 소행으로 알아야 할 것이니라. 수보리야, 더욱이 반야바라밀다를 기록하고 말하

고 수련할 때, 누군가 그 〔장소〕에 와서 〔여러〕 지옥들의 추악함을 말할 것이니라. 축생계의 추악함을 말할 것이니라. 아귀계의 추악함을 말할 것이니라. 아수라가 갖는 육신들의 추악함을 말할 것이니라. '지옥들은 이처럼 고통스럽다. 축생계는 이처럼 고통스럽다. 아귀계는 이처럼 고통스럽다. 아수라의 육신들은 이처럼 고통스럽다. 제약을 받는 유위(有爲)들은 이처럼 고통스럽다. 바로 이 세간에서 고통은 더 이상 존재하지 않을 것이다'라고 말할 것이니라. 수보리야, 이것 또한 보살마하살은 〔이를〕 불화를 조장하는 마왕의 소행으로 알아야 할 것이니라.

마왕의 소행 (11)

08 수보리야, 더욱이 반야바라밀다를 기록하거나 말하거나 수련할 때, 누군가 그 〔장소〕에 와서 신들의 아름다움을 말할 것이니라. 신들은 이처럼 행복하다. 〔여러〕 천계들은 이처럼 행복하다. 〔신들은〕 욕계에서 〔여러〕 애욕들을 즐기고 있다. 〔신들은〕 색계에서 이처럼 〔여러〕 선정들을 얻고 있다. 〔신들은〕 무색계에서 이처럼 〔여러〕 등지(等至)들에 도달하고 있다. 하지만 그 모든 것 또한 지혜를 통해 음미해본다면, 그 모든 것은 고통의 생기에 지나지 않는다고 〔말할 것이니라〕. 〔그러고는〕 그〔렇게 말하는〕 이유를 내가 다음과 같이 말했기 때문이라고 할 것이니라. '비구들이여, 나는 손가락을 튕길 정도로 〔매우 짧은 시간 동안 존재하는〕 유정의 생기(生起)를 찬미하지 않는다. 왜냐하면 〔인연에〕 제약을 받는 모든 것은 무상한 것들이기 때문이다. 두려움에

빠지는 모든 것은 고통스러워하기 때문이다. 삼계(三界)에 속하는 모든 것은 공하기 때문이다. 모든 법은 자아(自我)를 갖고 있지 않기 때문이다. 이와 같이 그 모든 것이 영속적이지 않고, 무상하며, 고통스러워하며, 〔괴멸로 가는〕 변형의 법에 속하는 것들임을 인지한 후 현자들은 바로 이 세간에서 예류과, 일래과, 불환과, 아라한과를 얻어야 할 것이다. 우리에게는 더 이상 고통으로 가득한 번영과 파멸〔과의 공존〕이 일어나지 않아야 할 것이다'라고 말이다. 어떤 보살들은 〔이러한 이야기를 듣고〕 격한 초조함에 빠질 것이니라. 수보리야, 이것 또한 보살마하살은 〔이를〕 불화를 조장하는 마왕의 소행으로 알아야 할 것이니라.

마왕의 소행 (12)

《 09 》 수보리야, 더욱이 설법자〔의 입장〕인 비구들, 그들은 〔명상을 함에 있어〕 혼자임에 만족할 것이니라. 하지만 문법자들, 그들은 법회를 중요시하는 자들일 것이니라. 그 설법자들 또한 다음과 같이 말할 것이니라. '나를 따르는 자들에게 나는 반야바라밀다를 줄 것이다. 〔하지만〕 나를 따르지 않는 자들에게는 주지 않을 것이다'고 말이다. 이와 같이 〔말하는 것을 들은〕 선남자와 선여인들은 〔반야바라밀다에 대한〕 바람과 열정으로, 〔그리고〕 법의 중(重)함을 알기에 그 설법자를 따를 것이니라. 하지만 〔그에게 교설할〕 기회를 주지 않을 것이니라. 또한 설법자가 재물을 갈망하는 사람이어도, 그들은 〔그에게 무엇인가를〕 주고 싶지 않을 것이니라. 〔그리하여 하는 수 없이〕 그 〔설법자〕는 기근이 〔창궐하고〕 안전이 보장되지 않거나 생명을 위태롭게 할 그런 곳으로 가게 될 것이니라. 그리고 문법자들은 다른 이들로부터 들을 것이니라. '그〔가 교설하는〕 장소는 기근과 안전이 보장되지 않는 곳이며, 그 장소에는 생명을 위태롭게 할 일도 일어날 수 있다'라고 말이다.

그러고는 설법자는 선남자들에게 다음과 같이 이야기할 것이니라. '선남자들이여, 〔내가 온〕 이 장소에는 기근의 공포만이 존재한다. 선남자들이여, 너희들은 〔여기에〕 올 수도 있겠지만, 나중에 기근의 공포에 빠져 〔여기에 온 것을〕 절대 후회하지 않아야 할 것이다'라고 말이다. 이와 같이 그 설법자는 그들을 교묘한 방법으로 거절할 것이니라. 의기소침한 모습의 선남자들은 다음과 같이 알게 될 것이니라. '이것들은 거부의 표시들이다. 이것들은 주고 싶다는 표시들이 아니다'라고 말이다. 그리고 '이 〔설법자〕는 주고 싶어 하는 자가 아니다'라는 것을 알고는 〔그를〕 따르지 않을 것이니라. 수보리야, 이 또한 반야바라밀다가 기록되고 수련되며, 가르쳐지고 보여지며, 알려지고 되새겨질 때 일어날 불화이니라. 수보리야, 이것 또한 보살마하살은 〔이를〕 불화를 조장하는 마왕의 소행으로 알아야 할 것이니라.

마왕의 소행 (13)

❰ 10 ❱ 수보리야, 더욱이 설법자는 해충의 공포 야생동물의 공포 귀신의 공포가 〔도사리는〕 곳으로 갈 것이니라. 그는 거기에 가서 머물면서 맹수 사갈(蛇蝎) 도적이 〔들끓는〕 야생지로 가뭄과 기근이 〔창궐

하는〕 야생지로 더 들어갈 것이니라. 그 설법자는 선남자들에게 다음과 같이 말할 것이니라. '선남자들이여, 너희들은 알아야 할 것이니라! 우리가 온 이 장소에는 해충, 야생동물, 맹수, 사갈(蛇蝎), 도적이 〔들끓는〕 야생지이며, 가뭄과 기근이 〔창궐하는〕 야생지라는 것을 말이다. 선남자들이여, 너희들은 알아야 할 것이니라! 너희들이 이러한 고통들을 견뎌낼 수 있는지를 말이다.' 그는 이와 같은 교묘한 방식으로 그들을 거부할 것이니라. 그로 인해 그들은 의기소침해질 것이니라. 의기소침해진 그들은 그를 따르지 않을 것이니라. 그들은 바로 다시 돌아갈 것이니라. 수보리야, 이것 또한 반야바라밀다가 알려지고 되새겨지며 기록되기까지 일어날 방해이니라. 수보리야, 이것 또한 보살마하살은 〔이를〕 불화를 조장하는 마왕의 소행으로 알아야 할 것이니라.

마왕의 소행 (14)

〔11〕 수보리야, 더욱이 설법자인 비구는 친구의 가족과 〔음식이나 옷가지를 보시하는〕 가족에 무게를 둘 것이니라. 친구의 가족과 〔음식이나 옷가지를 보시하는〕 가족을 우선시함으로 그는 친구의 가족과 〔음식이나 옷가지를 보시하는〕 그 가족들을 반복적으로 철저히 돌봐야 한다고 〔그들에게〕 다가가야 한다고 생각할 것이니라. 그는 그러한 지속적인 돌봐줌을 이유로 다망(多忙)을 이유로 문법자들을 거절할 것이니라. '내게는 그 정도로 돌봄〔의 손길〕이 필요한 자들이 있다. 내게는 그 정도로 가까이 다가가야 할 자들이 있다'라고 말이다. 수보리야,

이 또한 반야바라밀다를 기록하고 널리 퍼트릴 때 일어날 불화이니라. 수보리야, 이것 또한 보살마하살은 〔이를〕 불화를 조장하는 마왕의 소행으로 알아야 할 것이니라.

❰ 12 ❱ 수보리야, 실로 마왕 파순은 바로 이 반야바라밀다를 그 누구도 습득하지도 마음에 새기지도 낭송하지도 통달하지도 널리 퍼트리지도 가르치지도 보여주지도 알리지도 되새기지도 기록하게 하지도 기록하지도 않도록 이런저런 술수들로 행동을 개시할 것이니라. 수보리야, 그렇기에 이러한 방해들이 불화로 이끌어지게 되는 어떤 보살마하살은 그 모든 것이 마왕의 소행들이라는 것을 깨달아야 할 것이니라. 깨달은 후 〔그 소행들을〕 물리쳐야 할 것이니라."

방해의 이유

❰ 13 ❱ 이렇게 말씀하시자. 수보리 장로가 세존께 여쭈었다.

"세존이시여, 이 세간에서 이런저런 술수들을 사용하여 반야바라밀다를 그 누구도 습득하지도 마음에 새기지도 낭송하지도 통달하지도 널리 퍼트리지도 가르치지도 보여주지도 알리지도 되새기지도 기록하게 하지도 기록하지도 않게 만드는 이와 같이 엄청난 일을 마왕 파순은 어떤 이유에서 꾀하려는 것일까요?"

세존께서 다음과 같이 대답하셨다.

"수보리야, 그것은 불타세존들의 전지자성이 반야바라밀다에서 나오는 것이기 때문이니라. 그리고 여래(如來)의 가르침은 전지자성에서 비롯하는 것이니라. 또한 무량무수의 유정들이 갖는 번뇌의 멈춤은 여래의 가르침에서 나오는 것이니라. 하지만 마왕 파순은 번뇌가 멈춘 사람들에 대해서는 〔약점〕 공략법을 얻지 못하느니라. 〔공략법을〕 얻지 못하는 〔마왕 파순〕은 고통에 빠지고 악의를 갖게 될 것이며, 비탄의 화살에 찔리게 될 것이니라. 그로 인해 그는 반야바라밀다가 기록되고 통달될 때 격한 초조함을 갖고 〔그러한〕 엄청난 일을 꾀하는 것이니라. 엄청난 일을 꾀하는 그는 누구도 반야바라밀다를 기록하거나 통달하지 못하도록 이런저런 술수로 행동을 개시할 것이니라.

마왕의 소행 (15)

《 14 》 수보리야, 더욱이 마왕 파순은 출가승의 모습으로 변장한 뒤 불화를 조장할 것이니라. 이와 같이 〔하여〕 처음으로 〔대〕승에 나아간 선남자들은 '장로들이 듣고 있는 이것은 반야바라밀다가 아니다. 내 경전에 들어 있고 포함되어 있는 것, 그것이 바로 반야바라밀다이다'라고 구분할 것이니라. 수보리야, 이와 같이 마왕 파순은 의혹을 조장할 것이니라. 수보리야, 또한 이와 같이 마왕 파순은 출가승의 모습으로 변장한 뒤 불화를 조장한 후 처음으로 〔대〕승에 나아간, 낮고 더디며 적은 이해〔력〕을 보이는, 무상의 올바르고 완전한 들 것이라고 예언되지 않은 맹목적인 보살들을 의혹에 빠지게 만들 것이니라. 의혹에 빠진 그들은 반야바라밀다를 습득하지도 마음에 새기지도 낭송하지도 통달하지도 널리 퍼트리지도 가르치지도 보여주지도 알리지도 되새기지도 기록하게 하지도 기록하지도 않을 것이니라. 수보리야, 이것 또한 보살마하살은 마왕의 소행으로 알아야 할 것이니라.

❰ **15** ❱ 수보리야, 게다가 마왕 파순은 비구들을 〔마술로〕 만들고는 불타의 모습으로 변장한 뒤 다음과 같이 마왕의 소행을 채비할 것이니라. '〔깊고〕 깊은 법들에 드는 보살, 그는 진실한 궁극〔의 실재〕를 직시하고, 성문이 된다. 그는 이러한 〔대승의〕 보살과 같은 보살이 아니다'라며 말이다. 수보리야, 이것 또한 보살마하살은 마왕의 소행으로 알아야 할 것이니라. 수보리야, 마왕 파순은, 반야바라밀다가 기록되고 통달될 때, 이상과 같은 수많은 소행들뿐만 아니라 그 밖의 다른 소행들도 꾀할 것이니라. 보살마하살은 반드시 이러한 마왕의 소행들을 깨달아야 할 것이니라. 깨달은 뒤에는 〔이것들을〕 물리쳐야 할 것이고, 〔이것들에〕 빠지지 않아야 할 것이니라. 〔보살마하살은〕 강력한 노력을 시작한 자, 좋은 기억력을 유지하는 자, 정지(正知)하는 자가 되어야 할 것이니라."

마왕의 적대감

❰ **16** ❱ 이와 같이 말씀하시자 수보리 장로가 세존께 아뢰었다.

"세존이시여, 그러합니다. 선서이시여, 실로 그러합니다. 세존이시여, 대보(大寶)들이라는 것들은 많은 적대감을 불러일으킵니다. 그 이유는 무엇일까요? 그것들은 얻기가 〔매우〕 어렵고 위대한 가치를 지니기 때문입니다. 세존이시여, 그것들은 최고의 것들이기 때문입니다. 그렇기에 그것들은 많은 적대감을 불러일으킵니다. 세존이시여, 바로 이와 같이 반야바라밀다에게도 일반적으로 많은 방해들이 일어날 것입니다. 세존이시여, 방해의 힘으로 인해 나태하게 되는 그런 자들은 마왕에 지배되는 보살들이라 알려져야 합니다. 세존이시여, 이들은 처음으로 〔대〕승에 나아간 자들일 것입니다. 세존이시여, 이들은 낮고 더디며 적은 이해〔력〕을 보이는 자들일 것입니다. 세존이시여, 이들은 〔정〕반대의 생각을 갖고 있는 자들일 것입니다. 반야바라밀다를 습득하지도 마음에 새기지도 낭송하지도 통달하지도 널리 퍼트리지도 가르치지도 보여주지도 알리지도 되새기지도 기록하게 하지도 기록하지도 않아야 할 것이라 생각하는 그들에게는 결코 광대한 법들을 향한 마음이 생기지 않을 것입니다."

마왕의 지배를 받는 자

❰ 17 ❱ 세존께서 수보리 장로에게 다음과 같이 말씀하셨다.

"수보리야, 그러하다. 실로 그러하느니라. 수보리야, 그러한 보살들은 마왕의 지배를 받는 자들이라 알려져야 할 것이니라. 수보리야, 그 보살들은 처음으로 〔대〕승에 나아간 자들일 것이니라. 그들은 낮고 더디며 적은 이해〔력〕을 보이는 자들일 것이니라. 이들은 정반대의 생각을 갖고 있는 자들일 것이니라. 반야바라밀다를 습득하지도 마음에 새기지도 낭송하지도 통달하지도 널리 퍼트리지도 가르치지도 보여주지도 알리지도 되새기지도 기록하게 하지도 기록하지도 않아야 할 것이라 생각하는 그들에게는 결코 광대한 법들을 향한 마음이 생기지 않을 것이니라.

❰ **18** ❱ 수보리야, 게다가 이러한 마왕의 소행들은 〔계속〕 생겨날 것이니라. 또한 방해를 꾀하는 수많은 마왕의 악의들이 생겨날 것이니라. 수보리야, 반야바라밀다를 습득하고 마음에 새기며 낭송하고 통달하며 널리 퍼트리고 가르치며 보여주고 알리며 되새기고 기록하게 하며 끝까지 기록해야 한다고 생각하는 그러한 〔보살〕들은, 수보리야, 불타의 위신력과 가피로 그렇게 생각하는 것이라고 알려져야 할 것이니라. 〔또한〕 그들은 불타의 섭취(攝取)로 인해 〔반야바라밀다를〕 습득하고 마음에 새기며 낭송하고 통달하며 널리 퍼트리고 가르치며 보여주고 알리며 되새기고 기록하게 하며 끝까지 기록할 것이라고 〔알려져야 하느니라〕. 그 이유는 무엇일까? 마왕 파순 또한 거기에서 방해하기 위한 엄청난 일을 꾀할 것이어도, 공양을 받을 만하고 올바르고 완전하게 깨달으신 여래가 포용을 위해 〔위대한〕 일을 꾀할 것이기 때문이니라."

성스러운 팔천송반야경에서 '마왕의 소행'으로 불리는 열한 번째 장

제 12 장

세간의 시현

◉

लोकसंदर्शनपरिवर्तो द्वादशः

반야바라밀다와 여래 - 모자(母子)

01 그때 세존께서 재차 수보리 장로에게 다음과 같이 말씀하셨다.

"수보리야, 이는 마치 한 여성에게 다섯 명, 열 명, 스무 명, 서른 명, 마흔 명, 쉰 명, 백 명, 천 명에 달하는 수많은 아들들이 있는 것과 같으니라. 그 모든 아들들은 병이 든 친모를 위해 〔온갖〕 노력을 다할 것이니라. '어떻게 하면 우리 어머니의 생명을 위태롭게 하는 일이 일어나지 않을까? 어떻게 하면 우리 어머니가 오래 사실까? 어떻게 하면 우리 어머니의 육신이 사라지지 않을까? 어떻게 하면 우리 어머니가 〔우리 곁에〕 오래 머무실까? 어떻게 하면 우리 어머니의 이름이 사라지지 않을까? 어떻게 하면 우리 어머니에게 고통의 느낌이 들지 않게 될까? 〔어떻게 하면〕 어머니의 몸에 불쾌한 통증이 생겨나지 않을까?'〔라고 생각하며〕 말이다. 〔그녀의 아들들이 이렇듯 노력하는〕 이유는 무엇일까? '이 어머니가 우리 모두를 낳으신 분이며, 〔이렇듯〕 어려운 일을 해내신 어머니는 우리에게 생명을 부여하시고, 세상을 보여주신 분이다'라고 생각하기 때문이니라. 아들들은 행복에 필요한 모든 것을 동원하여 〔건강함이〕 잘 유지되도록 친모를 보살필 것이며, 〔병으로부터〕 잘 지켜지도록 보호할 것이고, 〔병이 든다면〕 잘 치유되도록 돌볼 것이니라. 친모〔의 육신〕에 그 어떤 고통의 느낌이나 고통의 감촉이 생겨나지 않도록 말이다. 〔즉,〕 눈 귀 코 혀 피부 마음에서 비롯하는, 풍(風), 담즙, 점액 〔이들의〕 합(合)에서 비롯하는 〔병들〕, 독충, 모기, 사갈(蛇蝎), 인간, 귀신에서 비롯하는 〔고통들〕, 예기치 못한 사건이나 갑작스러운 재난에서 비롯하는 불의의 그 어떤 사고도 친모의 육신에 일어나지 않도록 말이다. 아들들은 행복에 필요한 모든 것을 동원하여 친모에 주의를 기울인 후 〔그녀를〕 돌볼 것이고, 도울 것이며, 보호할 것이니라. '이 어머니는 우리의 창조자이시며, 어려운 일을 해내신 이 어머니는 우리에게 생명을 부여하시고, 세상을 보여주신 분이다'라고 〔생각하며 말이다.〕 수보리야, 바로 이와 같이 공양을 받을 만하고 올바르고 완전하게 깨달은 여래는 이 반야바라밀다에 주의를 기울이는 것이니라. 또한 〔반야바라밀다를〕 기록하며, 습득하고 마음에 새기며, 낭송하고 통달하며, 〔사람들 사이에서〕 퍼트리고, 보여주고 가르치며, 알려주고 되새기는 그 모든 이도 공양을 받을 만하고 올바르고 완전하게 깨달은 여래의 위신력과 가피, 그리고 호념(護念)을 통해 〔그렇게 하는 것이니라.〕 또한 다른 세계들에서 현재 머물고 〔사람들의 마음에〕 새겨지며 〔보살마하살들을〕 앞으로 나아가게 하고, 많은 중생의 안녕을 위해, 많은 중생의 행복을 위해, 세간에 대한 연민을 위해, 대군중의 이익을 위해, 신들과 인간들의 안녕과 행복을 위해, 그리고 모든 유정에 대해 연민을 느끼며 연민을 취하는 그 모든 공양을 받을 만하고 올바르고 완전하게 깨달은 그 모든 여래도 반야바라밀다에 주의를 기울이며, '어떻게 하면 반야바라밀다가 오래 머무를까? 어떻게 하면 반야바라밀다의 이름이 사라지지 않을까? 어떻게 하면 반야바라밀다가 말해지고 기록되며 수련될 때 마왕 파순이나 신들이 방해를 하지 않을까?'라고 열망하는 것이니라.수보리야, 실로 이와 같이 공양을 받을 만하고 올바르고 완전하게 깨달은 여래들은 반야바라밀다를 돌보고, 도우며, 보호하고 있는 것이니라. 그 이유는 무엇일까? 반야바라밀다는 공양을 받을 만하고 올바르고 완전하게 깨달은 여래들의 친모이자 창조자이며, 〔이들에게〕 전지자성을 드러내어 보여주고, 세간을 바라보게 해주는 것이기 때문이니라. 수보리야, 실로 여기 〔반야바라밀다〕에서 공양을 받을 만하고 올바르고 완전하게 깨달은 여래들이 나온 것이니라. 수보리야, 실로 반야바라밀다는 공양을 받을 만하고 올바르고 완전하게 깨달은 여래들의 창조자이고, 전지자의 불지를 드러내어 그들에게 이 세간을 바라보게 해주는 것이니라. 수보리야, 실로 여기 〔반야바라밀다〕에서 공양을 받을 만하고 올바르고 완전하게 깨달은 여래들의 전지자성이 나온 것이니라. 수보리야, 과거의 도(道)에서 공양을 받을 만하고 올바르고 완전하게 깨달은 여래들, 그 모두 또한 반야바라밀의 덕택으로 무상의 올바르고 완전한 깨달음을 터득한 것이니라. 수보리야, 미래의 도에서 공양을 받을 만하고 올바르고 완전하게 깨달은 여래들, 그 모두 역시 반야바라밀의 덕택으로 무상의 올바르고 완전한 깨달음을 터득할 것이니라. 현재 무량무수의 세계들에서 시방에 머물고 〔사람들의 마음에〕 새겨지며 〔보살마하살들을〕 앞으로 나아가게 하고, 많은 중생의 안녕을 위해, 많은 중생의 행복을 위해, 세간에 대한 연민을 위해, 대군중의 이익을 위해, 신들과 인간들의 안녕과 행복을 위해, 그리고 모든 유정에 대해 연민을 느끼며 연민을 취하는 그 모든 공양을 받을 만하고 올바르고 완전하게 깨달은 여래 또한 반야바라밀의 덕택으로 무상의 올바르고 완전한 깨달음을 터득하고 있는 것이니라. 수보리야, 공양을 받을 만하고 올바르고 완전하게 깨달은 여래인 나 역시 이 세간에서 바로 이러한 반야바라밀의 덕택으로 무상의 올바르고 완전한 깨달음을 터득한 것이니라. 수보리야, 이와 같이 반야바라밀다는 공양을 받을 만하고 올바르고 완전하게 깨달은 여래들의 창조주이며, 이와 같이 하여 이 세간을 바라보게 해주는 것이니라."

세간의 요소와 시현

⦅ 02 ⦆ 그러자 수보리 장로가 세존께 아뢰었다.

"세존이시여, 세존께서는 반야바라밀다가 공양을 받을 만하고 올바르고 완전하게 깨달은 여래들에게 이 세간을 보여준다고 말씀하셨습니다. 세존이시여, 〔그렇다면〕 반야바라밀다는 공양을 받을 만하고 올바르고 완전하게 깨달은 여래들에게 이 세간을 어떻게 보여주는 것입니까? 세존이시여, 공양을 받을 만하고 올바르고 완전하게 깨달은 여래들이 말하는 세간은 어떤 것입니까?"

이와 같이 여쭙자, 세존께서 수보리 장로에게 다음과 같이 대답하셨다.

"수보리야, 여래는 5온이 세간이라고 말하는 것이니라. 그 다섯 가지는 어떤 것들일까? 그것은 바로 물질·감각·표상·의욕·사유이니라. 수보리야, 여래는 이 5온을 세간이라고 말하는 것이니라."

⦅ 03 ⦆ 수보리 장로가 여쭈었다.

"세존이시여, 반야바라밀다는 여래들에게 5온을 어떻게 보여주는 것입니까? 반야바라밀다가 보여주는 것은 무엇입니까?"

세존께서 대답하셨다.

"수보리야, 〔5온은〕 무너지지도 무너져버리지도 않는다고, 5온이 〔바로〕 세간이라고, 반야바라밀다가 여래들에게 보여주는 것이니라. 〔5온이〕 무너지지도 무너져버리지도 않는다고 보여주는데, 어떤 이유에서 그렇게 보여주는 것일까? 수보리야, 5온은 자성을 갖고 있지 않기 때문에〔, 즉〕 공성을 자성으로 갖고 있기 때문이니라. 수보리야, 공성〔이라 함〕은 무너지지도 무너져버리지도 않는 것이니라. 이와 같이 반야바라밀다는 여래들에게 이 세간을 보여주는 것이니라. 수보리야, 무상(無相)·무원(無願)·무작위(無作爲) 불생(不生)·무-존재 법계 또한 무너지지도 무너져버리지도 않는 것이니라. 수보리야, 이와 같이 반야바라밀다는 공양을 받을 만하고 올바르게 깨달은 여래들에게 세간을 보여주는 것이니라.

반야바라밀다를 통한 세간의 진여지(眞如智)

❪ 04 ❫ 수보리야, 게다가 여래는 반야바라밀다의 덕택으로 '무량의 유정들, 무수의 유정들'이라고 진여지하는 것이니라. 어떻게 하여 여래는 반야바라밀다의 덕택으로 '무량의 유정들, 무수의 유정들'이라고 진여지하는 것일까? 수보리야, 유정의 무-자성 때문에 '무량의 유정들, 무수의 유정들'이라고 진여지하는 것이니라. 수보리야, 실로 이와 같이 여래는 반야바라밀다의 덕택으로 '무량의 유정들, 무수의 유정들'이라고 진여지하는 것이니라. 수보리야, 또한 무량무수에 달하는 유정들이 갖는 마음의 움직임들, 수보리야, 이것들도 여래는 바로 유정의 무-실재 때

문에 진여지하는 것이니라. 수보리야, 분명 이와 같이 반야바라밀다의 덕택으로 여래는 무량무수에 달하는 유정들이 갖는 무량무수에 달하는 마음의 움직임들 역시 진여지하는 것이니라. 수보리야, 실로 이와 같이 반야바라밀다는 여래들에게 이 세간을 바라보게 해주는 것이니라.

❪ 05 ❫ 수보리야, 더욱이 여래는 반야바라밀다의 덕택으로 무량무수에 달하는 유정들의 집적(集積)된 마음들을 '집적된 마음들'이라고 진여지하는 것이니라. 어떻게 하여 여래는 반야바라밀다의 덕택으로 무량무수에 달하는 유정들의 집적된 마음들을 '집적된 마음들'이라고 진여지하는 것일까? 집적〔된 마음〕을 〔소〕멸〔의 측면〕에서 〔소〕멸을 불멸〔의 측면〕에서 진여지하는 것이니라. 수보리야, 실로 이와 같이 여래는 반야바라밀다의 덕택으로 무량무수에 달하는 유정들의 집적된 마음들을 '집적된 마음들'이라고 진여지하는 것이니라.

❪ 06 ❫ 수보리야, 게다가 여래는 반야바라밀다의 덕택으로 무량무수에 달하는 유정들의 분산된 마음들을 '분산된 마음들'이라고 진여지하는 것이니라. 어떻게 하여 여래는 반야바라밀다의 덕택으로 무량무수에 달하는 유정들의 분산된 마음들을 '분산된 마음들'이라고 진여지하는 것일까? 수보리야, 법성〔의 측면〕에서 그 분산된 마음들을 실로 무상(無相)의 마음들이라고, 소멸되지도 소진되지도 분산되지도 〔않는〕 마음들이라고, 진여지하는 것이니라. 수보리야, 실로 이와 같이 여래는 반야바라밀다의 덕택으로 무량무수에 달하는 유정들의 분산된 마음들을 '분산된 마음들'이라고 진여지하는 것이니라.

수보리야, 더욱이 여래는 반야바라밀다의 덕택으로 무량무수에 달하는 유정들이 갖는 무량불멸의 마음들을 '무량불멸의 마음들'이라고 진여지하는 것이니라. 수보리야, 어떻게 하여 여래는 반야바라밀다의 덕택으로 무량무수에 달하는 유정들이 갖는 무량불멸의 마음들을 '무량불멸의 마음들'이라고 진여지하는 것일까? 수보리야, 여래의 마음은 가피된 마음이며, 불멸불생의 마음이고, 지속되지도 〔그 어떤 것에〕 의존하지도 않는 마음이며, 〔그 어떤 것과도〕 같지 않은 무량무수의 마음이니라. 바로 이러한 마음으로 〔알게 되는〕 허공의 무량성과 불멸성 때문에 '〔유정들의〕 마음은 무량불멸하다'라고 진여지하는 것이니라. 수보리야, 실로 이와 같이 여래는 반야바라밀다의 덕택으로 무량무수에 달하는 유정들의 무량불멸의 마음들을 '무량불멸의 마음들'이라고 진여지하는 것이니라.

❰ 07 ❱ 수보리야, 게다가 여래는 반야바라밀다의 덕택으로 무량무수에 달하는 유정들의 오염된 마음들을 '오염된 마음들'이라고 진여지하는 것이니라. 수보리야, 어떻게 하여 여래는 이 반야바라밀다의 덕택으로 무량무수에 달하는 유정들의 오염된 마음들을 '오염된 마음들'이라고 진여지하는 것일까? 수보리야, 그 마음들은 무-오염의 방식으로 오염된, 오염의 표식을 갖고 있지 않〔는 오염된〕 마음들인 것이니라. 수보리야, 실로 이와 같이 여래는 반야바라밀다의 덕택으로 무량무수에 달하는 유정들의 오염된 마음들을 '오염된 마음들'이라고 진여지하는 것이니라.

❰ 08 ❱ 수보리야, 더욱이 여래는 반야바라밀다의 덕택으로 무량무수에 달하는 유정들의 오염되지 않은 마음들을 '오염되지 않은 마음들'이라고 진여지하는 것이니라. 수보리야, 어떻게 하여 여래는 반야바라밀다의 덕택으로 무량무수에 달하는 유정들의 오염되지 않은 마음들을

'오염되지 않은 마음들'이라고 진여지하는 것일까? 수보리야, 그 마음들은 본성상 청정한 것이니라. 수보리야, 실로 이와 같이 여래는 반야바라밀다의 덕택으로 무량무수에 달하는 유정들의 오염되지 않은 마음들을 '오염되지 않은 마음들'이라고 진여지하는 것이니라.

〔09〕 수보리야, 더욱이 여래는 반야바라밀다의 덕택으로 무량무수에 달하는 유정들의 집착된 마음들을 '집착된 마음들'이라고 진여지하는 것이니라. 수보리야, 어떻게 하여 여래는 이 반야바라밀다의 덕택으로 무량무수에 달하는 유정들의 집착된 마음들을 '집착된 마음들'이라고 진여지하는 것일까? 수보리야, 그 마음들은 무-집착〔의 방식〕으로 집착된〔, 집착의 표식을 갖고 있지 않은 집착된〕 마음들이니라. 수보리야, 실로 이와 같이 여래는 반야바라밀다의 덕택으로 무량무수에 달하는 유정들의 집착된 마음들을 '집착된 마음들'이라고 진여지하는 것이니라.

〔10〕 수보리야, 게다가 여래는 반야바라밀다의 덕택으로 무량무수에 달하는 유정들의 〔한껏〕 무-집착된 마음들을 '〔한껏〕 무-집착된 마음들'이라고 진여지하는 것이니라. 수보리야, 어떻게 하여 여래는 반야바라밀다의 덕택으로 무량무수에 달하는 유정들의 〔한껏〕 무-집착된 마음들을 '〔한껏〕 무-집착된 마음들'이라고 진여지하는 것일까? 수보리야, 그 마음들은 잡히지 않는, 집착되지 않아야 하는 것이니라. 수보리야, 실로 이와 같이 여래는 반야바라밀다의 덕택으로 무량무수에 달하는 유정들의 무-집착된 마음들을 '무-집착된 마음들'이라고 진여지하는 것이니라.

〔11〕 수보리야, 더욱이 여래는 반야바라밀다의 덕택으로 무량무수

에 달하는 유정들의 번뇌의 마음들을 '번뇌의 마음들'이라고 진여지하는 것이니라. 수보리야, 어떻게 하여 여래는 반야바라밀다의 덕택으로 무량무수에 달하는 유정들이 갖는 번뇌의 마음들을 '번뇌의 마음들'이라고 진여지하는 것일까? 수보리야, 그 마음들은 자성을 갖고 있지 않고, 진여를 갖고 있지 않느니라. 수보리야, 실로 이와 같이 여래는 반야바라밀다의 덕택으로 무량무수에 달하는 유정들의 번뇌의 마음들을 '번뇌의 마음들'이라고 진여지하는 것이니라.

《 12 》 수보리야, 게다가 여래는 반야바라밀다의 덕택으로 무량무수에 달하는 유정들의 번뇌가 없는 마음들을 '번뇌가 없는 마음들'이라고 진여지하는 것이니라. 수보리야, 어떻게 하여 여래는 반야바라밀다의 덕택으로 무량무수에 달하는 유정들의 번뇌가 없는 마음들을 '번뇌가 없는 마음들'이라고 진여지하는 것일까? 수보리야 그 마음들은 무-존재의 도에 들어가고, 〔더 이상 어디를 향해〕 나아가지 못하느니라. 수보리야, 실로 이와 같이 여래는 반야바라밀다의 덕택으로 무량무수에 달하는 유정들의 번뇌가 없는 마음들을 '번뇌가 없는 마음들'이라고 진여지하는 것이니라.

《 13 》 수보리야, 더욱이 여래는 반야바라밀다의 덕택으로 무량무수에 달하는 유정들이 갖는 애착의 마음들을 '애착의 마음들'이라고 진여지하는 것이니라. 수보리야, 어떻게 하여 여래는 반야바라밀다의 덕택으로 무량무수에 달하는 유정들이 갖는 애착의 마음들을 '애착의 마음들'이라고 진여지하는 것일까? 수보리야, 마음의 애착성, 그것은 마음의 진여가 아니며, 마음의 진여, 그것은 마음의 애착성이 아닌 것이니라. 수보리야, 실로 이와 같이 여래는 반야바라밀다의 덕택으로 무량무수에 달하는 유정들이 갖는 애착의 마음들을 '애착의 마음들'이라고 진여지하는 것이니라.

❰ **14** ❱ 수보리야, 게다가 여래는 반야바라밀다의 덕택으로 무량무수에 달하는 유정들이 갖는 무-애착의 마음들을 '무-애착의 마음들'이라고 진여지하는 것이니라. 수보리야, 어떻게 하여 여래는 반야바라밀다의 덕택으로 무량무수에 달하는 유정들이 갖는 무-애착의 마음들을 '무-애착의 마음들'이라고 진여지하는 것일까? 수보리야, 〔애착〕심의 부재, 그것은 마음의 애착성이 아니며, 무-애착심의 진여, 그것은 마음의 애착성이 아니니라. 수보리야, 실로 이와 같이 여래는 반야바라밀다의 덕택으로 무량무수에 달하는 유정들이 갖는 무-애착의 마음들을 '무-애착의 마음들'이라고 진여지하는 것이니라.

❰ **15** ❱ 수보리야, 더욱이 여래는 반야바라밀다의 덕택으로 무량무수에 달하는 유정들이 갖는 증오의 마음들을 '증오의 마음들'이라고 진여지하는 것이니라. 수보리야, 어떻게 하여 여래는 반야바라밀다의 덕택으로 무량무수에 달하는 유정들이 갖는 증오의 마음들을 '증오의 마음들'이라고 진여지하는 것일까? 수보리야, 마음의 증오〔성〕, 그것은 마음의 진여가 아니며, 마음의 진여, 그것은 마음의 증오〔성〕이 아니니라. 수보리야, 실로 이와 같이 여래는 반야바라밀다의 덕택으로 무량무수에 달하는 유정들이 갖는 증오의 마음들을 '증오의 마음들'이라고 진여지하는 것이니라.

❰ **16** ❱ 수보리야, 게다가 여래는 반야바라밀다의 덕택으로 무량무수에 달하는 유정들이 갖는 증오하지 않는 마음들을 '증오하지 않는 마음들'이라고 진여지하는 것이니라. 수보리야, 어떻게 하여 여래는 반야

바라밀다의 덕택으로 무량무수에 달하는 유정들이 갖는 증오하지 않는 마음들을 '증오하지 않는 마음들'이라고 진여지하는 것일까? 수보리야, 〔증오하지 않는〕 마음의 부재, 그것은 마음의 증오〔성〕이 아니며, 증오하지 않는 마음의 진여, 그것은 마음의 증오〔성〕이 아니니라. 수보리야, 실로 이와 같이 여래는 반야바라밀다의 덕택으로 무량무수에 달하는 유정들이 갖는 증오하지 않는 마음들을 '증오하지 않는 마음들'이라고 진여지하는 것이니라.

《 17 》 수보리야, 더욱이 여래는 반야바라밀다의 덕택으로 무량무수에 달하는 유정들의 어리석은 마음들을 '어리석은 마음들'이라고 진여지하는 것이니라. 수보리야, 어떻게 하여 여래는 이 반야바라밀다의 덕택으로 무량무수에 달하는 유정들의 어리석은 마음들을 '어리석은 마음들'이라고 진여지하는 것일까? 수보리야, 마음의 어리석은 상태, 그것은 마음의 진여가 아니며, 마음의 진여, 그것은 마음의 어리석은 상태가 아니니라. 수보리야, 실로 이와 같이 여래는 반야바라밀다의 덕택으로 무량무수에 달하는 유정들의 어리석은 마음들을 '어리석은 마음들'이라고 진여지하는 것이니라.

《 18 》 수보리야, 게다가 여래는 반야바라밀다의 덕택으로 무량무수에 달하는 유정들의 어리석지 않은 마음들을 '어리석지 않은 마음들'이라고 진여지하는 것이니라. 수보리야, 어떻게 하여 여래는 반야바라밀다의 덕택으로 무량무수에 달하는 유정들의 어리석지 않은 마음들을 '어리석지 않은 마음들'이라고 진여지하는 것일까? 수보리야, 〔어리석지 않은〕 마음의 부재, 그것은 마음의 진여가 아니며, 어리석지 않은 마음의 진여, 그것은 마음의 어리석은 상태가 아니니라. 수보리야, 실로 이와 같이 여래는 반야바라밀다의 덕택으로 무량무수에 달하는 유정들의 어리석지 않은 마음들을 '어리석지 않은 마음들'이라고 진여지하는 것이니라.

❰ **19** ❱ 수보리야, 더욱이 여래는 반야바라밀다의 덕택으로 무량무수에 달하는 유정들의 좁은 마음들을 '좁은 마음들'이라고 진여지하는 것이니라. 수보리야, 어떻게 하여 여래는 반야바라밀다의 덕택으로 무량무수에 달하는 유정들의 좁은 마음들을 '좁은 마음들'이라고 진여지하는 것일까? 수보리야, 그 마음들은 생기의 방식을 갖지 않으며, 불생〔의 방식〕에 속하느니라. 수보리야, 실로 이와 같이 여래는 반야바라밀다의 덕택으로 무량무수에 달하는 유정들의 좁은 마음들을 '좁은 마음들'이라고 진여지하는 것이니라.

❰ **20** ❱ 수보리야, 게다가 여래는 반야바라밀다의 덕택으로 무량무수에 달하는 유정들의 넓은 마음들을 '넓은 마음들'이라고 진여지하는 것이니라. 수보리야, 어떻게 하여 여래는 이 반야바라밀다의 덕택으로 무량무수에 달하는 유정들의 넓은 마음들을 '넓은 마음들'이라고 진여지하는 것일까? 수보리야, 그 마음들은 감소하지도 증대하지도 않느니라. 그 마음들은 〔어디로 떠나가〕 사라지지 않으니라. 마음〔들〕은 〔어디로 떠나가〕 사라지는 〔그러한〕 것이 아니기 때문이니라. 수보리야, 실로 이와 같이 여래는 반야바라밀다의 덕택으로 무량무수에 달하는 유정들의 넓은 마음들을 '넓은 마음들'이라고 진여지하는 것이니라.

❰ **21** ❱ 수보리야, 더욱이 여래는 반야바라밀다의 덕택으로 무량무수에 달하는 유정들의 작은 마음들을 '작은 마음들'이라고 진여지하는 것이니라. 수보리야, 어떻게 하여 여래는 반야바라밀다의 덕택으로 무량

무수에 달하는 유정들의 작은 마음들을 '작은 마음들'이라고 진여지하는 것일까? 수보리야, 그 마음들은 〔과거에서〕 오지 않으며, 〔미래로〕 가지 않고, 〔현재에〕 속하지 않느니라. 수보리야, 실로 이와 같이 여래는 반야바라밀다의 덕택으로 무량무수에 달하는 유정들의 작은 마음들을 '작은 마음들'이라고 진여지하는 것이니라.

22 수보리야, 게다가 여래는 반야바라밀다의 덕택으로 무량무수에 달하는 유정들의 큰마음들을 '큰마음들'이라고 진여지하는 것이니라. 수보리야, 어떻게 하여 여래는 반야바라밀다의 덕택으로 무량무수에 달하는 유정들의 큰마음들을 '큰마음들'이라고 진여지하는 것일까? 수보리야, 그 마음들은 평등성(平等性)과 같으며, 자성과 같은 것들이니라. 수보리야, 실로 이와 같이 여래는 반야바라밀다의 덕택으로 무량무수에 달하는 유정들의 큰마음들을 '큰마음들'이라고 진여지하는 것이니라.

23 수보리야, 더욱이 여래는 반야바라밀다의 덕택으로 무량무수에 달하는 유정들의 무량적인 마음들을 '무량의 마음들'이라고 진여지하는 것이니라. 수보리야, 어떻게 하여 여래는 반야바라밀다의 덕택으로 무량에 달하는 유정들의 무량의 마음들을 '무한의 마음들'이라고 진여지하는 것일까? 수보리야, 그 마음들은 〔그 어떤 것에도〕 집착하지 않기에 무한한 것이니라. 수보리야, 실로 이와 같이 여래는 반야바라밀다의 덕택으로 무량에 달하는 유정들의 무량적인 마음들을 '무량의 마음들'이라고 진여지하는 것이니라.

24 수보리야, 게다가 여래는 반야바라밀다의 덕택으로 무량무수에 달하는 유정들의 가시적인 마음들을 '가시적인 마음들'이라고 진여

지하는 것이니라. 수보리야, 어떻게 하여 여래는 반야바라밀다의 덕택으로 무량무수에 달하는 유정들의 가시적인 마음들을 '가시적인 마음들'이라고 진여지하는 것일까? 수보리야, 그 마음들은 평등관(平等觀)을 갖고 있으며, 마음이란 자성을 갖고 있느니라. 수보리야, 실로 이와 같이 여래는 반야바라밀다의 덕택으로 무량무수에 달하는 유정들의 가시적인 마음들을 '가시적인 마음들'이라고 진여지하는 것이니라.

《 25 》 수보리야, 더욱이 여래는 반야바라밀다의 덕택으로 무량무수에 달하는 유정들의 가시적이지 않은 마음들을 '가시적이지 않은 마음들'이라고 진여지하는 것이니라. 수보리야, 어떻게 하여 여래는 반야바라밀다의 덕택으로 무량무수에 달하는 유정들의 가시적이지 않은 마음들을 '가시적이지 않은 마음들'이라고 진여지하는 것일까? 수보리야, 그 마음〔들〕은 무상(無相)이기에 실체를 결여하고 있기에 보이지 않는 것이며, 삼안(三眼)이나 〔두 개가 더 추가되는〕 오안(五眼)의 시계에 들지 못하느니라. 수보리야, 실로 이와 같이 여래는 반야바라밀다의 덕택으로 무량무수에 달하는 유정들의 가시적인 마음들을 '가시적인 마음들'이라고 진여지하는 것이니라.

《 26 》 수보리야, 게다가 여래는 반야바라밀다의 덕택으로 무량무수에 달하는 유정들의 적대적인 마음들을 '적대적인 마음들'이라고 진여지하는 것이니라. 수보리야, 어떻게 하여 여래는 반야바라밀다의 덕택으로 무량무수에 달하는 유정들의 적대적인 마음들을 '적대적인 마음들'이라고 진여지하는 것일까? 수보리야, 그 마음들은 진상(眞想)을 갖고 있지 않으며, 공하며, 대상을 결여하는 것들이니라. 수보리야, 실로 이와 같이 여래는 반야바라밀다의 덕택으로 무량무수에 달하는 유정들의 적대적인 마음들을 '적대적인 마음들'이라고 진여지하는 것이니라.

《 27 》 수보리야, 더욱이 여래는 반야바라밀다의 덕택으로 무량무수에 달하는 유정들의 적대적이지 않은 마음들을 '적대적이지 않은 마음들'이라고 진여지하는 것이니라. 수보리야, 어떻게 하여 여래는 이 반야바라밀다의 덕택으로 무량무수에 달하는 유정들의 적대적이지 않은 마음들을 '적대적이지 않은 마음들'이라고 진여지하는 것일까? 수보리야, 그 마음들은 〔유무로 구분되는〕 두 개가 아니며, 존재하지 않으면서도 존재하는 것이니라. 수보리야, 실로 이와 같이 여래는 반야바라밀다의 덕택으로 무량무수에 달하는 유정들의 적대적이지 않은 마음들을 '적대적이지 않은 마음들'이라고 진여지하는 것이니라.

《 28 》 수보리야, 게다가 여래는 반야바라밀다의 덕택으로 무량무수에 달하는 유정들이 갖는 유상(有上)의 마음들을 '유상의 마음들'이라고 진여지하는 것이니라. 수보리야, 어떻게 하여 여래는 반야바라밀다의 덕택으로 무량무수에 달하는 유정들이 갖는 유상의 마음들을 '유상의 마음들'이라고 진여지하는 것일까? 수보리야, 유상적인 마음의 진여, 여기에는 〔그 어떤 헛된〕 망념이 존재하지 않느니라. 수보리야, 실로 이와 같이 여래는 반야바라밀다의 덕택으로 무량무수에 달하는 유정들이 갖는 유상의 마음들을 '유상의 마음들'이라고 진여지하는 것이니라.

《 29 》 수보리야, 더욱이 여래는 반야바라밀다의 덕택으로 무량무수에 달하는 유정들이 갖는 무상의 마음들을 '무상의 마음들'이라고 진여지하는 것이니라. 수보리야, 어떻게 하여 여래는 반야바라밀다의 덕택으로 무량무수에 달하는 유정들이 갖는 무상의 마음들을 '무상의 마음들'이라고 진여지하는 것일까? 수보리야, 마음은 조금도 인식되지 않는 것이니라. 그렇기에 그 마음들은 희론을 갖게 되지 않는 것이니라. 수보리야, 실로 이와 같이 여래는 반야바라밀다의 덕택으로 무량무수에 달하는 유정들이 갖는 무상의 마음들을 '무상의 마음들'이라고 진여지하는 것이니라.

❰ **30** ❱ 수보리야, 게다가 여래는 반야바라밀다의 덕택으로 무량무수에 달하는 유정들의 집중되지 않는 마음들을 '집중되지 않는 마음들'이라고 진여지하는 것이니라. 수보리야, 어떻게 하여 여래는 반야바라밀다의 덕택으로 무량무수에 달하는 유정들의 집중되지 않는 마음들을 '집중되지 않는 마음들'이라고 진여지하는 것일까? 수보리야, 그 마음들은 〔그 어떤 것에도〕 비견되지 않으며, 〔그 어떤 것과도〕 함께 있지 않느니라. 이와 같이 그 마음들은 집중되지 않느니라. 수보리야, 실로 이와 같이 여래는 반야바라밀다의 덕택으로 무량무수에 달하는 유정들의 집중되지 않는 마음들을 '집중되지 않는 마음들'이라고 진여지하는 것이니라.

❰ **31** ❱ 수보리야, 더욱이 여래는 반야바라밀다의 덕택으로 무량무수에 달하는 유정들의 집중된 마음들을 '집중된 마음들'이라고 진여지하는 것이니라. 수보리야, 어떻게 하여 여래는 이 반야바라밀다의 덕택으로 무량무수에 달하는 유정들의 집중된 마음들을 '집중된 마음들'이라고 진여지하는 것일까? 수보리야, 그 마음들은 〔법계에〕 대응하며, 여기에 빠져있느니라. 이와 같이 집중된 마음들은 허공에 대응하는 것들이니라. 수보리야, 실로 이와 같이 여래는 반야바라밀다의 덕택으로 무

량무수에 달하는 유정들의 집중된 마음들을 '집중된 마음들'이라고 진여지하는 것이니라.

❰ **32** ❱ 수보리야, 게다가 여래는 반야바라밀다의 덕택으로 무량무수에 달하는 유정들의 해방되지 않은 마음들을 '해방되지 않은 마음들'이라고 진여지하는 것이니라. 수보리야, 어떻게 하여 여래는 반야바라밀다의 덕택으로 무량무수에 달하는 유정들의 해방되지 않은 마음들을 '해방되지 않은 마음들'이라고 진여지하는 것일까? 수보리야, 그 마음들은 자성을 결여하며, 무-존재를 자성으로 갖느니라. 수보리야, 실로 이와 같이 여래는 반야바라밀다의 덕택으로 무량무수에 달하는 유정들의 해방되지 않은 마음들을 '해방되지 않은 마음들'이라고 진여지하는 것이니라.

❰ **33** ❱ 수보리야, 더욱이 여래는 반야바라밀다의 덕택으로 무량무수에 달하는 유정들의 해방된 마음들을 '해방된 마음들'이라고 진여지하는 것이니라. 수보리야, 어떻게 하여 여래는 반야바라밀다의 덕택으로 무량무수에 달하는 유정들의 해방된 마음들을 '해방된 마음들'이라고 진여지하는 것일까? 수보리야, 여래는 마음을 과거로도 미래로도 현재로도 인식하지 않느니라. 마음이 존재하지 않기 때문이니라. 수보리야, 실로 이와 같이 여래는 반야바라밀다의 덕택으로 무량무수에 달하는 유정들의 해방된 마음들을 '해방된 마음들'이라고 진여지하는 것이니라.

❰ **34** ❱ 수보리야, 게다가 여래는 반야바라밀다의 덕택으로 무량무수에 달하는 유정들의 보이지 않는 마음들을 '보이지 않는 마음들'이라고 진여지하는 것이니라. 수보리야, 어떻게 하여 여래는 반야바라밀다의 덕택으로 무량무수에 달하는 유정들의 보이지 않는 마음들을 '보이지

않는 마음들'이라고 진여지하는 것일까? 수보리야, 마음은 존재하는 것이 아니기에 보이지 않으며, 실재하지 않는 것이기에 분별되지 않고, 성취되지 않는 것이기에 혜안과 천안으로 얻어지지 않느니라. 〔그러하니〕 어떻게 육안으로 〔얻어지겠느냐〕. 〔오안의〕 모든 시계에 들어가는 것이 아니기에 〔그러한 것이니라.〕 수보리야, 실로 이와 같이 여래는 반야바라밀다의 덕택으로 무량무수에 달하는 유정들의 보이지 않는 마음들을 '보이지 않는 마음들'이라고 진여지하는 것이니라.

《 35 》 수보리야, 더욱이 여래는 반야바라밀다의 덕택으로 무량무수에 달하는 다른 유정과 사람들이 갖는 〔대상에 대한〕 긍정적 부정적 마음들을 진여지하는 것이니라. 수보리야, 어떻게 하여 여래는 반야바라밀다의 덕택으로 무량무수에 달하는 유정들의 보이지 않는 마음들을 '보이지 않는 마음들'이라고 진여지하는 것일까? 수보리야, 생겨나는 그 모든 마음은 물질에 의존하여 만들어지는 것이라고 진여지하는 것이니라. 감각·표상·의욕〔에 의존하여 만들어진다고 진여지하는 것이니라.〕 생겨나는 그 모든 마음은 사유에 의존하여 만들어지는 것이라고 진여지하는 것이니라. 수보리야, 여래는 어떻게 하여 긍정적 부정적 마음들을 물질에 의존하여 〔생겨나는〕 것들이라고 분별하는 것일까? 어떻게 하여 감각·표상·의욕〔에 의존하여 생겨나는 것들이라고 분별하는 것일까?〕 여래는 어떻게 하여 긍정적 부정적 마음들을 사유에 의존하여 〔생겨나는〕 것들이라고 분별하는 것일까? '여래는 사후에 존재한다'는 이러한 〔긍정적 마음〕은 물질에 드는 것이니라. '여래는 사후에 존재하지 않는다'는 〔부정적 마음〕은 물질에 드는 것이니라. '여래는 사후에 존재하기도 하고, 존재하지 않기도 한다'는 〔긍정 부정의 마음은〕 물질에 드는 것이니라. '여래는 사후에 존재하지도 않고, 존재하지 않지도 않는다'는 〔긍정 부정의 마음 모두를 부정하는 마음은〕 물질에 드는 것이니라. 감각·표상·의욕에 대해서도 이와 같으니라. '여래는 사후에 존재한다'는 이러한 〔긍정적 마음〕은 사유에 드는 것이니라. '여래는 사후에 존재하지 않는다'는 〔부정적 마음〕은 사유에 드는 것이니라. '여래는 사후에 존재하기도 하고, 존재하지 않기도 한다'는 〔긍정 부정의 마음은〕 사유에 드는 것이니라. '여래는 사후에 존재하지도 않고, 존재하지 않지도 않는다'는 〔긍정 부정의 마음 모두를 부정하는 마음은〕 사유에 드는 것이니라. '자아와 세간은 영속적이다. 이것만이 진실이고, 다른 것은 망상이다'는 〔생각〕은 물질에 드는 것이니라. '자아와 세간은 영속적이지 않다. 이것만이 진실이고, 다른 것은 망상이다'는 〔생각〕은 물질에 드는 것이니라. '자아와 세간은 영속적이기도, 영속적이지 않기도 하다. 이것만이 진실이고, 다른 것은 망상이다'는 〔생각〕은 물질에 드는 것이니라. '자아와 세간은 영속적이지도 않으며, 영속적이 않지도 않다. 이것만이 진실이고, 다른 것은 망상이다'는 〔생각〕은 물질에 드는 것이니라. 감각·표상·의욕에 대해서도 이와 같으니라. '자아와 세간은 영속적이다. 이것만이 진실이고, 다른 것은 망상이다'는 〔생각〕은 사유에 드는 것이니라. '자아와 세간은 영속적이지 않다. 이것만이 진실이고, 다른 것은 망상이다'는 〔생각〕은 사유에 드는 것이니라. '자아와 세간은 영속적이기도, 영속적이지 않기도 하다. 이것만이 진실이고, 다른 것은 망상이다'는 〔생각〕은 사유에 드는 것이니라. '자아와 세간은영속적이지도 않으며, 영속적이 않지도 않다. 이것만이 진실이고, 다른 것은 망상이다'는 〔생각〕은 사유에 드는 것이니

라. '자아와 세간은 유한하다. 이것만이 진실이고, 다른 것은 망상이다'는 〔생각〕은 물질에 드는 것이니라. '자아와 세간은 무한하다. 이것만이 진실이고, 다른 것은 망상이다'는 〔생각〕은 물질에 드는 것이니라. '자아와 세간은 유한하기도, 무한하기도 하다. 이것만이 진실이고, 다른 것은 망상이다'는 〔생각〕은 물질에 드는 것이니라. '자아와 세간은 결코 유한하지도 무한하지도 않다. 이것만이 진실이고, 다른 것은 망상이다'는 〔생각〕은 물질에 드는 것이니라. 감각·표상·의욕에 대해서도 이와 같으니라. '자아와 세간은 유한하다. 이것만이 진실이고, 다른 것은 망상이다'는 〔생각〕은 사유에 드는 것이니라. '자아와 세간은 무한하다. 이것만이 진실이고, 다른 것은 망상이다'는 〔생각〕은 사유에 드는 것이니라. '자아와 세간은 유한하기도 하고, 무한하기도 하다. 이것만이 진실이고, 다른 것은 망상이다'는 〔생각〕은 사유에 드는 것이니라. '자아와 세간은 결코 유한하지도 무한하지도 않다. 이것만이 진실이고, 다른 것은 망상이다'는 〔생각〕은 사유에 드는 것이니라. '이 영혼은 〔곧〕 육신이다. 이것만이 진실이고, 다른 것은 망상이다'는 〔생각〕은 물질에 드는 것이니라. '이것은 영혼이고, 저것은 육신이다. 이것만이 진실이고, 다른 것은 망상이다'는 〔생각〕은 물질에 드는 것이니라. 감각·표상·의욕에 대해서도 이와 같으니라. '이 영혼은 〔곧〕 육신이다. 이것만이 진실이고, 다른 것은 망상이다'는 〔생각〕은 사유에 드는 것이니라. '이것은 영혼이고, 저것은 육신이다. 이것만이 진실이고, 다른 것은 망상이다"는 〔생각〕은 사유에 드는 것이니라. 수보리야, 이와 같이 공양을 받을 만하며 올바르고 완전하게 깨달은 여래는 반야바라밀다의 덕택으로 무량무수에 달하는 다른 유정과 사람들이 갖는 그러한 긍

정적 부정적 마음들을 물질에 의존하는 것들로 분별하느니라. 감각·표상·의욕에 대해서도 이와 같으니라. 그러한 긍정적 부정적 마음들을 사유에 의존하는 것들로 분별하느니라.

《 36 》 수보리야, 게다가 여래는 반야바라밀다의 덕택으로 무량무수에 달하는 다른 유정과 사람들이 갖는 그러한 긍정적 부정적 마음들을 진여지하는 것이니라. 수보리야, 여기 〔반야바라밀다〕에서 여래는 물질을 아는 것이니라. 수보리야, 여래는 어떻게 하여 물질을 아는 것일까? 수보리야, 여래는 물질을 진여에 따라 아는 것이니라. 수보리야, 실로 이와 같이 물질을 아는 것이니라. 감각·표상·의욕에 대해서도 이와 같으며, 수보리야, 여래는 어떻게 하여 사유를 아는 것일까? 수보리야, 진여에 따라 실로 이러한 방식으로 여래는 사유를 아는 것이니라. 수보리야, 실로 이와 같이 여래는 반야바라밀다의 덕택으로 무량무수에 달하는 다른 유정과 사람들이 갖는 그러한 긍정적 부정적 마음들을 진여하는 것이니라. 수보리야, 실로 이와 같이 여래는 여래의 진여로 〔5〕온의 진여로 긍정과 부정의 진여로 진여를 진지하는 것이니라. 수보리야, 〔5〕온의 진여라는 것은 바로 세간의 진여이기도 하느니라. 그 이유는 무엇일까? 수보리야, '5온이 세간이라고 불린다'고 여래가 말했기 때문이니라. 수보리야, 그렇기에 〔5〕온의 진여는 세간의 진여이며, 세간의 진여는 제법의 진여이고, 제법의 진여는 예류과의 진여이며, 예류과의 진여는 일래과의 진여이고, 일래과의 진여는 불환과의 진여이며, 불환과의 진여는 아라한과의 진여이고, 아라한과의 진여는 독각의 진여이며, 독각의 진여는 여래의 진여이니라. 그리하여 실로 여래의 진여, 5온의 진여, 제법의 진여, 모든 성문과 독각의 진여는 바로 하나의 진여이며, 이 진여는 존재와 무-존재의 다원성을 떠나 있느니라. (그 이유는) 일원적이지도 않고, 다원적이지도 않으며, 소멸되지도 변화되지도 않고, 이분법적이지도 두 개의 것으로 나누어지지도 않기 때문이니라.

진여를 깨달은 여래

수보리야, 이와 같이 여래는 반야바라밀다의 덕택으로 진여를 완전하게 깨달은 것이니라. 수보리야, 실로 이와 같이 반야바라밀다는 공양을 받을 만하고 올바르고 완전하게 깨달은 여래들에게 이 세상을 바라보게 해주는 것이니라. 수보리야, 실로 이와 같이 여래는 이 (집착의) 세간에서 (진여의) 세간을 바라보게 해주는 것이니라. 이와 같이 이 세간이 보여지게 되는 것이니라. 수보리야, 이와 같이 반야바라밀다는 공양을 받을 만하고 올바르고 완전하게 깨달은 여래들의 모친이자 생산자, 창조자이니라. 수보리야, 실로 이와 같이 여래는 진여를 완전하게 깨달은 후 세간의 진여를 아는 것이니라. (세간의) 허망함이 없는 진여를 알며, 다른 방식으로 존재하지 않는 (자신의) 진여를 아는 것이니라. 수보리야, 이와 같이 하여 여래는 '진여를 깨달은 여래'라고 불리는 것이니라."

37 상좌인 수보리 장로가 아뢰었다.

"세존이시여, 진여는 (깊고) 깊은 것입니다. 세존이시여, 이 진여에서 불타세존들의 깨달음이 나오며, 설명되고 있습니다. 세존이시여, 여기에 전념할 어떤 다른 이는 불퇴전의 보살마하살이거나 목적한 바를 완수한 공양을 받을 만한 자, 혹은 (올바른) 견해를 갖춘 사람일 것입니다. 세존이시여, 그 이유는 여래가, 깨달음을 완전하게 터득한 후 가장 심오한 그와 같은 주제들에 대해 이야기했기 때문입니다."

《 38 》 세존께서 수보리 장로에게 다음과 같이 말씀하셨다.

"그러하다. 수보리야, 그러하느니라. 여래는, 깨달음을 완전하게 터득한 후 가장 심오한 그와 같은 주제들에 대해 이야기한 것이니라. 수보리야, 여래가 깨닫고 깨달은 후 '소멸되지 않는다, 소멸되지 않는다'고 바로 말한 이 진여는 실로 소멸되지 않기 때문이니라."

법의 특성

그때 신들의 왕인 천제석을 비롯한 욕계와 색계의 천자들과 2만여 명에 달하는 범종천(梵種天)의 천자들이 세존께 다가가 세존의 양발에 머리를 조아린 뒤 한쪽에 섰다. 한쪽에 선 욕계와 색계의 천자들이 세존께 여쭈었다.

"세존이시여, 〔깊고〕 깊은 법들이 설명되고 있습니다. 이 〔법들〕에는 어떠한 특성들이 부여되어 있습니까?"

세존께서 대답하셨다.

"천자들아, 그 〔법들〕에는 '공하다'는 특성들이 부여되어 있느니라. 천자들아, 거기에는 무상(無相), 무원(無願)이라는 특성들이 부여되어 있느니라. 천자들아, 거기에는 무작위(無作爲)라는, 불생(不生)이라는, 불멸이라는, 무-오염이라는, 무-정화라는, 무-존재라는, 열반이라는, 법계라는, 진여라는 특성들이 부여되어 있느니라. 그 이유는 무엇일까? 천자들아, 이 특성들은 〔그 어떤 것에도〕 의존하지 않기 때문이니라. 천자들아, 이 특성들은 허공과 같은 것이며, 공양을 받을 만하고 올바르고 완전하게 깨달은 여래가 부여한 것들이 아니니라. 이 특성들은 물질로 열거되는 것들이 아니며, 이와 같이 감각·표상·의욕·사유로도 열거되는 것들이 아니니라. 이 특성들은 물질에 의존하는 것들이 아니며, 감각·표상·의욕·사유에도 의존하는 것들이 아니니라. 이 특성들은 신들이나 용들이나 인간들이나 귀신들에 의해 부여되는 것들이 아니니라. 이 특성들은 신·인간·아수라를 아우르는 세간이 떨쳐낼 수 있는 그러한 것들이 아니니라. 그 이유는 무엇일까? 신·인간·아수라를 아우르는 세간 또한 이와 같은 특성들을 갖고 있기 때문이니라. 이러한 특성들은 그 어떤 손으로도 부여되지 않느니라. 천자들아, '이 허공은 누군가에 의해 부여된 것이다'라고 이렇게 말하는 자는, 천자들아, 올바르게 말하는 자로서 이야기하는 것일까?"

(39) 이와 같이 물으시자, 욕계와 색계의 천자들이 세존께 대답했다.

"세존이시여, 허공은 누구에 의해 부여되는 것이 아닙니다. 그 이유는 무엇일까요? 세존이시여, 허공이 그 누구에 의해서도 부여되지 않는 것은 허공의 무위(無爲) 때문에 그러합니다."

그러자 세존께서 욕계와 색계의 천자들에게 다음과 같이 말씀하셨다.

"천자들아, 그러하다. 여래들이 〔세간에〕 존재하게 되든지 존재하지 않게 되든지 〔상관없이〕 바로 그러한 특성들이 부여되는 것이니라. 그 이유는 무엇일까? 여래가, 완전한 깨달음을 터득한 후 실로 이와 같이 부여된 특성들을 있는 그대로 존재하는 것들이라고 말했기 때문이니라. 천자들아, 그렇기에 여래는 여래라고 불리는 것이니라."

⦅ 40 ⦆ 그때 수보리 장로가 세존께 아뢰었다.

"세존이시여, 여래가 완전하게 깨달은 이 특성들은 〔깊고〕 깊은 것입니다.

반야바라밀다라는 법

그리고 여래들이 갖는 무-집착의 지식은 바로 반야바라밀다입니다. 무-집착의 지식이기에 반야바라밀다는 여래들이 의존하는 영역인 것입니다."

세존께서 수보리 장로에게 다음과 같이 말씀하셨다.

"그러하다. 수보리야, 그러하느니라. 수보리야, 실로 이와 같이 반야바라밀다는 공양을 받을 만하고 올바르고 완전하게 깨달은 여래들에게 이 세간을 바라보게 해주는 것이니라. 수보리야, 공양을 받을 만하고 올바르고 완전하게 깨달은 여래들이 반야바라밀다라는 이 법에 의존하며 머무는 것처럼, 법들 또한 항상 머물고 있는 것이니라. 완전하게 깨달은 여래들은 바로 무-정류(停留)의 방식으로 법에 의존하며 머물고 있고, 이 법을 공양하고 공경하며, 경의를 표하고 숭배하며, 찬송하고 존중하는 것이니라. 수보리야, 반야바라밀다만이 법들의 법성이라고 〔하여〕 공양받을 만하고, 올바르고 완전하게 깨달은 여래들이 반야바라밀다를 공양하고 공경하며, 경의를 표하고 숭배하며, 찬송하고 존중하는 것이니라. 그 이유는 무엇일까? 수보리야, 공양을 받을 만하고 올바르고 완전하게 깨달은 여래들의 전지자성은 반야바라밀다에서 비롯된 것이기 때문이니라. 공양을 받을 만하고 올바르고 완전하게 깨달은 여래들 또한 〔반야바라밀다의 그러한〕 공적과 은혜를 알며 인지하고 있는 것이니라. 수보리야, 올바르게 말하는 자들이 분명하게 '〔반야바라밀다의 그러한〕 공적과 은혜를 알며 인지하고 있는 자'라고 말한다면, 그 올바르게 말하는 자들은 실로 여래를 두고 '〔반야바라밀다의 그러한〕 공적과 은혜를 알고 있는 자'라고 말하는 것이니라. 수보리야, 공양을 받을 만하고 올바르고 완전하게 깨달은 여래가 어떤 승(乘)을 타고 나아가 어떤 길을 통해 무상의 올바르고 완전한 깨달음을 터득했다면, 여래는 〔반야바라밀다의 그러한〕 공적과 은혜를 알고 인지함을 통해 바로 그 승과 그 길을 지지하고 포용하는 것이니라. 수보리야, 〔이렇듯〕 여래는 〔반야바라밀다의〕 공적과 은혜를 알고 인지한다고 알려져야 할 것이니라. 수보리야, 게다가 여래는 '제법은 만들어지지 않는다. 〔절대〕 만들어지는 것들이 아니다'라고 깨달은 것이니라. '〔제법은〕 변화되지 않는다. 〔절대로〕 변화되는 것들이 아니다'라고 깨달았으며, '〔제법은〕 작위(作爲)되지 않는다. 〔절대로〕 작위되는 것들이 아니다'라고 깨달은 것이니라. 이 또한 여래가 〔반야바라밀다의〕 공적과 은혜를 알고 인지한다고 알려져야 할 〔경우일〕 것이니라. 수보리야, 반야바라밀다의 덕택으로 공양을 받을 만하고 올바르고 완전하게 깨달은 여래에게는 이와 같이 제법을 향한 불지가 일으켜진 것이니라. 수보리야, 이러한 방식으로 반야바라밀다는 공양을 받을 만하고 올바르고 완전하게 깨달은 여래들에게 이 세간을 바라보게 해주는 것이니라."

제법의 공성(空性)

《 41 》 수보리 장로가 세존께 여쭈었다.

"세존이시여, 제법은 알〔려지〕지도 〔못하고〕 보이지도 않을 때가 있습니다. 세존이시여, 그 경우 어떻게 하여 반야바라밀다는 공양을 받을 만하고 올바르고 완전하게 깨달은 여래들에게 이 세간을 바라보게 해주는 것입니까?"

세존께서 대답하셨다.

"수보리야, 대단하다. 〔참으로〕 대단하다. 네가 공양을 받을 만하고 올바르고 완전하게 깨달은 여래에게 그 의미를 물어야 한다고 생각하고 있다는 것이 말이다. 수보리 너는 '〔제법이〕 알려지지도 보이지도 않는다'라고 말했느니라. 그러하다. 수보리야, 그러하느니라. 제법은 알려지지도 못하고 보이지도 않는 것이니라. 수보리야, 제법은 어떻게 하여 알려지지도 보이지도 않는 것일까? 수보리야, 그것은 제법이 공한 것이기 때문이니라. 수보리야, 제법은 〔그 어떤 것에도〕 의존하지 않기 때문이니라. 수보리야, 이와 같이 하여 제법은 알려지지도 〔못하고〕 보이지도 않는 것이니라. 수보리야, 이와 같이 제법을 반야바라밀다의 덕택으로 여래가 완전하게 깨달은 것이니라. 수보리야, 또한 이와 같이 반야바라밀다는 공양을 받을 만하고 올바르고 완전하게 깨달은 여래들에게 이 세간을 바라보게 해주는 것이니라. 물질이 보이지 않기 때문에, 감각·표상·의욕·사유도 이와 같이 보이지 않기 때문에 〔세간을〕 바라보게 해주는 것이니라. 수보리야, 실로 이와 같이 반야바라밀다는 공양을 받을 만하고 올바르고 완전하게 깨달은 여래들에게 이 세간을 바라보게 해주고 있는 것이니라."

수보리 장로가 여쭈었다.

"세존이시여, 물질은 어떻게 하여 보이지 않게 되는 것입니까? 감각·표상·의욕은 〔어떻게 하여 보이지 않게 되는 것입니까〕? 세존이시여, 사유는 어떻게 하여 보이지 않게 되는 것입니까?"

세존께서 대답하셨다.

"수보리야, 물질에 토대한 분별이 생겨나지 않는다면, 물질은 보이지 않게 되느니라. 감각·표상·의욕에 대해서도 이와 같으니라. 수보리야, 사유에 토대한 분별이 생겨나지 않는다면, 사유는 보이지 않게 되느니라. 수보리야, 물질·감각·표상·의욕·사유가 보이지 않는 것이 이 세간이 보여지게 되는 방식이니라. 수보리야, 실로 이와 같이 여래는 세간을 보는 것이니라. 수보리야, 실로 이와 같이 반야바라밀다는 공양을 받을 만하고 올바르고 완전하게 깨달은 여래들에게 이 세간을 바라보게 해주고 있는 것이니라. 수보리야, 반야바라밀다는 세간을 어떻게 바라보게 할까? 〔반야바라밀다는〕 '세간은 공하다'라고 세간을 보여주고, 이와 같이 알게 하느니라. 이와 같이 세간을 바라보게 하느니라. '세간은 불가사의하다'라고, '세간은 고요하다'라고, '세간은 〔실세계에서〕 이탈되어 있다'라며, 세간의 청정성으로 세간을 보여주고, 이와 같이 알게 하느니라. 이와 같이 세간을 바라보게 하느니라.”

성스러운 팔천송반야경에서 ‘세간의 시현’으로 불리는 열두 번째 장

제 13 장

불가사의한 업(業)

◉

अचिन्त्यपरिवर्तस्त्रयोदशः

여래성(如來性)·불성(佛性)·자생성(自生性)·전지자성(全知者性)

01 그때 수보리 장로가 세존께 아뢰었다.

"세존이시여, 반야바라밀다는 〔깊고〕 깊은 것입니다. 세존이시여, 아! 반야바라밀다는 위대한 업을 위해 존재하는 것입니다. 불가사의한 업을 위해, 〔그 어떤 것과〕 비교될 수 없는 업을 위해, 무량의 업을 위해, 무수의 업을 위해, 유일무이의 업을 위해, 아! 세존이시여, 반야바라밀다가 존재하는 것입니다."

세존께서 다음과 같이 말씀하셨다.

"그러하다. 수보리야, 그러하느니라. 수보리야, 반야바라밀다는 위대한 업을 위해 존재하는 것이니라. 불가사의한 업을 위해, 〔그 어떤 것과〕 비교될 수 없는 업을 위해, 무량의 업을 위해, 무수의 업을 위해, 유일무이의 업을 위해, 수보리야, 반야바라밀다가 존재하는 것이니라. 수보리야, 반야바라밀다가 불가사의한 업을 위해 존재한다는데, 어떻게 하여 그러한 것일까? 수보리야, 여래성·불성·자생성·전지자성이 불가사의한 업이기 때문이니라. 수보리야, 실로 이와 같이 반야바라밀다는 불가사의한 업을 위해 존재하는 것이니라. 마음으로는 절대 생각할 수 없는 〔업인〕 것이니라. 그 이유는 무엇일까? 이 업에서는 마음, 의식이나 정신적인 작용, 즉 심소(心所)라는 것이 생겨나지 않기 때문이니라. 수보리야, 반야바라밀다가 비교 불가의 업을 위해 존재한다는데, 어떻게 하여 그러한 것일까? 수보리야, 여래성·불성·자생성·전지자성은 생각할 수도 〔그 어떤 것과도〕 비교

할 수 없는 〔업인〕 것이기 때문이니라. 수보리야, 실로 이와 같이 반야바라밀다는 비교 불가의 업을 위해 존재하는 것이니라. 수보리야, 반야바라밀다가 무량의 업을 위해 존재한다는데, 어떻게 하여 그러한 것일까? 수보리야, 여래성·불성·자생성·전지자성은 무량의 〔업인〕 것이기 때문이니라. 수보리야, 실로 이와 같이 반야바라밀다는 무량의 업을 위해 존재하는 것이니라. 수보리야, 반야바라밀다가 무수의 업을 위해 존재한다는데, 어떻게 하여 그러한 것일까? 수보리야, 여래성·불성·자생성·전지자성은 무수의 〔업인〕 것이기 때문이니라. 수보리야, 실로 이와 같이 반야바라밀다는 무수의 업을 위해 존재하는 것이니라. 수보리야, 반야바라밀다가 유일무이의 업을 위해 존재한다는데, 어떻게 하여 그러한 것일까? 수보리야, 여래성·불성·자생성·전지자성에 상응하는 그 어떤 것도 존재하지 않기 때문이니라. 어디에도 그보다 더 상위의 것은 존재하지 않기 때문이니라. 수보리야, 실로 이와 같이 반야바라밀다는 비교 불가의 업을 위해 존재하는 것이니라."

5온을 비롯한 제법의 불가사의성

02 상좌인 수보리 장로가 여쭈었다.

"세존이시여, 여래성만이 불가사의하고 비교 불가이며 무량무수이고 유일무이한 것입니까? 이와 같이 불성만이, 자생성만이, 전지자성만이, 비교 불가이며 무량무수이고 유일무이한 것입니까? 아니면 물질 또한 불가사의하고 비교 불가이며 무량무수이고 유일무이한 것입니까? 감각도 표상도 의욕도 이와 같이 것입니까? 사유 또한 불가사의하고 비교 불가이며 무량무수이고 유일무이한 것입니까? 아니면 제법 또한 불가사의하고 비교 불가이며 무량무수이고 유일무이한 것입니까?"

세존께서 수보리 장로에게 다음과 같이 말씀하셨다.

"그러하다. 수보리야, 그러하다. 수보리야, 물질 또한 불가사의하고 비교 불가이며 무량무수이고 유일무이한 것이니라. 감각도 표상도 의욕도 이와 같으니라. 사유 또한 불가사의하고 비교 불가이며 무량무수이고 유일무이한 것이니라. 수보리야, 이와 같이 제법 또한 불가사의하고 비교 불가이며 무량무수이고 유일무이한 것이니라. 그 이유는 무엇일까? 수보리야, 물질의 법성, 여기에는 마음도 의식도 정신적인 작용, 즉 심소(心所)라는 것도 존재하지 않기 때문이니라. 감각도 표상도 의욕도 이와 같으니라. 수보리야, 사유의 법성, 여기에도 마음도 의식도 정신적인 작용, 즉 심소라는 것도 존재하지 않기 때문이니라. 제법의 법성, 여기에도 마음도 의식도 정신적인 작용, 즉 심소라는 것도 존재하지 않기 때문이니라. 수보리야, 실로 이와 같이 물질도 불가사의하고 비교 불가이니라. 감각도 표상도 의욕도 이와 같으니라. 사유 또한 불가사의하고 비교 불가이니라. 이와 같이 제법도 불가사의하고 비교 불가이니라. 수보리야, 물질 또한 무량이니라. 감각도 표상도 의욕도 이와 같으니라. 수보리야, 사유 역시 무량이니라. 수보리야, 제법 또한 무량이니라. 그 이유는 무엇일까? 수보리야, 물질의 양은 측정할 수 있는 것이 아니기 때문이니라. 감각·표상·의욕이 이와 같으며, 수보리야, 사유의 양은 측정할 수 있는 것이 아니기 때문이니라. 제법의 양 또한 측정할 수 있는 것이 아니기 때문이니라. 수보리야, 어떤 이유로 물질의 양은 측정할 수 있는 것이 아니라는 것일까? 어떤 이유에서 감각·표상·의욕이 이와 같은 것일까? 수보리야, 어떤 이유로 사유의 양은 측정할 수 있는 것이 아니라는 것일까? 제법의 양 또한 측정할 수 있는 것이 아니라는 것은 어떤 이유에서일까? 수보리야, [측정 가능한] 물질의 양은 존재하지 않기 때문이니라. 감각·표상·의욕도 이와 같으며, 수보리야, [측정 가능한] 사유의 양은 존재하지 않기 때문이니라. [측정 가능한] 제법의 양 또한 존재하지 않기 때문이니라. 수보리야, 어떤 이유로 [측정 가능한] 물질의 양은 존재하지 않는다는 것일까? 어떤 이유에서 감각·표상·의욕도 이와 같은 것일까? 수보리야, 어떤 이유로 [측정 가능한] 사유의 양은 존재하지 않는다는 것일까? 어떤 이유에서 [측정 가능한] 제법의 양 또한 존재하지 않는다는 것일까? 수보리야, 물질 또한 무량이니라. 감각도 표상도 의욕도 이와 같으니라. 수보리야, 사유 역시 무량이니라. 수보리야, 제법 또한 무량이니라. 수보리야, 셈을 초월하는 상태이기 때문에 그러한 것이니라. 물질 또한 유일무이한 것이니라. 감각도 표상도 의욕도 이와 같으니라. 수보리야, 사유 역시 유일무이한 것이니라. 수보리야, 제법 또한 유일무이한 것이니라. 수보리야, 제법이 허공과 같은 것이기에 그러한 것이니라. 너는 어떻게 생각하느냐, 수보리야, 허공에 상응하는 것이 존재하더냐? 허공의 셈이나 양, 무게의 측정이 가능하더냐? 허공에서 마음이나 정신적인 작용, 즉 심소라는 것이 일으켜지더냐?"

수보리 장로가 대답했다.

"세존이시여, 절대 그렇지 않습니다."

세존께서 말씀하셨다.

"수보리야, 바로 그와 같은 이유로 제법 또한 불가사의하고 비교 불가이며, 무량무수이고, 유일무이한 것이니라. 수보리야, 여래의 법들 또한 심동(心動)의 정지로 불가사의하고 비교 불가한 것들이며, 비교를 초월한 상태이기에 비교 불가한 것들이니라. 수보리야, '불가사의하다. 비교 불가하다'라는 것은 법이 의식될 때 붙여지는 호칭이니라. 수보리야, '무량무수하다. 유일무이하다'라는 것은 상응, 셈, 측정이 정지된 상태이기 때문〔이고, 그래서〕 여래의 법들이 무량무수이고 유일무이한 것이니라. 허공과 상응하는 것이기에 허공이 무량무수의 상태이기에 법들은 유일무이하고 무량무수인 것들이니라. 허공이 비교 불가하다는 방식으로, 아! 법들도 비교 불가하고 〔다른 것과의〕 공존이 불가한 것이니라. 수보리야, 그렇기에 법들은 비교 불가하다고 말해지는 것이니라. 허공이 불가사의하다는 방식으로 법들도 불가사의한 것이니라. 허공이 비교 불가하다는 방식으로 법들도 비교 불가한 것이니라. 허공이 무수하다는 방식으로 법들도 무수한 것이니라. 허공이 유일무이하다는 방식으로 법들도 유일무이한 것이니라. 실로 이러한 불가사의성·비교불가성·무량성·무수성이 말해질 때, 5백 비구들의 마음이, 무-집착에 기대어, 〔수많은〕 번뇌들에서 해방된 것이니라. 또한 2천 비구들의 마음이, 무-집착에 기대어, 〔수많은〕 번뇌들에서 해방된 것이니라. 그리고 6천 명의 우바새(優婆塞)들이 제법에 대해 때가 묻지 않은, 오염되지 않은, 청정한 법안을 얻었느니라. 3천 명의 우바이들이 제법에 대해 때가 묻지 않은, 오염되지 않은, 청정한 법안을 얻었느니라. 2천 명의 보살마하살들이 제법 불생의 수용, 즉 무생법인(無生法忍)을 얻었느니라. 우바새들이 제법에 대해 때가 묻지 않은, 오염되지 않은, 청정한 법안을 얻는다는 것도 바로 이 현겁(賢劫)에서 세존이 예언한 것이며, 또한 그들이 무-집착에 기대어 〔수많은〕 번뇌들에서 해방될 것이라는 것도 세존이 예언한 것이니라."

반야바라밀다의 위대한 업

❰ 03 ❱ 그러자 수보리 장로가 세존께 아뢰었다.

"세존이시여, 반야바라밀다는 〔깊고〕 깊은 것입니다. 〔깊고〕 깊은 반야바라밀다는 위대한 업을 위해 존재하는 것입니다.

세존께서 수보리 장로에게 다음과 같이 말씀하셨다.

"그러하다, 수보리야, 그러하느니라. 반야바라밀다는 〔깊고〕 깊은 것이니라. 〔깊고〕 깊은 반야바라밀다는 위대한 업을 위해 존재하는 것이니라. 그 이유는 무엇일까? 수보리야, 전지자성이 여기 〔반야바라밀〕에 맡겨져 있기 때문이니라. 독각의 경지가 맡겨져 있기 때문이니라. 모든 성문의 경지가 맡겨져 있기 때문이니라. 수보리야, 이는 마치 크샤트리야 〔계급〕인 〔한 왕족〕이 왕이 되고, 관정(灌頂)의 의식을 치른 뒤 왕국의 권세와 권력을 얻었을 때, 왕이 해야 할 일들, 〔즉〕 성과 백성을 〔다스리는 데 필요한〕 일련의 일들, 그 모든 국정(國政)이 대신〔들〕에게 맡겨지는 것과 같으니라. 그로 인해 왕은 걱정이 사라지게 되고, 〔무거웠던〕 짐을 내려놓게 되는 것이니라. 수보리야, 바로 이와 같이 불타의 법들, 독각의 법들, 성문의 법들 그 모두는 반야바라밀다와 연관되어 있으며, 이 〔법들〕에서 반야바라밀다가 〔본연의〕 의무를 다하고 있는 것이니라. 수보리야, 이러한 방식으로, 〔사람들이〕 물질을 획득하지 않도록 물질에 집착하지 않도록 하는 이 위대한 업을 위해 반야바라밀다가 존재하는 것이니라. 감각·표상·의욕에 대해서도 이와 같으며, 사유를 획득하지 않도록 사유에 집착하지 않도록, 예류과를 획득하지 않도록 예류과에 집착하지 않도록 하느니라. 이와 같이 일래과를 획득하지 않도록 일래과에 집착하지 않도록, 아라한과를 획득하지 않도록 아라한과에 집착하지 않도록, 독각성을 획득하지 않도록 아라한과에 집착하지 않도록, 전지자성을 획득하지 않도록 아라한과에 집착하지 않도록 반야바라밀다가 〔본연의〕 의무를 다하고 있는 것이니라."

무-집착의 반야바라밀다

❰ 04 ❱ 수보리 장로가 아뢰었다.

"세존이시여, 전지자성을 획득하지 않도록 아라한과에 집착하지 않도록 반야바라밀다는 어떻게 〔본연의〕 의무를 다하고 있는 것입니까?"

세존께서 되물으셨다.

"너는 어떻게 생각하느냐? 수보리야, 너는 네가 획득하고 집착할 아라한과를 〔바라〕보고 있느냐?"

수보리 장로가 대답했다.

"세존이시여, 그렇지 않습니다. 세존이시여, 제가 획득하고 집착할 아라한과라는 법을 저는 〔바라〕보지 않습니다."

세존께서 말씀하셨다.

"그러하다. 수보리야, 그러하느니라. 수보리야, 나 또한 여래성을 〔바라〕보지 않느니라. 수보리야, 여래성을 〔바라〕보지 않는 나는 얻지도 집착하지도 않느니라. 수보리야, 그렇기에 전지자성 역시 얻어지지도 집착되지도 않는 것이니라."

수보리 장로가 아뢰었다.

"세존이시여, 처음으로 〔대〕승(乘)에 오른, 짧은 선근(善根)들을 갖고 있는 보살마하살들이 '전지자성 역시 얻어지지도 집착되지도 않는 것이다'라는 〔세존의〕 교설을 듣고〔도 겁을 먹어〕 놀라지 않도록 〔두려움에〕 떨지 않도록 〔공포의〕 떨림에 빠져들지 않도록 하소서! 세존이시여, 하지만 이전의 승자(勝者, 불타)들을 공양하고 인(因)을 갖추며 오랫동안 선근을 심을 보살마하살들은 그와 같이 들어도 반야바라밀다에 전념할 것입니다."

세존께서 말씀하셨다.

"그러하다. 수보리야, 그러하느니라."

05 그때 욕계와 색계의 천자들이 세존께 아뢰었다.

"세존이시여, 반야바라밀다는 〔깊고〕 깊은 것이며, 보기도 어렵고 이해하기도 힘든 것입니다. 세존이시여, 이러한 반야바라밀다에 전념하는 유정들은 이전의 승자(勝者, 불타)들을 공양하고 오랫동안 선근을 심을 자들입니다. 세존이시여, 삼천대천세계에 존재하는 유정들, 그 모두는 한 겁(劫) 또는 한 겁을 넘는 매우 오랜 시간 동안 수신자(隨信者)의 경지에서 수행할 것이지만, 〔혹〕 어떤 유정이 하루 동안이라도 〔깊고〕 깊은 반야바라밀다〔란 이치〕의 수용에서 즐거움을 찾고 이를 구하며 생각하고 헤아리며 성찰하고 인지한다면, 세존이시여, 이 유정은 그들보다 더 나은 자일 것입니다."

세존께서 욕계와 색계의 천자들에게 다음과 같이 말씀하셨다.

"천자들아, 선남자나 선여인, 그 누구든, 〔깊고〕 깊은 이 반야바라밀다를 듣는다면, 그에게는 조속한 열반이 기대되어질 것이니라. 하지만 한 겁(劫) 또는 한 겁을 넘는 매우 오랜 시간 동안 수신자의 단계에서 수행하는 유정들에게는 〔그러한 기대가〕 불가할 것이니라."

그러자 욕계와 색계의 천자들이 세존께 아뢰었다.

"세존이시여, 반야바라밀다라는 것은 위대한 바라밀다입니다."

그러고는 세존의 양발에 머리를 조아린 뒤, 세존의 오른쪽으로 세 번 돈 다음 "우리는 세존의 면전에서 사라질 것입니다"라고 알린 후 〔자리를〕 떠났고 멀리 가지 않아 사라졌다. 욕계의 천자들은 욕계로 갔고, 색계의 천자들은 범천(梵天)으로 향했다.

성스러운 팔천송반야경에서 '불가사의한 업(業)'으로 불리는 열세 번째 장

제 14 장

비유(比喩)

◉

औपम्यपरिवर्तश्चतुर्दशः

설법자로서의 반야바라밀다

(01) 그때 수보리 장로가 세존께 다음과 같이 아뢰었다.

"세존이시여, 보살마하살이 경청하는 것만으로 그 〔깊고〕 깊은 반야바라밀다에 전념하면서도, 우울하지 않고, 겁을 먹지 않으며, 도망가지 않고, 우둔하지 않으며, 의심하지 않고, 걱정하지 않으며, 〔오히려〕 반야바라밀다를 〔듣는다는 것에〕 기뻐한다면, 이 보살마하살은 어딘가에서 죽어〔도〕 어디인가에〔서 다시〕 태어날 것입니다."

세존께서 말씀하셨다.

"보살마하살은 경청하는 것만으로 그 〔깊고〕 깊은 반야바라밀다에 전념하면서도 우울하지도 겁을 먹지도 도망가지도 않을 것이며, 우둔하지도 의심하지도 걱정하지도 않을 것이니라. 〔오히려 반야바라밀다를〕 듣고 보는 것에 기뻐할 것이니라. 〔깊고〕 깊은 이 반야바라밀다를 마음에 새길 것이며, 반야바라밀다와 연관된 〔정신〕집중들을 버리지 않을 것이니라. 정신도 우울하게 되지 않을 것이니라. 〔반야바라밀다를〕 습득하고 마음에 새기며 낭송하고 통달하며 널리 퍼트리려는 열정을 일으킬 것이며, 이를 추종할 것이니라. 설법자를 따르면 따랐지 떠나가게는 하지 않을 것이다. 수보리야, 이는 마치 송아지를 낳은 소가 〔자신의〕 송아지를 버리지 않는 것과 같으니라. 수보리야, 바로 이와 같이 〔깊고〕 깊은 반야바라밀다를 듣는 보살마하살은 반야바라밀다가 그의 몸에 머물러 기억되거나 책의 형태로 만들어지는 한 이 설법자를 버리지 않을 것이니라. 수보리야, 이 보살마하살은 인간으로 죽어 인간으로 〔다시〕 태어날 것이니라."

❪ **02** ❫ 수보리가 여쭈었다.

"세존이시여, 그러한 공덕들을 갖추고 있는 보살마하살은 다른 불토(佛土)들에서 죽어〔도〕 이 세간에 〔다시〕 태어날 수 있는 것입니까?"

세존께서 대답하셨다.

"수보리야, 다른 불토들에서 다른 불타세존들을 숭배하며 〔의문들을〕 묻고 질문한 뒤 거기에서 죽고 이 세간에 〔다시〕 태어난 보살마하살은 〔설법자로서의 반야바라밀다를 버리지 않는〕 그러한 공덕들을 갖고 있다고 알려져야 할 것이니라. 수보리야, 게다가 도솔천에서 죽고 이 세간에 〔다시〕 태어난 보살마하살도 그러한 공덕들을 갖고 있다고 알려져야 할 것이니라. 미륵 보살마하살을 숭배하고 그에게 반야바라밀다에 관해 묻고 질문하고 문의한 자 또한 그러한 공덕들을 갖고 있다고 알려져야 할 것이니라. 수보리야, 하지만 과거세부터 반야바라밀다를 들었어도 이에 관해 묻거나 질문하거나 문의하지 않은 보살마하살은 인간으로 〔다시〕 태어나도, 〔깊고〕 깊은 반야바라밀다가 말해질 때, 그에게는 의심이 생기거나 이해〔력〕의 더딤 〔현상〕이 나타나며 마음이 우울하게 되느니라. 수보리야, 이 보살은 과거세부터도 물음의 의욕을 갖지 않는 자였다고 알려져야 할 것이니라. 그 이유는 무엇일까? 〔깊고〕 깊은 반야바라밀다가 말해질 때, 그에게는 의심, 이해〔력〕의 더딤, 마음의 우울함이 생겨나기 때문이니라.

❪ **03** ❫ 수보리야, 과거세부터 반야바라밀다를 들어왔더라도 하루나 이틀, 사흘이나 나흘 혹은 닷새 동안〔만 이 반야바라밀다에 대해〕 묻고 질문하고 문의하는 보살마하살, 그에게는 그 정도의 시간에 대

응하는 믿음만이 생겨나며, 〔그 시간이 지나면 그 믿음은〕 사라질 것이니라. 사라진 믿음 또는 신뢰는 〔반야바라밀다에 대한〕 물음으로 다시 생겨날 것이니라. 그 이유는 무엇일까? 수보리야, 다음과 같을 것이기 때문이니라. 이전에 반야바라밀다에 관해 묻지도 질문하지도 문의하지도 추종하지도 않은 보살마하살, 그에게 어떤 때에는 〔깊고〕 깊은 반야바라밀다를 듣고자 하는 의욕이 따르겠지만, 또 어떤 때에는 그러한 의욕이 생겨나지 않을 것이니라. 〔생겨난다 해도〕 그 의욕은 곧 다시 버려지고 가라앉을 것이니라. 이러한 보살마하살은 〔대〕승(乘)에 오른 지 얼마 되지 않은 자라고 알려져야 할 것이니라. 새로운 〔대〕승을 타고 나아간 이 보살마하살은 그러한 신뢰, 청정한 믿음, 열정을 버릴 것이니라. 즉 〔깊고〕 깊은 반야바라밀다를 옹호하지도 추종하지도 않을 것이니라. 그에게는 성문 또는 독각의 경지, 이 두 개의 경지 가운데 어느 한쪽의 경지가 기대되어져야 할 것이니라.

비유 (1)

수보리야, 이는 마치 대해(大海)에서 항해하는 배가 난파되었을 때 〔바다에 빠진 사람들이〕 나무 조각이나 널빤지를 잡지도 않으며, 〔떠다니는〕 시신을 잡으려고 하지도 않는 것과 같으니라. 이 사람들은 해안가에 이르지 못하고, 수장(水葬)된다고 알려져야 할 것이니라. 수보리야, 하지만 대해에서 항해하는 배가 난파되었을 때 〔바다에 빠진 사람들이〕 나무 조각이나 널빤지를 잡거나, 〔떠다니는〕 시신을 잡는 경우, 수보리야, 이 사람들은 수장되지 않는다고, 운 좋게도 그 어떤 방해 없이 해안가에 오른다고, 다치거나 해를 입지 않고 뭍에 머문다고 알려져야 할 것이니라. 수보리야, 바로 이와 같이 어느 정도의 성신(誠信), 어느 정도의 청정한 믿음[淨信], 어느 정도의 애정, 어느 정도의 의욕만을 갖춘 보살마하살은 반야바라밀다를 취하지 못하느니라.

수보리야, 이러한 보살마하살은 가는 도중에 가라앉을 것이라고, 전지자성을 얻지 못한 그는 성문이나 독각에 머물 것이라고 알려져야 할 것이니라. 수보리야, 하지만 보살마하살들에게 무상의 올바르고 완전한 깨달음을 터득하고자 하는 성신(誠信)·수용·즐거움·열정·노력·조심성·전념·〔강한〕 의지·희사(喜捨)·존경〔의 마음〕·기쁨·환희·청정한 믿음[淨信]·애정·〔주어진〕 책무를 소홀히 하지 않는 정신이 있다면, 이들은 반야바라밀다를 얻게 되는 것이니라. 이와 같이 무상의 올바르고 완전한 깨달음을 터득하고자 하는 성신·수용·즐거움·열정·노력·조심성·전념·〔강한〕 의지·희사·존경〔의 마음〕·기쁨·환희·청정한 믿음·애정·〔주어진〕 책무를 소홀히 하지 않는 정신이 존재하는 보살마하살들은 반야바라밀다를 얻은 후 전지자성에 머물 것이니라.

비유 (2)

그 이유는 무엇일까? 수보리야, 이는 마치 여성 또는 남성이 물이 든 항아리를 들고 다니는 것과 같으니라. 수보리야, 이 항아리는 머지않아

빠르게 부서지고 사라질 운명일 것이니라. 그 이유는 무엇일까? 항아리가 충분히 잘 구워지지 않았기 때문이니라. 이 항아리는 흙으로 돌아갈 것이니라. 수보리야, 바로 이와 같이 보살마하살이 무상의 올바르고 완전한 깨달음을 터득하고자 하는 성신(誠信)·수용·즐거움·열정·노력·조심성·전념·〔강한〕 의지·희사·존경〔의 마음〕·기쁨·환희·청정한 믿음[淨信]·애정·〔주어진〕 책무를 소홀히 하지 않는 정신을 갖고 있어도, 그는 반야바라밀다와 방편선교가 지켜주지 못할 것이니라. 수보리야, 이 보살마하살은 가는 도중 가라앉을 것이라고 알려져야 할 것이니라. 수보리야, 그러한 가라앉음이라는 것은 어떤 것일까? 그것은 〔바로〕 성문의 경지나 독각의 경지이니라.

비유 (3)

수보리야, 이는 마치 여성이나 남성이 강에서, 호수에서, 웅덩이에서, 우물에서, 이와는 다른 물이 있는 장소들에서 길어진 물을 충분히 잘 구워진 항아리로 나르는 것과 같으니라. 수보리야, 그가 물을 나를 때, 이 항아리는 운 좋게도 그 어떤 방해 없이 집에까지 갈 것이라고 알려져야 할 것이다. 그 이유는 무엇일까? 항아리가 충분히 잘 구워졌기 때문이니라. 수보리야, 바로 이와 같이 무상의 올바르고 완전한 깨달음을 터득하고자 하는 성신·수용·즐거움·열정·노력·조심성·전념·〔강한〕 의지·희사·존경〔의 마음〕·기쁨·환희·청정한 믿음·애정·〔주어진〕 책무를 소홀히 하지 않는 정신을 갖고 있는 보살마하살은 반야바라밀다와 방편선교가 지켜줄 것이니라. 수보리야, 이 보살 마하살은 가는 도중에 가라앉지 않을 것이라고, 다치거나 해를 입지 않은 그는 전지자성에 머물 것이라고 알려져야 할 것이니라.

비유 (4)

수보리야, 이는 마치 어리석은 사람이 항해용이지만 〔틈새가 잘〕 메워지지 않은, 준비가 되지 않은, 오랫동안 밧줄에 묶여있던 배를 바다에 띄우고, 적재된 화물들로 가득 차 〔수면 아래로 많이〕 내려앉은 배에 올라탄 것과 같으니라. 수보리야, 이 배는 물 위에서 짐들을 실어 나르지 못하고 가라앉을 것이며, 그의 짐들과 배는 제각기 다른 잘못된 길로 바다 위에 떠다닐 운명이라고 알려져야 할 것이니라. 이와 같이 방편선교가 없는 그 상인은 어리석음으로 심각한 부의 소실을 입게 될 것이며, 재화〔를 벌어들이는〕 자본을 잃게 되는 것이니라. 수보리야, 바로 이와 같이 보살이 무상의 올바르고 완전한 깨달음을 터득하고자 하는 성신 · 수용 · 즐거움 · 열정 · 노력 · 조심성 · 전념 · 〔강한〕 의지 · 희사 · 존경〔의 마음〕 · 기쁨 · 환희 · 청정한 믿음 · 애정 · 〔주어진〕 책무를 소홀히 하지 않는 정신을 갖고 있어도, 그는 반야바라밀다와 방편선교를 결여하고 있는 것이니라. 수보리야, 이 보살은 전지자성이란 보물의 원천을 얻지 못하고, 도중에 침몰할 가라앉을 사람이라고, 막대한 자신의 부(富), 다른 사람들〔이 쌓은〕 부와 보물들을 잃은 사람이라고 알려져야 할 것이니라. 이는 그가 전지자성이란 부와 보물의 원천을 잃었기 때문이니라.

비유(5)

수보리야, 보살이 가는 도중 침몰한다는 것, 이것은 어떠한 것일까? 그것은 〔바로〕 성문의 경지나 독각의 경지이니라. 수보리야, 이는 마치 현자(賢者)에 속하는 상인이 선박을 〔튼튼하게〕 잘 접합되게 건조시킨 후 〔틈새가〕 잘 메워지게 하고 〔출항〕 준비가 잘 되어있게 한 후 바다에 띄우고, 화물을 가득 싣지만 〔한쪽이 쏠리지 않게〕 균등하게 정돈하고는 순풍을 타며, 이 항해가 있게 한, 의도된 그 방향으로 단계적으로 항해하는 것과 같으니라. 수보리야, 이 배는 바다에 침몰하지 않고, 도착해야 하는 장소에 도달할 것이라고, 이 상인은 막대한 부, 즉 세간의 부를 얻을 것이라고 알려져야 할 것이니라. 수보리야, 바로 이와 같이 무상의 올바르고 완전한 깨달음을 터득하고자 하는 성신·수용·즐거움·열정·노력·조심성·전념·〔강한〕 의지·희사·존경〔의 마음〕·기쁨·환희·청정한 믿음·애정·〔주어진〕 책무를 소홀히 하지 않는 정신을 갖는 보살마하살은 반야바라밀다의 보호를 받고, 방편선교를 결여하지 않은 자라고 알려져야 할 것이니라. 수보리야, 이 보살마하살은 가는 도중에 침몰하지도 가라앉지도 않을 것이라고, 이 보살마하살은 무상의 올바르고 완전한 깨달음에 머물 것이라고 알려져야 할 것이니라. 그 이유는 무엇일까? 수보리야, 무상의 올바르고 완전한 깨달음을 터득하고자 하는 성신·수용·즐거움·열정·노력·조심성·전념·〔강한〕 의지·희사·

존경〔의 마음〕·기쁨·환희·청정한 믿음·애정·〔주어진〕 책무를 소홀히 하지 않는 정신을 갖는 보살마하살의 법들은 반야바라밀다의 보호를 받고 방편선교를 결여하지 않으며, 성문이나 독각의 경지를 수행하지 않기 때문이니라. 이 법들은 전지자성에 전념하며 그곳으로 나아갈 것이고, 그리하여 무상의 올바르고 완전한 깨달음을 터득하게 될 것이니라.

비유 (6)

수보리야, 이는 마치 한 남성이 태어나 노쇠하고 나이가 들어 기력이 없는 120세의 노인이 되는 것과 같으니라. 그의 몸은 통풍(痛風)이나 담즙병, 점액병이나 〔이들의〕 합병증으로 아플 것이니라. 너는 어떻게 생각하느냐? 수보리야, 부축을 받지 못하는 이 노인은 〔혼자서〕 침소에서 일어나겠느냐?"

수보리가 아뢰었다.

"세존이시여, 그러하지 못합니다."

세존께서 말씀하셨다.

"수보리야, 스스로 침소에서 일어나더라도 그 노인은 반(半) 구로사(拘盧捨) 정도의 거리도 걸어가지 못할 것이니라. 노쇠함으로 병환으로 인해 약해진 노인은 설령 침소에서 일어나더라도 앞으로 걸어나갈 수는 없을 것이니라. 수보리야, 바로 이와 같이 보살마하살이 무상의 올바르고 완전한 깨달음을 터득하고자 하는 성신·수용·즐거움·열정·노력·조심성·전념·〔강한〕 의지·희사·존경〔의 마음〕·기쁨·환희·청정한 믿음·애정·〔주어진〕 책무를 소홀히 하지 않는 정신을 갖더라도, 그는 반야바라밀다의 보호를 받지 못하고 방편선교를 결여하느니라. 그래도 그는 무상의 올바르고 완전한 깨달음을 향해 나아갈 것이니라. 수보리야, 이 보살은 가는 도중에 침몰하고 가라앉을 것이니라. 즉 성문이나 독각의 경지에 머물 것이라고 알려져야 할 것이니라. 그 이유는 무엇일까? 그는 반야바라밀다의 보호를 받지 못하며, 방편선교를 결여하고 있기 때문이니라.

비유(7)

수보리야, 이는 마치 한 남성이 태어나 노쇠하고 나이가 들어 기력이 없는 120세의 노인이 되는 것과 같으니라. 그의 몸은 통풍(痛風)이나 담즙병, 점액병이나 〔이들의〕 합병증으로 아프더라도, 이 노인 스스로 침소에서 일어나는 것과 같으니라. 두 명의 건장한 남성이 좌우 양편에서 이 노인을 잘 부축되게끔 잡고 잘 보호되도록 살핀 후 다음과 같이 말할 것이니라. '소중한 사람이여! 당신이 가고 싶은, 원하는 곳으로 가십시오! 우리 두 사람이 당신을 따를 것이고, 당신이 가고자 하는 장소에 이르지 않는 한, 당신에게는 가는 도중 혹 넘어질지 모른다는 공포는 생겨나지 않을 것입니다'라고 말이다. 수보리야, 바로 이와 같이 무상의 올바르고 완전한 깨달음을 터득하고자 하는 성신·수용·즐거움·열정·노력·조심성·전념·〔강한〕 의지·희사·존경〔의 마음〕·기쁨·환희·청정한 믿음·애정·〔주어진〕 책무를 소홀히 하지 않는 정신을 갖는 보살마하살은 반야바라밀다의 보호를 받고 방편선교를 갖추고 있게 될 것이니라. 수보리야, 이 보살마하살은 중간에 침몰하지도 가라앉지도 않으며, 무상의 올바르고 완전한 깨달음의 경지에 이를 수 있다고 알려져야 할 것이니라."

성스러운 팔천송반야경에서 '비유(比喩)'로 불리는 열네 번째 장

제 15 장

천신(天神)

◉

देवपरिवर्तः पञ्चदशः

초심자의 보살마하살과 좋은 벗[善友]

01 그러자 수보리 장로가 세존께 여쭈었다.

"세존이시여, 초심자인 보살마하살은 반야바라밀다에서 어떻게 머물러야 하고 어떻게 수련해야 할까요?"

세존께서 수보리 장로에게 다음과 같이 말씀하셨다.

"수보리야, 반야바라밀다에서 수련하기 바라는 초심자인 보살마하살은 좋은 벗들에 봉사하고 이들을 추종하며 숭배해야 할 것이니라. 수보리야, 반야바라밀다에 〔들게끔〕 교화하고 교도하며, 보살마하살에게 반야바라밀다의 의미를 보여줄 좋은 벗들이 바로 보살마하살의 좋은 벗들로 알려져야 할 것이며, 그들은 보살마하살에게 반야바라밀다의 의미를 다음과 같이 보여줄 것이니라. '선남자여, 〔여기로〕 오라! 〔와서〕 보시바라밀다에 노력하라! 이와 같이 지계바라밀다, 인욕바라밀다, 정진바라밀다, 선정바라밀다 반야바라밀다에 노력하라! 선남자여! 네가 보시하는 무엇이든, 그 모두를 무상의 올바르고 완전한 깨달음에 회향시켜라! 하지만 선남자여, 너는 무상의 올바르고 완전한 깨달음을 물질의 측면에서 집착해서는 안 된다. 이와 같이 감각·표상·의욕의 측면에서 집착해서는 안 된다. 선남자여, 무상의 올바르고 완전한 깨달음을 사유의 측면에서 집착해서는 안 된다. 그 이유는 무엇일까? 선남자여, 전지자성은 집착되지 않는 것이기 때문이다. 이와 같이, 선남자여, 무엇이든 네가 지키는 지계, 선남자여, 무엇이든 네가 일으키는 인욕, 선남자여, 무엇이든 네가 시작하는 정진, 선남자여, 무엇이든 네가 들어가는 선정, 선남자여, 무엇이든 네가 지혜에서 통찰하는 것, 그 모두를 무상의 올바른 깨달음에 회향시켜라! 선남자여, 너는 무상의 올바르고 완전한 깨달음을 물질의 측면에서 집착해서는 안 된다. 이와 같이 감각·표상·의욕의 측면에서 집착해서는 안 된다. 선남자여, 무상의 올바르고 완전한 깨달음을 사유의 측면에서 집착해서는 안 된다. 그 이유는 무엇일까? 선남자여, 전지자성은 집착되는 것이 아니기 때문이다. 선남자여, 너는 성문이나 독각의 경지에 어떤 갈망을 가져서는 안 된다'라고 말이다. 수보리야, 실로 이와 같이 초심자인 보살마하살은 좋은 벗들에 의해 단계적으로 반야바라밀다에 이르러야 할 것이니라."

보살마하살의 역할

02 수보리가 아뢰었다.

"세존이시여, 보살마하살은 어려운 일의 수행자입니다. 〔하지만〕 무상의 올바른 깨달음을 터득하고자 나아간 보살마하살들은 그와 같은 보시·지계·인욕·정진·선정·지혜의 덕택으로 개인적인 열반에 들기를 바라지 않을 것입니다. 극도의 고통으로 가득 찬 유정의 세계를 철저하게 〔바라〕본 후 무상의 올바른 깨달음을 터득하기 바라는 보살마하살들은 윤회에 겁을 먹어 놀라지 않을 것입니다."

세존께서 수보리 장로에게 다음과 같이 말씀하셨다.

"그러하다. 수보리야, 그러하느니라. 수보리야, 보살마하살은 어려운 일의 수행자이니라. 세간의 안녕을 위해 나아간, 세간의 행복을 위해 세간에 대한 연민을 위해 나아간 그들은 '우리는 세간의 보호소(保護所)가 될 것이다. 우리는 세간의 대피소(待避所)가 될 것이다. 우리는 세간의 안식처(安息處)가 될 것이다. 우리는 세간의 최종목적지가 될 것이다. 우리는 〔고해(苦海)에 떠 있는〕 세간의 섬(피신처)이 될 것이다. 우리는 세간의 등불이 될 것이다. 우리는 세간의 지도자가 될 것이다. 무상의 올바르고 완전한 깨달음을 터득한 뒤 우리는 세간의 도(道)가 될 것이다'라고 〔말하며,〕 무상의 올바르고 완전한 깨달음을 향해 정진을 시작하느니라.

세간의 보호소

수보리야, 보살마하살들은 어떻게 하여 무상의 올바른 깨달음을 터득하고 세간의 보호소가 되는 것일까? 수보리야, 윤회〔의 세계〕에 존재하는 세간의 〔수많은〕 고통들, 〔바로〕 이러한 것들로부터 세간을 보호하는 것이니라. 보살마하살들은 고통을 버리도록 〔세간을 위해〕 분투하고 정진을 시작하는 것이니라. 수보리야, 실로 이와 같이 보살마하살들은 무상의 올바른 깨달음을 터득하고 세간의 보호소가 되는 것이니라.

세간의 대피소

수보리야, 보살마하살들은 어떻게 하여 무상의 올바른 깨달음을 터득하고 세간의 대피소가 되는 것일까? 수보리야, 보살마하살들은 태어남의 법[生]·늙어감의 법[老]·병듦의 법[病]·죽어감의 법[死]을 따르는, 슬픔 한탄 고통 절망 번뇌의 법을 따르는 유정들, 그 모두를 생로병사 슬픔 한탄 고통 절망 번뇌로부터 해방시키고 있는 것이니라. 수보리야, 실로 이와 같이 보살마하살들은 무상의 올바른 깨달음을 터득하고 세간의 대피소가 되는 것이니라.

세간의 안식처

수보리야, 보살마하살들은 어떻게 하여 무상의 올바른 깨달음을 터득하고 세간의 안식처가 되는 것일까? 수보리야, 공양을 받을 만하고 올바르게 깨달은 여래들은 유정들에게 집착하지 않도록 유정들에게 법을 가르치고 있느니라. 수보리야, 실로 이와 같이 보살마하살들은 무상의 올바른 깨달음을 터득하고 세간의 안식처가 되는 것이니라."

수보리가 여쭈었다.

"세존이시여, 무-집착은 어떻게 하여 얻어지는 것일까요?"

세존께서 대답하셨다.

"수보리야, 물질에 속박되지 않는 것이 물질에 집착하지 않는 것이니라. 물질에 집착하지 않는 것이 물질에 속박되지 않는 것이니라. 물질에 속박되지 않음은 〔곧〕 물질의 불생불멸이니라. 물질의 불생불멸은 〔곧〕 물질에 집착하지 않음이니라. 물질에 집착하지 않는 것, 이것이 물질에 속박되지 않는 것이고, 물질에 집착하지 않는 것이니

라. 감각·표상·의욕도 이와 같으니라. 수보리야, 사유에 속박되지 않는 것이 사유에 집착하지 않는 것이니라. 사유에 집착하지 않는 것이 사유에 속박되지 않는 것이니라. 사유에 속박되지 않음은 〔곧〕 사유의 불생불멸이니라. 사유의 불생불멸은 〔곧〕 사유에 집착하지 않음이니라. 사유에 집착하지 않는 것, 이것이 사유에 속박되지 않는 것이고, 사유에 집착하지 않는 것이니라. 수보리야, 실로 제법은 집착되지도 속박되지도 않는 것이라는 지견(知見)에서 무-집착이 생겨나는 것이니라. 수보리야, 실로 이와 같이 보살마하살들은 무상의 올바른 깨달음을 터득하고 세간의 안식처가 되는 것이니라.

세간의 최종목적지

수보리야, 보살마하살들은 어떻게 하여 무상의 올바른 깨달음을 터득하고 세간의 최종목적지가 되는 것일까? 수보리야, 물질의 궁극(피안)은 물질이 아닌 것이니라. 수보리야, 궁극(피안)이 존재하는 방식〔, 즉 공성〕에 따라 물질도 존재하는 것이니라. 감각·표상·의욕도 이와 같으니라. 수보리야, 사유의 궁극(피안)은 사유가 아닌 것이니라. 수보리야, 궁극(피안)이 존재하는 방식인 공성(空性)에 따라 사유도 존재하는 것이니라. 이와 같이 물질·감각·표상·의욕·사유가 궁극(피안)인 것처럼, 제법도 그와 같은 것이니라."

수보리가 아뢰었다.

"세존이시여, 물질·감각·표상·의욕·사유가 궁극(피안)인 것처럼, 제법도 이와 같은 것이라면, 세존이시여, 분명 보살마하살들은 그와 같은 방식으로 제법을 깨달을 것입니다. 그 이유는 무엇일까요? 세존이시여, 그것들 사이에서는 그 어떤 구분도 존재하지 않기 때문입니다."

세존께서 말씀하셨다.

"그러하다. 수보리야, 그러하느니라. 궁극(피안)이라는 그곳에는 그 어떤 구분도 존재하지 않느니라. 수보리야, 구분이 없기에 보살마하살들은 제법을 깨닫게 되는 것이니라. 수보리야, 이것 또한 보살마하살들에게는 행하기가 극도로 어려운 일이니라. 그들은 제법을 인식하고도 직시하지 못하지만, 그렇다고 우울해하지도 않느니라. 그들은 '이와 같이 우리는 법들을 완전하게 깨달아야 할 것이다. 그리고 이와 같은 방식으로 무상의 올바르고 완전한 깨달음을 터득한 뒤 이 법들을 가르치고 〔명확하게〕 설명할 것이다'라며, 〔법들을〕 인식하느니라. 수보리야, 실로 이러한 방식으로 보살마하살들이 무상의 올바르고 완전한 깨달음을 터득할 때, 이들은 세간의 최종목적지가 되는 것이니라.

세간의 섬

수보리야, 보살마하살들은 어떻게 하여 무상의 올바른 깨달음을 터득하고 〔고해(苦海)에 떠 있는〕 세간의 섬(피신처)이 되는 것일까? 수보리야, 이는 마치 강이나 대해에서 물로 가두어진 어떤 장소들과 같으며, 그러한 곳들이 섬이라고 불리고 있느니라. 수보리야, 바로 이와 같이 물질은 과거와 현재에 의해 가두어진 것이고, 감각·표상·의욕도 이와 같으니라. 수보리야, 바로 이와 같이 사유는 과거와 현재에 의해 가두어진 것이니라. 수보리야, 이러한 가둠〔의 방식〕으로 제법이 과거와 현재에 의해 가두어져 있는 것이니라. 수보리야, 제법을 가둔다는 것, 이것은 정숙(靜肅)이며, 선봉(先鋒)이고, 열반이며, 진실이고, 무-왜곡이니라. 수보리야, 이와 같은 방식으로 보살마하살들은 무상의 올바른 깨달음을 터득하고, 세간의 섬(피신처)이 되는 것이니라.

세간의 등불

수보리야, 보살마하살들은 어떻게 하여 무상의 올바른 깨달음을 터득하고 세간의 등불이 되는 것일까? 수보리야, 이 세간에서 보살마하살은 무상의 올바른 깨달음을 터득하고, 오랫동안 알 껍질의 덮개처럼 무명(無明)으로 덮여지고 암흑에 압도된 유정들을 지혜로 밝혀주며, 모든 무명의 암흑을 내몰고 있느니라. 수보리야, 이러한 방식으로 보살마하살들은 무상의 올바른 깨달음을 터득하고, 세간의 등불이 되는 것이니라.

세간의 지도자

수보리야, 보살마하살들은 어떻게 하여 무상의 올바른 깨달음을 터득하고 세간의 지도자가 되는 것일까? 수보리야, 이 세간에서 보살마하살들은 무상의 올바른 깨달음을 터득하고, 물질이 갖는 불생불멸의 본성을 〔보여주기〕 위해 법을 가르치고 있느니라. 감각·표상·의욕에 대해서도 이와 같으며, 사유가 갖는 불생불멸의 본성을 〔보여주기〕 위해 법을 가르치고 있느니라. 일반 중생에게 〔소위〕 존재한다는 법(法)들의 본성을 〔보여주기〕 위해 법을 가르치고 있느니라. 성문(聲聞)에게 〔소위〕 존재한다는 법들의 본성을 〔보여주기〕 위해 법을 가르치고 있느니라. 독각에게 〔소위〕 존재한다는 법들의 본성을 〔보여주기〕 위해 법을 가르치고 있느니라. 보살에게 〔소위〕 존재한다는 법들의 본성을 〔보여주기〕 위해 법을 가르치고 있느니라. 불타에게 〔소위〕 존재한다는 법들의 본성을 〔보여주기〕 위해 법을 가르치고 있느니라. 제법에게 〔소위〕 존재한다는 법들의 본성을 〔보여주기〕 위해 법을 가르치고 있느니라. 수보리야, 이러한 방식으로 보살마하살들은 무상의 올바른 깨달음을 터득하고, 세간의 지도자가 되는 것이니라.

세간의 도(道)

수보리야, 보살마하살들은 어떻게 하여 무상의 올바른 깨달음을 터득하고 세간의 도가 되는 것일까? 수보리야, 이 세간에서 보살마하살들은 무상의 올바른 깨달음을 터득하고, 세간의 물질은 허공의 도에 속하는 것이라고 〔말하며〕 법을 가르치고 있느니라. 감각·표상·의욕에 대해서도 이와 같으니라. 〔세간의〕 사유는 허공의 도에 속하는 것이라고 〔말하며〕 법을 가르치고 있느니라. 수보리야, 바로 이와 같이 제법도 허공의 도에 속하며, 오는 것도 가는 것도 아니고, 허공과 같은 것이니라. 허공이 오지도 가지도 않으며, 만들어지지도 변화되지도 않고, 작위(作爲)되지도 지속되지도 않으며, 형성되지도 머물지도 않고, 생겨나지도 소멸되지도 않는 것이니라. 수보리야, 바로 이와 같이 제법은 오지도 가지도 않으며, 만들어지지도 변화되지도 않고, 작위되지도 지속되지도 않으며, 형성되지도 머물지도 않고, 생겨나지도 소멸되지도 않는 것이며, 허공의 〔존재〕방식과 같기에 구별되지 않는 것이니라. 그 이유는 무엇일까? 수보리야, 물질의 공성, 그것은 오지도 가지도 않기 때문이니라. 감각·표상·의욕에 대해서도 이와 같으니라. 사유의 공성(空性), 그것은 오지도 가지도 않기 때문이니라. 수보리야, 바로 이와 같이 제법도 오지도 가지도 않는 것이니라. 그 이유는 무엇일까? 수보리야, 제법은 공성의 도(道)에 속하는 것이고, 〔공성의〕 도(道)를 벗어나지 않기 때문이니라. 수보리야, 제법은 무상(無相)의 도에 속하는 것이며, 〔무상의〕 도를 벗어나지 않느니라. 수보리야, 제법은 무원(無願)의 도에 속하는 것이며, 〔무원의〕 도를 벗어나지 않느니라. 수보리야, 제법은 무원(無願)의 도에 속하는 것이며, 〔무원의〕 도를 벗어나지 않느니라. 수보리야, 제법은 무작위(無作爲)의 도에 속하는 것이며, 〔무작위의〕 도를 벗어나지 않느니라. 수보리야, 제법은 불생(不生)의 도에 속하는 것이며, 〔무원의〕 도를 벗어나지 않느니라. 수보리야, 제법은 무생(無生)의 도에 속하는 것이며, 〔무생의〕 도를 벗어나지 않느니라. 수보리야, 제법은 무-존재의 도에 속하는 것이며, 〔무-존재의〕 도를 벗어나지 않느니라. 수보리야, 제법은 꿈의 도에 속하는 것이며, 〔꿈의〕 도(道)를 벗어나지 않느니라. 수보리야, 제법은 자아의 도(道)에 속하는 것이며, 〔자아의〕 도를 벗어나지 않느니라. 수보리야, 제법은 무-경계의 도에 속하는 것이며, 〔무-경계의〕 도를 벗어나지 않느니라. 수보리야, 제법은 정숙의 도(道)에 속하는 것이며, 〔정숙의〕 도를 벗어나지 않느니라. 수보리야, 제법은 열반의 도에 속하는 것이며, 〔열반의〕 도를 벗어나지 않느니라. 수보리야, 제법은 무반(無返)의 도에 속하는 것이며, 〔무반의〕 도를 벗어나지 않느니라. 수보리야, 제법은 무래(無來)의 도에 속하는 것이며, 〔무래의〕 도를 벗어나지 않느니라. 수보리야, 제법은 무거(無去)의 도에 속하는 것이며, 〔무거의〕 도를 벗어나지 않느니라. 수보리야, 제법은 부동(不動)의 도에 속하는 것이며, 〔부동의〕 도를 벗어나지 않느니라. 수보리야, 제법은 물질의 도에 속하는 것이며, 〔물질의〕 도를 벗어나지 않느니라. 감각·표상·의욕에 대해서도 이와 같으니라. 수보리야, 제법은 사유의 도에 속하는 것이며, 〔사유의〕 도를 벗어나지 않느니라. 수보리야, 제법은 아라한, 독각, 무상의 올바르고 완전한 깨달음의 도에 속하는 것이며, 〔그것들의〕 도를 벗어나지 않느니라. 이러한 이유로 보살마하살들은 무상의 올바른 깨달음을 터득하고, 제법이 허공의 도에 속하는 것이라고 가르치고 있는 것이니라. 수보리야, 이와 같이 보살마하살들은 무상의 올바른 깨달음을 터득하고 세간의 도가 되는 것이니라."

보살마하살의 자질

03 수보리가 여쭈었다.

"세존이시여, 어떤 〔보살마하살들〕이 〔깊고〕 깊은 반야바라밀다를 이해하는 자들입니까?"

세존께서 대답하셨다.

"수보리야, 과거세의 공경을 받을 만하고 올바르고 완전하게 깨달은 여래들 앞에서 충분히 성숙된 선근(善根)을 갖고 있을 정도로 〔예전부터〕 수행해 온 보살마하살들, 수보리야, 그들이 〔깊고〕 깊은 반야바라밀다를 이해할 자들이니라."

수보리 장로가 여쭈었다.

"세존이시여, 〔깊고〕 깊은 반야바라밀다를 이해할 보살마하살들은 어떠한 자성을 지닌 자들입니까?"

세존께서 대답하셨다.

"수보리야, 〔깊고〕 깊은 반야바라밀다를 이해하는 그 보살마하살들은 도덕적 규율〔과 같은 것〕들에서 이탈된 본성을 갖고 있는 자들일 것이니라."

유정들의 길잡이

04 수보리 장로가 여쭈었다.

"세존이시여, 그러한 보살마하살들은 실로 〔세존께서 앞에서 말씀하신〕 도(道)에 머무르며, 이 도를 완전하게 깨달은 후 유정들에게 바로 이 도를 가르치는 것일까요? 아니면 그들이 〔바로〕 유정들의 도가 되는 것일까요?"

세존께서 수보리 장로에게 다음과 같이 말씀하셨다.

"그러하다. 수보리야, 그러하느니라. 수보리야, 그 보살마하살들은 〔바로〕 도가 될 자들이니라. 그들은 도를 터득한 후 유정들에게 바로 그러한 도를 가르칠 것이니라. 이와 같이 하여 그들은 유정들의 도가 될 자들인 것이니라. 수보리야, 실로 이러한 방식으로 보살마하살들은 무상의 올바른 깨달음을 터득하고, 무량무수에 달하는 유정들의 도가 될 것이니라."

《 05 》 수보리 장로가 아뢰었다.

"세존이시여, '나는 무량무수에 달하는 유정들을 열반으로 이끌 것이다'라는 이러한 공력(功力)을 갖춘 보살마하살은 어려운 일을 수행하는 자들입니다."

세존께서 수보리 장로에게 다음과 같이 말씀하셨다.

"그러하다. 수보리야, 그러하느니라. '나는 무량무수에 달하는 유정들을 열반으로 이끌 것이다'라는 이러한 공력을 갖춘 보살마하살은 어려운 일을 수행하는 자들이니라. 수보리야, 하지만 위대한 공력을 갖춘 보살마하살의 이와 같은 공력은 물질에 속박된 것이 아니니라. 감각·표상·의욕에 대해서도 이와 같으니라. 〔그 공력은〕 사유에 속박된 것도 사유를 위해 속박된 것이 아니니라. 성문의 경지에 속박된 것도 성문의 경지를 위해 속박된 것이 아니니라. 독각의 경지에 속박된 것도 독각의 경지를 위해 속박된 것이 아니니라. 또한 불타의 경지에 속박된 것도 불타의 경지를 위해 속박된 것이 아니니라. 그 이유는 무엇일까? 수보리야, 아! 위대한 공력을 갖춘 보살마하살의 이와 같은 공력은 제법에 속박되어 있지 않기 때문이니라."

보살마하살의 경지

06 수보리가 아뢰었다.

"세존이시여, 위대한 공력을 갖춘 보살마하살이 〔깊고〕 깊은 반야바라밀다에 들 때, 〔그에게는〕 세 부류의 경지들, 즉 성문의 경지나 독각의 경지, 혹은 불타의 경지가 기대되지 않아야 할 것입니다."

세존께서 수보리 장로에게 다음과 같이 말씀하셨다.

"수보리야, 너는 어떠한 이유와·근거에서 위대한 공력을 갖춘 보살마하살이 〔깊고〕 깊은 반야바라밀다에 들 때, 〔그에게는〕 세 부류의 경지들, 즉 성문의 경지나 독각의 경지, 혹은 불타의 경지가 기대되지 않아야 할 것이라고 말하는 것이더냐? 수보리야, 위대한 공력을 갖춘 보살마하살이 〔깊고〕 깊은 반야바라밀다에 들 때, 그가 성문의 경지나 독각의 경지〔에 머무른다는 것〕은 의심할 여지 없이 불가능한 것이니라. 하지만, 모든 유정을 위해 이와 같은 공력을 갖춘 그에게는 바로 불타의 경지가 기대되어져야 할 것이니라."

반야바라밀다에 대한 전념

07 수보리 장로가 아뢰었다.

"세존이시여, 반야바라밀다는 〔깊고〕 깊은 것입니다. 〔그렇기에〕 이것은 그 누구도 전념할 수 있는 것이 아닐 것입니다. 실로 그 누구도 이에 전념해오지 못했고, 그 누구도 전념하지 못하고 있으며, 〔앞으로도〕 그 누구도 전념하지 못할 것입니다. 그 어떤 것도 전념되어지지 않아야 할 것입니다. 그 어디에도 전념되어지지 않아야 할 것입니다. 그 이유는 무엇일까요? 세존이시여, 반야바라밀다에는 그 어떤 법도 〔하나의〕 완전체로서 존재하지 않기 때문입니다. 세존이시여, 반야바라밀다에 대한 전념은 곧 허공에 대한 전념입니다. 세존이시여, 반야바라밀다에 대한 전념은 곧 제법에 대한 전념입니다. 세존이시여, 반야바라밀다에 대한 전념은 곧 무-집착에 대한 전념입니다. 세존이시여, 반야바라밀다에 대한 전념은 곧 무-경계에 대한 전념입니다. 세존이시여, 반야바라밀다에 대한 전념은 곧 무-실재에 대한 전념입니다. 세존이시여, 반야바라밀다에 대한 전념은 곧 무-획득에 대한 전념입니다."

◖ 08 ◗ 세존께서 수보리 장로에게 다음과 같이 말씀하셨다.

"그러하다. 수보리야, 그러하느니라. 그러한 이유로 〔깊고〕 깊은 반야바라밀다의 상태에 머무는 보살마하살은 무상의 올바른 깨달음에서 퇴전하지 않는다고 생각되어져야 할 것이니라. 수보리야, 보살마하살은 〔깊고〕 깊은 반야바라밀다에 집착하지 않으며, 타인의 말들과 타인의 충고에 집착하지 않느니라. 보살마하살은 〔깊고〕 깊은 타인의 신념에 따라 처신하지 않느니라. 수보리야, 보살마하살은 〔깊고〕 깊은 반야바라밀다가 말해질 때에도 무기력해지지도 않고, 겁을 먹지도 않으며, 우울해하지도 않고, 〔겁을 먹어〕 놀라지도 않으며, 두려움에 떨지도 않고, 〔공포의〕 떨림에 빠지지도 않으며, 걱정하지도 의심하지도 우둔해지지도 않을 것이니라. 반야바라밀다를 〔바라〕보고 경청하는 데 몰두하고 전념하며 기뻐할 것이니라. 그 이유는 무엇일까? 수보리야, 〔보살마하살은 깊고〕 깊은 반야바라밀다가 말해질 때 〔겁을 먹어〕 놀라지도 두려움에 떨지도 〔공포의〕 떨림에 빠지지도 않을 것이기 때문이니라."

반야바라밀다와 전지자성

❰ 09 ❱ 수보리가 여쭈었다.

"세존이시여, 〔깊고〕 깊은 반야바라밀다가 말해질 때 〔겁을 먹어〕 놀라지도 두려움에 떨지도 〔공포의〕 떨림에 빠지지도 않을 보살마하살은, 세존이시여, 어떤 방식으로 반야바라밀다를 철저히 숙고해야 할까요?"

세존께서 대답하셨다.

"수보리야, 보살마하살은 전지자성을 향한 마음으로 반야바라밀다를 철저히 숙고해야 하느니라."

수보리가 여쭈었다.

"세존이시여, 전지자성을 향한 마음에 대한 철저한 숙고는 어떻게 하는 것입니까?"

세존께서 대답하셨다.

"수보리야, 허공(虛空)을 향한 마음으로 허공에 전념된 마음으로, 수보리야, 허공에 기울여진 마음으로 전지자성을 향한 마음이 철저히 숙고되는 것이니라. 수보리야, 하지만 〔무엇보다도〕 전지자성을 향한 마음으로 철저하게 숙고하는 것, 수보리야, 그것이 〔본연의〕 숙고인 것이니라. 그 이유는 무엇일까? 수보리야, 전지자성은 무량한 것이기 때문이니라. 수보리야, 전지자성은 〔양적인〕 측정이 불가하기 때문이니라. 수보리야, 무량하고 〔양적인〕 측정이 불가하다는 것, 그것은 물질도 감각도 표상도 의욕도 사유도 아닌 것이니라. 얻어지는 것도 명확하게 이해되는 것도 아니니라. 깨달음[證悟]도 길[路]도 도(道)의 결과도 지〔식〕도 분별도 아닌 것이니라. 또한 〔생겨〕나는 것도 파괴되는 것도 아니며, 생기(生起)도 소멸(消滅)도 소진(消盡)도 발전(發展)도 사멸(死滅)도 아닌 것이니라. 무엇으로 만들어지는 것도 어디에서 오는 것도 어디로 가는 것도 어떤 지점이나 장소에 머무는 것도 아니니라. 그럼에도 절대적으로 무량하다는 명칭이 붙는 것이니라. 허공이 무량한 것처럼 전지자성도 무량한 것이니라. 무량성이라는 것은 그 무엇으로도 이해될 수 있는 것이 아니니라. 물질[色]· 감각[受]·표상[想]·의욕[行]·사유[識], 보시바라밀다·지계바라밀다·인욕바라밀다·정진바라밀다·선정바라밀다·반야바라밀다, 그 어떤 것으로도 이해될 수 없는 것이니라. 그 이유는 무엇일까? 수보리야, 물질이 바로 전지자성〔과 같은 것〕이기 때문이니라. 감각·표상·의욕도 바로 이와 같기 때문이니라. 사유가 전지자성〔과 같은 것〕이기 때문이니라. 수보리야, 보시바라밀다도 지계바라밀다도 인욕바라밀다도 정진바라밀다도 선정바라밀다도 바로 전지자성〔과 같은 것〕이기 때문이니라. 수보리야, 반야바라밀다도 바로 전지자성〔과 같은 것〕이기 때문이니라."

천신들의 등장

그때 천제석이 욕계의 천자들과 함께, 사바세계의 주인인 대범천왕 또한 색계의 천자들과 함께 세존께 다가갔다. 다가가서는 세존의 양발에 머리로 경배한 뒤, 세존의 오른쪽으로 세 번 돌고는 한쪽에 섰다. 한쪽에 선 천제석이 욕계의 천자들과 함께, 사바세계의 주인인 대범천왕 또한 색계의 천자들과 함께 세존께 아뢰었다.

(10) "세존이시여, 반야바라밀다는 〔깊고〕 깊은 것입니다. 세존이시여, 반야바라밀다는 다가가기 어려운 것입니다. 세존이시여, 반야바라밀다는 보기 힘든 것입니다. 세존이시여, 반야바라밀다는 이해하기 힘든 것입니다. 그 이유와 근거를 꿰뚫어 보시는 공양을 받을 만하고 올바르게 깨달은 여래도 무상의 올바르고 완전한 깨달음을 터득하고 깨달음의 정점〔인 불좌(佛座)〕에 앉았을 때, 〔그의〕 마음은 〔세간을 향한〕 설법이 아닌 걱정이 적은 〔무관심의〕 상태에 경도(傾倒)되어 있었던 것입니다."

(11) 세존께서 천제석과 욕계의 천자들, 사바세계의 주인인 대범천왕과 색계의 천자들에게 다음과 같이 말씀하셨다.

"그러하다. 천자들아, 그러하느니라. 천자들아, 반야바라밀다는 〔깊고〕 깊은 것이니라. 천자들아, 반야바라밀다는 다가가기 어려운 것이니라. 천자들아, 반야바라밀다는 보기 힘든 것이니라. 천자들아, 반야바라밀다는 이해하기 어려운 것이니라. 그 이유와 근거를 꿰뚫어 본 공양을 받을 만하고 올바르게 깨달은 여래도 무상의 올바르고 완전한 깨달음을 터득하고 깨달음의 정점인 불좌에 앉았을 때 〔그의) 마음은 〔세간을 향한〕 설법이 아닌 걱정이 적은 〔무관심의〕 상태에 경도(傾倒)되어 있었던 것이니라. '아! 내가 깨달은 이 법은 〔깊고〕 깊은 것이다. 〔이 법에서〕 그 누구도 깨달음을 얻지 못했고, 그 누구도 깨달음을 얻지 못할 것이며, 그 누구도 깨달음을 얻고 있지 못하느니라. 이것이 〔바로〕 법의 심오함이니라. 허공이 〔깊고〕 깊은 것처럼, 이 법 〔또한 깊고〕 깊은 것이니라. 자아가 〔깊고〕 깊은 것처럼, 이 법 〔또한 깊고〕 깊은 것이니라. 제법이 오지 않는 무래(無來)인 것처럼, 이 법 〔또한 깊고〕 깊은 것이니라. 제법이 가지 않는 무거(無去)인 것처럼, 내가 깨달은 이 법 〔또한 깊고〕 깊은 것이리라'라는 〔마음 말이다.〕"

《 12 》 천제석과 욕계의 천자들, 사바세계의 주인인 대범천왕과 색계의 천자들이 세존께 아뢰었다.

"세존이시여, 참으로 경이롭습니다. 선서이시여, 참으로 경탄스럽습니다. 모든 세간에 달갑지 않은 이 법이 가르쳐진다는 것이 말입니다. 세존이시여, 세간이 취하려 추구하는 법들을 취하지 않도록 하기 위해 이 법이 가르쳐진다는 것이 말입니다."

성스러운 팔천송반야경에서 '천신(天神)'으로 불리는 열다섯 번째 장

제 16 장

진여(眞如)

◉

तथतापरिवर्तः षोडशः

법의 특성

❪ 01 ❫ 그러자 수보리 장로가 세존께 아뢰었다.

"세존이시여, 아! 이 법은 제법을 인식하지 않는다고 가르쳐지고 있습니다. 세존이시여, 이 법은 그 어디에서도 저해되지 않는 것입니다. 세존이시여, 아! 이 법은, 허공과 같이 그 어떤 거소(居所)도 인식하지 않기에, 저해되지 않는 특성을 갖고 있는 것입니다. 세존이시여, 아! 이 법은, 필적할 만한 것이 없기에, 〔무엇과도〕 비길 데가 없는 특성을 갖고 있는 것입니다. 세존이시여, 아! 이 법은 반대자를 갖고 있지 않기에 무저항의 특성을 갖고 있는 것입니다. 세존이시여, 아! 이 법은 〔생겨〕나지 않는 것이기에 발자취〔의 흔적〕을 갖고 있지 않은 것입니다. 세존이시여, 아! 이 법은 그 어떤 방식으로도 불생이기에 생겨나지 않는 것입니다. 세존이시여, 아! 이 법은 그 어떤 길도 인식하지 않기 때문에 도(道)를 갖고 있지 않은 것입니다."

여래와 닮아있는 수보리 장로

❪ 02 ❫ 그때 천제석과 욕계의 천자들, 사바세계의 주인인 대범천왕과 색계의 천자들이 세존께 아뢰었다.

"세존이시여, 아! 세존의 제자인 성스러운 수보리 상좌는 〔세존과〕 닮아있습니다. 그 이유는 무엇일까요? 세존이시여, 성스러운 수보리 상좌는 자신이 가르치는 법, 그 법을 공성과 관련지어 가르치고 있기 때문입니다."

닮음의 이유 (1)

❰ 03 ❱ 이를 듣고, 수보리 장로가 천제석과 욕계의 천자들, 사바세계의 주인인 대범천왕과 색계의 천자들에게 말했다.

"천자들이여, 당신들은 '수보리 장로가 여래에 닮아있다'라고 말하고 있습니다. 수보리 상좌는 출생한 것이 아니기에 여래에 닮아있는 것입니다. 수보리 상좌는 여래의 진여에 닮아있는 것입니다. 여래의 진여가 오는 것도 가는 것도 아닌 것처럼, 수보리의 진여도 오지도 가지도 않는 것입니다. 실로 이와 같이 수보리 상좌는 여래의 진여에 닮아있는 것입니다. 처음부터 수보리 상좌는 여래의 진여에 닮아있는 것입니다. 그 이유는 무엇일까요? 여래의 진여라는 것은 바로 제법의 진여이고, 제법의 진여라는 것은 바로 여래의 진여이기 때문입니다. 여래의 진여와 제법의 진여라는 것은 바로 수보리 상좌의 진여입니다. 수보리 상좌는 그러한 진여에 닮아있는 것이고, 그로 인해 여래에 닮아있는 것입니다. 또한 진여를 갖고 있지 않은 진여, 그러한 진여에 닮아있는 것입니다. 실로 이와 같이 수보리 상좌는 여래에 닮아있는 것입니다. 여래의 정류(停留)라는 것은 바로 진여의 정류입니다. 그러한 정류로 인해 수보리 상좌는 여래에 닮아있는 것입니다.

닮음의 이유 (2)

여래의 진여가 변화되지 않고 변화를 결여하며 구별되지 않고 구별을 결여하고 있는 것처럼, 수보리의 진여 또한 변화되지 않고 변화를 결여하며 구별되지 않고 구별을 결여하고 있는 것입니다. 실로 수보리 상좌는 그러한 진여로 인해 변화되지 않고 변화를 결여하며 구별되지 않고 구별을 결여하며 여래에 닮아있는 것입니다. 여래의 진여가 변화되지 않고 변화를 결여하며 구별되지 않고 구별을 결여하고 있기에 그 어디에서도 저해되지 않는 것처럼, 제법의 진여 또한 변화되지 않고 변화를 결여하며 구별되지 않고 구별을 결여하고 있어 그 어디에서도 저해되지 않는 것입니다. 그 이유는 무엇일까요? 여래의 진여와 제법의 진여는 〔같은〕 하나의 진여이며, 이러한 진여는 두 개도 아니고 두 개로 나누어지지도 않는 불이(不二)의 진여인 것입니다. 진여는 그 어디에도 존재하지 않으며, 그 어디에서 온 것도 아니고, 그 누구에게도 속하는 것도 아닙니다. 진여는 그 누구에게도 속하지 않는 것이기에, 두 개도 아니고 두 개로 나누어지지도 않는 불이의 진여인 것입니다. 무작위(無作爲)의 진여라는 것은 그 어떤 때에도 진여가 아닌 적이 없습니다. 그 어떤 때라도 진여가 아닌 적이 없기에, 진여는 두 개도 아니고 두 개로 나누어지지도 않는 불이의 진여인 것입니다. 실로 이와 같이 수보리 상좌는 여래에 닮아있는 것입니다.

닮음의 이유(3)

여래의 진여가 제법 그 어디에서도 구별되지 않으며 구별을 결여하고 있는 것처럼, 수보리의 진여 또한 제법 그 어디에서도 구별되지 않으며 구별을 결여하고 있는 것입니다. 이와 같이 수보리가 여래의 진여에 의해 만들어진 것이라는 〔결과에서 드러나는〕 이러한 이원성에서 또한 구별이 인식되지 않기에 〔두 개로〕 절단되지 않는 것입니다. 실로 이와 같이 상좌는 여래에 닮아있는 것입니다. 여래의 진여가 제법의 진여에서 벗어난 다른 곳에 존재하지 않는 것처럼, 수보리의 진여 또한 제법의 진여에서 벗어난 다른 곳에 존재하지 않는 것입니다. 제법의 진여에서 벗어난 다른 곳에 존재하지 않는 여래의 진여는 그 누구에게도 속하는 것이 아니며, 그러한 진여는 존재하지도 않습니다. 바로 이러한 진여가 제법의 진여인 것입니다. 수보리의 진여는 다른 방식으로는 존재하지 않는 그러한 진여를 모방함으로써 〔제법의〕 진여에 접근하는 것입니다. 하지만 〔실제로〕 여기 〔제법의 진여〕에는 〔실로〕 그와 같은 모방을 따르는 그 누구도 존재하지 않으며, 〔그러한 자는〕 그 어디에도 존재하지 않습니다. 실로 이러한 방식으로 수보리 상좌는 여래에 닮아 있는 것입니다.

닮음의 이유(4)

여래의 진여가 과거의 것도 미래의 것도 현재의 것도 아닌 것처럼, 제법의 진여 또한 과거의 것도 미래의 것도 현재의 것도 아닌 것입니다. 이러한 방식으로 수보리 상좌는 진여에 닮아있고, 여래에 닮아있다고 말해지는 것입니다. 또한 〔수보리 상좌는〕 여래의 진여에 따라 진여에 닮아있는 것입니다. 그는 여래의 진여에 따라 과거의 진여에 닮아있으며, 과거의 진여에 따라 여래의 진여에 닮아있는 것입니다. 그는 여래의 진여에 따라 미래의 진여에 닮아있으며, 미래의 진여에 따라 여래의 진여에 닮아있는 것입니다. 그는 여래의 진여에 따라 현재의 진여에 닮아있으며, 현재의 진여에 따라 여래의 진여에 닮아있는 것입니다. 그는 여래의 진여에 따라 과거·미래·현재의 진여에 닮아있으며, 과거·미래·현재의 진여에 따라 여래의 진여에 닮아있는 것입니다. 실로 수보리의 진여와 과거·미래·현재의 진여, 그리고 여래의 진여는 두 개의 것이 아니며, 두 개로 나누어지지도 않는 것입니다. 이러한 방식으로 제법의 진여와 수보리의 진여는 두 개의 것이 아니며, 두 개로 나누어지지도 않는 것입니다. 〔몸소〕 보살이 되신 〔때의〕 세존의 진여는 바로 무상의 올바른 깨달음을 터득하신 세존의 진여입니다. 바로 이 진여를 통해 보살마하살이 무상의 올바른 깨달음을 터득하고 여래라는 이름을 얻〔게 되〕는 것입니다."

대지(大地)의 흔들림

이러한 여래의 진여가 설명되고 있는 바로 그때 대지가 ① 흔들렸다. 과도하게 흔들렸다. 통째로 심하게 흔들렸다. ② 요동쳤다. 과도하게 요동쳤다. 통째로 심하게 요동쳤다. ③ 파도처럼 떨었다. 파도처럼 과도하게 떨었다. 파도처럼 통째로 심하게 떨었다. ④ 굉음이 났다. 과도하게 굉음이 났다. 여기저기 심하게 굉음이 났다. ⑤ 뒤흔들렸다. 과도하게 뒤흔들렸다. 통째로 심하게 뒤흔들렸다. ⑥ 포효했다. 과도하게 포효했다. 여기저기 심하게 포효했다. 이는 18종의 위대한 표식을 가진 6종의 〔진동〕들로서 여래가 무상의 올바른 깨달음을 터득할 때 일어나는 〔초자연적인〕 현상들이다.

거기에 더하여 수보리 상좌가 천자들에게 말했다.

"천자들이여, 실로 이와 같이 수보리 상좌는 여래에 닮아있는 것입니다.

닮음의 이유 (5)

❰ 04 ❱ 더욱이 수보리 상좌는 물질에도 감각에도 표상에도 의욕에도 사유에도 닮아있지 않으며, 예류과에도 일래과에도 불환과에도 아라한과에도 닮아있지 않고, 독각에도 불성에도 닮아있지 않습니다. 그 이유는 무엇일까? 닮고 싶거나 닮게 할 그러한 법들은 존재하지도 인식되지도 않기 때문입니다. 실로 이와 같이 수보리 상좌는 여래에 닮아있는 것입니다."

번뇌의 해방

❨ 05 ❩ 그때 사리자 장로가 세존께 아뢰었다.

"세존이시여, 진여라는 것은 〔깊고〕 깊은 수행〔도〕입니다."

세존께서 사리자 장로에게 다음과 같이 말씀하셨다.

"그러하다. 사리자야, 그러하느니라. 진여라는 이것은 〔깊고〕 깊은 수행이니라. 실로 그러한 진여의 가르침이 말해질 때 3백 명의 비구들이 무-집착에 기대어 번뇌들에서 해방되었고, 5백 명의 비구들이 제법에 대해 때가 묻지 않은, 오염되지 않은, 청정한 법안을 얻었으며, 과거에 〔이미〕 준비를 끝낸 5천 명의 천자들이 제법 불생의 수용, 즉 무생법인(無生法忍)을 얻었고, 60명의 보살들이 무-집착에 기대어 여러 번뇌들에서 해방된 것이니라."

성문과 독각의 보살마하살

❨ 06 ❩ 이와 같이 말씀하시자 사리자 장로가 무-집착에 기대어 번뇌들에서 해방된 그 보살들을 인지한 후 세존께 여쭈었다.

"세존이시여, 이 보살들은 어떤 이유와 원인으로 무-집착에 기대어 번뇌들에서 해방된 것입니까?"

세존께서 대답하셨다.

"사리자야, 이 보살들은 5백 인의 불타들을 섬겨 온 자들이니라. 그 모든 경우에 그들은 보시를 행하고 지계를 지키며 인욕으로 수행하고 정진을 시작하며 선정을 만들어낸 자들이니라. 하지만, 반야바라밀다가 지켜주지 못한 자들이며, 방편선교를 결여한 자들이었느니라. 사리자야, 게다가 이들에게는 공성의 도(道)나 무상의 수행, 혹은 무원에 대한 〔정신〕집중이 존재하지만, 그들은 방편선교의 결여로 인해 불타의 경지가 아닌 성문의 경지에서 나온 〔진실한〕 궁극을 직시하느니라. 사리자야, 이는 마치 〔길이가〕 1백 유순(由旬), 2백 유순, 3백 유순이나 4백 유순 혹은 5백 유순에 달하는 몸통을 지닌 큰 새가 33천계에서 날아가 염부제에 당도해야 한다고 생각하는 것과 같으니라. 사리자야, 하지만 그 큰 새는 〔제대로〕 성장하지 못한 날개를 갖고 있거나 부러진 날개를 갖고 있거나 찢어진 날개를 갖고 있을 것이니라. 그 새는 〔자신의 커다란〕 몸통을 갖고도 33천계에서 떠나며, '나는 여기 염부제에 안착할 것이다'라고 생각할 것이니라. 그런데 〔33천계〕에서 출발한 그 큰 새에게는, 가는 도중 허공에서 공중에서 〔잠시〕 쉴 때, 다음과 같은 생각이 들 것이니라. '아! 나는 다시 33천계에 〔돌아〕가고 싶다'라고 말이다. 너는 어떻게 생각하느냐? 사리자야, 이 큰 새는 다시 33천계에 〔돌아〕갈 수 있겠느냐?"

사리자 장로가 대답했다.

"세존이시여, 그렇지 못할 것입니다."

세존께서 말씀하셨다.

"그 큰 새는 '아! 〔내게〕 결함이나 손상이 없다면, 나는 염부제에 당도할 수 있을 텐데'라고 생각할는지 모르니라. 너는 어떻게 생각하느냐? 사리자야, 결함이나 손상이 없다면, 그 큰 새는 염부제에 당도하겠느냐?"

사리자 장로가 대답했다.

"세존이시여, 그렇지 못할 것입니다. 세존이시여, 〔날개에〕 결함이 있거나 손상이 있는 그 큰 새는 염부제에 당도한 때 죽거나 죽음에 이를 정도의 고통에 빠질 것입니다. 그 이유는 무엇일까? 세존이시여, 그 큰 새에게는 〔감당하지 못할 거대한〕 몸통이 있고, 그의 두 날개는 〔그 무게를 견디는 데〕 도움이 되지 못하여, 결국 그 새는 공중에서 떨어질 것이기 때문입니다."

❪ 07 ❫ 세존께서 사리자 장로에게 다음과 같이 말씀하셨다.

"그러하다, 사리자야. 그러하느니라. 사리자야, 무상의 올바른 깨달음을 향한 마음들을 일으킨 후 항하의 모래들처럼 셀 수 없을 정도로 오랜 시간 동안 〔세간에〕 머물며, 보시를 행하고 지계를 지키고 인욕으로 수행하며 정진을 시작하고 선정에 들 보살마하살에게도 위대한 출발〔점〕이 있을 것이며, 무상의 올바른 깨달음을 터득하고자 하는 위대한 발심들이 존재할 것이니라. 만약 이 보살이 반야바라밀다의 보호를 받지도 못하고 방편선교마저 결여하고 있다면, 그는 성문이나 독각의 경지에 떨어지고 말 것이니라.

유상 집착의 보살마하살

❪ 08 ❫ 사리자야, 게다가 과거·미래·현재의 불타세존들이 갖는 지계·삼매·지혜·해탈·해탈관(解脫觀)·명지관(明知觀)·해탈지견(解脫智見)에 주의를 기울이지만, 이것들을 유상(有相)에 연관시켜 〔마음에〕 새

기는 보살마하살, 그는 공양을 받을 만하고 올바르고 완전하게 깨달은 여래들의 지계를 알지도 보지도 못하느니라. 공양을 받을 만하고 올바르고 완전하게 깨달은 여래들의 삼매도, 지혜도, 해탈도, 해탈관(解脫觀)·명지관(明知觀)·해탈지견(解脫智見)도 알지도 보지도 못하느니라. 알지도 보지도 못하는 보살마하살은 공성(이란 말)의 소리를 듣고, 그 소리를 유상에 연관시키며, 그렇게 연관시킨 후 무상의 올바른 깨달음을 향해 회향시키고자 하느니라. 이러한 점에서 다음과 같은 것이 알려져야 할 것이니라. 이 보살마하살은 성문이나 독각의 경지에 머물 것이라고 말이다. 그 이유는 무엇일까? 그는 반야바라밀다의 보호도 받지 못하고 방편선교도 결여하고 있기 때문이니라."

좋은 벗의 결여

09 수보리가 아뢰었다.

"세존이시여, 세존께서 하신 말씀의 의미를 이해하는 바에 따르면, 반야바라밀다에 지켜지지도 않고 방편선교도 결여하고 있으며, 복덕의 자량(資糧)을 풍부하게 갖추고 있더라도 좋은 벗을 결여하는 보살마하살이 무상의 올바른 깨달음에 이른다는 것은 〔지극히〕 의심스러울 따름입니다. 세존이시여, 그렇기에 무상의 올바른 깨달음을 터득하기 바라는 보살마하살은 반야바라밀다에 전념해야 할 것이며, 〔그것도〕 방편선교를 갖고 전념해야 할 것입니다."

세존께서 사리자 장로에게 다음과 같이 말씀하셨다.

"그러하다. 사리자야, 그러하느니라. 반야바라밀다에 지켜지지도 않고 방편선교도 결여하고 있으며, 복덕의 자량을 풍부하게 갖추고 있더라도 좋은 벗이 없는 보살마하살이 무상의 올바른 깨달음에 이른다는 것은 〔지극히〕 의심스러울 수밖에 없는 것이니라. 사리자야, 그러한 이유로 보살마하살은 무상의 올바른 깨달음을 터득하기 바라는 보살마하살은 반야바라밀다에 전념해야 할 것이며, 〔그것도〕 방편선교를 갖고 전념해야 할 것이니라."

무상의 올바른 깨달음

(10) 그때 욕계의 천자들과 함께하는 천제석, 색계의 천자들과 함께하는 사바세계의 주인인 대범천왕이 세존께 아뢰었다.

"세존이시여, 반야바라밀다는 〔깊고〕 깊은 것입니다. 세존이시여, 무상의 올바른 깨달음은 얻기 어려운 것입니다. 세존이시여, 무상의 올바른 깨달음을 터득하는 것은 지극히 얻기 어려운 일입니다."

그러자 세존께서 신들의 왕인 천제석을 비롯한 욕계의 천자들과 사바세계의 주인인 대범천왕을 비롯한 색계의 천자들을 향해 말씀하셨다.

"그러하다. 천자들아, 그러하느니라. 천자들아, 반야바라밀다는 〔깊고〕 깊은 것이니라. 천자들아, 무상의 올바른 깨달음은 얻기 어려운 것이니라. 천자들아, 어리석고 노력이 부족하며 신심(信心)이 부족하고 방편선교(方便善巧)를 갖추고 있지 않으며 나쁜 벗들을 섬기는 자들에게 무상의 올바른 깨달음을 터득하는 것은 지극히 얻기 어려운 일이니라."

《 11 》 이와 같이 말씀하시자 수보리 장로가 세존께 아뢰었다.

"세존께서는 '무상의 올바른 깨달음은 얻기 어려운 것이니라. 무상의 올바른 깨달음은 터득하기 지극히 얻기 어려운 것이니라'라고 말씀하셨습니다. 세존이시여, 어떻게 무상의 올바른 깨달음은 얻기 어려운 것일까요? 〔어떻게〕 무상의 올바른 깨달음을 터득하는 것은 지극히 얻기 어려운 일일까요? 그 누구도 터득하지 못할 정도로 〔무상의 올바른 깨달음은 얻기 어려운〕 것일까요? 〔그렇게 어렵다는〕 이유는 무엇일까요? 세존이시여, 제법의 공성 때문입니다. 터득할 수 있는 그 어떤 법도 존재하지 않는 것입니다. 세존이시여, 실로 제법은 공한 것입니다. 세존이시여, 법을 버리라고 가르치는 법 또한 존재하지 않는 것입니다. 이와 같이 무상의 올바른 깨달음을 터득할 사람, 터득되어져야 할 것, 알 만한 사람, 알아져야 할 것, 이 모든 법이 공한 것입니다. 세존이시여, 이러한 방식에 따른다면 제게는 다음과 같은 생각이 들게 됩니다. '무상의 올바른 깨달음은 얻기 어려운 것이 아니라 얻기 쉬운 것이다'라고 말입니다."

세존께서 수보리 장로에게 다음과 같이 말씀하셨다.

"수보리야, 불생이기에 무상의 올바른 깨달음은 얻기 어려운 것이니라. 실재하지 않기에 무상의 올바른 깨달음은 얻기 어려운 것이니라. 구별되지 않는 것이기에 무상의 올바른 깨달음은 얻기 어려운 것이니라. 만들어진 것이 아니기에 무상의 올바른 깨달음은 얻기 어려운 것이니라. 무상의 올바른 깨달음을 터득하는 것은 지극히 얻기 어려운 일이니라."

❪ **12** ❫ 그때 사리자 장로가 수보리 장로에게 말했다.

"수보리 장로여, 공(空)하다는 이러한 방식으로도 무상의 올바른 깨달음은 얻기 어려운 것입니다. 무상의 올바르고 완전한 깨달음을 터득하는 것은 지극히 얻기 어려운 일인 것입니다. 그 이유는 무엇일까요? 수보리 장로여, 허공에게는 '나는 무상의 올바른 깨달음을 터득할 것이다'라는 생각이 들지 않기 때문입니다. 수보리 장로여, 〔공하다는〕 이와 같은 〔방식으로〕 법들이 깨달아져야 할 것입니다. 그 이유는 무엇일까요? 수보리 장로여, 제법은 허공과 같기 때문입니다. 수보리 장로여, 무상의 올바른 깨달음이 얻기 쉬운 것이라면, 항하의 모래들처럼 셀 수 없을 정도로 수많은 보살들이 무상의 올바른 깨달음에서 퇴전되는 일은 결코 일어나지 않을 것입니다. 수보리 장로여, 항하의 모래들처럼 셀 수 없을 정도로 수많은 보살들이 무상의 올바른 깨달음에서 퇴전하기 때문에, 수보리 장로여, 〔사람들에게〕 '무상의 올바른 깨달음은 얻기 어려운 것이다. 무상의 올바른 깨달음을 터득하는 것은 지극히 얻기 어려운 일이다'라고 이해되어져야 할 것입니다."

5온의 불퇴전

❪ **13** ❫ 수보리 장로가 사리자 장로에게 물었다.

"사리자 장로여, 물질은 무상의 올바른 깨달음에서 퇴전하는 것입니까?"

사리자 장로가 대답했다.

"수보리 장로여, 그렇지 않습니다."

수보리 장로가 물었다.

"사리자 장로여, 물질에서 벗어난 다른 곳에 무상의 올바른 깨달음에서 퇴전하는 법이 존재하는 것입니까?"

〔사리자 장로가〕 대답했다.

"수보리 장로여, 그렇지 않습니다."

수보리 장로가 물었다.

"사리자 장로여, 감각·표상·의욕·사유는 무상의 올바른 깨달음에서 퇴전하는 것입니까?"

〔사리자 장로가〕 대답했다.

"수보리 장로여, 그렇지 않습니다."

수보리 장로가 물었다.

"사리자 장로여, 감각·표상·의욕·사유에서 벗어난 다른 곳에 무상의 올바른 깨달음에서 퇴전하는 법이 존재하는 것입니까?"

〔사리자 장로가〕 대답했다.

"수보리 장로여, 그렇지 않습니다."

수보리 장로가 물었다.

"사리자 장로여, 물질의 진여는 무상의 올바른 깨달음에서 퇴전하는 것입니까?"

〔사리자 장로가〕 대답했다.

"수보리 장로여, 그렇지 않습니다."

수보리 장로가 물었다.

"사리자 장로여, 감각의 진여·표상의 진여·의욕의 진여·사유의 진여는 무상의 올바른 깨달음에서 퇴전하는 것입니까?"

〔사리자 장로가〕 대답했다.

"수보리 장로여, 그렇지 않습니다."

수보리 장로가 물었다.

"사리자 장로여, 물질의 진여에서 벗어난 다른 곳에 무상의 올바른 깨달음에서 퇴전하는 법이 존재하는 것입니까?"

〔사리자 장로가〕 대답했다.

"수보리 장로여, 그렇지 않습니다."

수보리 장로가 물었다.

"사리자 장로여, 감각의 진여·표상의 진여·의욕의 진여·사유의 진여에서 벗어난 다른 곳에 무상의 올바른 깨달음에서 퇴전하는 법이 존재하는 것입니까?"

〔사리자 장로가〕 대답했다.

"수보리 장로여, 그렇지 않습니다."

수보리 장로가 물었다.

"사리자 장로여, 물질은 무상의 올바른 깨달음을 터득하는 것입니까?"

〔사리자 장로가〕 대답했다.

"수보리 장로여, 그렇지 않습니다."

수보리 장로가 물었다.

"사리자 장로여, 감각·표상·의욕·사유는 무상의 올바른 깨달음을 터득하는 것입니까?"

〔사리자 장로가〕 대답했다.

"수보리장로여, 그렇지 않습니다."

수보리 장로가 물었다.

"사리자 장로여, 물질에서 벗어난 다른 곳에 무상의 올바른 깨달음을 터득하는 법이 존재하는 것입니까?"

〔사리자 장로가〕 대답했다.

"수보리 장로여, 그렇지 않습니다."

수보리 장로가 물었다.

"사리자 장로여, 감각·표상·의욕·사유에서 벗어난 다른 곳에 무상의 올바른 깨달음을 터득하는 법이 존재하는 것입니까?"

〔사리자 장로가〕 대답했다.

"수보리 장로여, 그렇지 않습니다."

수보리 장로가 물었다.

"사리자 장로여, 물질의 진여는 무상의 올바른 깨달음을 터득하는 것입니까?"

〔사리자 장로가〕 대답했다.

"수보리 장로여, 그렇지 않습니다."

수보리 장로가 물었다.

"사리자 장로여, 감각의 진여·표상의 진여·의욕의 진여·사유의 진여는 무상의 올바른 깨달음을 터득하는 것입니까?"

〔사리자 장로가〕 대답했다.

"수보리 장로여, 그렇지 않습니다."

수보리 장로가 물었다.

"사리자 장로여, 물질의 진여에서 벗어난 다른 곳에 무상의 올바른 깨달음을 터득하는 법이 존재하는 것입니까?"

〔사리자 장로가〕 대답했다.

"수보리 장로여, 그렇지 않습니다."

수보리 장로가 물었다.

"사리자 장로여, 감각의 진여·표상의 진여·의욕의 진여·사유의 진여에서 벗어난 다른 곳에 무상의 올바른 깨달음을 터득하는 법이 존재하는 것입니까?"

〔사리자 장로가〕 대답했다.

"수보리 장로여, 그렇지 않습니다."

수보리 장로가 물었다.

"사리자 장로여, 물질은 무상의 올바른 깨달음에서 깨달아져야 하는 것입니까?"

〔사리자 장로가〕 대답했다.

"수보리 장로여, 그렇지 않습니다."

수보리 장로가 물었다.

"사리자 장로여, 감각·표상·의욕·사유는 무상의 올바른 깨달음에서 깨달아져야 하는 것입니까?"

〔사리자 장로가〕 대답했다.

"수보리 장로여, 그렇지 않습니다."

수보리 장로가 물었다.

"사리자 장로여, 물질에서 벗어난 다른 곳에, 무상의 올바른 깨달음에서 깨달아져야 하는 법이 존재하는 것입니까?"

〔사리자 장로가〕 대답했다.

"수보리 장로여, 그렇지 않습니다."

수보리 장로가 물었다.

"사리자 장로여, 감각·표상·의욕·사유에서 벗어난 다른 곳에, 무상의 올바른 깨달음에서 깨달아져야 하는 법이 존재하는 것입니까?"

〔사리자 장로가〕 대답했다.

"수보리 장로여, 그렇지 않습니다."

수보리 장로가 물었다.

"사리자 장로여, 물질의 진여는 무상의 올바른 깨달음에서 깨달아져야 하는 것입니까?"

〔사리자 장로가〕 대답했다.

"수보리 장로여, 그렇지 않습니다."

수보리 장로가 물었다.

"사리자 장로여, 감각의 진여, 표상의 진여, 의욕의 진여, 사유의 진여는 무상의 올바른 깨달음에서 깨달아져야 하는 것입니까?"

〔사리자 장로가〕 대답했다.

"수보리 장로여, 그렇지 않습니다."

수보리 장로가 물었다.

"사리자 장로여, 물질의 진여에서 벗어난 다른 곳에, 무상의 올바른 깨달음에서 깨달아져야 하는 법이 존재하는 것입니까?"

〔사리자 장로가〕 대답했다.

"수보리 장로여, 그렇지 않습니다."

수보리 장로가 물었다.

"사리자 장로여, 감각의 진여 표상의 진여 의욕의 진여 사유의 진여에서 벗어난 다른 곳에, 무상의 올바른 깨달음에서 깨달아져야 하는 법이 존재하는 것입니까?"

〔사리자 장로가〕 대답했다.

"수보리 장로여, 그렇지 않습니다."

진여의 불퇴전

수보리 장로가 물었다.

"당신은 어떻게 생각하십니까? 사리자 장로여, 진여는 무상의 올바른 깨달음에서 퇴전하는 것입니까?"

〔사리자 장로가〕 대답했다.

"수보리 장로여, 그렇지 않습니다."

수보리 장로가 물었다.

"당신은 어떻게 생각하십니까? 사리자 장로여, 진여에 무상의 올바른 깨달음에서 퇴전하는 법이 존재하는 것입니까?"

〔사리자 장로가〕 대답했다.

"수보리 장로여, 그렇지 않습니다."

수보리 장로가 물었다.

"사리자 장로여, 무상의 올바른 깨달음에서 퇴전한다는, 법성(공성)에서 제법의 무-정류의 방식으로 머문다는 그 법은 도대체 어떠한 것입니까? 사리자 장로여, 진여라는 법은 어떠한 것입니까? 사리자 장로여, 도대체 진여가 퇴전한다는 그 어떤 법이 존재하는 것입니까?"

〔사리자 장로가〕 대답했다.

"수보리 장로여, 그렇지 않습니다."

수보리 장로가 물었다.

"사리자 장로여, 진실성과 항상성에서 〔볼 때〕 인식되지 않는 법들 가운데 무상의 올바른 깨달음에서 퇴전하는 법이 존재한다면, 그 법은 어떤 것입니까?"

사리자 장로가 수보리 장로에게 대답했다.

"상좌인 수보리 장로가 알리기 위해 따르는 〔불생의〕 법리(法理), 그 법리에 따른다면 무상의 올바른 깨달음에서 퇴전할 그 어떤 법도 존재하지 않습니다. 수보리 장로여, 〔성문승·독각승·보살승,〕 이와 같은 3종의 보살승에 오른 사람들이 여래에 의해 〔구분되어〕 말해지고 있지만, 3승에는 〔사실〕 그 어떤 구분도 존재하지 않습니다. 수보리 장로의 교설에 따른다면, 실로 오로지 하나의 승, 즉 불승(佛乘), 〔달리 말하면,〕 보살승만이 존재할 뿐입니다."

성문승·독각승·보살승

《 14 》 그때 부루나(富樓那) 장로가 사리자 장로에게 물었다.

"사리자 장로여, 그런데 상좌인 수보리 장로는 성문승이나 독각승, 혹은 대승을 〔제쳐두고 오직〕 한 〔부류의〕 보살〔승〕만을 용인하고 있는 듯 보입니다. 〔실제로 그러한지〕 상좌인 수보리 장로에게 물어

보아야 할 것입니다."

그러자 사리자 장로가 수보리 장로에게 물었다.

"수보리 장로여, 당신은 한 〔부류의〕 보살〔승〕만을 용인하고, 성문승이나 독각승, 혹은 대승을 용인하지 않는 것입니까?"

수보리 장로가 되물었다.

"사리자 장로여, 진여〔라는 것〕의 진여, 그 진여에서 당신은 한 〔부류의〕 보살〔승〕만을 〔바라〕보고 있습니까? 〔아니면〕 성문승이나 독각승, 혹은 대승을 〔바라〕보고 있습니까?"

사리자 장로가 대답했다.

"수보리 장로여, 그렇지 않습니다. 진여라는 것은 그러한 3종의 방식을 통해 결코 인식되는 것이 아니며, 무엇보다도 보살이 〔인식되지 않는〕 것입니다."

수보리 장로가 물었다.

"사리자 장로여, 진여가 〔3종 가운데〕 한 방식으로라도 인식될 수 있는 것입니까?"

사리자 장로가 대답했다.

"수보리 장로여, 그렇지 않습니다."

수보리 장로가 물었다.

"당신은 그 진여에서 보살의 법을 하나라도 〔바라〕보고 있습니까?"

사리자 장로가 대답했다.

"수보리 장로여, 그렇지 않습니다."

수보리 장로가 말했다.

"사리자 장로여, 진실성과 항상성의 측면에 볼 때 보살의 법은 인식되지 않는 것인데, 당신은 무엇에 근거하여 '이자는 성문승에 오른 사람이고, 이자는 독각승에 오른 사람이며, 이자는 대승에 오른 사람이다'라고 생각하는 것입니까? 사리자 장로여, 이와 같이 진여에서는 현시되는 보살들 사이에 구분도 없고 구별도 차이도 결여되어 있다는 말을 듣고도 어떤 보살마하살의 마음이 무기력해하지도 겁을 먹지도 우울해하지도 않는다면, 이 보살마하살은 〔진정한〕 깨달음에 따라 〔미혹의 세계에서〕 출리(出離)한다고 알려져야 합니다."

출리(出離)

❰ **15** ❱ 그러자 세존께서 수보리 장로에게 다음과 같이 말씀하셨다.

"수보리야, 대단하다. 〔참으로〕 대단하다. 그러하다. 수보리야, 그러하느니라. 수보리야, 너에게는 여래의 위신력에 따라 〔변재의 능력〕이 발휘되고 있는 것이며, 불타의 가피에 힘입어 그와 같은 것을 말하고 있는 것이니라. 진여에서는 현시되는 보살들 사이에 구분도 없고 구별도 차이도 결여되어 있다는 말을 듣고도 어떤 보살마하살의 마음이 무기력해지지도 겁을 먹지도 우울해하지도 않는다면, 이 보살마하살은 〔진실한〕 깨달음에 따라 〔미혹의 세계에서〕 출리한다고 알려져야 할 것이니라."

그때 사리자 장로가 세존께 여쭈었다.

"세존이시여, 이 보살마하살이 〔미혹의 세계에서〕 출리하게 만들 깨달음, 그것은 어떠한 것입니까?"

세존께서 말씀하셨다.

“사리자야, 보살은 무상의 올바른 깨달음을 갖고 〔미혹의 세계에서〕 출리하는 것이니라.”

❰ **16** ❱ 이와 같이 말씀하시자 수보리 장로가 세존께 여쭈었다.

“세존이시여, 〔미혹의 세계에서〕 출리하기 바라는 보살마하살은 무상의 올바른 깨달음에서 어떻게 머물고 어떻게 수련해야 하는 것입니까?”

세존께서 대답하셨다.

“수보리야, 〔미혹의 세계에서〕 출리하기 바라는 보살마하살은 무상의 올바른 깨달음에서 모든 유정에 대해 평등하게 머물러야 할 것이고, 평등한 마음을 일으켜야 할 것이니라. 타인에게 일정하지 않은 〔차별적인〕 마음을 취하지 않아야 할 것이니라. 타인에게 자애의 마음을, 이익이 되는 마음을, 선한 마음을, 몸을 낮춰 표하는 공경의 마음을, 저해되지 않은 마음을, 결여되지도 분리되지도 않는 마음을 취해야 할 것이니라. 모든 유정을 향해 어머니라는 생각, 아버지라는 생각, 아들이라는 생각, 딸이라는 생각을 일으키고, 타인에게 〔그와 같이〕 대해야 할 것이니라. 수보리야, 실로 이와 같이 무상의 올바른 깨달음을 터득하기 바라는 보살마하살은 모든 유정 앞에서 ‘나는 모든 유정의 수호자이다’라는 〔생각〕으로 머무르고 수련해야 할 것이니라. 스스로 모든 죄를 피하는 상태에 머물러야 할 것이니라. 보시를 행하고 지계를 지키며 인욕으로 수행하고 정진을 시작하며 선정에 들고 지혜를 숙지해야 할 것이니라. 순차(循次)적으로 역차(逆次)적으로 〔무엇인가에〕 의존함으로써 생겨난다는 연기를 〔보살마하살은 철저하게〕 통찰해야 할 것이니라. 〔보살마하살은〕 다른 사람들 또한 이〔러한 보살마하살의 수행〕을 〔자신들에게〕 수용시키는 자가 되도록, 이를 칭송하는 자가 되도록, 이를 승인하는 자가 되도록 〔고취시켜야〕 할 것이니라. 이와 같이 하여 〔보살마하살은 여러〕 진리들에, 더 나아가 보살로서 〔가져야 할〕 무결점의 상태에 들어가는 수행과 유정들을 성숙시키는 수행에〔까지〕 마음을 두면서, 다른 사람들 또한 이〔러한 수행〕을 〔자신들에게〕 수용시키는 자, 이를 칭송하는 자, 이를 승인하는 자가 되도록 〔고취시켜야〕 할 것이니라. 이와 같이 열망하고 수련하는 보살마하살에게 물질은 가림이 없는 〔진실한〕 것이 될 것이며, 〔더 나아가 모든〕 법에 머무는 것까지도 가림이 없는 〔진실한〕 것이 될 것이니라."

성스러운 팔천송반야경에서 '진여(眞如)'로 불리는 열여섯 번째 장

제 17 장

불퇴전 보살의 성향·특성·근거

◉

अविनिवर्तनीयाकारलिङ्गनिमित्तपरिवर्तः सप्तदशः

무상의 올바른 깨달음에서의 불퇴전

⦅ 01 ⦆ 그러자 수보리 장로가 세존께 여쭈었다.

"세존이시여, 불퇴전의 보살마하살에게는 어떠한 성향, 어떠한 특성, 어떠한 근거가 존재하는 것입니까? 세존이시여, 이 자가 불퇴전의 보살이라는 것을 우리는 어떻게 알 수 있는 것일까요?"

세존께서 말씀하셨다.

"수보리야, 일반 중생의 경지, 성문의 경지, 독각의 경지, 불타의 경지는 진여의 경지라고 말해지고 있느니라. 〔보살마하살은〕 그 모든 경지와 진여는 두 개의 것이 아니며 두 개로 나누어지지도 않고, 구별되지 않으며 구별을 결여하고 있는 것으로 〔보며,〕 그 진여와 그 법성에 도달하는 것이니라. 진여에 머문 그는 진여를 세우지도 〔다른 무엇과〕 구분시키지도 않느니라. 이와 같은 방식으로 〔진여에〕 도달하는 것이니라. 이와 같이 〔진여에〕 도달한 〔보살마하살은〕 진여〔가 존재하는 방식〕을 있는 그대로 듣고 〔들은 뒤 법회에서〕 나가더라도 〔진여에 대해〕 걱정하지도 의견의 차이를 만들지도 의심을 갖지도 않으며, '〔진여는〕 이와 같은 것이 아니다'라며 우둔해지지도 않느니라. '진여는 바로 이와 같다'라며 〔진여에〕 전념하고 몰두하느니라. 그 어떤 것도 〔입에서 나오는 대로〕 함부로 지껄이는 자가 아니니라. 무의미한 말이 아닌 유의미한 말을 하는 자이니라. 다른 사람들이 행한 것과 행하지 않은 것을 통찰하지〔도〕 않느니라. 수보리야, 이러한 성향·특성·근거를 갖춘 보살마하살이 무상의 올바른 깨달음에서 불퇴전한다고 〔마음에〕 새겨져야 할 것이니라.

불퇴전의 보살마하살 (1)

《 **02** 》 수보리야, 게다가 불퇴전의 보살마하살은 다른 출가승이나 바라문들의 얼굴을 우러러보지 않느니라. 존경을 받을 만하지만 출가승들이나 바라문들이 알아야 할 바를 알거나 보아야 할 것을 본다고 그는 〔생각하지 않느니라〕. 외도(外道)의 신들에 경배하지 않느니라. 외도의 신들에게 꽃·훈향(薰香)·향료·화환·도향(塗香)·향분(香粉)·승복(僧服)·산개(傘蓋)·당(幢)·방울[鈴]·깃발[旗]·등명(燈明)을 보시해야 한다고 생각하지 않느니라. 외도의 신에 의지하지 않느니라. 수보리야, 이러한 성향·특성·근거를 갖춘 보살마하살 또한 무상의 올바른 깨달음에서 불퇴전한다고 〔마음에〕 새겨져야 할 것이니라. 수보리야, 불퇴전의 보살마하살은 악한 〔존재의〕 상태들로 태어나지 않으며, 여성의 육신을 얻지 않느니라.

불퇴전의 보살마하살 (2)

《 **03** 》 수보리야, 더욱이 불퇴전의 보살마하살은 10선업도를 수용한 후 나아가느니라. ① 스스로 살생을 멈추고, 타인에게도 불살생(不殺生)을 수용하도록 행하느니라. ② 스스로 투도(偸盜)를 멈추고, 타인에게도 불투도(不偸盜)를 수용하도록 행하느니라. ③ 스스로 사음(邪淫)을 멈추고, 타인에게도 불사음(不邪淫)을 수용하도록 행하느니라. ④ 스스로 수라주(修羅酒), 목주(木酒), 말타주(末陀酒) 등의 음주를 멈추고, 타인에게도 불음주(不飮酒)를 수용하도록 행하느니라. ⑤ 스스로 망어(妄語)를 멈추고, 타인에게도 불망어(不妄語)를 수용하도록 행하느니라. ⑥ 스스로 기어(綺語)를 멈추고, 타인에게도 불기어(不綺語)를 수용하도록 행하느니라. ⑦ 스스로 악구(惡口)를 멈추고, 타인에게도 불악구(不惡口)를 수용하도록 행하느니라. ⑧ 스스로 양설(兩舌)을 멈추고, 타인에게도 불양설(不兩舌)을 수용하도록 행하느니라. ⑨ 스스로 탐욕(貪慾)을 멈추고, 타인에게도 불탐욕(不貪慾)을 수용하도록 행하느니라. ⑩ 스스로 진에(瞋恚)를 멈추고, 타인에게도 불진에(不瞋恚)를 수용하도록 행하느니라. ⑪ 스스로 사견(邪見)을 멈추고, 타인에게도 불사견(不邪見)을 수용하도록 행하느니라. 수보리야, 이와 같이 불퇴전의 보살마하살은 스스로 10선업도를 수용한 후 나아가느니라. 타인에게도 10선업도를 받아들이게끔 행하고, 고취시키며, 기뻐하게 만들고, 굳건히 서 있게 이끌 것이며, 〔이를〕 견고하게 만드느니라. 꿈속에 들어가서라도 보살마하살은 결단코 십악업도(十惡業道) 한 개씩 한 개씩 혹은 순서대로 범하지 않느니라. 마음으로라도 행하지 않느니라. 수보리야, 불퇴전의 보살마하살은 꿈속에 들더라도 10선업도가 실현되느니라. 수보리야, 이러한 성향·특성·근거를 갖춘 보살마하살 또한 무상의 올바른 깨달음에서 불퇴전한다고 〔마음에〕 새겨져야 할 것이니라.

불퇴전의 보살마하살 (3)

04 수보리야, 게다가 불퇴전의 보살마하살이 통달하고 〔타인에

게〕 보시하는 법, 그는 이 법을 다음과 같은 마음을 가지며 통달하고 〔타인에게〕 주느니라. '나는 이 법을 유정들의 복리를 위해 이익을 위해 행복을 위해 통달하고 〔타인에게〕 주는 것이다. 그리고 〔법은〕 이와 같은 법이 되어야 한다. 〔다시 말하면〕 그러한 설법을 통해 모든 유정의 정의로운 목표들이 완수되어야 한다!'라는 〔마음으로 말이다. 보살마하살은〕 모든 유정이 공유하도록 법을 보시하느니라. 수보리야, 이러한 성향·특성·근거를 갖춘 보살마하살 또한 무상의 올바른 깨달음에서 불퇴전한다고 〔마음에〕 새겨져야 할 것이니라.

불퇴전의 보살마하살 (4)

❰ 05 ❱ 수보리야, 더욱이 불퇴전의 보살마하살은, 〔깊고〕 깊은 법들이 말해질 때, 걱정하지도 의견의 차이를 만들지도 의심을 갖지도 우둔해지지도 않느니라. 그는 이익이 되는 말을 하는 사람이며, 적절한 말을 하는 사람이고, 온화한 말을 하는 사람이며, 적은 양의 휴식과 수면을 취하는 사람이고, 악한 성향을 결여한 사람이니라. 〔밖에〕 나가거나 〔거처로〕 돌아오는 보살마하살은 방황하는 마음을 갖지 않으며 나가거나 들어오느니라. 명확한 자각을 갖고 나가며, 명확한 자각을 갖고 돌아오느니라. 느릿느릿하게 발을 땅에서 떼지도 내리지도 않느니라. 편안하게 발을 떼고 내리느니라. 힘을 써서 발을 땅에서 떼거나 내리지도 않느니라. 지면(地面)를 보지 않으며 걷느니라. 수보리야, 또한 불퇴전의 보살 몸에 〔착용된〕 의복과 용구에는 이(蝨)가 존재하지 않느니라. 그는

순수한 행동〔거지〕를 갖고 있으며, 통증과 고난이 적은 자이니라. 다른 유정들의 몸에 존재하는 8만 마리의 벌레 떼, 그것들은 보살마하살의 몸에 결단코 존재하지 않느니라. 그 이유는 무엇일까? 그의 선근들은 모든 세간에 〔존재하는 그러한 벌레들을〕 초월하기 때문이니라.

육신[身]·말[口]·마음[意]의 청정함

(06) 그리고 보살마하살의 선근들은 증대하며, 그리하여 그는 육신의 청정함을 얻느니라. 말의 청정함과 마음의 청정함을 얻느니라."

수보리 장로가 여쭈었다.

"세존이시여, 보살마하살이 얻는 마음의 청정함은 어떠한 것이라고 알려져야 합니까?"

세존께서 대답하셨다.

"수보리야, 보살마하살의 선근들이 증대하는 것에 따라 보살마하살은 걱정이 적은 마음의 상태를 얻느니라. 사악함을 갖지 않는 마음의 상태를, 남을 기만하지 않는 마음의 상태를, 뒤틀림이 없는 마음의 상태를, 교활함이 없는 마음의 상태를 얻는 것이니라. 수보리야, 이러한 마음의 청정함으로 그는 성문과 독각의 경지를 뛰어넘는 것이니라. 수보리야, 이것이 보살마하살이 갖는 마음의 청정함이라고 알려져야 할 것이니라. 수보리야, 이러한 성향·특성·근거를 갖춘 보살마하살 또한 무상의 올바른 깨달음에서 불퇴전한다고 〔마음에〕 새겨져야 할 것이니라.

불퇴전의 보살마하살 (5)

07 수보리야, 게다가 보살마하살은 이익과 존경, 그리고 명성에 집착하지 않는 자이니라. 의복, 탁발을 위한 그릇, 침소(寢所), 좌소(座所), 의약품 등과 같은 용구들에 집착하지 않는 자이니라. 질투와 시기가 많지 않은 자이니라. 〔깊고〕 깊은 법들이 설해질 때〔에도〕, 그는 신념이 확고하고 깊은 자이니라. 공양한 후 타인으로부터 법을 듣느니라. 공양한 타인으로부터 듣는 법, 그 모든 것을 반야바라밀다에 통합시키느니라. 또한 〔보살마하살은〕 세간의 예술과 기술의 사항들, 그 모두를 반야바라밀다의 덕택으로 법성과 통합시키느니라. 법계와 연관되지 않는 법은 〔법성에〕 통합시키지 않고, 〔법계와〕 연관되는 그 모든 것을 〔법성에〕 통합시키느니라. 수보리야, 이러한 성향·특성·근거를 갖춘 보살마하살 또한 무상의 올바른 깨달음에서 불퇴전한다고 〔마음에〕 새겨져야 할 것이니라.

불퇴전의 보살마하살 (6)

08 수보리야, 더욱이 마왕 파순은 8종의 대지옥들을 〔마력으로〕 만들고, 각각의 대지옥에 수백 수천 수십만에 달하는 수많은 보살들을 만들어 낸 후 불퇴전의 보살에게 다음과 같이 말할 것이니라. '이 보살마하살들도 여래가 불퇴전한다고 예언하였지만, 그들도 이 대지옥들에 태어났다. 당신 또한 불퇴전한다고 예언되었기에 이와 같이 대지옥

에 떨어질 것이다. 그러하니 당신은 깨달음을 향한 마음(보리심)을 단념해야 한다! 포기해야 한다! 당신에게 내가 말하는 불성이 존재한다면 어떻게 될까? 그렇다면 당신은 지옥에 태어나지 않을 것이다. 이와 같이 행하는 당신은 천상에 가까이 다가가게 될 것이다'라고 말이다. 이와 같은 말을 들어도 보살마하살의 마음이 〔두려움에〕 떨거나 동요하지 않는다면, 불퇴전의 보살마하살이 악한 〔존재의〕 상태들로 태어나는 것은 의심할 여지 없이 불가능한 일임을 확신한다면, 수보리야, 이것들 또한 무상의 올바른 깨달음에서 불퇴전한다는 보살마하살의 성향·특성·근거라고 〔마음에〕 새겨야 할 것이니라.

불퇴전의 보살마하살 (7)

09 수보리야, 게다가 마왕 파순은 출가승의 모습으로 〔변장하고〕 불퇴전의 보살마하살에게 접근하고는 다음과 같이 말할 것이니라. '당신이 이전에 들은 것은 단념해야 한다! 당신이 이전에 얻은 것은 포기해야 한다! 만약 당신이 이와 같이 단념하고 포기한다면, 우리는 몇 번이고 당신에게 다가갈 것이다. 당신이 지금 듣는 이것은 불타의 말씀이 아니라, 시인이 쓴 시에 불과한 것이다. 내가 지금 말하는 이것이 불타가 설한 것이고, 불타의 말씀이다'라고 말이다. 이러한 말을 듣고, 만약 보살이 두려움에 떨거나 동요한다면, 수보리야, 이 보살마하살은 여래들이 예언한 자가 아니라고, 이 보살은 무상의 올바른 깨달음에 들 것이라고 결정되지 않은 자라고, 이 보살은 불퇴전의 경지에 머무르고 있

지 않다고 알려져야 할 것이니라. 수보리야, 하지만 보살마하살이 마왕 파순의 이러한 말을 듣고도 두려움에 떨거나 동요하지 않는다면, 그는 법성에 주의를 기울이고 있는 것이니라. 오로지 불생, 불멸, 무작위에만 기울이고 있는 것이니라. 타인의 신념을 따라가지 않느니라. 수보리야, 이는 마치 정욕이 소멸된, 공양을 받을 만한 비구가 타인의 신념을 따르지 않는 것과 같으니라. 그는 법성을 눈앞에서 〔직접〕 목격하며, 마왕 파순에 미혹되지 않는 자이니라. 수보리야, 바로 이와 같이 불퇴전의 보살마하살은 성문승이나 독각승에 오른 자들에 의해 분쇄(粉碎)되지 않아야 할 것이니라. 그는 성문이나 독각의 경지에 되돌아가지 않는 법이 되는 것이니라. 그는 전지자성에 들 것이라고 결정된 자이며, 올바른 완전한 깨달음에 도달하는 자가 되느니라. 수보리야, 실로 보살마하살은, 불퇴전의 경지에 머무를 때, 타인에 의해 이끌어지지 않는 자이니라. 수보리야, 이러한 성향·특성·근거를 갖춘 보살마하살 또한 무상의 올바른 깨달음에서 불퇴전한다고 〔마음에〕 새겨져야 할 것이니라.

불퇴전의 보살마하살 (8)

《 10 》 수보리야, 더욱이 누군가 불퇴전의 보살마하살에게 접근하고는 다음과 같이 말할 것이니라. '이것은 윤회의 도정(道程)이지, 보살의 도정이 아니다. 바로 이 세간에서 당신은 고통을 종식시켜야 한다! 당신은 더 이상 윤회〔의 세계〕에 속하는 고통과 절망들을 감내하지 못할 것이다'라고 말이다〔. 또한〕 '아! 당신의 이 육신은 바로 이 세간에 〔생겨〕나지 않게 될 것이다. 당신은 〔중생을 구도하기 위해〕 어디인가에서 또 다른 육신이 얻어져야 한다고 생각하고 있다'라고 말이다. 이와 같은 말을 들어도 보살마하살이 두려움에 떨거나 동요하지 않는다면, 마왕 파순 자신이 그에게 다음과 같이 말할 것이니라. '당신은 항하의 모래들처럼 셀 수 없을 정도로 오랜 시간 동안 의복, 탁발을 위한 그릇, 침소(寢所), 좌소(座所), 의약품 등과 같은 용구들로 불타세존들을 섬긴, 항하의 모래들처럼 셀 수 없을 정도로 수많은 불타세존들의 면전에서 범행을 수행한, 보살승을 위해 보살마하살들이 어떠한 마음을 갖고 머물러야 하는지에 관해 항하의 모래들처럼 셀 수 없을 정도로 수많은 불타세존들에게 묻고 질문한, 그러한 보살마하살들을 보고 싶을 것이다'라고 말이다. 〔또한〕 '보살마하살들의 머무름 방식은 바로 여래들이 설명한 것이다. 하지만 그와 같이 머무르고 수행하고 노력을 한 후에도 보살마하살들은 지금까지 무상의 올바른 깨달음을 터득하지 못했다. 그와 같이 교화(教化)와 교도(教導)에 머물고 그와 같이 수련해도 그들은 전지자성을 얻지 못했다. 그렇다면, 당신은 어떻게 무상의 올바른 깨달음을 터득할 것인가?'라고 말할 것이니라. 이와 같은 말을 들어도 보살마하살이 두려움에 떨거나 동요하지 않는다면, 마왕 파순은 바로 그 장소에 비구들을 〔마력으로〕 만들어내고는 보살마하살에게 다음과 같이 말할 것이다. '깨달음을 향해 나아간 이 비구들은 공양을 받을 만하고 정욕이 소멸되었으며 〔유정들에게〕 다가간 자들이다. 이들은 〔바로〕 거기에서 아라한과를 얻었으며, 아라한과에 머물러 있다. 그렇다면, 당신은 어떻게 무상의 올바른 깨달음을 터득할 것인가?'라고 말할 것이니라. 이와 같이 말해지고 설명될 때에도 보살마하살의 마음이 두려움에 떨거나 동요하지 않는다면, 이 보살마하살은 무상의 올바른 깨달음에서 불퇴전하는 자라고 〔마음에〕 새겨져야 할 것이니라. 이와 같은 이간(離間)의 말들을 타인에게서 들어도 보살마하살의 마음이 법성을 결여하지 않는다면, 그의 마음이 퇴전하지 않는다면, 마음의 상태가 부정(不正)하지 않다면, 그 모두가 마왕의 소행들이라고 인지한다면, 수보리야, 〔6종의〕 바라밀다에서 그와 같이 수행하는 보살마하살이 전지자성을 얻지 못한다는 것은 의심할 여지 없이 있을 수 없는 일이니라. 여래들이 설한대로 그와 같이 수행하고 수련하며, 도행(道行)을 결여하지 않고, 바라밀다와 연관된 〔정신〕집중에 머무는 보살마하살에게서 마왕 파순이 어떤 약점〔공략〕법을 취한다는 것은 의심할 여지 없이 불가한 일이니라. 보살마하살이 〔그 모두가〕 마왕의 소행들이라고 깨닫는다면, 이간(離間)의 말들을 타인에게서 들어도 보살마하살〔의 마음〕이 법성을 결여하지 않는다면, 그의 마음이 퇴전하지 않는다면, 마음의 상태가 부정(不正)하지 않다면, 〔그 모두가〕 마왕의 소행들이라고 인지한다면, 수보리야, 이것들 또한 무상의 올바른 깨달음에서 불퇴전한다는 보살마하살의 성향·특성·근거라고 〔마음에〕 새겨야 할 것이니라.

불퇴전의 보살마하살 (9)

〖11〗 수보리야, 게다가 불퇴전의 보살마하살은 물질에 대한 의식을

작위(作爲)하지 않느니라. 물질에 대한 의식을 일으키지 않느니라. 감각에 대한 의식, 표상에 대한 의식, 의욕에 대한 의식에 대해서도 이와 같으며, 사유에 대한 의식을 작위하지 않느니라. 사유에 대한 의식을 일으키지 않느니라. 그 이유는 무엇일까? 불퇴전의 보살마하살은 자성이 공한 법들을 통해 보살로서 무결점〔의 상태〕에 들어갔기 때문이니라. 또한 그는 법을 인식하지도 작위하지도 일으키지도 않느니라. 이러한 이유로 불퇴전의 보살마하살은 불생의 진리를 인내하며, 무생법인(無生法忍)하는 자로 말해지는 것이니라. 수보리야, 이러한 성향·특성·근거를 갖춘 보살마하살 또한 무상의 올바른 깨달음에서 불퇴전한다고 〔마음에〕 새겨져야 할 것이니라.

불퇴전의 보살마하살 (10)

❪ 12 ❫ 수보리야, 더욱이 마왕 파순은 비구의 모습으로 보살마하살에게 접근하고는 다음과 같이 말할 것이니라. '전지자성이란 것은 허공과 같은 것이며, 전지자성이란 법은 실재하지 않는 것이다. 전지자성이란 법은 존재하지 않는 것이다. 〔전지자성이란 법〕에서 누가 이해할까? 누가 깨달음을 얻을까? 이러한 법으로는 그 누구도 〔미혹의 세계에서〕 출리하지 못할 것이다. 깨달음을 얻을 사람, 깨달아져야 할 것, 이해할 사람, 이해되어져야 할 것, 어디에나 존재하는 그 〔모든〕 법은 허공과 같은 것들이다. 당신은 무익하게 헛되이 노력하고 있다. 무상의 올바른 깨달음이 터득되어져야 한다는 이것은 마왕의 소행들에 의해 〔밝게〕

드러난 것이지, 불타가 설한 것이 아니다'라고 말이다. 선남자나 선여인은 다음과 같이 이해하고 주의를 기울이며 알아야 할 것이니라. '이와 같은 이간질은 마왕의 소행이다'라고 말이다. 이와 같이 생각한 후 〔선남자나 선여인은〕 견고한 마음을, 〔두려움에〕 떨지 않는 마음을, 미혹되지 않는 마음을 가져야 할 것이니라. 수보리야, 이러한 성향·특성·근거를 갖춘 보살마하살 또한 무상의 올바른 깨달음에서 불퇴전한다고 〔마음에〕 새겨져야 할 것이니라.

불퇴전의 보살마하살 (11)

❰ 13 ❱ 수보리야, 게다가 불퇴전의 보살마하살은 성문(聲聞)·독각(獨覺)의 경지에서 나와 전지자성을 향해 나아가기 바란다면, 초선(初禪)에 들 것이니라. 이러한 방식으로 2선(二禪), 3선(三禪), 4선(四禪)에도 들 것이니라. 보살마하살은 4선에 머물며 선정(禪定)을 통달하느니라. 4선정에 들지만, 그는 4선정의 힘으로 〔다시〕 태어나는 것이 아니니라. 그는 〔유정들의 이익을 위해〕 욕계의 법들〔도〕 취하느니라. 수보리야, 이 또한 불퇴전의 보살마하살이 갖는 불퇴전의 특징으로 알려져야 할 것이니라.

❰ 14 ❱ 수보리야, 더욱이 불퇴전의 보살마하살은 명칭에 무게를 두지도 찬사 칭호 명예에 무게를 두지도 않느니라. 명칭에 집착하지 않느니라. 그는 동요된 마음을 갖지 않으며, 모든 유정에게 이익을 주려는 마음을 갖고 있는 자이니라. 〔밖에〕 나가거나 〔거처로〕 돌아오는 보살마

하살은 방황하는 마음을 갖지 않으며 나가거나 들어오며, 정념(正念)을 갖고 나가거나 들어오느니라. 보살마하살은 집에 거주하더라도, 보살마하살에게는 욕망에 대한 집착이나 갈망이 과도하게 생겨나지 않느니라. 그는 혐오감을 느끼면서도 욕망〔의 대상〕들을 사용하고, 공포감을 느끼면서도 욕망〔의 대상〕들을 소비하느니라. 수보리야, 이는 마치 도적이 들끓는 황야의 한복판에 간 사람이 식사를 해도 공포감을 느끼며 음식을 먹는 것과 같으니라. 〔자리를 빨리〕 떠야 한다고 생각하며 음식을 먹는 것과 같으니라. '나는 언제나 도적이 들끓는 이 황야에서 벗어날까?'라고 생각하며 두려움이 가득한 채 식사를 하는 것과 같으니라. 수보리야, 바로 이와 같이 불퇴전의 보살마하살은, 집에 머물러 있어도, 그 어떤 욕망이든 〔절대〕 바라지도 탐하지도 집착하지도 않으면서 수용하며, 매력적이고 기분 좋은 5욕을 구하지 않느니라. 집에 머무르는 그는 정상적〔인 방식〕으로든 비정상적〔인 방식〕으로든 〔어떻게〕 생계를 〔꾸려나갈까〕 계획하지 않느니라. 비법(非法)이 아닌 정법(正法)으로 생계를 꾸려나가느니라. 죽음에 가까이 다가가도 결코 타인에게 해를 입히지 않느니라. 그 이유는 무엇일까? 모든 유정은 그와 같은 진실한 사람들에 의해, 위대한 사람들에 의해, 용감무쌍한 사람들에 의해, 〔유정들 가운데〕 가장 뛰어난 자들에 의해, 가장 빛나는 자들에 의해, 사람들의 모우(牡牛)들에 의해, 〔가장〕 숭고한 자들에 의해, 자존감이 〔가장〕 높은 자들에 의해, 사람들의 영웅들에 의해, 사람들의 말[馬]들에 의해, 사람들의 연화(蓮花)들에 의해, 사람들의 백련화(白蓮花)들에 의해, 사람들의 〔가장 혈통이 좋은〕 종마들에 의해, 사람들의 용들에 의해, 사람들의 사자들에 의해, 사람들을 〔깨달음의 길로〕 이끄는 조련사들에 의해, [모든 유정은] 최고의 행복에 들도록 이끌어져야 할 것이기 때문이니라. 수보리야, 보살마하살이 집에 거주할 수 있는 것은 반야바라밀다의 기운이 편만(遍滿)되어 있기 때문이니라. 수보리야, 이러한 성향·특성·근거를 갖춘 보살마하살 또한 무상의 올바른 깨달음에서 불퇴전한다고 [마음에] 새겨져야 할 것이니라.

불퇴전의 보살마하살 (12)

《 15 》 수보리야, 불퇴전의 보살마하살에게는 위대한 야차(夜叉)인 집금강(執金剛)이 항상 따라다니느니라. 그는 인간이나 귀신들이 공격하기 어려운, 압도하기 힘든 자이니라. 그는 가까이하기 어려운 자이니라. 산만한 마음을 갖지 않는 자이니라. 감각[기능]이 불완전하지 않은 자이며, 건강한 감각[기관]들을 갖고 있는 자이지 건강하지 못한 것들을 갖고 있는 자가 아니니라. 사람들 가운데 [가장 강력한] 모우(牡牛)의 감각들을 갖춘 자로서 부정(不正)한 사람이 아니니라. [불퇴전의 보살마하살]은 여성들을 [매료시켜] 통제 하에 둘 수 있는 주문(呪文), 기도, 약초, 주술(呪術), 약품 등[과 관련된] 행위들, 그 일체를 결단코 행사하지 않느니라. 옳지 않은 생계가 아닌 청정한 생계를 꾸려나가는 자이니라. 논쟁과 논박의 성향을 갖고 있지 않은 자이니라. 직관(直觀)을 갖고 있는 자이니라. 스스로를 높이지도 타인을 비방하지도 않는 자이니라. 이런저런 공덕들을 갖춘 자이니라. '당신에게 사내아이가 태어날 것이다. 혹은 당신에게 여자아이가 태어날 것이다'라며 여성인지 남성인지를 예언하지 않는 자이니라. 그에게는 이와 같은 것들로 시작하여 인정될만한 다른 결점들도 존재하지 않느니라. 수보리야, 이러한 성향·특성·근거를 갖춘 보살마하살 또한 무상의 올바른 깨달음에서 불퇴전한다고 〔마음에〕 새겨져야 할 것이니라.

불퇴전의 보살마하살 (13)

《 16 》 수보리야, 게다가 나는 네게 불퇴전의 보살마하살에게 존재하는, 무상의 올바른 깨달음에서 불퇴전한다고 알려주는 보살마하살이 갖추고 있는, 성향·특성·근거들을 〔자세히〕 가르쳐 줄 것이니라. 불퇴전의 보살마하살은 어떤 자들일까? 그들은 다음과 같으니라. 〔5〕온·12처·18계·연기(緣起)에 몰두도 집착도 하지 않으며 머무는 자들이니라. 그들은 다음과 같으니라. 사교(社交)의 즐거움에 관한 이야기에 몰두도 집착도 하지 않으며 머무는 자들이니라. 왕에 관한 이야기에 몰두도 집착도 하지 않으며 머무는 자들이니라. 도적에 관한 이야기에 몰두도 집착도 하지 않으며 머무는 자들이니라. 군대에 관한 이야기에 몰두도 집착도 하지 않으며 머무는 자들이니라. 전투에 관한 이야기에 몰두도 집착도 하지 않으며 머무는 자들이니라. 마을 시내 도시, 군(郡), 나라, 왕성(王城)에 관한 이야기에 몰두도 집착도 하지 않으며 머무는 자들이니라. 자기에 관한 이야기에 몰두도 집착도 하지 않으며 머무는 자들이니라. 대신(大臣)과 제상(祭床)에 관한 이야기에 몰두도 집착도 하지 않으며 머무는 자들이니라. 여자, 남자, 중성적인 것에 관한 이야기에 몰두도 집착도 하지 않으며 머무는 자들이니라. 탈것 · 유원(遊園) · 승원(僧院) · 불사(佛舍) · 호수 · 개울 · 연못 · 웅덩이 · 숲 · 정원 · 산에 몰두도 집착도 하지 않으며 머무는 자들이니라. 야차(夜叉) · 나찰(羅刹) · 아귀(餓鬼) · 귀규(鬼槻) · 기취귀(奇臭鬼) · 병복귀(瓶腹鬼)에 몰두도 집착도 하지 않으며 머무는 자들이니라. 음식 음료 의복 장신구 향료 화환 도향(塗香)에 관한 이야기에 몰두도 집착도 하지 않으며 머무는 자들이니라. 도로, 십자로, 교차로, 거리, 상점, 가마, 가족에 몰두도 집착도 하지 않으며 머무는 자들이니라. 노래 춤 설화 무인(舞人) 배우 유랑가수에 관한 이야기에 몰두도 집착도 하지 않으며 머무는 자들이니라. 바다 강 섬에 몰두도 집착도 하지 않으며 머무는 자들이니라. 법에 반하는 이야기에 몰두도 집착도 하지 않으며 머무는 자들이니라. 일반 중생의 즐거움에 관한 이야기에 몰두도 집착도 하지 않으며 머무는 자들이니라. 반야바라밀다에 관한 이야기에 몰두도 집착도 하지 않고 전지자성과 연관된 정신집중을 결여하지 않으며 머무는 자들이니라. 언쟁, 투쟁, 분열, 논쟁에 관한 이야기에 몰두도 집착도 하지 않으며 머무는 자들이니라. 비법이 아닌 〔정〕법을 열망하는 자들이니라. 분열이 아닌 화합을 칭송하는 자들이니라. 적이 아닌 친구를 갈망하는 자들이니라. 비법이 아닌 〔정〕법을 말하는 자들이니라. 실로 여래를 보기를 갈망하는 그들은 〔이 세계에〕 머물고 〔사람들의 마음에〕 새겨지며 〔보살마하살들을〕 앞으로 나아가게 하는 공양을 받을 만하며 올바르고 완전하게 깨달은 여래들을 다른 세계들에서〔도 보기를〕 갈망하며, 그들 앞에서 〔환〕생을 향한 마음을 일으키고, 〔그렇게〕 갈망하는 그들은 그곳에 〔환〕생하게 되는 것이니라. 이와 같이 하여 그들은 여래를 보고, 여래를 공양하며,

여래를 섬기게 되는 것이니라.

불퇴전의 보살마하살 (14)

《 17 》 수보리야, 더욱이 불퇴전의 보살마하살들은 욕계의 천계에서 죽거나, 색계 또는 무색계의 천계에서 죽어서 바로 이 중간 지역, 염부제에 다시 태어나느니라. 기예(技藝), 시문(詩文), 주문(呪文), 주술(呪術), 율서(律書), 예언에 능하고 법의(法義)에 능통한 유정들 가운데 소수의 유정들만이 변경(邊境)에 태어나며, 대부분은 중간 지역에 다시 태어나느니라. 변경에 태어나는 자들 또한 대도시에 태어나느니라. 이들에게도 공덕들은 존재하느니라. 수보리야, 또한 이러한 성향·특성·근거를 갖춘 보살마하살 또한 무상의 올바른 깨달음에서 불퇴전한다고 〔마음에〕 새겨져야 할 것이니라.

불퇴전의 보살마하살 (15)

《 18 》 수보리야, 게다가 불퇴전의 보살에게는 '나는 불퇴전되어야 할 것이다' 혹은 '나는 불퇴전되지 않아야 할 것이다'라는 생각이 들지 않느니라. 그에게는 의심도 미혹도 일으켜지지도 생겨나지도 않느니라. 자신의 경지에 빠져드는 일은 그에게 일어나지 않느니라. 수보리야, 이는 마치 예류과(預流果)를 얻은 자가 예류과라는 자신의 경지에 대해 걱정하지도 의심하지도 않는 것과 같으니라. 의심〔이나 미혹〕이 존재하지 않느니라. 그에게 자신의 경지에 빠져드는 일은 일어나지 않느니라. 계속해서 발생하는 마왕의 소행들은 조속히 깨달아질 것이고, 계속해서 발생하는 마〔왕의 소〕행들의 힘에 휘둘리지 않느니라. 수보리야, 이는 마치 대죄(大罪)를 저지른 자가 대죄〔를 범했다는〕 생각을 버리지 못하는 것과 같으니라. 그는 죽음의 상태에 이르러도 그 생각을 제거시킬 수도 떨쳐버릴 수도 없느니라. 죽는 순간에라도 그 생각은 그를 따라다닐 것이니라. 수보리야, 바로 이와 같이 불퇴전의 보살마하살에게는 불퇴전의 마음이 존재하게 되는 것이니라. 자신이 속한 불퇴전의 경지에서 〔두려움으로 인한〕 떨림은 그에게 일어나지 않으며, 신·인간·아수라들을 포함하는 세간도 〔그러한 마음을〕 물리칠 수도 두려움에 떨게 할 수도 없느니라. 계속해서 발생하는 마왕의 소행들은 조속히 깨달아질 것이고, 그는 계속해서 발생하는 마〔왕의 소〕행들의 힘에 휘둘리지 않느니라. 자신의 경지에 대해 걱정도 의혹도 없는 그에게는, 이번 생을 넘어 다시 태어나더라도, 성문의 마음도 독각의 마음도 일으켜지지 않느니라. 환생하더라도 그에게는 다음과 같은 생각이 드느니라. '깨닫지 못하는 일은 내게 일어나지 않을 것이다. 나 자신의 경지에 머무는 나는 무상의 올바른 깨달음을 터득할 것이다'라고 말이다. 자신의 경지에 있는 그는 타인에게 이끌리지도 분쇄(粉碎)되지도 않느니라. 그 이유는 무엇일까? 〔자신의 경지에〕 머무는 자는 미혹되지 않는 마음과 지식을 겸비하고 있기 때문이니라. 또한 마왕 파순이 불타의 모습으로 〔변장하고〕 접근한다면, 접근한 후 그에게 다음과 같이 말할 것이니라. '바로 이 세간에서 당신은 아라한과를 직시해야 한다! 당신은 무상의 올바른 깨달음에 들 것이라고 예언된 자가 아니다. 보살마하살이 무상의 올바른 깨달음을 터득하기 위해 갖춰야 할 그러한 성향·특성·근거는 당신에게 없다. 그런데도 왜 당신은 깨달음을 〔향해〕 나아가는가?'라고 말이다. 〔이러한 말을 듣고〕 보살마하살의 마음이 부정(不正)하게 된다면, 수보리야, 이 보살마하살은 공양을 받을 만하고 올바르고 완전하게 깨달은 과거의 여래들에 의해 깨달음에 들 것이라 예언된 자가 아니라고 알려져야 할 것이니라. 하지만 만약 그가〔, 즉〕 '아! 이 마왕 파순은 불타의 모습을 〔마력으로〕 만들어내고 접근해왔다. 마왕에 의해 지배되거나 만들어진 이 자는 여래가 아니다. 공양을 받을 만하고 올바르고 완전하게 깨달은 여래가 말한 대로 〔보살마하살의 마음은〕 부정한 것이 아니다'라고 주의를 기울인다면, 만약 그가 '아! 이 마왕 파순은 불타의 가피를 〔마력으로〕 만들어 내고는 무상의 올바른 깨달음에서 나를 떨어뜨려 놓기 바라는 자이다'라고 바라보며 주의를 기울인다면, 만약 〔그렇게 하여〕 마왕이 되돌아간다면, 수보리야, 이 보살마하살은 공양을 받을 만하고 올바르고 완전하게 깨달은 과거의 여래들에 의해 깨달음에 들 것이라 예언된 자라고 알려져야 할 것이니라. 이 보살마하살은 불퇴전의 보살의 경지에 〔굳건히〕 머물고 있는 것이니라. 수보리야, 만약 보살마하살에게 이러한 성향·특성·근거들이 존재한다면, 수보리야 그에게 존재하는 이러한 공덕들에 따라, 아! 이 보살마하살은 분명 공양을 받을 만하고 올바르고 완전하게 깨달은 과거의 여래들에 의해 〔깨달음에 들 것이라〕 예언된 자라고 알려져야 할 것이니라. 이 보살마하살은 불퇴전의 보살의 경지에 〔굳건히〕 머물고 있는 것이니라. 그 이유는 무엇일까? 불퇴전의 보살마하살에게 존재하는 그러한 성향·특성·근거가 그에게〔도〕 존재하기 때문이니라. 수보리야, 이러한 성향·특성·근거를 갖춘 보살마하살 또한 무상의 올바른 깨달음에서 불퇴전한다고 〔마음에〕 새겨져야 할 것이니라.

불퇴전의 보살마하살 (16)

❰ **19** ❱ 수보리야, 더욱이 불퇴전의 보살마하살은 정법을 획득하기 위해 자신도 자신의 삶도 희사(喜捨)하느니라. 그렇기에 불퇴전의 보살마하살은 정법을 획득하기 위해 최상의 노력을 다하느니라. 과거·미래·현재의 불타세존들에 대한 애정과 공경을 통해, '불타세존들은 법신(法身)'이라고 생각하며, 법에 애정과 공경을 쏟으며 정법을 획득하는 것이니라. 이것은 과거〔에 존재한〕 불타세존들의 정법을 획득하는 것일 뿐만 아니라, 현재〔에 존재하는〕 불타세존들의 정법을 획득하는 것이며, 〔더 나아가〕 미래〔에 존재할〕 불타세존들의 정법을 획득하는 것이니라. 그는 '나 또한 미래의 불타세존들의 이름과 수〔안〕에 들어갔다'라며 〔생각하고〕, '나 또한 무상의 올바른 깨달음에 들 것이라고 예언되었다. 이것이 바로 내가 획득한 정법이다'라고 〔생각하느니라.〕 이러한 〔상황의〕 이유와 근거 또한 〔바라〕보는 그는 정법의 획득을 위해 자신도 자신의 삶도 희사(喜捨)하며, 〔그렇다고〕 낙담하지도 나태에 빠지지도 않느니라. 수보리야, 이러한 성향·특성·근거를 갖춘 보살마하살 또한 무상의 올바른 깨달음에서 불퇴전한다고 〔마음에〕 새겨져야 할 것이니라.

불퇴전의 보살마하살 (17)

20 수보리야, 게다가 불퇴전의 보살마하살은, 공양을 받을 만하고 올바르고 완전하게 깨달은 여래가 법을 가르칠 때, 걱정하지도 의심하지도 않느니라."

수보리 장로가 여쭈었다.

"세존이시여, 여래가 법을 가르칠 때, 걱정하지도 의심하지도 않는 것입니까? 아니면 성문이 〔법을 가르칠 때에도 그러한 것입니까?〕"

세존께서 대답하셨다.

"성문이 법을 가르칠 때에도, 그 보살마하살은 걱정하지도 의심하지도 않느니라. 그 이유는 무엇일까? 그는 제법 불생의 수용, 즉 무생법인(無生法忍)을 얻었기 때문이니라. 그로 인해 그는 제법과 양립되지 않는 법성을 듣는 것이고, 〔그렇게〕 듣기에 그는 걱정하지도 의심하지도 않는 것이니라. 수보리야, 이러한 공덕들을 갖춘 보살마하살이 불퇴전하는 것이니라. 수보리야, 이것들 또한 무상의 올바른 깨달음에서 퇴전하지 않는다는 보살마하살의 성향·특성·근거들로 알려져야 할 것이니라."

성스러운 팔천송반야경에서 '불퇴전 보살의 성향·특성·근거'로 불리는 열일곱 번째 장

제 18 장

공성(空性)

◉

शून्यतापरिवर्तोऽष्टादशः

보살마하살의 공덕

《 **01** 》 그러자 수보리 장로가 세존께 아뢰었다.

"세존이시여, 보살마하살이 위대한 공덕들을 갖추고 있다는 것은, 보살마하살이 무량의 공덕들을 갖추고 있다는 것은, 보살마하살이 무한의 공덕들을 갖추고 있다는 것은 참으로 경이롭습니다."

세존께서 수보리 장로에게 다음과 같이 말씀하셨다.

"그러하다. 수보리야, 그러하느니라. 그 이유는 무엇일까? 수보리야, 불퇴전의 보살마하살은 한계도 경계도 없는, 성문과 독각에 의해서〔도〕 미혹되지 않은 지식을 얻었기 때문이니라."

보살마하살의 깊고 깊은 경지

《 **02** 》 수보리가 아뢰었다.

"세존이시여, 〔세존께서는〕 항하의 모래알〔의 수〕만큼이나 오랜 시간 동안 불퇴전의 보살마하살이 갖는 성향·특성·근거들을 〔자세하게〕 설명해주실 수 있습니다. 세존이시여, 그로 인해 〔세존께서는〕 반야바라밀다와 연관되어 있는, 보살마하살의 〔깊고〕 깊은 그러한 경지들을 보여주셔야 할 것입니다."

세존께서 수보리 장로에게 다음과 같이 말씀하셨다.

"대단하다. 수보리야, 〔참으로〕 대단하다. 네가 깊고 〔깊고〕 깊은 〔보살마하살의〕 경지들에 관해 알고 싶어 한다는 것이 말이다. 수보리야, 깊다는 것은 공성(空性)을 일컫는 명칭이니라. 깊다는 것은 무상, 무원, 무작위, 불생, 무생, 무-존재, 무-애착, 지멸(止滅), 열반을 일컫는 명칭이니라."

제법의 심성(深性)

❰ **03** ❱ 수보리 장로가 여쭈었다.

"세존이시여, 〔깊다는〕 것은 상기한 법들만을 일컫는 명칭입니까? 제법을 일컫는 명칭은 아닌 것입니까?"

세존께서 대답하셨다.

"수보리야, 〔깊다는〕 것은 제법을 일컫는 명칭이기도 하느니라. 그 이유는 무엇일까? 수보리야, 물질은 〔깊고〕 깊은 것이기 때문이니라. 감각·표상·의욕도 이와 같으며, 사유 또한 〔깊고〕 깊은 것이기 때문이니라. 수보리야, 어떻게 물질은 〔깊고〕 깊은 것일까? 어떻게 감각·표상·의욕은 〔깊고〕 깊은 것일까? 수보리야, 어떻게 사유는 〔깊고〕 깊은 것일까? 진여가 〔깊고〕 깊은 방식으로 물질도 〔깊고〕 깊은 것이니라. 감각·표상·의욕도 이와 같으며, 진여가 〔깊고〕 깊은 방식으로 사유 또한 〔깊고〕 깊은 것이니라. 수보리야, 물질의 진여가 〔깊고〕 깊은 방식으로 물질이 〔깊고〕 깊은 것이니라. 감각의 진여 표상의 진여 의욕의 진여도 이와 같으며, 사유의 진여가 〔깊고〕 깊은 방식으로 사유가 〔깊고〕 깊은 것이니라. 수보리야, 물질이 존재하지 않는 곳, 그것이 물질의 심성(深性)이니라. 수보리야, 감각·표상·의욕이 존재하지 않는 곳, 그곳이 감각·표상·의욕의 심성(深性)이니라. 수보리야, 사유가 존재하지 않는 곳, 그곳이 사유의 심성(深性)이니라."

《 04 》 수보리 장로가 아뢰었다.

"세존이시여, 〔그러한〕 미묘한 방식으로 물질〔의 세간적 특성〕이 제지되고, 열반〔의 상태〕가 보여진다는 것은 참으로 경이롭습니다. 〔그러한〕 미묘한 방식으로 감각·표상·의욕·사유〔의 세간적 특성〕이 제지되고, 열반〔의 상태〕가 보여진다는 것〔은 참으로 경이로운 일이 아닐 수 없습니다〕."

세존께서 말씀하셨다.

"수보리야, 〔보살마하살은〕 반야바라밀다와 연관된 〔깊고〕 깊은 경지들을 다음과 같이 생각하고 헤아리며 인식할 것이니라. '나는 반야바라밀다에서 가르침을 받은 대로 머물러야 할 것이다. 나는 반야바라밀다에서 말해진 대로 머물러야 할 것이다. 나는 반야바라밀다에서 보여진 대로 머물러야 할 것이다'라고 말이다. 그와 같이 수행하고 인식하며 성찰하며 노력하고 분투하며 고투하는 〔보살마하살은〕 하루 동안이라도 〔반야바라밀다에〕 노력을 다하느니라.

보살마하살의 업

이 보살마하살이 그 하루 동안 쌓는 업은 어느 정도일지 〔알겠느냐〕? 수보리야, 이는 마치 애착과 망상에 사로잡힌 어떤 사람과 같으니라. 애착과 망상에 사로잡힌 그 사람에게는 아름답고 유쾌하며 예쁘게 생긴 어떤 여성과의 약속이 잡혀있을 것이니라. 하지만 그녀는 타인에게 붙잡혀 집에서 빠져나올 수 없〔는 상황에 처하〕게 될 것이니라. 너는 어떻게 생각하느냐? 수보리야, 〔이 상황에서〕 그 남성이 할 수 있는 여러 가지 상상들은 무엇과 연결되어 나타나게 될지 〔알겠느냐〕?"

수보리 장로가 대답했다.

"세존이시여, 그 남성의 상상들은 그 여성과 연결되어 생겨날 것입니다. '그녀가 오고 있다. 그녀가 오면, 나는 그녀와 함께 이렇게 할 것이다. 이렇게 함께 즐길 것이다. 이렇게 함께 유희할 것이다. 함께 장난을 치며 거닐 것이다'라고 말입니다."

세존께서 물으셨다.

"너는 어떻게 생각하느냐? 수보리야, 하루가 흘러가는 동안 그 남성에게는 어느 정도의 상상들이 생겨날지 알겠느냐?"

수보리 장로가 대답했다.

"세존이시여, 하루가 흘러가는 동안 그 남성에게는 수많은 상상들이 생겨날 것입니다."

세존께서 말씀하셨다.

"하루가 흘러가는 동안 그 남성에게 생겨나는 상상들의 양만큼, 수보리야, 그와 같은 정도의 겁 동안 보살마하살은 윤회〔의 고리〕에서 스스로를 잘라내고 멀어지게 떨어지게 만드느니라. 반야바라밀다에서 가르쳐진 방식에 따라 말해진 방식에 따라 보여진 방식에 따라 가리켜진 방식에 따라 알려진 방식에 따라 머무르고 수련하며 수행하고 인식하며 노력을 다하는 자는 보살마하살로 하여금 무상의 올바른 깨달음에서 퇴전시키는 과오들, 그 모두를 버리게 하느니라. 수보리야, 이와 같이 반야바라밀다와 연관된 〔정신〕집중, 이 상태에 머물며 반야바라밀다에 노력을 다하는 보살마하살은 하루 동안에 〔앞서 말한〕 그 정도의 업을 쌓는 것이니라. 항하의 모래알〔의 수〕만큼이나 오랜 시간 동안 〔세간에〕 머물며 보시를 행하지만 반야바라밀다를 결여한 보살마하살, 이 보살마하살보다 하루 동안이라도 반야바라밀다에 노력을 다하는 보살마하살이 더 탁월한 〔업을 쌓게 되는 것이니라.〕

업에 따른 복덕

◖ 05 ◗ 수보리야, 더욱이 항하의 모래알〔의 수〕만큼이나 오랜 시간 동안 〔세간에〕 머물며 예류과를 얻은 자들에게 보시를 행하고 부여하고, 이와 같은 방식으로 일래과 불환과 아라한과에 보시를 행하고 부여하며, 독각에 보시를 행하고 부여하고, 공양을 받을 만하고 올바르고 완전하게 깨달은 여래들에게 보시를 행하고 부여하지만 반야바라밀다를 결여한 보살마하살, 이 보살마하살보다 보여진 방식에 따라 가리켜진 방식에 따라 알려진 방식에 따라 하루 동안이라도 반야바라밀다에 노력을 다하는 보살마하살이 더 많은 복덕을 얻느니라.

◖ 06 ◗ 수보리야, 게다가 항하의 모래알〔의 수〕만큼이나 오랜 시간 동안 〔세간에〕 머물며 예류과에서 공양을 받을 만하고 올바르고 완전하게 깨달은 여래들에 이르기까지 보시를 행하고 부여하며, 지계를 〔지키며 수〕행하지만 반야바라밀다를 결여한 보살마하살, 이 보살마하살

보다, 수보리야, 반야바라밀다에 머물며 〔정신〕집중에서 일어나 법을 가르치는 보살마하살이 더 많은 복덕을 얻느니라.

❰ 07 ❱ 수보리야, 더욱이 항하의 모래알〔의 수〕만큼이나 오랜 시간 동안 〔세간에〕 머물며 예류과에서 공양을 받을 만하고 올바르고 완전하게 깨달은 여래들에 이르기까지 보시를 행하고 부여하며, 지계를 〔지키며 수〕행하고, 인욕을 갖추고 있지만 반야바라밀다를 결여한 보살마하살, 이 보살마하살보다, 수보리야, 반야바라밀다에 머물며 〔정신〕집중에서 일어나 법시(法施)를 부여하는 보살마하살이 더 많은 복덕을 얻느니라.

❰ 08 ❱ 수보리야, 게다가 항하의 모래알〔의 수〕만큼이나 오랜 시간 동안 〔세간에〕 머물며 예류과에서 공양을 받을 만하고 올바르고 완전하게 깨달은 여래들에 이르기까지 보시를 행하고 부여하며, 지계를 〔지키며 수〕행하고, 인욕을 갖추고 있으며, 정진을 시작하고 〔4〕선정과 보리분법(菩提分法)에 노력을 다하지만 반야바라밀다를 결여한 보살마하살, 이 보살마하살보다, 수보리야, 법시를 부여하고 무상의 올바른 깨달음에 회향시키는 보살마하살이 더 많은 복덕을 얻느니라.

❰ 09 ❱ 수보리야, 더욱이 법시를 부여하고 〔이를〕 반야바라밀다에서 말해진 회향의 방식으로 무상의 올바른 깨달음에 회향시키는 보살마하살, 수보리야, 바로 이 보살마하살이 〔앞선 보살〕보다 많은 복덕을 얻느니라.

❰ 10 ❱ 수보리야, 게다가 법시를 부여하고 〔이를〕 반야바라밀다에서 말해진 회향의 방식으로 무상의 올바른 깨달음에 회향시키고, 회향시킨 후 은둔〔명상〕에 결코 노력을 다하지 않는 보살마하살이 얻는 복덕

은 법시를 부여하고 은둔〔명상〕에 노력을 다하며 반야바라밀다의 보호를 받고, 반야바라밀다를 결여하지 않은 은둔〔명상〕을 수행하는 보살마하살이 얻는 정도〔의 복덕〕에 미치지 못하니라. 이 보살마하살이 더 많은 복덕을 얻느니라."

복덕의 형성

(11) 수보리 장로가 여쭈었다.

"세존이시여, 세존께서는 '〔복덕을〕 형성〔한다는 것〕은 〔잘못된〕 사고이다'라고 말씀하셨는데, 그렇다면 '더 많은 복덕을 얻는다'고 말해지는 것이 어떻게 가능한 것입니까?"

세존께서 대답하셨다.

"수보리야, 현재라도 보살마하살이 반야바라밀다를 수행할 때 〔발생하는〕 그 복덕의 형성은 공(空)한 것이라고 말해지느니라. 실체가 없는 것이라고 말해지느니라. 비어 있는 것이라고 말해지느니라. 실질이 없는 것이라고 말해지느니라. 수보리야, 보살마하살이 이와 같이 제법을 바라보면 〔볼수록〕, 수보리야, 보살마하살은 〔더더욱〕 반야바라밀다를 결여하지 않게 되는 것이라. 수보리야, 보살마하살이 반야바라밀다를 결여하지 않게 되면 될수록, 그는 〔더더욱〕 무량무수의 복덕을 얻는 것이니라."

무량과 무수

❰ **12** ❱ 수보리 장로가 여쭈었다.

"세존이시여, 무량과 무수 사이에는 어떤 차이나 구분이 존재하는 것입니까?"

세존께서 대답하셨다.

"수보리야, 계량이 멈춰있는 곳에 무량〔성〕이 존재한다고 말해지는 것이니라. 수보리야, 계산상으로 감소되지 않는 상태가 무수〔성〕이라고 말해지는 것이니라."

❰ **13** ❱ 수보리 장로가 여쭈었다.

"세존이시여, 물질이 무량하게 되는 도(道)가 존재할까요? 감각·표상·의욕도 이와 같이 되는 도가 존재할까요? 세존이시여, 사유가 무량하게 되는 도가 존재할까요?"

세존께서 대답하셨다.

"수보리, 네가 이렇게 말했느니라. '세존이시여, 물질이 무량하게 되는 도가 존재할까요? 감각·표상·의욕도 이와 같이 되는 도가 존재할까요? 세존이시여, 사유가 무량하게 되는 도가 존재할까요?'라고 말이다. 수보리야, 물질이 무량하게 되는 도는 존재할 것이니라. 감각·표상·의욕도 이와 같이 되는 도는 존재할 것이니라. 수보리야, 사유가 무량하게 되는 도는 존재할 것이니라."

수보리 장로가 여쭈었다.

"세존이시여, 무량하다는 것은 어떤 것을 일컫는 명칭입니까?"

세존께서 대답하셨다.

"수보리야, 무량하다는 것은 공성을 일컫는 명칭이니라. 무상을 일컫는 명칭이니라. 수보리야, 무량하다는 것은 무원을 일컫는 명칭이니라."

《 14 》 수보리 장로가 여쭈었다.

"세존이시여, 무량하다는 것은 공성만을 일컫는 명칭인 것입니까? 무상만을 일컫는 명칭인 것입니까? 세존이시여, 무량하다는 것은 무원만을 일컫는 명칭인 것입니까? 다른 법들을 일컫는 명칭은 아닌 것입니까?"

세존께서 되물으셨다.

"너는 어떻게 생각하느냐? 수보리야, 내가 분명 모든 법은 공하다고 말하지 않았더냐?"

수보리 장로가 아뢰었다.

"세존이시여, 제법은 공하다고 여래가 말했습니다."

세존께서 말씀하셨다.

"수보리야, 공성을 갖는 것들도 소멸하지 않는 것들이고, 공성이라는 것은 또한 무량성인 것이니라. 수보리야, 그렇기에 법들 사이에는 진실로 〔그 어떤〕 구분도 차이도 인식되지 않느니라. 수보리야, 무량하다든지, 무수하다든지, 소멸하지 않는다든지, 공하다든지, 무상이라든지, 무원이라든지, 무작위라든지, 불생이라든지, 무생이라든지, 무-존재라든지, 무-애착이라든지, 열반이라든지 하는 이런 말들은 여래가 설하고 이야기한 것들이니라. 수보리야, 교설의 완성을 위해 한 이 말〔들〕은 공양을 받을 만하고 올바르고 완전하게 깨달은 여래가 설한 것들이니라."

법의 증대와 감소

❪ 15 ❫ 수보리 장로가 아뢰었다.

"세존이시여, 공양을 받을 만하고 올바르고 완전하게 깨달은 여래가 이 정도로까지 제법의 법성을 〔말로〕 가르쳤다는 것은 참으로 경이롭습니다. 하지만, 제법의 법성은 말로 표현되는 것이 아닙니다. 세존이시여, 제가 세존의 말씀을 이해한 바에 따르면, 세존이시여, 제법 또한 말로 표현되는 것이 아닙니다."

세존께서 말씀하셨다.

"그러하다. 수보리야, 그러하느니라. 제법 또한 말로 표현되는 것이 아니니라. 그 이유는 무엇일까? 수보리야, 제법의 공성이라는 것은 말로 표현될 수 없기 때문이니라."

수보리 장로가 여쭈었다.

"세존이시여, 대상이 말로 표현되지 않는다면, 〔그렇다면 대상에는〕 증대나 감소가 존재하는 것입니까?"

세존께서 대답하셨다.

"수보리야, 그렇지 않느니라."

수보리 장로가 아뢰었다.

"세존이시여, 말로 표현되지 않는 대상에 증대나 감소가 존재하지 않는다면, 보시바라밀다에도 증대나 감소가 존재하지 않을 것입니다. 세존이시여, 지계바라밀다에도 인욕바라밀다에도 정진바라밀다에도 선정바라밀다에도 반야바라밀다에도 증대나 감소가 존재하지 않을 것입니다. 세존이시여, 6바라밀다에 증대나 감소가 존재하지 않는다면, 세존이시여, 어떻게 보살마하살은 증대하지〔도〕 않는 6바라밀다〔의 힘〕으로 무상의 올바른 깨달음을 터득하는 것입니까? 어떻게 무상의 올바른 깨달음에 가까이 다가가는 것입니까? 세존이시여, 바라밀다를 완수하지 않은 보살마하살은 무상의 올바른 깨달음에 가까이 다가가지 못할 것입니다."

세존께서 말씀하셨다.

"그러하다. 수보리야, 그러하느니라. 수보리야, 바라밀다란 대상에는 그 어떤 증대도 감소도 존재하지 않느니라. 수보리야, 반야바라밀다에 들고 전념하며 방편선교를 갖춘 보살마하살은 '보시바라밀다는 증대한다. 보시바라밀다는 감소한다'라고 생각하지 않느니라. 오히려 그에게는 '보시바라밀다라는 것은 〔단순히〕 명칭에 불과한 것이다'라는 생각이 드느니라. 보시를 행하는 그는 〔정신〕집중을, 발심을, 선근을 무상의 올바른 깨달음에 회향시키느니라. 무상의 올바른 깨달음에 따라 그와 같이 회향시키는 것이니라.

❰ 16 ❱ 수보리야, 게다가 반야바라밀다에 들고 전념하며 방편선교를 갖춘 보살마하살은 '지계바라밀다는 증대한다. 지계바라밀다는 감소한다'라고 생각하지 않느니라. 오히려 그에게는 '지계바라밀다라는 것은 〔단순히〕 명칭에 불과한 것이다'라는 생각이 드는 것이니라. 지계를 수용한 뒤 이를 수행하는 그는 〔정신〕집중을, 발심을, 선근을 무상의 올바른 깨달음에 회향시키느니라. 무상의 올바른 깨달음에 따라 그와 같이 회향시키는 것이니라.

❰ 17 ❱ 수보리야, 더욱이 반야바라밀다에 들고 전념하며 방편선교를 갖춘 보살마하살은 '이 인욕바라밀다는 증대한다. 이 인욕바라밀다

는 감소한다'라고 생각하지 않느니라. 오히려 그에게는 '인욕바라밀다라는 것은 〔단순히〕 명칭에 불과한 것이다'라는 생각이 드는 것이니라. 인욕을 통해 수행하는 그는 〔정신〕집중을, 발심을, 선근을 무상의 올바른 깨달음에 회향시키느니라. 무상의 올바른 깨달음에 따라 그와 같이 회향시키는 것이니라.

❪ **18** ❫ 수보리야, 게다가 반야바라밀다에 들고 전념하며 방편선교를 갖춘 보살마하살은 '정진바라밀다는 증대한다. 정진바라밀다는 감소한다'라고 생각하지 않느니라. 오히려 그에게는 '정진바라밀다라는 것은 〔단순히〕 명칭에 불과한 것이다'라는 생각이 드느니라. 정진을 시작하는 그는 〔정신〕집중을, 발심을, 선근을 무상의 올바른 깨달음에 회향시키느니라. 무상의 올바른 깨달음에 따라 그와 같이 회향시키는 것이니라.

❪ **19** ❫ 수보리야, 더욱이 반야바라밀다에 들고 전념하며 방편선교를 갖춘 보살마하살은 '선정바라밀다는 증대한다. 선정바라밀다는 감소한다'라고 생각하지 않느니라. 오히려 그에게는 '선정바라밀다라는 것은 〔단순히〕 명칭에 불과한 것이다'라는 생각이 드느니라. 선정을 수행하는 그는 〔정신〕집중을, 발심을, 선근을 무상의 올바른 깨달음에 회향시키느니라. 무상의 올바른 깨달음에 따라 그와 같이 회향시키는 것이니라.

❪ **20** ❫ 수보리야, 게다가 반야바라밀다에 들고 전념하며 방편선교를 갖춘 보살마하살은 '반야바라밀다는 증대한다. 반야바라밀다는 감소한다'라고 생각하지 않느니라. 오히려 그에게는 '반야바라밀다라는 것은 〔단순히〕 명칭에 불과한 것이다'라는 생각이 드느니라. 반야에 드는 그는 〔정신〕집중을, 발심을, 선근을 무상의 올바른 깨달음에 회향시키느니라. 무상의 올바른 깨달음에 따라 그와 같이 회향시키는 것이니라."

무상의 올바른 깨달음과 진여

《 21 》 그러자 수보리 장로가 세존께 아뢰었다.

"세존이시여, 무상의 올바른 깨달음은 어떤 것입니까?"

세존께서 대답하셨다.

"수보리야, 무상의 올바른 깨달음은 진여이니라. 수보리야, 진여는 증대하지도 감소하지도 않느니라. 만약 보살마하살이 반복적으로 자주 진여와 연관된 〔정신〕집중에 머문다면, 그는 무상의 올바른 깨달음에 가까워지게 되는 것이니라. 더욱이 그러한 〔정신〕집중을 결여하는 일은 그에게 일어나지 않느니라. 수보리야, 이와 같이 말로 표현되지 않는 대상에는 증대도 감소도 존재하지 않느니라. 바라밀다들에는 증대도 감소도 존재하지 않느니라. 수보리야, 제법에도 증대나 감소는 존재하지 않느니라. 수보리야, 이러한 〔정신〕집중에 머무는 보살마하살은 무상의 올바른 깨달음에 가까워지게 되는 것이니라."

성스러운 팔천송반야경에서 '공성(空性)'으로 불리는 열여덟 번째 장

제 19 장

항하의 여신, 천녀(天女)

◉

गङ्गदेवीभगिनीपरिवर्त एकोनविंशतिः

최초의 발심과 최후의 발심

01 이와 같이 말씀하시자 수보리 장로가 세존께 여쭈었다.

"세존이시여, 최초의 발심(發心)으로 보살마하살은 무상의 올바른 깨달음을 터득하는 것입니까? 아니면 최후의 발심으로 보살마하살은 무상의 올바른 깨달음을 터득하는 것입니까? 세존이시여, 이전의 발심과 나중의 발심은 공존하지 못하는 것입니다. 나중의 발심은 이전의 발심과 공존하지 못하는 것입니다. 세존이시여, 〔그렇다면〕 보살마하살은 어떻게 선근들을 집적하는 것입니까?"

세존께서 수보리 장로에게 다음과 같이 되물으셨다.

"너는 어떻게 생각하느냐? 수보리야, 유등(油燈)이 〔빛을〕 밝힐 때 그 심지는 처음의 점화로 생긴 불꽃으로 타고 있는 것이더냐, 아니면 나중의 점화로 만들어진 불꽃으로 그 심지가 타고 있는 것이더냐?"

수보리 장로가 대답했다.

"세존이시여, 그렇지 않습니다. 세존이시여, 그 심지는 처음의 점화로 생긴 불꽃으로 타고 있는 것이 아닙니다. 그렇다고 처음의 점화와 무관하게 타고 있는 것도 아닙니다. 세존이시여, 그 심지는 나중의 점화로 생긴 불꽃으로 타고 있는 것이 아닙니다. 그렇다고 나중의 점화와 무관하게 타고 있는 것도 아닙니다."

세존께서 물으셨다.

"수보리야, 그런데 심지는 타고 있는 것이더냐?

수보리가 대답했다.

"세존이시여, 타고 있습니다. 선서이시여, 타고 있는 것입니다."

세존께서 말씀하셨다.

"수보리야, 바로 이와 같이 최초의 발심으로 보살마하살은 무상의 올바른 깨달음을 터득하지 못하느니라. 하지만 최초의 발심에 의존하지 않고는 보살마하살은 무상의 올바른 깨달음을 터득하지 못하느니라. 최후의 발심으로 보살마하살은 무상의 올바른 깨달음을 터득하지 못하느니라. 하지만 최후의 발심에 의존하지 않고는 보살마하살은 무상의 올바른 깨달음을 터득하지 못하느니라. 발심들을 통해서도 발심들을 떠나서도 보살마하살은 무상의 올바른 깨달음을 터득하지 못하느니라. 그럼에도 보살마하살은 무상의 올바른 깨달음을 터득하는 것이니라."

연기(緣起)

02 수보리 장로가 세존께 아뢰었다.

"세존이시여, 이 연기는 〔깊고〕 깊은 것입니다. 세존이시여, 최초의 발심으로 보살마하살은 무상의 올바른 깨달음을 터득하지 못합니다. 하지만 최초의 발심에 의존하지 않고는 보살마하살은 무상의 올바른 깨달음을 터득하지 못합니다. 최후의 발심으로 보살마하살은 무상의 올바른 깨달음을 터득하지 못합니다. 하지만 최후의 발심에 의존하지 않고는 보살마하살은 무상의 올바른 깨달음을 터득하지 못합니다. 발심들을 통해서도 발심들을 떠나서도 보살마하살은 무상의 올바른 깨달음을 터득하지 못합니다. 그럼에도 보살마하살은 무상의 올바른 깨달음을 터득하는 것입니다."

불생불멸의 법

(03) 세존께서 수보리 장로에게 다음과 같이 물으셨다.

"너는 어떻게 생각하느냐? 수보리야, 소멸된 마음은 다시 생겨나더냐?"

수보리 장로가 대답했다.

"세존이시여, 그렇지 않습니다."

세존께서 수보리 장로에게 다음과 같이 물으셨다.

"너는 어떻게 생각하느냐? 수보리야, 불생의 마음은 소멸의 법을 갖고 있더냐?"

수보리 장로가 대답했다.

"세존이시여, 소멸의 법을 갖고 있습니다."

세존께서 물으셨다.

"너는 어떻게 생각하느냐? 수보리야, 소멸의 법을 갖고 있는 것은 소멸되는 것이더냐?"

수보리 장로가 대답했다.

"세존이시여, 그렇지 않습니다."

세존께서 물으셨다.

"너는 어떻게 생각하느냐? 수보리야, 불생의 마음은 소멸의 법을 갖고 있더냐?"

수보리 장로가 대답했다.

"세존이시여, 그렇지 않습니다."

세존께서 물으셨다.

"너는 어떻게 생각하느냐? 수보리야, 불생불멸의 법을 갖는 것은 소멸되는 것이더냐?"

수보리 장로가 대답했다.

"세존이시여, 그렇지 않습니다."

세존께서 물으셨다.

"너는 어떻게 생각하느냐? 수보리야, 본성적으로 소멸의 자성을 갖는 것은 소멸되는 것이더냐?"

수보리 장로가 대답했다.

"세존이시여, 그렇지 않습니다."

세존께서 물으셨다.

"너는 어떻게 생각하느냐? 수보리야, 법들의 본성은 소멸되는 것이더냐?"

수보리 장로가 대답했다.

"세존이시여, 그렇지 않습니다."

진여의 법

세존께서 물으셨다.

"너는 어떻게 생각하느냐? 수보리야, 〔보살마하살의 마음은〕 진여와 같은 방식으로 머무는 것이더냐?"

수보리 장로가 대답했다.

"세존이시여, 〔보살마하살의 마음은〕 진여와 같은 방식으로 머무는 것입니다."

세존께서 물으셨다.

"너는 어떻게 생각하느냐? 수보리야, 〔보살마하살의 마음이〕 진여와 같은 방식으로 머무는 것이라면, 그것은 불변이더냐?"

수보리 장로가 대답했다.

"세존이시여, 그렇지 않습니다."

세존께서 물으셨다.

"너는 어떻게 생각하느냐? 수보리야, 진여는 〔깊고〕 깊은 것이더냐?"

수보리 장로가 대답했다.

"세존이시여, 〔진여는 깊고〕 깊은 것입니다."

세존께서 물으셨다.

"너는 어떻게 생각하느냐? 진여에 마음〔이라는 것〕이 존재하더냐?"

수보리 장로가 대답했다.

"세존이시여, 그렇지 않습니다."

세존께서 물으셨다.

"너는 어떻게 생각하느냐? 수보리야, 마음이 진여이더냐?"

수보리 장로가 대답했다.

"세존이시여, 그렇지 않습니다."

세존께서 물으셨다.

"너는 어떻게 생각하느냐? 수보리야, 마음은 진여와 다른 것이더냐?"

수보리 장로가 대답했다.

"세존이시여, 그렇지 않습니다."

세존께서 물으셨다.

"수보리야, 너는 진여를 보고 있더냐?"

수보리 장로가 대답했다.

"세존이시여, 그렇지 않습니다."

세존께서 물으셨다.

"너는 어떻게 생각하느냐? 수보리야, 〔진여에〕 드는 자가 〔깊고〕 깊은 곳으로 드는 자이더냐?"

수보리 장로가 대답했다.

"세존이시여, 이와 같이 〔진여에〕 드는 자는 그 어디에도 들지 않습니다. 그 이유는 무엇일까요? 그에게는 〔그래야 한다는〕 의도들이 생겨나지도 일어나지도 않기 때문입니다."

유상의 법

세존께서 물으셨다.

"수보리야, 반야바라밀다에 드는 보살마하살은 어디에 드는 것이더냐?"

수보리 장로가 대답했다.

"세존이시여, 최상의 의미에 드는 것입니다."

세존께서 물으셨다.

"너는 어떻게 생각하느냐? 수보리야, 최상의 의미에 드는 자는 유상에 드는 자이더냐?"

수보리 장로가 대답했다.

"세존이시여, 그렇지 않습니다."

세존께서 물으셨다.

"너는 어떻게 생각하느냐? 수보리야, 그에게 유상은 사라지지 않는 것이더냐?"

수보리 장로가 대답했다.

"세존이시여, 그렇지 않습니다."

세존께서 물으셨다.

"너는 어떻게 생각하느냐? 수보리야, 보살마하살이 반야바라밀다를 수행할 때 유상은 사라지는 것이더냐?"

수보리 장로가 대답했다.

"세존이시여, 그 보살마하살은 '보살의 도(道)를 수행하는 내가 어떻게 하면 유상의 획득에 이를 수 있을까?'라는 것에 노력하지 않습니다. 혹 〔유상의 획득에〕 이른다면, 그는 불타의 모든 법을 완수하지 못한 채 성문이 되어버릴 것입니다. 세존이시여, 이러한 유상을 아는 것, 특성과 유상을 무상에서 통찰하는 것, 이것이 바로 보살마하살의 방편선교입니다."

몽중(夢中)에서의 전념과 업

04 그때 사리자 장로가 수보리 장로에게 물었다.

"수보리장로여, 꿈속에 들어서도 3해탈문(解脫門)인 공성 · 무상 · 무원에 전념하는 보살마하살, 그에게는 반야바라밀다가 증대하는 것입니까?"

수보리 장로가 대답했다.

"사리자 장로여, 만약 〔반야바라밀다가 깨어있는〕 낮 동안의 수행으로 더해지게 되는 것이라면, 몽중에 있는 자에게도 〔반야바라밀다가〕 증대하게 될 것입니다. 그 이유는 무엇일까요? 사리자 장로여, 꿈을 꾸는 때와 깨어있을 때는 구분되지 않는 것이라고 세존께서 말씀하셨기 때문입니다. 사리자 장로여, 반야바라밀다를 달성하고 있는 보살마하살이 날마다 반야바라밀다에서 수행한다면, 반야바라밀다에 대한 반복된 수련으로 인해 그는 꿈속에 들어서라도 반야바라밀다의 방대함과 한 몸이 될 것입니다."

사리자 장로가 물었다.

"수보리 장로여, 여성이나 남성이 꿈속에서 선하거나 악한 행위를 한다면, 그의 업은 쌓이거나 집적되는 것일까요?"

수보리 장로가 대답했다.

"제법은 꿈과 같은 것이라고 세존께서 말씀하신 바에 따르면, 그의 업은 쌓아지지도 집적되지도 않는 것입니다. 사리자 장로여, 하지만 〔꿈에서〕 깨어나 〔이런저런 것을〕 상상하며 살의(殺意)를 일으킨다면, 그의 업은 쌓아지거나 집적되어질 것입니다. 사리자 장로여, 상상〔만〕하는 그는 어떻게 살의를 일으키는 것일까요? 만약 꿈속에 들어서 〔타인의〕 생명을 빼앗는 일을 행하고, 꿈에서 깨어나 '아! 〔사람을〕 죽였다! 잘 죽였다! 제대로 죽였다! 내가 죽였다!' 등의 상상을 한다면, 이와 같이 상상하는 그는 살의를 일으키게 되는 것입니다."

사리자 장로가 말했다.

"수보리 장로여, 만약 꿈에 깨어나 '아! 〔사람을〕 죽였다! 잘 죽였다! 제대로 죽였다! 내가 죽였다!' 등의 상상을 하며 살의를 일으킨다면, 그의 업은 쌓아지거나 집적되어질 것입니다. 〔그렇다면,〕 불타세존도 〔이런저런 것을〕 상상하며 소멸에 대한 의식을 일으킨다면, 그의 업 또한 쌓아지거나 집적되어지는 것일까요?"

인식대상

수보리 장로가 대답했다.

"사리자 장로여, 그렇지 않습니다. 그 이유는 무엇일까요? 여래는 모든 상상과 구분을 버렸기 때문입니다. 이는 마치 허공과 같은 것입니다. 사리자 장로여, 〔인식〕대상을 갖지 않는 행위는 일어나지 않습니다. 〔인식〕대상이 없는 마음은 일어나지 않습니다. 사리자 장로여, 그렇기에 행위는 〔인식〕대상을 갖는 경우에 일어나는 것이며, 〔인식〕대상이 없는 경우 행위는 일어나지 않습니다. 마음은 〔인식〕대상을 갖는 경우에 생겨나는 것이며, 〔인식〕대상이 없는 경우 마음은 생겨나지 않습니다. 사리자 장로여, 보여지고 들려지며 생각되고 분별되는 법들에서 믿음이 생겨나는 것입니다. 그렇게 생겨나는 어떤 믿음은 오염을 얻으며, 어떤 믿음은 청정을 취하게 되는 것입니다. 사리자 장로여, 그렇기에 의식은 〔인식〕대상을 갖는 경우에 생겨나는 것이며, 〔인식〕대상이 없는 경우 생겨나지 않습니다. 행위는 〔인식〕대상을 갖는 경우에 일어나는 것이며, 〔인식〕대상이 없는 경우 일어나지 않습니다."

사리자 장로가 물었다.

"수보리 장로여, 모든 〔인식〕대상은 〔실세계에서〕 이탈되어 있다고 세존께서 말씀하셨습니다. 그렇다면, 수보리 장로여, 어떻게 하여 의식은 〔인식〕대상을 갖는 경우에 생겨나고, 〔인식〕대상이 없는 경우 생겨나지 않는다는 것입니까?"

수보리 장로가 대답했다.

"〔실세계에서 이탈되어〕 존재하고 있는 대상을 유상(有相)으로 만들고, 인식되는 대상으로 만든 후에야 의식〔이라고 하는 것〕이 〔그러한〕 대상을 전제로 하여 만들어지는 것이지, 대상을 갖지 않고는 의식은 만들어지지 않습니다. 사리자 장로여, 의식도 〔실세계에서〕 이탈된 것이며, 유상 또한 〔실세계에서〕 이탈되어 있는 것입니다. 이와 같이 무명(無明)에 의해 생겨나는 의욕[行]도 〔실세계에서〕 이탈되어 있는 것입니다. 의욕에 의해 생겨나는 사유도 그러하며, 출생으로 생겨나는 늙어감[老]과 죽음[死]에 이르기까지 〔실세계에서〕 이탈되어 있는 것입니다. 사리자 장로여, 바로 이와 같이 모든 〔인식〕대상은 〔실세계에서〕 이탈되어 있는 것입니다. 유상을 결여한 생각은 세간에 통용되는 〔관습적〕 표현의 도움으로 생겨나는 것입니다."

미륵 보살마하살

05 사리자 장로가 물었다.

"수보리 장로여, 보살마하살은 꿈속에서 보시를 행하고, 이 보시를 무상의 올바른 깨달음에 회향시킬 것입니다. 〔그런데〕 이 보시는 〔실제로〕 회향시켜지는 것입니까?"

수보리 장로가 말했다.

"사리자 장로여, 〔우리와〕 마주하고 있는 이 〔보살〕이 미륵 보살마하살입니다. 이분은 〔우리가 이야기하는〕 문제의 의미를 체득(體得)한 분이니, 이분에게 물어야 할 것입니다. 〔미륵보살은〕 문제의 의미에 대해 답을 해주실 것입니다."

그때 사리자 장로가 미륵 보살마하살에게 말했다.

"미륵 장로여, 상좌인 수보리 장로가 '이 〔보살〕이 미륵 보살마하살입니다. 이분이 문제〔의 의미〕에 대해 답을 해주실 것입니다'라고 말했습니다. 아일다(阿逸多) 장로여, 이 문제〔의 의미〕에 대해 답을 해주십시오!"

그러자 미륵 보살마하살이 수보리 장로에게 말했다.

"수보리장로는 '이 〔보살〕이 미륵 보살마하살입니다. 이분이 문제〔의 의미〕에 대해 답을 해주실 것입니다'라고 말했습니다. 수보리 장로여, 미륵이라는 것은 명칭〔에 불과한 것〕인데, 이 〔명칭〕이 그 문제〔의 의미〕에 대해 답을 해줄까요? 물질이 문제〔의 의미〕에 대해 답을 해줄까요? 감각·표상·의욕이 문제〔의 의미〕에 대해 답을 해줄까요? 사유가 문제〔의 의미〕에 대해 답을 해줄까요? 아니면 색깔이 문제〔의 의미〕에 대해 답을 해줄까요? 형상이 문제〔의 의미〕에 대해 답을 해줄까요? 아니면 물질의 공성이 문제〔의 의미〕에 대해 답을 해줄까요? 감각·표상·의욕〔의 공성〕이 문제〔의 의미〕에 대해 답을 해줄까요? 사유의 공성이 문제〔의 의미〕에 대해 답을 해줄까요? 수보리 장로여, 물질의 공성은 〔문제에 대한〕 답을 줄 수 없습니다. 감각·표상·의욕〔의 공성〕이 문제〔의 의미〕에 대해 답을 줄 수 없습니다. 수보리 장로여, 사유의 공성은 〔문제에 대한〕 답을 줄 수 없습니다. 수보리 장로여, 답을 해줄 법 또한 나는 〔바라〕보지 못합니다. 답을 해주어야 할 법 또한 나는 〔바라〕보지 못합니다. 답을 해주게 만들 법 또한 나는 〔바라〕보지 못합니다. 무상의 올바른 깨달음에 들 것이라 예언된 법 또한 나는 〔바라〕보지 못합니다."

⟬ 06 ⟭ 사리자 장로가 미륵 보살마하살에게 물었다.

"미륵 장로여, 당신이 말로 표현하고 있는 그러한 방식으로 당신은 그 법들을 직시한 것이 아닙니까?"

미륵 장로가 대답했다.

"사리자 장로여, 나는 내가 말로 표현하〔고 있〕는 그러한 방식으로 그 법들을 직시하지 못했습니다. 사리자 장로여, 이와 같이 나는, 내가 말로 표현하는 방식으로 내가 마음으로 생각하는 방식으로, 그 법들을 알지도 인식하지도 바라보지도 못합니다. 사리자 장로여, 〔그 법들은〕 몸으로 느껴지지도 말로 표현되지도 마음으로 주의가 기울여지지도 않는 것들입니다. 〔그 이유는 무엇일까요?〕 자성을 지니는 〔것처럼 보이는 이〕 모든 법은 〔실제로는〕 자성을 결여하고 있기 때문입니다."

그러자 사리자 장로에게 '아! 이 미륵 보살마하살은 〔깊고〕 깊은 지혜를 갖고 있는 분이다. 그는 오랫동안 반야바라밀다를 수행해 온 사람처럼 알려주고 있다'라는 생각이 들었다.

보살마하살의 수행 (1)

07 그때, 세존께서 사리자 장로에게 물으셨다.

"사리자야, 어떤 근거에서 '아! 미륵 보살마하살은 〔참으로 깊고〕 깊은 지혜를 갖고 계신 분이구나!'라는 생각이 든 것이더냐? 사리자야, 아라한이 갖추고 있는 법을 네가 〔꿰뚫어〕 보고 있다는 이유에서 나오는 〔생각〕이더냐?"

사리자 장로가 대답했다.

"세존이시여, 그렇지 않습니다."

세존께서 말씀하셨다. '사리자야, 바로 이와 같이 반야바라밀다를 수행할 때, 보살마하살에게는 '이 법은 무상의 올바른 깨달음에 들 것이라고 예언되었다. 이 법은 무상의 올바른 깨달음에 들 것이라고 예언될 것이다. 무상의 올바른 깨달음에 들 것이라고 예언되고 있다. 이 법은 무상의 올바른 깨달음을 터득할 것이다'라는 생각이 들지 않느니라. 이와 같이 수행하는 보살마하살이 반야바라밀다에 드느니라. 〔반야바라밀다에〕 드는 그는 〔겁을 먹어〕 놀라지도 두려움에 떨지도 〔공포의〕 떨림에 빠지지도 않을 것이니라. '〔이미〕 힘은 〔충분히〕 얻은 상태이기에 나는 〔무상의 올바른 깨달음을〕 터득하지 못하지는 않을 것이다'라고 〔생각하며〕 노력을 다하느니라. 이와 같이 수행한다면, 그는 반야바라밀다에 들게 되는 것이니라.

보살마하살의 수행 (2)

08 사리자야, 게다가 맹수가 들끓는 황야 한복판에 간 보살마하살은 〔겁을 먹어〕 놀라지도 두려움에 떨지도 〔공포의〕 떨림에 빠지지도 않을 것이니라. 그 이유는 무엇일까? 그 보살마하살은 모든 유정을 위해 모든 것을 버렸기 때문이니라. 그는 다음과 같은 생각을 일으킬 것이니라. '맹수들이 나를 잡아먹으려 한다면, 〔나는〕 이 맹수들에게 보시되어야 한다! 〔곧〕 나는 보시바라밀다를 완수하게 될 것이다. 무상의 올바른 깨달음이 내게 가까이 다가올 것이다. 내가 무상의 올바른 깨달음을 터득할 때 축생의 유정들이 결단코 존재하지 않도록 알려지지 않도록 천상의 음식들을 만끽하는 자들이 존재하도록 나는 그렇게 만들 것이다'라고 말이다.

보살마하살의 수행 (3)

09 사리자야, 더욱이 도적의 황야 한복판에 간 보살마하살은 〔겁을 먹어〕 놀라지도 두려움에 떨지도 〔공포의〕 떨림에 빠지지도 않을 것이니라. 그 이유는 무엇일까? 그 보살마하살은 자신의 모든 것을 포

기한다는 버림의 공덕에 기뻐하기 때문이니라. 육신까지도 버린 그는 모든 소유물과 장신구를 버렸기 때문이니라. 그는 다음과 같은 생각을 일으킬 것이니라. '유정들이 나의 모든 소유물과 장신구를 취하려 한다면, 〔나는〕 이들에게 보시해야 한다! 어떤 자들이 나의 생명을 빼앗아 가려 해도, 나는 악의 분노 격노〔의 감정〕들을 일으키지 않아야 할 것이다. 그들에게 몸으로도 말로도 마음으로도 적대적이지 않아야 할 것이다. 이와 같이 〔행할〕 바로 그때 나는 지계바라밀다와 인욕바라밀다를 완수하게 될 것이다. 무상의 올바른 깨달음이 내게 가까이 다가올 것이다. 내가 무상의 올바른 깨달음을 터득할 때 도적의 황야들이 불토(佛土)에 결단코 존재하지 않도록 알려지지 않도록 나는 그렇게 만들고 수행할 것이다. 내가 무상의 올바른 깨달음을 터득할 때 이런저런 피해들이 불토에 결단코 존재하지 않도록 알려지지 않도록 나는 불토의 정화를 위해 노력을 다할 것이다'라고 말이다.

보살마하살의 수행 (4)

❨ 10 ❩ 사리자야, 게다가 가뭄의 황야 한복판에 간 보살마하살은 〔겁을 먹어〕 놀라지도 두려움에 떨지도 〔공포의〕 떨림에 빠지지도 않을 것이니라. 그 이유는 무엇일까? 그 보살마하살〔들〕은 두려움에 떨지 않으며 공포에 사로잡히지 않는 법을 알고 있기 때문이니라. 그는 다음과 같은 생각을 일으킬 것이니라. '나는 모든 유정의 모든 갈증을 없애기 위해 수련해야 할 것이다. 내가 그 갈증으로 인해 생을 마감하고, 내

가 아귀계에 태어난다 하더라도 보살마하살(이라 함)은 〔겁을 먹어〕 놀라지도 두려움에 떨지도 〔공포의〕 떨림에 빠지지도 않아야 할 것이다. 오히려 모든 유정의 면전에서 대자비의 마음을 일으켜야 할 것이다. 아! 이와 같은 가뭄의 황야들이 존재한다고 알려진 세간의 유정들은 적은 양의 복덕을 갖는 자들이다! 내가 무상의 올바른 깨달음을 터득할 때, 가뭄의 황야들이 불토에 결단코 존재하지 않도록 알려지지 않도록 나는 그렇게 만들고 수행할 것이다. 모든 유정이 8공덕수(功德水)를 획득하도록 나는 이들을 공덕들과 연결해 줄 것이다. 〔이와 같이 행할〕 바로 그때 정진바라밀다가 완수되도록 나는 견고한 정진에 착수할 것이다'라고 말이다.

보살마하살의 수행 (5)

《 11 》 사리자야, 더욱이 기근의 황야 한복판에 간 보살마하살은 〔겁을 먹어〕 놀라지도 두려움에 떨지도 〔공포의〕 떨림에 빠지지도 않을 것이니라. 그는 다음과 같은 공력을 지니고 있느니라. '내가 무상의 올바른 깨달음을 터득할 때 이와 같은 기근(饑饉)의 황야들이 불토(佛土)에 결단코 존재하지 않도록 알려지지 않도록, 유정들이 행복하도록 행복으로 충만되도록 온갖 종류의 행복으로 가득 차도록 나는 그렇게 견고한 정진에 착수할 것이고, 내가 속한 불토를 정화시킬 것이다. 그 무엇이든 유정들이 의도하는 것, 그 무엇이든 유정들이 마음으로 기대하는 것이 실현되도록, 그렇게 〔되도록〕 나는 만들 것이다. 이는 마치

33천계의 신들이 마음〔으로 생각하는 것〕만으로도 모든 것이 생겨나는 것과 같으니라. 유정들이 마음만으로도 모든 것이 나타나도록 마음〔만〕으로 모든 것이 생겨나도록, 그렇게 〔되도록〕 나는 견고한 정진에 착수할 것이니라. 유정들의 정의로운 의도들이 완수되도록, 모든 측면에서 모든 곳에서 늘 생활에 필요한 용구들로 〔구비되어〕 부족함이 없는 상태가 모든 유정에게 〔유지되도록, 이와 같이 행할〕 바로 그때 선정바라밀다가 완수되도록 나는 모든 유정을 위해 〔그들〕 각자의 마음 정화를 위해 노력할 것이다'라고 말이다.

보살마하살의 수행 (6)

❬ 12 ❭ 사리자야, 게다가 역병의 황야 한복판에 간 보살마하살은 〔겁을 먹어〕 놀라지도 두려움에 떨지도 〔공포의〕 떨림에 빠지지도 않을 것이니라. 그는 다음과 같이 성찰하고 생각하며 헤아릴 것이니라. '이 세간에는 역병으로 압박을 받는 그 어떤 법도 존재하지 않는다. 역병이라 불리는 그 어떤 법도 생겨나지 않는다'라고 말이다. 이와 같이 그는 공성을 바라보아야 할 것이며, 〔그렇다고〕 그는 〔겁을 먹어〕 놀라지도 두려움에 떨지도 〔공포의〕 떨림에 빠지지도 않을 것이니라. 사리자야, 보살마하살은 '나는 무상의 올바른 깨달음을 터득하는 데 오랜 시간이 걸릴 것이다'라는 마음을 일으키지 않을 것이니라. 〔그렇다고 해도〕 그는 〔겁을 먹어〕 놀라지도 두려움에 떨지도 〔공포의〕 떨림에 빠지지도 않을 것이니라. 그 이유는 무엇일까? 과거 어디에서 출발했는지 알지

못할 정도로 매우 긴 시간, 즉 무궁〔의 시간〕은 마음의 찰나이기 때문이니라. 보살마하살은 '과거 어디에서 출발했는지 알지 못할 정도로 매우 긴 시간, 즉 무궁〔의 시간〕은 매우 크며 길다'라고 생각하며, 〔무상의 올바르고 완전한 깨달음을 얻는 것이〕 행하기 어려운 수행이라는 생각을 일으키지 않을 것이니라. 왜냐하면, 과거 어디에서 출발했는지 알지 못할 정도로 매우 긴 시간, 즉 무궁〔의 시간〕은 일순간의 마음 〔정도〕에 지나지 않기 때문이니라. 사리자야, 이와 같이 보살마하살은 '나는 무상의 올바른 깨달음을 터득하는 데 오랜 시간이 걸릴 것이다'라며 〔겁을 먹어〕 놀라지도 〔두려움에〕 떨지도 〔공포의〕 떨림에도 빠지지 않을 것이니라. 사리자야, 더욱이 보살마하살은 보여지고 들려지며 생각되고 분별되는 이런저런 두려움과 공포에 〔겁을 먹어〕 놀라지도 두려움에 떨지도 〔공포의〕 떨림에 빠지지도 않느니라. 사리자야, 이러한 선남자나 선여인은 무상의 올바른 깨달음을 터득하는 데 적합하다고 알려져야 할 것이니라. 사리자야, 보살마하살은 다음과 같이 위대한 공력을 갖추어야 할 것이니라. '내가 무상의 올바른 깨달음을 터득할 때 모든 역병이 불토(佛土)에 결단코 존재하지 않도록 알려지지 않도록 나는 견고한 정진에 착수할 것이다. 여래들의 가르침을 말하고 수행하는 사람이 되도록 그렇게 나는 〔노력〕할 것이다. 또한 〔이와 같이 행할〕 바로 그때 내가 반야바라밀다를 완수할 수 있도록 나는 모든 유정을 위해 반야바라밀다를 숙지할 것이다'라고 말이다."

항하의 여신, 천녀

❰ **13** ❱ 그때 법회에 어떤 한 여성이 내려와 자리를 함께하였다. 그녀는 자리에서 일어나 왼쪽 어깨 위에 상의(上衣)를 올리고는 오른쪽 무릎을 바닥에 붙이고 세존이 계신 방향으로 합장을 하며 예를 올린 후 "세존이시여, 저는 그러한 상황에 처해도 〔겁을 먹어〕 놀라지도 두려움에 떨지도 〔공포의〕 떨림에 빠지지도 않을 것입니다. 공포에 사로잡히지도 〔두려움에〕 떨지 않는 저는 모든 유정에게 법을 가르칠 것입니다"라고 말했다.

그러자 세존께서 황금색의 미소를 〔드러내〕 보이셨다. 그 〔미소〕는 한계도 경계도 없는 세간들에 광채(光彩)가 환하게 스며들게 했으며, 범천(梵天)〔의 세계〕에 까지 떠오른 후 다시 돌아와 세존의 오른쪽을 세 번 돌고는 세존의 정수리에서 사라졌다. 세존께서 그 미소를 〔드러내〕 보인 바로 직후 그 여성은 황금꽃들을 〔손에〕 쥐고는 세존이 계신 곳 앞쪽과 아래쪽에 흩뿌렸다. 〔그 어디에도 떨어져 들러〕붙지 않은 황금꽃들은 공중에 허공(虛空)에 머물렀다.

❰ **14** ❱ 아난다 장로가 자리에서 일어나 왼쪽 어깨 위에 상의를 올리고는 오른쪽 무릎을 바닥에 붙이고 세존이 계신 방향으로 합장을 하며 예를 올린 후 다음과 같이 여쭈었다.

"세존이시여, 어떤 이유에서입니까? 미소를 드러내 보이신 것은 어떤 원인에서입니까? 공양을 받을 만하고 올바르고 완전하게 깨달은 여래가 미소를 내보이시는 데에는 이유가 없거나 원인이 없거나 하지 않습니다."

세존께서 아난다 장로에게 다음과 같이 대답하셨다.

"아난다야, 항하의 여신인 이 천녀는 금화(金花), 지(知)와 행(行)을 갖춘 선서(善逝), 세상〔의 이치〕를 이해하는 사람, 사람들을 〔깨달음의 길로〕 이끄는 조련사, 신과 인간들의 스승, 불타세존으로서 세간에 나타날 것이니라. 그녀는 성유겁(星喩劫) 동안 무상의 올바른 깨달음을 터득할 것이고, 아난다야, 항하의 여신인 이 천녀는 여자의 몸을 버리고 남자의 몸을 얻은 후 여기에서 죽어 공양을 받을 만하고 올바르고 완전하게 깨달은 아촉불(阿閦佛) 여래의 불토(佛土)인 아비라제(阿比羅提)의 세간에 다시 태어날 것이니라. 여기에서 〔다시〕 태어난 그녀는 공양을 받을 만하고 올바르고 완전하게 깨달은 아촉불 여래의 면전에서 범행(梵行)을 수행할 것이니라. 그 불토에서 죽은 그녀는 〔다른〕 불토로 옮겨갈 것이고, 〔여기에서도〕 여래를 배알하지 못하는 일은 〔그녀에게〕 일어나지 않을 것이니라. 이 불토에서도 죽은 그녀는 〔다른〕 여러 불토들로 건너갈 것이며, 불타세존들을 결여하지 않은 그러한 곳들로 〔계속해서〕 건너갈 것이니라. 아난다야, 이는 마치 전륜성왕(転輪聖王)이 이 궁전에서 저 궁전으로 건너가는 것과 같으니라. 그는 삶이 다할 때까지 양발〔의 바닥〕을 지면(地面)에 디디지 않을 것이니라. 그는 죽음의 상태에 이를 때까지〔도〕 발을 지면에 디디지 않고 생을 마감할 것이니라. 아난다야, 바로 이와 같이 항하의 여신인 천녀는 불토로 옮겨 다닐 것이고, 무상의 올바른 깨달음을 터득하기까지, 그곳에서 불타세존들을 결여하는 일은 그녀에게 일어나지 않을 것이니라."

아촉불 여래

❰ 15 ❱ 그러자 아난다 장로에게 '공양을 받을 만하고 올바르고 완전하게 깨달은 아촉불 여래의 면전에 존재하는 보살마하살들은 바로 여래들의 무리라고 알려져야 할 것이다'라는 생각이 들었다.

세존께서 아난다 장로의 그와 같은 마음속의 심경을 마음으로 바로 알아차리고는 아난다 장로에게 다음과 같이 말씀하셨다.

"그러하다. 아난다야, 그러하느니라. 공양을 받을 만하고 올바르고 완전하게 깨달은 아촉불(阿閦佛) 여래의 면전에서 범행을 수행하는 보살마하살들은 〔번뇌의〕 진흙 구덩이를 넘어선 자들이니라. 아난다야, 이 보살마하살들은 깨달음의 완성에 접근한 자들이라 알려져야 할 것이니라. 아난다야, 게다가 공양을 받을 만하고 올바르고 완전하게 깨달은 금화 여래에게는 〔수량적으로〕 측정이 가능한 〔그런〕 제자(성문)의 집단(승가)가 존재하지 않느니라. 그 이유는 무엇일까? 〔수량의〕 측정이 불가할 정도로 거기에 〔수많은〕 제자들이 있을 것이기 때문이니라. 그렇기에 그들은 무량무수라고 불리게 될 것이니라. 아난다야, 그때 그 불토에는 맹수, 도적, 가뭄, 역병, 기근의 황야들이 존재하지 않게 될 것이니라. 아난다야, 불쾌감을 주는 이런저런 황야들은 불토에 결단코 존재하지도 알려지지도 않을 것이니라. 아난다야, 공양을 받을 만하고 올바르고 완전하게 깨달은 금화 여래가 무상의 올바른 깨달음을 터득했을 때 그와 같은 두려움과 공포의 황야들은 〔불토에〕 결단코 존재하지도 알려지지도 않을 것이니라."

연등불 여래와 수기(授記)

⦗ **16** ⦘ 아난다 장로가 세존께 여쭈었다.

"세존이시여, 항하의 여신인 그 천녀가 최초 발심(發心)의 선근을 무상의 올바른 깨달음에 심은 것은 어떤 여래 앞에서였습니까?"

세존께서 아난다 장로에게 다음과 같이 대답하셨다.

"아난다야, 항하의 여신인 그 천녀는 공양을 받을 만하고 올바르고 완전하게 깨달은 연등불 여래의 면전에서 최초 발심의 선근을 심었으며, 이를 무상의 올바른 깨달음에 회향시켰느니라. 그리고 무상의 올바른 깨달음을 바라는 그녀는 공양을 받을 만하고 올바르고 완전하게 깨달은 연등불 여래에게 황금꽃들을 흩뿌렸느니라. 내가 공양을 받을 만하고 올바르고 완전하게 깨달은 연등불 여래에게 5종의 연꽃들을 흩뿌렸을 때, 나는 제법 불생의 수용, 즉 무생법인(無生法忍)을 얻었고, 그로 인해 공양을 받을 만하고 올바르고 완전하게 깨달은 연등불 여래에게 무상의 올바른 깨달음에 들 것이라고〔다음과 같이〕 예언을 받은 것이니라. '젊은이여, 당신은 미래에 석가모니로 불리며, 올바르고 완전하게 깨달으면서 공양을 받을 만한 여래, 지(知)와 행(行)을 겸비한 선서(善逝), 세상〔의 이치〕를 아는 사람, 사람들을 〔깨달음의 길로〕 이끄는 최고의 조련사, 신과 인간들의 교사(敎師), 불타, 세존이 될 것이다'라고 말이다. 나의 예언을 들었을 때 그 천녀에게는 다음과 같은 생각이 들었느니라. '아! 이 젊은이가 무상의 올바른 깨달음에 들 것이라고 예언을 받은 것처럼 나 또한 무상의 올바른 깨달음에 들 것이라는 예언을 받고 싶다'라고 말이다. 아난다야, 이와 같이 항하의 여신인 천녀는 공양을 받을 만하고 올바르고 완전하게 깨달은 연등불 여래 앞에서 최초 발심의 선근들을 심었고, 이것들을 무상의 올바른 깨달음에 〔회향시킨〕 것이니라."

아난다 장로가 세존께 아뢰었다.

"아! 세존이시여, 이 천녀는 준비를 마치고 목적을 성취한 상태에서 무상의 올바르고 완전한 깨달음에 들 것이라고 예언을 받은 것입니다."

세존께서 아난다 장로에게 다음과 같이 말씀하셨다.

"그러하다. 아난다야, 그러하느니라. 네가 말하고 있는 대로, 아! 준비를 마치고 목적을 성취한 항하의 여신인 천녀는 무상의 올바른 깨달음에 들 것이라고 예언된 것이니라."

성스러운 팔천송반야경에서 '항하의 여신, 천녀(天女)'로 불리는 열아홉 번째 장

제 20 장

방편선교(方便善巧)

◉

उपायकौशल्यमीमांसापरिवर्तो विंशतितमः

공성(空性)과 공삼매(空三昧)

❰ 01 ❱ 그러자 수보리 장로가 세존께 다음과 같이 아뢰었다.

"공성은 어떻게 숙지되어야 할 것입니까? 공삼매는 어떻게 얻어져야 할 것입니까?

세존께서 말씀하셨다.

"수보리야, 보살마하살은 반야바라밀다를 수행할 때 물질을 공하다고 바라보아야 할 것이니라. 감각·표상·의욕도 이와 같으며, 사유 〔또한〕 공하다고 바라보아야 할 것이니라. 하지만, 물질이 공하다고 〔바라〕보는 자가 그러한 〔공함의〕 법성을 법성〔의 실체〕로 고려하지 않는 것처럼, 〔공함의〕 법성을 〔그렇게〕 고려하지 않는 자가 진실한 궁극〔의 실재〕를 직시하지 않는 것처럼, 그렇게 〔보살마하살은〕 흐트러지지 않은 심상속(心相續)으로 〔5온은 공하다고〕 바라보아야 할 것이니라."

수보리 장로가 세존께 여쭈었다.

"세존께서는 '보살마하살은 공성을 직시하지 않아야 할 것이니라'라고 말씀하셨는데, 세존이시여, 〔그렇다면 공〕삼매에 머무는 보살마하살은 어떻게 〔해야〕 공성을 직시하지 않〔게 되〕는 것입니까?"

세존께서 대답하셨다.

"수보리야, 보살마하살은 최고의 모든 양상으로 갖춰진 공성을 바라보고 있느니라. 하지만 '나는 〔공성을〕 직시하지 않을 것이다', '〔공성〕은 직시되지 않아야 할 것이다', '나는 〔공성을〕 숙지할 것이다', '지금은 〔공성을〕 숙지할 때이다', '지금은 〔공성을〕 직시할 때가 아니다'라며 바라보고 있는 것이니라. 그는, 〔공〕삼매에 들지 않았을 때에는, '나는 반야바라밀다를 획득할 것이지, 직시하지 않을 것이다'라며 〔인식〕대상에 마음을 단단히 묶어놓고 있는 것이니라. 그 도중에 보살마하살은 보리분법을 결여하지 않으며, 번뇌를 소멸시키지 않으며 이〔두 가지〕를 숙지하느니라.

무상삼매의 보살마하살

보살마하살은, 공삼매라는 해탈문에 머물 때, 무상삼매에도 머물러야 할 것이니라. 그러나 무상을 직시하지 않을 것이니라. 그 이유는 무엇일까? 보살마하살은 〔견고하게〕 성장한 선근의 법을 갖춘 자이기 때문이니라. '지금은 〔공성을〕 숙지할 때이다', '지금은 〔공성을〕 직시할 때가 아니다'라며 바라보고 있는 것이니라. 반야바라밀다의 보호를 받는 그는 진실한 궁극〔의 실재〕를 직시하지 않느니라. 수보리야, 이는 마치 최고의 영웅인 어떤 사람과 같으니라. 그는 가장 강력한 힘을 가지고 있고, 안정된 신분을 갖고 있을 것이니라. 그는 외모가 준수하고 잘생겼으며 용모가 뛰어난 자일 것이니라. 그는 많은 공덕(功德), 최고의 공덕을 갖춘 자이며, 탁월한 지배력, 도덕성, 지식, 〔자기〕희생 등의 공덕들을 갖춘 자일 것이니라. 현명한 〔뛰어난〕 화술의 능력을 지니고 있으며, 변재(辯才)의 능력을 지니고 있는 자일 것이니라. 선행을 베풀며, 때와 장소, 그리고 정황을 아는 자일 것이니라. 궁술(弓術)에서 최고의 경지에까지 이르렀으며, 〔적의〕 수많은 공격을 막아 낼 수 있는 자일 것이니라. 모든 기예(技藝)에 극도로 능하고 잘 계발된 상태이기에 예술의 모든 사항에 최고의 경지에 이른 자일 것이니라. 정념(正念)을 유지하는 자로서 영리하며, 길을 〔잘〕 알고 있는 자일 것이니라. 〔의지 등이〕 확고부동하며 〔행동에 있어〕 신중하고 모든 계율에 정통한 자일 것이니라. 친구들이 많으며 부유하고 강력한 자일 것이니라. 사지가 건강하고 건강한 감각〔기관〕들을 갖고 있는 자일 것이니라. 〔삶에 필요한〕 모든 물품을 갖추고 있으며 많은 사람에게 사랑을 받는 매력적인 자일 것이니라. 어떤 일을 착수하더라도 완수의 능력을 지니고 있으며 정도(正道)로 언동(言動)하는 자일 것이니라. 어디에서도 그에게는 대득(大得)이 생길 것이며, 그러한 대득을 갖춘 그는 많은 사람들과 공유하는 자일 것이니라. 공양 되어져야 할 〔것을〕 공양하고, 공경되어져야 할 〔것을〕 공경하며, 경의(敬意)되어져야 할 〔것에〕 경의를 표하고, 숭배되어져야 할 〔것을〕 숭배하는 그런 자일 것이니라. 너는 어떻게 생각하느냐? 수보리야, 이 자는 그러한 이유들로 더할 나위 없이 즐겁고 기쁘지 않겠더냐? 환희와 유쾌함을 갖지 않겠더냐?"

수보리 장로가 대답했다.

"세존이시여, 그러합니다. 선서이시여, 그러합니다."

세존께서 말씀하셨다.

"그와 같은 위대한 번영을 누리는 그는 어머니 아버지 아이들과 처를 데리고, 〔어떤 예기치 않은〕 상황으로 인해, 거대한 삼림(森林) 〔지역〕에 들어가게 될 것이다. 그 지역은 큰 공포를 느끼게 하는 곳이며, 범부(凡夫)들의 공포〔대상〕이고, 〔두려움으로〕 털을 곤두서게 하는 그런 장소일 것이니라. 그곳에 들어간 그는 어머니 아버지 아이들과 처에게 두려워하지 말라고 이야기할 것이다. '두려워하지 말아요! 두려워하지 말아요! 내가 여러분들을 큰 두려움과 공포를 갖[게 하]는 이 삼림(森林) [지역]에서 안전하고 신속하게 나가게 할 것입니다'라고 말이다. 수보리야, 게다가 그 삼림 지역에는 그자에게 적대감을 불러일으키는, 적의를 갖는 수많은 [것들]이 존재할 것이니라. 너는 어떻게 생각하느냐? 수보리야, 이 영웅적인 사람, [즉] 적대감을 불러일으키고 적의를 갖는 [눈에] 보이는 것들이 물리치지 못할 정도로 강력한 기운과 힘을 갖췄으며, 현명하고 매우 친절하며 자비롭고 영리하며 많은 자량(資糧)을 갖춘 이 사람은, 어머니 아버지 아이들과 처를 버리고, 큰 두려움과 공포를 갖[게 하]는 이 삼림 [지역]에서 자기 하나만 나가야 한다고 생각하겠느냐?"

수보리 장로가 대답했다.

"세존이시여, 그렇지 않습니다. 그 이유는 무엇일까요? 그자의 [가족인] 어머니 아버지 아이들과 처는 버려지지 않[을 것이]기 때문입니다. 그에게는 내적으로 외적으로 강력한 장비가 있고, 그 산림 지역에는 더 많으면서도 더 영웅적이며 공격력이 매우 강력한, 적대감을 불러일으키고 적의를 갖는 그것들보다 상위인 적대와 적의를 갖는 것들이 [그의 편에서] 존재하고 [그를] 지켜주기 때문입니다. 적대감을 불러일으키고 적의를 갖는 그것들은, 약점 공략을 찾거나 구하더라도, 그의 약점을 얻지 못합니다. 세존이시여, 이에 대항할 만한 힘을 갖고 있는 그는 다치지 않고 해를 입지 않고 어머니 아버지 아이들과 처, 그리고 자신을 큰 두려움과 공포를 갖[게 하]는 이 삼림 [지역]에서 안전하게 편안하게 신속하게 나가게 할 수 있습니다. [나가서는]

마을이든 시내든 시장이든 〔안전한 장소에〕 이르게 될 것입니다."

삼매의 해탈문

02 세존께서 수보리 장로에게 다음과 같이 말씀하셨다.

"수보리야, 바로 이와 같이 보살마하살은 모든 유정의 안녕에 동정하고, 자애와 자비, 그리고 환희〔의 마음〕을 베풀며, 〔한편에 치우지지 않는〕 평등〔의 마음〕을 베푸는 자이니라. 방편선교와 반야바라밀다의 보호를 받는 그는 〔여러〕 선근들을 불타가 용인한 회향〔의 방식〕으로 올바르게 회향시킨 후 공성·무상·무원이라는 삼매의 해탈문들에 도달하느니라. 하지만 그는 성문이나 독각의 경지에서 결코 진실한 궁극〔의 실재〕를 직시하지 않느니라. 그 이유는 무엇일까? 그에게는 최고로 강력한, 가장 견고한 수호자, 즉 반야바라밀다와 방편선교가 있기 때문이니라. 그는 유정들을 버리지 않느니라. 그는 편안하게 안전하게 무상의 올바른 깨달음을 터득할 수 있는 자이니라. 수보리야, 보살마하살은 모든 유정 앞에서 자애의 마음을 〔인식되는〕 대상으로 파악한 후 유정들을 최상의 자애로 둘러싸이게 만드느니라. 그 중간에 보살마하살은 번뇌에 속하는 것과 마왕에 속하는 것을 초월하고 성문의 경지와 독각의 경지를 뛰어넘은 후 삼매에 머무는 것이니라. 수보리야, 번뇌의 소멸에 도달하지 못한 〔보살마하살은〕 최상의 바라밀다인 공성을 숙지하느니라. 수보리야, 보살마하살은, 공삼매라는 해탈문에 머무는 도중에, 공삼매에 머물지 않으며, 무상삼매를 직시하지 않느니라. 수보리야, 이는 마치 큰 새가 허공에 공중에 머물고 있는 것과 같으니라. 이 새는 땅에 내려가지도 못하고, (쉴 만한) 그 어떤 곳에도 기대지 못한 채 날고 있는 것이니라. 허공에 공중에 머물고 있는 것이니라. 그 어디에도 기대지 못하고 머무는 것이니라. 수보리야, 바로 이와 같이 보살마하살은 공성의 상태에 머물며, 공성을 숙지하는 것이니라. 무상의 상태에 머물며, 무상을 숙지하는 것이니라. 무원의 상태에 머물며, 무원을 숙지하는 것이니라. 불법들이 완수되지 않은 채, 그는 공성이란 무상이란 무원(이란 그 어떤 땅)에도 안착하지 못하는 것이니라. 수보리야, 이는 마치 궁술 훈련에서 훈련을 잘 받은, 제대로 완전하게 숙련된, 강력한 궁술의 대가(大家)와 같은 것이니라. 그는 위를 향해 화살을 쏠 것이다. 위를 향해 화살을 쏜 후 땅으로 떨어지는 그 화살이 (떨어지지 않도록) 다른 화살들을 쏘아 막을 것이니라. 방해할 것이니라. 이전의 화살은 잇달아 쏘아진 다른 화살들로 인해 땅에 떨어지지 않을 것이니라. '아! 이 화살은 땅에 떨어진다'라고 갈망하지 않는 이상, 그 화살은 땅에 떨어지지 않을 것이니라. 수보리야, 바로 이와 같이 보살마하살은 반야바라밀다에 들어가 있을 때, 방편선교에 지켜지는 것이니라. 무상의 올바른 깨달음을 향한 선근들이 충분하게, 제대로 충분하게 성숙되어 있지 않은 한, 그는 최상의 진실한 궁극(의 실재)를 직시하지 못하느니라. 무상의 올바른 깨달음을 향한 선근들이 충분하게, 제대로 충분하게 성숙되어 있을 때, 그는 최상의 진실한 궁극(의 실재)를 직시하는 것이니라. 수보리야, 이에 따라 보살마하살은, 반야바라밀다에 들어 이에 전념할 때, 법들의 심오한 법성을 직시해야 할 것이 아니라 바라보고 인지해야 할 것이니라."

공성삼매

❨ 03 ❩ 수보리 장로가 세존께 아뢰었다.

"세존이시여, 공성에 들고 공성에 머물며 공성삼매에 빠지는, 하지만 진실한 궁극〔의 실재〕를 직시하지 않는 보살마하살은 어려운 일을 수행하는 자입니다. 최고로 어려운 일을 수행하는 자입니다. 세존이시여, 이는 매우 경이로운 것입니다. 선서이시여, 이는 최고로 경이로운 것입니다."

세존께서 수보리 장로에게 다음과 같이 말씀하셨다.

"그러하다. 수보리야, 그러하느니라. 공성에 들고 공성에 머물며 공성삼매에 빠지는, 하지만 진실한 궁극〔의 실재〕를 직시하지 않는 보살마하살은 어려운 일을 수행하는 자이니라. 최고로 어려운 일을 수행하는 자이니라. 그 이유는 무엇일까? 수보리야, 보살마하살은 〔유정들 가운데 그 어떤〕 유정도 버리지 않았기 때문이니라. 그에게는 '나는 이 모든 유정을 〔번뇌에서〕 해방시켜야 할 것이다'라는 위대한 서원(誓願)이 존재하느니라. 보살마하살은 '나는 유정들 모두를 버리지 않았다. 나는 이들을 〔번뇌로부터〕 해방시켜야 할 것이다'라는 마음을 성취할 때, 공성과 공성삼매의 해탈문을 무상과 무상삼매의 해탈문을 무원과 무원삼매의 해탈문을 성취할 때, 그는 방편선교를 갖추고 있다고 알려져야 할 것이니라. 그는, 불법들이 〔아직〕 완수되지 않는 도중에, 진실한 궁극〔의 실재〕를 직시하지 않을 것이니라. 그 이유는 무엇일까? 방편선교가 그를 보호하기 때문이니라. '모든 유정을 버리지 않는다'라는 발심, 이러한 발심을 일으킨 그는 방편선교를 갖춘 자로서 도중에 진실한 궁극〔의 실재〕를 직시하지 않는 것이니라."

유정들의 인식 관념 (1)

《 04 》 수보리야, 게다가 보살마하살이 이러한 〔깊고〕 깊은 경지들, 즉 공성이란 삼매의 해탈문, 무상이란 삼매의 해탈문, 무원이란 삼매의 해탈문을 바라보거나 바라보기 바랄 때, 그는 다음과 같은 마음을 성취해야 할 것이니라. '이 유정들은 오랜 시간 동안 유정이 실재한다는 믿음을 가져왔으며 〔지금도 그러한 잘못된〕 인식에 빠져있다. 인식이 존재한다고 믿는 유정들이 그러한 인식 관념을 버릴 수 있도록 나는 무상의 올바른 깨달음을 터득한 뒤 〔정〕법을 〔그들에게〕 가르칠 것이다'라고 말이다. 이와 같이 마음을 일으킨다면, 그는 공성이라는 삼매의 해탈문에 들게 되는 것이고, 진실한 궁극〔의 실재〕를 직시하지 않는 것이니라. 무상이라는 삼매의 해탈문에 들게 되는 것이고, 진실한 궁극〔의 실재〕를 직시하지 않는 것이니라. 무원이라는 삼매의 해탈문에 들게 되는 것이고, 진실한 궁극〔의 실재〕를 직시하지 않는 것이니라. 이와 같이 보살마하살이 그러한 발심과 방편선교를 갖추고 있다면, 그는 도중에 진실한 궁극〔의 실재〕를 직시하지 않으며, 자애에 대한 〔정신〕집중도 자비 환희 〔한편에 치우치지 않는〕 무관〔의 마음〕에 대한 〔정신〕집중도 결여하지 않〔게 되〕는 것이니라. 그 이유는 무엇일까? 방편선교를 갖춘 보살마하살은 청정한 법들을 더할 나위 없이 갖추고 있기 때문이니라. 그에게는 더 예리한 믿음을 포함하는 〔다섯 개의〕 도덕적 판단력들이 존재하며, 그는 10력(十力) 보리분법 8정도를 획득하기 때문이니라.

유정들의 인식 관념 (2)

❰ 05 ❱ 수보리야, 더욱이 보살마하살에게는 다음과 같은 생각이 드느니라. '이 유정들은 오랜 시간 동안 법이 실재한다는 믿음을 가져왔으며 〔지금도 그러한 잘못된〕 인식에 빠져있다. 인식이 존재한다고 믿는 유정들이 그러한 인식 관념을 버릴 수 있도록, 나는 무상의 올바른 깨달음을 터득한 뒤 〔정〕법을 〔그들에게〕 가르칠 것이다'라고 말이다. 그러한 발심과 이전〔에 말한〕 방편선교를 갖춘 자는 공성이란 삼매의 해탈문에 들며, 진실한 궁극〔의 실재〕를 직시하지 않고, 자애 자비 환희 〔한편에 치우치지 않는〕 무관〔의 마음〕에 대한 집중을 결여하지 않느니라. 그 이유는 무엇일까? 방편선교를 갖춘 보살마하살은 청정한 법들을 더할 나위 없이 갖추고 있기 때문이니라. 그에게는 더 예리한 믿음을 포함하는 〔다섯 개의〕 도덕적 판단력들이 존재하며, 그는 10력 보리분법 8정도를 획득하기 때문이니라.

유정들의 인식 관념 (3)

06 수보리야, 게다가 보살마하살에게는 다음과 같은 생각이 드느니라. '이 유정들은 오랜 시간 동안 유상이 실재한다는 믿음을 가져왔으며 〔지금도 그러한 잘못된〕 유상〔의 인식〕에 빠져있다. 유상이 존재한다고 믿는 〔유정들이 그러한〕 인식 관념을 버릴 수 있도록 나는 무상의 올바른 깨달음을 터득한 뒤 〔정〕법을 〔그들에게〕 가르칠 것이다' 라고 말이다. 그는 유정들을 위해 무상이란 삼매의 해탈문에 드느니라. 그러한 발심과 이전〔에 말한〕 방편선교를 갖춘 자는 무상이란 삼매의 해탈문에 들며, 진실한 궁극〔의 실재〕를 직시하지 않고, 자애 자비 환희 〔한편에 치우치지 않는〕 무관〔의 마음〕에 대한 집중을 결여하지 않느니라. 그 이유는 무엇일까? 방편선교를 갖춘 보살마하살은 청정한 법들을 더할 나위 없이 갖추고 있기 때문이니라. 그에게는 더 예리한 믿음을 포함하는 〔다섯 개의〕 도덕적 판단력들이 존재하며, 그는 10력 보리분법 8정도를 획득하기 때문이니라.

유정들의 인식 관념 (4)

07 수보리야, 더욱이 보살마하살에게는 다음과 같은 생각이 드느니라. '이 유정들은 오랜 시간 동안 〔법은〕 항상적이라는 믿음, 유쾌하다는 믿음, 자아가 존재한다는 믿음, 청정하다는 믿음을 가져왔으며 〔지금도 그러한 잘못된 인식〕에 전도되어 있다. 나는 무상의 올바른

깨달음을 터득한 뒤 〔유정들이〕 항상적이라고 유쾌하다고 자아〔가 존재한다고〕 청정하다고 〔믿는 그러한 인식〕 관념을 버릴 수 있도록 다음과 같이 〔정〕법을 가르칠 것이다. 〔즉,〕 이 모든 것은 무상, 즉 항상적이 아니다. 이 모든 것은 고통스러운 것이지 유쾌한 것이 아니다. 이 모든 것은 무아(無我), 즉 자아를 갖고 있는 것이 아니다. 이 모든 것은 자아를 갖고 있는 것이 아닌, 즉 무아이다. 이 모든 것은 청정한 것이 아닌, 즉 무-청정이다'라고 말이다. 그러한 발심과 이전〔에 말한〕 방편선교를 갖추며 반야바라밀다에 지켜지는 그는, 불법들이 〔아직〕 완수되지 않는 도중에, 진실한 궁극〔의 실재〕를 직시하지 않느니라. 이와 같이 무원이라는 삼매의 해탈문에 든 후 〔거기에〕 머물며, 진실한 궁극〔의 실재〕를 직시하지 않느니라. 자애 자비 환희 〔한편에 치우치지 않는〕 무관〔의 마음〕에 대한 집중을 결여하지 않느니라. 그 이유는 무엇일까? 방편선교를 갖춘 보살마하살은 청정한 법들을 더할 나위 없이 갖추고 있기 때문이니라. 그에게는 더 예리한 믿음을 포함하는 〔다섯 개의〕 도덕적 판단력들이 존재하며, 그는 10력 보리분법 8정도를 획득하기 때문이니라.

유정들의 인식 관념 (5)

수보리야, 어떤 보살마하살은 다음과 같은 발심을 일으키느니라. '이 유정들은 오랫동안 인식에 빠져왔으며 〔지금도 그러한 잘못된〕 인식에 빠져있다. 유상이 실재한다는 믿음에 빠져왔으며 〔지금도 그러한 잘못된) 유상(의 인식)에 빠져있다. 전도에 빠져왔으며 (지금도 그러한 잘못된) 전도에 빠져있다. 음식에 대한 의식에 빠져왔으며 (지금도 그러한 잘못된) 음식에 대한 의식에 빠져있다. 실재하지 않는 것에 대한 의식에 빠져왔으며 (지금도 그러한 잘못된) 실재하지 않는 것에 대한 의식에 빠져있다. 사견(邪見)에 대한 의식에 빠져왔으며 (지금도 그러한 잘못된) 사견에 대한 의식에 빠져있다. 나는 이러한 과오들이 결단코 존재하지 않도록 알려지지 않도록 노력할 것이다'라고 말이다. 이와 같이 그는 모든 유정에 주의를 기울이느니라. 보살마하살은 정념(正念)에 주의를 기울이는 자로서 그러한 발심과 방편선교를 갖추고 반야바라밀다에 지켜지는 보살마하살은 법들의 (깊고) 깊은 법성을 공성·무상·무원·무작위(無作爲)·무생·무-존재의 측면에서 바라보고 있는 것이니라. 수보리야, 이와 같은 방식으로 지식을 갖춘 보살마하살이 무작위에 빠지고, 삼계와 더불어 살 것이라는 것은 의심할 여지 없이 있을 수 없는 일이니라. 이와 같은 것은 불가능한 일이니라.

질문과 대답

(08) 수보리야, 보살마하살은 무상의 올바른 깨달음을 터득하기 바라는 어떤 보살마하살에게 다음과 같이 질문을 받을 것이니라. '어떤 법들을 숙지해야 합니까? 어떠한 마음들이 성취되어야 합니까? 어떤 마음들을 성취해야 보살마하살은 공성·무상·무원·무작위·무생·무-존재를 직시하지 않고, 반야바라밀다에 전념하게 되는 것입니까?'

라고 말이다. 수보리야, 만약 보살마하살이 이와 같은 질문을 받게 된다면, 그는 '보살마하살은 바로 공성 · 무상 · 무원 · 무작위 · 무생 · 무-존재에 집중해야 할 것입니다'라고 〔자세하게〕 설명해야 할 것이니라. 만약 〔보살마하살이〕 모든 유정을 포기하지 않는다는 발심을 보여주지 않거나 방편선교를 〔자세하게〕 설명하지 않는다면, 수보리야, 이 보살마하살은 과거의 공양을 받을 만한 올바르고 완전하게 깨달은 여래들이 무상의 올바르고 완전한 깨달음에서 퇴전하지 않는다고 예언된 자가 아니라고 알려져야 할 것이니라. 그 이유는 무엇일까? 그는 불퇴전의 보살마하살에게 존재하는 고유의 법, 〔모든 유정을 버리지 않는다는〕 그 법을 가리키지도 널리 퍼지게 하지도 보여주지도 〔진여(眞如)에 따라〕 알지도 〔자세하게〕 설명하지도 〔대〕답을 하지도 못하며, 불퇴전한다는 보살마하살의 경지, 그 경지에도 들지 못하는 자이기 때문이니라."

불퇴전의 특징 (1)

09 수보리 장로가 여쭈었다.

"세존이시여, 보살마하살이 불퇴전이 되게 하는 그러한 방법이 존재하는 것입니까?"

세존께서 대답하셨다.

"수보리야, 보살마하살이 불퇴전이 되게 하는 그러한 방법이 존재하느니라. 보살마하살이 반야바라밀다를 듣던, 듣지 않던 간에 〔위에서 이야기한 대로〕 그렇게 수행하고, 〔위에서 말한 질문들에 대해〕

그와 같이 대답한다면, 이 보살마하살은 불퇴전한다고 알려져야 할 것이니라."

수보리 장로가 아뢰었다.

"세존이시여, 그렇다면, 깨달음을 향해 나아가는 자들은 많을 것입니다만, 그와 같이 〔질문들에〕 답을 하는 자들은 적을 것입니다."

세존께서 말씀하셨다.

"수보리야, 불퇴전이라는 지식의 경지에 들 것이라고 예언된 보살마하살들은 적으니라. 〔그렇게 된다고〕 예언될 그들은 그와 같이 〔질문들에〕 답을 줄 것이니라. 이 보살마하살들은 〔불로 태워져 잘〕 정화된 심어진 선근(善根)을 갖고 있는 자들로 알려져야 할 것이며, 신·인간·아수라들을 포함하는 세간에 의해 제거될 수 없는 자들인 것이니라. 수보리야, 보살마하살이 꿈에 들었더라도 '제법은 꿈과 같은 것이다'라고 철저히 통찰한다면, 직시하지 않는다면, 수보리야, 이는 불퇴전의 보살마하살이 갖는 불퇴전의 특징으로 알려져야 할 것이니라.

불퇴전의 특징 (2)

(10) 수보리야, 더욱이 보살마하살이 꿈에 들었더라도 성문의 경지나 독각의 경지, 혹은 삼계에 대해 〔어떤〕 갈망이나 찬양의 마음을 일으키지 않는다면, 수보리야, 이것 또한 불퇴전의 보살마하살이 갖는 불퇴전의 특징으로 알려져야 할 것이니라.

불퇴전의 특징 (3)

11 수보리야, 게다가 보살마하살이 꿈에 들었더라도 수백 수천〔그 이상의〕 셀 수 없을 정도로 수많은 대중 한가운데에 가서 원형의 빈자리에 앉아, 비구 집단에 둘러싸이고 보살 집단에 추앙받으며 법을 가르치는 공양을 받을 만하고 올바르고 완전하게 깨달은 여래가 된 자신을 본다면, 수보리야, 이 또한 불퇴전의 보살마하살이 갖는 불퇴전의 특징으로 알려져야 할 것이니라.

불퇴전의 특징 (4)

12 수보리야, 더욱이 보살마하살이 꿈에 들었더라도 탁 트인 공중으로 떠오른 후 유정들에게 법을 가르치며, 양팔〔을 옆으로 길게 뻗었을 때 정도의〕 길이 정도로 후광을 의식하고, 다른 방향들에 가서〔거기에 존재하는〕 세간들에서 불타(佛陀)의 책무를 수행하고 법을 가르치는 비구들을 만들어낸다면, 수보리야 꿈에 들어서라도 불퇴전의 보살마하살이 이와 같이 본다면, 수보리야, 이 또한 불퇴전의 보살마하살이 갖는 불퇴전의 특징으로 알려져야 할 것이니라.

불퇴전의 특징 (5)

13 수보리야, 게다가 보살마하살이 꿈에 들었더라도 〔겁을 먹어〕 놀라지도 두려움에 떨지도 〔공포의〕 떨림에 빠지지도 않느니라. 마을 도심 도시 고장 왕국이 폐허가 되더라도 화재 〔현장〕에 있더라도, 맹수 또는 야생동물들이나 왜소한 야생동물 혹은 생명체들 보더라도, 머리가 잘릴 때라도, 큰 두려움과 공포를 갖〔게 하〕는 고통과 절망들을 경험하거나 큰 두려움과 공포를 갖〔게 하〕는 유정들의 고통들을 보더라도 보살마하살에게는 두려움과 공포가 일어나지 않으며, 그는 〔겁을 먹어〕 놀라지도 두려움에 떨지도 〔공포의〕 떨림에 빠지지도 않느니라. 꿈에서 깨어나 바로 일어난 보살마하살에게는 다음과 같은 생각이 드느니라. '삼계에 속하는 이 모든 것은 꿈과 같은 것이다. 법은, 내가 무상의 올바르고 완전한 깨달음을 터득한 후 올바르게 교설할 수 있을 때, 가르쳐져야 할 것이다'라고 말이다. 수보리야, 이 또한 불퇴전의 보살마하살이 갖는 불퇴전의 특징으로 알려져야 할 것이니라.

불퇴전의 특징 (6)

14 수보리야, 더욱이 꿈에 들어가 지옥에 있는 유정들을 보았을 때 불퇴전의 보살마하살에게는 다음과 같은 생각이 드느니라. '내가 무상의 올바른 깨달음을 터득했을 때 나는 그 불토(佛土)에 〔지옥 아귀 축생과 같은〕 악취(惡趣)가 결단코 생겨나지 않도록 노력할 것이다'라고

말이다. 수보리야, 이 또한 악한 상태들을 정화시킨다는 불퇴전의 보살마하살이 갖는 특징으로 알려져야 할 것이니라.

불퇴전의 특징 (7)

❬ 15 ❭ 수보리야, 불퇴전의 보살마하살이 무상의 올바른 깨달음을 터득했을 때 그 불토(佛土)에 〔지옥 아귀 축생과 같은〕 악취(惡趣)가 결단코 생겨나지 않으리라는 것은 어떻게 알게 되는 것일까? 수보리야, 꿈에 들었더라도 지옥에 떨어지거나 축생과 아귀로 태어난 유정들을 보고 정념(正念)을 얻는다면, 정념을 얻은 그는 다음과 같이 생각하느니라. '내가 무상의 올바른 깨달음을 터득했을 때 나는 그 불토에 〔지옥 아귀 축생과 같은〕 악취가 결단코 생겨나지 않도록 노력할 것이다'라고 말이다. 수보리야, 〔바로〕 이와 같은 것이 악한 상태들을 정화시킨다는 불퇴전의 보살마하살이 갖는 특징으로 알려져야 할 것이니라. 수보리야, 이 또한 불퇴전의 보살마하살이 갖는 불퇴전의 특징으로 알려져야 할 것이니라.

불퇴전의 특징 (8)

❬ 16 ❭ 수보리야, 게다가 꿈에서 도심과 마을이 불타는 화재 〔현장〕에 있었던 보살마하살이 꿈에서 깨어나서는 다음과 같이 주의를 기울

이니라. '꿈속에 들었을 때 나는 불퇴전의 보살마하살로 〔마음에〕 새겨지게 해주는 성향·특성·근거들을 보았으며, 이러한 성향·특성·근거들에 나는 주의를 기울인다. 이와 같은 진실하고 엄정(嚴正)한 선서로 도심과 마을의 화재는 소멸될 것이다! 〔열기가〕 차갑게 식을 것이다! 사라질 것이다!'라고 말이다. 수보리야, 도심과 마을의 화재가 소멸되고 〔그 열기가〕 차갑게 식으며 사라진다면, 수보리야 이 보살마하살은 무상의 올바른 깨달음에서 불퇴전한다고 공양을 받을 만하고 올바르고 완전하게 깨달은 과거의 여래들에 의해 예언된 자라고 알려져야 할 것이니라. 만약 도심과 마을의 화재가 소멸되지도 〔그 열기가〕 차갑게 식지도 사라지지도 않는다면, 수보리야, 이 보살마하살은 무상의 올바른 깨달음에 들 것이라고 예언된 자가 아니라고 알려져야 할 것이니라. 수보리야, 이 화재가 집에서 집으로 거리에서 거리로 번져서 〔이 모두를〕 태운다면, 이 화재가 소멸되지도 〔그 열기가〕 차갑게 식지도 사라지지도 않는다면, 수보리야, 이는 그 보살마하살이 업으로 쌓은, 잘못된 지혜로 이끈 법에 대한 거부로 알려져야 할 것이니라. 〔이러한 과거의 업〕에서 현세(現世)로 이어지는 그의 업은 〔지금도〕 성숙하고 있으며, 바로 그러한 거부로 인해 끝나지 않는 〔그의〕 업은 성숙하고 있는 것이니라. 수보리야, 바로 이와 같은 이유와 원인이 보살마하살이 불퇴전한다는 특징을 갖고 있다고 말해주는 것이니라. 수보리야, 이러한 보살마하살 또한 무상의 올바른 깨달음에서 불퇴전한다고 〔마음에〕 새겨져야 할 것이니라.

불퇴전의 성향·특성·근거들

《 17 》 수보리야, 더욱이 불퇴전의 보살마하살을 〔마음에〕 새겨지게 해줄 성향·특성·근거들, 그것들을 내가 〔너에게〕 가르칠 것이니라. 제대로 잘 귀 기울여 듣고 마음에 새기도록 하여라!"

"세존이시여, 훌륭하십니다!"라고 〔아뢰며〕, 수보리 장로는 세존께 귀를 기울였다. 세존께서 말씀하셨다.

"수보리야, 〔어디인가에〕 귀신에 사로잡힌 어떤 남성이나 여성, 혹은 어떤 남자아이나 여자아이가 있을 것이니라. 보살마하살은 거기에 다가가서는 〔가피를 통해〕 다음과 같이 결심할 것이니라. '내가 무상의 올바른 깨달음에 들 것이라고 공양을 받을 만하고 올바르고 완전하게 깨달은 과거의 여래들에 의해 예언된 자라면, 내게 무상의 올바른 깨달음을 터득할 정화된 강한 의지가 있다면, 내가 무상의 올바른 깨달음을 터득하기 바라는 것처럼 내게 무상의 올바른 깨달음을 향한 청정한 〔정신〕집중이 존재한다면, 성문의 마음이나 독각의 마음이 내게 없다면, 그렇다면 나는 반드시 무상의 올바른 깨달음을 터득해야 할 것이다. 내가 무상의 올바른 깨달음을 터득하지 못하지는 않을 것이다. 실로 나는 무상의 올바른 깨달음을 터득하게 될 것이다. 또한 무량무수의 세간들에 머물고 〔사람들의 마음에〕 새겨지며 〔보살마하살들을〕 앞으로 나아가게 하는 불타세존들, 즉 공양을 받을 만하고 올바르고 완전하게 깨달은 그 여래들에게는 알지 못하거나 보지 못하는 이해되지 않거나 직시되지 않는 혹은 깨닫지 못하는 그 어떤 것도 존재하지 않는다. 그 불타세존들이 나의 강한 의지를 알고 있는 것처럼, 나 또한 무상의 올바른 깨달음을 터득하게 될 것이다'라고 말이다. 이와 같은 진실하고 엄정(嚴正)한 선언으로 어떤 남성이나 여성, 혹은 어떤 남자아이나 여자아이를 사로잡은 그 귀신은 도망갈 것이니라!'라고 말이다. 보살마하살이 이와 같이 〔선언의〕 말을 해도, 만약 그 귀신이 도망가지 않는다면, 수보리야, 이 보살마하살은 공양을 받을 만하고 올바르고 완전하게 깨달은 과거의 여래들에 의해 깨달음에 들 예언된 자가 아니라고 알려져야 할 것이니라. 보살마하살이 이와 같이 〔선언의〕 말을 할 때, 만약 그 귀신이 도망가게 된다면, 수보리야, 이 보살마하살은 공양을 받을 만하고 올바르고 완전하게 깨달은 과거의 여래들에 의해 깨달음에 들 예언된 자라고 알려져야 할 것이니라."

성스러운 팔천송반야경에서 '방편선교(方便善巧)'로 불리는 스무 번째 장

제 21 장

마왕의 소행 Ⅱ

◉

मारकर्मपरिवर्त एकविंशतितमः

마왕의 소행 (1)

❰ **01** ❱ 세존께서 말씀하셨다.

"수보리야, 그때 보살마하살은 다음과 같이 말할 것이니라. '진실하고 엄정(嚴正)한 선언을 하고 있기에 나는 공양을 받을 만하고 올바르고 완전하게 깨달은 과거의 여래들에 의해 무상의 올바른 깨달음에 들 것이라고 예언된 것이다. 이러한 엄정한 선언으로 이 귀신이 도망갈 것이다!'라고 말이다. 수보리야, 여기에서 마왕 파순〔도〕 그 귀신이 도망가기를 갈망할 것이니라. 그 이유는 무엇일까? 거기에서 마왕 파순은 〔대〕승(乘)에 오른지 얼마 되지 않은 보살마하살의 면전에서 더 강력한 더 열정적인 노력을 할 것이니라. '어떻게 하면 이 귀신이 도망갈 것인가?'라고 말이다. 이와 같이 하여 그 귀신은 마왕의 신력으로 도망갈 것이니라. 하지만 그 보살마하살은 다음과 같이 생각할 것이니라. '나의 위신력으로 이 귀신이 도망간 것이다'라고 말이다. 이 귀신이 마왕의 신력으로 도망간 것이라는 것을 그는 결코 알지 못할 것이니라. 그는 그 정도만의 노력으로 〔귀신이 도망가기를〕 열망할 것이니라. 그러한 열망을 가지며 그는 '나는 공양을 받을 만하고 올바르고 완전하게 깨달은 과거의 여래들에 의해 무상의 올바른 깨달음에 들 것이라고 예언된 자이다'라고 〔생각하며,〕 자신 이외의 다른 보살마하살들을 경멸하고 비웃으며 조롱하듯 말하고 비방하며 비난할 것이니라. 그는 그 정도만의 〔노력〕으로 더 많은 오만함을 생겨나게 하고 만들어 낼 것이니라. 오만함을 증가시키고 증대시킬 것이니라. 오만함을 옹호할 것이고, 오만함이 유지되게 만들 것이니라. 오만함을 강화시킬 것이며, 강력하게 만들어나갈 것이니라. 오만함을 일으킬 것이니라. 그러한 오만함으로 〔도를 넘은〕 건방짐으로 오만함과 건방짐으로 잘못된 오만함으로 자만심으로 그는 전지자성을 멀리할 것이니라. 무상(無上)의 불지(佛智)를, 자생지(自生智)를, 전지자의 불지를 멀리할 것이고, 무상의 올바른 깨달음을 멀리할 것이니라. 그는 다음과 같은 좋은 벗들, 〔즉〕 선법(善法)을 갖고 있는 광대한 신심(信心)을 갖고 있는 강한 의지로 무장하고 방편선교와 불퇴전의 법을 갖춘 보살마하살들을 보고는 자만심을 일으켜 경멸하며, 그러한 좋은 벗들을 섬기지도 경외하지도 〔그들에게 그 어떤 것도〕 묻지 않을 것이니라. 마왕에게 속박당할 것이며, 그에게는 성문의 경지나 독각의 경지가 기대되어질 것이니라. 수보리야, 이와 같은 진실한 선언으로 인해 마왕 파순은 〔대〕승(乘)에 오른지 얼마 되지 않은 보살마하살, 〔즉〕 신념이 적고 배움의 양이 적으며 반야바라밀다에 지켜지지 않으면서 방편선교(方便善巧)를 결여한 그가 무상의 올바른 깨달음에 〔들지 못하도록〕 방해할 것이니라. 수보리야, 이 또한 보살마하살에 대한 마왕의 소행으로 알려져야 할 것이니라.

마왕의 소행 (2)

《 02 》 수보리야, 게다가 보살마하살에게는 이름의 언급으로도 마왕의 소행이 될 것이니라. 수보리야, 어떻게 하여 보살마하살에게는 이름의 언급만으로도 마왕의 소행이 되는 것일까? 수보리야, 이 세간에서는 이름의 언급으로도 이름에 의존하는 것만으로도 마왕 파순은 보살마하살에게 접근할 것이니라. 다른 어떤 모습으로 〔변장하여〕 접근한 후 마왕은 다음과 같이 말할 것이니라. '당신은 공양을 받을 만하고 올바르고 완전하게 깨달은 과거의 여래들에 의해 무상의 올바른 깨달음에 들 것이라고 예언된 자이다. 그 이유는 무엇일까? 이것이 당신을 부르는 명칭이기 때문이다. 이것이 당신의 어머니를 부르는 명칭이다. 이것은 당신의 아버지를 부르는 명칭이다. 이것은 당신의 형제를 부르는 명칭이다. 이것은 당신의 자매를 부르는 명칭이다. 이것은 당신의 친구, 가족, 친척, 혈족들을 부르는 명칭이다'라며, 7대(代)에까지 이르는 조모와 조부 양편(兩便)의 이름을 〔강한 어조로〕 이야기할 것이니라. 〔또한〕 '당신은 그 장소에서 태어났다. 당신은 그 고장이나 마을, 그 도시 혹은 시장에서 태어났다'라고 〔말할 것이니라.〕

보살마하살이 본성적으로 온화하다면, 〔마왕은〕 그에게 다음과 같이 말할 것이다. '당신은 과거에도 온화했다'라고 〔말할 것이며〕, 그가 본성적으로 예민한 감각을 갖고 있다면, 그로 인해 〔마왕은〕 다음과 같이 말할 것이다. '과거에도 당신은 예민한 감각을 가진 자였다'라고 〔말할 것이다.〕 보살마하살이 숲에서 거주하는 사람이라면, 탁발로 생활하는 사람이라면, 〔쓰레기 더미에서 얻은〕 누더기를 입는 사람이라면, 〔중식〕 이후에는 음식을 먹지 않는 사람이라면, 한자리에서〔만 음식을 먹는〕 사람이라면, 그 어떤 잠자리도 마다하지 않는 사람이라면, 세 벌의 가사(袈裟)만을 갖고 있는 사람이라면, 묘지에 살거나 자주 방문하는 사람이라면, 나무 밑[樹根]에서 명상하는 사람이라면, 앉은 자세로 잠자는 사람이라면, 평지에서 생활하는 사람이라면, 허름한 옷만 입는(但持毳衣)다면, 욕망이 적고 쉽게 만족하며 은둔해있는 초연한 사람이라면, 발에 기름칠을 하지 않는 〔검소한〕 사람이라면, 온화하게 말하며 말을 아끼는 사람이라면, 그에게 마왕 파순은 바로 현세(現世)의 공덕을 빗대어 〔다음과 같이〕 언급할 것이다. '과거에도 당신은 이런저런 공덕을 갖춘 자였다. 당신은 무상의 올바른 깨달음에 들 것이라고 보살의 경지에서 불퇴전한다고 공양을 받을 만하고 올바르고 완전하게 깨달은 과거의 여래들에 의해 결정된 예언된 자였다. 그 이유는 무엇일까? 당신에게는 〔위에서 열거한〕 청정한 행자(行者), 즉 두타(頭陀)의 공덕들이 존재하기 때문이다. 분명 당신은 과거에도 바로 이와 같은 두타의 공덕들을 갖춘 자였다'라고 말이다. 이와 같은 방식으로 보살마하살은 과거의 이름을 언급하는 것과 과거의 이름에 의존하는 것, 그리고 현재 청정한 행자, 즉 두타의 공덕과 엄격한 절제를 통해 〔헛된〕 자만을 일으킬 것이니라. 그에게는 다음과 같은 생각이 들 것이니라. '내게 그러한 공덕들이 존재하기에 나는 무상의 올바른 깨달음에 들 것이라고 공양을 받을 만하고 올바르고 완전하게 깨달은 과거의 여래들에 의해 예언된 것이라'라고 말이다. 마왕 파순 또한 그에게 다음과 같이 말할 것이다. '당신은 무상의 올바른 깨달음에 들 것이라고 공양을 받을 만하고 올바르고 완전하게 깨달은 과거의 여래들에 의해 예언된 불퇴전의 보살마하살이다. 그 이유는 무엇일까? 당신에게는 그와 같은 두타의 공덕들이 존재하기 때문이다'라고 말이다. 수보리야, 게다가 마왕 파순은 어떤 때에는 비구의 모습으로 보살마하살에게 접근할 것이니라. 어떤 때는 비구니의 모습으로, 어떤 때는 우바새(優婆塞)의 모습으로 어떤 때는 우바이(優婆夷)의 모습으로 어떤 때는 바라문의 모습으로 어떤 때는 가장(家長)의 모습으로 어떤 때는 어머니의 모습으로 어떤 때는 아버지의 모습으로 어떤 때는 형제의 모습으로 어떤 때는 자매의 모습으로 어떤 때는 친구, 가족, 친척, 혈족들의 모습으로 그에게 접근할 것이고, 접근하고는 다음과 같이 말할 것이니라. '당신은 무상의 올바른 깨달음에 들 것이라고 공양을 받을 만하고 올바르고 완전하게 깨달은 과거의 여래들에 의해 예언된 불퇴전의 보살마하살이다. 그 이유는 무엇일까? 당신에게는 불퇴전의 보살마하살들이 갖는 공덕들, 즉 두타의 공덕들이 있기 때문이다'라고 말이다. 수보리야, 하지만 불퇴전의 보살마하살이 갖는 공덕들, 〔즉〕 성향·특성·근거들은 그에게는 존재하지 않을 것이니라. 수보리야, 이 보살마하살은 다른 보살마하살들에 의해 '아! 이 보살마하살은 마왕에 의해 지배되어 있다'라고 알려져야 할 것이니라. 그 이유는 무엇일까? 불퇴전의 보살마하살이 갖는 성향·특성·근거들이 그에게는 존재하지 않을 것이기 때문이니라. 수보리야, 게다가 그러한 보살마하살은 〔앞서 언급한〕 이름에 의존하여 자만심을 일으킬 것이니라. 자만심을 일으킨 후 오만함에 압도당한 그는, 〔거짓된〕 옹호에 눈이 먼 자로서 마왕의 신력에 압도당한 그는 다른 보살마하살들을 경멸하고 비웃으며 조롱하듯 말하고 비방하며 비난할 것이니라. 수보리야, 이 또한 보살마하살의 이름의 언급에 따른 마왕의 소행으로 알려져야 할 것이니라.

마왕의 소행 (3)

❰ **03** ❱ 수보리야, 이름의 언급과 이름에 대한 예언 〔또한〕 보살마하살은 마왕의 소행이라고 알아야 할 것이니라. 수보리야, 어떻게 하여 보살마하살의 이름의 언급과 이름에 대한 예언 〔또한〕 마왕의 소행으로 알려져야 하는 것일까? 수보리야, 이 세간에서 마왕 파순은 비구의 모습으로 〔변장하여〕 보살마하살에게 접근한 후 다음과 같이 말할 것이니라. '무상의 올바른 깨달음을 터득했을 때 당신을 부르는 명칭은 이와 같을 것이다'라고 말이다. 즉 〔마왕은 보살마하살이〕 '아! 무상의 올바른 깨달음을 터득할 때 내게는 이와 같은 명칭이 부여될 것이다' 라는 마음으로 〔그러한 명칭을〕 기대하고 추측하며 숙고하길 바라면서, 바로 그러한 명칭을 예언할 것이니라. 이러한 〔상황〕에서 어리석고 방편선교를 갖추지 않은 보살에게는 다음과 같은 생각이 들 것이니라. '내가 기대하고 추측하며 숙고한 명칭대로, 그 비구가 그렇게 언급한 것처럼, 아! 무상의 올바른 깨달음을 터득할 때, 내게는 그와 같은 명칭이 부여될 것이다'라고 말이다. 그 보살은 자신이 생각한 명칭을 마왕 파순이나 마왕계의 신들, 혹은 마왕에 의해 만들어지고 지배된 비구가 〔강한 어조로〕 이야기한 명칭, 이 두 개의 명칭을 비교한 후 그는 '내가 생각한 대로 나의 명칭은 그 비구가 언급한 명칭과 같다. 나는 공양을 받을 만하고 올바르고 완전하게 깨달은 과거의 여래들에 의해 무상의 올바른 깨달음에 들 것이라는 명칭으로 예언된 자이다'라고 생각할 것이니라. 수보리야, 내가 이야기한 불퇴전의 보살마하살이 갖는 성향·특성·근거들은 그에게는 존재하지 않을 것이니라. 이러한 것

들을 결여한 그는 이름의 언급과 이름에 대한 〔마왕의 그러한〕 예언으로 〔헛된〕 자만을 일으킬 것이니라. 헛된 자만심을 일으킨 후 그는 〔다음과 같이 말하며〕 자신과 다른 보살마하살들을 경멸할 것이다. '무상의 올바른 깨달음에 들 것이라고 예언된 자는 그들이 아닌 〔바로〕 나이다'라며 말이다. 이와 같이 오만함으로 〔도를 넘은〕 건방짐으로 오만함과 건방짐으로 잘못된 오만함으로 자만심으로 자신과 다른 보살마하살들을 경멸하는 그는 전지자성을 멀리할 것이니라. 무상(無上)의 불지(佛智)를 멀리할 것이니라. 반야바라밀다에 지켜지지 않고 방편선교와 좋은 벗이 없으며 나쁜 벗들에 둘러싸인 그에게는 성문의 경지나 독각의 경지, 이 둘 가운데 한쪽이 기대되어져야 할 것이니라. 또한 〔그 보살이〕 오랫동안 〔그것도〕 매우 오랫동안 〔시간을〕 보내며 생사를 경험한 후 바로 이 반야바라밀다에 의존하여 무상의 올바른 깨달음을 깨닫기 바라더라도, 그가 좋은 벗들에 접근하거나 반복적으로 다가가더라도, 〔새로운〕 육신을 얻음으로써 이전의 〔오만한〕 발심들을 탓하고 토해내며 혐오하고 포기하며 참회하더라도, 불타의 경지를 얻기란 그에게 〔매우〕 어려운 일일 것이니라. 그 이유는 무엇일까? 수보리야, 이 보살마하살에게는 오만함으로 인한 죄의 정도가 더 무겁기 때문이니라. 수보리야, 이는 마치 성문의 경지에서 성문승의 비구에게 4종의 중한 근본적인 죄들이 존재하며, 그 가운데 어떤 죄를 저지른다면, 그는 비구가 되지 못하며 사문(沙門)이 되지 못하며 불제자가 되지 못하는 것과 같으니라. 오만의 마음, 즉 이름의 언급으로 다른 보살마하살을 경멸하여 생겨나는 악한 발심, 이것은 4종의 죄들보다 더 무거운 죄이니라. 이 발심은 4종의 죄들보다 더 무거운 〔죄악의〕 발심이라고 알려져야 할 것이니라.

❰ **04** ❱ 수보리야, 4종의 중한 근본적인 죄들은 말할 것도 없느니라. 수보리야, 이러한 발심, 즉 이름의 언급으로 생겨나는 오만의 발심은 연속적〔으로 발생하는〕 5종의 대죄들보다 더 무거운 죄이니라. 이 발심은 5종의 대죄들보다 더 무거운 〔죄악의〕 발심이라고 알려져야 할 것이니라. 수보리야, 그러한 이름의 언급만으로도 미묘하고 미묘한 마왕의 소행들이 발생될 것이니라. 보살마하살은 이러한 소행들을 인지하고 다른 이들에게 이해시켜야 할 것이며, 인지한 후 물리쳐야 할 것이니라.

마왕의 소행 (4)

❰ **05** ❱ 수보리야, 게다가 마왕 파순은 이탈의 공덕으로 보살마하살에게 접근한 후 그를 비난하고 상기시킬 것이니라. 수보리야, 어떻게 하여 마왕 파순은 이탈의 공덕으로 보살마하살에게 접근한 후 그를 비난하고 상기시키는 것일까? 수보리야, 마왕 파순은 보살마하살에게 접근할 것이고, 접근한 후 〔그에게〕 다음과 같이 말할 것이니라. '여래는 이탈을 찬미하기에, 〔보살마하살은〕 숲, 산림, 〔쪼개져 생긴〕 산중의 동굴, 묘지, 짚더미〔가 쌓여있는 곳〕 등의 〔장소들〕에서 머물러야 할 것이다'라고 말이다. 수보리야, 그러나 나는 그와 같은 종류의 은둔지들, 즉 숲에서 사는 고립된 주거(住居), 공동체에서 분리되거나 이탈된 산림, 〔쪼개져 생긴〕 산중의 동굴, 묘지, 짚더미〔가 쌓여있는 곳〕 등과 같은 다양한 〔장소들〕에 대해 말하지 않느니라."

이탈의 공덕

06 수보리가 여쭈었다.

"세존이시여, 보살마하살이 숲에서 사는 고립된 주거(住居)〔를 취하지 않는다면〕, 공동체에서 분리되거나 이탈된 산림, 〔쪼개져 생긴〕 산중의 동굴, 묘지, 짚더미〔가 쌓여있는 곳〕 등과 같은 다양한 〔장소들〕에서 거주하지 않는다면, 그에게는 이와는 다른 그 어떤 이탈이 존재하는 것입니까? 세존이시여, 보살마하살의 다른 이탈은 어떠한 양상의 것입니까?"

세존께서 수보리 장로에게 다음과 같이 대답하셨다.

"수보리야, 〔어떤〕 보살마하살이 성문과 연관된 〔정신〕집중에서 이탈되어 있다면, 독각과 연관된 〔정신〕집중에서 이탈되어 있다면, 그 보살마하살은 이탈되어 머물러 있는 것이니라. 마을의 변두리에 거주하더라도 반야바라밀다와 방편선교에 지켜지는 자는 모든 중생을 향한 자애와 대자비〔란 마음〕의 상태에 머물 것이니라. 이러한 상태에 머무는 그는 바로 이탈되어 머물러 있는 것이니라. 수보리야, 더욱이 보살마하살이 내가 말한 성문과 독각에 연관된 〔정신〕집중에서의 이탈, 이러한 이탈〔의 상태〕에 머물며 주야로 시간을 보낸다면, 그는 이탈되어 머무는 것이니라. 만약 보살마하살이 숲, 산림, 〔쪼개져 생긴〕 산중의 동굴, 묘지와 같은 장소들에서 그러한 이탈의 상태에 머문다면, 그 보살마하살은 이탈되어 머무는 것이니라. 수보리야, 〔하지만〕 마왕 파순이 〔보살마하살에게〕 이탈이라고 보여줄 숲, 산림, 〔쪼개져 생긴〕 산중의 동굴, 묘지와 같은 장소들에 머무는 것, 이와 같은

〔단순한〕 이탈〔의 상태에 머무는〕 보살마하살은 성문과 독각에 연관된 〔정신〕집중과 섞이게 되고, 반야바라밀다에 열중하지 않는 그는 전지자의 불지(佛智)를 성취하지 못하느니라. 이와 같이 섞임의 상태에 머물며 청정하지 않은 〔정신〕집중에 머무는 그는 몸·말·마음의 행위가 청정하지 않은 상태에 이르게 될 것이니라. 몸·말·마음의 행위가 청정하지 않은 그는, 자신과 달리, 마을의 변두리에 거주하며 성문과 독각에 연관된 〔정신〕집중과 섞이지 않고 지혜 방편 대자비의 상태에 머무는 다른 보살마하살들을 경멸할 것이니라. 숲에 머물더라도 몸·말·마음의 행위가 청정하지 않은 그는 바로 섞임의 상태에 머물게 되고, 이탈〔의 상태〕에 머물지 못하게 되느니라. 지혜 방편 대자비의 상태에 머물고 마을의 변두리에 거주하며 청정한 몸·말·마음의 행위를 의도하고 성문이나 독각과 연관된 〔정신〕집중에서 이탈되어 성문이나 독각과 연관된 〔정신〕집중과 섞이지 않은 자들을 경멸하는 한, 그는 명상[禪定], 〔정신〕집중[三昧], 정신통일[等持], 해탈, 신통을 얻는 자가 되지 못할 것이니라. 그는 이러한 수행들을 완수하지 못할 것이니라. 그 이유는 무엇일까? 그에게는 방편선교가 없기 때문이니라.

비유

07 수보리야, 또한 보살마하살은 〔거리가〕 백 유순(由旬) 정도인 삼림(森林)에 머물 것이니라. 맹수 야생동물 새들의 무리가 없으며, 작은 생명체 야생동물 맹수들 야차(夜叉)·나찰(羅刹)이 우글거리지도 않

고, 도적이 들끓는 황야의 두려움과 공포가 엄습하지 않는, 그러한 삼림(森林)〔지역〕에 머물 것이니라. 일 년 〔동안〕 백 년 〔동안〕 천 년 〔동안〕 십만 년 〔동안〕 천만 년 〔동안〕 십억 년 〔동안〕 백억 년 〔동안〕 십조 년 〔동안〕 셀 수 없을 정도로 수많은 시간 〔동안〕, 혹은 그 이상의 시간 〔동안 머물 것이니라〕. 〔그렇게 오랜 시간 동안 머물러도〕 그는, 강한 의지로 나아가고 무장한 보살마하살이 머물러야 한다고 내가 보여준 이탈〔의 상태〕를 알지 못할 것이니라. 방편선교를 갖추지 못한 보살마하살은 이탈〔의 상태〕를 제대로 알지 못하며 가장 동떨어진 삼림〔지역〕에 머물고 있는 것이니라. 그는 이러한 〔유사〕 이탈에 의존하고 집착하며 〔사로〕잡혀 있는 자로서 거기에 몰두하고 있는 것이니라. 수보리야, 이 정도로는 그는 결코 나의 마음을 만족시키지 못하고 있는 것이니라. 그 이유는 무엇일까? 수보리야, 내가 이야기한 보살마하살들의 이탈〔의 상태〕, 그곳에 머무는 자는 그와 같은 〔유사〕 이탈〔의 상태〕에 존재하지 않기 때문이니라.

〔그러나〕 마왕 파순은 〔유사 이탈에 머무는〕 그에게 접근한 후 공중에 허공(虛空)에 머물며 다음과 같이 말할 것이니라. '대단하다. 선남자여, 〔참으로〕 대단하다. 이것은 여래가 말한 보살마하살들의 이탈이다. 선남자여, 당신은 바로 이러한 이탈〔의 상태〕에 머물러야 한다! 이와 같이 한다면, 당신은 조속히 무상의 올바른 깨달음을 터득할 것이다'라고 말이다. 〔이 말은 들은〕 그는 은둔지인 삼림 지역에서 나와 마을로 들어간 뒤 자신과 다른 보살마하살들, 숙련된 비구들, 〔즉〕 금욕을 수행하고, 선법(善法)을 갖추고 있으며, 성문 독각과 연관된 〔정신〕집중과 섞이지 않고 몸·말·마음의 행위가 청정한 상태로

살아가는 그들을 경멸할 것이니라. 〔그러고는〕 그는 다음과 같이 말할 것이다. '아! 이 장로들은 이탈의 상태가 아닌 섞임의 상태에 머물고 있다. 아! 이 장로들은 이탈의 상태가 아닌 분산된 〔마음의〕 상태에 머물고 있다'라고 말이다. 이탈의 상태에 머무는 보살마하살들을 섞임의 상태, 분산된 〔마음의〕 상태에 머문다며 비난할 것이니라. 그는 섞임의 상태에 머무는 자들이 이탈의 상태에 머문다며 행동할 것이고, 그들에 대해 존경〔의 마음〕을 일으킬 것이니라.

하지만, 〔정작〕 존경〔의 마음〕이 일으켜져야 할 때 그는 오만함을 일으킬 것이니라. 그 이유는 무엇일까? 수보리야, 그는 '귀신들이 나를 선동하고 있다. 귀신들이 내게 상기시키고 있다. 내가 머무는 〔이탈의〕 상태, 이것이 〔진정한 이탈의〕 상태이다. 마을의 변두리에 머무는 그 어떤 자라도 귀신들이 선동할 것이며, 마을의 변두리에 머무는 그 어떤 자라도 귀신들이 상기시킬 것이다'라고 〔말하며,〕 보살승에 오른 자들을 경멸할 것이니라. 수보리야, 이러한 자는 보살들 중에서 비루한 전다라(旃陀羅) 보살로 알려져야 할 것이니라. 보살의 명성을 실추시키는 자로 알려져야 할 것이니라. 보살인 체 하는 자로 알려져야 할 것이니라. 모조된 보살로 알려져야 할 것이니라. 찌꺼기와 같은 보살로 알려져야 할 것이니라. 출가승의 모습으로 〔변장한〕 도적이니라. 보살승에 오른 사람들 가운데 섞여 있는 도적이며, 신들을 포함한 세간의 도적이니라. 수보리야, 게다가 그런 부류의 사람들은 섬겨지지도 추종되지도 〔그 어떤〕 질문도 받지 않는 자이니라. 그 이유는 무엇일까? 그와 같은 사람들은 오만에 빠진 자들이라 알려져 있기 때문이니라. 또한 기력이 약하고 〔대〕승에 오른 지 얼마 되지 않은 자들에게 타락의 악을 행할 것이기 때문이니라. 청정한 법을 갖고 있지 않은 자들이라 알려져 있기 때문이니라. 성스럽지 않은 자들이라 알려져 있기 때문이니라. 성스러운 법을 갖고 있지 않은 자들이라 알려져 있기 때문이니라.

수보리야, 모든 유정을 포기하지 않은, 전지자성을 포기하지 않은, 무상의 올바른 깨달음을 포기하지 않은, 〔강한〕 신념으로 무상의 올바른 깨달음을 터득하기 바라는 보살마하살은 그와 같은 부류의 사람들을 섬기지도 추종하지도 〔그에게 어떤〕 질문도 하지 않아야 할 것이니라. 수보리야, 더욱이, 〔보살마하살은〕 모든 유정에게 복리(福利)를 〔주기〕 위해 일어나야 할 것이며, 앞서 언급한 것들을 포함한 마왕이 저지른 그 밖의 소행들을 알아차리기 위해 항상 긴장하는 마음을 가져야 할 것이고, 모든 유정에게 〔아직〕 획득하지 못한 도를 보여주기 위해 두려움의 마음으로 가득 찬 삼계〔의 상태〕와 섞이지 않아야 할 것이니라. 그곳에서도 자애와 자비를 보여주며, 대자비와 연민을 일으키고, 올바르게 수행한 유정들을 향해 환희 가득한 마음으로, 법성을 인식하지 않음으로, 법들에 대해 편향되지 않는 마음을 갖으며 〔보살마하살은〕 다음과 같은 마음을 일으켜야 할 것이니라. '마왕이 저지른 그 모든 소행의 악의(惡意)들이 어디든 언제든 결단코 존재하지 않도록, 일어나지 않도록, 조속히 사라지도록 나는 노력할 것이며, 이와 같이 되도록 수련할 것이다'라고 말이다. 이 또한 보살마하살들에게 자각된 당찬 매진으로 알려져야 할 것이니라. 수보리야, 이것 또한 이탈의 공덕으로 〔저질러진〕 마왕의 소행으로 알려져야 할 것이니라."

성스러운 팔천송반야경에서 '마왕의 소행'으로 불리는 스물한 번째 장

제 22 장

좋은 벗〔善友〕

◉

कल्याणमित्रपरिवर्तो द्वाविंशतितमः

좋은 벗인 6바라밀다

01 세존께서 수보리 장로에게 다음과 같이 말씀하셨다.

"수보리야, 이 세간에서 강한 의지로 나아가고 무상의 올바른 깨달음을 터득하기 바라는 보살마하살은 처음부터 좋은 벗들을 섬기고 추종하며 그들에게 질문을 던져야 할 것이니라"

수보리 장로가 여쭈었다.

"세존이시여, 강한 의지로 나아가고 무상의 올바른 깨달음을 터득하기 바라는 보살마하살이 처음부터 섬기고 추종하며 질문을 던져야 할 좋은 벗들은 어떠한 자들이라고 알려져야 하는 것입니까?"

세존께서 수보리 장로에게 다음과 같이 말씀하셨다.

"수보리야, 불타세존들, 그리고 보살마하살을 〔6〕바라밀다로 교화하고 교도하며, 그에게 반야바라밀다를 가르치고 보여주는, 보살의 도(道)에 정통한 불퇴전의 보살마하살들, 수보리야, 바로 이러한 자들이 보살마하살의 좋은 벗들로 알려져야 할 것이니라. 수보리야, 반야바라밀다가 실로 보살마하살의 좋은 벗으로 알려져야 할 것이니라. 수보리야, 6바라밀다 그 모두가 보살마하살의 좋은 벗들로 알려져야 할 것이니라. 6바라밀다는 스승이니라. 6바라밀다가 도이니라. 6바라밀다는 〔등〕불이니라. 6바라밀다는 광명(光明)이니라. 6바라밀다는 보호소(保護所)이니라. 6바라밀다는 대피소이니라. 6바라밀다는 안식처이니라. 6바라밀다는 최종목적지이니라. 6바라밀다는 〔고해(苦海)에 떠 있는〕 세간의 섬이니라. 6바라밀다는 어머니이니라. 6바라밀다는 아버지이니라.

6바라밀다는 지식과 깨달음, 그리고 무상의 올바르고 완전한 깨달음으로 이끄느니라. 그 이유는 무엇일까? 수보리야, 여기, 6바라밀다에서 반야바라밀다가 완성되기 때문이니라. 수보리야, 과거에 무상의 올바르고 완전한 깨달음을 터득한 후 열반에 든 공양을 받을 만하고 올바르게 깨달은 여래들, 그 불타세존들의 전지자성은 〔바로〕 여기, 즉 6바라밀다에서 나온 것이니라. 수보리야, 미래에서 무상의 올바르고 완전한 깨달음을 깨달을 공양을 받을 만하고 올바르게 깨달은 여래들, 그 불타세존들의 전지자성도 〔바로〕 여기, 즉 6바라밀다에서 나온 것이니라. 수보리야, 현재 무량무수하며 무한하고 불가사의한 세간들에 머물며 〔사람들의 마음에〕 새겨지고 〔보살마하살들을〕 앞으로 나아가게 하며 법을 가르치는, 무상의 올바르고 완전한 깨달음을 터득하고 있는 공양을 받을 만하고 올바르게 깨달은 여래들, 그 불타세존들의 전지자성 또한 〔바로〕 여기, 즉 6바라밀다에서 나온 것이니라.

수보리야, 나 또한 공양을 받을 만하고 올바르게 깨달은 여래로서 현재 무상의 올바르고 완전한 깨달음을 터득하고 있는 나의 전지자성도, 수보리야, 실로 〔바로〕 여기 6바라밀다에서 나온 것이니라. 그 이유는 무엇일까? 수보리야, 37개의 보리분법(菩提分法)이 6바라밀다에 포함되어 있기 때문이니라. 〔이 밖에도〕 4범주(四梵住), 자(慈)·비(悲)·희(喜)·사(捨)의 4무량심(四無量心), 〔중생의 마음을〕 섭수(攝受)하는 사섭법(四攝法), 더 나아가 불타의 법, 불타의 지식, 자생지(自生智), 불가사의한 지식, 비교 불가의 지식, 무량의 지식, 무수의 지식, 〔그 어떤 것과도〕 같지 않은 지식, 유일무이의 지식, 전지자의 불지(佛智)에 이르기까지 이 모든 것이 6바라밀다에 포함되어 있기 때문이니라. 수보리야, 그렇기에 6바라밀다가 바로 보살마하살의 좋은 벗들로 알려져야 할 것이니라. 6바라밀다는 스승이니라. 6바라밀다는 도이니라. 6바라밀다는 등불이니라. 6바라밀다는 광명(光明)이니라. 6바라밀다는 보호소(保護所)이니라. 6바라밀다는 대피소이니라. 6바라밀다는 안식처이니라. 6바라밀다는 최종목적지이니라. 6바라밀다는 〔고해(苦海)에 떠 있는〕 세간의 섬(피신처)이니라. 6바라밀다는 어머니이니라. 6바라밀다는 아버지이니라. 6바라밀다는 무상의 올바르고 완전한 깨달음의 터득을 위해 지식과 깨달음, 그리고 전지자성으로 이끄느니라. 보살마하살이 6바라밀다에서 수련할 때, 그는 모든 유정에게, 보은(報恩)〔의 생각〕을 하지 않는 사람들에게도 은혜를 베푸는 것이 되느니라. 수보리야, 6바라밀다에서 수련하기 바라는 보살마하살은 바로 이 반야바라밀다를 들으며 습득하고 마음에 새기며 낭송하고 통달하며 널리 퍼트리고 가르치며 보여주고 알리며 되새겨야 할 것이니라. 의미와 법의 측면에서, 정도(正道)의 측면에서, 반야바라밀다를 성찰하고 인지하며 이에 관해 묻고 질문을 던져야 할 것이니라. 그 이유는 무엇일까? 반야바라밀다가 나머지 다섯 개의 바라밀다들보다 앞서며, 〔이것들을〕 안내하고 이끌며 교시(教示)하고 관장하는 생모이자 유모(乳母)이기 때문이니라. 〔또 다른〕 이유는 무엇일까? 반야바라밀다를 제외한 〔나머지〕 5종의 바라밀다들은 〔사실〕 알려져 있지도 바라밀다라는 명칭을 얻지도 못하기 때문이니라. 수보리야, 그렇기에 타인에게 이끌리지 않는 상태에 들어가거나 머물고 싶은 보살마하살은 바로 여기 반야바라밀다에서 수련해야 할 것이니라."

반야바라밀다의 특성

(02) 수보리가 여쭈었다.

"세존이시여, 반야바라밀다는 어떤 특성이 있는 것입니까?"

세존께서 수보리 장로에게 다음과 같이 대답하셨다.

"수보리야, 반야바라밀다는 무-집착〔의 특성〕을 갖고 있느니라."

수보리가 여쭈었다.

"세존이시여, 반야바라밀다에 존재하는 무-집착의 특성, 바로 그 무-집착의 특성이 제법〔에도〕 존재하는 것입니까?"

세존께서 말씀하셨다.

"그러하다. 수보리야, 그러하느니라. 반야바라밀다에 존재하는 무-집착의 특성, 바로 그 무-집착의 특성이 제법〔에도〕 존재하는 것이니라. 그 이유는 무엇일까? 수보리야, 제법은 〔실세계에서〕 이탈되어 있기 때문이니라. 수보리야, 제법은 공(空)하기 때문이니라. 수보리야, 그렇기에 반야바라밀다가 〔실세계에서〕 이탈되고 공하게끔 만드는 바로 그 무-집착의 특성을 통해 제법〔도 실세계에서〕 이탈되어 있고 공한 〔상태에 있는〕 것이니라."

유정의 오염과 청정함

수보리 장로가 여쭈었다.

"세존이시여, 제법이 〔실세계에서〕 이탈되어 있는 것이라면, 제법이 공한 것이라면, 세존이시여, 유정들의 오염은 어떻게 알려져야 하는 것입니까? 세존이시여, 유정들의 청정함은 어떻게 알려져야 하는 것입니까? 세존이시여, 〔실세계에서의〕 이탈은 오염되지 않는 것입니다. 세존이시여, 이탈은 청정하게 되지 않는 것입니다. 세존이여, 공함은 오염되지 않는 것입니다. 세존이시여, 공함은 청정하게 되지 않는 것입니다. 세존이시여, 이탈이나 공함은 무상의 올바르고 완전한 깨달음을 터득하지 않는 것입니다. 세존이시여, 무상의 올바르고 완전한 깨달음을 깨달은, 깨달을, 깨닫고 있는 〔그러한〕 제법은 공성에서 벗어난 다른 곳에서 인식되지 않는 것입니다. 세존이시여, 우리는 〔과연〕 어떻게 이 말의 의미를 이해해야 하는 것일까요? 세존이시여, 가르쳐주소서! 선서이시여, 가르쳐주소서!"

유정의 자아와 소유에 대한 관념

세존께서 수보리 장로에게 다음과 같이 되물으셨다.

"너는 어떻게 생각하느냐? 유정들은 오랫동안 자아의 관념에 소유의 관념에 사로잡혀 왔더냐?"

수보리가 대답했다.

"세존이시여, 그러합니다. 선서이시여, 그러합니다. 유정들은 오랫동안 자아의 관념에 소유의 관념에 사로잡혀 왔습니다."

세존께서 물으셨다.

"너는 어떻게 생각하느냐? 수보리야, 자아와 소유에 대한 관념은 공한 것이더냐?"

수보리 장로가 대답했다.

"세존이시여, 공합니다. 선서이시여, 공한 것입니다."

세존께서 말씀하셨다.

"너는 어떻게 생각하느냐? 수보리야, 유정들은 자아와 소유에 대한 관념으로 인해 윤회〔의 세계〕에서 유전(流轉)하고 있는 것이 아니더냐?"

수보리가 대답했다.

"세존이시여, 그러합니다. 선서이시여, 그러합니다. 유정들은 자아와 소유에 대한 관념으로 인해 윤회〔의 세계〕에서 유전하고 있는 것입니다."

세존께서 말씀하셨다.

"수보리야, 실로 다음과 같이 유정들의 오염이 알려지게 되는 것이니라. 유정들이 〔자기를〕 파악하고 〔자기에〕 집착한다면, 오염이 존재하〔게 되〕는 것이니라. 하지만 그 어떤 것도 오염되지 않느니라. 수보리야, 〔자기를〕 파악하지 않고 〔자기에〕 집착하지 않는다면, 자아의 관념과 소유의 관념〔에 따른 오염〕은 알려지지 않게 되는 것이니라. 수보리야, 실로 다음과 같이 유정들의 청정함이 알려지게 되는 것이니라. 유정들이 〔자기를〕 파악하고 〔자기에〕 집착하지 않는다면, 청정함이 존재하〔게 되〕는 것이니라. 하지만 〔그렇게 파악하고 집착한다면〕 그 어떤 것도 청정하게 되지 않느니라. 수보리야, 실로 이와 같이 수행하는 보살마하살이 반야바라밀다에 들게 되는 것이니라. 수보리야, 실로 이와 같이 제법이 이탈되고 제법이 공할 때, 유정들의 오염과 청정함이 알려지게 되는 것이니라."

수보리 장로가 아뢰었다.

"세존이시여, 제법이 〔실세계에서〕 이탈하고 제법이 공할 때, 유정들의 오염과 청정함이 알려지게 된다는 것은 참으로 경이롭습니다. 세존이시여, 이와 같이 수행하는 보살마하살이 반야바라밀다에 드는 것입니다. 실로 이와 같은 방식으로 수행하는 보살마하살이 물질·감각·표상·의욕·사유에 들지 않는 것입니다. 세존이시여, 이와 같이 수행하는 보살마하살은 신·인간·아수라를 포함하는 세간에 분쇄되지 않는 자입니다. 세존이시여, 이러한 방식으로 수행하는 보살마하살은 성문승이나 독각승에 오른 모든 사람의 수행을 압도하게 되고, 〔그에〕 압도되지 않는 경지를 얻게 되는 것입니다. 그 이유는 무엇일까요? 세존이시여, 불성·여래성·자생성·전지자성은 압도되지 않는 것들이기 때문입니다. 세존이시여, 보살마하살은 또한 〔정신〕집중과 반야바라밀다에 연관된 상태에 머물며 밤낮으로 시간을 보낸다면, 그는 무상의 올바르고 완전한 깨달음에 가까이 다가갈 것이며, 조속히 무상의 올바르고 완전한 깨달음을 터득할 것입니다."

세존께서 수보리 장로에게 다음과 같이 말씀하셨다.

"그러하다. 수보리야, 그러하느니라. 이와 같이 수행하는 보살마하살은 반야바라밀다에 들게 되는 것이니라. 수보리야, 이러한 방식으로 수행하는 보살마하살은 물질·감각·표상·의욕·사유에 들게 되지 않는 것이니라. 수보리야, 이와 같이 수행하는 보살마하살은 신·인간·아수라를 포함하는 세간에 분쇄되지 않는 자이니라. 수보리야, 이러한 방식으로 수행하는 보살마하살은 성문승이나 독각승에 오른 모든 사람의 수행을 압도하게 되고, 〔그에〕 압도되지 않는 경지를 얻게 되는 것이니라. 그 이유는 무엇일까? 수보리야, 불성·여래성·자생성·전지자성은 압도되지 않는 것들이기 때문이니라. 수보리야, 보살마하살은 또한 〔정신〕집중과 반야바라밀다에 연관된 상태에 머물며 밤낮으로 시간을 보낸다면, 그는 무상의 올바르고 완전한 깨달음에 가까이 다가갈 것이며, 조속히 무상의 올바르고 완전한 깨달음을 터득할 것이니라.

보살마하살의 복덕

03 수보리야, 만약 염부제에 존재하는 유정들, 그 모두가 동시에 인간의 육신을 얻고, 인간의 육신을 얻은 뒤 무상의 올바르고 완전한 깨달음을 향한 마음을 일으킨다면, 무상의 올바르고 완전한 깨달음을 향한 마음을 일으킨 후 일생을 〔그러한 상태에〕 머문다면, 일생을 〔그와 같이〕 머물고 일생을 모든 여래를 공양하고 공경하며, 경의(敬意)를 표하고 숭배하며, 찬송하고 존중한다면, 이와 같은 모든 유정에게 보시한다면, 그리고 이 보시를 무상의 올바르고 완전한 깨달음에 회향시킨다면, 너는 어떻게 생각하느냐? 수보리야, 이로 인해 그 보살마하살들은 많은 복덕을 얻겠더냐?"

수보리 장로가 대답했다.

"세존이시여, 많이 얻을 것입니다. 선서이시여, 많이 얻을 것입니다."

세존께서 말씀하셨다.

"수보리야, 보살마하살로서 하루 동안이라도 반야바라밀다와 연관된 정신집중에 머무는 선남자나 선여인이 그보다 더 많은 복덕을 얻느니라. 그 이유는 무엇일까? 수보리야, 보살마하살이 반야바라밀다와 연관된 〔정신〕집중에 〔머물며〕 밤낮으로 시간을 보내는 한, 그는 모든 유정의 공경을 받을 것이기 때문이니라. 그 이유는 무엇일까? 수보리야, 보살마하살에게 존재하는 자애가 수반된 마음은, 불타 세존들을 제외하고, 보살마하살이외의 다른 유정들에게는 존재하지 않기 때문이니라. 그 이유는 무엇일까? 수보리야, 여래들은 〔그 누구도〕 대항할 수 없는 자들이기 때문이니라. 수보리야, 여래들은 〔그 무엇과도〕 비교할 수 없는 자들이기 때문이니라. 수보리야, 공양을 받을 만하고 올바르게 깨달은 여래들은 불가사성(不可思性)의 법을 수반하는 자들이기 때문이니라.

선남자와 선여인의 복덕

❪ 04 ❫ 수보리야, 〔그런데〕 선남자나 선여인은 어떻게 복덕을 성취하는 것일까? 수보리야, 보살마하살은 마치 〔사형대에서〕 죽임을 당하는 모든 유정을 보게 하는 그러한 지혜를 갖추고 있는 자이니라. 그때 그는 대자비를 얻게 되고, 천안(天眼)으로 통찰하는 그는 무량, 무수, 무한에 달하는 측정이 불가능할 정도로 수많은 유정들이 대죄(大罪)를 범하는 것을 통찰하느니라. 그리고 〔불타의 가르침을 들을 수 없는〕 불우한 생, 즉 무가(無暇)를 얻은, 고뇌하는, 〔잘못된〕 관념의 그물에 가려진, 도를 얻지 못한 〔유정들을〕 보느니라. 〔다른 한편으로 불타의 가르침을

들을 수 있는〕 행운의 생, 즉 유가(有暇)를 얻었지만 행운의 생(生)을 반기지 않는 유정들도 보느니라. 그때 그에게는 작은 동요가 생겨나게 되느니라. 그는 모든 유정을 대자애와 대자비로 환하게 비춘 후 '나는 이 모든 유정의 수호자가 될 것이다. 나는 이 모든 유정을 모든 고통에서 해방시킬 것이다'라며 그들에게 주의를 기울이느니라. 그럼에도 그는 〔자신을〕 이런저런 특유상과 결부시키지 않는 〔지혜를 구비한〕 자이니라. 수보리야, 이는 무상의 올바르고 완전한 깨달음을 터득하는 보살마하살의 위대한 지혜의 광명이기도 하느니라. 수보리야, 이러한 〔광명〕의 상태에 머무는 보살마하살은 모든 세간의 공경을 받고, 무상의 올바르고 완전한 깨달음에서 퇴전하지 않는 것이니라.

반야바라밀다를 잘 섬기려는 마음을 구비한 자들은, 자선가와 시주(施主)들이 〔보시한〕 의복, 탁발을 위한 그릇, 침소(寢所), 좌소(座所), 의약품 등과 같은 용구들을 향수(享受)할 때, 그들의 공양품〔들〕을 정화시키느니라. 〔이로 인해〕 전지자성은 이 〔정화자〕들에게 가까이 다가가느니라. 수보리야, 그렇기에 보살마하살이 〔여러〕 지역〔들〕로부터 〔보시 받은〕 음식을 헛되지 않게 소비하기 바란다면, 모든 유정에게 도를 보여주기 바란다면, 광명(光明)을 만들어주기 바란다면, 윤회〔의 세계〕에 들어간 유정들을 윤회〔의 세계〕에서 해방시키기 바란다면, 모든 유정의 눈을 정화시키기 바란다면, 그는 반야바라밀다와 연관된 〔정신〕집중에 머물러야 할 것이니라. 이 〔정신〕집중에 머물기 바란다면, 그는 그 〔정신〕집중에 주의를 기울여야 할 것이니라. 그 이유는 무엇일까? 〔정신〕집중에 주의를 기울여야 한다고 생각하는 그에게 바로 그 〔정신〕집중이 생겨날 것이기 때문이니라. 그는 이와는 다른, 반야바라밀다를 결여한 〔정신〕집중에는 〔그 어떤〕 여지도 부여하지 않아야 할 것이니라. 그는 반야바라밀다와 연관된 〔정신〕집중으로 밤낮〔의 시간〕을 보낼 수 있도록 노력해야 할 것이니라.

비유

수보리야, 이는 마치 옥석에 관한 지식에 빠져 있는, 옥석의 종류에 대해 지식을 갖고 있는 어떤 사람이 전에 가져보지 못한 커다란 〔크기의〕 옥석을 얻는 것과 같으니라. 옥석을 얻은 후 그는 크고 방대한 기쁨과 환희에 차 있을 것이니라. 〔하지만〕 그는 다시 옥석을 잃어버릴 것이니라. 그로 인해 그는 커다란 고통과 절망에 빠질 것이고, 지속적으로 〔잃어버린〕 옥석과 연관된 〔정신〕집중만이 생겨날 것이니라. '아! 정녕 그 커다란 〔크기의〕 옥석이 내게 없구나!'라며, 똑같거나 다른 성질 다른 종류의 커다란 옥석을 얻기 전까지, 그자는 옥석을 잊지 못할 것이니라. 수보리야, 바로 이와 같은 방식으로 보살마하살도 반야바라밀다라는 대보를 잃게 되는 것이니라. 마치 대보를 잃고〔나서〕 대보라는 그 보물을 〔계속〕 의식하는 사람처럼, 〔그 또한〕 반야바라밀다에 대한 〔정신〕집중을 잃거나 결여하지 않고, 전지자성을 향한 마음으로, 〔잃어버린〕 반야바라밀다 또는 〔이것과는〕 다른 〔동종의〕 것이 얻어질 때까지, 〔계속〕 구해야 할 것이며, 반야바라밀다라는 대보의 획득에 필요한 〔정신〕집중을, 전지자성이라는 대보의 획득에 필요한 〔정신〕집중을 결여하지 않아야 할 것이니라."

정신집중의 무-결여

❪ **05** ❫ 수보리 장로가 여쭈었다.

"세존이시여, 모든 법과 모든 〔정신〕집중은 자성을 결여한 것이라고 공한 것이라고 세존께서 말씀하셨습니다. 〔그렇다면〕 세존이시여, 보살마하살은 어떻게 반야바라밀다와 연관된 〔정신〕집중, 전지자성과 연관된 〔정신〕집중을 결여하지 않고 있다는 것입니까?"

세존께서 수보리 장로에게 다음과 같이 대답하셨다.

"수보리야, 보살마하살이 '제법은 자성(自性)적으로 이탈되어 있는 것이다. 제법은 자성적으로 공한 것이다'에 〔정신을〕 집중시킨다면, 이와 같이 집중하는 그는 반야바라밀다와 연관된 〔정신〕집중, 전지자성과 연관된 〔정신〕집중을 결여하지 않고 있는 것이니라. 그 이유는 무엇일까? 수보리야, 반야바라밀다는 공한 것이며, 결코 증대하지도 감소하지도 않는 그런 것이기 때문이니라."

수보리 장로가 여쭈었다.

"세존이시여, 반야바라밀다는 공한 것이며, 결코 증대하지도 감소하지도 않는 것이라면, 세존이시여, 보살마하살은 어떻게 성장하지도 않는 반야바라밀다를 통해 깨달음에 이르게 되는 것입니까? 그는 어떻게 무상의 올바르고 완전한 깨달음을 터득하게 되는 것입니까?"

세존께서 수보리 장로에게 다음과 같이 대답하셨다.

"수보리야, 보살마하살은 반야바라밀다를 수행할 때, 보살마하살은 결코 증대하지도 감소하지도 않느니라. 수보리야, 반야바라밀다가 실로 공하며 증대하지도 감소하지도 않는 것처럼, 수보리야, 바로 보살마하살도 공하며 증대하지도 감소하지도 않는 것처럼, 수보리야, 반야바라밀다가 공하고 증대하지도 감소하지도 않기 때문에, 수보리야, 바로 보살마하살 또한 공하고 증대하지도 감소하지도 않는 것이니라. 그로 인해 보살마하살은 깨달음에 이르는 것이니라. 이와 같은 방식으로 그는 무상의 올바르고 완전한 깨달음을 터득하는 것이니라. 수보리야, 이와 같이 말해질 때, 보살마하살이 〔겁을 먹어〕 놀라지도 두려움에 떨지도 〔공포의〕 떨림에 빠지지 않는다면, 수보리야, 이 보살마하살은 반야바라밀다에 〔진정으로〕 든다고 알려져야 할 것이니라."

무생법인(無生法忍)

06 수보리 장로가 여쭈었다.

"세존이시여, 반야바라밀다는 반야바라밀다에 드는 것입니까?"

세존께서 대답하셨다.

"수보리야, 그렇지 않느니라."

수보리 장로가 여쭈었다.

"세존이시여, 반야바라밀다의 공성은 반야바라밀다에 드는 것입니까?"

세존께서 대답하셨다.

"수보리야, 그렇지 않느니라."

수보리 장로가 여쭈었다.

"세존이시여, 반야바라밀다의 공성에서 벗어난 곳에서 인식되는 어떤 법이 반야바라밀다에 드는 것입니까?"

세존께서 대답하셨다.

"수보리야, 그렇지 않느니라."

수보리 장로가 여쭈었다.

"세존이시여, 공성이 반야바라밀다에 드는 것입니까?"

세존께서 대답하셨다.

"수보리야, 그렇지 않느니라."

수보리 장로가 여쭈었다.

"세존이시여, 공성에서 인식되는 어떤 법이 반야바라밀다에 드는 것입니까?"

세존께서 대답하셨다.

"수보리야, 그렇지 않느니라."

수보리 장로가 여쭈었다.

"세존이시여, 공성이 공성에 드는 것입니까?"

세존께서 대답하셨다.

"수보리야, 그렇지 않느니라."

수보리 장로가 여쭈었다.

"세존이시여, 물질이 반야바라밀다에 드는 것입니까?"

세존께서 대답하셨다.

"수보리야, 그렇지 않느니라."

수보리 장로가 여쭈었다.

"세존이시여, 감각·표상·의욕·사유가 반야바라밀다에 드는 것입니까?"

세존께서 대답하셨다.

"수보리야, 그렇지 않느니라."

수보리 장로가 여쭈었다.

"세존이시여, 물질에서 벗어난 곳에서 인식되는 어떤 법이 반야바라밀다에 드는 것입니까?"

세존께서 대답하셨다.

"수보리야, 그렇지 않느니라."

수보리 장로가 여쭈었다.

"세존이시여, 감각·표상·의욕·사유에서 벗어난 곳에서 인식되는 어떤 법이 반야바라밀다에 드는 것입니까?"

세존께서 대답하셨다.

"수보리야, 그렇지 않느니라."

수보리 장로가 여쭈었다.

"세존이시여, 〔그렇다면〕 보살마하살은 어떻게 반야바라밀다에 드는 것입니까?"

세존께서 수보리 장로에게 다음과 같이 되물으셨다.

"수보리야, 너는 반야바라밀다에 드는 법을 〔바라〕보고 있는 것이더냐?"

수보리 장로가 대답했다.

"세존이시여, 그렇지 않습니다."

세존께서 물으셨다.

"수보리야, 너는 보살마하살이 드는 반야바라밀다를 〔바라〕보고 있는 것이더냐?"

수보리 장로가 대답했다.

"세존이시여, 그렇지 않습니다."

세존께서 물으셨다.

"너는 어떻게 생각하느냐? 수보리야, 너는 인식되지 않는 법, 그 법을 〔바라〕보고 있는 것이더냐?"

수보리 장로가 대답했다.

"세존이시여, 그렇지 않습니다."

세존께서 말씀하셨다.

"수보리야, 실로 이와 같이 〔하여〕 보살마하살에게는 그와 같은 제법 불생의 수용, 즉 무생법인(無生法忍)이 존재하는 것이니라. 수보리야, 이와 같은 수용을 갖춘 보살마하살이 무상의 올바르고 완전한 깨달음에 들 것이라고 예언되는 것이니라. 수보리야, 이것이 여래에게 있는 〔4〕무소외의 도(道)이며, 이를 수행하는 보살마하살이, 그와 같은 방식으로 수행하고 분투(奮鬪)하며 고투할 때, 무상의 올바르고 완전한 깨달음에 이르지 못한다는 것은 있을 수 없는 일이 되는 것이니라."

불생의 법성

07 수보리 장로가 여쭈었다.

"세존이시여, 제법에 존재하는 불생의 법성, 그것은 무상의 올바르고 완전한 깨달음에 들 것이라고 예언되는 것입니까?"

세존께서 대답하셨다.

"수보리야, 그렇지 않느니라."

수보리 장로가 여쭈었다.

"세존이시여, 〔그렇다면〕 무상의 올바르고 완전한 깨달음에 들 것이라고 예언되는 법은 어떠한 것입니까?"

세존께서 되물으셨다.

"수보리야, 너는 무상의 올바르고 완전한 깨달음에 들 것이라고 예언되는 법, 그 법을 〔바라〕보고 있는 것이더냐?"

수보리 장로가 대답했다.

"세존이시여, 그렇지 않습니다. 저는 무상의 올바르고 완전한 깨달음에 들 것이라고 예언된, 예언될, 예언되고 있는 법, 그 법을 〔바라〕보지 못합니다. 세존이시여, 또한 저는 깨달아지는, 깨달아져야 할, 깨달아지게 만들 법, 그 법도 〔바라〕보지 못합니다. 그 이유는 무엇일까? 세존이시여, 제법은 인식되지 않는 것이기에 제게는 '이 법이 깨달아진다. 이 법이 깨달아져야 할 것이다. 이것이 깨달아지게 만드는 법이다'라는 생각이 들지 않습니다."

성스러운 팔천송반야경에서 '좋은 벗[善友]'으로 불리는 스물두 번째 장

제 23 장

천제석 Ⅱ

◉

शक्रपरिवर्तस्त्रयोविंशतितमः

반야바라밀다의 심성(深性)

❰ **01** ❱ 그때 재차 천제석이 내려와 바로 그 법회에 동석(同席)했다. 그러고는 천제석이 세존께 아뢰었다.

"세존이시여, 반야바라밀다는 〔깊고〕 깊은 것입니다. 세존이시여, 반야바라밀다는 보기가 어렵고 이해하기가 어려운 것입니다."

세존께서 천제석에게 다음과 같이 말씀하셨다.

"교시가야, 그러하다. 교시가야, 그러하느니라. 교시가야, 반야바라밀다는 〔깊고〕 깊은 것이니라. 교시가야, 반야바라밀다는 보기 어려운 것이니라. 교시가야, 허공이 〔깊고〕 깊은 것이기에 반야바라밀다가 〔깊고〕 깊은 것이니라. 〔실세계에서〕 이탈된 것이기에 〔반야바라밀다는〕 보기 어려운 것이니라. 공성〔을 자성으로 갖고〕 있기에 반야바라밀다는 이해하기 어려운 것이니라."

유정의 복덕

천제석이 세존께 아뢰었다.

"세존이시여, 반야바라밀다를 듣고 들은 뒤〔에 이를〕 습득하고 마음에 새기며 낭송하고 통달하며 널리 퍼트리고 가르치며 보여주고 알리며 되새기고 기록하는 유정들은 열등한 선근을 갖춘 자들이 아닐 것입니다."

세존께서 천제석에게 다음과 같이 말씀하셨다.

"교시가야, 그러하다. 교시가야, 그러하느니라. 교시가야, 반야바라밀다를 듣고 들은 뒤〔에 이를〕 습득하고 마음에 새기며 낭송하고 통달하며 널리 퍼트리고 가르치며 보여주고 알리며 되새기고 기록하는 유정들은 열등한 선근을 갖춘 자들이 아니니라. 교시가야, 염부제에 존재하는 유정들에 이르기까지 그 모든 유정은 10선업도(十善業道)를 갖추고 있을 것이니라. 너는 어떻게 생각하느냐? 교시가야, 그 유정들은 그로 인해 많은 복덕을 얻겠더냐?"

천제석이 아뢰었다.

"세존이시여, 많이 〔얻을 것입니다〕. 선서이시여, 많이 〔얻을 것입니다〕."

선남자와 선여인의 복덕

세존께서 말씀하셨다.

"교시가야, 반야바라밀다를 듣고 들은 뒤〔에 이를〕 습득하고 마음에 새기며 낭송하고 통달하며 널리 퍼트리고 가르치며 보여주고 알리며 되새기고 기록하는 선남자나 선여인이 그보다 더 많은 복덕을 얻느니라. 교시가야, 앞서 〔언급한〕 지계(持戒)에 기반을 두어 염부제 유정들이 얻는 복덕의 양은 반야바라밀다를 듣고 들은 뒤에 〔이를〕 습득하고 마음에 새기며 낭송하고 통달하며 널리 퍼트리고 가르치며 보여주고 알리며 되새기고 기록하는 선남자나 선여인이 선근을 통해 얻는 복덕의 양에 백 분의 일, 천 분의 일, 십만 분의 일, 천만 분의 일, 십억 분의 일, 백억 분의 일, 십조 분의 일, 그 이상의 셀 수 없는 수의 일에도 미치지 못하느니라. 〔그 어떤〕 산출도, 분할도, 셈도, 비교도, 유추도, 대응도, 대조도 가능하지 않은 것이니라."

보살마하살의 압도

❰ 02 ❱ 그때 어떤 비구가 천제석에게 말했다.

"교시가여, 당신은 반야바라밀다를 듣고 들은 뒤〔에 이를〕 습득하고 마음에 새기며 낭송하고 통달하며 널리 퍼트리고 가르치며 보여주고 알리며 되새기고 기록하는 선남자나 선여인에 압도당할 것입니다."

천제석이 그 비구에게 말했다.

"성스러운 〔비구여〕, 저는 선남자나 선여인이 일으키는 단 한 개의 발심(發心)으로도 압도당할 것입니다. 반야바라밀다를 듣고 들은 뒤〔에 이를〕 습득하고 마음에 새기며 낭송하고 통달하며 널리 퍼트리고 가르치며 보여주고 알리며 되새기고 기록하는 자는 말할 것도 없습니다. 듣고 습득하고 마음에 새기며 낭송하고 통달하며 널리 퍼트리고 가르치며 보여주고 알리며 되새기고 기록한 후 진여를 위해 수련하고, 진여를 위해 수행하며, 진여를 위해 노력하는 자는 말할 것도 없습니다. 보살마하살들은 신·인간·아수라를 포함하는 세간을 압도하게 될 것입니다. 신·인간·아수라를 포함하는 세간을 압도하게 될 뿐만 아니라, 예류과(預流果) 일래과 불환과 아라한과 독각을 얻은 사람들, 그 모두를 보살마하살들은 압도하게 될 것입니다. 예류과, 일래과, 불환과, 아라한과, 독각을 얻은 사람들, 그 모두를 보살마하살들은 압도하게 될 뿐만 아니라, 반야바라밀다와 방편선교를 결여한 보살마하살로서의 위대한 시주(施主)들, 그 모두를 보살마하살은 압도하게 될 것입니다.

보살마하살로서의 위대한 시주들을 압도하게 될 뿐만 아니라, 청정한 성향을 갖고 있으며 완전한 지계군(持戒群), 〔즉〕 결점이 없고 흠이 없으며 완벽하고 청정하며 오염되지 않은 지계군을 갖춘〔, 하지만〕 반야바라밀다와 방편선교를 결여한 보살마하살들, 그 모두를 보살마하살은 압도하게 될 것입니다. 결점이 없고 흠이 없으며 완벽하고 청정하며 오염되지 않은 지계군을 갖춘〔, 하지만〕 반야바라밀다와 방편선교를 결여한 보살마하살들, 그 모두를 보살마하살은 압도하게 될 뿐만 아니라, 인욕과 정숙(靜淑)을 갖추며 저해되지 마음을 갖는, 불에 타는 형주(刑柱)에서도 증오의 마음을 일으키지 않을 정도의, 하지만 반야바라밀다와 방편선교를 결여한 보살마하살들, 그 모두를 보살마하살은 압도하게 될 것입니다.

결점이 없고 흠이 없으며 완벽하고 청정하며 오염되지 않은 인욕을 갖춘 보살마하살들을 압도하게 될 뿐만 아니라, 강력한 노력을 시작하고 〔주어진〕 책무를 소홀히 하지 않는, 근면하고 몸·말·마음의 행위가 위축되지 않는, 하지만 반야바라밀다와 방편선교를 결여한 보살마하살들, 그 모두를 보살마하살은 압도하게 될 것입니다. 강력한 노력을 시작하고 〔주어진〕 책무를 소홀히 하지 않는, 근면하고 몸·말·마음의 행위가 위축되지 않는 보살마하살들을 압도하게 될 뿐만 아니라, 선정을 즐거워하며 선정에 기뻐하는, 선정에 강하며 선정의 힘을 갖고 있는, 선정에 머무르며 선정에 자유자재인, 하지만 반야바라밀다와 방편선교를 결여한 보살마하살들, 그 모두를 보살마하살은 압도하게 될 것입니다. 알려진 대로 반야바라밀다를 수행하는 보살마하살은 신·인간·아수라를 포함하는 세간, 성문과 독각승에 올랐지만 방편선교를 결여한 모든 보살마하살들을 압도하지, 그들에게 압도당하지는 않습니다. 그 이유는 무엇일까요? 알려진 대로 반야바라밀다를 수행하며, 반야바라밀다를 추종하는 보살마하살은 전지자(全知者)의 혈통이 단절되지 않도록 머물러있기 때문입니다. 보살마하살은 여래들을 멀리하지 않을 것이며, 이와 같이 수행하는 보살마하살은 오래지 않아 깨달음의 정점에 도달할 것입니다. 이와 같이 수련하는 보살마하살은 번뇌의 진흙에 빠져드는 유정들을 꺼내줄 것입니다. 이와 같이 수련하는 보살마하살은 성문의 도나 독각의 도가 아닌 보살의 도(道)에서 수련할 것입니다.

보살마하살에의 접근

이와 같이 반야바라밀다에서 수련하는 보살마하살에게 세상을 수호하는 자들인 사대천왕(四大天王)들이 다가가 '선남자여, 조속히 보살의 도에서 수련하시오! 민첩하게 수련하시오! 이것들이 당신이 깨달음의 정점〔인 불좌(佛座)〕에 앉아 무상의 올바르고 완전한 깨달음을 터득할 때 수령해야 할 네 개의 사발들이오'라고 말할 것입니다.

반야바라밀다에서 수련하는 보살마하살에게 다가가야 한다고 생각하는 자는 세상을 수호하는 자들인 사대천왕[大王]들뿐만이 아닙니다. 세존이시여, 저 또한 그 보살마하살에게 다가갈 것입니다. 다른 천자들은 말할 것도 없습니다. 공양을 받을 만하고 올바르게 깨달은 여래들 또한 보살마하살에게 주의를 기울일 것입니다. 이와 같이 반야바라밀다에서 수행하는 보살마하살에게는 세간의, 타인의 공격으로 〔인한, 그 밖의〕 다른 고통들은 생겨나지 않을 것입니다. 그러한 고통들은 결단코 그에게 발생하지 않을 것입니다. 세존이시여, 이것 또한 반야바라밀다를 수행할 때 보살마하살에게 〔발생하는〕 현세(現世)의 공덕인 것입니다."

변재의 능력

《 03 》 그러자 아난다 장로에게 다음과 같은 생각이 들었다.

'천제석, 이자는 자신의 변재(辯才) 능력으로 말하는 것일까? 아니면 불타의 위신력을 통해 〔말하는 것일까?〕'

천제석은 불타의 위신력으로 그와 같은 마음속의 심경을 마음으로 바로 알아차리고는 아난다 장로에게 말했다.

"성스러운 아난다 장로여, 이것은 불타의 위신력으로 알려져야 합니다. 또한 이것은 불타의 가피로 알려져야 합니다. 성스러운 아난다 장로여, 실로 저는 보살마하살들에 관해 말할 수 있는 자가 아닙니다."

그때 세존께서 아난다 장로에게 다음과 같이 말씀하셨다.

"그러하다. 아난다야, 그러하느니라. 천제석이 말한 대로 천제석은 여래의 위신력을 통해, 여래의 가피를 통해 말한 것이니라."

성스러운 팔천송반야경에서 '천제석(天帝釋)'으로 불리는 스물세 번째 장

제 24 장

오만(傲慢)

◉

अभिमानपरिवर्तश्चतुर्विंशतितमः

마왕 파순의 비탄

01 세존께서 아난다 장로에게 말씀하셨다.

"아난다야, 보살마하살이 반야바라밀다에서 수련하고, 노력을 다하며, 이에 전념할 바로 그때, 아난다야, 삼천대천세계에 존재하는 마왕 파순들, 그 모두는 〔다음과 같은〕 의혹을 품게 되느니라. '이 보살마하살은 도중에 〔좌절하여〕 성문의 경지나 독각의 경지에서 진실한 궁극〔의 실재〕를 직시하게 될까? 아니면, 무상의 올바르고 완전한 깨달음을 터득하게 될까?'라고 말이다. 아난다야, 더욱이 보살마하살이 반야바라밀다의 상태에 머물〔고 있을〕 바로 그때, 비탄의 화살이 마왕 파순들〔의 마음〕을 관통하게 될 것이니라. 아난다야, 게다가 보살마하살이 반야바라밀다에 들고, 반야바라밀다에서 노력을 다하며, 반야바라밀다에 전념할 바로 그때, 마왕 파순들은 보살마하살에게 위해를 가할 채비를 할 것이니라. 그들은 공포를 조장하느니라. 사방팔방에 유성들의 강하(降下)를 일으키느니라. 지평선에 초자연적인 적열(赤熱)을 보여 주느니라. 이에 보살마하살은 겁을 먹을지도 모르느니라. 〔두려움으로 인해〕 털이 곤두설지도 모르느니라. 그로 인해 무상의 올바르고 완전한 깨달음을 향한 〔단〕 한 개의 발심(發心)마저 그에게서 소멸될지 모르느니라. 아난다야, 위해를 가하려는 의도를 갖고 있는 마왕 파순이 모든 보살마하살에게 접근하는 것은 아니니라. 어떤 이에게는 접근하고, 어떤 이에게는 접근하지 않느니라."

마왕 파순의 접근 대상

❪ 02 ❫ 아난다가 여쭈었다.

"세존이시여, 위해를 가하려는 의도를 갖고 있는 마왕 파순은 어떤 부류의 보살마하살에게 접근하는 것입니까?"

세존께서 대답하셨다.

"아난다야, 과거세(過去世)부터, 반야바라밀다가 말해질 때, 전념의 마음을 일으키지 않는 보살마하살, 아난다야, 바로 그러한 보살마하살에게 위해를 가하려는 의도를 갖고 있는 마왕 파순이 접근하고, 그의 〔약점을〕 공략〔하는 방법〕을 얻느니라.

❪ 03 ❫ 아난다야, 더욱이 반야바라밀다가 말해질 때 의혹에 빠지며, '이것이 반야바라밀다일 것이다. 반야바라밀다는 이와 같지 않을 것이다'라며 의견의 차이를 일으키는 보살마하살, 아난다야, 바로 그 보살마하살에게도 위해를 가하려는 의도를 갖고 있는 마왕 파순이 접근하고, 그의 〔약점을〕 공략〔하는 방법〕을 얻느니라.

❪ 04 ❫ 아난다야, 좋은 벗을 결여하고 나쁜 벗에 둘러싸인, 반야바라밀다가 말해질 때, 그 〔깊고〕 깊은 경지들을 듣지 못하는, 듣지 못해 알지 못하는, 알지 못해 '반야바라밀다는 어떻게 전념되어 할 것입니까?'라고 묻지 못하는 보살마하살, 아난다야, 바로 그러한 보살마하살에게도 위해를 가하려는 의도를 갖고 있는 마왕 파순이 접근하고, 그의 〔약점〕 공략법을 얻느니라.

❪ 05 ❫ 아난다야, 게다가 '이자는 나의 동료이며, 모든 문제에서 나를 배제하지 않는다. 많은 보살마하살 또한 나의 다른 동료들이다. 그러나

그들은 나의 목적을 완수하지 못한다. 하지만, 나는 〔내게〕 맞는 이 동료를 얻었다. 이자가 나의 목적을 완수한다'라며 잘못된 법을 신봉하는 〔사람〕에게 집착하는 보살마하살, 아난다야, 바로 그러한 보살마하살에게도 위해를 가하려는 의도를 갖고 있는 마왕 파순이 접근하고, 그의 〔약점을〕 공략〔하는 방법〕을 얻느니라.

06 아난다야, 더욱이 반야바라밀다가 말해질 때 다른 보살마하살에게 '아! 이 반야바라밀다는 〔깊고〕 깊은 것이다. 반야바라밀다가 들려질 때, 〔도대체〕 네게 어떤 〔이로움〕이 있게 되는 것이냐? 여래가 말씀한 것과 연관되는 교설은 실로 〔반야바라밀다〕가 아니라 다른 경전들에 나오는 것이다. 나조차도 거기에서 〔깊고〕 깊은 맛의 즐거움을 얻지 못한단 말이다. 반야바라밀다가 들려지고 기록될 때 〔도대체〕 네게 어떤 〔이로움〕이 있게 되는 것이냐?'라고 말하는 그 보살마하살, 아난다야, 바로 그러한 보살마하살에게도 위해를 가하려는 의도를 갖고 있는 마왕 파순이 접근하고, 그의 〔약점을〕 공략〔하는 방법〕을 얻느니라.

마왕 파순의 환희 (1)

07 아난다야, 어떤 보살마하살이 '나는 이탈의 상태에 머물러있다. 다른 자들은 이탈의 상태에 머물러있지 않다. 다른 자들에게는 이탈의 상태가 존재하지 않는다'라며 다른 보살마하살들을 경멸할 때, 마왕 파순은 〔이에〕 만족하고 감동해하며 즐겁고 기쁘며 환희와 유쾌함을 갖게 될 것이니라. 아주 기뻐하고 기분 좋은 마음을 가지며, 기쁨과

환희로 가득 차 있을 것이니라. 그 이유는 무엇일까? 이 보살마하살은 무상의 올바르고 완전한 깨달음을 멀리하기 때문이니라.

마왕 파순의 환희 (2)

08 아난다야, 게다가, 보살마하살의 이름과 성씨(姓氏)를 언급하고 청정한 행자(行者), 즉 두타(頭陀)의 공덕들을 고할 때, 그는 자신과 다른 숙련된 선법(善法)을 갖고 있는 보살마하살들을 다음과 같이 경멸하느니라. '반야바라밀다를 수행하는 불퇴전 보살마하살들의 공덕이 그에게 존재하지 않는다. 불퇴전의 성향·특성·근거들이 그에게 존재하지 않는다. 불퇴전의 공덕들이 존재하지 않기에 그는 번뇌를 일으킨다. 즉, 자신을 격상시키고, 다른 이들을 폄하한다. 내가 처해있는 법들에서는 그와 같은 것들이 존재하지 않는다'라며 말이다. 여기에서 마왕 파순들에게는 다음과 같은 생각이 드느니라. '마왕의 세계는 공하지 않을 것이다. 가득 차 있을 것이다. 대지옥, 축생, 아귀, 아수라, 그리고 〔인간의〕 육신들로 가득 차 있을 것이다'라고 말이다.

마왕 파순들은 보살마하살들이 이득과 영예에 사로잡히도록 〔그렇게 앞으로〕 나아가도록, 그들이 〔이곳에 대해〕 기분 좋은 말을 하도록 〔마력의 힘으로〕 만들 것이니라. 〔마력에 사로잡힌〕 보살마하살들은 기분 좋은 말들로 많은 사람들을 〔사로〕 잡을 것이고, 사람들은 보살들의 〔말을〕 들어야 한다고 믿어야 한다고 생각할 것이니라. 보고 들은 후 그들은 〔보살마하살을〕 모방하게 될 것이니라. 보고 들은 것을 모방하는 데 힘쓰는 그들은 진여를 위해 수련하지도 수행하지도 노력을 다하지도 않을 것이니라. 진여에서 수련하지도 노력을 다하지도 않는 그들은 고통을 증대시킬 것이니라. 전도된 심상속(心相續)으로 육신으로든 말로든 마음으로든 업을 쌓을 것이고, 그 모든 것은 규정되지 않은 상태로 원해지지 않은 상태로 달갑지 않은 상태로 불쾌한 상태로 이끌어질 것이니라. 이와 같이 대지옥들은 가득 찰 것이니라. 축생 아귀 아수라 그리고 〔인간의〕 육신들로 마왕의 세계는 가득 찰 것이니라. 아난다야, 이러한 〔정황의〕 이유와 근거를 꿰뚫어 보는 마왕 파순은 〔이에〕 만족하고 감동해하며 즐겁고 기쁘며 환희와 유쾌함을 갖게 될 것이니라.

마왕 파순의 환희 (3)

❰ 09 ❱ 아난다야, 게다가 성문에 오른 자들과 〔함께〕 언쟁하고 논박하며 논쟁하고 비난하며 꾸짖고 악의를 드러내며 증오를 일으킬 때 마왕 파순은 다음과 같이 생각할 것이니라. '아! 이 선남자는 전지자성을 멀리하고 있다. 전지자성에서 멀리 떨어져 있다'라고 말이다. 보살승에 오른 자가 보살승에 오른 다른 보살마하살과 〔함께〕 언쟁하고 논박하며 논쟁하고 비난하며 꾸짖고 악의를 드러내며 증오를 일으킨다면, 마왕 파순은 더할 나위 없이 만족하고, 감동해하며 즐겁고 기쁘며 환희와 유쾌함을 갖게 되느니라. 그리고 그는 '이 두 보살마하살 또한 전지자성에서 멀리 떨어져 있다'라고 생각하느니라.

보살마하살에 대한 면제의 법

《 10 》 아난다야, 〔무상의 올바르고 완전한 깨달음에 들 것이라〕 예언된 보살마하살이 예언을 받지 못한 보살마하살과 〔함께〕 언쟁하고 논박하며 논쟁하고 비난하며 꾸짖고 악의를 드러내며 증오를 일으키고 발심을 증오한다면, 그 보살마하살은 그 정도의 겁 동안만 발심에 대한 공력을 지니고 있는 것이니라. 단, 전지자성을 버리지 않았다면 말이다."

《 11 》 이와 같이 말씀하시자, 아난다 장로가 세존께 여쭈었다.

"세존이시여, 그러한 발심들에 대해 〔어떤〕 면제〔의 법〕이 존재하는 것입니까? 아니면 보살마하살은 불가피하게 그 정도의 겁 동안만 공력을 지니〔게 되〕는 것입니까?"

세존께서 대답하셨다.

"아난다야, 성문승, 독각승 그리고 보살승에 오른 자들에 대해 내가 가르친 법은 면제〔부〕를 갖는 것이니라. 아난다야, 〔다른〕 보살승과 〔함께〕 언쟁하고 논박하며 논쟁하고 비난하며 꾸짖고 악의를 드러내고도, 참회하지 않고 장차 〔선심의〕 억제를 위해 수행하며 나쁜 성향으로 〔몰고〕가고 나쁜 성향에 몰두하며 보살승에 오른 자, 아난다야, 나는 그러한 자에게 면제〔의 법〕을 말하는 것이 아니니라. 아난다야, 불가피하게 그러한 자는 그러한 정도의 겁 동안만 공력을 지니게 되는 것이니라.

아난다야, 〔다른〕 보살승과 〔함께〕 언쟁하고 논박하며 논쟁하고 비난하며 꾸짖고 악의를 드러낸 후 참회하고, 참회한 후 장차 〔악심의〕 억제를 위해 수행하는 보살승에 오른 자에게는 다음과 같은 마음이 일으켜지느니라. '모든 유정 사이에서 발생하는 언쟁, 논쟁, 반박들을 내가 거두어야 할 것이고, 〔면밀하게〕 살펴야 할 것이며, 가라앉혀야 할 것인데, 나라는 사람 스스로도 논쟁을 벌이고 있다. 〔누군가〕 말을 건넸을 때, 내가 그에게 반박하는 것은 내게 좋은 방향에서의 이득이 아니라 나쁜 방향에서의 이득인 것이다. 나는 모든 유정이 지나다니는 다리가 되어야 할 〔것이다.〕 나라는 사람이 다른 사람〔들〕을 향해 '당신은…이다'라는 〔실례의〕 말을 하고, 불쾌하고 거친 대답을 하고 있다. 〔하지만〕 이러한 말 또한 나는 하지 않아야 할 것이며. 언쟁 논쟁 논박들이 발생할 때 나는 벙어리와 같은 사람, 양처럼 어리석은 사람처럼 행동해야 할 것이다. 다른 이들로부터 악하고 비난적인 말들, 나쁜 이야기들을 들어도 〔그들에 대한〕 증오의 마음이 생겨나지 않아야 할 것이다. 다른 사람들 앞에서 내가 다른 이의 약점과 결점을 의식한다는 것은 내게 어울리지 않는, 내게 맞지 않는 일이다. 또한 다른 이들의 약점과 결점을 들어야 한다고 생각하는 것도 내게 적합하지 않은 일이다. 그 이유는 무엇일까? 〔다른 이들의 깨달음을 향한〕 강한 신념이 나로 인해 방해되지 않아야 할 것이기 때문이다. 나는 모든 유정을 행복에 필요한 모든 것을 동원하여 행복하게 만들어야 할 것이며, 무상의 올바르고 완전한 깨달음을 터득한 후 열반(涅槃)에 들도록 이끌어야 할 것이다. 나는 〔내게〕 적대적인 타인들에게조차 악의를 드러내지 않아야 할 것이다. 이는 내가 하지 않아야 할 것이다. 〔그렇게 하지 않도록〕 나는 불굴의 용기로 매진해야 할 것이다. 생명을 위태롭게 하는 일이 발생할 때조차 나는 격앙하지 않아야 할 것이다. 얼굴에 눈살의 찡그림이 생겨나지 않아야 할 것이다'라고 말이다.

아난다야, 나는 바로 이러한 보살마하살에 대해 면제〔의 법〕을 말하고 있는 것이니라. 아난다야, 보살마하살은 그 어떤 유정 앞에서도 격앙되지 않는 것처럼 성문승에 오른 자들 앞에서도 그와 같이 머물러야 할 것이다. 바로 이와 같은 방식으로 모든 유정 앞에서 머물러야 할 것이니라. 아난다야, 〔그렇다면〕 보살마하살은 보살승에 오른 다른 자들의 앞에서는 어떻게 머물러야 할까? 아난다야, 이는 마치 스승과 같은 것이니라. '이 보살마하살들은 나의 스승들이다'라는 〔마음으로〕 머물러야 할 것이니라. '아! 이 보살마하살들은 나와 동일한 도(道)에 오른 자들이다. 아! 이 보살마하살들은 나와 동일한 목적을 갖고 있는 자들이다. 아! 이 보살마하살들은 나와 동일한 승을 향해 나아간 자들이다. 이들이 수련하는 곳에서 나는 수련해야 할 것이다. 이들이 수련하는 방식대로 나는 수련해야 할 것이다. 이들 가운데 누군가 오염된 상태로 머문다면, 나는 그러한 오염된 상태에서 머물지 않아야 할 것이다. 이들이 전지자성과 연관된 〔정신〕집중을 하고 오염되지 않은 상태에 머문다면, 나 또한 이와 같이 수련해야 할 것이다'라고 말이다. 아난다야, 전지자성에서 이와 같이 수련하는 보살마하살에게는 무상의 올바르고 완전한 깨달음에 대한 방해가 일어나지 않으며, 그는 조속히 무상의 올바르고 완전한 깨달음을 얻는 것이니라."

성스러운 팔천송반야경에서 '오만(傲慢)'으로 불리는 스물네 번째 장

제 25 장

수련(修練)

◉

शिक्षापरिवर्तः पञ्चविंशतितमः

수련(修練)의 방식

❰ 01 ❱ 그러자 수보리 장로가 세존께 여쭈었다.

"세존이시여, 어떤 상태에서 수련하는 보살마하살이 전지자성에서 수련하는 것입니까?"

세존께서 대답하셨다.

"수보리야, 보살마하살이 소멸〔의 상태〕에서 수련한다면, 전지자성에서 수련하는 것이니라. 불생·불멸·무생·무-존재·이탈·무-애착·허공〔의 상태에서 수련한다면,〕 전지자성에서 수련하는 것이니라. 수보리야, 보살마하살이 열반〔의 상태〕에서 수련한다면, 전지자성에서 수련하는 것이니라."

수보리 장로가 여쭈었다.

"세존이시여, 소멸〔의 상태〕에서 수련하는 불생·불멸·무생·무-존재·이탈·무-애착·허공·법계·열반〔의 상태에서〕 수련하는 보살마하살이 전지자성에서 수련한다는 것은 어떤 근거에서입니까?"

세존께서 수보리 장로에게 다음과 같이 대답하셨다.

"수보리야, 너는 '소멸〔의 상태〕에서 수련하는 불생·불멸·무생·무-존재·이탈·무-애착·허공·법계·열반〔의 상태에서〕 수련하는 보살마하살이 전지자성에서 수련한다는 것은 어떤 근거에서입니까?'라고 묻고 있느니라. 너는 어떻게 생각하느냐? 수보리야, 여래가 여래라고 불리게 하는 여래의 진여, 그것은 소멸하는 것이더냐?"

수보리 장로가 대답했다.

"세존이시여, 그렇지 않습니다. 그 이유는 무엇일까요? 세존이시여, 소멸은 소멸하지 않기 때문입니다. 세존이시여, 소멸은 소멸하는 것이 아니기 때문입니다."

세존께서 물으셨다.

"너는 어떻게 생각하느냐? 수보리야, 여래가 여래라고 불리게 하는 여래의 진여, 그것은 생겨나거나 소멸하거나 태어나거나 존재하거나 사라지거나 이탈하거나 애착하거나 허공이 되거나 법이 되거나 하는 그런 것이더냐?"

수보리 장로가 대답했다.

"세존이시여, 그렇지 않습니다."

세존께서 물으셨다.

"너는 어떻게 생각하느냐? 수보리야, 여래가 여래라고 불리게 하는 여래의 진여, 그것은 열반에 드는 것이더냐?"

수보리 장로가 대답했다.

"세존이시여, 그렇지 않습니다."

세존께서 말씀하셨다.

"수보리야, 그렇기에 앞서 언급한 상태들에서 수련하는 보살마하살은 '진여는 소멸하는 것이 아니다'라며 수련하는 것이니라. 수보리야, 그러한 상태들에서 수련하는 보살마하살이 전지자성에서 반야바라밀다에서 불타의 경지에서 〔10〕력에서 〔4〕무소외에서 제법에서 전지자의 불지(佛智)에서 수련하는 것이니라. 수보리야, 그와 같이 수련하는 보살마하살이 모든 수련의 완성을 획득하게 될 것이니라. 수보리야, 그와 같이 수련하는 보살마하살이 마왕이나 마왕의 집단, 또는 마왕의 세계에 속하는 신들이 분쇄할 수 없느니라. 수보리야, 그와 같이 수련하는 보살마하살이 조속히 불퇴전의 법성에 이르게 될 것이니라. 수보리야, 그와 같이 수련하는 보살마하살은 조속히 깨달음의 정점〔인 불좌(佛座)〕에 앉게 될 것이니라. 수보리야, 그와 같이 수련하는 보살마하살이 자신의 영역에서 수행하느니라. 수보리야, 그와 같이 수련하는 보살마하살은 〔중생을〕 구제해주는 법들에서 수련하느니라. 대자애에서, 대자비에서, 대환희에서, 〔한편에 치우치지 않는〕 위대한 무관〔의 마음〕에서 수련하느니라. 수보리야, 그와 같이 수련하는 보살마하살이 세 가지의 단계와 열두 개의 형상으로 완벽하게 〔갖춰진〕 법륜(法輪), 즉 3전12행상법륜(三傳十二行相法輪)이 돌도록 수련하느니라. 수보리야, 그와 같이 수련하는 보살마하살이 '나는 모든 세계를 줄어들게 만들지 않을 것이다'라며 수련하느니라. 수보리야, 그와 같이 수련하는 보살마하살이 여래의 혈통이 단절되지 않도록 수련하느니라. 수보리야, 그와 같이 수련하는 보살마하살이 '나는 불사(不死)의 세계〔로 들어가는〕 문을 열 것이다'라며 수련하느니라.

수련의 복덕 (1)

수보리야, 자존감이 부족한 유정은 이러한 광대한 수련을 수행할 수 없느니라. 기력이 약한 사람은 그러한 수련을 수행할 수 없느니라. 그 이유는 무엇일까? 수보리야, 그러한 수련을 행하는 사람들은 모든 유정 가운데 가장 뛰어난 자들이기 때문이니라. 수보리야, 그들은 모든 유정을 구제하기 바라는 사람들이고, 모든 유정이 승격(昇格)에 도달하기를 바라는 사람들이기 때문이니라. 수보리야, 그와 같이 수련하는 보살마하살은 지옥에 태어나지 않느니라. 축생계 아귀계 아수라계에 태어나지 않으며, 국경〔부근〕에서 비루한 전다라(旃陀羅)의 가문들, 사냥꾼의 가문들, 포수, 어부, 목동의 가문들에서, 비천한 출생을 갖게 하거나 열등한 일에 종사하는 그 밖의 다른 집안들에서도 태어나지 않느니라.

수련의 복덕 (2)

수보리야, 그와 같이 수련하는 보살마하살은 눈이 멀지도 귀가 먹지도 외눈을 가지지도 〔수족이〕 불구가 되지도 〔등이〕 굽지도 팔뚝이 여위지도 다리를 절뚝거리지도 절음발이가 되지도 벙어리가 되지도 〔몸을〕 떨지도 〔수족을〕 떨지도 말을 더듬지도 사지가 짧지도 사지가 비정상적이지도 기형의 사지를 갖고 있지도 기력이 약하지도 안색이 좋지 않지도 보기 흉한 체형을 갖지도 열등한 감각〔기능〕을 갖지도 감각〔기능〕이 비정상적이지도 않느니라. 그는 모든 양상에서 완전한 감각〔기능〕을 갖는, 〔좋은 목〕소리를 갖는 자가 되느니라. 수보리야, 그와 같이 수련하는 보살마하살은 〔타인의〕 생명을 빼앗지도, 주어지지 않은 것을 취하지도, 애욕의 잘못된 행위를 하지도, 헛되게 말하지도, 뒤에서 험담하지도, 거친 말을 하지도, 앞뒤가 맞지 않게 말하지도, 탐욕스럽지도, 사악한 마음을 갖지도, 사견(邪見)을 갖지도, 옳지 않은 방식으로 생계를 꾸려나가지도 않는 자가 되느니라.

수련의 복덕 (3)

수보리야, 그와 같이 수련하는 보살마하살은 장수(長壽)하는 천계에 태어나느니라. 그는 사악한 도덕〔성〕을 얻지도 존재하지 않는 법을 신봉하지도 명상[禪定]과 정신통일[等持]의 힘으로도 태어나지 않느니라. 그 이유는 무엇일까? 그에게는 방편선교가 있고, 이 방편선교를 갖춘 보살마하살은 장수(長壽)하는 천계에 태어나지 않느니라. 수보리야, 보살마하살의 방편선교라는 것은 어떤 것일까? 이것은 바로 반야바라밀다이니라. 방편선교를 갖춘 보살마하살은, 〔4〕선정에 들더라도, 선정의 힘으로 〔색계에 다시〕 태어나지 않도록 〔반야바라밀다라는〕 방편선교에서 노력을 다하느니라. 수보리야, 그와 같이 수련하는 보살마하살은 〔10〕력의 청정성에 이르며, 〔4〕무소외의 청정성에 도달하느니라. 모든 불법의 청정성에 이르며, 그러한 〔청정성〕을 얻게 되는 것이니라."

수련의 복덕 (4)

❨ 02 ❩ 수보리 장로가 여쭈었다.

"세존이시여, 모든 법이 본성적으로 청정한 것들이라면 보살마하살이 〔10〕력의 청정성에 이르게 하는, 〔4〕무소외의 청정성에 도달하게 하는, 모든 불법의 청정성에 이르게 하는, 그러한 〔청정성〕을 얻게 하는 법은 〔도대체〕 어떠한 법인 것입니까?"

세존께서 수보리 장로에게 다음과 같이 대답하셨다.

"그러하다. 수보리야, 그러하느니라. 그 이유는 무엇일까? 제법은 본성적으로 청정하기 때문이니라. 수보리야, 이와 같이 모든 법이 본성적으로 청정한 것들임에도 불구하고, 반야바라밀다에서 수련하는 보살마하살이 낙담하지 않고 위축되지 않(게 하)는 것, 수보리야, 그것이 바로 반야바라밀다이니라. 수보리야, 법들을 알지도 보지도 못하는 범부(凡夫)와 일반 중생은 법들의 법성을 알지도 보지도 못하느니라. 수보리야, 보살마하살들은 그러한 중생을 위해 분투하고, 정진을 시작하는 것이니라. '우리는 이와 같이 알지 못하는 중생을 알게끔 만들 것이다. 우리는 이와 같이 보지 못하는 중생을 보게끔 만들 것이다'라며, 도를 수련하는 것이니라. 그러한 도에서 수련하는 보살마하살들은 (10)력을 얻느니라. (4)선정을 얻느니라. 불타의 모든 법을 얻느니라. 수보리야, 이와 같이 수련하는 보살마하살들은 다른 유정들이나 다른 사람들의 마음의 동요와 떨림을 진여지하느니라. 진여지하는 그들은 다른 이들의 심적 동요를 알게 되는 궁극(窮極)에 도달하게 되느니라.

성문과 독각에서의 유정의 수련

수보리야, 이는 마치 대지(大地)에 암석이 없는 곳들이 적고, 금이나 사금(砂金), 은이 나는 장소들이 적은 것과 같으니라. 오히려 이 대지에는 염분이 함유되고, (사막과 같이) 건조하며, 여러 가지 잡초와 (부러진)

나무, 가시〔덤불〕들로 무성한 곳들이 더 많으니라. 수보리야, 바로 이와 같이 유정(有情)의 집단에〔도〕 전지자성의 도, 즉 반야바라밀다의 도에서 수련하는 보살마하살들이 적게 존재하느니라. 오히려, 유정의 집단에는 성문과 독각의 도에서 수련하는 유정들이 더 많으니라.

03 수보리야, 게다가 이는 마치 유정의 집단에서 전륜성왕(転輪聖王)의 왕국으로 이끄는 행위를 수용한 후 나아가는 유정들이 적게 존재하는 것과 같으니라. 오히려, 성주(城主)의 왕국으로 이끄는 행위를 수용한 후 나아가는 유정들이 더 많이 존재하느니라. 수보리야, 바로 이와 같이 유정의 집단에는 '우리는 무상의 올바르고 완전한 깨달음을 터득할 것이다'라며 그러한 도, 즉 반야바라밀다의 도에 오른 보살마하살은 적게 존재하느니라. 오히려, 유정의 집단에는 성문과 독각의 도에 오른 유정들이 더 많이 존재하느니라.

04 수보리야, 더욱이 이는 마치 유정의 집단에서 천제석(天帝釋)으로 이끄는 행위를 수용한 후 나아가는 유정들이 적게 존재하는 것과 같으니라. 오히려, 천계로 이끄는 행위를 수용한 후 나아가는 유정들이 더 많이 존재하느니라. 수보리야, 바로 이와 같이 유정의 집단에는 반야바라밀다의 도에서 수련하는 보살마하살들은 적게 존재하느니라. 오히려, 유정의 집단에는 성문과 독각의 도에서 수련하는 보살마하살들이 더 많이 존재하느니라.

05 수보리야, 게다가 이는 마치 대범천왕으로 이끄는 행위를 수용한 후 나아가는 유정들이 적게 존재하는 것과 같으니라. 오히려, 범중천(梵衆天)으로 이끄는 행위를 수용한 후 나아가는 유정들이 더 많이 존재하느니라. 수보리야, 바로 이와 같이 유정의 집단에는 무상의 올바

르고 완전한 깨달음에서 불퇴전하는 보살마하살들은 적게 존재하느니라. 오히려, 유정의 집단에는 무상의 올바르고 완전한 깨달음에서 퇴전하는 보살마하살들이 더 많이 존재하느니라. 수보리야, 유정의 집단에 무상의 올바르고 완전한 깨달음을 향해 나아간 유정들은 적게 존재하느니라. 수보리야, 그 적은 유정들보다 더 적은 자들은 진여를 향해 수행하는 유정들이니라. 수보리야, 진여를 향해 수행하는 더 적은 그 유정들보다 더욱더 적은 자들은 반야바라밀다에서 노력하는 자들이니라. 수보리야, 반야바라밀다에서 노력하는 더욱더 적은 유정들보다 훨씬 더 적은 자들은 무상의 올바르고 완전한 깨달음에서 불퇴전하는 보살마하살들이니라. 수보리야, 이에 따라 더욱더 적은 유정들보다 훨씬 더 적은 불퇴전의 보살마하살들에 들고 싶은 보살마하살은 바로 여기 반야바라밀다에서 수련해야 할 것이며, 노력을 다해야 할 것이니라.

반야바라밀다에서의 수련

❪ 06 ❫ 수보리야, 이와 같이 반야바라밀다에서 수련할 때 보살마하살은 불친절함 의심 질투와 시기 사악함 악의 나태함 산란함 어리석음의 마음들을 일으키지 않느니라. 수보리야, 이와 같이 반야바라밀다에서 수련할 때 보살마하살은 모든 바라밀다를 얻게 되느니라. 모든 바라밀다를 습득하게 되느니라. 모든 바라밀다를 추종하게 되느니라. 모든 바라밀다를 〔반야바라밀다에〕 포함시키게 되느니라. 수보리야, 이는 마치 유신견(有身見)에 잘못된 견해들인 62견이 포함되는 것과 같으

니라. 수보리야, 바로 이와 같이 반야바라밀다에서 수련하는 보살마하살에게는 반야바라밀다에 〔나머지〕 모든 바라밀다가 포함되는 것이니라. 수보리야, 이는 마치 사람의 명근(命根)이 지속될 때, 〔다른〕 모든 기력(氣力)들도 〔거기에〕 포함되는 것과 같으니라. 수보리야, 바로 이와 같이 보살마하살이 반야바라밀다에서 수련할 때 모든 선한 법이 여기〔반야바라밀다〕에 포함되는 것이니라. 수보리야, 이는 마치 사람의 명근이 다할 때, 〔다른〕 모든 근(根)도 다하게 되는 것과 같으니라. 수보리야, 바로 이와 같이 반야바라밀다에서 수련하는 보살마하살에게는, 무지(無知)가 소멸할 때, 모든 악한 법이 소멸하게 되는 것이니라. 그리고 다른 모든 바라밀다가 거기 〔반야바라밀다〕에 포함되어 얻어지게 되는 것이니라. 수보리야, 그렇기에 모든 바라밀다를 얻기 바라는 보살마하살은 반야바라밀다에서 수련해야 할 것이니라. 수보리야, 모든 유정 가운데에서 반야바라밀다에서 수련하는 보살마하살이 최고의 것을 수련하는 것이니라. 그 이유는 무엇일까? 〔반야바라밀다는〕 복덕들 가운데 최고의 것이기 때문이니라.

수련의 복덕 (5)

너는 어떻게 생각하느냐? 수보리야, 삼천대천세계에 이르기까지 존재하는 모든 유정, 〔그 가운데 보살마하살의〕 섭취(攝取)로 구제되는 유정들이 많이 존재하더냐?"

수보리 장로가 대답했다.

"세존이시여, 염부제에는 〔그와 같은〕 유정들이 많이 존재합니다. 삼천대천세계에 존재하는 유정들은 말할 것도 없습니다."

세존께서 말씀하셨다.

"수보리야, 어떤 보살마하살은 일생을 살며 의복, 탁발을 위한 그릇, 침소(寢所), 좌소(座所), 의약품 등과 같은 용구들, 행복〔한 삶〕에 필요한 모든 것을 동원하여 모든 유정에게 봉사할 것이니라. 너는 어떻게 생각하느냐? 이 보살마하살은 그로 인해 많은 복덕을 얻겠더냐?"

수보리 장로가 대답했다.

"세존이시여, 많이 얻을 것입니다. 선서이시여, 많이 얻을 것입니다."

수련의 복덕 (6)

세존께서 말씀하셨다.

"수보리야, 손가락을 튕길 정도로 〔매우 짧은 시간〕이라도 반야바라밀다에 전념하는 보살마하살이 그보다 더 많은 복덕을 얻느니라. 그 이유는 무엇일까? 수보리야, 반야바라밀다는 많은 이익들을 가져다주고, 보살마하살의 무상의 올바르고 완전한 깨달음〔의 터득〕을 초래하기 때문이니라. 수보리야, 그렇기에 무상의 올바르고 완전한 깨달음을 터득하기 바라는 보살마하살은, 모든 유정이 최고의 상태에 이르기 바라는, 보호받지 못하는 모든 유정의 수호자가 되기 바라는, 불타의 경지에 도달하기 바라는, 불타의 존엄함을 따르기 바라는, 불타의 유흥을 즐기기 바라는, 사자와 같은 불타의 포효를 내기 바라는, 불타의 완전성을 얻기 바라는, 삼천대천의 세계들에서 법에 관한 이야기를 하기 바라는 보살마하살은 반야바라밀다에서 수련해야 할 것이니라. 수보리야, 반야바라밀다에서 수련하는 보살마하살에게서 나는 그가 수련하지 않는 〔다른 어떤 경지의〕 완전성을 보지 못하느니라."

수보리 장로가 여쭈었다.

"세존이시여, 그 보살마하살은 성문의 완전성도 수련하는 것입니까?"

세존께서 말씀하셨다.

"수보리야, 보살마하살은 성문의 완전성도 수련하느니라. 수보리야, 하지만 보살마하살은 '나는 성문의 완전성에 머물 것이다'라며 수련하지 않느니라. '성문의 완전성이 내게 존재할 것이다'라며 수련하지 않느니라. 수보리야, 또한 성문의 집단들이 존재하고, 보살마하살도 이들을 알고 있으며, 그들에게서 도망가지도 않느니라. 그는 철저하게 숙고하면서도 그들을 거부하지 않느니라. '나 또한 이 성문의 집단들을 가르쳐야 할 것이고, 이들에게 〔명확하게〕 설명해야 할 것이다'라며 수련하느니라. 수보리야, 이와 같이 수련하는 보살마하살은 신·인간·아수라를 포함하는 세간의 존경을 받느니라. 수보리야, 이와 같이 수련하는 보살마하살은 자신과 다른, 성문과 독각에 연관되어 존경받는 보살마하살들을 압도하느니라. 그리고 그에게 전지자성이 다가오는 것이니라. 수보리야, 이와 같이 수련하는 보살마하살은 반야바라밀다를 포기하지 않으며, 반야바라밀다의 상태를 결여하지 않는 그는 반야바라밀다를 수행하느니라. 수보리야, 이와 같이 수행하는 보살마하살은 법을 결여하지 않은 자라고, 실로 법을 결여하지 않은 자라고 알려져야 할 것이니라. 전지자성에 〔가까이 가는〕 그는 성문의 경지와 독각의 경지를 멀리하며, 무상의 올바르고 완전한 깨달음에 가까이 다가가느니라.' 하지만, 그에게 '이것이 반야바라밀다이고, 〔이것이〕 전지자성을 초래할 것이다'는 생각이 들고, 그가 이와 같이 의식한다면, 그는 반야바라밀다에 들지 못하느니라. 〔오히려〕 보살마하살은 반야바라밀다조차 의식하지 않으며, '이것이 반야바라밀다이고, 〔이것이〕 전지자성을 초래할 것이다'라고 의식하지도 않고, 바라보지도 않느니라. 이러한 방식으로 수행하는 보살마하살이 반야바라밀다에 드는 것이니라."

성스러운 팔천송반야경에서 '수련(修練)'으로 불리는 스물다섯 번째 장

제 26 장

환영(幻影)

◉

मायोपमपरिवर्तः षड्विंशतितमः

최고의 유정인 보살마하살

◖ **01** ◗ 그때 천제석에게 다음과 같은 생각이 들었다.

'실로 이 정도로까지 수행하는 이 보살마하살은 모든 유정을 능가하는 자이다. 〔하물며〕 무상의 올바르고 완전한 깨달음을 깨달을 때〔의 보살마하살은〕 말할 것도 없다. 그리고 전지자성을 향한 마음을 일으키는 유정들에게는 여러 이득들을 얻는 데 어려움이 없으며, 행복한 삶이 영위될 것이다. 〔하물며〕 무상의 올바르고 완전한 깨달음을 향해 마음을 일으킨 자들은 말할 것도 없다. 무상의 올바르고 완전한 깨달음을 터득할, 유정들 가운데 최고인 유정들인 그들은 〔우리가 따르고 싶을 정도로 매우〕 매력적이다.'

◖ **02** ◗ 천제석이 만다라화를 만들더니 [꽃들을] 두 손에 감싼 후 공양을 받을 만하고 무상의 올바르고 완전하게 깨달은 여래인 세존을 향해 흩뿌렸다. 그러고는 다음과 같이 아뢰었다.

"보살승에 오른 자들은 '우리는 무상의 올바르고 완전한 깨달음을 터득할 것이다. 터득한 뒤에는 윤회라는 대해(大海)로 이끌리는 모든 유정을 〔굴곡이 없는〕 평탄한 피안(彼岸)에 〔굳건히〕 서 있게 만들 것이다'라며 무상의 올바르고 완전한 깨달음을 향한 마음을 일으켰습니다. 하지만 〔이와 같이〕 이행하면서 그들이 바라고 생각하며 획득한 발심들은 바로 불타의 법들을 성취하기 위해, 전지자성과 연관된 법들의 성취를 위해, 자생하는 법들의 성취를 위해, 〔그 누구도〕 얻을 수 없는 법들의 성취를 위해 존재해야 하는 것들입니다. 세존이시여, 제게는 대자애(大慈愛)를 갖춘 보살마하살들이 무상의 올바르고 완전한 깨달음에서 퇴전할지도 모른다는 일말의 의심도 존재하지 않습니다. 세존이시여, 제게는 무상의 올바르고 완전한 깨달음을 터득하기 위해 나아간 보살승(菩薩乘)의 사람들이 거기에서 퇴전할지도 모른다는 일말의 의심도 존재하지 않습니다. 윤회의 세계에 존재하는 유정의 고통들을 꿰뚫어 보는 자들은 더할 나위 없이 무상의 올바르고 완전한 깨달음을 향한 서원(誓願)을 일으킬 것입니다. 그 이유는 무엇일까요? 대자애를 통해 〔유정들의〕 이익과 안녕을 바라는, 신·인간·아수라의 세간에 대해 연민을 느끼는 그들은 '〔피안으로〕 건너간 우리는 유정들이 건너가게끔 어떻게 〔이끌어야〕 할까? 〔번뇌에서〕 해방된 우리는 유정들이 해방되게끔 어떻게 〔이끌어야〕 할까? 〔고통에서〕 평온해진 우리는 유정들이 평온해지게끔 어떻게 〔이끌어야〕 할까?'라는 발심들을 갖춘 자들이며, 이러한 발심들에 머물러 있습니다.

수희의 복덕 (1)

세존이시여, 처음으로 〔대〕승(乘)을 타고 나아간 보살마하살들의 발심들에 수희하고, 불퇴전하는 〔보살마하살들의〕 불퇴전의 법성에도 수희하는 선남자나 선여인은 어느 정도로 더 많은 복덕을 얻겠습니까?"

세존께서 천제석에게 다음과 같이 대답하셨다.

"교시가야, 〔신통력을 가진 누군가가〕 산들의 왕인 수미산을 짚의 선단(先端)으로 그 중량을 파악할 수 있겠지만, 교시가야, 보살마하살로서 선남자나 선여인의 발심, 그것도 수희가 수반된 발심이 갖는 복덕의 정도는 결코 파악될 수 없는 것이니라. 교시가야, 사대주(四大洲)를 짚의 선단으로 헤아려 그 중량을 파악할 수 있겠지만, 교시가야, [보살마하살로서 선남자나 선여인의] 발심, 그것도 수희가 수반된 발심이 갖는 복덕의 정도는 결코 파악될 수 없는 것이니라. 교시가야, 소천세계를 짚의 선단으로 헤아려 그 중량을 파악할 수 있겠지만, 교시가야, [보살마하살로서 선남자나 선여인의] 발심, 그것도 수희가 수반된 발심이 갖는 복덕의 정도는 결코 파악될 수 없는 것이니라. 교시가야, 이천중천세계를 짚의 선단으로 헤아려 그 중량을 파악할 수 있겠지만, 교시가야, [보살마하살로서 선남자나 선여인의] 발심, 그것도 수희가 수반된 발심이 갖는 복덕의 정도는 결코 파악될 수 없는 것이니라. 교시가야, 삼천대천세계를 짚의 선단으로 헤아려 그 중량을 파악할 수 있겠지만, 교시가야, [보살마하살로서 선남자나 선여인의] 발심, 그것도 수희가 수반된 발심이 갖는 복덕의 정도는 결코 파악될 수 없는 것이니라."

마왕에 지배된 자들

03 천제석이 세존께 아뢰었다.

"세존이시여, 보살마하살들의 최초 발심을 포함하여 무상의 올바르고 완전한 깨달음을 터득한 보살마하살들의 수희가 수반된 발심에 이르기까지 그 발심이 갖는 복덕이 그와 같이 무량하다는 것을 듣지도 알지도 보지도 못하며, 그러한 수희에 주의를 기울이지 않는 사람들은 마왕에 지배된 자들이라 알려져야 합니다. 세존이시여, 보살마하살들의 이러한 발심들에 수희하지 않는 사람들은 마왕〔의 날개〕에 속해 있는 자들일 것입니다. 세존이시여, 보살마하살들의 이러한 발심들에 수희하지 않을 사람들은 마왕의 세계에서 죽을 것입니다. 그 이유는 무엇일까요? 세존이시여, 〔발심들을〕 무상의 올바르고 완전한 깨달음에 회향시킨 자들이나 수희한 자들, 그들에 의해 성취되는 이 발심들은 마왕의 세계를 분열시키는 것들이기 때문입니다. 세존이시여, 무상의 올바르고 완전한 깨달음을 향해 마음을 일으킨 보살마하살들의 이러한 발심들은 수희되어져야 할 것입니다. 세존이시여, 여래를 버리지 않은, 법을 버리지 않은, 승가를 버리지 않은 선남자와 선여인들은 이러한 발심들에 수희해야 할 것입니다."

수희의 복덕 (2)

◖ **04** ◗ 세존께서 천제석에게 다음과 같이 말씀하셨다.

"그러하다. 교시가야, 그러하느니라. 여래를 버리지 않은, 법을 버리지 않은, 승가를 버리지 않은 선남자와 선여인들은 이러한 발심들에 수희해야 할 것이니라. 교시가야, 이러한 발심들에 수희하는, 보살승이나 독각승, 혹은 성문승에 오른 선남자나 선여인들, 그들은 공양을 받을 만하고 올바르게 깨달은 여래들을 조속히 기뻐하게 만들 것이지, 불쾌하게 만들지는 않을 것이니라."

천제석이 세존께 아뢰었다.

“세존이시여, 그러합니다. 선서이시여, 그러합니다. 이러한 발심들에 수희하는, 보살승이나 독각승, 혹은 성문승에 오른 선남자나 선여인들, 그들은 공양을 받을 만하고 올바르게 깨달은 여래들을 조속히 기뻐하게 만들 것이지, 불쾌하게 만들지는 않을 것입니다. 이와 같이, 그 어디에서든 수희가 수반된 발심의 선근들을 통해 태어날 자들은 그곳에서 공양 되고 공경되며 경의(敬意)가 표해지고 숭배되며 찬송되고 존중될 것입니다. 그들은 유쾌하지 않은 형태를 바라보지 않을 것이며, 유쾌하지 않은 소리를 듣지 않을 것이고, 유쾌하지 않은 향기를 맡지 않을 것이며, 유쾌하지 않은 맛을 보지 않을 것이고, 유쾌하지 않은 촉〔감〕을 느끼지 않을 것입니다. 그들에게는 악취(惡趣)들로 태어나는 것이 아닌 천생(天生)이 약속되어져 있을 것입니다. 그 이유는 무엇일까요? 세존이시여, 깨달음을 향한 열정을 일으킨 후 보살승에 오른 자들의 발심들에 수희하는 선남자나 선여인들은 모든 유정의 행복을 만들어내는, 무량무수에 달하는 그들의 선근들에〔도〕 수희하기 때문입니다. 〔수희에 따라〕 증대하는 그들의 발심들은 무상의 올바르고 완전한 깨달음을 초래하게 될 것이며, 그들 또한 무상의 올바르고 완전한 깨달음을 터득한 후 무량무수의 유정들을 열반에 들게끔 이끌 것입니다.”

세존께서 말씀하셨다.

“그러하다. 교시가야, 그러하느니라. 여래의 위신력을 통해 네가 말한 것처럼, 교시가야, 보살승에 오른 자들의 발심들에 수희하는 선남자나 선여인들은, 보살승에 오른 자들의 발심들에 수희한 후 같은 방식으로 무량무수에 달하는 유정들의 선근들에 수희하고, 〔그 선근들을〕 심고 성취하게 되는 것이니라."

환영과 같은 마음

❰ **05** ❱ 수보리 장로가 여쭈었다.

"세존이시여, 그런데 환영과 같은 마음은 어떻게 무상의 올바르고 완전한 깨달음을 터득하는 것입니까?"

세존께서 수보리 장로에게 다음과 같이 되물으셨다.

"너는 어떻게 생각하느냐? 수보리야, 너는 환영과 같은 마음을 바라보고 있더냐?"

수보리 장로가 대답했다.

"세존이시여, 그렇지 않습니다."

세존께서 물으셨다.

"너는 어떻게 생각하느냐? 수보리야, 너는 환영을 바라보고 있더냐?"

수보리 장로가 대답했다.

"세존이시여, 그렇지 않습니다. 세존이시여, 저는 환영과 같은 마음도 환영도 바라보지 못합니다."

세존께서 물으셨다.

"너는 어떻게 생각하느냐? 수보리야, 네가 환영도 환영과 같은 마음도 바라보지 못한다면, 너는 환영이나 환영과 같은 마음에서 벗어난 다른 곳에서 무상의 올바르고 완전한 깨달음을 터득하는 법을 바라보고 있더냐?"

수보리 장로가 대답했다.

"세존이시여, 그렇지 않습니다. 저는 환영이나 환영과 같은 마음에서 벗어난 다른 곳에서 무상의 올바르고 완전한 깨달음을 터득하는 법을 바라보지 못합니다. 세존이시여, 환영 또는 환영과 같은 마음에서 벗어난 다른 곳에서 무상의 올바르고 완전한 깨달음을 터득하는 법을 바라보지 못하는 저는 〔도대체〕 어떤 법이 존재한다고 존재하지 않는다고 보여줘야 할까요? 그리고 〔실세계에서〕 절대적으로 이탈되어 있는 법, 그것은 존재한다는 존재하지 않는다는 식으로 접근할 수 있는 것이 아닙니다. 또한 절대적으로 이탈되어 있는 법, 그것은 무상의 올바르고 완전한 깨달음을 터득하지 못합니다. 그 이유는 무엇일까요? 세존이시여, 존재하지 않는 법은 무상의 올바르고 완전한 깨달음을 깨닫지 못하기 때문입니다. 세존이시여, 그렇기에 반야바라밀다는 절대적으로 이탈되어 있는 것입니다. 또한 절대적으로 이탈되어 있는 법은 전념되어지는 것이 아닙니다. 이러한 법은 어떤 법을 초래하지도 사라지게 하지도 않습니다. 세존이시여, 어떻게 보살마하살은 절대적으로 이탈되어 있는 반야바라밀다의 덕택으로 무상의 올바르고 완전한 깨달음을 터득한다는 것입니까? 세존이시여, 무상의 올바르고 완전한 깨달음 또한 절대적으로 이탈되어 있는 것입니다. 세존이시여, 반야바라밀다 또한 절대적으로 이탈되어 있는 것이라면, 무상의 올바르고 완전한 깨달음 또한 절대적으로 이탈되어 있는 것이라면, 세존이시여, 어떻게 이탈되어 있는 것을 통해 이탈되어 있는 것이 깨달아지는 것입니까?"

반야바라밀다의 이탈성

세존께서 수보리 장로에게 다음과 같이 대답하셨다.

"대단하다. 〔참으로〕 대단하다. 그러하다. 수보리야, 그러하느니라. 수보리야, 반야바라밀다는 절대적으로 이탈되어 있는 것이고, 무상의 올바르고 완전한 깨달음도 이탈되어 있는 것이니라. 수보리야, 반야바라밀다가 절대적으로 이탈되어 있는 것이기에 절대적으로 이탈되어 있는 무상의 올바르고 완전한 깨달음이 터득되어지는 것이니라. 수보리야, 만약 보살마하살이 반야바라밀다를 절대적으로 이탈되어 있는 것이라고 의식한다면, 그것은 반야바라밀다가 아닐 것이니라. 수보리야, 실로 이와 같이 보살마하살은 반야바라밀다의 덕택으로 무상의 올바르고 완전한 깨달음을 터득하는 것이니라. 수보리야, 또한 보살마하살은 반야바라밀다의 덕택으로 무상의 올바르고 완전한 깨달음을 터득하는 것이 아니니라. 이탈되어 있는 것을 통해 이탈되어 있는 것이 깨달아지는 것이 아니니라. 보살마하살은 무상의 올바르고 완전한 깨달음을 터득하지만, 반야바라밀다에 의존하여 터득하는 것이 아니니라."

《 06 》 수보리 장로가 아뢰었다.

"세존이시여, 제가 세존의 말씀을 이해하는 바에 따르면, 세존이시여, 보살마하살은 〔깊고〕 깊은 의미에 들어 있는 것입니다."

세존께서 말씀하셨다.

"그러하다. 수보리야, 그러하느니라. 보살마하살은 〔깊고〕 깊은 의미에 들어 있는 것이니라. 수보리야, 보살마하살은 어려운 일을 수행하는 자이니라. 〔깊고〕 깊은 의미에 들어 있는 그는, 성문의 경지에서든 독각의 경지에서든, 그 의미를 직시하지 않느니라."

법의 무-구분

❪ **07** ❫ 수보리 장로가 아뢰었다.

"세존이시여, 제가 세존의 말씀을 이해하는 바에 따르면, 보살마하살은 어려운 일을 수행하는 그 어떤 자도 아닙니다. 그 이유는 무엇일까? 세존이시여, 직시하는 법은 인식되지 않으며, 직시되는 법도 인식되지 않고, 직시하게 만드는 그러한 법 또한 인식되지 않기 때문입니다. 세존이시여, 만약 이와 같이 말해질 때, 보살마하살이 낙담하지도 무기력해지지도 겁을 먹지도 우울해하지도 〔겁을 먹어〕 놀라지도 두려움에 떨지도 〔공포의〕 떨림에 빠지지도 않는다면, '나는 〔반야바라밀다를〕 수행한다'라고 바라보지 않는다면, 그는 반야바라밀다에 드는 것입니다. 또한 '내게 무상의 올바르고 완전한 깨달음이 다가온다'라며 바라보지 않는다면, 그는 반야바라밀다에 드는 것입니다. '성문의 경지나 독각의 경지는 내게 행하기 어려운 것이다'라는 생각이 그에게 들지 않는다면, 그는 반야바라밀다에 드는 것입니다.

허공(虛空)

세존이시여, 이는 마치 허공에게 '어떤 법에 나는 가까이 있다. 어떤 법에 나는 멀리 있다'라는 생각이 들지 않는 것과 같습니다. 그 이유는 무엇일까요? 세존이시여, 허공은 구분되는 것이 아니기 때문입니다. 세존이시여, 바로 이와 같이 반야바라밀다를 수행하는 보살마하살에게는 '무상의 올바르고 완전한 깨달음이 내게 가까이 있다. 성문의 경지와 독각의 경지는 내게 멀리 있다'라는 생각이 들지 않습니다. 그 이유는 무엇일까요? 세존이시여, 반야바라밀다는 구분을 결여하고 있기 때문입니다.

환인(幻人)

세존이시여, 이는 마치 환인에게 '환영을 만들어내는 자가 내게 가까이 있다. 〔그에 의해〕 만들어진 어떤 〔환영의〕 군중은 내게 멀리 있다'라는 생각이 들지 않는 것과 같습니다. 그 이유는 무엇일까요? 세존이시여, 그것은 환인이 구분되는 것이 아니기 때문입니다. 세존이시여, 바로 이와 같이 반야바라밀다를 수행하는 보살마하살에게는 '무상의 올바르고 완전한 깨달음이 내게 가까이 있다. 성문의 경지와 독각의 경지는 내게 멀리 있다'라는 생각이 들지 않습니다. 그 이유는 무엇일까요? 세존이시여, 반야바라밀다는 구분되지 않기 때문입니다.

영상(映像)

세존이시여, 이는 마치 어떤 영상에게 '〔인식〕대상을 통해 생겨나는 영상은 내게 가까이 있지만, 거울이나 물이 든 사발에서 보여진 것들은 내게 멀리 있다'라는 생각이 들지 않는 것과 같습니다. 그 이유는 무엇일까요? 세존이시여, 영상은 구분되는 것이 아니기 때문입니다.

사랑스러운 것과 사랑스럽지 않은 것

세존이시여, 바로 이와 같이 반야바라밀다를 수행하는 보살마하살에게는 '무상의 올바르고 완전한 깨달음이 내게 가까이 있다. 성문의 경지와 독각의 경지는 내게 멀리 있다'라는 생각이 들지 않습니다. 그 이유는 무엇일까요? 세존이시여, 반야바라밀다는 구분되지 않기 때문입니다. 세존이시여, 이는 마치 여래에게 사랑스러운 어떤 것이나 사랑스럽지 않은 어떤 것이 존재하지 않는 것과 같습니다. 그 이유는 무엇일까요? 여래는 모든 억측과 분별을 버린 상태이기 때문입니다. 세존이시여, 바로 이와 같이 반야바라밀다를 수행하는 보살마하살에게도 사랑스러운 어떤 것이나 사랑스럽지 않은 어떤 것이 존재하지 않습니다. 그 이유는 무엇일까요? 세존이시여, 반야바라밀다는 구분되지 않기 때문입니다. 세존이시여, 여래가 모든 억측과 분별을 버린 것처럼, 세존이시여, 반야바라밀다도 모든 억측과 분별을 버렸기 때문입니다.

화인(化人) (1)

세존이시여, 이는 마치 공양을 받을 만하고 올바르게 깨달은 여래의 신통력으로 만들어진 화인과 같습니다. 여래에게는 '성문의 경지와 독각의 경지는 내게 멀리 있다. 무상의 올바르고 완전한 깨달음이 내게 가까이 있다'라는 생각이 들지 않습니다. 그 이유는 무엇일까요? 세존이시여, 〔신통력에 의해〕 만들어진 것은 구분되지 않기 때문입니다. 세존이시여, 바로 이와 같이 반야바라밀다를 수행하는 보살마하살에게는 '성문의 경지와 독각의 경지는 내게 멀리 있다. 무상의 올바르고 완전한 깨달음이 내게 가까이 있다'라는 생각이 들지 않습니다. 그 이유는 무엇일까요? 세존이시여, 반야바라밀다는 구분되지 않기 때문입니다.

화인(化人) (2)

세존이시여, 이는 마치 〔주어진〕 어떤 책무 때문에 만들어지고 그 책무를 다하는 화인과 같습니다. 하지만 그 화인은 구분되지 않는 것입니다. 그 이유는 무엇일까요? 세존이시여, 〔신통력에 의해〕 만들어진 것은 구분되지 않기 때문입니다. 세존이시여, 바로 이와 같이 보살마하살은 〔주어진〕 어떤 책무를 위해 반야바라밀다에 전념하고, 그 책무를 다합니다. 하지만 반야바라밀다는 구분되지 않는 것입니다. 그 이유는 무엇일까요? 세존이시여, 반야바라밀다는 구분되지 않기 때문입니다.

목각 인형

세존이시여, 이는 마치 석공(石工)이나 석공의 제자에 의해 만들어진, 끈으로 연결된 여성이나 남성의 목각 인형과 같습니다. 이것은 어떤 책무나 목적 때문에 만들어진 것이며, 그 책무를 다합니다. 하지만 이 목각인형은 구분되지 않는 것입니다. 그 이유는 무엇일까요? 세존이시여, 목각인형은 구분되지 않기 때문입니다. 세존이시여, 바로 이와 같이 보살마하살은 〔주어진〕 어떤 책무를 위해 반야바라밀다에 전념하고, 그 책무를 다합니다. 하지만 반야바라밀다는 구분되지 않는 것입니다. 그 이유는 무엇일까요? 세존이시여, 반야바라밀다는 구분되지 않기 때문입니다."

성스러운 팔천송반야경에서 '환영(幻影)'으로 불리는 스물여섯 번째 장

제 27 장

핵심(核心)

◉

सारपरिवर्तः सप्तविंशतितमः

핵심의 반야바라밀다

01 그때 사리자 장로가 수보리 장로에게 물었다.

"수보리 장로여, 아! 반야바라밀다에 드는 보살마하살은 핵심을 수행하고 있는 것입니다."

수보리 장로가 사리자 장로에게 말했다.

"사리자 장로여, 아! 반야바라밀다에 드는 보살마하살은 핵심을 수행하고 있는 것입니다."

02 그러자 수천에 달할 정도로 매우 많은 천자들에게 다음과 같은 생각이 들었다.

'무상의 올바르고 완전한 깨달음을 향해 마음을 일으키고 이를 성취한 유정들, 그리고 여기 반야바라밀다에 들며 성문의 경지나 독각의 경지에서 진실한 궁극〔의 실재〕를 직시하지 않는 유정들은 경배되어져야 할 자들이다. 법들의 법성에 들지만 이 법성을 직시하지 않는 방식으로 수행하는 보살마하살들은 어려운 일을 수행하는 자들로 알려져야 할 것이다.'

보살마하살의 난행(難行)

수보리 장로가 수천에 달할 정도로 매우 많은 천자들의 그와 같은 마음속 심경을 마음으로 바로 알아차리고는 그 천자들에게 다음과 같이 말했다.

"천자들이여, 진실한 궁극〔의 실재〕를 직시하지 않는다는 것은 보살마하살에게 행하기 어려운 것이 아닙니다. 오히려 '우리는 무량, 무수, 무한의 유정들을 열반에 들게 이끌 것이다'라고 〔생각하며,〕 공력을 장착하는 것이 보살마하살들에게 행하기 어려운 일, 행하기 지극히 어려운 일인 것입니다. 하지만 그 유정들은 절대〔적으로〕 존재하지 않으며, 존재하지 않는 그들은 인식되지 않습니다. 이는 유정들이 〔실세계에서〕 이탈되어 있기 때문〔에 그러한 것〕입니다. 이와 같이 보살마하살들은 '우리는 유정들을 훈련시킬 것이다'라고 〔생각하며,〕 무상의 올바르고 완전한 깨달음을 터득하기 위해 나아가고 있는 것입니다. 천자들이여, 유정들을 훈련시켜야 한다고 생각하는 보살마하살은 허공도 훈련시켜야 한다고 생각할 것입니다. 그 이유는 무엇일까요? 허공이 이탈되어 있는 방식으로 유정의 이탈이 알려져야 할 것이기 때문입니다.

천자들이여, 이러한 방식으로 존재하지도 인식되지도 않는 유정들을 위해 공력을 장착하는 보살마하살들은 어려운 일을 수행하는 자들인 것입니다. 천자들이여, 유정들을 위해 공력을 장착해야 한다고 생각하는 보살마하살은 허공도 장착해야 한다고 생각할 것입니다. 이 공력은 보살마하살이 유정들을 위해 장착하고 있는 것입니다. 유정이 절대적으로 인식되지 않는다는 것은 공양을 받을 만하고 올바르게 깨달은 여래가 이야기한 것입니다. 유정이 이탈되어 있는 방식으로 이러한 유정의 무-인식이 알려져야 합니다. 그리고 수련자가 인식되지 않는 방식으로 유정의 이탈이 알려져야 합니다. 이와 같이 말해질 때, 보살마하살이 낙담하지 않는다면, 천자들이여, 이 보살마하살은 반야바라밀다를 수행하고 있다고 알려져야 합니다. 그 이유는 무엇일까요? 유정이 이탈되어 있는 방식으로 물질의 이탈이 알려져야 할 것이기 때문입니다. 이와 같이 유정이 이탈되어 있는 방식으로 감각·표상·의욕의 이탈이 알려져야 할 것이기 때문입니다. 유정이 이탈되어 있는 방식으로 사유의 이탈이 알려져야 할 것이기 때문입니다. 이와 같이 유정이 이탈되어 있는 방식으로 제법의 이탈이 알려져야 하는 한, 천자들이여, 제법은 이탈되어 있는 것이라고 〔바라〕보아져야 할 것입니다. 천자들이여, 이와 같이 제법의 이탈〔성〕이 말해질 때, 보살마하살은 낙담하지 않으며, 낙담하지 않기에 그는 반야바라밀다를 수행하고 있는 것입니다."

낙담의 법

◖ 03 ◗ 그때 〔그 의미를〕 알아차리신 세존께서 수보리 장로에게 다음과 같이 물으셨다.

"수보리야, 제법의 이탈〔성〕이 말해질 때, 어떤 이유에서 보살마하살은 낙담하지 않는 것이더냐?"

수보리 장로가 대답했다.

"세존이시여, 〔자신 또한〕 이탈되어 있기에 보살마하살은 낙담하지 않는 것입니다. 세존이시여, 이러한 방식으로 제법이 말해질 때 보살마하살은 낙담하지 않는 것입니다. 세존이시여, 그 어떤 법도 낙담하지 않습니다. 그 이유는 무엇일까요? 세존이시여, 낙담하는 그 어떤 법도 인식되지 않기 때문입니다. 세존이시여, 어떤 법으로 어떤 법이 낙담하는 그러한 법은 인식되지 않는 것입니다."

세존께서 말씀하셨다.

"그러하다. 수보리야, 그러하느니라. 이와 같이 말해지고 가르쳐지며 설명되고 이와 같이 보여질 때, 보살마하살이 낙담하게 되지도 절망하지도 절망에 빠져들지도 무기력해지지도 겁을 먹지도 우울해하지도 〔겁을 먹어〕 놀라지도 〔두려움에〕 떨지도 〔공포의〕 떨림에 빠져들지도 않는다면, 그는 반야바라밀다를 수행하고 있는 것이니라."

보살행의 복덕 (1)

수보리 장로가 아뢰었다.

"세존이시여, 그러합니다. 선서이시여, 그러합니다. 세존이시여, 보살마하살이 이와 같이 수행한다면, 그는 반야바라밀다에 드는 것입니다. 이러한 방식으로 수행하는 보살마하살은 멀리서〔라도 천제석의〕 천자들, 대범천왕(大梵天王)의 〔천자들〕, 대세주(大世主)와 함께하는 〔천자들〕, 이사나(伊賜那)와 함께하는 〔천자들〕, 선인(仙人)과 함께하는 남녀의 무리, 그들의 합장(合掌)된 경배를 받을 것입니다."

세존께서 말씀하셨다.

"수보리야, 이러한 방식으로 수행하는 보살마하살은 멀리서〔라도 천제석의〕 천자들, 대범천왕의 〔천자들〕, 대세주(大世主)와 함께하는 〔천자들〕, 이사나(伊賜那)와 함께하는 〔천자들〕, 선인(仙人)과 함께하는 남녀의 무리, 그들의 합장(合掌)된 경배를 받을 뿐만 아니라, 수보리야, 또한 범종천(梵種天)·범보천(梵輔天)·범중천(梵衆天)·대범천(大梵天)·소광천(少光天)·무량광천(無量光天) 광음천(光音天)·소정천(小淨天)·무량정천(無量淨天)·편정천(徧淨天)·무운천(無雲天)·복생천(福生天)·광과천(廣果天)·무상유정천(無想有情天)·불광천(不廣天)·무열천(無熱天)·선현천(善現天)·선견천(善見天)·색구경천(色究竟天)의 천자들도, 수보리야, 이와 같이 반야바라밀다를 수행하는 보살마하살을 경배하느니라. 수보리야, 현재 무량무수의 세간들에 머물며 〔사람들의 마음에〕 새겨지고 〔보살마하살들을〕 앞으로 나아가게 하며 법을 가르치는 공양을 받을 만하고 올바르게 깨달은 여래들, 그 불타 세존들 또한 반야바라밀다를 수행하는 보살마하살을 불안(佛眼)으로 〔바라〕보고, 반야바라밀다를 수행하는 보살마하살을 옹호하며 그에게 주의를 기울이느니라. 수보리야, 공양을 받을 만하고 올바르게 깨달은 여래들이 옹호하며 주의를 기울이는 반야바라밀다를 수행하는 보살마하살들은 무상의 올바르고 완전한 깨달음에서 불퇴전하는 자들로 〔마음에〕 새겨야 할 것이니라.

보살행의 복덕 (2)

마왕이나 〔그 밖의〕 다른 것들이라도 〔보살마하살들의 수행을〕 방해하지 못하느니라. 그 이유는 무엇일까? 수보리야, 삼천대천세계에 존재하는 유정들, 그들 모두는 마왕 파순들이 될 것이고, 그 마왕 파순들 각각은 〔삼천대천세계에 존재하는 유정의 수,〕 그 정도에 달하는 마왕의 집단들을 〔마력으로〕 만들 것이니라. 수보리야, 그들 또한 반야바라밀다를 수행하는, 불타들이 주의를 기울이는 보살마하살이 무상의 올바르고 완전한 깨달음에 드는 것을 방해할 수 없느니라.

수보리야, 삼천대천세계에 존재하는 유정들이 마왕 파순들이 되는 것은 말할 것도 없으며, 수보리야, 항하의 모래알처럼 셀 수 없을 정도로 많은 삼천대천세계에 이르기까지 존재하는 유정들, 그들 모두 또한 마왕 파순들이 될 것이니라. 그 마왕 파순들 각각은 〔삼천대천세계에 존재하는 유정의 수,〕 그 정도에 달하는 마왕의 집단들을 〔마법으로〕 만들 것이니라. 수보리야, 그들 또한 반야바라밀다를 수행하는, 불타들이 주의를 기울이는 보살마하살이 무상의 올바르고 완전한 깨달음에 드는 것을 방해할 수 없느니라.

보살행의 복덕 (3) - 2종의 법

수보리야, 그때 2종의 법을 갖춘 보살마하살을 마왕 파순들이나 〔마왕의 세계에 속하는〕 신들이 공격하기란 〔매우〕 어려우니라. 이 2종의 법이란 어떠한 것들일까? 〔하나는〕 보살마하살이 모든 유정을 버리지 않는다는 것이고, 〔다른 하나는〕 보살마하살이 제법을 공성의 측면에서 통찰한다는 것이니라. 수보리야, 이러한 2종의 법을 갖춘 보살마하살을 마왕 파순들이나 〔마왕의 세계에 속하는〕 신들이 공격하기란 〔매우〕 어려우니라. 수보리야, 또 다른 2종의 법을 갖춘 보살마하살을 마왕 파순들이나 신들이 공격하기란 〔매우〕 어려우니라. 이 2종의 법이란 어떠한 것들일까? 〔하나는〕 언행이 일치하는 자이고, 〔다른 하나는〕 불타세존들이 주의를 기울이는 자이니라. 수보리야, 이러한 2종의 법을 갖춘 보살마하살을 마왕 파순들이나 마왕의 세계에 속하는 신들이 공격하기란 〔매우〕 어려우니라.

보살행의 복덕 (3)

수보리야, 천신들도 이와 같이 수행하는 보살마하살에게 다가가야 한다고 생각할 것이니라. 다가간 후 그에게 물어야 한다고 질문을 해야 한다고, 그를 섬겨야 한다고 생각할 것이니라. 그러고는 그에게 힘을 불어넣어 줄 것이니라. '선남자여, 당신은 조속히 무상의 올바르고 완전한 깨달음을 터득할 것입니다. 선남자여, 그러하니 당신은 반야바라밀다의 상태, 그 상태에 머물도록 하십시오! 바로 이러한 상태에 머무는 당신은 보호를 받지 못하는 유정들의 수호자가 될 것입니다. 구제받지 못하는 유정들의 구원자가 될 것입니다. 피신처가 없는 유정들의 대피소가 될 것입니다. 편안하게 쉬지 못하는 유정들의 안식처가 될 것입니다. 최종목적지가 없는 유정들의 최종목적지가 될 것입니다. 은둔지가 없는 유정들의 섬이 될 것입니다. 눈이 먼 유정들의 〔등〕불이 될 것입니다. 이끄는 자가 없는 유정들의 지도자가 될 것입니다. 길이 없는 유정들의 도가 될 것입니다. 길을 잃은 유정들의 안내자가 될 것이고, 피신처가 없는 유정들의 피신처가 될 것입니다'라며, 천자들은 보살마하살에게 힘을 불어넣어 줄 것이니라. 그 이유는 무엇일까? 수보리야, 보살마하살이 반야바라밀다의 상태에 머물고 있기 때문이니라.

보살행의 복덕 (4)

무량무수의 세간들에 머물며 〔사람들의 마음에〕 새겨지고 〔보살마하살들을〕 앞으로 나아가게 하며 법을 가르치고, 비구 집단에 둘러싸이며 보살 집단에 추앙받는 불타세존들 또한 반야바라밀다를 수행하며 여기에 머무는, 이러한 머무름으로 쌓이는 공덕들을 갖춘 〔그〕 보살마하살의 이름과 성씨, 세력, 그리고 〔혈통과〕 천성을 〔크게〕 칭찬하며 법을 가르치고, 그 보살마하살을 향해 감탄의 소리를 내고 있느니라. 수보리야, 이는 마치 내가 지금 보당(寶幢) 보살마하살, 시기(尸棄) 보살마하살의 이름과 성씨, 세력, 그리고 혈통과 천성을 〔크게〕 칭찬하며 법을 가르치고, 현재 공양을 받을 만하고 올바르게 깨달은 아촉불(阿閦佛) 여래의 면전에서 범행을 수행하는 다른 보살마하살들을 향해 감탄의 소리를 내고 있는 것과 같으니라. 수보리야, 바로 이와 같이 현재 나의 불토(佛土)에서 보살마하살들로서 범행을 수행하고, 반야바라밀다의 상태에 머무는 불타세존들 또한 보살마하살들의 이름과 성씨, 세력, 그리고 혈통과 천성을 〔크게〕 칭찬하며 법을 가르치고, 〔그들을 향해〕 감탄의 소리를 내고 있는 것이니라."

《 04 》 수보리 장로가 여쭈었다.

"세존이시여, 불타세존들은 모든 보살마하살의 이름과 성씨, 세력, 그리고 혈통과 천성을 〔크게〕 칭찬하며 법을 가르치고, 〔그들을 향해〕 감탄의 소리를 내고 있는 것입니까?"

세존께서 대답하셨다.

"수보리야, 그렇지 않느니라. 수보리야, 불타세존들은 모든 보살마하살의 이름과 성씨, 세력, 그리고 혈통과 천성을 〔크게〕 칭찬하며 법을 가르치고, 〔그들을 향해〕 감탄의 소리를 내고 있지 않느니라. 수보리야, 불타세존들은 모든 집착을 끊어낸 불퇴전의 보살마하살들, 그들의 이름과 성씨, 세력, 그리고 혈통과 천성을 〔크게〕 칭찬하며 법을 가르치고, 〔그들을 향해〕 감탄의 소리를 내고 있는 것이니라."

05 수보리 장로가 여쭈었다.

"세존이시여, 불퇴전의 보살마하살들을 제외한 다른 보살마하살들도 존재하는데, 불타세존들은 그들만의 이름과 성씨, 세력, 그리고 혈통과 천성을 〔크게〕 칭찬하며 법을 가르치고, 〔그들을 향해〕 감탄의 소리를 내고 있는 것입니까?"

세존께서 대답하셨다.

"수보리야, 불퇴전의 보살마하살들 말고도 이들에 필적할 만한 힘을 갖고 있는, 보살승에 오른 자들이 존재하느니라. 불타세존들은 그들의 이름과 성씨, 세력, 그리고 혈통과 천성을 〔크게〕 칭찬하며 법을 가르치고, 〔그들을 향해〕 감탄의 소리를 내고 있는 것이니라. 그들은 어떤 자들일까? 이들은 현재 공양을 받을 만하고 올바르게 깨달은 아촉불 여래의 범행을 모방하며 보살의 도정(道程)을 수행하고 〔여기에〕 머물고 있는 자들이니라. 수보리야, 불퇴전의 보살마하살들 말고도 보살승에 오른 이러한 사람들, 불타세존들은 그들의 이름과 성씨,

세력, 그리고 혈통과 천성을 〔크게〕 칭찬하며 법을 가르치고, 〔그들을 향해〕 감탄의 소리를 내고 있는 것이니라. 수보리야, 이들 또한 보당(寶幢) 보살마하살의 범행을 모방하며 보살의 도정(道程)을 수행하고 〔여기에〕 머물고 있는 자들이니라. 수보리야, 불퇴전의 보살마하살들 말고도 이러한 보살마하살들, 불타세존들은 그들의 이름과 성씨, 세력, 그리고 혈통과 천성을 〔크게〕 칭찬하며 법을 가르치고, 〔그들을 향해〕 감탄의 소리를 내고 있는 것이니라.

06 수보리야, 게다가 반야바라밀다를 수행할 때 '제법은 불생이다'라는 〔생각에〕 전념하는 보살마하살들은 아직〔까지〕 제법 불생의 수용, 즉 무생법인(無生法忍)을 획득하고 있지 못한 자이니라. '제법은 정숙하다'라는 〔생각에〕 전념하는 〔보살마하살들은〕 불퇴전의 자재력을 획득하고 있지 못한 자이니라. 수보리야, 불타세존들은 이러한 상태에 머무는 보살마하살들의 이름과 성씨, 세력, 그리고 혈통과 천성도 〔크게〕 칭찬하며 법을 가르치고, 〔그들을 향해〕 감탄의 소리를 내고 있는 것이니라. 수보리야, 더욱이 불타세존들이 어떤 보살마하살들의 이름과 성씨, 세력, 그리고 혈통과 천성을 〔크게〕 칭찬하며 법을 가르치고, 〔그들을 향해〕 감탄의 소리를 내고 있는 경우, 그들은 성문의 경지와 독각의 경지를 버리고 불타의 경지를 기대하는 자들로서, 이들 또한 무상의 올바르고 완전한 깨달음에 들 것이라고 예언되는 자들일 것이니라. 그 이유는 무엇일까? 수보리야, 불타세존들이 어떤 보살마하살들의 이름과 성씨, 세력, 그리고 혈통과 천성을 〔크게〕 칭찬하며 법을 가르치고, 〔그들을 향해〕 감탄의 소리를 내고 있는 경우, 그들 또한 불퇴전의 상태에 머물러 있을 것이기 때문이니라.

아촉불 여래와 보살마하살

❰ 07 ❱ 수보리야, 〔깊고〕 깊은 반야바라밀다가 말해지는 것을 듣고도 이에 전념하는, 우둔하지도 걱정하지도 의심하지도 않는 보살마하살들은 '이것은 공양을 받을 만하고 올바르게 깨달은 여래가 말한 것 그대로다'라며 〔반야바라밀다에〕 전념한 후 자세하게 들을 것이고, '우리는 반야바라밀다를 공양을 받을 만하고 올바르게 깨달은 아촉불 여래의 면전에서 자세하게 들을 것이다'라는 마음을 일으킬 것이니라. 또한 이들은 아촉불 여래의 불토(佛土)에서 범행을 수행하는, 보살승에 오른 사람들의 면전에서 바로 이 반야바라밀다를 듣고 〔이에〕 전념할 것이니라. 반야바라밀다에 전념하는 그들 또한 여래가 말한 방식대로 전념할 것이고, 이와 같이 전념하는 그들은 불퇴전의 상태에 머물 것이니라. 수보리야, 나는 '반야바라밀다를 경청하는 것도 〔크게〕 도움이 된다'라고 말하고 있는 것이니라. 반야바라밀다에 주의를 기울이고, 주의를 기울인 후 진여를 향해 서 있으며 수행하고, 수행한 후 진여에 머무르고, 진여에 머무르며 전지자성에서 법을 가르치는 자들은 말할 것도 없느니라."

진여의 법

❰ 08 ❱ 수보리 장로가 여쭈었다.

"진여에서 벗어난 다른 그 어떤 법도 인식되지 않는다면, 세존이시여, 진여에 머무는 그 법은 어떤 것입니까? 무상의 올바르고 완전한 깨달음을 터득하는 그 법은 어떤 것입니까? 이러한 법을 가르치는 그 법은 어떤 것입니까?"

세존께서 수보리 장로에게 다음과 같이 말씀하셨다.

"수보리야, 너는 '진여에서 벗어난 다른 그 어떤 법도 인식되지 않는다면, 세존이시여, 진여에 머무는 그 법은 어떤 것입니까? 혹은 무상의 올바르고 완전한 깨달음을 터득하는 그 법은 어떤 것입니까? 이러한 법을 가르치는 그 법은 어떤 것입니까?'라고 묻지만, 수보리야, 진여에서 벗어난 그 어떤 다른 법도 인식되지 않으며, 진여에 머무는 그 어떤 다른 법도 인식되지 않느니라. 수보리야, 진여는 실로 인식되지 않는 것이니라. 진여에서 머무는 법은 말할 것도 없느니라. 수보리야, 진여는 무상의 올바르고 완전한 깨달음을 터득하지 않느니라. 수보리야, 무상의 올바르고 완전한 깨달음을 깨달았거나 깨달을, 혹은 깨닫고 있는 그 어떤 법도 인식되지 않느니라. 수보리야, 진여는 법을 가르치지 않느니라. 수보리야, 법을 가르치는 법 또한 인식되지 않느니라."

수보리 장로의 설법

09 그때 천제석이 세존께 아뢰었다.

"세존이시여, 반야바라밀다는 〔깊고〕 깊은 것입니다. 세존이시여, 무상의 올바르고 완전한 깨달음을 터득하기 바라는 보살마하살들은 어려운 일을 수행하는 자들입니다. 그 이유는 무엇일까요? 세존이시여, 그 어떤 법도 진여에 머무르지 않으며, 그 어떤 법도 무상의 올바르고 완전한 깨달음을 터득하지 않고, 그 어떤 법도 가르치지 않기 때문입니다. 하지만 〔이러한 말을 들어도〕 보살마하살들은 우울해지지도 걱정하지도 우둔해지지도 않습니다."

《 10 》 그러자 수보리 장로가 천제석에게 말했다.

"교시가여, 당신은 '이와 같이 〔깊고〕 깊은 법들이 말해질 때 의심이나 이해〔력〕의 더딤이 생기지 않는, 무상의 올바르고 완전한 깨달음을 터득하기 바라는 보살마하살들은 어려운 일을 수행하는 자들입니다'라고 말하고 있습니다. 교시가여, 제법이 공하다고 할 때 〔과연〕 어떤 자에게 의심이나 이해〔력〕의 더딤이 생기지 않는 것일까요?"

천제석이 말했다.

"성스러운 수보리가 알려주고 있는 무엇이든, 그는 공성에 관해 알려주고 있는 것이며, 그는 그 어디에도 결코 집착하지 않는 자입니다. 이는 마치 공중을 향해 쏘아진 화살이 그 어디에도 집착하지 않는 것과 같습니다. 바로 이와 같은 방식으로 성스러운 수보리의 설법은 그 어디에도 결코 집착하지 않는 것입니다."

《 11 》 그러고는 천제석이 세존께 아뢰었다.

"세존이시여, 수보리 상좌에 관해 이와 같이 말하고 이와 같이 알리는 저는 과연 여래의 가르침과 법을 이야기하고, 〔법을 설명하면서〕 저는 법의 이치에 따라 법을 제대로 설명하고 있는 것일까요?"

세존께서 천제석에게 다음과 같이 대답하셨다.

"교시가야, 실로 네가 그와 같이 말하는 것은, 교시가야, 실로 그러하느니라. 그렇게 하고 있느니라. 그와 같이 말하고 그와 같이 알리는 너는 여래의 가르침과 법을 이야기하고, 법의 이치에 따라 법을 제대로 설명하고 있는 것이니라. 그 이유는 무엇일까? 교시가야, 무엇이든 수보리 상좌에게 〔변재의 능력〕이 발휘되는 것, 그것은 바로 공성에 관해 발휘되는 것이니라. 그 이유는 무엇일까? 교시가야, 수보리 상좌는 아직 반야바라밀다조차 〔바라〕보지도 인식하지도 못하기 때문이니라. 〔하물며〕 그러한 그가 어떻게 반야바라밀다에 들겠느냐? 아직 깨달음조차 인식하지 못하는데, 그러한 그가 어떻게 깨달음을 터득하겠느냐? 아직 전지자성조차 인식하지 못하는데, 그러한 그가 어떻게 전지자성을 얻겠느냐? 아직 진여조차 인식하지 못하는데, 그러한 그가 어떻게 여래가 되겠느냐? 아직 불생조차 인식하지 못하는데, 그러한 그가 어떻게 불생을 직시하겠느냐? 아직 보살조차 인식하지 못하는데, 그러한 그가 어떻게 깨달음을 터득하겠느냐? 아직 〔10〕력조차 인식하지 못하는데, 그러한 그가 어떻게 지력으로 충만한 〔사람〕이 되겠느냐? 아직 〔4〕무소외조차 인식하지 못하는데, 그러한 그가 어떻게 무소외를 가진 〔사람〕이 되겠느냐? 아직 법조차 인식하지 못하는데, 그러한 그가 어떻게 법을 가르치겠느냐? 교시가야, 수보리 상좌는 제법의 이탈이라는 상태와 제법의 무-인식〔이라는〕 상태에 머물고 있는 것이니라.

교시가야, 〔하지만〕 수보리 상좌가 머물고 있는 제법의 이탈〔이라는〕 상태와 제법의 무-인식〔이라는〕 상태는, 교시가야, 보살마하살이 반야바라밀다를 수행하며 〔여기에〕 머무는 것에 백 분의 일, 천 분의 일, 십만 분의 일, 천만 분의 일, 십억 분의 일, 백억 분의 일, 십조 분의 일, 그 이상의 셀 수 없는 수의 일에도 미치지 못하느니라. 〔그 어떤) 산출도, 분할도, 셈도, 비교도, 유추도, 대응도, 대조도 가능하지 않은 것이니라. 교시가야, 보살마하살이 반야바라밀다를 수행하며 〔여기에〕 머무는 것은 여래의 머무름을 제외한 그 밖의 모든 머무름을 능가하는 것이니라. 교시가야, 〔그렇기에〕 이러한 머무름은 모든 머무름 가운데에서도 최고라고 가장 아름답다고 가장 탁월하다고 고귀하다고 핵심이라고 〔그 무엇보다〕 앞서 있다고 최상이라고 무상(無上)이라고 타의 추종을 불허하는 것이라고 특별하다고 유일무이한 것이라고 말해지는 것이니라. 보살마하살이 반야바라밀다를 수행하며 〔여기에〕 머무는 것은 성문이나 독각의 모든 머무름을 능가하느니라. 교시가야, 그렇기에 모든 유정 가운데〔에서도〕 최고라는 가장 아름답다는 가장 탁월하다는 고귀하다는 핵심이라는 〔그 무엇보다〕 앞서 있다는 최상이라는 무상(無上)이라는 타의 추종을 불허하는 것이라는 특별하다는 유일무이하다는 상태에 들기 바라는 선남자나 선여인은, 교시가야, 보살마하살이 반야바라밀다를 수행하며 〔여기에〕 머무는 상태, 바로 그러한 상태에 머물러야 할 것이니라."

성스러운 팔천송반야경에서 '핵심(核心)'으로 불리는 스물일곱 번째 장

제 28 장

산화(散花) 여래

◉

अवकीर्णकुसुमपरिवर्तोऽष्टाविंशतितमः

만다라화

《 01 》 그러자 한 천자가 33천계의 천자들과 함께 만다라화(曼陀羅花)와 대만다라화(大曼陀羅花)를 〔손에〕 쥐고는 세존께 다가갔다. 바로 그때 법회에 6천 명의 비구들이 도착하여 자리를 함께했다. 그들은 〔각자의〕 자리에서 일어나 왼쪽 어깨 위에 상의(上衣)를 올리고는 오른쪽 무릎을 바닥에 붙이고 세존이 계신 방향으로 합장을 하며 예를 올렸다. 예를 올리기 위해 앞으로 내민 그들의 두 손은 불타의 위신력으로 생겨난 만다라화와 대만다라화로 가득했고, 이 꽃들을 공양을 받을 만하고 올바르게 깨달은 여래가 〔있는 곳〕을 향해 아래쪽과 앞쪽으로 흩뿌리며, 다음과 같이 아뢰었다.

"세존이시여, 우리는 반야바라밀다를 수행할 것입니다. 세존이시여, 우리는 무상의 반야바라밀다의 상태에 머물 것입니다."

세존의 미소

《 02 》 그때 세존께서 불타세존들의 법성인 미소를 보이셨다. 불타세존들이 미소를 드러내 보일 때, 청색 황색 적색 백색 홍색 수정색 은색 금색 등 다양하고 풍부한 색깔들을 띠는 광채들이 입에서 발산되었다. 발산된 이 광채들은 한계도 경계도 없는 세간들에 환하게 스며들고, 범천(梵天)〔의 세계〕에 까지 떠오른 후 다시 돌아와 세존의 오른쪽을 세 번 돌고는 세존의 정수리에서 사라졌다.

《 03 》 아난다 장로가 자리에서 일어나 왼쪽 어깨 위에 상의를 올리고는 오른쪽 무릎을 바닥에 붙이고 세존이 계신 방향으로 합장을 하며 예를 올린 후 다음과 같이 여쭈었다.

"공양을 받을 만하고 올바르고 완전하게 깨달은 여래가 미소를 내보이시는 데에는 이유가 없거나 원인이 없거나 하지 않습니다. 세존이시여, 어떤 이유에서입니까? 미소를 드러내 보이신 것은 어떤 원인에서입니까?"

산화(散花)라는 명칭의 부여

세존께서 다음과 같이 대답하셨다.

"아난다야, 6천 명의 비구들은 성유겁(星喩劫) 동안 무상의 올바른 깨달음을 터득할 것이고, 터득한 뒤 모든 유정에게 법을 가르칠 것이니라. 또한 그 모두는 산화라는 동일한 이름을 갖게 될 것이고, 공양을 받을 만하고 올바르게 깨달은 여래들이 될 것이며, 세간의 스승이 될 것이니라. 아난다야, 실로 산화라는 이름을 갖는 공양을 받을 만하고 올바르게 깨달은 여래들, 그 모두에게는 여래의 성문(聲聞)〔이라는〕 승단(僧團)이 존재할 것이며, 그들에게는 2만 겁 동안이란 수명(壽命)이 지속될 것이니라. 또한 그 모든 여래 각자에게는 신과 인간〔의 세계〕에 널리 유포된 광범위한 〔분량의〕 교설이 있을 것이며, 그 모든 여래 각자에게는 2만 겁 동안 정법이 〔항상〕 동일하게 머물 것이니라. 그리고 그들 모두가 어떤 마을 시내 도시, 군(郡), 나라, 왕성

(王城) 그 어디에서 나오더라도, 그들은 그곳에 법륜을 널리 퍼트릴 것이니라. 퍼트린 후 어디에 머무르든, 어디에서 나오고 어디로 들어가든, 어디를 통해 어디에서 나오든, 그렇게 머무르고 들어가며 나오고 머무는 그들에게는 다섯 가지의 색깔을 지닌 꽃비가 내릴 것이니라. 아난다야, 그렇기에 최상의 상태에 머무르기 바라는 보살마하살들은 반야바라밀다의 상태에 머물러야 할 것이니라. 아난다야, 여래의 상태에 머무르기 바라는 보살마하살들도 반야바라밀다의 상태에 머물러야 할 것이니라.

여래를 향해 심은 보살의 선근

아난다야, 반야바라밀다를 수행할 어떤 보살마하살들에게는 실로 〔다음과 같은〕 생각이 확고하게 들 것이니라. '인간계에서 죽은 자들은 인간계에 〔다시〕 태어날 것이고, 도솔천계에서 죽더라도 인간계에 〔다시〕 태어날 것이다. 그 이유는 무엇일까? 인간계와 도솔천계에는 반야바라밀다가 널리 유포되어 있을 것이기 때문이다'라고 말이다. 아난다야, 이러한 보살마하살들은 여래가 바라보는 자들이라고 알려져야 할 것이니라. 아난다야, 반야바라밀다에 들어 이를 듣고 들은 뒤〔에 이를〕 습득하고 마음에 새기며 낭송하고 통달하며 널리 퍼트리고 가르치며 보여주고 알리며 되새기고 〔끝까지〕 기록하는, 듣고 들은 뒤〔에 이를〕 습득하고 마음에 새기며 낭송하고 통달하며 널리 퍼트리고 가르치며 보여주고 알리며 되새기고 〔끝까지〕 기록한 뒤에 보살마하살들을 교화하고 교도하며 〔이들에게〕 보여주고 받아들이게 만들며 들뜨게 하고 기뻐하게 할 보살마하살들은 공양을 받을 만하고 올바르게 깨달은 여래들을 향해 선근을 심은 자들이라 알려져야 할 것이니라. 그들은 성문(聲聞)과 독각(獨覺)에서뿐만 아니라 반야바라밀다에서 수련하기 위해 선근을 심은 것이니라. 아난다야, 반야바라밀다에서 수련하며 공포에 빠지지 않는 보살마하살들이 공양을 받을 만하고 올바르게 깨달은 여래들을 향해 선근을 심은 자들이라는 것은 의심할 여지가 없느니라. 아난다야, 반야바라밀다를 습득하고 마음에 새기며 낭송하고 통달하며 널리 퍼트리고 가르치며 보여주고 알리며 되새기고 기록하며, 의미와 법, 그리고 정도(正道)의 측면에서 〔반야바라밀다를〕 추종할 보살마하살들에게는 〔다음과 같은〕 생각이 확고하게 들 것이니라. '보살마하살들은 공양을 받을 만하고 올바르게 깨달은 여래들과 서로 마주 보며 있었다'라고 말이다. 아난다야, 반야바라밀다를 저주하지도 반대하지도 공격성을 보이지도 거리를 두지도 피하지도 거부하지도 물리쳐야 한다고 생각하지 않는 보살마하살들도, 아난다야, 이전의 불타들을 공양한 자들이라고 알려져야 할 것이니라.

반야바라밀다의 위탁 – 아난다 장로

04 아난다야, 보살마하살이 공양을 받을 만하고 올바르게 깨달은 여래들을 향해 선근을 심었다면, 이 선근은 결코 성문성이나 독각성에 〔그 어떤〕 결실도 맺게 하지 않을 것이니라. 만약 보살마하살이 무상의

올바르고 완전한 깨달음을 향한 서원을 깨지 않는다면, 아난다야, 이러한 보살마하살은 대개 〔과거의〕 은혜를 알고 있는 자이며, 반야바라밀다를 수행해 온 자일 것이니라. 아난다야, 따라서 〔이제〕 나는 반야바라밀다가 사라지지 않도록 〔문자로 쓰인〕 경전을 통해 〔보살마하살들이〕 더할 나위 없이 반야바라밀다를 습득하고 〔마음에〕 새기며 낭송하고 통달하며 〔널리〕 퍼지〔게 하〕고 오랫동안 지속되〔게 하〕도록 이를 네게 위탁하고 맡아달라고 〔일임〕하는 것이니라. 아난다야, 네가 반야바라밀다를 제외하고 내가 직접 가르친 법, 그 모든 설법을 습득한 후에 바로 다시 잃는다 하더라도, 바로 다시 버리고 잊는다 하더라도, 그 정도로는 너는 내게 적대적이지 않을 것이니라. 아난다야, 하지만 〔만약〕 네가 반야바라밀다에 연관된 문장이나 문장과 관련되는 단어를 잃거나 버리거나 잊는다면, 그 정도로도 너는 내게 〔충분히〕 적대적이게 될 것이고, 〔너는 더 이상〕 나의 마음을 만족시키지 않을 것이니라.

아난다야, 네가 재차 반야바라밀다를 습득한 후에 바로 다시 이를 잃거나 버리거나 잊는다면, 너는 나를 공양하지도 공경하지도 경의(敬意)를 표하지도 숭배하지도 찬송하지도 존중하지도 않을 것이니라. 아난다야, 〔그렇게 되면〕 과거·미래·현재의 불타세존들 또한 너는 공양하지도 공경하지도 경의를 표하지도 숭배하지도 찬송하지도 존중하지도 않게 될 것이니라. 아난다야, 네가 재차 반야바라밀다를 습득한 후에 바로 다시 이를 잃거나 버리거나 잊는다면, 아난다야, 그 정도로도 너는 내게 〔충분히〕 적대적이게 될 것이고, 〔너는 더 이상〕 나의 마음을 만족시키지 않을 것이니라. 그 이유는 무엇일까? 아난다야, '반야바라밀다는 공양을 받을 만하고 올바르게 깨달은 과거 미래 현재의 여래들의 어머니이고, 생산이며, 창조자로서 전지자성을 초래하는 것이다'라고 여래가 말했기 때문이니라.

아난다야, 그렇기에 나는 네게 이 반야바라밀다를 위탁하고 맡아달라고 〔일임〕하는 것이니라. 반야바라밀다가 사라지지 않도록, 아난다야, 반야바라밀다는 습득되어야 할 것이니라. 아난다야, 반야바라밀다는 〔마음에〕 새겨져야 할 것이니라. 아난다야, 반야바라밀다는 낭송되어져야 할 것이니라. 아난다야, 반야바라밀다는 통달되어져야 할 것이니라. 아난다야, 반야바라밀다는 널리 퍼트려야 할 것이니라. 아난다야, 반야바라밀다는 가르쳐져야 할 것이니라. 아난다야, 반야바라밀다는 보여져야 할 것이니라. 아난다야, 반야바라밀다는 알려져야 할 것이니라. 아난다야, 반야바라밀다는 되새겨져야 할 것이니라. 아난다야, 반야바라밀다는 기록되어져야 할 것이니라. 아난다야, 반야바라밀다는 전념되어져야 할 것이니라. 아난다야, 너는 반야바라밀다가 정신적으로 잘 집중되고 잘 보살펴지며 잘 통달되고 널리 잘 퍼지도록 만들어야 할 것이니라. 아난다야, 너는 반야바라밀다가 매우 명료한 문자나 문장, 발음으로 말해지도록 만들어야 할 것이니라. 그 이유는 무엇일까? 아난다야, 〔너는〕 '〔반야바라밀다는〕 공양을 받을 만하고 올바르게 깨달은 여래들의 법신(法身)이다'라며 그 법성을 척도로 삼고 있기 때문이니라. 아난다야, 네가 현재 〔이 세간에〕 머물고 〔사람들의 마음에〕 새겨지며 〔보살마하살들을〕 앞으로 나아가게 하는 여래인 내게 행복의 마음 애정〔의 마음〕, 존경〔의 마음〕, 편안한 마음을 가지며 '이런저런 일들이 행해지고 주어지며 주의가 기울여져야 할 것이다'라고 생각하는 것처럼 너는 행복의 마음, 애정〔의 마음〕, 존경〔의 마음〕, 편안한 마음을 가지며 이 반야바라밀다를 습득하고 〔마음에〕 새기며 낭송하고 통달하며 널리 퍼트리고 가르치며 보여주고 알리며 되새기고 기록하며 전념해야 할 것이고, 〔또한〕 공양하며 공경하고 경의를 표하며 숭배하고 찬송하며 존중해야 할 것이니라.

아난다야, 이러한 방식으로 〔하면〕 너는 나를, 또한 보살마하살들을 숭배하는 것이니라. 과거·미래·현재의 불타세존들의 앞에서 행복의 마음 애정〔의 마음〕, 존경〔의 마음〕, 공덕〔을 가진 마음〕의 상태가 일으켜지는 것이니라. 아난다야, 내가 네게 사랑스럽고 매력적이기에 포기되지 않는 여래라면, 반야바라밀다 〔역시〕 네게서 단 한 개의 문장도 잃어버려지거나 사라지는 일이 없도록, 네게 사랑스럽고 매력적인 포기되지 않아야 하는 것이니라! 아난다야, 나는 반야바라밀다의 위탁에 관해 네게 〔아주〕 많이 오랫동안, 즉 한 겁(劫)이나 한 겁을 넘는 매우 오랜 시간인 백 겁, 천 겁, 십만 겁, 천만 겁, 십억 겁, 백억 겁, 십조 겁 그 이상 동안 이야기할 것이니라. 아난다야, 요약하면 내가 너의 스승인 것처럼, 반야바라밀다도 네게 스승인 것이니라. 과거·미래·현재의 불타세존들이 신·인간·아수라를 포함하는 세간의 스승인 것처럼, 반야바라밀다도 신·인간·아수라를 포함하는 세간의 스승인 것이니라. 아난다야, 그렇기에 나는 무한한 반야바라밀다, 이것을 무한한 위탁〔의 형식〕으로 네게 위탁하고 맡아달라고 〔일임〕하는 것이니라. 신·인간·아수라를 포함하는 세간의 안녕과 행복을 위해서 말이다.

창조자인 반야바라밀다

아난다야, 여래도 법도 승가도, 그리고 과거·미래·현재의 불타세존들의 깨달음도 버리지 않는 자는 반야바라밀다를 버리지 않느니라! 반야바라밀다는 우리를 교도하는 것이니라. 아난다야, 또한 누구든 반야바라밀다를 습득하고 마음에 새기며 낭송하고 통달하며 널리 퍼트리고 가르치며 보여주고 알리며 되새기고 기록하며 전념하는 자는 과거·미래·현재의 불타세존들의 깨달음을 포용할 것이니라. 아난다야, 누구든 무너져 버리는 반야바라밀다를 포용하는 자는 과거·미래·현재의 불타세존들의 깨달음을 포용할 것이니라. 그 이유는 무엇일까? 아난다야, 불타세존들의 깨달음은 반야바라밀다에서 나오는 것이기 때문이니라. 아난다야, 과거에 존재한 공양을 받을 만하고 올바르게 깨달은 여래들, 그 불타세존들의 무상의 올바르고 완전한 깨달음도 바로 반야바라밀다에서 나온 것이니라. 아난다야, 미래에 존재할 공양을 받을 만하고 올바르게 깨달은 여래들, 그 불타세존들의 무상의 올바르고 완전한 깨달음도 바로 반야바라밀다에서 나올 것이니라. 아난다야, 현재 무량무수의 세간들에 머물며 〔사람들의 마음에〕 새겨지고 〔보살마하살들을〕 앞으로 나아가게 하는 공양을 받을 만하고 올바르게 깨달은 여래들, 그 불타세존들의 무상의 올바르고 완전한 깨달음도 바로 반야바라밀다에서 나오고 있는 것이니라. 아난다야, 그렇기에 무상의 올바르고 완전한 깨달음을 터득하기 바라는, 6바라밀다에서 수련하기 바라는 보살마하살은 바로 이 반야바라밀다를 들으며 습득하고 마음에 새기며 낭송하고 통달하며 널리 퍼트리고 가르치며 보여주고 알리며 되새기고 기록해야 할 것이니라. 바로 여기 반야바라밀다에서 수련하고 노력을 다해야 할 것이니라. 그 이유는 무엇일까? 아난다야, 반야바라밀다는 보살마하살들의 어머니, 생산자, 창조자이기 때문이니라.

아난다야, 또한 6바라밀다에서 수련한 후 무상의 올바르고 완전한 깨달음을 향해 나아간, 나아갈, 나아가고 있는 보살마하살들, 아난다야, 그 모두는 반야바라밀다의 덕택으로 6바라밀다에서 수련한 것이며, 바로 이 반야바라밀다의 덕택으로 6바라밀다에서 〔새로이〕태어난 것이니라. 그 이유는 무엇일까? 아난다야, 반야바라밀다에서 나온 모든 바라밀다는 무상의 올바르고 완전한 깨달음을 초래하기 때문이니라. 아난다야, 그렇기에 내가 두 번 세 번 더할 나위 없이 〔말해가며〕 반야바라밀다가 사라지는 일이 일어나지 않도록 이를 네게 위탁하고 일임하는 것이니라.

반야바라밀다라는 법의 저장소

아난다야, 반야바라밀다라는 이것은 공양을 받을 만하고 올바르게 깨달은 여래들에게 소멸되지 않는 법의 저장소〔와 같은 것〕이니라. 그 이유는 무엇일까? 아난다야, 과거에 무시무종(無始無終)의 윤회〔의 세계〕에 존재하는 유정들에게 불타세존들이 가르친 법, 그 모두는 반야바라밀다라는 바로 이 법의 저장소에서 나온 것이기 때문이니라. 아난다야, 또한 미래에 무한의 윤회〔의 세계〕에서 무상의 올바르고 완전한 깨달음을 터득한 후 유정들에게 법을 가르칠 불타세존들도 반야바라밀다라는 바로 이 법의 저장소에서 나올 것이기 때문이니라. 아난다야, 현재 무량무수의 세간들에 머물며 〔사람들의 마음에〕 새겨지고 〔보살마하살들을〕 앞으로 나아가게 하며 법을 가르치는 불타세존들, 아난다야, 그들의 현현(顯現) 또한 반야바라밀다라는 바로 이 법의 저장소에서 나오는 것이기 때문이니라. 아난다야, 그렇기에 반야바라밀다란 저장소는 소멸되지 않는 법의 저장소인 것이니라.

아난다 장로의 책무

아난다야, 네가 성문승에 오른 자들에게 성문의 경지에 속하는 법을 가르치고, 그러한 설법을 통해 삼천대천세계에 존재하는 모든 유정이 아라한과를 직시한다 하더라도, 나의 제자로서 법륜을 돌리고 〔계속〕 돌아가게 하며 설법하는 너는 제자의 책무를 다하지 않는 것이니라. 아난다야, 하지만 네가 보살마하살에게 단 하나라도 반야바라밀다와 연관된 법을 가르치고 공표(公表)한다면, 〔나의〕 제자로서 법륜을 돌리고 〔계속〕 돌아가게 하며 설법하는 너는 나를 기쁘게 할 것이니라. 그러나 결코 삼천대천세계에 존재하는 모든 유정이 아라한과를 얻게 만든 앞선 설법으로는 결코 〔나를 기쁘게 하지 못할 것이니라.〕 그 아라한들에게는 보시에 기반을 두는 복덕의 항목, 지계에 기반을 두는 복덕의 항목, 〔선정을 통한〕 성취에 기반을 두는 복덕의 항목이 있을 터인데, 너는 어떻게 생각하느냐? 복덕의 양이 많겠느냐?"

아난다 장로가 대답했다.

"세존이시여, 많을 것입니다. 선서이시여, 많을 것입니다."

세존께서 말씀하셨다.

"아난다야, 보살마하살에게 반야바라밀다와 연관된 법을 가르치며 성문승에 오른 자들은 그보다 더 많은 복덕을 얻느니라. 아난다야, 다른 보살마하살에게 하루 동안이라도 반야바라밀다와 연관된 법을 가르치는 보살마하살은 그보다 더 많은 복덕을 얻느니라. 아난다야, 하루 동안은 말할 것도 없고, 오전 동안 〔가르치더라도 더 많은 복덕을 얻을 것이니라.〕 아난다야, 오전 동안은 말할 것도 없고, 일각(一刻)이나 일각에 가까운 시간 동안 〔가르치더라도 더 많은 복덕을 얻을 것이니라.〕 일각에 가까운 시간 동안은 말할 것도 없느니라. 아난다야, 일 분 동안 〔가르치더라도 더 많은 복덕을 얻을 것이니라.〕 아난다야, 일 분 동안은 말할 것도 없느니라. 일초 동안 〔가르치더라도 더 많은 복덕을 얻을 것이니라.〕 아난다야, 일초 동안은 말할 것도 없느니라. 일순간 동안 〔가르치더라도 더 많은 복덕을 얻을 것이니라.〕 다른 보살마하살에게 일순간 동안이라도 반야바라밀다와 연관된 법을 가르치는 보살마하살은 그보다 훨씬 더 많은 복덕을 얻느니라. 아난다야, 이러한 보살마하살의 법시(法施)는 실로 성문승이나 독각승에 오른 자들의 선근을 압도하느니라.

(05) 아난다야, 이와 같이 선근을 갖추고, 이와 같이 선근에 주의를 기울이는 보살마하살이 무상의 올바르고 완전한 깨달음에서 퇴전한다는 것은 의심할 여지 없이 있을 수 없는 일이니라. 이와 같은 것은 불가능한 일이니라."

세존의 신통력

06 그때 세존께서 비구(比丘)·비구니(比丘尼)·우바새(優婆塞)·우바이(優婆夷)의 사부대중, 신·용·야차(夜叉)·건달바(乾闥婆)·아수라(阿修羅)·가루라(迦樓羅)·긴나라(緊那羅)·마후라가(摩睺羅伽)들, 또는 인간과 귀신들, 그 모두가 비구 집단에 의해 둘러싸이고 보살 집단에 의해 추앙받으며 법을 가르치는 공양을 받을 만하고 올바르게 깨달은 아촉불 여래를 보게 하는 신통력을 행사하셨다. 바다와 같이 〔깊고〕 깊은 부동(不動)의 그 법회에서 〔아촉불 여래를〕 둘러싸고 추앙하는 보살마하살들 모두는 정욕(情欲)이 소멸되어 있고, 번뇌(煩惱)가 없으며, 스스로를 완벽하게 통제하고, 〔모든 속박으로부터〕 철저하게 해방된 마음과 지혜를 갖춘 아라한(阿羅漢)들로서 고귀한 혈통을 이어받았고, 〔마치〕 위대한 용들〔의 모습〕과 같으며, 〔주어진〕 의무와 책무를 다한 자들이고, 〔또한 마음의 무거운〕 짐을 내려놓으면서 각자의 목적을 달성한 자들이며, 〔더 나아가 세간에〕 존재하는 〔모든 것〕과의 결속을 완전하게 끊어냈고, 올바른 지식으로 철저하게 해방된 마음을 얻으면서 모든 생각을 통제하는 최상의 완전한 상태에 다다른 자들이었다.

07 그러고는 세존께서 신통력을 바로 다시 거두었다. 세존께서 신통력을 거두자 세존인 공양을 받을 만하고 올바르게 깨달은 아촉불 여래는 더 이상 보이지 않았다. 그 모든 보살마하살과 위대한 제자들, 그리고 불토(佛土) 또한 사부대중, 건달바(乾闥婆)·아수라(阿修羅)·가루라(迦樓羅)·긴나라(緊那羅)·마후라가(摩睺羅伽)들, 그리고 인간과 귀신들의 시계에 더 이상 들어오지 않았다. 그 이유는 무엇이었을까? 공양

을 받을 만하고 올바르게 깨달은 여래가 신통력을 거두었기 때문이었다. 그로 인해 그 모든 것이 그들의 시계에 더 이상 들어오지 않았던 것이었다.

제법의 무-실재

08 그러자 세존께서 아난다 장로에게 다음과 같이 말씀하셨다.

"아난다야, 이렇듯 제법은 시계에 들어오지 않는 것들이니라. 법들 또한 시계에 들어오지 않는 것들이니라. 법들이 법들을 보지도 알지도 못하는 것이니라. 그 이유는 무엇일까? 아난다야, 제법은 알지도 보지도 못하는 것들이며, 행위의 능력을 갖고 있지도 않은 것들이기 때문이니라. 그 이유는 무엇일까? 아난다야, 제법은, 허공이 활동성을 갖고 있지 않은 것처럼, 활동이 없고 파악되지 않는 것들이기 때문이니라. 아난다야, 제법은 불가사의하고 환인과 같은 것들이기 때문이니라. 아난다야, 제법은 실재하지 않는 것이기에 찾아지지도 않기 때문이니라. 아난다야, 이러한 방식으로 수행하는 보살마하살들은 반야바라밀다에 드는 것이며, 그 어떤 법에도 집착하지 않게 되는 것이니라. 아난다야, 이와 같이 수련하는 보살마하살들은 반야바라밀다에서〔도 그와 같이〕 수련하는 것이니라. 모든 수련에서의 최고의 완성에, 위대한 깨달음에 이르기 바라는 보살마하살은 반야바라밀다에서 수행해야 할 것이니라. 그 이유는 무엇일까? 아난다야, 모든 수련 가운데에서도 〔바로〕 이러한 수련이 최고라고 가장 아름답다고 가장 탁월하다고 고귀하다고 핵심이라고 〔그 무엇보다〕 앞서 있다고 최상이라고 무상(無上)이라고 타의 추종을 불허하는 것이라고 특별하다고 유일무이한 것이라고 말해지기 때문이니라. 모든 세간의 이익과 행복을 만들어내고, 보호받지 못하는 자들을 수호하며, 불타에 의해 가르쳐지고 칭송된 것이기 때문이니라.

무량무수(無量無數)에 달하는 반야바라밀다의 공덕들

아난다야, 반야바라밀다에서 수련하고 이 수련에 머무른 후 공양을 받을 만하고 올바르게 깨달은 여래들은 삼천대천세계를 단 한 개의 〔엄지〕 발가락으로 들어 올리고는 바로 다시 〔내려〕 놓을 것이니라. 하지만 불타세존들은 '삼천대천세계가 들어 올려졌다가 내려놓아졌다'라고 생각하지 않을 것이니라. 그 이유는 무엇일까? 반야바라밀다가 무량무수의 공덕들을 갖추고 있기 때문이니라. 아난다야, 불타세존들도 반야바라밀다〔라는 수련의 도〕에서 수련한 후 과거·미래·현재의 법들에 집착하지 않는 상태를 획득한 것이니라. 아난다야, 과거·미래·현재에 그 어떤 수련들이 존재하겠지만, 아난다야, 그 모든 수련 가운데 바로 이 반야바라밀다〔에서의〕 수련이 최고라고 가장 아름답다고 가장 탁월하다고 고귀하다고 핵심이라고 〔그 무엇보다〕 앞서 있다고 최상이라고 무상(無上)이라고 타의 추종을 불허하는 것이라고 특별하다고 유일무이한 것이라고 말해지고 있느니라. 아난다야, 반야바라밀다는 실로 무량(無量)한 것이니라. 아난다야, 반야바라밀다는 실로 소진되지 않는 것이니라. 아난다야, 반야바라밀다는 실로 한계가 없는 것이니라. 그 이유는 무엇일까? 반야바라밀다는 실재하지 않는 것이기 때문이니라. 아난다야, 반야바라밀다의 양이나 소진〔성〕 또는 한계〔성〕이 파악되어질 것이라 생각하는 자는 허공의 양이나 소진〔성〕 또는 한계〔성〕이 파악되어질 것이라 생각하는 자일 것이니라. 그 이유는 무엇일까? 반야바라밀다는 무량하기 때문이니라. 아난다야, 반야바라밀다는 소진되지 않기 때문이니라. 아난다야, 반야바라밀다는 한계가 없기 때문이니라. 아난다야, 나는 반야바라밀다의 양이나 소진〔성〕 또는 한계〔성〕에 대해 이야기하지 않았느니라. 아난다야, 단어, 문장, 문자의 집합〔체〕들은 측정이 가능하겠지만, 아난다야, 반야바라밀다는 측정되지 않는 것이니라. 그 이유는 무엇일까? 아난다야, 반야바라밀다는 단어 문장 문자의 집합〔체〕들이 아니기 때문이니라. 아난다야, 반야바라밀다는 실로 측정되지 않는 것이니라. 아난다야, 반야바라밀다는 실로 무한한 것이니라."

반야바라밀다의 양(量)

(09) 아난다 장로가 여쭈었다.

"세존이시여, 어떤 이유에서 세존께서는 반야바라밀다의 양에 대해 말씀하지 않으신 것입니까?"

세존께서 대답하셨다.

"아난다야, 소진되지 않기에 여래는 반야바라밀다의 양에 대해 알리지 않는 것이니라. 아난다야, 이탈〔성〕으로 인해 여래는 반야바라밀다의 양에 대해 이야기하지 않는 것이니라. 아난다야, 이탈되어 있는 법의 이탈〔성〕도 인식되지 않는 것인데, 어떻게 그 양이 존재하겠느냐? 아난다야, 이와 같이 반야바라밀다는 무량성(無量性)으로 인해 무량하고 무한한 것이니라. 아난다야, 과거에 존재한 공양을 받을 만하고 올바르게 깨달은 여래들 또한 바로 여기 반야바라밀다에서 현현(顯現)한 것이고, 이 반야바라밀다는 소진되지도 소멸하지도 않았느니라. 아난다야, 미래에 존재할 공양을 받을 만하고 올바르게 깨달은 여래들 또한 바로 여기 반야바라밀다에서 현현할 것이고, 이 반야바라밀다는 소진되지도 소멸하지도 않을 것이니라. 아난다야, 현재 무량무수의 세간들에 머물며 〔사람들의 마음에〕 새겨지고 〔보살마하살들을〕 앞으로 나아가게 하는 여래들 또한 바로 여기 반야바라밀다에서 현현하고 있는 것이고, 이 반야바라밀다는 소진도 소멸도 되고 있지 않느니라. 아난다야, 현재 공양을 받을 만하고 올바르게 깨달은 여래인 나 또한 바로 여기 반야바라밀다에서 현현하고 있는 것이며, 이 반야바라밀다는 소진도 소멸도 되고 있지 않느니라. 그 이유는 무엇일까? 아난다야, 반야바라밀다가 소진되어야 할 것이라고 생각하는 자는 허공도 소진되어야 할 것이라고 생각하는 자일 것이니라. 아난다야, 그렇기에 반야바라밀다는 소진되지 않는 것이니라."

《 10 》 그때 수보리 장로에게 다음과 같은 생각이 들었다.

'이 〔깊고〕 깊은 경지는 여래께서 말씀하신 것이다. 내가 여래께 이 경지에 대해 여쭤보면 어떨까?'

그러고는 수보리 장로가 세존께 다음과 같이 아뢰었다.

"세존이시여, 반야바라밀다는 소진되지 않는 것입니다."

세존께서 말씀하셨다.

"수보리야, 실로 반야바라밀다는, 허공이 소진되지 않기에 제법이 인식되지 않기에, 소진되는 것이 아닌 것이니라."

반야바라밀다의 성취 방식

수보리 장로가 여쭈었다.

"세존이시여, 〔그렇다면〕 보살마하살은 반야바라밀다를 어떻게 성취해야 하는 것입니까?"

세존께서 대답하셨다.

"수보리야, 물질이 소진되지 않는다는 방식으로 보살마하살은 반야바라밀다를 성취해야 할 것이니라. 감각·표상·의욕도 이와 같으며, 사유가 소진되지 않는다는 방식으로 보살마하살은 반야바라밀다를 성취해야 할 것이니라. 수보리야, 실로 이와 같이 보살마하살은 반야바라밀다를 성취해야 할 것이니라. 수보리야, 무명(無明)이 소멸되지 않는다는 방식으로 보살마하살은 반야바라밀다를 성취해야 할 것이니라. 이러한 방식으로 의욕[行]의 무진(無盡), 사유[識]의 무진, 명색(名色)의 무진, 6처(六處)의 무진, 감촉(感觸)의 무진, 감수(感受)의 무진, 갈애(渴愛)의 무진, 집착의 무진, 존재의 무진(無盡), 〔출〕생의 무진, 노사(老死)의 무진, 슬픔 한탄 고통 절망 번뇌의 무진 〔방식〕으로 보살마하살은 반야바라밀다를 성취해야 할 것이니라. 수보리야, 이

것이 이변(二邊)〔의 견해〕을 버린 보살마하살의 연기(緣起)에 대한 통찰이니라. 수보리야, 이와 같이 통찰하는 보살마하살은 연기를 처음도 끝도 중간도 갖지 않는 것으로 통찰하고 있는 것이니라. 수보리야, 이와 같이 연기를 통찰하는 것은 깨달음의 정점〔인 불좌(佛座)〕에 앉아있는 보살마하살 고유의 법이니라. 수보리야, 이와 같이 연기를 통찰하는 보살마하살의 연기는 전지자의 불지(佛智)를 획득하는 것으로 이어지느니라. 수보리야, 무진(無盡)의 깨달음을 통해 반야바라밀다에 들어가 연기를 통찰하는 보살마하살은 성문의 경지나 독각의 경지가 아닌 전지자성에서 머물 것이니라.

수보리야, 무상의 올바르고 완전한 깨달음에서 퇴전하는 보살마하살들도, 〔무진에 대한 정신〕집중과 〔연기를 꿰뚫어 보는〕 방편선교에 의존하지 않는다면, 반야바라밀다를 수행하는 보살마하살이 무진의 깨달음을 통해 어떻게 반야바라밀다를 성취해야 하는지를, 무진의 깨달음을 통해 반야바라밀다에서 연기는 어떻게 통찰되어야 하는지를 모르느니라. 수보리야, 무상의 올바르고 완전한 깨달음에서 퇴전한, 퇴전하는, 퇴전할 보살마하살들, 그 모두는 이러한 방편선교에 의존하지 못함으로 퇴전한 것이고, 퇴전하고 있는 것이며, 퇴전할 것이니라. 수보리야, 무상의 올바르고 완전한 깨달음에서 퇴전하지 않은, 퇴전하지 않고 있는, 퇴전하지 않을 보살마하살들, 그 모두는 반야바라밀다에 의존함으로 퇴전하지 않은 것이고, 퇴전하지 않고 있는 것이며, 퇴전하지 않을 것이니라. 이와 같이 반야바라밀다를 수행하는 보살마하살은 무진의 깨달음을 통해 반야바라밀다를 성취해야 할 것이니라. 이와 같이 무진의 깨달음을 통해 반야바라밀다에서 연기가 통찰되어야 할 것이니라. 수보리야, 이와 같이 연기를 통찰하는 보살마하살은 이유 없이 생겨나는 그 어떤 법도 〔바라〕보지 않을 것이니라. 항상적이거나 고정되거나 영속적이거나 불변의 특성을 갖는 그 어떤 법도 〔바라〕보지 않을 것이니라. 행하거나 〔행위의 결과를〕 받는 그 어떤 법도 〔바라〕보지 않을 것이니라. 수보리야, 이것은 무진의 깨달음을 통해 반야바라밀다를 성취하며, 반야바라밀다를 수행하는 보살마하살의 연기에 대한 통찰이니라. 수보리야, 보살마하살이 무진의 깨달음을 통해 반야바라밀다를 성취하고 연기를 통찰할 때, 수보리야, 보살마하살은 물질을 〔바라〕보지 않는 것이니라. 감각도 표상도 의욕도 사유도 무명도 〔바라〕보지 않는 것이니라. 이러한 방식으로 의욕·사유·명색(名色)·6처(六處)·감촉[觸]·감수(感受)·갈애(渴愛)·집착[取]·존재[有]·〔출〕생[生]·노사(老死)·슬픔·한탄·고통·절망·번뇌도 〔바라〕보지 않는 것이니라. '이것이 불토(佛土)이다'라고 〔바라〕보지 않느니라. '저것이 불토이다'라고 〔바라〕보지 않느니라. '이것이 혹은 저것이 불토이다'라고 〔바라〕보게 해주는 그러한 법 또한 〔바라〕보지 않느니라. 수보리야, 이것이 〔바로〕 보살마하살들의 반야바라밀다이니라.

비탄의 화살 – 마왕 파순

수보리야, 보살마하살이 반야바라밀다를 수행할 때, 마왕 파순은 가장 큰 비탄의 화살에 맞게 되는 것이라. 수보리야, 이는 마치 어떤 사람이 어머니와 아버지가 돌아가셨을 때 가장 큰 비탄의 화살에 맞게 되는 것과 같으니라. 수보리야, 바로 이와 같이 보살마하살이 반야바라밀다를 수행할 때, 마왕 파순은 가장 큰 비탄의 화살에 맞게 되는 것이라."

❰ 11 ❱ 수보리 장로가 여쭈었다.

"세존이시여, 단 한 명의 마왕 파순만이 가장 큰 비탄의 화살에 맞게 되는 것입니까? 아니면 많은 마왕 파순들이 가장 큰 비탄의 화살에 맞게 되는 것입니까? 아니면, 삼천대천세계에 존재하는 모든 마왕 파순도 그때 가장 큰 비탄의 화살에 맞게 되는 것입니까?"

세존께서 수보리 장로에게 다음과 같이 대답하셨다.

"수보리야, 보살마하살이 반야바라밀다를 수행할 때, 삼천대천세계에 존재하는 모든 마왕 파순이 가장 큰 비탄의 화살에 맞게 되는 것이며, 그들은 각자의 자리에서 마냥 즐거워하며 앉아있지 못하느니라. 그 이유는 무엇일까? 수보리야, 신·인간·아수라를 포함하는 세간은 반야바라밀다의 상태에 머무는 그 보살마하살의 〔약점을〕 공략〔하는 방법〕을 취하지도 〔의지할 만한〕 것을 찾지도 못하기 때문이니라. 수보리야, 그렇기에 무상의 올바르고 완전한 깨달음을 터득하기 바라는 보살마하살은 반야바라밀다를 수행해야 할 것이니라. 그 이유는 무엇일까? 수보리야, 반야바라밀다를 수행할 때 〔비로소〕 보살마하살은 보시바라밀다를 성취하고 완수하기 때문이니라. 이와 같이 〔할 때〕 지계바라밀다 인욕바라밀다 정진바라밀다 선정바라밀다를 성취하고 완수하기 때문이니라. 수보리야, 반야바라밀다를 수행할 때 보살마하살은 6바라밀다 모두를 성취하고 완수하〔게 되〕며, 모든 방편선교를 성취하고 완수하〔게 되〕는 것이니라. 보살마하살이 반야바라밀다를 수행할 때 마왕의 소행들이 생겨날 것이니라. 보살마하살은 생겨나는 바로 그 모든 소행을 알아차릴 것이고, 알아차린 그는 그 소행들을 〔다른 이들에게〕 알려줄 것이니라.

반야바라밀다의 성취에 따른 복덕과 공덕

수보리야, 모든 방편선교를 얻기 바라는 보살마하살은 반야바라밀다를 수행하고, 이에 전념해야 할 것이니라. 수보리야, 보살마하살이 반야바라밀다를 수행할 때, 반야바라밀다를 성취할 때, 수보리야, 보살마하살은 무량무수의 세간들에 머물며 〔사람들의 마음에〕 새겨지고 〔보살마하살들을〕 앞으로 나아가게 하는 불타세존들과, 반야바라밀다에서 나온 그들의 전지자성에도 주의를 기울여야 할 것이니라. 이와 같이 주의를 기울인 후 보살마하살은 '나 또한 불타세존들이 획득한 그 법들을 얻을 것이다'라는 마음을 일으켜야 할 것이니라. 수보리야, 반야바라밀다를 수행할 때 보살마하살은 하루〔가 지나가는〕 동안이라도, 손가락을 튕길 정도로 〔매우 짧은 시간〕이라도 그와 같은 마음들을 일으키고 성취해야 할 것이니라. 수보리야, 인식에 무게를 두는 보살마하살이 항하의 모래알〔의 수〕만큼이나 오랜 시간 동안 보시를 하더라도, 하루〔가 지나가는〕 동안이라도, 손가락을 튕길 정도로 〔매우 짧은 시간〕이라도 반야바라밀다를 성취하는 바로 이 보살마하살이 인식에 무게를 두는 보살마하살보다 더 많은 복덕을 얻느니라. 이 보살마하살은 불퇴전의 상태에 머물 것이니라. 반야바라밀다를 수행할 때 하루〔가 지나가는] 동안이라도, 손가락을 튕길 정도로 [매우 짧은 시간]이라도 그와 같은 발심들을 일으키는 보살마하살은 여래의 주의를 받는 자라고 알려져야 할 것이니라. [하루가 아닌] 이틀 동안 그러한 발심들을 일으킬 자는 말할 것도 없느니라.

수보리야, 여래의 주의를 받는 보살마하살에게는 어떠한 길이 기대되어져야 할까? 수보리야, 여래의 주의를 받는 보살마하살에게는 무상의 올바르고 완전한 깨달음을 향한 길 이외의 그 어떤 길도 기대되지 않아야 할 것이니라. 이러한 보살마하살은 악취(惡趣)들로 [다시] 태어날 수 없을 것이니라. 그에게는 천생(天生)이 기대되어져야 할 것이고, 그곳에서도 여래들을 결여하지 않을 것이니라. 또한 그는 여래를 결여하지 않는 불토(佛土)들에서 태어날 것이며, 유정들을 성숙시킬 것이니라. 수보리야, 이러한 것들 또한, 반야바라밀다를 수행하고 성취하며 손가락을 튕길 정도로 [매우 짧은 시간]이라도 앞서 말한 발심들을 일으킬 때 보살마하살이 [누리는] 공덕이고 은혜들인 것이니라. [하루가 아닌] 이틀 동안 그러한 발심들을 일으킬 자는 말할 것도 없느니라. 이는 마치 현재 공양을 받을 만하고 올바르게 깨달은 아촉불 여래 앞에서 범행을 수행하는 향상(香象) 보살마하살과 같으니라."

성스러운 팔천송반야경에서 '산화(散花) 여래'로 불리는 스물여덟 번째 장

제 29 장

반야바라밀다로의 접근 방식

◉

अनुगमपरिवर्त एकोनत्रिंशतितमः

❪ 01 ❫ 〔세존께서 계속 말씀하셨다.〕

“게다가 보살마하살은 다음과 같은 방식으로 반야바라밀다에 접근해야 할 것이니라. ① 제법(諸法)에 집착하지 않는 방식으로 반야바라밀다에 접근해야 할 것이니라. ② 제법에서는 구별이 존재하지 않는다는 방식으로 반야바라밀다에 접근해야 할 것이니라. ③ 제법은 불생(不生)이라는 방식으로 반야바라밀다에 접근해야 할 것이니라. ④ 제법은 무변(無變)하다는 방식으로 반야바라밀다에 접근해야 할 것이니라. ⑤ 제법의 무아(無我)를 고지(告知)하는 방식으로, 제법을 진여지(眞如智)에 따라 이해하는 방식으로 반야바라밀다에 접근해야 할 것이니라. ⑥ 제법의 표현은 명칭에 불과하며 〔세간의〕 언설(言說)에 지나지 않는다는 방식으로 반야바라밀다에 접근해야 할 것이니라. 명칭은 그 어디에도 존재하지 않으며, 그 어디에서도 나오지 않는 것이니라. 명칭 〔그 자체도〕 존재하지 않는 것이니라. ⑦ 제법은 〔세간의〕 언설도 말에 의한 표현도 갖지 않으며 언설되지도, 말로 표현되지도 않는다는 방식으로 반야바라밀다에 접근해야 할 것이니라. ⑧ 제법은 무량(無量)하다는 방식으로 반야바라밀다에 접근해야 할 것이니라. ⑨ 물질이 무량하다는 방식으로 반야바라밀다에 접근해야 할 것이니라. ⑩ 감각·표상·의욕·사유가 무량하다는 방식으로 반야바라밀다에 접근해야 할 것이니라. ⑪ 제법은 무상(無相)하다는 방식으로 반야바라밀다에 접근해야 할 것이니라. ⑫ 제법을 통찰하는 방식으로 반야바라밀다에 접근해야 할 것이니라. ⑬ 제법의 본성은 청정하다는 방식으로 반야바라밀다에 접근해야 할 것이니라. ⑭ 제법은 무언(無言)하다는 방식으로 반야바라밀다에 접근해야 할 것이니라. ⑮ 제법은 불멸이기에 〔기꺼이 이를〕 희사

(喜捨)한다는 방식으로 반야바라밀다에 접근해야 할 것이니라. ⑯ 제법은 열반을 획득하기에 진여와 같은 것이라는 방식으로 반야바라밀다에 접근해야 할 것이니라. ⑰ 제법은 절대적인 무생(無生)이기에 오지도 가지도 않으며 알지도 나지도 않는다는 방식으로 반야바라밀다에 접근해야 할 것이니라. ⑱ 〔제법은〕 자기와 타인을 보지 않는다는 방식으로 반야바라밀다에 접근해야 할 것이니라. ⑲ 제법은 성스럽고 공양을 받을 만하며, 본성적으로 청정하다는 방식으로 반야바라밀다에 접근해야 할 것이니라. ⑳ 〔무거운〕 짐을 내려놓은 제법은 〔무거운〕 짐을 지우지 않는다는 방식으로 반야바라밀다에 접근해야 할 것이니라. ㉑ 제법은 머물 자리도 장소도 갖지 않는다는 방식으로 반야바라밀다에 접근해야 할 것이니라. 그 이유는 무엇일까? 물질은 본성적으로 자성적으로 〔머물〕 자리도 장소도 갖지 않기 때문이니라. 감각·표상·의욕도 이와 같으며, 사유 〔또한〕 본성적으로 자성적으로 〔머물〕 자리도 장소도 갖지 않기 때문이니라. ㉒ 제법의 소멸이 환희를 준다는 방식으로 반야바라밀다에 접근해야 할 것이니라. ㉓ 〔제법은〕 쾌락도 금욕도 없다는 방식으로 반야바라밀다에 접근해야 할 것이니라. ㉔ 〔제법은〕 애착도 무-애착도 없다는 방식으로 반야바라밀다에 접근해야 할 것이니라. 그 이유는 무엇일까? 물질은 본성적으로 자성적으로 애착되지도 애착되지 않지도 않기 때문이니라. 감각·표상·의욕도 이와 같으며, 사유 〔또한〕 본성적으로 자성적으로 애착되지도 애착되지 않지도 않기 때문이니라. ㉕ 〔제법은〕 본성적으로 정화되었다는 방식으로 반야바라밀다에 접근해야 할 것이니라. ㉖ 제법은 집착되지 않으며 집착도 무-집착도 결여한다는 방식으로 반야바라밀다에 접근해야 할 것이니라.

㉗ 제법은 깨달음이고 불타의 지식으로 이해된다는 방식으로 반야바라밀다에 접근해야 할 것이니라. ㉘ 제법은 공성(空性)이고 무상(無相)이며 무원(無願)이라는 방식으로 반야바라밀다에 접근해야 할 것이니라. ㉙ 제법은 해독작용을 지닌 자애를 최우선시한다는 방식으로 반야바라밀다에 접근해야 할 것이니라. ㉚ 제법은 자애와 자비〔의 마음〕을 베풀며 환희〔의 마음〕과 〔한편에 치우지지 않는〕 무관〔의 마음〕을 베푼다는 방식으로 반야바라밀다에 접근해야 할 것이니라. ㉛ 제법은 최고의 원리이며, 모든 과오를 만들어내지 않는다는 방식으로 반야바라밀다에 접근해야 할 것이니라. ㉜ 제법은 원해지지도 방해되지도 않는다는 방식으로 반야바라밀다에 접근해야 할 것이니라.

① 대해(大海)가 경계를 갖고 있지 않은 방식으로 반야바라밀다의 무-경계에 접근해야 할 것이니라. ② 항하가 경계를 갖고 있지 않은 방식으로 반야바라밀다의 무-경계에 접근해야 할 것이니라. ③ 수미산이 다채롭다는 방식으로 반야바라밀다의 다채로움에 접근해야 할 것이니라. ④ 물질이 경계를 갖고 있지 않은 방식으로 반야바라밀다의 무-경계에 접근해야 할 것이니라. ⑤ 감각·표상·의욕·사유가 경계를 갖고 있지 않은 방식으로 반야바라밀다의 무-경계에 접근해야 할 것이니라. ⑥ 태양광채륜의 비춤이 경계를 갖고 있지 않은 방식으로 반야바라밀다의 무-경계에 접근해야 할 것이니라. ⑦ 모든 음성이 경계를 갖고 있지 않은 방식으로 반야바라밀다의 무-경계에 접근해야 할 것이니라. ⑧ 모든 불법의 획득이 경계를 갖고 있지 않은 방식으로 반야바라밀다의 무-경계에 접근해야 할 것이니라. ⑨ 모든 유정의 세계가 갖는 복덕과 지혜의 자량(資糧)이 경계를 갖고 있지 않은 방식으로

반야바라밀다의 무-경계에 접근해야 할 것이니라. ⑩ 지계(地界)가 경계를 갖고 있지 않은 방식으로 반야바라밀다의 무-경계에 접근해야 할 것이니라. ⑪ 수계 화계 풍계 허공계 의식계가 경계를 갖고 있지 않은 방식으로 반야바라밀다의 무-경계에 접근해야 할 것이니라. ⑫ 누적된 선불선법이 무량하다는 방식으로 반야바라밀다의 무량성에 접근해야 할 것이니라. ⑬ 누적된 제법이 무량하다는 방식으로 반야바라밀다의 무량성에 접근해야 할 것이니라. ⑭ 제법에 대한 삼매의 획득이 경계를 갖고 있지 않은 방식으로 반야바라밀다의 무-경계에 접근해야 할 것이니라. ⑮ 모든 불법이 경계를 갖고 있지 않은 방식으로 반야바라밀다의 무-경계에 접근해야 할 것이니라. ⑯ 제법이 경계를 갖고 있지 않은 방식으로 반야바라밀다의 무-경계에 접근해야 할 것이니라. ⑰ 공성이 경계를 갖고 있지 않은 방식으로 반야바라밀다의 무-경계에 접근해야 할 것이니라. ⑱ 마음과 마음의 작용인 심소(心所)가 경계를 갖고 있지 않은 방식으로 반야바라밀다의 무-경계에 접근해야 할 것이니라. ⑲ 마음의 움직임이 경계를 갖고 있지 않은 방식으로 반야바라밀다의 무-경계에 접근해야 할 것이니라. ⑳ 선불선법이 무량한 방식으로 반야바라밀다의 무량성에 접근해야 할 것이니라. ㉑ 사자의 울음소리와 같은 포효〔함〕의 방식으로 반야바라밀다의 포효〔함〕에 접근해야 할 것이니라. ㉒ 제법이 부동(不動)한 방식으로 반야바라밀다의 부동성에 접근해야 할 것이니라.

그 이유는 무엇일까? ① 물질은 대해와 같은 것이기 때문이니라. 감각·표상·의욕도 이와 같으며, 사유 또한 대해와 같은 것이기 때문이니라. ② 물질은 항하와 같은 것이기 때문이니라. 감각·표상·의욕도 이와 같으며, 사유 또한 항하와 같은 것이기 때문이니라. ③ 물질은 다채로운 수미산과 같은 것이기 때문이니라. 감각·표상·의욕도 이와 같으며, 사유 또한 항하와 다채로운 수미산과 같은 것이기 때문이니라. ④ 물질은 경계가 없는 것이기 때문이니라. 감각·표상·의욕도 이와 같으며, 사유 또한 경계가 없는 것이기 때문이니라. ⑤ 물질은 일륜(日輪)이 광채를 일으키는 것과 같기 때문이니라. 감각·표상·의욕도 이와 같으며, 사유 또한 일륜이 광채를 일으키는 것과 같기 때문이니라. ⑥ 물질은 경계가 없는 모든 음성과 같은 것이기 때문이니라. 감각·표상·의욕도 이와 같으며, 사유 또한 경계가 없는 모든 음성과 같은 것이기 때문이니라. ⑦ 물질은 경계가 없는 모든 유정〔의 세〕계와 같은 것이기 때문이니라. 감각·표상·의욕도 이와 같으며, 사유 또한 경계가 없는 모든 유정〔의 세〕계와 같은 것이기 때문이니라. ⑧ 물질은 경계가 없는 모든 불법의 획득과 같은 것이기 때문이니라. 감각·표상·의욕도 이와 같으며, 사유 또한 경계가 없는 모든 불법의 획득과 같은 것이기 때문이니라. ⑨ 물질은 경계가 없는 모든 유정의 세계가 갖는 복덕과 지혜의 자량(資糧)과 같은 것이기 때문이니라. 감각·표상·의욕도 이와 같으며, 사유 또한 경계가 없는 모든 유정의 세계가 갖는 복덕과 지혜의 자량과 같은 것이기 때문이니라. ⑩ 물질은 지계(地界)와 같은 것이기 때문이니라. 감각·표상·의욕도 이와 같으며, 사유 또한 지계와 같은 것이기 때문이니라. ⑪ 물질은 수계와 같은 것이기 때문이니라. 감각·표상·의욕도 이와 같으며, 사유 또한 수계와 같은 것이기 때문이니라. ⑫ 물질은 화계와 같은 것이기 때문이니라. 감각·표상·의욕도 이와 같으며, 사유 또한 화계와 같은 것이기 때문이니라. ⑬ 물질은 풍계와 같은 것이기 때문이니라. 감각·표상·의욕도 이와 같으며, 사유 또한 풍계와 같은 것이기 때문이니라. ⑭ 물질은 허공계와 같은 것이기 때문이니라. 감각·표상·의욕도 이와 같으며, 사유 또한 허공계와 같은 것이기 때문이니라. ⑮ 물질은 누적된 선불선법(善不善法)을 갖지 않기 때문이니라. 감각·표상·의욕도 이와 같으며, 사유 또한 누적된 선불선법을 갖지 않기 때문이니라. ⑯ 물질은 누적된 제법을 갖지 않기 때문이니라. 감각·표상·의욕도 이와 같으며, 사유 또한 누적된 제법을 갖지 않기 때문이니라. ⑰ 물질은 경계가 없는 제법에 대한 삼매와 같은 것이기 때문이니라. 감각·표상·의욕도 이와 같으며, 사유 또한 경계가 없는 제법에 대한 삼매와 같은 것이기 때문이니라. ⑱ 물질은 〔자신의 존재를〕 떠난 것이고, 물질의 자성, 물질의 진여는 불타의 법들이기 때문이니라. 감각·표상·의욕도 이와 같으며, 사유 또한 〔자신의 존재를〕 떠난 것이기 때문이니라. ⑲ 물질은 경계가 없는 제법의 법성〔과 같은 것〕이기 때문이니라. 감각·표상·의욕도 이와 같으며, 사유 또한 경계가 없는 제법의 법성〔과 같은 것〕이기 때문이니라. ⑳ 물질은 공하고, 무-경계의 법성〔과 같은 것〕이기 때문이니라. 감각·표상·의욕도 이와 같으며, 사유 또한 무-경계의 법성〔과 같은 것〕이기 때문이니라. ㉑ 물질은 경계가 없는 마음과 마음의 작용인 심소(心所)〔와 같은 것〕이기 때문이니라. 감각·표상·의욕도 이와 같으며, 사유 또한 경계가 없는 마음과 마음의 작용인 심소(心所)〔와 같은 것〕이기 때문이니라. ㉒ 물질은 마음의 움직임의 생기〔와 같은 것〕이기 때문이니라. 감각·표상·의욕도 이와 같으며, 사유 또한 마음의 움직임의 생기〔와 같은 것〕이기 때문이니라. ㉓ 물질은, 인식되지 않는 한, 선불선법이기 때문이니라.

감각·표상·의욕도 이와 같으며, 사유 또한, 인식되지 않는 한, 선불선법이기 때문이니라. ㉔ 물질은 사자의 포효와 같은 것이기 때문이니라. 감각·표상·의욕도 이와 같으며, 사유 또한 사자의 포효와 같은 것이기 때문이니라. ㉕ 물질은 부동(不動)한 것이기 때문이니라. 감각·표상·의욕도 이와 같으며, 사유 또한 부동한 것이기 때문이니라. 수보리야, 이와 같은 방식으로 보살마하살은 반야바라밀다에 접근해야 할 것이니라.

02 수보리야, 이와 같이 보살마하살이 모든 망상과 기만이 제거된 〔정신〕집중, 모든 〔헛된〕 자만이 제거된 〔정신〕집중, 오만이 제거된 〔정신〕집중, 모든 나태함이 제거된 〔정신〕집중, 타인을 헐뜯는 마음이 제거된 〔정신〕집중, 자신에 대한 의식이 제거된 〔정신〕집중, 유정(有情)에 대한 의식이 제거된 〔정신〕집중, 이익과 존경, 그리고 명성이 제거된 〔정신〕집중, 5종의 장애인 5개(五蓋)가 제거된 〔정신〕집중, 질투와 시기가 제거된 〔정신〕집중, 모든 무명의 어둠이 제거된 〔정신〕집중에 의거하여, 반야바라밀다에 접근하고 〔이를〕 철저하게 숙고하며 〔이에〕 도달하며 〔이를〕 이해하고 생각하며 헤아리고 성찰하며 전념할 때, 보살마하살은 모든 공덕을 완성하고 불토(佛土)에 존재하는 무상의 불법들을 완수하는 데 어려움이 없을 것이니라."

성스러운 팔천송반야경에서 '반야바라밀다로의 접근 방식'으로 불리는 스물아홉 번째 장

제 30 장

상제 보살

◉

सदाप्ररुदितपरिवर्तस्त्रिंशत्तमः

❪ 01 ❫ 〔세존께서 계속 말씀하셨다.〕

"수보리야, 더욱이 현재 공양을 받을 만하고 올바르게 깨달은 뇌후음왕(雷吼音王) 여래 앞에서 범행에 수행하고 있는 상제 보살마하살이 찾아 나섰던 것처럼 〔유정들도〕 반야바라밀다를 찾아 나서야 할 것이니라."

수보리 장로가 세존께 여쭈었다.

"세존이시여, 상제 보살마하살은 어떻게 반야바라밀다를 찾아 나섰던 것입니까?"

세존께서 수보리 장로에게 다음과 같이 대답하셨다.

"수보리야, 상제 보살마하살은 예전부터 반야바라밀다를 찾아 나섰을 때, 육신을 바라지 않았으며 삶을 돌보지 않았고 이득 영예 명예에 의존하지 않은 채, 반야바라밀다를 찾아 나섰던 것이니라. 반야바라밀다를 찾아 나선 그는 삼림(森林)에 들어갔을 때 허공에서 들려오는 〔다음과 같은〕 어떤 〔목〕소리를 들었느니라.

'선남자여, 동쪽 방향으로 가십시오! 거기에서 당신은 반야바라밀다〔의 소리〕를 들을 것입니다. 육신의 피로 나태함과 수면, 음식, 음료, 밤, 낮, 더위, 추위에 대한 생각을 일으키지 않으며 가도록 하십시오! 내적으로든 외적으로든 당신은 그 어디에도 마음을 두지 않아야 할 것입니다. 선남자여, 당신은 좌측을 보며 우측을 보며 걷지 않아야 할 것입니다. 동쪽에도 남쪽에도 서쪽에도 북쪽에도 위도 아래도 눈길을 주지 않으며 걸어가야 할 것입니다. 선남자여, 자아〔라는 것〕에 육신〔이라는 것〕에 동요하지 않으며 걸어가야 할 것입니다. 물질·감각·표상·의욕·사유라는 것에도 동요하지 않으며 가도록 하십시오!

그러한 것들에 동요하는 자는 〔가야 하는 길에서〕 벗어나게 되는 것입니다. 어디에서 벗어나는 것일까요? 바로 불타의 법들에서 벗어나는 것입니다. 불타의 법들에서 벗어나는 자는 윤회〔의 세계〕에 들어가며, 윤회〔의 세계〕에 들어가는 자는 반야바라밀다에 들지 못하며, 반야바라밀다를 얻지 못합니다'라고 말이다.

02 이와 같이 듣고는, 상제 보살마하살이 그 〔목〕소리에게 말했느니라. '바로 그러한 방식으로 저는 행할 것입니다. 그 이유는 무엇일까요? 저는 모든 유정에게 〔등〕불을 만들어주고 싶고, 불타의 법들을 보시해주고 싶기 때문입니다.'

〔목〕소리가 상제 보살마하살에게 말했느니라. '선남자여, 상제 〔보살마하살이〕여, 대단하십니다. 〔참으로〕 대단하십니다'라고 말이다.

03 그때 상제 보살마하살이 재차 〔목〕소리를 들었느니라. 다음과 같이 들었느니라. '선남자여, 하지만 당신은 제법이 공성·무상·무원이라는 데 전념〔하는 마음〕을 일으킨 후 반야바라밀다를 찾아나 서야 할 것입니다. 당신은 유상(有相)〔이 존재한다는 생각〕, 실재함〔이 존재한다는 생각〕, 의식〔이 존재한다는〕 생각을 버려야 할 것입니다. 당신은 나쁜 벗들을 버려야 할 것입니다. 그리고 제법이 공성·무상·무원·불생·무생·불멸·무-존재〔의 자성을 지닌〕 것이라며 법을 가르치는 좋은 벗들을 섬기고 추종하며 숭배해야 할 것입니다. 선남자여, 이와 같이 수행한다면, 당신은 머지않아 책의 형태로든 설법자인 비구의 몸으로든 반야바라밀다를 들을 것입니다. 선남자여, 당신은 그 앞에서 반야바라밀다를 들을 것이니, 그것이 스승이라는 생각을 일으켜야 할 것입니다. 당신은 '이것은 나의 좋은 벗이고, 그 앞

에서 나는 반야바라밀다를 듣는다. 반야바라밀다를 듣는 나는 조속히 무상의 올바르고 완전한 깨달음에서 퇴전되지 않는 자가 될 것이고, 공양을 받을 만하고 올바르게 깨달은 여래에게 가까이 다가갈 것이다. 나는 여래를 결여하지 않는 불토(佛土)들에서 〔다시〕 태어날 것이며, 〔불타의 가르침을 들을 수 없는〕 불우한 생, 즉 무가(無暇)를 버리고, 행복한 생을 성취함에 기뻐하게 될 것이다'라고 〔생각하며, 과거의〕 은혜를 알고 있는 사람이자 인지하는 사람이 되어야 할 것입니다. 선남자여, 당신은 이러한 은혜를 헤아리며 설법자인 비구 〔앞에서〕 스승이라는 생각을 일으켜야 할 것입니다. 하지만 당신은 세간(世間)의 재화(財貨)와 연관된 심상속(心相續)으로 설법자인 비구를 추종하지 않아야 할 것입니다. 법을 구하는 당신은 법의 중(重)함을 통해 설법자인 비구를 추종해야 할 것입니다. 당신은 마왕의 소행들을 깨달아야 할 것입니다. 선남자여, 마왕 파순은 실로 설법자인 보살마하살이 빛깔 소리 향기 맛 촉〔감을 느낄 수 있는 것〕들을 섬기고 추종하며 숭배하도록 채비할 것입니다. 하지만, 이 보살마하살은 그것들을 방편선교로 압도한 후에야 섬기고 추종하며 숭배할 것입니다.

선남자여, 당신은 거기에서 설법자인 비구를 향해 불신의 마음을 일으키지 않아야 할 것입니다. 오히려 '나는 설법자가 알고 있는 그 방편선교를 알지 못한다. 이 설법자는 유정들을 훈련시켜 유정들이 선근을 획득하게 만든 후에야 그러한 것들을 섬기고 추종하며 숭배하는 것이다. 보살마하살에게는 그 무엇에 대한 집착도 〔인식〕대상도 존재하지 않는다'라는 마음을 일으켜야 할 것입니다. 선남자여, 당신은 법들의 진정한 이치를 바라보아야 할 것입니다. 선남자여, 법들의 이치는 어떠한 것일까요? 제법이란 오염된 것도 아니며, 〔그렇다고〕 정화된 것도 아닙니다. 그 이유는 무엇일까요? 모든 법은 자성적으로 공하기 때문입니다. 모든 법은 유정(有情), 생명, 성장, 개아(個我), 아성(我性)이 결여되어 있는 것들이며, 환영, 꿈, 메아리, 영상(映像)과 같은 것들입니다. 선남자여, 이와 같이 당신이 제법의 진정한 이치를 바라보고 설법자를 추종한다면, 당신은 오래지 않아 반야바라밀다를 향해 나아갈 것입니다. 선남자여, 당신은 마왕의 다른 소행에도 주의를 기울여야 할 것입니다. 선남자여, 만약 설법자가 반야바라밀다를 구하는 선남자의 기를 꺾거나 그에게 주의를 기울이지 않는다 하더라도, 선남자여, 당신은 그에 대해 반발하지 않아야 할 것입니다. 오히려 법을 구하는 당신은 법의 중함을 통해 절망하지 않고 설법자인 비구를 추종해야 할 것입니다'라고 말이다.

❪ 04 ❫ 상제 보살마하살은 〔목〕소리로부터 교도를 받은 후 동쪽 방향으로 향해 갔느니라. 그리 오래 가지 않아 그에게는 '얼마나 멀리 가야 하는지 나는 그 〔목〕소리에게 묻지 못했다'라는 생각이 들었느니라. 〔그러고는〕 그는 바로 한 장소에 머물렀느니라. 거기에서 흐느끼고 울부짖으며 비통해하고 한탄하는 그는 다음과 같은 생각을 했느니라. '나는 〔반야바라밀다를 들을 때까지〕 바로 이 장소에서 하루, 혹은 이틀이나 사흘, 혹은 나흘이나 닷새 혹은 엿새나 이레 동안 지낼 것이다. 반야바라밀다를 듣지 않는 한, 나는 육신의 피로 나태함과 수면, 음식, 음료, 밤, 낮, 더위, 추위에 대해 생각을 일으키지 않을 것이다'라고 말이다. 수보리야, 이는 마치 하나뿐인 아들이 죽어 큰 고통과 절망에 빠진 어떤 아버지와 같으니라. 그에게는 〔죽은〕 아들에 대한 비통함 외에는 그

어떤 생각도 생겨나지 않으며, 오히려 〔죽은〕 하나뿐인 아들에 대한 생각만이 생겨나는 것이니라. 수보리야, 바로 이와 같이 상제 보살마하살에게는 '언제 나는 반야바라밀다를 들을 〔수 있을〕까?'라는 것 외의 다른 그 어떤 생각도 생겨나지 않은 것이니라.

《 05 》 수보리야, 그때 비탄에 잠긴 상제 보살마하살의 앞에 여래의 자태가 나타나며 〔다음과 같이〕 존경의 표시를 보냈느니라. '선남자여, 대단하십니다. 〔참으로〕 대단하십니다. 당신이 이와 같이 말하고 있다는 것이 말입니다. 선남자여, 보살의 도(道)를 수행하는 공양을 받을 만하고 올바르게 깨달은 과거의 여래들 또한, 현재 당신이 찾아다니는 것처럼, 그렇게 반야바라밀다를 찾아다닌 것입니다. 선남자여, 당신은 이와 같은 노력과 정력(定力)을 통해, 그리고 이와 같은 바람과 열정을 갖고 바로 동쪽 방향을 따라가도록 하십시오! 선남자여, 여기에서 5백 유순(由旬) 떨어진 곳에 중향(衆香)으로 불리는, 칠보(七寶)로 세워진 도성(都城)이 있습니다. 이곳은 7종의 성벽으로 둘러싸여 있으며, 7종의 해자(垓字), 사라(娑羅)〔로 불리는〕 7종의 가로수로 둘러싸여 있습니다. 이 도성은 그 길이와 폭이 〔각각〕 12유순에 달하며, 부유하고 번성한 곳이고, 평화롭고 먹을 것이 풍요로운 곳입니다. 많은 사람들이 〔도성 안 곳곳에〕 분산되어 살고 있으며, 다양한 색깔들로 칠해진 그림과 같이 아름다운 5백 개의 상점가들이 도성 내부를 관통하고 있고, 정확히 이에 대응하게, 다니는 데 불편함이 없도록 사람과 〔수레나 가마와 같은〕 탈 것을 위한 장소와 길들이 〔이 도성에〕 만들어져 있습니다. 도성 주변의 성벽들은 칠보로 구성되어 있고, 칠보로 구성되는 이 성벽들에는 염부제 강의 황금으로 만들어진 갓돌들이 우뚝 솟아있으며, 모든 갓돌 〔각각〕에는 칠보로 구성되어 나무가 자라나 있는데, 이 나무에는 다양한 색깔을 지니며 옥석으로 된 과실들이 열려있습니다. 그리고 한 갓돌의 나무는 옥석으로 된 끈으로 인접해 있는 다른 갓돌의 나무와 연결되어 있습니다. 또한 도성 전체는 황금으로 된 종들의 망에 덮여있으며, 이 망은, 바람에 흔들릴 때 아름다우면서도 심금을 울리는 기분 좋은 소리를 방출합니다. 이는 마치 다섯 가지의 악기가 합주가 되고, 합창에 능한 건달바들이 〔함께〕 노래를 부를 때 방출되는 아름다우면서도 심금을 울리는 기분 좋은 소리와 같은 것입니다. 그러한 소리에 유정들은 유희하고 기뻐하고 즐거워합니다.

도성의 온 주변에 존재하는 해자들은 물로 가득 차 있고, 이 물은 자연적인 물의 흐름처럼 흘러가며, 너무 차거나 너무 뜨겁지도 않습니다. 수면에는 칠보로 만들어진 다채롭고 아름다운 배들이 〔떠 있는데〕, 이 배들은 바로 유정들이 전생에 행한 업의 결과로 성취한 것들입니다. 배에 오른 유정들은 유희하고 기뻐하고 즐거워합니다. 수면은 청련화(青蓮花)·적련화(赤蓮花)·백수련화(白睡蓮花)·백련화(白蓮花)로 완전하게 덮여있으며, 또한 매우 고귀하며 좋은 향기를 내뿜는 다른 꽃들로도 덮여있습니다. 그곳에 존재하지 않는 화종(花種)은, 어떤 것이든, 삼천대천세계에〔도〕 존재하지 않는 것입니다. 도성 사방에는 5백 개의 유원(遊園)이 있습니다. 그 모든 유원은 칠보로 만들어져 있으며, 다채롭고 미관상 매우 아름답습니다. 각각의 유원에는 5백 개씩의 연지(蓮池)가 있고, 연지의 사변(四邊) 〔각각의〕 길이는 1구로사(拘盧捨)입니다. 그 모든 연지에는 칠보로 만들어진 다채롭고 보기에 아름다운, 청련화·적련화·백수련화·백련화가 자라고 있으며,

이 연화들은 수면을 덮고 있습니다. 청련화·적련화·백수련화·백련화 이 모두는 각각 수레바퀴 치수 정도의 너비이며, 좋은 향기를 지니고 있습니다. 청련화들은 청색을 띠며 푸른색이 감도는 외관을 가졌고 푸른빛을 냅니다. 황련화들은 황색을 띠며 노란색이 감도는 외관을 가졌고 노란빛을 냅니다. 적련화들은 적색을 띠며 빨간색이 감도는 외관을 가졌고 빨간빛을 냅니다. 백련화들은 백색을 띠며 하얀색이 감도는 외관을 가졌고 하얀빛을 냅니다. 그 모든 연지에는 거위, 학, 오리, 도요새, 원앙의 울음소리들이 들립니다. 주인도 울타리도 없는 그 모든 유원은 바로 유정들이 전생에 행한 업의 결과로 성취한 것들입니다. 이들은 오랫동안 반야바라밀다를 수행해 온, 불타의 안내자〔인 반야바라밀다〕를 숭경하고 따르며 헌신하고 경청하려는 마음을 갖는, 오랜 시간 동안 〔깊고〕 깊은 법들에 전념한 유정들과 같은 자들일 것입니다.

선남자여, 거기 중향이라는 도성의 네거리 한복판에는 사방이 1 유순(由旬)인 법상 보살마하살의 저택이 있습니다. 이 저택은 칠보로 만들어진 다채롭고 아름다운 집이며, 7종의 성벽, 7종의 해자(垓字), 사라(娑羅)〔로 불리는〕 7종의 가로수로 둘러싸여 있습니다. 그 저택에는 거주하는 사람들이 유희의 수단으로 즐기고 향수하도록 4종의 유원이 있는데, 상희(常喜)로 불리는 유원, 무우(無憂)라고 불리는 유원, 적열(適悦)이라고 불리는 유원, 화장엄(華荘厳)이라고 불리는 유원입니다. 그리고 각각의 유원에는 8종의 연지가 있는데, 현(賢), 현상(賢上), 환희(歓喜), 희상(喜上), 안락(安楽), 묘악(妙楽), 결정(決定), 미혼(未婚)이라는 이름이 붙여져 있습니다. 그 연지들〔, 각각의〕 한 변(邊)

은 금으로, 두 번째 변은 은으로, 세 번째 변은 청보석(靑寶石)으로, 네 번째 변은 수정으로 만들어져 있습니다. 연지 아래 바닥은 석영으로 되어 있고, 황금 모래가 깔려 있습니다. 각각의 연지에는 8계단이 있고, 이 계단은 다양한 색채와 옥석으로 된 계단 판으로 장식되어 있습니다. 그리고 계단 판의 사이 안쪽 모두에는 염부제 강의 황금으로 된 파초(芭蕉) 나무가 자라고 있습니다. 또한 그 모든 연지의 수면은 청련화·적련화·백수련화·백련화(白蓮花) 등 여러 종류의 꽃들로 완전하게 덮여있으며, 〔그곳에서는〕 거위, 학, 오리, 도요새, 원앙의 울음소리들이 들립니다. 연지들 사방에는 다채로운 꽃과 나무들이 자라고 있습니다. 꽃과 나무들의 꽃잎들은 바람에 흩날려 연지들〔의 수면 위로〕 떨어집니다. 그 모든 연지에 든 물에서는 단향목(檀香木)의 향기가 나며, 〔그 나무의〕 색깔, 맛, 감촉을 지니고 있습니다.

그곳에서 6만8천 명의 여성 추종자들에게 둘러싸이고, 충분히 향유할 5욕(五慾)의 〔감각적〕 대상들을 갖춘 법상 보살마하살이 유희하면서 기뻐하며 즐거워하고 있습니다. 그 도시에 거주하고 있을 여성과 남성의 다른 유정들, 그 모두 또한 유원과 연지들에서 〔영위하는 삶을〕 즐거워하고 있으며, 또한 충분히 향유할 5욕(五慾)의 〔감각적〕 대상들을 갖춘 그들은 유희하면서 기뻐하며 즐거워하고 있습니다. 그런데 법상 보살마하살이 유희하면서 기뻐하며 즐거워하는 시간은 잠시 동안이며, 그 후에 그는 〔하루〕 세 번 반야바라밀다를 가르치고 있습니다. 중향이라는 도성에 거주하는 유정들, 그들 모두 또한 도성 네거리 한복판에 법상 보살마하살이 〔설법할〕 좌석을 마련해주고 있습니다. 이 좌석은 금이나 은, 청보석이나 수정으로 만들어진 다리를 갖고 있으며, 무명이나 모포로 깔려 있고, 상층부에는 덮개가 달려있으며, 이 덮개는 견포(絹布)로 깔려 있고, 그 〔좌석의〕 높이는 〔무려〕 반(半) 구로사(拘盧捨)입니다. 상층부 중천에 떠 있는 견포로 만들어지고 진주로 장식된 천개(天蓋)를 〔보고〕 모두 똑같이 '이 얼마나 잘 만들어진 천개인가!'라며 즐거워하는 〔그 거주자들은 이를 전생에〕 올바르게 행한 빛나는 〔업의〕 결과로 여기고 있습니다. 또한 그들은 좌석 사방에 5색의 꽃들을 아래로 흩뿌리고 전방으로 흩날리며, 그 장소를 다양한 향기와 향내로 풍기게 만들고 있습니다. 이러한 것 또한 〔그들의〕 법에 대한 〔강한〕 의지의 청정함 때문에, 그리고 법상 보살마하살이 법을 중(重)하게 여기는 것에 기인하여 나오는 〔행위인 것입니다.〕

법상 보살마하살은 그 좌석에 앉아 반야바라밀다를 가르치고 있습니다. 선남자여, 그와 같은 법의 중함 때문에 법들에 대한 〔그들의〕 전폭적인 옹호와 충직한 신뢰 때문에 이러한 신뢰를 만들어내기 때문에 유정들은 법상 보살마하살 앞에서 반야바라밀다를 듣고 있는 것입니다. 수백 수천 수십만의 수많은 신과 인간의 피조물들이 그곳에 와서 〔반야바라밀다를〕 듣습니다. 그 가운데 어떤 이들은 〔반야바라밀다를 타인에게〕 알려주고, 어떤 이들은 〔마음에〕 새기며, 어떤 이들은 기록하고, 또 어떤 이들은 삼매를 통해 〔반야바라밀다를〕 추종하고 있습니다. 〔악한 존재로〕 타락하지 않〔게 하〕는 법을 가진 그 유정들 모두는 무상의 올바르고 완전한 깨달음에서 퇴전하지 않는 자들입니다. 선남자여, 법상 보살마하살 앞으로 가십시오! 그에게서 당신은 반야바라밀다를 들을 것입니다. 선남자여, 실로 그는 오랫동안 당신의 좋은 벗이 될 것이고, 〔당신에게〕 무상의 올바르고 완전한 깨달음을 보여주고 수용하게 하며 들뜨게 하고 기뻐하게 만들 것입니다. 선남자여, 당신이 지금 찾아 나서고 있는 것처럼, 그 또한 과거에 반야바라밀다를 찾아 나선 자입니다. 선남자여, 가십시오! 밤낮으로 가피된 〔정신〕집중을 일으킨다면, 당신은 머지않아 반야바라밀다를 들을 것입니다'〔라고 말이다.〕

◖ 06 ◗ 〔여래의 말을〕 들은 상제 보살마하살은 만족하고 감동해하며 즐겁고 기쁘며 환희와 유쾌함을 갖게 되었느니라. 이는 마치 화살에 맞은 사람이 '도대체 언제나 나는 내게 꽂힌 이 화살을 빼주고 나를 이 고통에서 해방시켜 줄 숙련된 화살 제거 〔전문가〕를 만나게 될까?'라는 것 이외의 〔그 어떤〕 다른 생각을 하지 못하는 것과 같으니라. 바로 이와 같이 상제 보살마하살〔도〕 그때 '도대체 언제나 나는 내게 반야바라밀다를 들려줄 선남자를 보게 될까? 이 법을 들은 후 내게 존재하는 인식〔에 집착하는〕 생각들이 사라지는 것일까?'라며 〔반야바라밀다〕 이외의 〔그 어떤〕 다른 법도 생각하지 않는 것이니라.

◖ 07 ◗ 상제 보살마하살은 바로 그 장소에 머물며, 법상 보살마하살이 반야바라밀다를 가르치는 것을 들었느니라. 들은 뒤에는 제법에 대한 무-집착의 관념을 일으켰으며, 그에게는 〔다음과 같은〕 수많은 삼매의 문호(門戶)들이 〔눈앞에〕 나타났느니라. 즉, ① 제법의 자성을 통찰한다는 삼매, ② 제법의 자성을 인식하지 않는다는 삼매, ③ 제법의 자성을 지행(知行)한다는 삼매, ④ 제법을 구별하지 않는다는 삼매, ⑤ 제법의 불변성을 통찰한다는 삼매, ⑥ 제법에 광휘(光輝)를 부여한다는 삼매, ⑦ 제법에 드리워져 있는 어둠에서 출리(出離)한다는 삼매, ⑧ 제

법에 대한 무지를 소거(消去)한다는 삼매, ⑨ 제법과 소원(疏遠)한다는 삼매, ⑩ 제법을 인식하지 않는다는 삼매, ⑪ 산화(散花)로 불리는 삼매, ⑫ 제법의 본체(本體)를 깨닫는다는 삼매, ⑬ 환영을 버린다는 삼매, ⑭ 경면(鏡面)에 비친 영상(映像)을 수용한다는 삼매, ⑮ 모든 유정이 내는 음성을 수용한다는 삼매, ⑯ 오진(汚塵)에서 출리(出離)한다는 삼매, ⑰ 모든 유정〔의 마음〕을 기쁘게 한다는 삼매, ⑱ 모든 유정의 음성에 솜씨 좋게 접근한다는 삼매, ⑲ 여러 다양한 음성, 문장, 문자들을 깨닫는다는 삼매, ⑳ 무소외(無所畏)한다는 삼매, ㉑ 본성상 〔관습적〕 표현을 갖지 않는다는 삼매, ㉒ 진실한 해탈을 획득한다는 삼매, ㉓ 왕이 방문한다는 삼매, ㉔ 명칭 훈석(訓釋) 문장 문자를 갖는다는 삼매, ㉕ 제법을 올바르게 본다는 삼매, ㉖ 제법의 영역에서 출리(出離)한다는 삼매, ㉗ 제법의 진실한 궁극이라는 삼매, ㉘ 항하와 같다는 삼매, ㉙ 금강(金剛)과 같다는 삼매, ㉚ 아름다운 왕이 매우 가까이 있다는 삼매, ㉛ 무적의 왕이라는 삼매, ㉜ 승리를 얻는다는 삼매, ㉝ 불퇴전의 눈을 갖는다는 삼매, ㉞ 법계에 머물러 있다는 삼매, ㉟ 법계에서 나타난다는 삼매, ㊱ 〔안도의〕 위안을 준다는 삼매, ㊲ 사자의 포효와 같다는 삼매, ㊳ 모든 유정을 압도한다는 삼매, ㊴ 더러움이 없다는 삼매, ㊵ 오염이 없다는 삼매, ㊶ 연화(蓮花)의 장식이라는 삼매, ㊷ 의혹을 끊는다는 삼매, ㊸ 모든 핵심을 추종한다는 삼매, ㊹ 제법을 초월한다는 삼매, ㊺ 신통 지력 무소외를 얻는다는 삼매, ㊻ 제법을 관통한다는 삼매, ㊼ 제법의 절멸에 대한 증표라는 삼매, ㊽ 제법이 절멸하는 바다〔와 같다〕는 삼매, ㊾ 제법의 무-구별을 통찰한다는 삼매, ㊿ 모든 사견(邪見)으로 만들어진 밀림을 피한다는 삼매, 51 어둠에서 출리(出離)한다는 삼매, 52 제법의 유상에서 출리한다는 삼매, ⑤③ 모든 집착에서 해방시킨다는 삼매, ⑤④ 모든 나태함에서 출리한다는 삼매, ⑤⑤ 〔깊고〕 깊은 법에 광명을 부여한다는 삼매, ⑤⑥ 수미산의 모습〔과 같다〕는 삼매, ⑤⑦ 미혹되지 않는다는 삼매, ⑤⑧ 마왕〔군(軍)〕의 원진(圓陣)을 무너뜨린다는 삼매, ⑤⑨ 삼계(三界)에 집착하지 않는다는 삼매, ⑥⓪ 광휘를 방출한다는 삼매, ⑥① 여래를 본다는 삼매, ⑥② 모든 여래를 배알한다는 삼매이니라.

이와 같은 삼매들에 머무는 동안 상제 보살마하살은 시방의 세계에서 바로 이 반야바라밀다를 보살마하살들에게 〔명확하게〕 설명하는 무량무수의 불타세존들을 배알했느니라. 그리고 그 여래들은 〔상제 보살마하살에게〕 존경의 표시를 보냈고, 그에게 자리를 마련해주며 다음과 같이 말했느니라. '선남자여, 우리 또한 과거 보살의 도(道)를 행할 때 바로 반야바라밀다를 찾아 나섰으며, 찾아 나선 우리는 〔앞서 언급한〕 바로 그 삼매들을 얻었습니다. 당신이 지금 얻은 그 삼매들을 얻은 후 〔우리는〕 반야바라밀다의 길을 걸었고, 〔그리하여 이에〕 접근한 것이며, 불타의 법들에 정착한 것입니다. 우리는 바로 이 삼매들의 본질, 그리고 자성을 통찰하지만, 〔정작 이에〕 들거나 〔여기에서〕 나오거나 깨달음을 향해 수행하거나 무상의 올바르고 완전한 깨달음을 터득하는 그러한 법은 〔바라〕보고 있지 못합니다. 선남자여, 그 어떤 법에 의해서도 망념이 생겨나지 않는 것은 〔바로〕 반야바라밀다입니다. 망념에 머물지 않는 우리는 이와 같은 금색의 신체를 얻었고, 위대한 인물에게나 있는 32종의 〔신체적〕 특징들[32상三十二相], 80종의 표식들[八十種好], 양팔〔을 옆으로 길게 뻗었을 때 정도의〕 길이 정도의 후광, 불가사의하고 무상(無上)인 불타의 지식과 지혜,

불타의 무상 삼매, 모든 불법의 공덕이 깃든 바라밀다를 획득한 것입니다. 〔하지만〕 공덕이 깃든 바라밀다가 어느 정도의 양과 한계를 지니고 있는지는 〔우리〕 여래들조차 파악하지도 가늠할 수도 없는데, 하물며 성문이나 독각에 머무는 자들이 할 수 있을까요? 선남자여, 그렇기에 당신은 〔강한〕 바람과 열정을 갖고 바로 이 〔불타의〕 법들을 향해 존경〔의 마음〕을 더할 나위 없이 일으켜야 할 것입니다. 선남자여, 〔강한〕 바람과 열정을 갖고 있는 자에게는 무상의 올바르고 완전한 깨달음을 얻는 것이 결코 어려운 일이 아닙니다. 선남자여, 당신은 좋은 벗들에 대해서도 강한 존경〔의 마음〕을 일으켜야 할 것입니다. 애정과 청정한 믿음[淨信]을 쏟아야 할 것입니다. 왜냐하면 좋은 벗들에게 지켜지는 보살마하살들은 조속히 무상의 올바르고 완전한 깨달음을 터득할 것이기 때문입니다'

◖ 08 ◗ 그러자 상제 보살마하살이 여래들에게 다음과 같이 물었느니라. '어떤 자가 우리의 좋은 벗인 것입니까?' 여래들이 그에게 대답했느니라. '선남자여, 오랫동안 법상 보살마하살이 무상의 올바르고 완전한 깨달음에 들도록 당신을 성숙시키고 지켜왔으며, 반야바라밀다 방편선교 무상의 올바르고 완전한 깨달음에 관해 〔그에게〕 수련을 받아 왔습니다. 선남자여, 〔그렇기에 법상 보살마하살〕이 당신의 수호자이자 좋은 벗인 것입니다. 당신은 진정한 〔그의〕 은혜를 알고 인지하여 그를 공경하고 그의 은혜를 〔마음에〕 새겨야 할 것입니다. 선남자여, 당신이 법상 보살마하살을 1겁이나 2겁, 혹은 3겁 동안, 1백 겁이나 1천 겁, 10만 겁 혹은 그 이상 동안 터번과 같이 〔그를〕 머리에 태우고 다니고, 모든 유정의 행복을 위해 봉사함으로써 그를 섬기며, 삼천대천세계에 이

르기까지 존재하는 빛깔 소리 향기 맛 촉(감을 느낄 수 있는 것)들, 그 모두를 그에게 (받들어) 올린다 하더라도, 선남자여 당신은 선남자(인 법상 보살마하살)의 은혜에 (조금도) 보답하지 못하는 것입니다. 그 이유는 무엇일까요? 선남자여, 당신은 선남자(인 법상 보살마하살)의 위신력에 힘입어 앞서 언급한 삼매들의 획득에 다가갈 수 있었고, 반야바라밀다와 방편선교를 듣고 반야바라밀다를 얻는 데 가까이 갈 수 있었기 때문입니다'

◖ 09 ◗ 여래들은 (그렇게 말하고) 상제 보살마하살을 격려한 후 사라졌느니라. (그때) 선남자(인 상제 보살마하살)이 삼매에서 나왔고, 나온 뒤 그에게는 '여래들은 어디에서 온 것일까? 여래들은 어디로 간 것일까?'라는 생각이 들었느니라. 여래들을 보지 못한 그는 큰 괴로움과 강한 그리움에 빠졌느니라. (그러고는) 그에게 다음과 같은 생각이 들었느니라. '다라니(陀羅尼)를 획득하고 5신통(五神通)을 갖췄으며 과거의 불타를 섬긴 성스러운 법상 보살마하살은 나의 수호자이자 좋은 벗이다. 오랜 시간 동안 그는 나의 이익을 위해 노력한 자이다. 이제 나는 법상 보살마하살을 찾아가 그 앞에 가서 여래들이 어디에서 온 것이고, 어디로 간 것인지에 대해 물을 것이다.'

◖ 10 ◗ 상제 보살마하살은 법상 보살마하살을 향해 애정, 청정한 믿음, 숭경, 존중(의 마음들)을 품었느니라. (그러한 마음들을) 품은 후 그는 다음과 같이 사색했느니라. '도대체 나는 어떤 종류의 공양(품)을 갖고 법상 보살마하살 앞에 가야 할까? 나는 가난하다. 내게는 물질적인 그 어떤 것도 없다. 의복도 옥석도 금도 보석도 진주도 청보석도 대모갑(玳瑁甲)도 산호(珊瑚)도 은도 꽃도 훈향(薰香)도 향료도 화환도 도

향(塗香)도 향분(香粉)도 승의(僧衣)도 산개(傘蓋)도 당(幢)도 방울[鈴]도 깃발[旗]도 내게 없다. 나는 어떤 것을 갖고 법상 보살마하살을 공양하고 공경해야 할까? 내가 〔아무것도 가지고 있지 않은〕 바로 이와 같은 〔상황에서〕 법상 보살마하살 앞에 간다는 것은 내게 어울리지 않는 것 같다. 내게는 기쁨도 환희도 생겨나지 않고 있다.'

❰ 11 ❱ 그러자 상제 보살마하살은 〔법상 보살마하살에 대한〕 그러한 〔착잡한〕 심경과 존경의 마음을 간직한 채 〔계획했던 대로〕 여행을 이어갔고, 어떤 한 도성에 당도했느니라. 거기에 〔들어가〕 시장 거리의 한복판에 갔을 때, 그에게는 다음과 같은 생각이 들었느니라. '〔나의〕 이 육신을 팔아 나는 그 대가로 법상 보살마하살에게 공양할 것이다. 실로 오랫동안 무한적인 윤회의 세계에서 수천에 달하는 나의 육신들이 반복적으로 〔수도 없이 산산이〕 부서지고 소진 소멸되며 〔다른 이들에게〕 팔려나갔다. 또한 나는 욕망의 이유로 욕망 때문에 무한에 달하는 지옥의 고통들을 경험했지만, 이는 결코 〔반야바라밀다와 같은〕 법들 때문도 〔법상 보살마하살과 같은〕 유정들을 공경했기 때문이 아니었다.' 시장 거리의 한복판에 갔을 그때 상제 보살마하살은 소리를 외쳤고, 〔강한 어조의 목〕소리로 말했느니라. '누가 사람을 원합니까? 누가 사람을 원합니까? 누가 사람 사기를 원합니까?'라고 말이다.

❰ 12 ❱ 그때 마왕 파순에게 다음과 같은 생각이 들었느니라. '이 상제 보살마하살이 법에 대한 갈망으로 자신의 육신을 판 후 법상 보살마하살에게 공양을 하고, 반야바라밀다를 수행하는 보살마하살이 어떻게 하면 조속히 무상의 올바르고 완전한 깨달음을 완수하겠냐고 반야바라밀다와 방편선교에 대해 묻는다면, 그는 들어만 보았던 대해(大海)에

도달할 것이고, 마왕이나 마왕의 세계에 속하는 신들이 공격하지 못할 것이며, 모든 공덕이 깃든 바라밀다를 획득할 것이고, 거기에서 수많은 유정들의 이익을 만들어 낼 것이며, 무상의 올바르고 완전한 깨달음을 터득한 후 그들과 타 유정들을 내 세계에서 벗어나게 할 것이다. 〔이러한 상황에서〕 내가 상제 보살마하살〔의 그러한 행위들〕을 방해할 수 없는 것일까?'

《 13 》 그러더니 마왕 파순은 바라문과 가장(家長)들이 '누가 사람을 원합니까? 누가 사람을 원합니까? 누가 사람 사기를 원합니까?'라고 〔외치는〕 상제 보살마하살의 〔목〕소리를 듣지 못하도록 그들을 사라지게 만들었느니라. 육신의 구매자를 찾지 못했을 때 상제 보살마하살은 한쪽에 가서 흐느껴 울었느니라. 눈물이 흘러나왔느니라. 그러고는 다음과 같이 말했느니라. '아! 우리가 육신의 구매자를 찾지 못하는 것은 〔분명〕 좋지 않은 결과이지만, 육신을 팔게 되면 우리는 법상 보살마하살에게 공양을 할〔 수 있을〕 것이다.'

그때 천제석에게 다음과 같은 생각이 들었느니라. '강한 신념으로 무장한 이 상제 보살마하살이 〔자신의〕 육신을 버리려고 하는 것이 혹 법에 대한 갈망 때문인지 아닌지 나는 상제 보살마하살의 마음을 알아봐야 할 듯싶다.'

천제석은 젊은이의 모습으로 변장한 후 상제 보살마하살에게 다가갔고, 다가간 후 상제 보살마하살에게 다음과 같이 물었느니라. '선남자여, 당신은 몹시 슬퍼하고 괴로워하며 눈물을 흘리고 있는데 무엇 때문에 그러한 것입니까?'

상제 보살마하살이 그에게 다음과 같이 대답하였느니라. '젊은이

여, 나는 〔내〕 육신을 팔기 바라는데, 〔아직도〕 육신의 구매자를 찾지 못하고 있습니다.'

젊은이의 모습을 한 천제석이 물었느니라. '선남자여, 당신은 무엇 때문에 육신을 팔기 바라는 것입니까?'

상제 보살마하살이 그에게 대답하였느니라. '젊은이여, 법에 대한 갈망 때문입니다. 나는 내 육신을 팔아 법을 숭배하고 싶을 따름입니다. 성스러운 법상 보살마하살을 공양하고 싶을 따름입니다. 〔하지만〕 나는 내 육신의 구매자를 찾지 못하고 있습니다. 그런 나에게 '내 육신을 팔아 반야바라밀다를 숭배하고 법상 보살마하살을 공양해야 하는데, 육신의 구매자를 찾지 못하고 있으니, 아! 나는 몹시도 적은 복덕을 갖고 있구나'라는 생각이 들었습니다.'

그러자 젊은이는 상제 보살마하살에게 다음과 같이 말했느니라. '선남자여, 나는 사람〔의 육신〕으로 할 일이 없습니다만, 〔마침〕 나의 선조(先祖)〔의 제사에〕 공양할 공양물을 찾고 있습니다. 육신의 심장, 피, 뼈, 그리고 골수로 해야 할 공양입니다. 〔그러니〕 당신은 그것들을 〔제게〕 파십시오.'

그때 상제 보살마하살에게 다음과 같은 생각이 들었느니라. '〔이것은〕 내게 최상의 결과이다. 나는 〔내〕 육신이 반야바라밀다와 방편선교, 그리고 불타의 법들에서 〔하나의〕 완전체로서 존재한다는 것을 알고 있다. 나는 〔내 육신의〕 심장, 피, 뼈, 그리고 골수를 사줄 젊은 구매자를 찾았으니 말이다.' 〔이에〕 즐겁고 기쁘며 선한 마음을 갖는 그는 젊은이에게 다음과 같이 말했느니라. '젊은이여, 나는 내 육신에서 나오는 그 무엇이든 당신에게 이득이 되는 것을 줄 것입니다.'

젊은이가 물었느니라. '선남자여, 그 대가로 당신에게 나는 무엇을 주면 될까요?'

〔상제 보살마하살이〕 그에게 다음과 같이 대답했느니라. '젊은이여, 당신에게 희사된 것에 〔상당하는〕 대가를 주십시오!' 그러더니 상제 보살마하살은 예리한 칼을 집어 오른팔을 〔찔러〕 관통시킨 후 피가 빠져나가게 했느니라. 또한 오른 허벅지를 〔찔러〕 관통시킨 후 살을 제거하고는 뼈를 잘라내기 위해 장변(牆邊)에 〔칼을〕 갖다 대었느니라.

그때 어떤 아름다운 〔대상(大商)의〕 여식이 저택의 고층에 있었고, 그녀는 상제 보살마하살이 팔을 〔찔러〕 관통시킨 후 피가 빠져나가게 하고, 허벅지를 〔찔러〕 살을 제거하고는 뼈를 잘라내기 위해 장변(牆邊)에 〔칼을〕 갖다 대는 것을 보았느니라. 그녀에게는 다음과 같은 생각이 들었느니라. '도대체 어떤 이유로 이 선남자는 자기 자신에게 이와 같은 가학을 자행하는 것일까? 내가 그 선남자에게 가서 〔그 이유를〕 물어볼 것이다.' 그러고는 그 아름다운 여식이 상제 보살마하살에게 다가갔고, 다가간 후 상제 보살마하살에게 다음과 같이 물었느니라. '선남자여, 도대체 왜 당신은 생명을 빼앗는 이러한 가학을 자행하는 것입니까? 〔그렇게 뽑아낸〕 피, 그리고 뼈와 골수로 당신은 무엇을 하시려는 것입니까?' 상제 보살마하살이 대답했느니라. '〔아름다운〕 여식이여, 나는 이 젊은이 앞에서 이것〔들〕을 팔고, 〔그 대가로〕 반야바라밀다를 숭배하고, 성스러운 법상 보살마하살을 공양할 것입니다.'

《 14 》 그러자 〔아름다운〕 여식이 상제 보살마하살에게 〔다시〕 물었느니라. '선남자여, 육신의 심장과 피, 뼈와 골수를 팔아 그 선남자〔인 법상 보살마하살〕을 공양하고 싶을 정도로까지 하여 당신이 얻게 될 공덕은 〔도대체〕 어떤 부류의 것이며 어떤 특성을 갖고 있는 것입니까?'

상제 보살마하살이 그 여식에게 말했느니라. '〔아름다운〕 여식이여, 선남자〔인 법상 보살마하살〕이 반야바라밀다와 방편선교를 우리에게 보여줄 것입니다. 거기에서 우리는 수련할 것이며, 수련하는 우리는 모든 유정의 피신처가 될 것이고, 무상의 올바르고 완전한 깨달음을 터득한 뒤 황금색의 육신을 얻게 될 것입니다. 또한 위대한 인물에게나 있는 32종의 〔신체적〕 특징들[三十二相], 80종의 표식들[八十種好], 양팔〔을 옆으로 길게 뻗었을 때 정도의〕 길이 정도의 후광, 무한한 광채, 대자애(大慈愛)와 대자비, 위대한 환희, 〔한편에 치우치지 않는〕 위대한 무관〔의 마음〕, 4무소외를 얻을 것입니다. 4무애변(四無礙辯), 18불공법, 그리고 5신통도 얻을 것입니다. 더 나아가 불가사의한 지계의 청정성, 불가사의한 삼매의 청정성, 불가사의한 지혜의 청정성, 여래의 10력을 얻을 것이고, 무상(無上)인 불타의 지식을 깨달을 것이며, 무상인 법의 옥석을 얻을 것이고, 이를 모든 유정과 공유할 것입니다.'

❪ 15 ❫ 〔아름다운〕 여식이 상제 보살마하살에게 다음과 같이 말했느니라. '선남자여, 〔참으로〕 경이롭습니다. 당신이 이 정도로까지 광대하고 숭고한 법들을 언급하고, 선남자여, 그 하나하나의 법을 위해서조차도 항하의 모래알〔의 수〕만큼이나 오랜 시간 동안 〔수많은〕 육신들을 버려왔을 것이며, 무엇보다도 〔지금도〕 그 많은 법들을 위해 하나〔뿐인 육신을 버리고 있다는〕 것이 말입니다. 당신은 나조차도 이러한 법들에 기뻐하고 인내할 정도로 그 광대하고 숭고한 법들을 언급하신

것입니다. 선남자여, 무엇이든 당신이 해야 할 일에 필요한 그 〔모든〕 것, 금도 보석도 진주도 은도 청보석도 옥석도 산호도 수정도 꽃도 훈향(薰香)도 향료도 화환도 도향(塗香)도 향분(香粉)도 승의(僧衣)도 산개(傘蓋)도 당(幢)도 방울[鈴]도 깃발[旗]도 등명(燈明)도 나는 당신에게 드리고자 합니다. 이것〔들〕로 당신은 법상 보살마하살을 공양하게 될 것입니다. 〔그러하니〕 육신에 대한 이러한 가학〔의 행위〕는 하지 마십시오. 저희도 당신과 함께 성스러운 법상 보살마하살이 계신 곳으로 갈 것입니다. 저희 또한 그와 같은 법들을 얻기 위해 당신과 함께 선근들을 심을 것입니다.'

❰ **16** ❱ 그때 천제석이 젊은이의 모습을 사라지게 하고 자신의 본 모습으로 상제 보살마하살 앞에 섰고, 다음과 같이 말했느니라. '대단하십니다. 선남자여, 당신에게 이와 같은 확고한 맹세〔의 마음〕이 있다는 것은 〔참으로〕 대단한 일이 아닐 수 없습니다. 보살의 도(道)를 행하고 반야바라밀다와 방편선교에 관해 물은, 공양을 받을 만하며 완전하게 깨달은 과거의 여래들 또한 과거에 〔당신이〕 법을 구한 방식으로 무상의 올바르고 완전한 깨달음을 터득하고 법의 옥석을 획득한 것입니다. 선남자여, 〔당신의〕 심장도 피도 뼈와 골수도 내게는 소용이 없는 것들입니다. 다만 나는 당신을 생각하는 마음에서 여기에 온 것입니다. 선남자여, 원하는 것을 선택하십시오! 어떤 것이든 당신이 원하는 것을 줄 것입니다.'

상제 보살마하살이 천제석에게 말했느니라. '천제석이여, 내게 무상(無上)의 불법들을 주십시오!'

천제석이 대답했느니라. '선남자여, 나의 세계에는 그러한 것〔들〕

이 없습니다. 〔당신이 원하는 불법〕들은 불타세존의 영역에 존재하는 것들이니, 다른 것들을 선택하십시오!'

상제 보살마하살이 말했느니라. '천제석이여, 당신은 내 육신을 〔본래대로 다시〕 성취한다는 것, 그 문제에 대해 걱정하실 필요가 전혀 없습니다! 천제석이여, 나는 공양을 받을 만하며 완전하게 깨달은 여래들이 무상의 올바르고 완전한 깨달음에서 불퇴전한다고 내게 한 그 진실한 선서를 수행할 것이고, 또한 나는 참된 신념을 가진 자라고도 알려져 있습니다. 천제석이여, 이와 같은 엄정(嚴正)한 선서를 통해 나의 육신은 이전과 같이 될 것입니다!'

그때 그 찰나에 그 분초에 불타의 위신력과 상제 보살마하살이 갖는 의지의 청정함을 통해 그에게 이전과 같은, 병이 없고 불운이 닥치지 않는 무병식재(無病息災)의 육신이 형성되었느니라. 그러자 천제석과 마왕 파순은 겸연쩍어했으며, 상제 보살마하살에 대해 그 이상의 변재〔의 능력〕을 행사하지 못하고 그 자리에서 사라졌느니라.

《 17 》 아름다운 여식이 상제 보살마하살에게 말했느니라. '선남자여, 오십시오! 저희 집으로 오십시오! 법을 갈망하는 당신이 반야바라밀다를 숭배하고 성스러운 법상 보살마하살을 공양하게 해 줄 그 재화(財貨)를 제가 부모님 앞에서 당신께 보시할 것입니다.'

상제 보살마하살은 아름다운 여식과 함께 그녀의 집으로 향했느니라. 그는 집에 다 와서 문간〔 앞〕에 섰느니라.

《 18 》 아름다운 여식은 집에 들어가 어머니와 아버지에게 다음과 같이 말했느니라. '어머니 아버지, 금화 · 황금 · 옥석 · 보석 · 의복 · 꽃 · 훈향(薰香) · 향료 · 화환 · 도향(塗香) · 향분(香粉) · 승복(僧服) · 산개(傘

蓋)·당(幢)·방울[鈴]·깃발[旗], 그리고 다양한 천상의 악기들을 보시하십시오! 저 또한 당신들이 제게 붙여주신 5백 명의 하녀들과 함께 떠나게 해주십시오! 저도 상제 보살마하살과 함께 법상 보살마하살 앞에 그를 숭배하기 위해 갈 것입니다. 그는 저희에게 법을 가르쳐주실 것이며, 그로 인해 우리는 불법들을 얻을 것입니다.'

그러자 부모가 그 여식에게 물었느니라. '딸아, 상제라 불리는 이 보살마하살은 어떤 자이냐? 그는 지금 어디에 있느냐?'

여식이 대답했느니라. '이 선남자는 바로 우리 집 문간에 서 있습니다. 이 선남자는 강한 신념을 갖고 무상의 올바르고 완전한 깨달음을 터득하기 위해 나아간 자입니다. 모든 유정을 무한적인 윤회의 고통에서 해방시켜 주기 바라는 자입니다. 제법에 대한 갈망으로 〔자신의〕 육신을 판 후 반야바라밀다를 숭배하고 싶어 하는 자입니다. 또한 성스러운 법상 보살마하살을 공양하기 바라는 자입니다. 〔들은 바로는 자신의〕 육신을 살 자를 찾지 못했을 때, 찾지 못한 그는 〔몹시〕 괴롭고 슬펐으며 〔외곬로만〕 깊이 생각하고 낙담하며 눈물을 흘리며 〔서〕있었다고 합니다. 젊은이의 모습으로 변장한 천제석이 그에게 '선남자여, 당신은 어째서 그리도 괴롭고 슬퍼하며 〔외곬로만〕 깊이 생각하고 낙담하며 눈물을 흘리며 〔서〕있는 것입니까?'라고 물었고, 그 〔상제 보살마하살〕은 '육신을 팔고 싶은데, 구매자를 찾지 못하고 있습니다'라고 대답했다고 합니다. 젊은이의 모습을 한 천제석이 '대체 무엇 때문에 당신은 육신을 팔고 싶은 것입니까?'라고 묻자, 상제 보살마하살이 '법에 대한 갈망 때문입니다. 나는 법상 보살마하살을 공양하고, 그에게서 불법을 획득할 것입니다'라고 대답했다고 합니다. 젊은이의 모습을 한 천제석이 '나는 당신의 육신으로 할 일이 없지만, 내게는 〔곧〕 선조〔의 제사에〕 공양할 일이 있습니다. 이는 사람의 심장, 피, 뼈, 그리고 골수로 해야 할 공양입니다'라고 말했더니, 그 선남자가 〔더 이상〕 실의에 빠지지 않은 채 '〔나의 것을〕 주겠습니다'라고 말하며, 예리한 칼을 집어 유신의 팔을 찔러 피가 빠져나가게 하고, 허벅지〔를 찔러〕 살을 제거하고는 뼈를 잘라내기 위해 장변(牆邊)에 칼을 갖다 대고, 한쪽에서 뼈를 잘라내고 골수를 〔빼내고는〕 '〔나의 것을〕 주겠습니다'라고 말했다고 합니다. 저 또한 이 선남자가 피를 흘리는 모습을 저택 고층에서 〔바라〕보았습니다. 〔그때〕 제게는 '도대체 어떤 이유로 이 선남자는 자기 자신에게 이와 같은 가학을 자행하는 것일까?'라는 생각이 들었고, 그에게 다가가, '선남자여, 당신은 도대체 어떤 이유로 자기 자신에게 피를 흘리게 하고, 신체를 훼손하는 것입니까?'라고 물었습니다. 그러자 그는 제게 '여식이시여, 그 젊은이에게 〔나의〕 피와 심장, 그리고 뼈와 골수를 줄 것입니다. 왜냐하면, 내게는 〔이것 외에〕 그 어떤 재화도 없기 때문입니다. 나는 가난하기 때문입니다'라고 대답했습니다. 제가 그에게 '도대체 당신은 〔그 대가로 받은〕 재화로 무엇을 할 것입니까?'라고 물었더니, 그는 제게 '법에 대해 갈망하는 나는 〔그 재화로〕 반야바라밀다를 숭배하고, 성스러운 법상 보살마하살을 공양할 것입니다'라고 대답했습니다. 제가 그에게 '선남자여, 〔거기에서 나오는〕 공덕은 〔도대체〕 어떤 부류의 것이며, 어떤 특성을 갖고 있는 것입니까?'라고 물었더니, 그는 제게 불가사의한 불타의 공덕들과 무한한 불타의 법들을 찬미하고 공표(公表)해주며, 그로 인해 그와 같은 불타의 법들이 제게 들어

올 것이라고 〔말했습니다〕. 불가사의한 불타의 공덕을 듣고, 제게는 크나큰 기쁨과 환희가 생겨났습니다. 그러고는 제게는 '자신의 신체에 그와 같은 고통의 상태를 줄 정도로까지 이 선남자가 어려운 일을 하는 수행하는 자이고, 그렇게까지 법을 원하는 자라는 것이 〔참으로〕 경이로울 따름이다. 실로 이 선남자는 법에 대한 갈망으로 자신을 희생하고 있다. 우리에게는 넘쳐날 정도로 풍부한 재산이 존재하는 이러한 상황임에도 어째서 우리는 법을 숭배하지 않고, 〔법에 대한〕 서원(誓願)을 하지 않는 것일까?'라는 생각이 들었습니다. 그런 저는 선남자에게 '선남자여, 생명을 빼앗는 이러한 가학을 절대 자행하지 마십시오. 내가 당신의 목표가 이루어지도록 당신에게 풍족한 재화를 내줄 것입니다. 그것으로 당신은 법상 보살을 공양하고 공경할 것입니다. 나 또한 당신과 함께 법상 보살마하살에게 갈 것입니다. 나도 그 선남자를 숭배할 것입니다. 우리 또한 당신이 〔자세하게〕 언급한 그 법들, 즉 무상인 불타의 법들을 성취할 것입니다'라고 말했습니다. 그러하니, 어머니 아버지, 제가 가는 것을 허락해 주십시오! 〔우리 집에 있는〕 풍족한 재화 더미를 제게 주십시오. 저는 선남자〔인 상제 보살마하살〕과 함께 가서 법상 보살마하살을 숭배할 것입니다.'

《 19 》 그러자 부모는 여식에게 말했느니라. '네가 이렇게까지 그 선남자가 겪는 고행의 상태를 바라보고 있다는 것이 참으로 놀랍구나. 그 선남자가 고행의 상태를 자행하게 만드는 그 법들은 진정 불가사의하고, 모든 세간적인 것보다 훨씬 뛰어나며, 모든 유정의 행복을 만들어내는 것들이다. 여식아, 우리는 네가 〔가는 것을〕 허락할 것이다. 우리 또한 너와 같이 가서 그 법상 보살마하살을 배알하고 찬양하며

숭배하고 숭경할 기회가 우리에게도 주어지도록 해보아라!'

《 20 》 여식은 자신의 부모가 법상 보살마하살을 숭배하고 공양하기 위해 간다는 것을 알아차리고는 다음과 같이 말했느니라. '어머니 아버지, 두 분이 말씀하신 대로 그렇게 하시면 됩니다. 저는 선의를 막아서는 일은 하지 않습니다.' 이렇게 말한 후 그 여식은 보살마하살을 숭배하고 공양하기 위해 갔느니라.

《 21 》 여식은 5백 대의 마차와 5백 명의 하녀들을 준비시켰고, 준비한 후 색상이 다양하고 다채로운 꽃들을 손에 쥐고, 다채롭게 염색된 의복들, 꽃·훈향(薰香)·향료·화환·도향(塗香)·향분(香粉)·승복(僧服)·산개(傘蓋)·당(幢)·방울[鈴]·깃발[旗], 다채로운 여러 색깔의 옥석들, 다채로운 색상의 옥석들로 만들어진 다양한 빛깔의 꽃들, 〔씹기에〕 딱딱하고 부드러운 식량을 싣고, 한 마차에 상제 보살마하살과 함께 오른 그 여식은 5백 명의 하녀들이 나눠 탄 5백 대의 마차들에 둘러싸여 인도되었고, 대규모의 종자(從者)들을 거느린 부모를 선두로 하며 〔법상 보살마하살이 있는〕 동쪽을 향해 출발했느니라.

계획대로 〔동쪽을 향해〕 가던 중 상제 보살마하살은 저 멀리 칠보로 만들어진 다채롭고 아름다운 중향 도성을 보았느니라. 칠보로 구성된 7종의 성벽으로 둘러싸인, 7종의 오목형의 성문, 7종의 해자(垓字)와 다라(多羅)〔로 불리는〕 7종의 가로수로 둘러싸여 있는, 길이와 폭이 〔각각〕 12유순인, 부유하고 번성한, 평화롭고 먹을 것이 풍부한, 많은 사람들이 〔도성〕 곳곳에 분산되어 있는, 다양한 색깔들로 칠해진 그림과 같이 아름다운 5백 개의 상점가들이 도성 내부를 관통하고 있는, 정확히 이에 대응하게, 다니는 데 불편함이 없도록 사람과

〔수레나 가마와 같은〕 탈 것을 위한 장소와 길들이 만들어져 있는 중향 도성을 보았느니라. 또한 상제 보살마하살은 도성 네거리 한복판에서 법상 보살마하살이 〔설법〕 좌석에 앉아 수백 수천 수십만의 대중에게 둘러싸여 추앙받으며 법을 가르치고 있는 것을 보았느니라. 그를 보았을 때, 상제 보살마하살은 초선(初禪)에 든 비구가 한 점을 향한 〔정신〕집중으로 얻는 행복감, 그와 같은 행복감을 느꼈느니라. 그를 본 후 그에게는 다음과 같은 생각이 들었느니라. '내가 마차를 타고 법상 보살마하살에게 다가가는 것은 올바른 처사가 아닐 것이다. 이제 마차에서 내려야 할 것이다.' 그러고는 그는 마차에서 내렸고, 5백 명의 하녀들도 아름다운 여식과 함께 마차에서 내렸느니라. 그때 상제 보살마하살은 아름다운 여식을 선두로 하는 5백 명의 하녀들에 둘러싸여 앞으로 인도되었고, 그 양을 알 수 없을 만큼의 수많은 〔호화스러운〕 공양물들을 갖고 법상 보살마하살을 향해 다가갔느니라.

(22) 그런데 그때 법상 보살마하살은 반야바라밀다를 위해 칠보로 된 누각(樓閣)을 건조시키고 있었느니라. 〔이 누각은〕 적색의 단향〔나무〕로 장식되었고, 진주로 짜인 망(網)으로 둘러쳐져 있으며, 누각의 네 모퉁이에는 등명(燈明)의 역할을 하는 옥석들이 배치되어 있고, 반야바라밀다를 숭배하기 위해 은으로 된 네 개의 향담(香甔)이 매달려있으며, 여기에서는 청정한 흑침향(黑沈香) 나무의 향기가 풍겨 나왔느니라. 누각의 중앙에는 칠보로 구성된 마루가 마련되어 있고, 4종의 옥석으로 만들어진 상자가 있는데, 그 안에는 용해된 묘안석(猫眼石)으로 황금 판에 기록된 반야바라밀다〔의 경전〕이 들어 있었느니라. 또한 그 누각은 다채로운 색상의 무명 끈들이 매달려 있게 꾸며져

있었느니라.

《 **23** 》 상제 보살마하살은 아름다운 여식을 앞세운 5백 명의 하녀들과 함께 무한의 공양물들로 장식된 누각을 보았고, 거기에서 수천의 신들을 보았느니라. 또한 그는 천제석이 그 누각에 천상의 만다라화(曼陀羅花), 단향나무의 향분, 천상의 금분(金粉), 천상의 은분(銀粉)을 여기저기 흩뿌리는 것을 보았고, 천상의 가락들을 들었느니라. 보고 들은 상제 보살마하살은 천제석에게 다음과 같이 물었느니라. '천제석이여, 어떤 이유로 당신은 수천의 신들과 함께 칠보로 만들어진 이 누각에 천상의 만다라화(曼陀羅花), 단향나무의 향분, 천상의 금분(金粉), 천상의 은분(銀粉)을 여기저기 흩뿌리는 것이며, 신들은 이 천상의 가락들을 상공에 울리게 하는 것입니까?'

이와 같이 묻자 천제석이 상제 보살마하살에게 다음과 같이 대답했느니라. '선남자여, 당신은 정녕 모르시는 것입니까? 반야바라밀다가 보살마하살들을 이끄는 어머니이고, 여기에서 수련하는 보살마하살들은 모든 공덕이 깃들어 있는 바라밀다가 수반된 불타의 모든 법과 모든 양상의 불지를 획득한다는 것을 말입니다.'

상제 보살마하살은 천제석에게 물었느니라. '교시가여, 보살마하살들을 이끄는 어머니인 반야바라밀다는 어디에 있는 것입니까?'

천제석이 대답했느니라. '선남자여, 용해된 묘안석(猫眼石)으로 황금 판에 기록되고, 성스러운 법상 보살마하살이 7종의 표식으로 봉인한 이 〔반야바라밀다〕는 누각의 중앙에 안치되어 있습니다. 반야바라밀다는 우리도 당신도 쉽게 볼 수 있는 것이 아닙니다.'

그때 상제 보살마하살은 아름다운 여식을 향해 서 있는 5백 명의 하녀들 그 모두와 함께 가져온 꽃·화만(華鬘)·옥(玉)과 같은 의복·훈향(薰香)·향료·화환·도향(塗香)·향분(香粉)·승복(僧服)·산개(傘蓋)·당(幢)·방울[鈴]·깃발[旗]·금과 은으로 만들어진 꽃들로 반야바라밀다를 공양했느니라. 하지만 그 가운데 각각의 일부분은 법상 보살마하살을 공양하기 위해 남겨두었느니라.

⦗ 24 ⦘ 상제 보살마하살과 아름다운 여식을 향해 서 있는 5백 명의 하녀들은 꽃·훈향·향료·화환·도향·향분·승복·산개·당·방울·깃발·금과 은으로 만들어진 꽃들로 반야바라밀다에 먼저 공양한 후 법을 공양하기 위해 법상 보살마하살에게 다가가 꽃·훈향·향료·화환·도향·향분·승복·산개·당·방울·깃발·단향나무의 분향·금과 은으로 만들어진 꽃들을 그를 향해 여기저기 흩뿌렸고, 천상의 가락들을 울려 퍼지게 했느니라.

⦗ 25 ⦘ 〔흩뿌려진〕 꽃들은 법상 보살마하살의 머리 위로 떠올랐고, 누각은 꽃으로 뒤덮였느니라. 다채로운 색깔의 꽃들과 금과 은으로 만들어진 꽃들은 마치 천개(天蓋)와 같이 머물렀고, 승의(僧衣)와 옥(玉)으로 장식된 의복들 또한 공중에 머물며, 마치 다양한 옥석들로 만들어진 〔구름〕과 같은 천막(天幕)을 형성했느니라. 상제 보살마하살과 아름다운 여식을 향해 서 있는 5백 명의 하녀들은 법상 보살마하살에게 일어나는 이와 같은 신통한 현상을 〔지켜〕보았고, 지켜본 후 그들에게는 다음과 같은 생각이 들었느니라. '법상 보살마하살이 이 정도로까지 큰 신통력, 큰 위신력, 큰 힘을 지니고 있다는 것은 참으로 놀라울 따름이다. 보살의 도(道)를 수행하고 있을 정도인데도 이와 같은 신통의 변화가 있는데, 무상의 올바르고 완전한 깨달음을 터

득하게 될 때 〔그의 신통은〕 어느 정도가 될까?'

《 **26** 》 그때 아름다운 여식을 앞세우는 5백 명의 하녀들은 법상 보살마하살에 대한 〔강한〕 사모의 마음을 느끼며, 그 모두는 하나가 되어 〔강한〕 신념으로 무상의 올바르고 완전한 깨달음을 향한 마음을 일으켰고, 다음과 같이 말했느니라. '우리는 〔보시를 통해 성취한〕 이 선근으로 훗날 공양을 받을 만하며 완전하게 깨달은 여래들이 될 것입니다. 보살의 도를 행하여 우리 또한 법상 보살마하살이 획득한 바로 그러한 법들을 얻는 자들이 될 것입니다. 법상 보살마하살이 공양하고 공경하는 바로 그러한 방식으로 우리 또한 공양하고 공경할 것입니다. 법상 보살마하살이 공표하는 방식대로 우리 또한 그렇게 많은 사람들에게 공표할 것입니다. 반야바라밀다와 방편선교를 갖춘 법상 보살마하살이 성취한 것처럼 우리 또한 반야바라밀다와 방편선교를 갖추며 그와 같이 성취할 것입니다.'

《 **27** 》 상제 보살마하살과 아름다운 여식을 앞세우는 5백 명의 하녀들은 반야바라밀다를 숭배하고 법상 보살마하살을 공양한 후 법상 보살마하살의 양발에 머리로 경배하고 존경심과 간절하게 바라는 마음으로 합장하며 한쪽에 서 있었다. 한쪽에 서 있던 상제 보살마하살은 법상 보살마하살에게 다음과 같이 말했느니라. '선남자여, 나는 반야바라밀다를 찾아 나섰고, 삼림(森林)에 들어갔을 때, '선남자여, 동쪽 방향으로 가십시오! 거기에서 반야바라밀다를 들을 것입니다'라는 어떤 〔목〕소리를 들었습니다. 그 〔목〕소리를 듣고 나는 곧장 동쪽 방향으로 출발했습니다. 그런데 나에게 이러한 생각이 들었습니다. '〔목〕소리를 듣긴 했지만, 얼마나 멀리 가야 하는지, 누구의 면전에서 반야바라밀다를 듣고 이를 얻어야 하는지 그 〔목〕소리에게 물어보질 못했구나'라고 말입니다. 그런 나는 큰 절망에 빠졌습니다. 절망과 함께 나는 큰 괴로움과 번뇌에 빠졌습니다. 괴로워하며 바로 그 장소에서 7일 밤낮〔의 시간〕을 보냈지만, 나는 음식에 대해 생각을 하지는 않았습니다. 오로지 '얼마나 멀리까지 가야 하는지, 반야바라밀다를 어디에서 들어야 하는지 나는 〔목〕소리에게 물어보지 못했구나'라며 반야바라밀다에만 마음을 쓰고 있었습니다. 그때 나에게 여래의 자태가 나타났고, 내게 다음과 같이 말했습니다. '선남자여, 여기에서 5백 유순 떨어진 곳에 있는 중향이라는 이름의 도성으로 가시오! 거기에 가면 당신은 반야바라밀다를 가르치고 공표하는 법상 보살마하살을 볼 것입니다'라고 말입니다. 이 소리를 듣고 나는 광대한 기쁨과 환희로 가득 찼습니다. 광대한 기쁨과 환희로 가득 찬 그런 나는 그 장소에서 움직이지 못한 채, 당신이 반야바라밀다를 가르치는 〔소리〕를 들은 것입니다. 듣고 있는 그런 나에게 수많은 삼매의 문호(門戶)들이 나타났고, 거기에 머무는 나를 시방의 세간에 머무는 불타세존들이 격려하고, 존경의 표시를 보내왔던 것입니다. '대단하다. 선남자여, 〔참으로〕 대단하다. 그 삼매들은 반야바라밀다에서 나온 것들이며, 거기에 머물며 우리는 불타의 제법을 수행한 것이다'라며 말입니다. 그 여래들은 나를 보고 '대단하다. 〔참으로〕 대단하다'며, 보여주고 수용하게 만들며 들뜨게 하고 기뻐하게 만든 후 사라졌습니다. 내게는 다음과 같은 생각이 들었습니다. '그 여래들은 어디에서 온 것일까? 그들은 어디로 간 것일까?'라고 말입니다. 또한 내게는 다음과 같은 생각이 들었습니다. '성스러운 법상 보살마하살은 다라니(陀羅

尼)를 획득하고 5신통(五神通)을 갖췄으며 과거의 불타를 섬긴 자이며, 반야바라밀다와 방편선교에서 제대로 수련한 자이다. 그는 여래들이 어디에서 와서 어디로 간 것인지에 대한 문제에 답을 줄 것이다'라고 말입니다. 그런 나는 여래의 자태가 낸 〔목〕소리를 듣고, 일러준 대로 동쪽 방향을 향해 갔습니다. 근처에 이른 나는 저 멀리서 성스러운 〔법상 보살마하살이〕 법을 가르치고 있는 것을 보았고, 보고 난 뒤 나에게는 큰 행복감이 밀려왔습니다. 이는 마치 초선(初禪)에 든 비구가 한 점을 향한 〔정신〕집중으로 얻는 행복감과 같은 것이었습니다. 선남자여, 그런 나는 〔이제〕 묻습니다. 그 여래들은 어디에서 온 것입니까? 그들은 어디로 간 것입니까? 선남자〔인 법상 보살마하살〕이여, 그 여래들이 어떻게 오고 가는지에 대해 가르쳐 주십시오! 우리가 여래들의 오고 감을 알게 된다면, 우리에게 여래를 보지 못하는 일은 일어나지 않을 것입니다'라고 말이니라."

성스러운 팔천송반야경에서 '상제 보살'로 불리는 서른 번째 장

제 31 장

법상 보살

◉

धर्मोद्गतपरिवर्त एकत्रिंशत्तमः

❪ **01** ❫ "법상 보살마하살이 상제 보살마하살에게 다음과 같이 말했느니라. '선남자여, 여래는 결코 어디에서 와서 〔어디로〕 가지 않습니다. 진여는 실로 유동적인 것이 아닙니다. 진여라는 것이 바로 여래입니다. 선남자여, 생기(生起)는 오거나 가거나 하는 것이 아닙니다. 생기라는 것은 바로 여래입니다. 선남자여, 진실한 궁극〔의 실재〕가 오거나 가거나 하는 것은 알려져 있지 않습니다. 궁극〔의 실재〕라는 것이 바로 여래입니다. 선남자여, 공성이 오거나 가거나 하는 것은 알려져 있지 않습니다. 공성이라는 것은 바로 여래입니다. 선남자여, 여실성(如實性)이 오거나 가거나 하는 것은 알려져 있지 않습니다. 여실성이라는 것이 바로 여래입니다. 선남자여, 무-애착이 오거나 가거나 하는 것은 알려져 있지 않습니다. 무-애착이라는 것이 바로 여래입니다. 선남자여, 소멸이 오거나 가거나 하는 것은 알려져 있지 않습니다. 소멸이라는 것이 바로 여래입니다. 선남자여, 허공계(虛空界)가 오거나 가거나 하는 것은 알려져 있지 않습니다. 허공계라는 것이 바로 여래입니다. 선남자여, 그와 같은 법들에서 벗어난 곳에 여래는 결코 존재하지 않습니다. 선남자여, 바로 그러한 법들의 진여와 제법의 진여, 그리고 여래의 진여는 모두 같은 하나의 진여입니다. 선남자여, 진여는 두 개로 구분되는 것이 아닙니다. 선남자여, 오직 하나의 진여만이 존재하는 것입니다. 진여는 두 개도 세 개도 아닙니다. 선남자여, 진여는 실재하지 않기에 〔수적인〕 헤아림을 초월한 것입니다. 선남자여, 여름이 마지막 달에 치달았을 때 강한 햇볕에 그을린 어떤 사람이 물이 흐르는 신기루를 보는 것과 같습니다. 그는 그곳에 가서 물을 마시거나 마실 것을 취할 것입니다. 당신은 어떻게 생각하십니까? 선남자여, 그 물은 어디에서 〔흘

러〕왔고 어디로 〔흘러〕가고 있는 것일까요? 대해(大海)가 〔흘러오고 흘러가는 곳은〕 동쪽이나 남쪽, 혹은 서쪽이나 북쪽입니까?'

상제 보살마하살이 대답했느니라. '선남자여, 신기루에서 물은 결코 존재하는 것이 아닙니다. 물이 흘러오고 흘러가는 것은 어떻게 알려져 있는 것일까요? 선남자여, 여름의 햇볕에 그을린 그 사람은 범부(凡夫)와 같은 어리석은 자로서 신기루를 본 뒤 물이 없는 곳에서 물에 대한 의식을 일으키고 있는 것입니다. 신기루에는 자성적으로 물이 존재하지 않습니다.' 법상 보살마하살이 말했느니라. '그러합니다. 선남자여, 그러합니다. 선남자여, 바로 그와 같이 여래의 자태나 목소리에 집착하는 자들은 여래의 오고 감을 만들어 냅니다. 여래의 오고 감을 만들어 내는 자들은 모두 범부와 같은 어리석은 자들로 말해져야 할 것입니다. 이는 마치 물이 없는 곳에서 물에 대한 의식을 일으키는 그런 사람과 같습니다. 그 이유는 무엇일까요? 여래는 색신(色身)으로 보여지는 대상이 아니기 때문입니다. 여래들은 법신(法身)들입니다. 선남자여, 법성은 결코 오거나 가거나 하는 것이 아닙니다. 바로 이와 같이 여래들의 오고 감은 존재하지 않는 것입니다. 선남자여, 이는 마치 마술사가 만들어낸 코끼리의 모습, 혹은 전차(戰車)나 병사의 모습에 오거나 가는 것이 존재하지 않는 것과 같습니다. 선남자여, 바로 이러한 방식으로 여래들의 오고 감은 존재하지 않는 것입니다. 선남자여, 이는 마치 잠이 든 어떤 사람이 꿈속에서 하나나 둘, 혹은 셋이나 넷, 혹은 다섯이나 여섯, 혹은 일곱이나 여덟, 아홉이나 열, 스물이나 서른, 마흔이나 쉰, 혹은 백이나 천, 그 이상의 여래들을 보아도, 잠에서 깨면, 한 명도 보지 못하게 되는 것과 같습니다. 당신은 어떻게 생각하십니까? 선남자여, 그 여래들은 어디에서 왔고 어디로 간 것입니까?' 상제 보살마하살이 대답했느니라. '선남자여, 꿈에서는 그 어떤 법의 성취도 알려져 있지 않습니다. 실로 꿈은 망언(妄言)과 같은 것입니다.' 법상 보살마하살이 말했다. '선남자여, 바로 그와 같이 세존께서 제법은 꿈과 같다고 말씀하신 것입니다. 선남자여, 여래가 보여준 꿈과 같은 제법을 진여에 따라 알지 못하는 자들은 여래들을 명신(名身)이나 색신(色身)으로 집착하여 여래들의 오고 감을 만들어내는 것입니다. 법성을 진여지하지 못하는 자들의 방식대로 여래들의 오고 감을 만들어내는 자들 모두는 〔천신계 인간계 아수라계 아귀계 축생계 지옥계라는〕 6취의 윤회에 들어간, 들어가고 있는, 들어갈 자들로서 반야바라밀다에서 불타의 법들에서 멀리 떨어져 있는 자들인 것입니다. 선남자여, 제법은 꿈과 같다고 여래가 보여준 꿈과 같은 제법을 진여에 따라 아는 자들은 법의 오고 감, 〔즉〕 생기와 소멸을 만들어내지 않습니다. 법의 오고 감, 〔즉〕 생기와 소멸을 만들어내지 않는 자들은 법성으로 여래를 진여지합니다. 여래를 법성으로 진여지하는 자들은 여래의 오고 감을 만들어내지 않습니다. 여래의 법성을 진여지하는 자들은 무상의 올바르고 완전한 깨달음에 가까이에서 수행하며, 또한 반야바라밀다를 수행합니다. 그들은 왕국〔곳곳에서 보시된〕 음식을 헛되지 않게 소비하며, 세간의 존경을 받습니다. 선남자여, 이는 마치 대해의 옥석들이 동쪽의 방향에서도 남쪽의 방향에서도 서쪽의 방향에서도 북쪽의 방향에서도 사유(四維)에서도 아래나 위의 방향, 〔그 모든〕 시방의 방향에서도 오지 않는 것과 같습니다. 대해의 옥석들은 유정들의 선근들에 의존하여 생겨나는 것입니다. 그 옥석들은 원인 없이 생겨나는 것들이 아닙니다. 원인 조건 이유에 의존하여, 연기(緣起)에 따라 생겨난 것들입니다. 소멸할 때에도 옥석들은 시방의 세계 그 어디로도 이동하지 않습니다. 조건들이 작용할 때 옥석들이 나타나는 것입니다. 그 조건들이 작용하지 않을 때 옥석들은 나타나지 않습니다. 선남자여, 바로 이와 같이 여래들의 신체의 완성은 시방세계 그 어디에서도 오는 것이 아니며, 시방세계 그 어디로도 가는 것이 아닙니다. 이전의 수행에 따라 완성된 것이며, 원인과 조건에 의존된 것이고, 이유에 따라 만들어진 것이며, 과거에 행한 업의 결과에서 생겨난 것입니다. 조건들이 작용할 때 신체의 완성이 나타나는 것입니다. 그 조건들이 작용하지 않을 때 신체의 완성은 나타나지 않습니다. 선남자여, 이는 마치 만들어지는 현악기의 소리가 그 어디에서도 오지 않고, 〔그 소리가〕 소멸될 때조차 그 어디로도 가지 않으며, 그 어디로도 이동하지 않는 것과 같습니다. 원인과 조건의 총화(總和)에 의존함으로써 원인에 의존된, 조건에 의존된 것이 생겨나는 것입니다. 이는 마치 〔악기의〕 동체(胴體)·피(皮)·현(弦)·도(棹)·주(柱)·발(撥) 그리고 그에 맞는 사람의 노력〔, 그 모두〕에 의존함으로써 현악기의 소리가, 원인에 의존되고 조건에 의존되어 소리가 나오는 것과 같습니다. 동체·피·현·도·주·발 그리고 그에 맞는 사람의 노력〔, 각각의 것〕에서 그러한 소리가 나오는 것이 아닙니다. 실로 모든 것의 화합으로 인해 소리가 나오는 것입니다. 소멸할 때에도 소리는 그 어디로도 가지 않습니다. 바로 이와 같이 불타세존들의 신체의 완성도 원인에 의존되고 조건에 의존되어, 수많은 선근들의 조합에서 이루어지게 된 것입니다. 단 하나의 원인만으로 단

하나의 조건만으로 단 하나의 선근만으로 불타의 신체는 완성되지 않습니다. 원인이 없는 완성은 존재하지 않습니다. 원인과 조건의 화합이 일어날 때나 일어나지 않을 때에도 그 〔신체의 완성은〕 어디에서 오지도 어디로 가지도 않습니다. 선남자여, 당신은 이와 같은 방식으로 여래들의 오고 감을 바라보아야 할 것입니다. 선남자여, 당신은 이와 같은 법성을 따라야 할 것입니다. 선남자여, 이와 같이 여래들과 제법이 불생불멸의 것들이라고 철저하게 진여지한다면, 당신은 무상의 올바르고 완전한 깨달음에 둔다고 결정될 것이며, 반야바라밀다와 방편선교에서 항상 수행하게 될 것입니다.'

◖ 02 ◗ 여래들에 대한 무래무거(無來無去)의 가르침이 말해질 때 커다란 대지의 진동이 있었느니라. 삼천대천의 모든 세계가 18종의 위대한 표식을 가진 6종의 〔진동〕들로 ① 흔들렸느니라. 과도하게 흔들렸느니라. 통째로 심하게 흔들렸느니라. ② 요동쳤느니라. 과도하게 요동쳤느니라. 통째로 심하게 요동쳤느니라. ③ 파도처럼 떨었느니라. 파도처럼 과도하게 떨었느니라. 파도처럼 통째로 심하게 떨었느니라. ④ 굉음이 났느니라. 과도하게 굉음이 났느니라. 여기저기 심하게 굉음이 났느니라. ⑤ 뒤흔들렸느니라. 과도하게 뒤흔들렸느니라. 통째로 심하게 뒤흔들렸느니라. ⑥ 포효했느니라. 과도하게 포효했느니라. 여기저기 심하게 포효했느니라. 마왕의 모든 세계 또한 뒤흔들렸고 어둠에 빠졌느니라. 삼천대천의 세계들에 존재하는 풀 관목 약초 수목들, 그 모두는 법상 보살마하살을 향해 기울어져 있었느니라. 때가 아닌 꽃들이 피었고, 하늘에서는 거대한 꽃비가 내렸느니라. 천제석과 사천왕들이 상제 보살마하살을 향해 천상의 단향나무 분향과 천상의 여러 꽃들을 여기저

기 흩뿌리며 다음과 같이 말했느니라. '대단하십니다. 선남자여, 〔참으로〕 대단하십니다. 선남자여, 모든 세간이 달가워하지 않지만, 모든 진신(眞身)에 대해 사견(邪見)을 가지며 모든 잘못된 견해에 집착되어 있는 유정들에게 적절하지 않은 것이지만, 우리는 최상의 의미에서 나온 당신의 이야기를 들었습니다.'

❰ **03** ❱ 상제 보살마하살이 법상 보살마하살에게 물었느니라. '선남자여, 그 커다란 대지의 진동이 일어나게 된 원인과 조건은 어떤 것입니까?' 법상 보살마하살이 대답했느니라. '선남자여, 당신이 여래들의 무래무거에 대해 묻고 내가 그에 대해 알려주었을 때 8천에 달하는 피조물들이 제법 불생의 수용, 즉 무생법인(無生法忍)을 획득했고, 팔십 나유타(那由陀)에 달하는 피조물들이 무상의 올바르고 완전한 깨달음을 향한 마음을 일으켰으며, 6만4천에 달하는 피조물들이 때와 흠이 없는 청정한 법안(法眼)들을 〔얻었습니다.〕'

❰ **04** ❱ 그러자 상제 보살마하살은 최상이면서도 광대한 기쁨과 환희에 빠졌느니라. '내가 반야바라밀다와 여래들의 무래무거에 대해 물었을 때 이 정도로까지 〔많은〕 유정들에게 이익이 만들어졌다는 것은 내게는 최상으로 얻어진 결과들입니다. 우리도 무상의 올바르고 완전한 깨달음을 성취하기 위해 바로 그와 같은 선근을 얻을 것입니다. 내게는 무상의 올바르고 완전한 깨달음을 향해 나아간다는 것에 조금의 의심도 존재하지 않습니다. 내가 장차 공양을 받을 만하고 올바르게 깨달은 여래가 된다는 것에는 의심의 여지가 없습니다.'라며 말이다. 기쁨과 환희에 빠진 그는 다라(多羅)나무에 일곱 배가 넘는 높은 상공에 떠올라 머물면서 다음과 같이 사색하였느니라. '지금 공중에 떠 있는 나

는 무엇으로 법상 보살마하살을 공양해야 할까?' 그때 천제석이 떠올라있는 상제 보살마하살을 보았고, 마음속으로 그의 심경을 알아차린 후 그에게 천상의 만다라화를 선사하며, 다음과 같이 말했느니라. '선남자여, 이 천상의 꽃들로 법상 보살마하살을 공양하십시오! 선남자여, 실로 우리는 당신의 수호자를 공양해야 할 것입니다. 선남자여, 당신의 위신력을 통해 현재 수많은 유정들이 이익을 얻었습니다. 선남자여, 모든 유정을 위해 무량무수의 시간 동안 당신이 하는 방식대로 커다란 짐을 질 수 있는 유정들은 보기가 힘듭니다.'

05 상제 보살마하살이 천제석 앞에서 만다라화들을 집더니 법상 보살마하살을 향해 여기저기 흩뿌렸고, 자신의 육신을 법상 보살마하살에게 바치며, 다음과 같이 말했느니라. '선남자여, 나는 당신을 공경하고 섬기기 위해 내 육신을 선사합니다.' 육신을 선사한 후 법상 보살마하살 앞에서 합장을 하며 서 있었느니라.

06 그러자 아름다운 여식과 5백 명의 하녀들이 상제 보살마하살에게 말했느니라. '선남자여, 우리 또한 당신을 〔공경하고 섬기기〕 위해 〔우리의〕 육신을 선사할 것입니다. 우리 또한 선근으로 바로 그러한 법들의 획득자들이 될 것입니다. 당신과 함께 불타세존들과 보살마하살들을 공양하고 공경할 것입니다. 당신 가까이에 있을 것입니다.'

상제 보살마하살이 아름다운 여식과 5백 명의 하녀들에게 말했느니라. '낭자들이여, 〔강한〕 신념을 갖고 따른다면, 〔강한〕 신념을 갖고 나를 위해 육신을 선사한다면, 나는 여러분을 수용할 것입니다.'

낭자들이 말했느니라. '우리는 〔강한〕 믿음과 신념을 갖고 당신을 따를 것입니다. 우리는 〔당신의〕 열의에 따라 수행하기 위해 〔우리

의〕 육신을 선사하는 것입니다.'

상제 보살마하살이 아름다운 여식을 향해 서 있는 5백 명의 하녀들을 모든 장식품으로 꾸미게 하고 5백 대의 마차들을 〔아름답게〕 장식한 후 그 모두를 공경과 봉사를 위해 법상 보살마하살에게 선사했느니라. '선남자여, 나는 이 모든 낭자를 당신에게 선사합니다. 또한 향수하시라고 이 5백 대의 마차들을 선사합니다.'

(07) 그러자 천제석이 상제 보살마하살에게 존경의 표시를 보냈느니라. '대단하십니다. 선남자여, 〔참으로〕 대단하십니다. 보살마하살들은 자신의 모든 것을 희사해야 할 것입니다. 이와 같은 희사의 마음으로 보살마하살은 조속히 무상의 올바르고 완전한 깨달음을 터득하는 것입니다. 이와 같이 설법자들을 공양한 후 반야바라밀다와 방편선교에 관해 들을 수 있는 것입니다. 선남자여, 공양을 받을 만하고 올바르게 깨달은 과거의 여래들도 보살의 도(道)를 수행할 때 그와 같은 희사에 머물렀고, 반야바라밀다와 방편선교에 관해 질문하며 무상의 올바르고 완전한 깨달음을 획득한 것입니다.'

(08) 그때 법상 보살마하살이 상제 보살마하살의 선근 달성을 위해 아름다운 여식을 향해 서 있는 5백 명의 낭자들과 5백 대의 마차들을 받았고, 받은 후 바로 상제 보살마하살에게 되돌려 선사했느니라. 그러고는 법상 보살마하살은 자리에서 일어나 자신의 저택으로 들어갔느니라. 해가 지는 무렵이었느니라.

(09) 상제 보살마하살에게 다음과 같은 생각이 들었느니라. '나는 법에 대한 열망으로 온 것이기에 앉아서 잠자리나 돌보는 것은 내게 어울리지 않는다. 법상 보살마하살이 법을 교시하기 위해 자신의 저택

에서 나올 때까지 〔경행(經行)으로 불리는〕 서기와 걷기의 두 가지 행도(行道)로 머물며 시간을 보낼 것이다.

《 10 》 〔그로부터〕 법상 보살마하살은 7년 동안 하나로 이어지는 삼매에 들어 있었고, 반야바라밀다와 방편선교에서 나온 1천 〔가지의 삼매들을〕 무량무수로 거듭할 정도로 보살 삼매에 머물러 있었느니라. 상제 보살마하살 또한 7년 동안 두 가지 〔경행의〕 행도로 시간을 보냈고, 〔그 사이〕 나태와 수면에 들지 않았으며, 7년 동안 애욕 악의 위해(危害) 등에 대한 생각도 일으키지 않았으며, 미각에 대한 식욕도 마음의 흥분도 일으키지 않았느니라. '언제가 되든지 법상 보살마하살은 삼매에서 나올 것이다. 이제 우리는 선남자인 법상 보살마하살이 법을 가르칠 법좌(法座)를 마련해 줄 것이다. 우리는 〔법좌가 위치할〕 그 지면을 물을 뿌려 촉촉하게 하고 깨끗하게 닦을 것이다. 이곳에서 법상 보살마하살은 반야바라밀다와 방편선교를 공표하게 될 것이다'라고 그는 사색하였느니라. 아름다운 여식을 향해 서 있는 5백 명의 낭자들도 상제 보살마하살을 따라 수련하여 두 가지 경행으로 시간을 보냈으며, 〔그들의〕 모든 행동은 그를 따라 한 것이었느니라.

《 11 》 그때 상제 보살마하살은 천상의 〔목〕소리를 들었느니라. '앞으로 7일째 되는 날, 법상 보살마하살이 삼매에서 나올 것입니다. 나온 뒤에는 도성의 한복판에 앉아 법을 가르칠 것입니다.' 천상의 〔목〕소리를 들은 후 만족하고 감동해하며 즐겁고 기쁘며 환희와 유쾌함을 갖게 된 상제 보살마하살은 아름다운 여식을 향해 서 있는 5백 명의 낭자들과 함께 〔법좌가 위치할〕 그 지면을 깨끗하게 닦았고, 칠보로 된 법좌를 마련했으며, 그 위에 자신의 상의를 벗어 자리 위에 깔았느니라. 낭자들도 제각기 상의를 벗어 법상 보살마하살이 앉아서 법을 가르치기 위해 마련된 그 자리에 5백 벌의 상의들을 깔았느니라. 그 낭자들 모두 법상 보살마하살의 법좌에 그렇게 펼쳐 놓은 후 만족하고 감동해하며 즐겁고 기쁘며 환희와 유쾌함을 갖게 되었느니라.

❰ **12** ❱ 상제 보살마하살은 〔법좌가 있는〕 지면을 물을 뿌려 촉촉하게 하고 싶었느니라. 물을 찾아 나섰지만 지면에 뿌릴 물을 주변에서 얻을 수 없었느니라. 마왕 파순이 모든 물을 사라지게 한 것이니라. 물을 얻지 못한 상제 보살마하살에게 어떤 생각이 스쳤느니라. '〔마왕 파순은 내가 물을 찾지 못해〕 내가 고통과 절망에 빠지고 괴로운 마음을 갖게 하여 선근이 사라지도록, 공양이 무산되도록 하는 것이다.'

❰ **13** ❱ 그때 상제 보살마하살에게는 다음과 같은 생각이 들었느니라. '나는 이제 내 육신을 찔러 이 지면에 피를 뿌려 촉촉하게 할 것이다. 그 이유는 지면 위로 〔세간의〕 진애(塵埃)가 떠다니기 때문이다. 진애의 요소가 이 땅의 지면에서 〔떠올라〕 법상 보살마하살의 몸에 들어가서는 안 될 것이다. 불가피하게 〔나의〕 육신을 파괴하는 행위를 할 것이다. 무익한 행위가 아닌 이러한 행위로 내 육신이 사라지는 것이 더 나을 것이다. 애욕의 원인으로 애욕 때문에 〔지금까지〕 윤회의 세계에서 윤회로 인해 수천 개의 내 육신들이 반복적으로 파괴되지 않았던가. 정법을 얻기 위한 이와 같은 상황들에서는 아니었다. 다시 내 육신이 파괴된다면, 이러한 상황들에서 하고 싶다.' 이렇게 숙고한 후 상제 보살마하살은 예리한 칼을 집어 들고 자신의 육신을 여기저기 찔렀고, 자신의 피를 뿌려 그 장소 모두를 촉촉하게 만들었느니라. 아름다운 여식을 향해 서 있는 5백 명의 낭자들도 상제 보살마하살을 따라 예리한 칼들

을 집어 들고 각자의 육신을 여기저기 찔렀고, 각자의 피를 뿌려 그 장소 모두를 촉촉하게 만들었느니라. 상제 보살마하살에게도 그 모든 낭자에게도 마왕 파순이 선근을 저해하기 위한 행위로 꼽는 그런 고통은 없었느니라.

❪ **14** ❫ 그러자 천제석에게 다음과 같은 생각이 들었느니라. '상제 보살마하살에게 이 정도로까지 굳은 맹세가 있고, 이 정도로까지 위대한 공력을 갖추며 육신, 생명, 재화에 신경을 쓰지 않는다는 것은 참으로 경이롭다. 그는 '나는 무상의 올바르고 완전한 깨달음을 터득한 후 모든 유정을 무한한 윤회의 고통에서 해방시킬 것이다'라며 무상의 올바르고 완전한 깨달음을 얻기 위해 〔강한〕 신념을 갖고 나아간 자이다.'

그러더니 천제석은 그 모든 혈액을 천상에 있는 단향나무의 향수로 변화시켰느니라. 그 장소 주변은 최상이면서도 광대한 단향나무의 불가사의한 향수로 차 있었으며, 그 향은 백 유순 동안 지속되었느니라.

❪ **15** ❫ 천제석은 상제 보살마하살에게 말했느니라. '대단하십니다. 선남자여, 〔참으로〕 대단하십니다. 선남자여, 당신의 노력은 대단한 것입니다. 법에 대한 당신의 열망과 탐구는 대단한 것입니다. 선남자여, 이와 같은 〔강한〕 신념과 노력을 갖고, 이와 같은 법에 대한 열망을 갖고 공양을 받을 만하고 올바르게 깨달은 과거의 여래들도 무상의 올바르고 완전한 깨달음을 터득한 것입니다.'

❪ **16** ❫ 그때 상제 보살마하살에게 다음과 같은 생각이 들었느니라. '나는 법상 보살마하살의 법좌를 마련했다. 그 장소 또한 촉촉하게 젖어 있고 잘 정리되어 있다. 이제 법을 가르치기 위해 앉아 있는 법상

보살마하살과 그 장소에 흩뿌려질 꽃들은 어디에서 구해야 할까?'

천제석이 상제 보살마하살에게 말했느니라. '선남자여, 여기 있는 천상의 만다라화들을 취하십시오! 그것들을 그 장소에 흩뿌리십시오! 법좌에서 법을 가르치는 법상 보살마하살에게 흩뿌리십시오!' 라며, 천제석은 그에게 천 구리(佉梨)의 만다라화들을 선사했느니라.

상제 보살마하살은 그 꽃들과 다른 여러 꽃들을 집어 들고 그 장소에 흩뿌렸느니라. 다른 꽃들을 법상 보살마하살에게 흩뿌렸느니라.

《 17 》 법상 보살마하살은 7년을 넘는 동안 지속된 삼매에서 나온 후 법좌가 마련되어 있는 장소로 바로 가서, 그 자리에 앉았느니라. 수십만에 달하는 대중에 둘러싸여 추앙을 받는 그는 반야바라밀다를 가르쳤느니라.

《 18 》 그때 상제 보살마하살은 법상 보살마하살을 보고 얻은 행복감은 마치 초선에 든 비구가 한 점을 향한 〔정신〕집중으로 얻는 행복감과 같은 것이었느니라. 거기에서 법상 보살마하살이 반야바라밀다에 대해 가르치는 것은, 즉 ① 제법이 평등하다는 방식으로 반야바라밀다가 평등하다는 것, ② 제법이 〔실세계에서〕 이탈되어 있다는 방식으로 반야바라밀다가 이탈되어 있다는 것, ③ 제법이 부동(不動)하다는 방식으로 반야바라밀다가 부동하다는 것, ④ 제법이 무상무념(無想無念)하다는 방식으로 반야바라밀다가 무상무념하다는 것, ⑤ 제법이 무소외(無所畏)하다는 방식으로 반야바라밀다가 무소외하다는 것, ⑥ 제법이 일미(一味)하다는 방식으로 반야바라밀다가 일미하다는 것, ⑦ 제법이 무-경계하다는 방식으로 반야바라밀다가 무-경계하다는 것, ⑧ 제법이 불생(不生)이라는 방식으로 반야바라밀다가 불생이라는 것, ⑨ 제법이 불멸(不滅)하다는 방식으로 반야바라밀다가 불멸하다는 것, ⑩ 항하가 무-경계하다는 방식으로 반야바라밀다가 무-경계하다는 것, ⑪ 대해(大海)가 무-경계하다는 방식으로 반야바라밀다가 무-경계하다는 것, ⑫ 수미산이 다채롭다는 방식으로 반야바라밀다가 다채롭다는 것, ⑬ 항하가 무-상념하다는 방식으로 반야바라밀다가 무-상념하다는 것, ⑭ 물질이 무-경계하다는 방식으로 반야바라밀다가 무-경계하다는 것, ⑮ 감각·표상·의욕도 이와 같으며, ⑯ 사유가 무-경계하다는 방식으로 반야바라밀다가 무-경계하다는 것, ⑰ 지계(地界)가 무-경계하다는 방식으로 반야바라밀다가 무-경계하다는 것, ⑱ 수계 화계 풍계 허공계도 이와 같으며, ⑲ 의식의 요소가 무-경계하다는 방식으로 반야바라밀다가 무-경계하다는 것, ⑳ 금강(金剛)과 같은 법이 평등하다는 방식으로 반야바라밀다가 평등하다는 것, ㉑ 제법이 무-구별하다는 방식으로 반야바라밀다가 무-구별하다는 것, ㉒ 제법이 무-인식된다는 방식으로 반야바라밀다가 무-인식된다는 것, ㉓ 제법이 무괴(無壞)와 같다는 방식으로 반야바라밀다가 무괴와 같다는 것, ㉔ 제법이 무-활동하다는 방식으로 반야바라밀다가 무-활동하다는 것, ㉕ 제법이 불가사의하다는 방식으로 반야바라밀다가 불가사의하다는 것으로 알려져야 한다는 것이니라.

《 19 》 그때 앉아있는 상제 보살마하살에게 ① 제법의 평등성이라는 삼매왕(三昧王)이 생겨났느니라. ② 제법이 〔실세계에서〕 이탈되어 있다는 삼매, ③ 제법이 부동(不動)이라는 삼매, ④ 제법이 무상무념(無想無念)이라는 삼매, ⑤ 제법이 무소외(無所畏)라는 삼매, ⑥ 제법이 일미(一味)라는 삼매, ⑦ 제법이 무-경계라는 삼매, ⑧ 제법이 불생(不生)이라는 라는 삼매, ⑨ 제법이 불멸(不滅)이라는 삼매, ⑩ 항하가 무-경계라는 삼매, ⑪ 대해(大海)가 무-경계라는 삼매, ⑫ 수미산이 다채롭다는 삼매, ⑬ 항하가 무-상념하다는 삼매, ⑭ 물질이 무-경계하다는 삼매, ⑮ 감각·표상·의욕도 이와 같으며, ⑯ 사유가 무-경계하다는 삼매, ⑰ 지계(地界)가 무-경계하다는 삼매, ⑱ 수계 화계 풍계 허공계도 이와 같으며, ⑲ 의식의 요소가 무-경계하다는 삼매, ⑳ 금강(金剛)과 같은 법이 평등하다는 삼매, ㉑ 제법이 무-구별하다는 삼매, ㉒ 제법이 무-인식된다는 삼매, ㉓ 제법이 무괴(無壞)와 같다는 삼매, ㉔ 제법이 무-활동하다는 삼매, ㉕ 제법이 불가사의하다는 삼매이니라. 이와 같은 것들을 비롯한 6백만 개에 달하는 삼매의 문호(門戶)들을 상제 보살이 얻었느니라."

성스러운 팔천송반야경에서 '법상 보살'로 불리는 서른한 번째 장

제 32 장

위탁

परीन्दनापरिवर्तो द्वात्रिंशत्तमः

❰ **01** ❱ "수보리야, 6백만 개에 달하는 삼매의 문호(門戶)를 획득한 후 상제 보살은 동쪽의 방향에서 남쪽의 방향에서 서쪽의 방향에서 북쪽의 방향에서 사유(四維)에서 아래나 위의 방향, 〔그 모든〕 시방의 방향에서 항하의 모래알〔의 수〕만큼이나 오랜 시간 동안 삼천대천의 세계들에서, 항하의 모래알〔의 수〕만큼이나 수많은 불타세존들이 비구 집단에 둘러싸이고 보살 집단에 추앙을 받으며, 바로 그러한 방법들로, 그러한 명칭들로, 그러한 발음들로 반야바라밀다를 말하는 것을 보았느니라. 이는 마치 내가 현재 바로 그 삼천대천의 세계들에서 비구 집단에 둘러싸이고 보살 집단에 추앙을 받으며, 바로 그러한 방법들로, 그러한 명칭들로, 그러한 발음들로 반야바라밀다를 말하고 있는 것과 같으니라. 상제 보살마하살은 불가사의한 다문(多聞)으로 대해(大海)와 같은 지식을 갖추게 되었느니라. 〔다시 태어나는〕 모든 생에서 그는 불타를 결여한 적이 없었느니라. 어디이든 불타세존들이 면전(面前)하고 있는 그곳에 그는 태어났으며, 불타세존들을 결여하지 않았느니라. 꿈속에 들었을 때조차도 그는 〔불타의 가르침을 들을 수 없는〕 그 모든 불우한 생, 즉 무가(無暇)가 면해지고, 〔불타의 가르침을 들을 수 있는〕 행운의 생, 즉 유가(有暇)를 성취했느니라."

❰ **02** ❱ 세존께서 재차 아난다 장로에게 말씀하셨다.

"아난다야, 이러한 방식으로도 '보살마하살들의 반야바라밀다는 전지자성을 초래한다'라고 너는 알아야 할 것이니라. 아난다야, 그렇기에 전지자성을 획득하기 바라는 보살마하살들은 반야바라밀다에서 수행해야 할 것이니라. 반야바라밀다를 들으며 습득하고 마음에 새기며 낭송하고 통달하며 널리 퍼트리고 가르치며 보여주고 알리며 되새기고 기록해야 할 것이니라. 여래의 가피에 힘입어 큰 책에 명료한 문자들로 능숙하게 기록한 후 이를 꽃·훈향(薰香)·향료·화환·도향(塗香)·향분(香粉)·승복(僧服)·산개(傘蓋)·당(幢)·방울[鈴]·깃발[旗]로, 또한 사방에 등명(燈明)과 화환으로, 여러 다양한 공양법(供養法)들로 공양하며 공경하고 경의(敬意)를 표하며 숭배하고 찬송하며 존중해야 할 것이니라. 아난다야, 반야바라밀다는 우리의 스승이니라. 그 이유는 무엇일까? 여기 반야바라밀다에서 전지자의 불지(佛智)를 완수할 수 있기 때문이니라. 너는 어떻게 생각하느냐? 아난다야, 여래가 너에게 스승이더냐?"

아난다가 대답했다.

"세존이시여, 제게 스승입니다. 선서이시여, 제게 스승입니다."

세존께서 아난다 장로에게 다음과 같이 말씀하셨다.

"아난다야, 여래는 네게 스승이니라. 아난다야, 너는 자애·몸〔의 업〕·편안한 마음을 갖고, 자애·말〔의 업〕·편안한 마음을 갖고, 자애·마음〔의 업〕·편안한 마음을 갖고 행해야 하느니라. 아난다야, 그렇기에 내가 현재 〔이 세간에〕 머물고 〔사람들의 마음에〕 새겨지며 〔보살마하살들을〕 앞으로 나아가게 할 때, 네가 내 현신(現身)에 대해 애정, 청정한 믿음, 존중〔의 마음〕을 갖는 방식으로, 아난다야, 내가 죽었을 때 너는 반야바라밀다를 그러한 방식으로 행해야 할 것이니라. 아난다야, 두 번 세 번 〔말하며〕 나는 이 반야바라밀다가 사라지는 일이 일어나지 않도록 이를 네게 위탁하고 일임하는 것이니라. 아난다야, 너는 〔반야바라밀다를 전하는〕 최후의 사람이 되어서는 안 되느니라. 아난다야, 반야바라밀다가 세간에 널리 유포되는 한, 여래는 존재하고 법을 가르친다고 알려져야 할 것이니라. 아난다야, 유정들은 불타를 배알하는 것, 법을 경청하는 것, 승가를 섬기는 것을 결여하지 않은 자들이니라. 아난다야, 반야바라밀다를 듣고 들은 뒤〔에 이를〕 습득하고 마음에 새기며 낭송하고 통달하며 널리 퍼트리고 가르치며 보여주고 알리며 되새기고 기록하며, 꽃·훈향(薰香)·향료·화환·도향(塗香)·향분(香粉)·승복(僧服)·산개(傘蓋)·당(幢)·방울[鈴]·깃발[旗]로, 또한 사방에 등명(燈明)과 화환으로, 여러 다양한 공양법(供養法)들로 공양하고 공경하며, 경의(敬意)를 표하고 숭배하며, 찬송하고 존중하는 그러한 유정들은 여래 가까이에 있다고 알려져야 할 것이니라."

03 라고 세존께서 즐거워하며 말씀하셨다. 미륵을 비롯한 보살마하살들, 수보리 장로, 사리자 장로, 아난다 장로, 천제석, 그리고 신·인간·아수라·가루라·건달바를 포함하는 세간〔의 존재들〕이 세존의 말씀을 듣고 기뻐했다.

성스러운 팔천송반야경에서 '위탁'으로 불리는 서른두 번째 장

부록

한국어-산스크리트 불교 용어

- 필자가 미트라(Mitra)본 오기하라(Wogihara)본 바이다(Vaidya)본의 세 가지 범본을 재편집한 『팔천송반야경』의 단어 수는 82,000여 개이며, 중복을 제외하면 11,127개로 집계된다. 그 가운데 핵심적인 불교 용어들로 판단되는 단어들은 580개이며, 이를 한국어-산스크리트의 순으로 소개하기로 한다.

- 산스크리트의 경우 두 가지 방식으로 제시되어 있는데, 먼저 텍스트에 나타나는 형태를 부여하고, 이를 형태소 단위로 분리한 형태가 괄호 안에 표시되어 뒤따른다. 형태소별로 나누어 보여주는 것은 독자들이 사전 검색을 용이하게 할 수 있게 하기 위함이다.

- 단어는 기본적으로 의미를 담고 있는 중심부에 접두사나 접미사가 붙어 만들어지며, 중심부는 어근이거나 어근이 파악되지 않는 어간이다. 어근은 대문자로, 어간은 소문자로 표시해 두었다.

- 두 개 이상의 단어들로 만들어지는 형태는 합성어로 불리는데, 합성어인 경우 등호(=)로 단어의 경계를 표시했다.

- & 표시는 합성어가 아닌 두 개 이상의 독립적 단어들이 해당 단어의 개념을 표현한다는 것을 의미한다.

- ~ 표시는 A~B에서 B가 붙을 때 바로 선행하는 모음인 A가 탈락된다는 것을 의미한다.

- [ ] 표시는 원래 있어야 하는데, 단어가 만들어지면서 탈락되었다는 것을 의미한다.

- 밑줄 표시는 (내부)산디가 작용한다는 것을 의미한다.

- 10력 • daśabala- (daśa=bala)
- 10선도 • daśakuśalapatha- (daśa=kuśala=patha)
- 18계 • aṣṭādaśadhātu- (aṣṭā=daśa=DHĀ-tu)
- 18불공법 • aṣṭādaśāveṇikabuddhadharma- (aṣṭā=daśa=ā-veṇi-ka=BUDH-ta=DHAR-ma)
- 32상 • dvātriṁśadmahāpuruṣalakṣaṇa- (dvā=triṁśat=mahā=puruṣa=LAKṢ-ana)
- 33천계 • trayastriṁśadeva- (tray-as=triṁśa[t]=deva)
- 37보리분법 • saptatriṁśadbodhipakṣadharma- (sapta=triṁśat=BODH-i=pakṣa=DHAR-ma)
- 3전12행상법륜 • paripūrṇatriparivartadvā daśākāradharmacakra- (pari-PŪR-ṇa= tri=pari-VART-a=dvā=daśa=ā-KĀR-a= DHAR-ma=cakra)
- 4무색정 • caturārūpyasamāpatti- (catur=ā-rūpa~ya=sam-ā-PAD-ti)
- 4무소외 • catuḥpratisaṁvid- (catur=prati-sam-VID)
- 5신통 • pañcābhijña- (pañca=abhi-JÑA)
- 6신통 • ṣaḍabhijña- (ṣaṣ=abhi-JÑA)
- 62견 • dvāṣaṣṭidṛṣṭi- (dvā=ṣaṣṭi=DṚŚ-ti)
- 6바라밀다 • ṣaṭpāramitā- (ṣaṣ=pāramitā)
- 80종호 • aśītyanuvyañjana- (aśīti=anu-vi-AÑJ-ana)
- 8공덕수 • aṣṭāṅgopetapānīya- (aṣṭa=aṅga=upa-I-ta=PĀ-anīya)
- 8정도 • aṣṭāṅgamārga- (aṣṭa=aṅga=MĀRG-a)

㉠

- 가루다 • garuḍa-
- 가피 • adhiṣṭhāna- (adhi-STHĀ-ana)
- 각지 • bodhyaṅga- (BODH-i=aṅga)
- 갈애 • tṛṣṇā- (TṚṢ-nā)
- 감각 • vedanā- (VED-anā)
- 감각기관 • indriya- (indra~iya)
- 감수 • vedanā- (VED-anā)
- 감촉 • sparśa- (SPARŚ-a)
- 개아 • niṣpuruṣa- (niṣ-puruṣa)
- 건달바 • gandharva-
- 겁화 • tejas- (TEJ-as)
- 견해 • dṛṣṭi- (DṚŚ-ti)
- 결점 • doṣaḥ (DOṢ-a)
- 경계 • paryanta- (pari-anta)
- 경지 • bhūmi- (BHŪ-mi) 또는 sthāna- (STHĀ-ana)
- 경행 • īryāpatha- (īryā=patha)
- 계 • dhātu- (DHĀ-tu)
- 고과 • karmavipāka- (KAR-ma[n]=vi-PĀK-a)
- 고요 • śānta- (ŚĀM-ta)
- 고통 • duḥkha- (duṣ-kha)
- 공 • śūnya- (śūna~ya)
- 공덕 • guṇa-
- 공력 • saṁnāha- (sam-NĀ[D]H-a)
- 공성 • śūnyatā- (śūna~ya-tā)
- 공양 • pūjā- (PŪJ-ā)
- 공양물 • pūjāvyūha- (PŪJ-ā=vi-ŪH-a)
- 공양소 • caityabhūta- (CAI-ta~ya=BHŪ-ta)
- 공적 • kṛta- (KṚ-ta)
- 공함 • śūnya- (śūna~ya)
- 과거 • atīta- (ati-I-ta)
- 관념 • saṁjñā- (sam-JÑĀ-)
- 관법 • smṛti- (SMṚ-ti)
- 광과천 • bṛhatphala- (BṚH-at=phala)
- 광명 • avabhāsa- (ava-BHĀS-a)
- 광시 • dīpavatī- (DĪP-a-vat-ī)
- 광음천 • ābhāsvara- (ā-BHĀS-vara)
- 광채 • tejas- (TEJ-as) 또는 raśmi- 또는 ābhā- (ā-BHĀ)
- 광휘 • avabhāsa- (ava-BHĀS-a)
- 교도 • anuśāsana- (anu-ŚĀS-ana)
- 교설 • nirdeśa- (niṣ-DEŚ-a)
- 교시가 • kauśika-
- 교화 • avavāda- (ava-VĀD-a)
- 구로사 • krośa- (KROŚ-a)
- 구리 • khārī-
- 구별 • vikalpa- (vi-KALP-a)
- 구양입구경선 • navānupūrvavihāra- (nava=anu-pūrva=vi-HĀR-a)
- 군 • skandha-
- 귀규 • piśāca-

- 귀신 • amanuṣya - (a-manu-ṣ-a~ya)
- 귀의 • namas - (NAM-as)
- 근거 • ārambaṇa - (ā-RAMB-ana)
- 금강 • vajra -
- 금욕 • virati - (vi-RA-ti)
- 금화 • suvarṇapuṣpa - (su-varṇa=puṣpa)
- 기만 • śāṭhya -
- 기취귀 • kaṭapūtana -
- 긴나라 • kiṁnara - (kim=nar-a)
- 깃발 • patākā -
- 깨달음 • bodhi - (BODH-i)
- 꽃 • puṣpa -
- 꿈 • svapna - (SVAP-na)

ㄴ

- 나유타 • niyuta - (ni-YU-ta)
- 나찰 • rākṣasa - (RĀKṢ-as-a)
- 나태함 • styāna - (STYĀ-ana)
- 내력 • sthāna - (STHĀ-ana)
- 노력 • yoga - (YOG-a)
- 노사 • jarāmaraṇa - (JAR-ā=MAR-ana)
- 뇌후음왕 • bhīṣmagarjitanirghoṣasvara - (BHĪ-ṣ-ma=GARJ-ita=niṣ-GHOṢ-a=SVAR-a-)

ㄷ

- 다문 • bāhuśrutya - (bāhu=ŚRU-tya)
- 단멸 • uccheda - (ud-CHED-a)
- 당 • dhvaja -
- 대만다라화 • mahāmāndārava - (mahā=māndāra-va)
- 대범천왕 • brahman -
- 대세주 • prajāpati - (pra-JĀ=pati)
- 대승 • mahāyāna - (mahā=YĀ-ana)
- 대자비 • mahākaruṇā - (mahā=KAR-uṇā)
- 대자애 • mahāmaitrī - (mahā=maitrā~ī)
- 대죄 • ānantaryakarma - (ān-antara~ya=KAR-ma)
- 대지 • mahāpṛthivī - (mahā=pṛthivī)
- 대지옥 • mahānirava - (mahā=niṣ-AY-a)
- 대피소 • śaraṇa - (ŚAR-ana)
- 대해 • mahāsamudra - (mahā=sam-udra)
- 도(道) • mārga - (MĀRG-a)
- 도솔천 • tuṣita -
- 도정 • cārikā - (CĀR-a~ikā)
- 도향 • vilepana - (vi-LEP-ana)
- 독각(성) • pratyekabuddha - (prati-eka=BUDH-ta-)
- 독각승 • pratyekabuddhayāna - (prati-eka=BUDH-ta=YĀ-ana)
- 두타 • dhūta - (DHŪ-ta)
- 등명 • dīpa - (DĪP-a)
- 등불 • āloka - (ā-LOK-a)
- 등지 • samāpatti - (sam-ā-PAD-ti)

ㅁ

- 마법 • nirmita - (niṣ-MI-ta)
- 마신 • mārakāyikadevatā - (MĀR-a=KĀY-a~ika=deva-tā)
- 마왕 • māra - (MĀR-a)
- 마음 • citta - (CIT-ta)
- 마하가섭 • mahākāśyapa - (mahā=kāśyapa)
- 마하가전연 • mahākātyāyana - (mahā=kātya=ā-AY-ana)
- 마하사체라 • mahākoṣṭhila - (mahā=koṣṭhila)
- 마하살 • mahāsattva - (mahā=S-at-tva)
- 마후라가 • mahoraga - (mahā=uraga)
- 막기 • maghī - (magha~ī)
- 만다라화 • māndāravapuṣpa - (māndāra-va=puṣpa)
- 말 • vāc - (VĀC)
- 망상 • vitarka - (vi-TARK-a)
- 망언 • mṛṣāvāda - (MṚṢ-ā=VĀD-a)
- 메아리 • pratiśrutkā - (prati-ŚRU-t-kā)
- 명상 • dhyāna - (DHYĀ-ana)
- 명색 • nāmarūpa - (nāma[n]=rūpa)
- 명성 • śloka - (ŚLO-ka)
- 명신 • nāmakāya - (nāma[n]=KĀY-a)
- 명지관 • jñānadarśana - (JÑĀ-ana=DARŚ-ana)
- 명지관군 • jñānadarśanaskandha - (JÑĀ-ana=DARŚ-ana=skandha)
- 명칭 • nāman -

- 무가 • akṣaṇa- (a-kṣaṇa)
- 무각지 • anabhisaṁbodhanatā- (an-abhi-sam-BODH-ana-tā)
- 무거 • agati- (a-GA-ti)
- 무--경계 • aparyantatā- (a-pari-anta-tā)
- 무관 • upekṣā- (upa-ĪKṢ-ā)
- 무괴 • avibhāvanā- (a-vi-BHĀV-anā)
- 무궁함 • apramāṇatva- (a-pra-MĀ-ana-tva)
- 무래 • anāgati- (an-ā-GA-ti)
- 무래무거 • anāgatyagamana- (an-ā-GA-ti=a-GAM-ana)
- 무량 • apramāṇatva- (a-pra-MĀ-ana-tva)
- 무량광천 • apramāṇābha- (a-pra-MĀ-ana=ā-BHA)
- 무량무수 • aprameyāsaṁkhyeya- (a-pra-MĀ~eya=a-sam-KHYĀ~eya)
- 무량불멸 • aprameyākṣaya- (a-pra-MĀ~eya=a-KṢAY-a)
- 무량성 • apramāṇatā- (a-pra-MĀ-ana-tā)
- 무량심 • apramāṇa- (a-pra-MĀ-ana)
- 무량정천 • apramāṇaśubha- (a-pra-MĀ-ana=ŚUBH-a)
- 무루 • anāsrava- (an-ā-SRAV-a)
- 무명 • avidyā- (a-VID-yā)
- 무반 • apratyuddhāra- (a-prati-ud-DHĀR-a)
- 무변 • nirvikāra- (niṣ-vi-KĀR-a) 또는 asaṁkrānti- (a-sam-KRĀM-ti)
- 무상(無相) • ānimitta- (ā-nimitta)
- 무상(無想) • amananatā- (a-MAN-ana-tā)
- 무상(無常) • anitya- (a-nitya)
- 무상무념 • amananatā- (a-MAN-ana-tā-)
- 무상성 • anitya- (a-nitya)
- 무상유정천 • asaṁjñisattva- (a-sam-JÑĀ~i[n]=S-at-tva)
- 무색계 • ārūpyadhātu- (ā-rūpa~ya=DHĀ-tu)
- 무색정 • ārūpyasamāpatti- (ā-rūpa~ya=sam-ā-PAD-ti)
- 무생 • ajāti- (a-JĀ-ti) 또는 anutpāda- (an-ud-PĀD-a)
- 무생법인 • anutpattikadharmakṣānti- (an-ud-PAD-ti-ka=DHAR-ma=KṢĀM-ti)
- 무소외 • vaiśāradya- (vai-śārada~ya)
- 무수 • asaṁkhyeya- (a-sam-KHYĀ~eya)
- 무심성 • acittatā- (a-CIT-ta-tā)
- 무아 • anātman- (an-ātman)
- 무아성 • anātmatā- (an-ātma[n]-tā)
- 무애변 • pratisaṁvid- (prati-sam-VID)
- 무--애착 • virāga- (vi-RĀG-a)
- 무언 • avacana- (a-VAC-ana)
- 무열천 • atapa- (a-TAP-a)
- 무운천 • anabhraka- (an-abhra-ka)
- 무원 • apraṇihita- (a-pra-ni-[D]HI-ta)
- 무위 • asaṁskṛtatva- (a-sam-SKṚ-ta-tva)
- 무위성 • asaṁskṛtatā- (a-sam-SKṚ-ta-tā)
- 무--인식 • anupalabdhi- (an-upa-LABH-ti)
- 무쟁경지 • araṇā-
- 무--정류 • asthāna- (a-STHĀ-ana)
- 무--존재 • abhāva- (a-BHĀV-a)
- 무지 • avidyā- (a-VID-yā) 또는 ajñāna- (a-JÑĀ-ana)
- 무진 • ākṣayatva- (a-KṢAY-a-tva-)
- 무--집착 • aniśrayatva- (a-ni-ŚRAY-a-tva) 또는 anabhiniveśa- (an-abhi-ni-VEŚ-a) 또는 asaṅga- (a-SAṄG-a)
- 무한(성) • ananta- (an-anta) 또는 aparimāṇa- (a-pari-MĀ-ana) 또는 aparimita- (a-pari-MI-ta)
- 무--활동 • niśceṣṭatā- (niṣ-CEṢṬ-a-tā)
- 문호 • mukha-
- 물질 • rūpa-
- 미래 • anāgata- (an-ā-GA-ta)
- 미륵 • maitreya- (maitrā~eya)
- 미혹 • saṁśaya- (sam-ŚAY-a)

ㅂ

- 바라문 • brāhmaṇa- (brāhman-a)
- 바라밀다 • pāramitā-
- 반야 • prajñā- (pra-JÑĀ)
- 반야바라밀다 • prajñāpāramitā- (pra-JÑĀ=pāramitā)
- 발심 • cittotpāda- (CIT-ta=ud-PĀD-a)
- 발전 • bhāvanā- (BHĀV-anā)
- 방울 • ghaṇṭā-
- 방편선교 • upāyakauśalya-

(upa-ĀY-a=kauśala~ya)
- 번뇌 • kleśa- (KLEŚ-a)
- 범보천 • brahmapurohita-
(brahma[n]=puras=[D]HI-ta)
- 범부 • bāla-
- 범종천 • brahmakāyika-
(brahma[n]=KĀY-a~ika)
- 범주 • brahmavihāra-
(brahma[n]=vi-HĀR-a)
- 범중천 • brahmapārṣadya-
(brahma[n]=pārṣad-ya)
- 범천 • brahmaloka- (brahma[n]=LOK-a)
- 범행 • brahmacarya- (brahma[n]=CAR-ya)
- 법 • dharma- (DHAR-ma)
- 법계 • dharmadhātu- (DHAR-ma=DHĀ-tu)
- 법등 • dharmolkā- (DHAR-ma=ulkā)
- 법륜 • dharmacakra- (DHAR-ma=cakra)
- 법리 • dharmanaya- (DHAR-ma=NAY-a)
- 법문 • dharmaparyāya-
(DHAR-ma=pari-ĀY-a)
- 법상 • dharmodgata- (DHAR-ma=ud-GA-ta)
- 법성 • dharmatā- (DHAR-ma-tā)
- 법시 • dharmadāna- (DHAR-ma=DĀ-ana)
- 법신 • dharmakāya- (DHAR-ma=KĀY-a)
- 법안 • dharmacakṣus- (DHAR-ma=CAKṢ-us)
- 법온 • dharmaskandha- (DHAR-ma=skandha)
- 법좌 • dharmāsana- (DHAR-ma=ĀS-ana)
- 법행 • dharmacaryā- (DHAR-ma=CAR-yā)
- 변재 • pratibhāna- (prati-BHĀ-ana)
- 병복귀 • kumbhāṇḍakathā-
(kumbhāṇḍa=ka-thā)
- 보당 • ratnakoṭi- (ratna=koṭi)
- 보리분법 • bodhipakṣa- (BODH-i=pakṣa)
또는 bodhyaṅga-i (BODH-i=aṅga)
- 보리수 • bodhivṛkṣa- (BODH-i=vṛkṣa)
- 보리심 • bodhicitta- (BODH-i=CIT-ta)
- 보살 • bodhisattva- (BODH-i=S-at-tva)
- 보살마하살 • bodhisattva- & mahāsattva-
(BODH-i=S-at-tva & mahā=S-at-tva)
- 보살승 • bodhisattvayāna-
(BODH-i=S-at-tva=YĀ-ana)
- 보시 • dāna- (DĀ-ana)
- 보시바라밀다 • dānapāramitā-
(DĀ-ana=pāramitā)
- 보은 • pratyupakāra- (prati-upa-KĀR-a)
- 보호소 • trāṇa- (TRĀ-na)
- 복덕 • puṇya-
- 복생천 • puṇyaprasava- (puṇya=pra-SAV-a)
- 본성 • prakṛti- (pra-KṚ-ti)
- 본체 • ātmabhāva- (ātma[n]=BHĀV-a)
- 부동 • akopya- (a-KOP-a~ya)
- 부동성 • akopyatā- (a-KOP-a~ya-tā)
- 부루나 • maitrāyaṇīputra-
(maitra=ā-AY-ana~ī=putra)
- 불가사성 • acintyatā- (a-CINT-ya-tā)
- 불가사의 • acintya- (a-CINT-ya)
- 불광천 • abṛha- (a-BṚH-a)
- 불멸 • aniruddha- (a-ni-RUDH-ta)
또는 akṣayatā- (a-KṢAY-a-tā)
- 불멸불생 • anirodha- & anutpāda-
(a-ni-RODH-a & an-ud-PĀD-a)
- 불법 • buddhadharma-
(BUDH-ta=DHAR-ma)
- 불변성 • nirvikāra- (niṣ-vi-KĀR-a)
- 불생 • anabhinirvṛtti- (an-abhi-niṣ-VṚT-ti)
또는 anutpannatva- (an-ud-PAD-na-tva)
- 불생불멸 • anutpādānirodha-
(an-ud-PĀD-a=a-ni-RODH-a)
- 불성 • buddhatva- (BUDH-ta-tva)
- 불승 • buddhayāna- (BUDH-ta=YĀ-ana)
- 불안 • buddhacakṣus- (BUDH-ta=CAKṢ-us)
- 불좌 • bodhimaṇḍa- (BODH-i=maṇḍa)
- 불지 • jñāna- (JÑĀ-ana)
- 불타계 • buddhakṣetra- (BUDH-ta=KṢE-tra)
- 불탑 • stūpa-
- 불토 • buddhakṣetra- (BUDH-ta=KṢE-tra)
- 불퇴전 • avinivartanīya-
(a-vi-ni-VART-anīya)
- 불환과 • anāgāmin- (an-ā-GĀM-a~in)
- 비구 • bhikṣu- (BHIKṢ-u)
- 비구니 • bhikṣuṇī- (BHIKṢ-u-nī)
- 비법 • adharma- (a-DHAR-ma)
- 빈파라사 • bimbisāra-

ㅅ

- 사견 • mithyādṛṣṭi- (MITH-yā=DṚŚ-ti)
- 사대왕중천 • cāturmahārājakāyika- (cātur=mahā=RĀJ-a=KĀY-a~ika)
- 사대주 • cāturmahādvīpa- (cātur=mahā=dvīpa)
- 사대천왕 • caturlokapālamahārājan- (cātur=LOK-a=pāla=mahā=RĀJ-an)
- 사리 • śarīra-
- 사리자 • śāriputra- (śāri=putra)
- 사멸 • vibhava- (vi-BHAV-a)
- 사문 • śramaṇa- (ŚRAM-ana)
- 사바세계 • sahā-
- 사유 • vijñāna- (vi-JÑĀ-ana)
- 사중 • catuḥparṣad- (catur=parṣad)
- 사천왕 • caturmahārājan- (cātur=mahā=RĀJ-an)
- 사체 • catuḥsatya- (catur=S-at-ya)
- 산 • chattra- (CHAD-tra)
- 산화 • avakīrṇakusuma- (ava-KĪR-na=kusuma)
- 삼계 • traidhātuka- (trai=DHĀ-tu-ka)
- 삼매 • samādhi- (sam-ā-DHI)
- 삼매군 • samādhiskandha- (sam-ā-DHI=skandha)
- 삼매왕 • samādhirāja- (sam-ā-DHI=RĀJ-a)
- 삼보 • triratna- (tri=ratna)
- 삼세 • tryadhvan- (tri=adhvan)
- 삼승 • yānatraya- (YĀ-ana=tray-a)
- 삼안 • traya- & cakṣus- (tray-a & CAKṢ-us)
- 삼천대천 • trisāhasramahāsāhasra- (tri=sāhasra=mahā=sāhasra)
- 삼천대천세계 • trisāhasramahāsāhasralokadhātu- (tri=sāhasra=mahā=sāhasra=LOK-a=DHĀ-tu)
- 상제 • sadāprarudita- (sadā=pra-RUD-ita)
- 상좌 • sthavira-
- 색계 • rūpadhātu- (rūpa=DHĀ-tu)
- 색구경천 • akaniṣṭha- (a-kaniṣṭha)
- 색신 • rūpakāya- (rūpa=KĀY-a)
- 생기 • utpāda- (ud-PĀD-a)
- 생멸 • āyavyaya- (ĀY-a=vi-AY-a)
- 생명 • jīvita- (JĪV-ita)
- 서원 • praṇidhāna- (pra-ni-DHĀ-ana)
- 석가모니 • śākyamuni- (ŚĀK-ya=muni)
- 선견천 • sudarśana- (su-DARŚ-ana)
- 선근 • kuśalamūla- (kuśala=mūla)
- 선남자 • kulaputra- (kula=putra)
- 선니범지 • śreṇika- & parivrājaka- (ŚRE-ni-ka & pari-VRĀJ-aka)
- 선법 • kalyāṇadharma- (kalyāṇa=DHAR-ma)
- 선법당 • sudharmā- (su-DHAR-mā)
- 선불선법 • kuśalākuśaladharma- (kuśala=a-kuśala=DHAR-ma)
- 선서 • sugata- (su-GA-ta)
- 선여인 • kuladuhitar- (kula=duhitar)
- 선우 • kalyāṇamitra- (kalyāṇa=mitra)
- 선인 • ṛṣi-
- 선정 • dhyāna- (DHYĀ-ana)
- 선정바라밀다 • dhyānapāramitā- (DHYĀ-ana=pāramitā)
- 선현천 • sudṛśa- (su-DṚŚ-a)
- 설법 • deśanā- (DEŚ-anā)
- 설법자 • dharmakathika- (DHAR-ma=ka-thā~ika)
- 섬 • dvīpa-
- 섭취 • parigraha- (pari-GRAH-a)
- 성문 • śrāvaka- (ŚRĀV-aka)
- 성문성 • śrāvakatva- (ŚRĀV-aka-tva)
- 성문승 • śrāvakayāna- (ŚRĀV-aka=YĀ-ana)
- 성수 • nakṣatra-
- 성유겁 • tārakopama- & kalpa- (TĀR-a-kā=upa-ma- & KALP-a)
- 성향 • ākāra- (ā-KĀR-a)
- 세간 • loka- (LOK-a)
- 세존 • bhagavat- (BHAG-a-vat)
- 소광천 • parīttābha- (parītta=ā-BHA)
- 소멸 • śa- (vi-NĀŚ-a) 또는 nirodha- (ni-RODH-a) 또는 kṣaya- (KṢAY-a)
- 소승 • hīnayāna- (HĪ-na=YĀ-ana)
- 소원 • praṇihita- (pra-ni-[D]HI-ta)
- 소유 • mamakāra- (mama=KĀR-a)
- 소정천 • parīttaśubha- (parītta=ŚUBH-a)
- 소진 • kṣīṇa- (KṢĪ-na)
- 소천세계 • sāhasra- & cūlika- &

lokadhātu- (sāhasra & cūla~ika & LOK-a=DHĀ-tu)
- 속박 • saṁbandha- (sam-BANDH-a)
- 수계 • abdhātu- (ap=DHĀ-tu)
- 수련 • śikṣā- (ŚIKṢ-ā)
- 수미산 • meru-
- 수보리 • subhūti- (su-BHŪ-ti)
- 수신자 • śraddhānusārin- (śrad=DHĀ=anu-SĀR-a~in)
- 수행 • caryā- (CAR-yā)
- 수희(심) • anumodanā- (anu-MOD-anā)
- 순수 • prasāda- (pra-SĀD-a)
- 스승 • śāstar- (ŚĀS-tar)
- 승 • yāna- (YĀ-ana)
- 승가 • saṁgha- (sam-GHA)
- 승복 • cīvara-
- 승자 • jina- (JI-na)
- 시기(尸棄) • śikhin- (śikhā~in)
- 시방 • daśadiś- (daśa=DIŚ)
- 시주 • dānapati- (DĀ-ana=pati)
- 신 • deva-
- 신념 • śraddhā- (śrad-DHĀ)
- 신심 • adhimukti- (adhi-MUK-ti)
- 신통 • abhijñā- (abhi-JÑĀ)
- 신해 • saṁjña- (sam-JÑA)
- 실재 • bhūtatva- (BHŪ-ta-tva)
- 실재함 • bhāva- (BHĀV-a)
- 심상속 • cittasaṁtati- (CIT-ta=sam-TA-ti)
- 심성 • gambhīratā- (gambhīra-tā)
- 심소 • caitasika- (CAIT-as-ika)
- 심신 • kāyacitta- (KĀY-a=CIT-ta)
- 십선업도 • daśakuśalakarmapatha- (daśa=kuśala=KAR-ma[n]=patha)
- 십악업도 • daśākuśala- & karmapatha- (daśa=a-kuśala & KAR-ma[n]=patha)

ⓞ

- 아귀 • preta- (pra-I-ta)
- 아난다 • ānanda- (ā-NAND-a)
- 아라한 • arhat- (AR[G]H-at)
- 아라한과 • arhattvaphala- (AR[G]H-at-tva=phala)
- 아비라제 • abhirati- (abhi-RA-ti)
- 아성 • pudgala-
- 아수라 • asura-
- 아촉불 • akṣobhya- (a-KṢOBH-a~ya)
- 악업 • akuśalakarman- (a-kuśala=KAR-man)
- 악우 • pāpamitra- (pāpa=mitra)
- 악취 • apāya- (apa-ĀY-a)
- 안녕 • hitā- ([D]HI-ta)
- 안식처 • layana- (LAY-ana)
- 애욕 • kāma- (KĀM-a)
- 애정 • preman- (PRE-man)
- 애착 • rāga- (RĀG-a)
- 야마천 • yāma- (YĀM-a)
- 야차 • yakṣa- (YAKṢ-a)
- 어둠 • andhakāra- (andha=KĀR-a)
- 언설 • vyavahāra- (a-vi-ava-HĀR-a)
- 업 • karman- (KAR-man)
- 업보 • svakarman- (sva=KAR-man)
- 여래 • tathāgata- (ta[d]-thā=GA-ta)
- 여래성 • tathāgatatva- (ta[d]-thā=GA-ta-tva)
- 여신 • devā-
- 여실성 • yathāvattā- (ya[d]-thā-vat-tā)
- 여차 • licchavi-
- 연기 • pratītyasamutpāda- (prati-I-tya=sam-ud-PĀD-a)
- 연등불 • dīpaṁkara- (DĪP-a-m=KAR-a)
- 연민 • anukampā- (anu-KAMP-ā)
- 열반 • nirvāṇa- (niṣ-VĀ-ana)
- 염부 • jambu-
- 염부제 • jambudvīpa- (jambu=dvīpa)
- 염처 • smṛti- (SMṚ-ti)
- 영상 • pratibhāsa- (prati-BHĀS-a)
- 영역 • viṣaya- (VIṢ-aya)
- 영원성 • śāśvata-
- 영혼 • pudgala-
- 예류과 • srotaāpattiphala- (SRO-ta[s]=ā-PAD-ti=phala)
- 오개 • pañcanivaraṇa- (pañca=ni-VAR-ana)
- 오만 • māna- (MĀN-a)
- 오안 • pañcacakṣus- (pañca=CAKṢ-us)
- 오염 • saṁkleśa- (sam-KLEŚ-a) 또는

upalepa- (upa-LEP-a)
- 오진 • rajas-
- 옥석 • ratna-
- 왕사성 • rājagṛha- (RĀJ-a[n]=gṛha)
- 외교 • anyatīrthya- (anya=TĪR-tha~ya)
- 외력 • bala-
- 요소 • dhātu- (DHĀ-tu)
- 욕계 • kāmadhātu- (KĀM-a=DHĀ-tu)
- 용 • nāga-
- 우바새 • upāsaka- (upa-ĀS-aka)
- 우바이 • upāsikā- (upa-ĀS-a~ikā)
- 운둔 • viveka- (vi-VEK-a)
- 원인 • hetu- (HE-tu)
- 월륜 • candramaṇḍala- (CAND-ra=maṇḍala)
- 위신력 • anubhāva- (anu-BHĀV-a)
- 유가 • kṣaṇa-
- 유순 • yojana- (YOJ-ana)
- 유신견 • satkāyadṛṣṭi- (S-at=KĀY-a=DṚŚ-ti)
- 유위 • saṁskāra- (=sam-SKĀR-a)
- 유전 • saṁsara- (sam-SAR-a)
- 유정 • sattva- (S-at-tva)
- 유정계 • sattvadhātu- (S-at-tva=DHĀ-tu)
- 육신 • ātmabhāva- (ātma[n]=BHĀV-a) 또는 kāya- (KĀY-a)
- 육처 • ṣaḍāyatana- (ṣaṣ=ā-YAT-ana)
- 윤회 • saṁsāra- (sam-SĀR-a)
- 음성 • aśabda- (ŚAP-da)
- 의식 • saṁjñā- (sam-JÑĀ)
- 의식계 • vijñānadhātu- (vi-JÑĀ-ana=DHĀ-tu)
- 의욕 • saṁskāra- (sam-SKĀR-a)
- 의지 • cetanā- (CET-anā)
- 이득 • lābha- (LĀBH-a)
- 이사나 • īśāna- (ĪŚ-āna)
- 이유 • kāraṇa- (KĀR-ana)
- 이익 • artha- (AR-tha)
- 이천중천 • dvisahasra- & madhyama- (dvi=sahasra & madhya-ma)
- 이천중천세계 • dvisahasra- & madhyama- & lokadhātu- (dvi=sahasra & madhya-ma & LOK-a=DHĀ-tu)
- 이탈 • viviktatā- (vi-VIK-ta-tā)
- 인간 • manuṣya- (manu-ṣ-a~ya)
- 인식 • vijñāna- (vi-JÑĀ-ana)
- 인연 • hetupratyaya- (HE-tu=prati-AY-a)
- 인욕 • kṣānti- (KṢĀM-ti)
- 인욕바라밀다 • kṣāntipāramitā- (KṢĀM-ti=pāramitā)
- 일래과 • sakṛdāgāmiphala- (sakṛt=ā-GĀM-a~i[n]=phala)
- 일륜 • sūryamaṇḍala- (sūrya=maṇḍala)
- 일미 • ekarasatā- (eka=rasa-tā)
- 일체지지 • sarvajñajñāna- (sarva=JÑA=JÑĀ-ana)

ㅈ

- 자량 • saṁbhāra- (sam-BHĀR-a)
- 자만 • manyanā- (MAN-ya~anā) 또는 abhimāna- (abhi-MĀN-a)
- 자비 • karuṇā- (KAR-uṇā)
- 자비희사 • maitrīkaruṇāmuditopekṣā- (maitrā~ī=KAR-uṇā=MUD-itā=upa-ĪKṢ-ā)
- 자생성 • svayaṁbhūtva- (sva-ya-m=BHŪ-tva)
- 자생지 • svayaṁbhūjñāna- (sva-ya-m=BHŪ=JÑĀ-ana)
- 자성 • svabhāva- (sva=BHĀV-a)
- 자성성 • svabhāvatā- (sva=BHĀV-a-tā)
- 자아 • ātman-
- 자애 • maitrī- (maitrā~ī)
- 자연기지 • svayaṁbhūjñāna- (sva-ya-m=BHŪ=JÑĀ-ana)
- 자재력 • aiśvarya- (AIŚ-vara~ya)
- 작위 • abhisaṁskāra- (abhi-sam-SKĀR-a)
- 장로 • āyuṣmat- (āyuṣ-mat)
- 전념 • adhimukti- (adhi-MUK-ti)
- 전다라 • caṇḍāla-
- 전도 • viparyāsa- (vi-pari-ĀS-a)
- 전륜성왕 • cakravartin- (cakra=VART-a~in)
- 전법륜 • dharmacakrapravartana- (DHAR-ma=cakra=pra-VART-ana)
- 전지자 • sarvajña- (sarva=JÑA)
- 전지자성 • sarvajñatā- (sarva=JÑA-tā)
- 정거천 • śuddhāvāsakāyika-

(ŚUDH-ta=ā-VĀS-a=KĀY-a~ika)
- 정념 • smṛti- (SMṚ-ti)
- 정도 • naya- (NAY-a)
- 정류 • sthititā- (STHI-ti-tā)
- 정법 • saddharma- (S-at=DHAR-ma)
- 정숙 • upaśama- (upa-ŚAM-a)
- 정신집중 • manasikāra- (MAN-as-i=KĀR-a)
- 정신통일 • samāpatti- (sam-ā-PAD-ti)
- 정심 • prasannacitta- (pra-SAD-na=CIT-ta)
- 정욕 • āsrava- (ā-SRAV-a)
- 정진 • vīrya- (vīra~ya)
- 정진바라밀다 • vīryapāramitā- (vīra~ya=pāramitā)
- 정화 • pariśuddhi- (pari-ŚUDH-ti)
- 제법 • sarvadharma- (sarva=DHAR-ma)
- 제법무수 • sarvadharmāparigṛhīta- (sarva=DHAR-ma=a-pari-GṚH-īta)
- 제법무착 • sarvadharmānupādāna- (sarva=DHAR-ma=an-upa-ā-DĀ-ana)
- 제자 • śrāvaka- (ŚRĀV-aka)
- 조건 • pratyaya- (prati-AY-a)
- 존재 • bhāva- (BHĀV-a)
- 종(種) • dhātu- (DHĀ-tu)
- 주술 • vidyā- (VID-yā)
- 중간 지역 • madhyadeśa- (madhya=DEŚ-a)
- 중생 • sattva- (S-at-tva)
- 중향 • gandhavatī- (gandha-vat-ī)
- 증정 • prasāda- (pra-SĀD-a)
- 지계(地界) • pṛthivīdhātu- (pṛthivī=DHĀ-tu)
- 지계(持戒) • śīla-
- 지계군 • śīlaskandha- (śīla=skandha)
- 지계바라밀다 • śīlapāramitā- (śīla=pāramitā)
- 지도자 • pariṇāyaka- (pari-NĀY-aka)
- 지멸 • nirodha- (ni-RODH-a)
- 지속함 • bhava- (BHAV-a)
- 지식 • jñāna- (JÑĀ-ana)
- 지옥 • niraya- (niṣ-AY-a)
- 지행 • jñānanirgama- (JÑĀ-ana=niṣ-GAM-a)
- 지혜 • prajñā- (pra-JÑĀ)
- 지혜군 • prajñāskandha- (pra-JÑĀ=skandha)
- 진신 • satkāya- (S-at=KĀY-a)
- 진애 • uddhatarajaska- (ud-DHA-ta=rajas-ka)
- 진여 • tathatā- (ta[d]-tha-tā)
- 진여지 • prajñā- (pra-JÑĀ)
- 질투 • īrṣyā- (ĪRṢ-yā)
- 집금강 • vajrapāṇi- (vajra=pāṇi)
- 집착 • saṅga- (SAṄG-a) 또는 niśritatā- (ni-ŚRI-ta-tā)

ㅊ

- 천계 • devanikāya- (deva=ni-KĀY-a)
- 천녀 • bhaginī- (BHAG-a~in-ī)
- 천상 • divya- (div-ya)
- 천신 • deva-
- 천안 • divyacakṣus- (div-ya=CAKṢ-us)
- 천자 • devaputra- (deva=putra)
- 천제석 • śakradevendra- (ŚAK-ra=deva=indra)
- 청정(성) • viśuddhi- (śīla=vi-ŚUDH-ti)
- 초선 • prathamadhyāna- (pra-thama=DHYĀ-ana)
- 최종목적지 • parāyaṇa- (parā=AY-ana)
- 축생 • tiryagyoni- (tir-y-AK=yoni-)
- 출가승 • śramaṇa- (ŚRAM-ana)
- 출리 • apagata- (apa-GA-ta)
- 출생 • upapatti- (upa-PAD-ti)
- 취봉산 • gṛdhrakūṭa- & parvata- (GṚDH-ra=kūṭa & parvata)
- 칠보 • saptaratna- (sapta=ratna)

ㅌ

- 타화자재천 • paranirmitavaśavartin- (para=niṣ-MI-ta=VAŚ-a=VART-a~in)
- 탁발 • piṇḍapāta- (piṇḍa=PĀT-a)
- 태양광채륜 • sūryaraśmimaṇḍala- (sūrya=raśmi=maṇḍala)
- 통찰 • parijaya- (pari-JAY-a)
- 통효 • prativedha- (prati-VEDH-a)
- 퇴전 • vinivartanīya- (vi-ni-VART-anīya)
- 특성 • liṅga-

ㅍ

- 파사닉 • prasenajita-
- 파순 • pāpīyas- (pāpa~īyas)
- 팔천송반야경 • aṣṭasāhasrika- & prajñāpāramitā- (aṣṭa=sāhasra~ikā & pra-JÑA=pāramitā)
- 편정천 • śubhakṛtsna- (ŚUBH-a=kṛtsna)
- 평등(성) • samatā- (sam-a-tā)
- 평등관 • samadarśana- (sam-a=DARŚ-ana)
- 표상 • saṁjñā- (sam-JÑĀ)
- 표시 • nimitta-
- 풍계 • vāyudhātu- (VĀ-yu=DHĀ-tu)
- 화계 • tejodhātu- (TEJ-as=DHĀ-tu)
- 화락천 • nirmāṇarati- (niṣ-MĀ-ana=RA-ti)
- 화환 • mālya- (mālā~ya)
- 환영 • māyā-
- 환인 • māyāpuruṣa- (māyā=puruṣa)
- 환희 • muditā- (MUD-itā)
- 회상 • smṛti- (SMṚ-ti)
- 회향 • pariṇāma- (pari-NĀM-a)
- 후광 • prabhatā- (pra-BHA-tā)
- 훈향 • dhūpa- (DHŪP-a)
- 흠 • doṣa- (DOṢ-a)
- 희론 • prapañca- (pra-pañca)
- 희사 • parityāga- (pari-TYĀG-a)

ㅎ

- 합장 • añjali-
- 항하 • gagana-
- 해방 • mukta- (MUK-ta)
- 해탈 • vimukti- (vi-MUK-ti)
- 해탈(관)군 • vimuktiskandha- (vi-MUK-ti=skandha)
- 해탈문 • vimokṣamukha- (vi-MOKṢ-a=mukha)
- 해탈지견 • vimuktidarśana- (vi-MUK-ti=DARŚ-ana)
- 해탈지관군 • vimuktidarśanaskandha- (vi-MUK-ti=DARŚ-ana=skandha)
- 핵심 • sāra- (SĀR-a)
- 행도 • īryāpatha- (īryā=patha)
- 행자 • dhūtaguṇa- (DHŪ-ta=guṇa)
- 향료 • gandha-
- 향분 • cūrṇa-
- 향상 • gandhahastin- (gandha=hasta~in)
- 허공 • ākāśa- (ā-KĀŚ-a)
- 허공계 • ākāśadhātu- (ā-KĀŚ-a=DHĀ-tu)
- 현겁 • bhadrakalpa- (bhadra=KALP-a)
- 현신 • samucchraya- (sam-ud-ŚRAY-a)
- 현재 • pratyutpanna- (prati-ud-PAD-na)
- 형상 • ākāra- (ā-KĀR-a)
- 혜안 • prajñācakṣus- (pra-JÑĀ=CAKṢ-us)
- 호념 • samanvāhāra- (sam-anu-ā-HĀR-a)

산스크리트 원전 완역
팔천송반야경

2019년 8월 30일 초판 1쇄 발행
2025년 6월 25일 초판 2쇄 발행

옮긴이 전순환
발행인 박상근(至弘) • 편집인 류지호 • 편집이사 양동민
편집 김재호, 양민호, 김소영, 최호승, 정유리, 이란희, 이진우 • 디자인 쿠담디자인
제작 김명환 • 마케팅 김대현, 김대우, 이선호, 류지수 • 관리 윤정안
콘텐츠국 유권준, 김희준
펴낸 곳 불광출판사 (03169) 서울시 종로구 사직로10길 17 인왕빌딩 301호
대표전화 02) 420-3200 편집부 02) 420-3300 팩시밀리 02) 420-3400
출판등록 제300-2009-130호(1979. 10. 10.)

ISBN 978-89-7479-682-2 (03220)

값 35,000원